예수의 실제 일생과
가르침의 진실

예수의 실제 일생과
가르침의 진실

하나님은 아버지처럼 사랑하는 것이 아니라,
아버지로서 사랑하신다.

유소년기 0~13세
청장년기 14~27세
세계 여행기 28~31세
공생애 32~36세
오순절 이후 1세기

유승주 지음

예수는 사람에 대한 하나님의 보살핌을, 독립하지 못한 자녀의 행복을 위하여,
사랑하는 아버지가 염려하는 것에 비유하셨다.

바른북스

아들의 일생으로 보여준
아버지의 사랑 이야기

들어가는 말

이 책은, 팔레스타인 나사렛 지역에 2,030여 년 전, 하나님의 아들이 사람의 아들로 와서, '하나님은 아버지이고, 우리는 그의 자녀이며 형제'라는 진리를 가르치고 보여준, '예수의 실제 일생과 가르침의 진실'을 알려주는 책이다.

예수는, 사도와 제자를 가르치실 때 자주 '선입견과 고정관념 그리고 편견'을 마음에 두고는, 나의 말을 이해할 수 없다. '어린아이처럼 조건 없이 순수하게 받아들여라.' '유대인은 율법과 장로의 유전에 노예가 되어, 나의 말을 받아들이지 못한다.'라고 말했다. 신자가 된 알렉산드리아 그리스인 철학자 로단은, '선입견은 진리를 이해하지 못하도록 눈을 가린다'라고 제자들에게 한 강연에서 말하였다.

서기 29년 9월 초, 예수는 나다니엘 일행의 사역 현장인 데가볼리 아볼라에 격려차 찾아가셨다. 그날 저녁 총명한 나다니엘과의 단독면담에서, 준비 안 된 형제들에게 말하지 않는다는 조건으로 나다니엘의 질문에 말해주었다. '오늘날 우리는 복음에 대한 가르침을 기록하지 않고 있다. 이것은 내가 떠난 후에 내 가르침에 대한 다양한 해석의 결과로, 가지각색 진리의 논쟁과 분파로 속히 나누어지지 않도록 하기 위해서다. 이 세대는 기록 만드는 것을 피하고 이 진리를 실천하는 것이 최선이다.' 이 외에도 교리문제, 성서의 한계성 등 몇 가지를 더 말해주었다. 나다니엘은 충격을 받고 이 대화 내용 전하기를 두려워하여 아무에게도 말하지 않았다.

하나님은 아버지처럼 사랑하는 것이 아니라, 아버지로서 사랑하신다. 예수는 사람에 대한 하나님의 보살핌을, 독립하지 못한 자녀의 행복을 위하여, 사랑하는 아버지가 염려하는 것에 비유하셨다. 이 가르침을 그의 종교에 주춧돌로 삼았다. 그리하여 하나님의 아버지 신분 교리는, 반드시 사람의 형제 신분 실행을 피할 수 없게 만든다. 하나님께 경배드리는 것과 사람에게 봉사하는 것이, 그의 종교에 전부이며 실천적인 내용이다.

서기 25년 8월 중순 세례받기 전 헤르몬산에서 6주간, 유혹을 견디고, 마귀를 심판하고 격퇴하셨다. 하나님 나라를 선포할 계획을 구상하고 그 기법을 결정하였다. 서기 26년 1월 14일 세례받고 페레아 언덕에서, 우주의 완전해진 주권을 얻었음을 전달받았다. 변화된 환경에서 40일 기간에 곧 시작될 천국 복음 선포 정책과 방법을 결정하였다.

서기 26년 2월 23일 안드레를 첫 사도로 받아들인 후 시몬 베드로, 세베데 야고보 세베대 요한, 그리고 빌립과 나다니엘 6명을 받아들인 후 4개월 동안 100회 이상을 교육하였다. 서기 26년 6월 23일 첫 복음 전파를 명하였고, 각자 한 사람씩 사도 될 사람을 선택해 오도록 지시하였다. 마태, 도마, 쌍둥이 유다와 알페오, 열심 당원 시몬, 그리고 가롯 유다, 6명을 선발하여, 교육과정을 거쳐 서기 27년 1월 12일, 십이사도에게 성직을 임명하였다.

전도단 117명은(서기 28. 5. 3) 오전에는 사도에게 교육받고, 오후에는 일반사람을 가르치기를 5개월 동안 하였다. 나중에 이 사람들이 중심이 되어 70명의 안수받은 선생과 설교자가 배출되었다. (서기 29. 11. 19) 1차 여자 전도단 12명(서기 29. 1. 16)에 추가하여, 가정방문과 병자를 돌보기 위하여 50명을 선발하여 교육하였다. (서기 29. 11. 19)

70명의 안수받은 전도자와 62명의 여자 봉사자와의 협동으로 이루어진 복음 전파 사역은, 이적이 없어도 힘 있게 전파되었다. 사도의 참여가 없고, 예수의 현존이 없는 가운데 이루어진 성과로, 주는 이제 이 세상을 떠나신다 해도, 복음의 확장에 중대한 위기가 없게 되었음을 아셨다.

예수는, 의식을 지키는 부정적인 순종 대신에, 적극적으로 행할 것을 명하셨다. 예수의 종교는, 단지 믿는 것에 있지 않고, 복음이 요구하는 것을 실제로 행하는 것에 있다.

예수가 왜 그때 오셨으며, 왜 팔레스타인 지역이 선택되었고, 사람의 아들로 와서 무엇을 가르치고 보여주었는가를, 다섯 단원으로 구분하여 편집하였다.

첫 번째; 유소년기로, 자기 인간 기원, 본성과 운명에 대하여 희미하게 알았다.

두 번째; 청소년에서 성인으로 성장해 가면서 자아를 의식해 가는 시기로, 이 기간에 자신의 신성한 본성과 사명을 더욱 분명하게 이해하게 되었고, 14세 때 아버지 요셉이 사고로 죽어, 모친과 어린 8남매를 부양하는 가장이 되었다.

 세 번째: 지중해 주변 2년과 카스피해 주변 1년을 여행하며 가르쳤다.

 네 번째; 세례받은 후 선생이자 치유자로서 자신의 사명을 수행하던 시기를 거쳐, 가이사랴 빌립보에서 베드로의 중요한 고백이 있던 시기이다. '당신은 해방자 살아계신 하나님의 아들이십니다.' 이는 새로운 개념이다. 이 시기까지 사도와 측근은, 사람의 아들로 알았으며 메시아로 여겼다.

 공생애 후반기; 이 단계의 특징은 신성을 자인한 것이고 육체를 입고 사신 마지막 해를 포함한다. 죽은 나사로를 살린 것이, 산해드린이 예수의 활동을 중지하려고 죽이기로 하며, 십자가 처형까지 이어진다.

 다섯 번째: 부활, 승천, 진리의 영 임함, 전도 시작, 그리스·로마인 영향, 유물론, 그리스도교 문제, 미래, 인간 예수, 예수의 종교, 종교의 우월성 등을 다룬다.

편저자 유승주

차례

들어가는 말

1. 예수께서 세상에 오신 그때 전후 상황 ········· 12
   1) 팔레스타인 나사렛 지역이 선택된 배경 ········· 12
   2) 마리아와 요셉이 부모로 선택된 배경 ········· 13
   3) 가브리엘이 방문한 엘리자벳과 마리아 ········· 14
   4) 예수의 가족 ········· 15
   5) 자신을 알리는 호칭 '사람의 아들' ········· 16

2. 열두 사도의 역할과 이력 ········· 16
   1) 열두 사도의 조직, 휴식, 가족 생활비 ········· 16
   2) 열두 사도의 프로필 ········· 18

3. 하나님 아들이 나사렛 예수로 오신 목적과 아버지의 당부 말씀 ········· 25

4. 예수가 세상에 오실 때의 시대 환경 ········· 26
   1) 그리스도 이후 첫 1세기 동안의 서양 ········· 27
   2) 유대 민족 ········· 28
   3) 이방인의 형편 ········· 30
   4) 이방인의 철학 ········· 32
   5) 이방인의 종교 ········· 33
   6) 히브리 종교 ········· 36
   7) 유대인과 이방인 ········· 38
   8) 이전에 쓰인 기록들 (4 복음서) ········· 40

5. 예수의 탄생과 유아 시절부터 29세까지 ········· 43
   1) 예수의 유년기 이후 ········· 50
   2) 예루살렘에서의 예수 ········· 55
   3) 혹독한 2년 ········· 60
   4) 청년기 시절 ········· 64
   5) 예수의 성년기 초기 ········· 71
   6) 예수의 성년기 후기 (인간 예수) ········· 79

6. 약 3년간의 세계여행   85

   1) 지중해 주변과 로마 여행 2년
      (인간 예수, 실체, 기쁨과 행복으로 인도하는 길, 시간과 공간…) ················ 85
   2) 가니드가 정리한 세계의 종교들 ·· 99
      ① 견유주의 ② 유대교 ③ 불교 ④ 힌두교 ⑤ 조로아스터교
      ⑥ 수두안교 (자이나교) ⑦ 신교 ⑧ 도교 ⑨ 유교 ⑩ 우리의 종교
   3) 로마 체류 기간 (참된 가치, 선과 악, 진리와 신앙(믿음), 부자에게 준 교훈…) ······ 122
   4) 로마에서 돌아옴 (자비와 공의, 과학에 대한 토의, 혼에 대한 강론, 마음에 대한 강론) ······ 135
   5) 과도기 시절과 카스피 지역 여행 1년
      (30살이 되던 해, 우르미아에서 24번의 강연과 12번의 토론, 주권, 정치적 주권, 법, 자유, 주권) ··· 150

7. 세례 요한 이후   167

8. 세례 이후 십이사도의 교육과 훈련기간 1년   172

   1) 예수의 세례와 40일 (여섯 가지의 중대 결정) ·· 172
   2) 갈릴리에서 기다리는 해 (4개월 교육, 하늘나라) ·· 181
   3) 하늘나라 메신저들의 훈련 (십이사도의 첫 활동) ·· 185
   4) 열두 사도의 성직 임명 (베드로, 야고보, 요한을 별도 교육) ···························· 187
   5) 대중 전도의 시작 (하나님의 법과 아버지의 뜻) ·· 203
   6) 예루살렘에서의 유월절 (하나님 개념, 가족에 관한 교육) ······························ 207

9. 사마리아를 거쳐 감 (자아 정복, 구원, 휴식의 효능)   216

10. 길보아 데가볼리에서 (기도에 대한 강연)   227

11. 가버나움에서 사건 많은 4일간 (683명 한꺼번에 치유)   238

12. 갈릴리의 첫 번째 여행 (기도, 감사, 경배에 대한 가르침 ①~⑯)   245

13. 막간의 예루살렘 방문 (인생을 사는 법칙)   254

14. 벳새다에서 전도자 학교 운영 (악, 죄, 사악, 고난의 목적)   259

15. 두 번째 전도 순회 여행 (전도자 훈련, 만족에 관한 교훈)   268

16. 세 번째 전도 여행 (구원은 하나님의 선물, 열 명의 여인 전도 단)   277

17. 해변에 머물면서 가르침 (씨뿌리는 비유)   285

18. 가버나움에서 위기까지 이끈 사건들 (기사와 이적은 혼을 설득하지 못한다)   288

19. 가버나움에서의 위기 (신기원을 연 설교)   296

20. 가버나움에서의 마지막 삼 주 (황급히 도피) 302

21. 갈릴리 북부를 지나 도피하다 (참된 종교) 308

22. 티레와 시돈에서 체류 318

23. 가이사랴 빌립보에서 (베드로의 고백, 새로운 개념, 놀랄 내용) 324

24. 변형되신 산 (이방인의 산에서) 330

25. 데가폴리스 전도 여행 (용서에 대한 교훈, 예배와 봉사) 333

26. 알렉산드리아 로단 (선입견, 예수의 종교) 342

   1) 이어진 로단과의 토론 (하나님의 개인성, 예수의 신성과 본성) 343

27. 천막 축제 (영적 자유) 349

28. 마가단에서 70인 성직 임명 (70인의 책임자 아브너) 356

29. 봉헌 축제에서 (선한 사마리아인) 362

30. 페레아 사명 시작 (선한 목자, 큰 재물에 대한 대답) 368

31. 북쪽 페레아의 마지막 방문 (우연한 사고, 수학의 법칙) 375

32. 필라델피아 방문 (구원의 조건, 천사에 관한 이야기) 381

33. 나사로의 부활 (산헤드린 회의, 기도에 대한 응답) 390

34. 펠라에서 마지막 가르침 (탕자, 잃어버린 양 이야기) 400

35. 하늘나라 (천국에 대한 개념, 의와의 관계) 405

36. 예루살렘으로 가는 길에서 (페레아 여행) 417

37. 예루살렘으로 들어가다 (나귀 타고 입성) 423

38. 예루살렘에서 월요일 (결혼 잔치의 비유) 428

39. 화요일 아침 성전에서 (회개와 용서) 431

40. 성전에서의 마지막 강연 (예루살렘 상황) 436

41. 화요일 저녁 올리브 산에서 (예루살렘 멸망, 재림) 442

42. 수요일 휴식을 취한 날 (어릴 때 가정생활의 중요성) 449

43. 야영지에서의 마지막 날 (아들 관계와 시민 관계) 453

44. 최후의 만찬 (발을 씻겨 주다, 기념 만찬을 제정하심) 458

45. 작별의 말씀 (새 계명, 진리의 영 이해, 떠나야 할 필요성) 466

46. 마지막 훈계와 경고 (개별적으로 한 작별 인사와 훈계) 476

47. 겟세마네에서 (마지막 단체 기도) 485

48. 배반과 예수의 체포 (아버지의 뜻) 494

49. 산헤드린 법정에서 (안마당에 있던 베드로, 굴욕적인 시간) 500

50. 빌라도 앞에서 열린 재판 (빌라도의 호소, 빌라도의 비극적 굴복) ... 506

51. 십자가형이 있기 직전 (주의 태도, 믿음직한 다윗 세베대) 513

52. 십자가형 (골고다로 가는 길, 십자가에 달린 마지막 시간) 519

53. 무덤에 있던 시간 (안치, 십자가에서 죽음의 의미와 교훈, 구원) ... 525

54. 부활 (빈 무덤 발견) 534

55. 예수가 모론시아 형체로 나타남 (베다니, 요셉의 집, 그리스인들에게 출현) ... 537

56. 사도와 다른 지도자들에게 나타남 (필라델피아, 알렉산드리아에 출현) ... 544

57. 갈릴리에서 나타남 (사도 두 사람씩 이야기하심, 임명식 한 산에서) ... 551

58. 마지막 출현과 승천 (복음의 핵심) (사마리아, 페니키아, 마가 다락방 모임, 승천) ... 559

59. 진리의 영 증여 (오순절 설교, 오순절에 일어난 일, 기독교회의 시작) ... 566

60. 오순절 이후 (그리스인 영향, 로마의 영향, 유럽의 암흑시대, 현대의 문제점, 물질주의, 세속적인 전체주의, 기독교 문제, 미래) 579

61. 예수의 믿음 600
 1) 인간 ― 예수 605
 2) 예수의 종교 608
 3) 종교의 우월성 611

편집을 마치며
참고문헌

1. 예수께서 세상에 오신 그때 전후 상황

1) 팔레스타인 나사렛 지역이 선택된 배경

하나님의 아들 예수께서 이 땅에 육신으로 오실 때의 세계는 유사 이래 최적의 조건이 마련되어 있었다. 초림하시기 몇 세기 동안에 그리스 문화와 그리스 언어가 서양과 근동 지역에 널리 퍼져 있었고, 이 시기에 히브리 경전 70인 역이 그리스어로 번역되어 있었다. 서양과 동양의 특성이 있는 레반트 인의 하나인 유대인은, 새로운 종교를 동방과 서방에 효과적으로 전파하기 위한 문화적 언어적 조건을 갖추고 있었다. 이러한 최적의 상황들은 지중해 세계에 대한 로마의 관대한 정치적 통치로 인하여 복음 전파가 더욱 쉽게 되었다.

예수가 태어났을 때 지중해 연안의 모든 지역은 하나로 통합된 제국을 이루고 있어서 무비자 통행이 가능하였다. 많은 주요 도시를 연결해 주는 양호한 상태의 도로가 모든 길은 로마로 통한다는 말처럼 건설되어 있었다. 바다의 해적들이 소탕되어 무역과 여행이 활발하였다.

그래서 바울은, 로마 시민으로 로마가 만들어 놓은 길을 따라 로마의 여러 지역에서 그리스어로 복음을 전파하였다.

그리스·로마 시대가 외견상으로는 번영한 것 같았으나 대다수 주민은 빈곤 속에서 고달픈 생활은 하고 있었다. 이 가난한 자들에게도 복음이 전파되었다.

유대 민족은 전략적으로 가장 중요한 지역을 우연히 점유하고 있었다. 세 개의 대륙이 교차하는 큰 간선 도로가 팔레스타인을 통과하고 있었다. 바빌로니아, 아시리아, 이집트, 시리아, 그리스, 파르티아, 로마 여행객이나 카라반들 그리고 집단들이 팔레스타인을 휩쓸고 지나갔다. 이러한 카라반들의 행렬 중 반 이상이 갈릴리 지역에 있는 나사렛의 작은 성읍을 통과하거나 거쳐 지나갔다. 예수가 태어나실 때 갈릴리는 유대인의 지역이라기보다 오히려 이방인의 지역이라 세계 뉴스에 쉽게 접근할 수 있었다.

그리스는 언어와 문화를 제공하였고, 로마는 통합된 제국을 건설하였지만, 흩어진 유대인은 로마 제국 전 지역 여기저기에 흩어져 있는 200개 이상의 회당과 잘 조직된 종교적 공동체를 갖추고 있었다. 기독교의 새로운 복음은 이곳에서 기초를 다졌고 나중에 이곳으로부터 전 세계의 변두리까지 퍼져나갔다.

2) 마리아와 요셉이 부모로 선택된 배경

① 마리아

마리아는 뛰어난 조상으로부터 내려오는 집안의 후손이다. 그의 선조에는 아논, 다말, 룻, 밧세바, 앤시, 클로아, 이브, 엔타와라타와 같은 저명한 여인이 있다. 그 시대 어떤 여인도 더 유명한 평민 혈통을 갖거나, 더 좋은 시조로 거슬러 올라갈 가계는 없다. 문화와 신앙적인 면에서는 유대인 이었지만, 유전적 자질에는, 시리아, 히타이트, 페니키아, 그리스 그리고 이집트의 혼혈이었다. 마리아는 갈색 눈과 금발에 가까운 머리를 갖고 있었다.

② 요셉

요셉은 히브리인 중의 히브리인인데 그의 혈통 중에는 모세 혈통 쪽으로 비유대인 인종 계통이 족보에 많이 첨가되었다. 요셉의 조상은 아브라함까지 거슬러 올라가고 더 초창기는 수메르인과 놋 족속을 거쳐, 고대 청색 인종으로 이루어진 남부지방의 부족들을 지나 안돈과 폰타까지 이어진다. 요셉은 목수였고 요셉의 직계 선조들은 건축가, 목수, 석공, 대장장이 등 기능공이었다. 그의 가족들은 평민 중의 귀족에 해당하는 오래되고 저명한 혈통에 속하였다. 요셉의 6대조 부계 조상이 고아가 되어 다윗의 직계 자손인 사독에게 입양되어 다윗의 가문으로 간주되었다. 요셉은 검은 눈과 검은 머리를 갖고 있었다.

예수의 부모는 광범위한 인종적 결합과 평균 이상의 우월한 개인적 자질을 소유하고 있었고, 요셉은 여덟 명의 형제자매 중에서 쾌활한 편이었다. 마리아의 부모는 요아킴과 한나였고 두 오빠와 두 언니 가 있었다. 늘 명랑하고 기가 꺾이는 적이 없었다. 요셉과 마리아의 만남은 요셉이 젊었을 때 마리아 부친의 집 중축 공사에 고용이 되었는데,

점심시간에 마리아가 요셉에게 마실 물을 가져다준 것이 인연이 되어 구애가 시작되었다. 마리아와의 결혼은 요셉이 21세 되던 해에 2년 동안에 걸친 정혼 기간 후에 치러졌다. 기원전 8년 3월 초에 결혼하였다.

요셉과 마리아는 팔레스타인에 사는 모든 종족 친척 중에 가장 이상적인 조합이었고 평균 이상의 우월한 인격 자질을 갖춘 부부였다. **예수가 하나님으로 하늘에 계실 때 평범한 사람으로 이 세상에 나타나 보통 사람이 자신을 이해하고 받아들이도록 하는 것이 예수의 계획이었다.** 그래서 가브리엘은 요셉과 마리아 부부를 선택하였다.

3) 가브리엘이 방문한 엘리자벳과 마리아

예수의 생애는 사실상 세례요한이 태어날 것을 가브리엘이 알리면서부터 시작되었다. 주전 8년 6월 말 한 낮에 가브리엘은 엘리자벳에게 나타나서 네가 신성한 선생의 선구자가 될 아들을 잉태하게 되리라는 것과 이름을 요한이라고 지어야 할 것임을 알려주려고 왔다. 의심하고 있던 사가리아는 요한이 태어나기 6주 전에 인상적인 꿈을 꾼 후에야 엘리자벳이 메시아가 도래할 길을 준비하는 자의 어머니가 되어야 한다는 사실은 믿게 되었다.

가브리엘은 주전 8년 11월 중순쯤 마리아가 집에서 일하고 있을 때 나타나, 너의 임신은 하늘이 정한 것이고, 때가 되면 네가 한 아들의 어머니가 될 것이고, 그의 이름은 예수라고 불러야 하고, 그는 이 땅에서 하늘의 왕국을 열 것이다.

내가 이미 방문했던 엘리자벳도 요한이란 아들을 낳을 것인데 그는 네 아들이 막강한 힘과 깊은 믿음으로 사람들에게 해방의 메시지를 전하게 될 길을 예비할 것이다. 마리아야 의심하지 말라, 왜냐하면 이 집이 운명의 아이가 이 세상에 거주할 집으로 선택되었기 때문이다.

그 일이 있은 다음, 마리아는 자신이 어머니가 될 것이라는 사실을 확실히 알게 되었고, 그 후 예루살렘으로부터 서쪽으로 4마일 떨어진 유다의 성 언덕에 있는 엘리자벳 집을 방문하였다.

그들은 가브리엘을 만난 체험을 비교하며 자기 아들들의 미래에 관해 이야기하였다.

마리아는 3주간 엘리자벳 집에 머물면서 그로부터 힘을 얻었고, 마리아는 어떤 도움도 없이, 영역의 평균적이고 보통의 갓난아기인 운명의 아이를 세상에 내놓았다.

요셉의 꿈속에서 밝게 빛나는 천상의 메신저가 그에게 나타나 요셉아! 나는 저 높은 곳을 지배하고 계시는 그의 명령에 따라왔는데 장차 세상의 위대한 빛이 되실 아들을 마리아가 잉태하게 될 것에 대하여 너에게 설명해 주라는 지도를 받았다. 그의 안에 생명이 있을 것이며 그의 일생은 인류의 빛이 될 것이다. **그를 받아들이는 모든 사람에게 그들이 하나님의 자녀라는 사실을 계시할 것이다.**

이 체험이 있었던 후 기부리엘의 방문에 대한 마리아의 이야기와 태어날 아이가 세상의 신성한 메신저가 될 것이라는 사실에 다시는 의심하지 않았다.

4) 예수의 가족

예수 - 탄생 - 주전 7년 8월 21일 정오
    침례 - 서기 26년 1월 14일 정오 (공생애 기간: 4년 2개월 24일)
    죽음 - 서기 30년 4월 7일 오후 3시 (36년 8개월 16일간 사심)
    부활 - 서기 30년 4월 9일 오전 3시 2분
    승천 - 서기 30년 5월 18일 오전 7시 30분경

남동생 야고보 - 주전 3년 4월 2일 출생
여동생 미리암 - 주전 2년 7월 11일 출생
남동생 요셉 - 서기 1년 3월 16일 출생
남동생 시몬 - 서기 2년 4월 14일 출생
여동생 마르다 - 서기 3년 9월 13일 출생
남동생 유다 - 서기 5년 6월 24일 출생
남동생 아모스 - 서기 7년 1월 19일 출생 (12년 12월 3일 사망)
여동생 룻 - 서기 9년 4월 17일 출생 (유복자)

요셉 서기 8년 9월 25일, 예수 14세 때, 세포리에 있는 분봉 왕의 관사 공사 현장에서 일하던 중 기중기에서 떨어져 사망하였다.

마리아 주전 8년 3월 결혼, 요한 세베대는 예수의 부활 승천 후 마리아를 자기 집이 있는 벳새다로 모시도 갔고 여기서 사망하였다.

5) 자신을 알리는 호칭 '사람의 아들'

예수는 세상에 선생으로 나설 때가 오면 따르는 사람에게 어떤 이름으로 부르게 하는 것이 좋을까 생각하였다. 나사렛 회당 도서관에서 에녹의 책을 읽는 중에 '사람의 아들'이라는 용어에 특별히 관심이 끌리었다. 에녹서는 '사람의 아들'에 대하여 자세히 기록하고 있는데 이 '사람의 아들'은 자신이 사람을 구원하기 위하여 이 땅으로 내려오기 전에 모두의 아버지가 되시는 하나님과 함께 하늘의 영광스러운 정원을 거닐었다. 그리고 불쌍한 필사자들에게 구원을 선언할 목적으로 이 세상에 내려오기 위하여 이러한 모든 권세와 영광을 버렸다고 설명하고 있다.

예수는 그때 자신을 알리는 호칭으로 '사람의 아들'이라는 호칭을 사용하기로 하였다. 이때가 15세이었다.

2. 열두 사도의 역할과 이력

1) 열두 사도의 조직, 휴식, 가족 생활비

안드레; 십이사도의 의장이며 총책임자로 예수가 직접 임명하였고, 나머지 열한 사도는 안드레가 임명하였다.

베드로, 야고보, 요한; 예수의 개인적 동행자로 임명.

빌립; 전체 모임의 사무장, 음식 준비, 많은 청중의 음식까지도 보살폈다.--안드레가 임명

나다니엘; 십이사도의 가족 부양을 책임졌다. 회계를 맡은 유다에게 청구하여 필요한 사람에게 매주 기금을 보냈다.

마태; 사도 집단의 재정을 맡아 보았다. 기금이 부족하면 고기잡이를 위하여 얼마 동안 십이사도를 부를 권한도 있었지만, 한 번도 일어나지 않았다. 그들의 활동에 필요한 충분한 기금을 회계에 항상 맡겨둘 수 있었다.

도마; 일정을 맡아 보는 책임자이었다. 숙소 정하고, 설교 장소 물색, 여행 일정이 순조롭게 하였다.

알페오 쌍둥이(야고보, 유다); 군중을 관리하는 책임자. 군중들의 질서 유지, 안내원 확보.

시몬 젤로떼; 놀이와 놀이마당, 수요일 행사 일정 관리, 날마다 몇 시간 동안 이완 휴식과 기분 전환을 제공하려고 애썼다

가룟 유다; 회계로 지명되었다. 돈주머니 보관, 경비 지출, 장부 관리, 일주일 단위로 예산 짜서 마태에게 주었고, 안드레에게 일주일마다 보고 하고 안드레에게 승인받아 기금에서 돈을 지출하였다.

① 휴식
가정, 휴식, 오락을 위하여 주중에 하루는 휴일로 정하였다. 일반적으로 수요일은 정규활동을 추진하지 않았다.

② 사도 가족 생활비
가족을 부양하기에 부족함이 없도록 최초 두 주간은 고기를 잡고 두 주간은 전도 활동하기를 오 개월 동안 지속되었고, 때로는 자발적인 헌금으로 또는 마태의 사비로 사도 가정의 생활비를 계속 보내주었다.

2) 열두 사도의 프로필

① 안드레

미혼으로 결혼한 동생 베드로의 집에서 함께 살았다. 그들은 세베대의 아들인 야고보와 요한과는 동업하는 어부이었다. 안드레는 33세로 예수보다 한 살 많았다. 열두 사도 중에서 가장 능력이 많았고 조직가이면서 훌륭한 행정 관리자이었다. 베드로와는 서로 질투하지 않고 사이가 좋았다. 예수 승천 이후 곧바로 주의 많은 말씀과 행적에 대하여 개인적 기록을 하였다. 그가 죽은 후 이 사적인 기록에 대한 다른 사본이 만들어졌고 그것들은 기독교 초기 선생들 사이에서 회람되었다. 나중에 이 기록물이, 편집되고, 수정되고, 바꾸고, 첨부해졌다. 죽은 지 100년이 되었을 때 마지막 사본이 알렉산드리아에서 불에 탔다. 박해로 인해 예루살렘으로부터 흩어지게 되었을 때, 아르메니아, 소아시아, 마케도니아를 여행하면서 수천 명을 전도하였고 결국에는 아카이아의 파트라에서 십자가형을 당하였다.

② 시몬 베드로

사도 가입 때 30세이었고, 결혼해서 세 명의 아이가 있었으며 가버나움 가까이에 있는 벳새다에서 살았다. 예수는 안드레가 소개해 주기 전부터 시몬은 알고 있었다. 베드로가 예수에게 탄복한 것은 뛰어난 친절함이었다. 베드로는 유창한 웅변가였다. 그는 영감을 주고 생각이 빠른 사람이었으나 심사숙고하지 못하는 사람이었다. 예수의 교훈 중에 잊지 못하는 것은 그릇된 행동을 한 자를 일곱 번이 아니라 일흔일곱 번까지라도 용서하라는 것이었다. 베드로는 용기와 비겁함을 동시에 지닌 사람이었고 그의 장점은 충성심과 우애였다. 안디옥에서 유대주의자와 부딪혔을 때 자신의 처지를 뒤집었고 십자가형 이후 기다리는 동안 그들을 앞장서 고기 잡는 일로 돌아가도록 하였다. 유다를 제외하고 제일 먼저 예수를 부인하였다. 베드로는 그의 마음속에서, 유대인의 메시아라는 개념, 세상의 구원자인 예수 그리스도라는 개념, 예수를 온 인류를 사랑하시는 아버지의 계시로 존재하는 인자로 보는 개념 사이에서 계속 혼란을 겪었다.

베드로의 아내는 매우 유능한 여인이었다. 여러 해 동안 여인 무리 단의 요원이었고,

베드로가 예루살렘으로부터 추방당하자 선교 여행에 동행하였다. 로마에서 남편이 십자가에서 처형당하는 날 그녀도 로마 경기장에서 사나운 짐승에게 던져지게 되었다.

③ 야고보 세베대

세베대의 맏아들인 야고보는 사도가 되었을 때 30세이었다. 결혼해서 네 명의 아이가 있었고 벳새다에서 부모와 함께 살고 있었다. 야고보와 동생 요한은 예수를 오랫동안 알고 있었다는 이점이 있었다. 불같은 성격이었고, 베드로, 마태 다음으로 웅변가였다. 열두 사도 중에 예수의 가르침에 가장 근접하게 파악하였다. 예수의 동정심 많은 애정에 감탄하였다. 왕국의 실제 의미를 파악하였을 때 더 이상 보상을 찾으려 하지 않았다. 헤롯 아그립바는 야고보를 제일 두려워하였다. 야고보의 처형장에서 그의 우아하고 꿋꿋한 모습을 보고 그를 비난하고 고발한 사람까지 깊은 감명을 받고 예수의 제자들에게 합류하였다.

④ 요한 세베데

요한이 사도가 되었을 때는 24세이었고, 사도 중에 가장 어렸다. 아직 미혼이었고 벳새다에서 부모와 함께 살았다. 사도가 되기 전이나 후 모두 예수의 개인적 대리인의 일을 하였다. 예수의 어머니 마리아가 살아있는 동안에는 줄곧 이 책임을 맡아 보았다. 그는 잘 숨겨진 자만심이 있었다. 그가 99세에 나단을 시켜 자기 이름으로 복음서를 쓸 때 '예수께서 사랑하셨던 제자'로 계속해서 호칭하기를 주저하지 않았다. 요한이 가장 좋아하였던 예수의 특징은 사랑과 사심 없음이었다. 이러한 특색이 그에게 감명을 주었기 때문에 그의 전 인생은 사랑의 정서와 형제로서의 헌신으로 지배되었다. 설교를 할 수 없을 때도 성도들이 몇 말씀 부탁하면 '아이들아 서로 사랑하라'라고만 말하였다. 요한은 생각은 많이 하였지만 말은 거의 하지 않았다. 요한의 일생은, 예수가 얼마나 성실하게 자기 어머니와 가족들을 돌보기 위한 대책을 세워 놓았는지를 잘 알고 있었기에 예수가 집이 없이 다니는 광경에서 엄청난 영향을 받았다. 요한은 예수의 가족이 그를 이해하지 못하는 것에 깊이 동정하였다. 요한은 다른 사도가 갖고 있지 않은 냉철하고 대담한 용기를 가지고 있었다.

예수가 체포되던 날 밤에 예수를 따라갔었고, 죽음의 문턱까지 자기주를 대담하게 동행하였던 유일한 사도이다. 주의 마지막 시간에도 추가적인 지침을 받기 위하여 준비하고 곁에 있었다. 요한은 하늘 왕국 대신에 사회적 봉사에 헌신하는 것 그리고 왕보다는 사랑하는 봉사를 가르쳤다. 밧모섬에 유배되었을 때 기록한 계시록은 후일 많은 부분이 실종되고 단축되고 어떤 부분은 제거된 왜곡된 형태로 보존됐다. 형 야고보가 순교한 후 몇 년 후에 과부가 된 지기 형수와 결혼하였다. 그의 일생 마지막 20년은 사랑스러운 손녀의 보살핌을 받았다. 에베소에서 서기 103년 101세로 수명을 다하였다.

⑤ 빌립

사도로 부름을 받았을 때 27세였고, 최근에 결혼해서 아직 아이가 없었다. 상상력이 부족한 평범하고 단조로운 사람이다. 그는 수학적이고 체계적이며 철저했다. 군중은 자기들과 똑같이 평범한 사람인 빌립이 주의 사도로 높은 자리에 있다는 것을 보고 용기를 얻었다. 빌립은 주의 끊임없는 관대함과 변함없이 자유로움을 허용하는 너그러움을 경배하였다. 빌립이 어리석은 질문을 하여, 주의 심오한 강연 중간에 강연을 중단시키기를 주저하지 않았다. 그러나 그러한 생각이 모자란 점에 대하여 절대로 책망하지 않았다. 그의 무능함을 참작하였다. 예수는 자기가 설교하려던 교훈보다도 빌립의 우둔한 질문에 실제로는 더 관심이 있었다. 세상에는 빌립과 비슷한 생각이 더딘 사람이 수억이나 있다는 사실을 알고 계셨다. 주님은 모든 종류의 인간에게 지대한 관심을 두셨다. 빌립의 구호는, 오라! 와보라! 나와 함께 가자! 이었다.

빌립의 부인은 두려움이 없는 여인이었다. 빌립이 십자가에 달렸을 때도 그 밑에 서서 그의 살인자들에게까지도 기쁜 소식을 전하도록 격려하였다. 그가 힘을 다하자, 그녀는 예수 안에서 신앙을 가지므로 얻어지는 구원의 이야기를 낭송하기 시작하였고, 이에 성난 유대인들이 던진 돌에 마저 죽임을 당하였다. 그의 맏딸 레아는 그들의 일을 이어받아 히에라폴리스의 저명한 여 선지자가 되었다.

⑥ 나다니엘

가나에서 살고 있던 나다니엘이 사도가 되었을 때 나이는 25세이었고 미혼이었다.

그는 성실하고 정직하며 교활함이 없는 사람이었으나 자부심은 있었다. 교육 수준은 열두 사도 중에 가룟 유다와 함께 제일 높았다. 나다니엘은 철학자요 시인이며 익살꾼이었다. 그는 열두 사도 중에 이상한 천재였다. 그는 이야기꾼이었다. 예수님도 그의 강연 듣기를 좋아하였다. 한번은 가룟 유다가 무모하게 예수에게 몰래 가서 나다니엘에 대한 불평을 털어놨다. 그러나 예수는 말끝에 '나는 육신을 가진 나의 형제들이 기쁨과 즐거움 그리고 인생을 좀 더 풍성하게 갖게 하려고 왔다'라고 말했다. 나다니엘이 예수를 가장 존경했던 점은 그의 포용력이었다. 그는 예수의 관대한 마음과 동정심을 생각했을 때 힘이 났다. 그는 오순절 이후 그리스도교 조직에는 참여하지 않았지만, 메소포타미아와 인도로 전도 여행하며 주의 가르침을 많이 퍼트리고 인도에서 죽었다.

⑦ 마태 레위

일곱 번째 사도인 마태는 안드레에 의해 선택되었다. 31세로 결혼해서 네 명의 자녀가 있었다. 세금을 걷는 집안의 세리이기도 하다. 사도 중에 유일하게 상당히 부유한 사람이었고 그는 회계이며 홍보 대변인이다. 마태의 장점은 마음을 다하여 사도를 뒤에서 후원하였다. 그의 약점은 안목이 짧다는 것과 인생을 물질적 관념으로 보는 것이었으나 세월이 가면서 진전이 있었다. 마태의 책임은 재정을 채우고 유지하는 것이 의무이었기 때문에 소중한 교육 시간 빠지는 때가 종종 있었다. 예수가 하는 말씀을 종합적으로 잘 정리하였는데 그가 적어 놓은 기록은 나중에 이사 돌이 정리한 마태에 의한 복음서로 알려지게 외었다. 마태는 실제로 명석한 정치가이었고, 예수께 충성스러웠고 왕국의 메신저들이 재정적으로 곤란하지 않도록 헌신적이었다. 재정은 은혜받은 사람들의 헌납은 자유롭게 받았지만, 한 번도 공개적으로 기금을 간청하지 않았다. 마태는 회계일을 하면서 전 재산을 내어놓게 되었지만, 예수 외에는 아무도 알지 못하였다. 자기 돈이 깨끗하지 못한 돈으로 여길까 봐 다른 사람 이름으로 기부하였다. 박해로 인해 예루살렘을 떠나게 되었을 때 북쪽으로 가면서 복음을 전하고 침례를 주면서 여행하였다. 동료 사도와는 소식이 끊어졌지만, 시리아, 갑바도기아, 갈라디아, 비두니아, 트레스를 지나갔다. 리시마키아의 트레스에서는 유대인이 로마 병정과 결탁하여 그를 죽이도록 음모를 꾸몄다. 그래서 마태는 구원의 확신 속에서 승리의 죽음을 맞이하였다.

⑧ 도마 디디모스

여덟 번째 사도인 도마는 빌립에 의해 선택되었고 그는 29세이었고 결혼해서 네 명의 아이가 있었다. 도마는 논리적이며 회의적인 마음을 가진 자였고, 분석적인 마음을 가지고 있는 실제 과학자이다. 동료 사도는 정직하고 충성심과 용기가 있음을 발견했다. 열두 사도 가운데 도마가 끼었다는 것은, 예수가 정직하게 의심만 하는 자들도 사랑했다는 뚜렷한 선언이었다. 도마는 예수의 비할 데 없이 균형 잡힌 성품에 매료되었다. 도마는 그토록 사랑스럽게 자비로우면서 확고하게 공정하고 공평한, 견고하지만 전혀 완고하지 않은, 침착하지만 냉담하지 않은, 돕고자 하고 동정적이지만 결코 간섭하거나 독재적이지 않은, 그토록 강하지만 동시에 부드러운, 긍정적이지만 결코 사납거나 무례하지 않은, 부드럽지만 전혀 우유부단하지 않은, 순수하고 순결하지만 동시에 그토록 씩씩하고 적극적이고 강력한, 진정으로 용감하지만, 결코 경솔하거나 무모하지 않은, 자연을 사랑하지만, 자연을 숭배하는 모든 경향으로부터 자유로운, 이렇게 해학적이고 쾌활하지만 경솔함과 천박함으로부터 자유로운 예수를 점점 더 존경하고 받들었다.

그는 아마 열두 사도 중에서 누구보다도 더 예수에 대한 최고의 지적 이해와 인격체 감상을 즐겼을 것이다. 도마는 열두 사도 협의회에서 격렬하게 반대하던 안건이 통과되면 제일 먼져 앞장서 '갑시다! 동지들 어서 갑시다! 우리 함께 가서 주와 함께 목숨을 바칩시다!'라는 말을 용기 있게 제일 먼저 하면서 사도를 집결시키는 사람은 항상 도마였다. 그는 훌륭한 실패자였다. 열두 사도 중에 가장 용감한 사람이었다. 만약 예수와 그의 일이 참된 것이 아니었다면, 처음부터 완결까지 도마 같은 사람을 붙들어 놓을 수 없었을 것이다. 박해로 인해 신도들이 뿔뿔이 흩어지게 되자 도마는 전도하고 세례를 주며 키프로스, 그레테, 북아프리카 해안, 시칠리아로 갔다. 로마 관리에게 체포되어 몰타에서 죽임을 당했다.

⑨ 야고보와 유다 알페오

게라사 근치에 사는 쌍둥이인 어부 알페오 야고보와 알페오 유다는, 야고보와 요한 세베데에 의해 선택되었다. 그들은 26세이었고 결혼해서 야고보는 3명의 자녀를 두었고, 유다는 2명의 자녀가 있다. 그들은 동료 사도의 철학적인 토의나 신학적 논쟁에 대해 거의 이해하지 못하였지만, 막강한 사도 사이에 끼어 있다는 사실을 기쁨으로 여겼다. 그들은 설교 시간에는 안내원의 우두머리들이었으며, 사실상 열두 사도의 시중을 들고 심부름하는 자들이었다. 이 평범한 쌍둥이들이, 사도로 받아들여졌다는 사실에, 불신자들이 친근감을 가졌고, 왕국으로 받아들이는 데 큰 역할을 하였다. 다대오와 레비우스라고도 불렀던 야고보와 유다는 강점은 물론 약점도 없었다. 야고보는 주의 단순함을 특별히 사랑하였고, 유다는 허식 없는 겸손에 끌렸다. 쌍둥이들은 성격이 좋았고 단순한 마음을 가진 조력자였다. 그들은 단순하고 무지하였지만, 한편으로는 도량이 넓고, 친절하였으며 관대하였다. 예수는 보잘것없는 것을 경멸하지 않았으며, 단지 악과 죄를 경멸하였다. 사람들은 이 쌍둥이들을 예수의 사도들 가운데서 보았을 때 예수는 사람들을 차별하지 않으신다는 것을 알 수 있었다. **하늘나라는 언제나 평범한 인간 기반 위에 세워진다.** 그들은 주가 돌아가신 후 가족에게 돌아가 고기잡이하였다. 그들의 임무는 끝났다. 그들에게는 더욱 까다로운 왕국의 전투에서 버티며 나아갈 능력이 없었다. 그러나 그들은 한 우주를 통치하는 조물주, 하나님의 아들과 4년 동안을 사도로써 개인적 교제와 일을 했던 명예와 축복을 의식하며 살다가 죽었다.

⑩ 열성 당원 시몬

시몬 젤로떼는 11번째 사도로 베드로에 의해 선택되었다. 시몬은 훌륭한 조상을 가진 능력이 있는 사람으로 가버나움에 살았다. 28세인 시몬은 열심 당원이라는 애국적 조직에 모든 관심을 쏟았다. 시몬의 장점은 영감 어린 충성심이다. 그는 과격한 혁명론자이었고 반항자이었지만, 토론가이었고 논쟁하기 좋아하였다. 시몬이 예수를 좋아한 것은 주의 고요함, 확신, 평온함, 침착성이다. 예수는 사업가, 노동자, 낙관론자, 비관론자, 철학자, 회의론자, 세리, 정치가, 애국자 등 모두와 관계 맺기를 두려워하지 않았다. 예수는 시몬과 많은 대화를 했지만, 유대 민족주의자를 국제주의자로 만들기에는 시간이 부족하였다. 예수께서는 시몬에게 사회적, 경제적, 정치적, 질서를 개선하기를 원하는 것은 잘못이 아니라고 자주 말씀했지만, 항상 다음과 같은 말씀을 덧붙였다. 그것은 하나님의 일이 아니다. 우리는 아버지의 뜻 행하기에 헌신해야 한다. 우리의 일은 높은 곳에 있는 영적 정부의 대사가 되는 일이며, 우리 자신에 관한 당면한 일을 하는 것이 아니라, 오직 그의 신임장을 가진 우리가 그 정부의 신성한 아버지의 뜻과 성품을 대변하는 일에만 관심을 쏟아야 한다. 시몬 젤로떼는 모두 이해하기는 어려웠지만, 차츰 이해하기 시작했다. 예루살렘 박해로 인하여 분산된 후 일시적 은퇴 기간을 가졌다. 그는 절망에 빠졌으나, 몇 년 안에 소망을 다시 찾아 천국 복음을 선포하려고 앞으로 나아갔다. 그는 알렉산드리아로 가서 나일강을 따라 올라가며 복음을 전파하였고 아프리카 심장부까지 갔다. 그는 늙고 쇠약해질 때까지 거기서 수고하다가 죽었고 거기에 묻혔다.

⑪ 가룟 유다

가룟 유다는 열두 번째 사도로 나다니엘에 의해 선택되었다. 그는 남부 유대에 있는 작은 도시 가룟에서 태어났다. 사도의 일원이 되었을 때 30세이었고 미혼이었다. 유다의 부모는 사두개인이었다. 그래서 아들이 세례요한의 제자로 참가하자 그를 가족에서 쫓아내 버렸다. 그는 사고자(思考者)였지만, 자기 자신에 대해 진지하지 않았다. 그가 주를 배반하기 전까지는 자기 책임을 정직하게 그리고 성실하게 가장 효율적으로 실행해 나갔다. 유다는 유대 사람으로 갈릴리 동료에 대한 편견을 넘어설 수 없었다. 완전한 사람인 예수를 감히 자주 비판했다. 그러나 열두 사도 중에 누구도 유다를 비난하지 않았다. 유다는 훌륭한 회계였고, 학식이 많은 사람이었으며, 재정적으로 자기주와 동료에게 충성스러운 사람이었다. 돈이 원인이 되어 주를 배반한 것은 절대 아니다. 유다는 현명하지 못한 부모의 외아들이었다. 유다에게 지나치게 풍요로움을 주었고 응석을 다 받아주어 버릇없는 아이로 자랐다. 자기에게 해를 끼쳤다고 생각하는 사람에게 복수하는 습관을 길러왔다. 예수에게 유다는 모험이었다.

유다를 동료로 받아들이는 것이 위험하다는 것을 잘 아셨다. 그러나 하나님 아들의 본성은 모든 창조된 인간들에게 구원과 생존의 충분하고도 동등한 기회를 주는 것이다. 이것이 알려지기를 원하셨다. 영원한 생명의 문은 모두에게 열려있다. 누구든지 들어갈 수 있으며, 자격 요건은 신앙 이외의 어떤 제약도 없다. 어느 여인의 감사하는 마음으로 예수의 발 위에 부은 값진 향유를 유다는 이해하지 못하고 낭비로 여겼다. 유다의 공개적인 반론은 모든 사람이 보는 앞에서 예수 때문에 뭉개지자, 유다가 그것을 받아들이기에는 너무 벅찬 것이었다. 그 사건은 축적됐던 미움, 상처, 원한, 편견, 질투, 평생 복수의 실천을 결정짓게 하였다. 그 후 유다는 주를 배반하고 비열하고 부끄러운 음모에 들어가 흉악한 계획을 신속히 실행하고 자살하였다.

3. 하나님 아들이 나사렛 예수로 오신 목적과 아버지의 당부 말씀

자신이 창조한 지능 존재인 사람을 찾아서 똑같은 삶을 사는 것은, 최고의 통치를 하기 위하여 지급해야 할 대가이다. 아버지의 명령에 따라 우주의 주권을 확보하기 위한 마지막 단계이다. 어느 순간에도 개인의 주권을 주장할 수 있었고 선택에 따라 자신의 우주를 통치할 수 있었다. 삼위일체에 대한 협동적 순종 속에서 자발적 실제 체험을 통하여 올라가기를 원하였다. 육신화의 증여는 시종일관 전적으로 자발적이다.

① **아버지의 당부 말씀**
부가적으로 루시퍼 반란을 종결시키고, 아담의 불이행으로 인한 슬픔과 혼란을 보상해 주기 위한 모든 일을 해 주어라. 주로 선생의 역할을 하며, 영적 본성의 해방, 혼의 치유, 그리고 공포로부터 그들의 마음을 해방해라. 형제들의 육체적 건강과 물질적 안녕을 돌보아 주어라. 영감과 교화를 줄 수 있도록 이상적인 종교적 일생을 살도록 하여라. 진리의 영을 부어주어 아버지에게 접근하도록 하여라. 모든 시대에 모범이 되도록 살아서는 안 되고 영감이 되도록 육신의 일생을 살아야 한다. 아버지의 뜻을 행하고 계시하여라. 네가 보통 인간으로 살지만, 하나님의 아들임을 명심하여라. 사람의 아들로 살더라도 신성한 창조적 속성이 너를 따라갈 것이다.

이어진 조언과 충고

1 동료 사람에게 실천적이고 도움이 되는 일에 모범을 보여라.

2 그 시대 가정생활의 관습을 따르고 선택한 민족의 관행에 따라 살아라.

3 영적 재생산과 지적인 해방에 한정을 지어 노력하고 경제구조나 정치 공약에 휘말리지 말아라.

4 종족들의 발전적인 진화에 개입하지 말아라.

5 너의 일생과 가르침이 모든 종교와 모든 민족에게 공통적인 유산이 되어야 한다.

6 지구에 어떤 종류의 저술도 남기지 말라. 영구적인 물질들 위에 어떤 글도 남기지 말라. 너의 육신을 모방한 어떤 형상 또는 비슷한 것도 만들지 못하도록 당부하여라. 네가 떠날 때 우상이 될 만한 것은 아무것도 남기지 않도록 하여라.

7 인간 후손 남기는 것을 금지한다.

8 내주하는 영과 인간 이성의 판단에 너를 맡긴다.

9 다시 만날 때 초월적이고 제한 없는 주권을 가진 너를 환영할 것이다.

착각하지 말라, 그리스도는 이중 기원을 가진 존재나 이중 인격체는 아니다. 사람과 함께 연합하는 하나님이 아니라 오히려 사람으로 육신화 한 하나님이다. 그는 항상 연합된 존재이다. 이해하기 어렵지만, 하나님이면서 사람이라는 사실이 깨달아질 것이다. 예수는 언제까지나 하나님이며 동시에 사람이다. 마치 세 존재의 삼위일체가 실체로서 한분 신인 것처럼 똑같이 이 하나님과 이 사람은 하나 이였고, 지금도 하나이다.

하나님의 아들이 육신으로 온 최고의 목적은 하나님에 대한 계시를 증진하는 일이라는 사실을 잊어서는 안 된다.

4. 예수가 세상에 오실 때의 시대 환경

안드레는 예수의 일생에, 주께서 글로 기록을 남기지 않으려고 얼마나 세심하게 피했는지를 알았기 때문에, 자신이 글로 쓴 서술의 사본을 여러 부 만드는 것을 완강하게 거절하였다. 예수의 다른 사도 편에서도 비슷한 태도를 보이고 있었기 때문에 복음서 작성이 많이 지연되었다.

1) 그리스도 이후 첫 1세기 동안의 서양

예수는 이 세상이 영적으로 타락한 시기에 온 것이 아니었다. 지구에 그가 태어났을 때, 아담 이후 전 역사에 있어서 어느 시기보다도, 영적 사고와 종교 생활에 전례 없는 부흥기를 경험하고 있었다. 예수가 지구에 육신 화하였을 때 세계는 전무후무하게 최적의 조건을 마련하고 있었다. 이 시기가 되기 전 몇 세기 동안 그리스 문화와 언어는 서양과 이웃 동양으로 널리 퍼져나갔다. 레반트 종족으로서 본성이 부분적으로 서양이고 또 일부분은 동양인 유대인은 새로운 종교를 동양과 서양 모두에게 효과적으로 전파하기 위한 문화적, 언어적 배경을 활용하기에 가장 우수한 조건을 갖추고 있었다. 이러한 최적의 환경은 지중해 세계에 대한 로마의 관대한 정치적 통치로 더욱 좋게 되었다. 세계에 미치는 전체적 조합은 바울의 활동을 통해 잘 나타났다. 종교적으로 히브리인 중의 히브리인이었던 그가 유대인 메시아의 복음을 그리스 말로 전파했던 반면, 자신은 로마 시민이었다. (레반트 지역: 이스라엘, 팔레스타인, 요르단, 시리아, 유프라테스강 이남의 튀르키예 지역)

예수 시대와 같은 문명은 서양에서 그 이전이나 이후 어느 때에도 나타난 적이 없었다. 유럽의 문명은 다음과 같은 두드러진 삼중 적 영향 아래서 통합되었고 조화를 이루었다.

    1 로마의 정치적 사회적 제도.
    2 그리스의 언어와 문화, 그리고 어느 정도의 철학.
    3 유대인의 종교적, 도덕적 교훈의 급속히 퍼져나간 영향력.

예수가 태어났을 때 지중해 연안 전 지역은 **통일된 제국**을 이루었다. 세계 역사상 처음으로, **양호한 상태의 도로**들이 많은 주요 중심지를 연결했다. 바다에서는 **해적들이** 소

탕되었고, **무역과 여행**이 크게 이루어지는 시대가 빠르게 진척되고 있었다. 유럽은 기원후 19세기에 이르기까지 또 다른 그런 여행과 무역의 시대를 다시 맛보지 못하였다.

그리스·로마 시대는 내부적인 평화와 외견상의 번영에도 불구하고, 제국의 대다수 주민은 열악한 환경과 빈곤 속에서 고달픈 생활을 하고 있었다. 로마 사회 내의 그들의 모습이 막 나타나기 시작하였다.

확대되는 로마 제국과 파르티아(이란과 메소포타미아지역) 국가 간의 첫 번째 전쟁은 이 시기 직전에 종결되었다. 결과적으로 시리아가 로마의 지배를 받게 되었다. 예수가 활동하던 시대에는 팔레스타인과 시리아는 번영기에 있었고 비교적 평화를 누리고 있었으며, 서방과 동방에 있는 나라들과 많은 상업적 교역이 이루어지고 있었다.

2) 유대 민족

유대인은 고대 셈족의 일원이었으며, 바빌로니아인, 페니키아인 그리고 그 당시까지 로마의 적이었던 카르타고인도 셈족에게 포함되어 있다. 서기 1세기 전반 동안은 유대인이 셈족 중에서 가장 영향력이 강한 집단이었으며, 그들은 당시의 무역 활동을 지배하고 조직화하는 데 전략적으로 가장 중요한 지역을 우연히 점유하고 있었다.

고대 여러 나라를 연결하는 주요 도로가 팔레스타인을 통과하였으며, 따라서 이 지역이 세 대륙 사이에서 만나는 장소 또는 교차로가 되었다. 바빌로니아, 아시리아, 이집트, 파르티아, 그리고 로마인의 여행, 무역 그리고 군대가 팔레스타인을 이 딸아 휩쓸었다. 먼 옛날부터 동양에서 오는 많은 카라반이 이 지역의 여러 곳을 거쳐서 지중해의 동쪽 끝에 있는 몇 곳의 항구로 갔으며, 그곳에서 배들이 서양으로 가는 모든 항로를 통하여 화물을 실어 날랐다. 이 카라반 수송의 반 이상이 갈릴리의 작은마을 나사렛이나 그 인근을 통과하였다.

팔레스타인이 유대교 문화의 본향이자 그리스도교의 탄생지이기는 하지만, 유대인은 전 세계에 흩어져 여러 나라에 살고 있었으며, 로마와 파르티아국가들의 전체 지역에서 무역하고 있었다.

그리스는 언어와 문화를 제공하였고, 로마는 도로와 통합된 제국을 건설하였지만, 흩어진 유대인은 로마 세계 전 지역 여기저기에 있는 200개 이상의 회당과 잘 조직된 종교적 공동체를 갖추고, 문화적 중심의 역할을 하였다. 하늘나라의 새로운 복음은 이곳에서 처음으로 받아들여져서 그 기초를 다졌고, 나중에는 이곳으로부터 전 세계의 변두리까지 퍼져나갔다.

각각 유대인 회당은 독실하거나 하나님을 두려워하는 이방인 신자를 받아들였다. 바울이 초기에 그리스도교로 개종시킨 사람 대부분은 이 비주류 개종자들이었다. 심지어 예루살렘 성전에도 화려하게 장식된 이방인의 뜰이 있었다. 예루살렘과 안디옥의 문화와 상업 그리고 경배 사이에는 매우 밀접한 관계가 있었다. 안디옥에서 바울의 제자들은 '그리스도교인'이라는 칭호를 얻었다.

예루살렘 성전에서 유대인이 집중적으로 예배를 함으로써 이것이 그들이 믿는 유일신 사상이 존속되도록 하는 비결이었다. 동시에 모든 나라의 유일한 하나님이고 모든 사람의 아버지라는 새롭고도 확대된 개념을 양육하여 세상으로 보내는 약속의 비결이다. 예루살렘에서 성전 예배 봉사는, 이방의 국가적 지배자와 인종적 박해자의 몰락에도 불구하고, 종교의 문화적 개념은 살아남아 있음을 보여준다.

이 시기 유대민족은, 비록 로마의 통치 아래 있지만, 상당한 수준의 자치를 누렸다. 유다 마카비와 그의 직계 계승자들이 행한 그 당시 유일한 영웅적인 구원 활동을 기억하면서, 더 위대한 구원자, 오랫동안 기대하고 있던 메시아가 곧 나타날 것이라는 기대에 들떠있었다.

유대인 왕국인 팔레스타인이 반쯤 독립적인 국가로 살아남은 비결은 로마 정부의 대외 정책 때문이었다. 그 당시 로마는 시리아와 이집트 사이의 교통 요지이자 동양과 서양 사이를 오가는 카라반 행로의 서쪽 종착지인 팔레스타인의 주요 도로에 대한 통제권을 유지하고 있기를 바랐었다. 로마는 후일 레반트 지역에서 영토를 넓힐 때 방해가 될 세력이 이 지역에 형성되는 것을 원치 않았다. 셀루시드 시리아와 프톨레마이오스 이집트가 서로 맞서 싸우게 하려고 비밀리에 벌린 정책은 팔레스타인을 별개 독립된 국가로 육성할 필요가 있었다. 이집트를 몰락시키고, 강력한 세력으로 성장하는 파르티아 앞에서 셀루시드가 점점 쇠약하게 한 로마의 정책은, 왜 몇 세기 동안 조그맣고 힘없는 유대가 북쪽으로는 셀 루시드가 남쪽으로는 프톨레마이오스에게 맞서서 독립을 유지할 수 있었던가 하는 이유를 설명이 준다. 주변을 둘러싼 힘센 민족들 사이에 벌어진 정치적 힘겨루기로 인하여 우연히 자유와 독립을 얻게 된 유대인은 이를 그들이 '선택된 민족'이어서, 하느님이 직접 중간에서 간섭한 덕택이라고 생각하였다. 그렇게 민족이 우월하다고 생각하는 태도는 마침내 그들의 땅에 로마의 지배가 들이닥치자, 이를 견디기가 더욱 힘들었다. 그러나 이렇게 비참한 순간에도 유대인은 세상에 대한 그들의 사명이 정치적인 것이 아니라 영적이라는 사실을 알리려 하지 않았다.

예수 당시 유대인은 걱정이 많았는데 외부 민족 출신 이두매인 헤롯이, 로마의 관리에게 아부함으로써 유대 지방의 지배권을 갖게 되었기 때문이다. 헤롯은 히브리의 제사의식을 존중하겠다고 선언했지만, 낯선 많은 신을 섬기는 신전들을 계속 건축하였다.

헤롯과 로마의 통치자들 간에 우호적인 관계로 인하여 유대인은 온 세계를 안전하게 여행하게 되었다. 그리하여 점점 더 많은 유대인이 로마 제국의 먼 지역은 물론 다른 여러 동맹국에까지 하늘나라의 새 복음을 가지고 전파할 수 있는 길을 열어 주었다.

헤롯은 가이사라 항구를 건설하였는데, 이에 따라 팔레스타인이 나중에 문명 세계의 교차점이 되었다. 그는 기원전 4년 죽었으며 그의 아들 헤롯 안티파서가 예수의 유년 시절 그리고 사명 활동 기간 동안, 그리고 기원후 39년까지 갈릴리와 페레아 지역을 통치하였다. 안티파서는 자기 아버지와 마찬가지로 훌륭한 건축가였다. 그는 세포리에 중요한 무역중심지를 세운 것을 포함하여, 갈릴리 지역에 많은 도시를 개축하였다.

갈릴리 사람은 예루살렘의 종교 지도자들과 랍비라고 불리는 선생들로부터 호감을 사지 못하였다. 예수가 태어나실 당시의 갈릴리는 유대인의 지역이라기보다 오히려 이방인의 지역이었다.

3) 이방인의 형편

로마 제국의 사회적 경제적 조건이 가장 높은 수준은 아니었다가 하더라도, 국내에 널리 퍼져 있던 평화와 번영은 예수가 증여되는데 적합하였다. 그리스도 이후 첫 세기 동안 지중해 지역의 공동체 속에는, 다음과 같이 잘 조직된 다섯 사회 계층이 있었다.

1 귀족 계급, 돈과 힘을 쥐고 있는 상위 등급으로 특권을 가진 지배 계층.
2 사업자 집단들, 부유한 상인들, 은행가들, 무역 업자들, 큰 규모의 수입 수출 업자들, 그리고 국제적인 상인들.
3 소수의 중산층 계급, 이 집단은 규모는 작지만, 초기 그리스도 교회에서 매우 영향력 있었고 도덕적인 중추 역할을 하였다. 교회는 이 집단들이 다양한 생산과 교역을 하도록 장려하였다. 유대인 중에서 많은 바리새인이 이러한 상인 계급에 속하였다.
4 자유노동자 계급, 사회적 지위가 낮거나 없는 집단, 자유를 누리고 있다는 자부심은 있으나, 노예 노동자와 경쟁해야 한다는 불리한 상황에 있었다. 상위 등급들은 이들을 경멸하였으며 '자손을 번성시키는 목적' 이외에는 쓸모가 없었다.
5 노예들, 로마 제국 인구의 절반이 노예였다. 개인적으로는 우수해, 자유노동자 계급으로, 혹은 무역 업자로 자신의 신분을 향상하는 통로를 개척하는 사람도 많이 있었다. 대부분 평범하거나 열등하였다. 우수한 사람들조차 노예가 된 것은 로마 군사 정복의 특징이다. 노예에 대한 주인의 권한은 무제한이었다. 초대 기독교인은 대체로 하층 계급과 이 노예로 구성되었다. 해방된 그런 가능성이 초대 기독교 교회가 수정된 형태의 노예 제도를 묵인하게 했다.

기원후 첫 세기 동안, 로마 제국과 널리 퍼진 사회적 문제는 없었다. 다수의 서민은 자신이 우연히 태어난 그 집단에 소속됨을 당연하게 받아들였다. 재주 있는 유능한 개인들이 로마 사회의 낮은 계층에서 높은 계층으로 상승할 수 있는 문이 항상 열려있었지만, 사람들은 일반적으로 자신의 사회적 직급에 만족했다. 그들은 계층을 의식하지 않았고, 이런 계층 구분을 불공정하거나 잘못된 것으로 생각하지 않았다. 그리스도교는 억압받는 계층의 고통을 개선하는 것에 목적을 두는 경제 운동이 전혀 아니었다.

여자들은 팔레스타인 안에서 제한받던 지위보다는 로마제국 전역에서 더 많은 자유를 누렸지만, 유대인이 가족에게 바치는 헌신과 자연스러운 애정은 이방 세계보다 훨씬 나았다.

4) 이방인의 철학

도덕적 측면에서 볼 때, 이방인은 유대인보다 어느 정도 열등하였으나 보다 고상한 이방인의 가슴 속에는 선천적으로 선함과 잠재적인 인간 애정의 풍부한 토양이 마련되어 있었기 때문에, 그리스도교의 씨앗이 싹트고 자라나서 도덕적인 성격과 영적 성취에 대한 풍성한 열매를 수확할 수 있었다. 이방의 세계는 그때 네 가지의 중요한 철학에 따라 지배되었는데, 고대 그리스의 플라톤주의로부터 파생된 것이다. 이 철학 학파는 다음과 같다.

1 쾌락주의 학파 (에피쿠로스학파)

이 학파는 행복 추구에 전념하였다. 수준이 좀 높은 쾌락주의자들은 감각적 무절제에 빠지지 않았다. 이 신조는 적어도 절망적인 숙명론으로부터 로마인들을 구원하는 데 도움을 주었다. 사람들이 무엇인가 노력하면 현세에서 지위를 개선할 수 있다고 가르쳤다. 이것은 무지한 미신을 효과적으로 퇴치하였다.

2 금욕주의 학파(스토아학파)

금욕주의는 상류 계층이 지녔던 우수한 철학이었다. 금욕주의자들은 통제하는 이성과 운명이 모든 자연계를 지배한다고 믿었다. 이들은 사람의 혼이 신성하며 육체의 성품을 가진 악한 몸속에 갇혀 있다고 가르쳤다. 인간의 영혼은 자연과 신과 조화를 이루며 살아감으로써 자유를 성취하였다. 따라서 덕행은 스스로 보상을 가져오게 한다. 금욕주의는 숭고한 도덕 정신으로 그 어떤 순수한 인간의 철학 체계가 그 이후 초월하지 못한 높은 이상으로 상승하였다. 금욕주의자들은 '하나님의 자손'이 되겠다고 선언했지만, 그를 알아내기에 실패했고 따라서 그를 발견하지 못하였다. 금욕주의는 철학으로 남께 되었고, 결국 종교가 되지 못하였다.

그 추종자들은 그들의 정신을 우주의 마음과 조화를 맞추려고 노력하였지만, 그들 자신을, 사랑을 베푸는 아버지의 자녀로서 알아보지 못하였다. 바울은 금욕주의에 많이 의지하여, '어떤 상태에 있더라도 그것에 만족하도록 나는 배웠노라.'라고 기록하였다.

3 견유(犬儒)학파

견유학파는 그들의 철학 유래가 아덴의 디오게네스까지 거슬러 올라갔지만, 그들의 교리 중 많은 부분은 마키벤타 멜기세덱의 가르침이 남아 내려온 것으로부터 유래되었다. 견유학파는 적어도 자신들의 종교 철학을 대중적으로 되게 하였다. 그들은 들에서나 시장에서 '사람이 원하기만 하면 자신을 구원할 수 있다.'라는 자신들의 교리를 계속 전파하였다. 그들은 겸손함과 덕행을 전파했고, 두려움 없이 죽음을 맞이하도록 사람들을 설득하였다. 이런 방랑하는 견유학파 설교자들은, 후대의 기독교 선교사들을 위해 영적으로 배고픈 대중을 준비하여 주었다. 그들의 대중 설교 방식은 바울 서신들을 본떴고, 그것들의 문체와 흡사하였다.

4 회의주의 학파

회의주의는 지식이란 그릇된 것이며 신념이나 믿음은 불가능하다고 주장하였다. 그것은 순전히 부정적인 태도였으며 널리 전파된 적이 없다.

이들 철학은 반쯤은 종교적 색채를 띠었다. 흔히 사람들을 활개 치게 했고, 논리적이고 고상하게도 했지만, 대개는 서민의 수준을 넘었다. 아마도 견유주의를 제외하고, 이것들은 강한 자와 지혜로운 자를 위한 철학이었고, 가난한 자와 약한 자들을 위한 구원의 종교는 아니었다.

5) 이방인의 종교

이전 시대의 종교는 부족이나 국가의 관심사이었으며, 개인과는 상관이 없었다. 신들은 개인이 아니라 부족이나 국가를 상대했다. 그런 종교 제도는 일반 개인이 원하는 영적 갈망을 채워주지 못하였다. 예수 시대의 종교는 다음과 같았다.

1 이교도 예배 종파, 이것은 헬라와 라틴의 신화, 애국심, 그리고 전통의 조합이었다.
2 황제 숭배, 유대인과 초기 기독교인은 인간을 국가의 상징으로 신격화하는 것에 대해 매우 분개하였다. 따라서 로마 정부는 이들 두 부류의 교회에 대한 심한 박해를 가하는 원인이 되었다.
3 점성술, 바벨론에서 시작한 이 사이비 과학은 그리스·로마 제국 전역에서 종교로 발전하였

다. 20세기에도 이 미신적인 믿음에서 벗어나지 못하였다.
4 신비 예배 종파, 영적으로 갈급한 세계에 신비 예배 종파들의 홍수가 밀려 들어왔는데 레반트에서 온 새롭고 이상한 종교들은 평범한 사람들의 마음을 빼앗고 이들에게 개인의 구원을 약속하였다. 이 종교들은 급속히 그리스·로마 세계의 하류 계급이 받아들인 신앙이 되었다. 이 종교들은 훨씬 우수한 기독교의 가르침이 급속히 퍼지도록 길을 예비하는 데 많이 이바지하였다. 지적인 사람들의 관심을 끄는 신학, 그 시절에 무지하지만, 영적으로 갈급한 서민을 포함하여 모든 사람이 구원받는다는 엄청난 제안과 관련하여, 기독교의 가르침은 신에 관하여 탁월한 개념을 제시하였다.

신비 종교들은 민족적 믿음들의 종말을 가져왔고, 수많은 개인적 예배 종파들의 탄생으로 귀결되었다. 신비 교는 수가 많았지만 모두 다음과 같은 특징을 갖고 있었다.

1 어떤 신화 같은 전설, 일종의 신비 그것으로부터 그 이름이 유래된다. 일반적으로 이러한 신비 교는 미트라교의 가르침에 의하여 묘사되듯이 어떤 하나님의 일생과 죽음 그리고 부활 이야기와 상관이 있었다. 이 미트라교는 한동안 바울의 신흥종파가 팽창하는 기독교와 같은 시대에 존재했고 한동안 경쟁하면서 공생했다.
2 신비 교들은 국가와 민족에 매이지 않았다. 그것은 개인적이고 우애 적이었으며, 종교적 형제 관계와 수많은 분파의 단체를 일으켰다.
3 그것들은 예배에서 복잡한 입장 예식과 엄숙한 성례가 특징이었다. 그들의 은밀한 의식과 예식은 때로 무시무시하고 혐오스러운 일도 있었다.
4 그러나 그들의 하는 의식의 성격이 어느 정도 지나칠지라도, 신비주의는 예외 없이 그들의 헌신적인 참여자들에게 '악으로부터의 해방, 죽음 이후의 생존, 슬픔과 속박이 가득한 이 세상을 초월한 가장 행복한 세계에서 영원한 삶'을 똑같이 약속하였다.

그러나 예수의 가르침과 신비 교의 가르침을 혼동하는 잘못을 저지르지 말라.
이런 신비 교들이 유행한 것은 사람이 사후에 살아남기를 추구했다는 것을 보이며, 따라서 개인을 상대하는 종교와 개인의 올바름을 진정으로 갈망하고 목마르게 찾았음을 보여준다. 신비 교들은 이런 소망을 적절히 채워주지 못하지만, 후일에 예수가 나타나는 것을 위하여 길을 예비 하였고, 이 예수는 참으로 이 세상에 생명의 빵과 생명의 물을 가져왔다.

바울은 널리 퍼져 있는 더욱 나은 유형의 신비 종교들을 활용하고자 애쓰면서, 개종이 기대되는 많은 사람에게 더 쉽게 받아들여질 수 있도록 예수의 가르침 중 일부분을 개작(수정)하였다. 그러나 예수의 가르침들이 바울에 의해 변형(절충)되었을지라도 신비 교 중에서 가장 우수한 그것보다도 다음과 같은 점에서 훨씬 우월하였다.

1 바울은 도덕적인 대 속(속죄, 구속, 회복) 윤리적인 구원을 가르쳤다. 그리스도교는 새로운 생명을 지적하고 새로운 이상을 선포하였다. 바울은 마술적 의식과 예식 적인 요 술(미혹)을 거부했다.

2 그리스도교는 슬픔과 죽음으로부터의 구원뿐 아니라, 죄로부터의 구원에 뒤따르는 영원히 생존할 수 있는 자질들을 갖춘, 의로운 성품의 기증을 약속했기 때문에, 인간의 문제에 대한 최종 해결책들을 붙잡은 하나의 종교로 출현했다.

3 신비 교는 신화에 기반을 두었고, 그리스도교는 바울이 가르쳤듯이, 하나님의 아들인 예수가 인류에게 증여되었다는 역사적인 사실에 기반을 두었다.

이방인 사이에서 도덕성은 종교나 철학과 반드시 관련된 것은 아니었다. 팔레스타인 이외의 지역에서는, 사람들이 종교 지도자가 도덕적 삶도 인도해야 하는 것으로 항상 간주하지는 않는다. 유대의 종교와 뒤를 이은, 예수의 교훈, 그리고 바울에 의해 나중에 발전된 그리스도교는 한 손은 도덕 위에 다른 한 손은 윤리 위에 놓고 이 두 가지 일 전부에 관심을 가질 것을 주장하는 최초 유럽 종교가 되었다.

예수께서는 이러한 불완전한 철학 체계와 복잡한 종파들의 종교에 의해 지배받아, 혼란 속에 있던 시대의 팔레스타인에 태어났다. 그는 이 세대에게 개인적 종교 하나님과의 아들 관계가 되는 자신의 복음을 전해 주었다.

6) 히브리 종교

그리스도가 오기 전 1세기가 끝날 무렵 예루살렘의 종교 사상은 그리스 문화의 가르침, 심지어 그리스 철학에 따라 크게 영향을 받아서 어느 정도 수정이 되었다. 히브리 사상의 동부 학파의 관점과 서부 학파의 관점 사이에 벌어진 오랜 갈등 끝에, 예루살렘 그리고 서양과 레반트의 나머지 지역은 대체로 서부 유대 계통 즉 수정된 헬라 적 관점을 채택하였다.

예수 시대의 팔레스타인에는 세 가지 언어가 사용되었다. 보통 사람은 아람어 방언을, 제사장과 랍비는 히브리어를, 교육받은 층과 상류 계층 유대인은 대개 그리스어를 사용하였다.

알렉산드리아에서 초기 그리스어로 번역된 히브리어 경전은, 나중에 유대 문화와 신학에서 그리스파가 우세하게 되는 원인을 제공하였다. 같은 언어로 기록된 그리스도교 교사들의 작품들이 곧 출현하게 되었다. 유대주의의 부흥은 히브리 경전이 그리스어로 번역되는 때로부터 시작되었다. 이것은 나중에 바울이 그리스도교 예배 종파가 서방으로 가는 데 결정적 영향을 미쳤다.

그리스화 된 유대인의 믿음은 쾌락주의 학파를 거의 받지 않았음에도 불구하고, 플라톤의 철학과 금욕주의자들의 자기 부정 교리에 현저하게 영향을 받았다. 금욕주의에 크게 잠식당했다는 사실은 마카비서 제4권에 잘 나타나 있다. 플라톤의 철학뿐만 아니라 금욕주의 교리 역시 침투해 있었다는 사실은 솔로몬의 지혜서에도 나타나 있다.

그리스화 된 유대인은 히브리 경전에 대해 이러한 우화적인 해석을 함으로써, 자기들이 존경하고 있는 아리스토텔레스 철학을 히브리 신학에 접목하는 일에 별로 어려움이 없었다. 이러한 것들은 알렉산드리아의 **필로가** 그리스 철학과 히브리 신학을 간단하고 비교적 모순이 없는 종교적 신앙과 실천의 체계로 조화시키고 체계화하여 이 문제들이 처리되기 전까지는 극도의 혼란을 일으켰다.

예수가 살아 있으면서 가르치던 때에 팔레스타인에는 이러한 그리스 철학과 히브리 신학이 합쳐진 후대의 가르침이 성행하고 있었으며, **바울은** 이를 좀 더 진보적이고 깨우치는 그리스도교 예배 종파를 세우기 위한 기초로 활용하였다.

필로는 위대한 선생이었다. 모세 이후 서양 세계의 윤리적 그리고 종교적 사상에 그토록 깊은 영향을 미친 사람은 없었다. 윤리적인 가르침과 종교적인 가르침이라는 동시 발생적 체계에서, 더 훌륭한 요소들을 결합한 일곱 명의 탁월한 인간 선생들을 꼽자면, 쎄타드, 모세, 조로아스터, 노자, 부처, 필로, 그리고 바울이 해당한다.

필로의 모순점 중에서 많은 부분이 그리스의 신비 철학과 로마의 금욕주의 교리를, 형식에 매인 히브리 신학에 병합하려는 노력으로 인하여 발생하였다. 이점을 인식한 바울은 그리스도교가 형성되기 이전 그의 기초 신학에서 이러한 문제를 현명하게 제거하였다.

필로는 유대 신학 안에 오랫동안 잠재해 오고 있던 파라다이스 삼위일체 개념을 완벽하게 회복시켜 줄 수 있는 길로 바울을 인도하였다. 바울이 알렉산드리아의 이 부유하고 교육받은 유대인 필로 와 보조를 맞추지 못하였거나 그의 가르침을 넘어서지 못한 것이 한 가지 있었다. 그것은 속죄에 관한 교리였다.

필로는 오직 피를 흘림으로서만 용서받는다는 교리로부터 해방을 가르쳤다. 그는 생각 조절자(하나님의 분신)의 실체와 현존에 대해 바울이 알고 있던 것보다 조금 더 알고 있었던 것 같다. 그러나 **바울의 원죄 이론, 유전적 죄와 타고난 악 그리고 그것들로부터의 속죄에 관한 교리는, 부분적으로 미트라 숭배에서 기원한 것이었으며, 히브리 신학이나 필로의 철학 또는 예수의 가르침과는 거의 상관이 없는 것이었다. 원죄와 속죄에 대한 바울의 가르침 중에서 어떤 형태들은 바울 자신이 만들어 낸 것이었다.**

이 세상에서 예수의 일생을 기록한 것 중에서 마지막으로 기록된 요한복음은 서방 사람들을 위해 기록된 것으로, 그 내용은 필로의 가르침들도 동시에 따르고 있던 후대의 알렉산드리아 그리스도교인들의 관점을 잘 반영하고 있다.

그리스도 시대 무렵의 알렉산드리아에서는 유대인에 대한 이상한 나쁜 감정이 다시 발생해서, 전에 유대인의 근거지였던 이곳으로부터, 유대인에 대한 지독한 방해의 물결이 시작되어 로마에까지 퍼졌다. 그곳으로부터 수천 명의 유대인이 추방되었다. 그러나 이러한 잘못된 운동은 오래가지 않았다. 황제가 통치하는 정부는 얼마 지나지 않아서 제국 전역의 유대인에게 빼앗은 해방을 충분히 회복시켜 주었다.

무역이나 혹은 박해로 인해 전 세계에 흩어진 유대인은 자기들이 어디에 있든지 하나같이 예루살렘에 있는 거룩한 성전을 가슴속에 간직하고 있음으로써 하나가 되었다. 유대인의 신학은 바빌로니아 선생들이 때때로 개입하므로 잊힐 뻔했음에도, 예루살렘에서 해석되고 실천되던 그대로 유지되었다.

흩어져 살고 있던 이백오십만 명이나 되는 많은 유대인은 민족적인 종교 축제를 축하하기 위하여 예루살렘으로 돌아오곤 하였다. 동방(바빌로니아)의 유대인과 서방(그리스)의 유대인이 신학적으로 그리고 철학적으로 다른 견해를 가지고 있었음에도, 그들 모두는 예루살렘이 그들 경배의 중심인 것, 그리고 메시아가 오리라는 것을 늘 기대하는 대에 의견이 같았다.

7) 유대인과 이방인

예수가 왔을 무렵에, 유대인은 자기의 기원과 역사 그리고 운명에 대해 확고한 개념을 갖게 되었다. 그들은 자신들과 이방 세계 사이에 견고한 벽을 쌓아 놓고 있었다. 이방인의 방식은 무엇이든지 심하게 경멸하였다. 그들은 글자 그대로 율법을 경배하였으며 자신들의 혈통에 대해 그릇된 자부심에 근거하여 자아 정의로운 생각에 빠져 있었다. 그들은 약속된 메시아에 대하여 이미 **선입견을** 만들어 놓고 있었다. 이러한 기대들 대부분은 그들의 나라와 만족 역사의 한 부분으로 오는 메시아를 상상하였다. 당시 히브리인에게 유대 신학은 돌이킬 수 없도록 정착되었고 고정된 상태였다.

관용과 친절에 관한 예수의 가르침과 실천은, 유대인이 이방인이라고 간주하는 다른 민족에 대해 그들이 오랫동안 품어온 태도와는 상반된 것이었다. 여러 세대에 걸쳐서 유대인이 키워온 외부 세계에 대한 태도는, 사람들의 영적 형제애에 대한 주의 가르침을 받아들일 수 없게 하였다. 그들은 **이방인들과 함께 여호와를 공유하는 것을 싫어하였다.** 따라서 이렇게 새롭고 생소한 교리를 가르치는 자를 하나님의 아들로 받아들이기를 거부하였다.

서기관과 바리새인 그리고 성직자가 유대인에게 형식주의와 율법주의라는 무서운 굴레를 씌워 놓았는데, 이러한 굴레는 실제로 로마의 정치적 규제보다도 더 엄격한 것이

었다. 예수 시대의 유대인들은 율법에 복종 당하고 있었을 뿐만 아니라 전통 등의 요구에 노예처럼 속박되어 있었다. 그것들은 개인적이고 사회적인 생활의 모든 권역을 일일이 간섭하며 침범하고 있었다.

이러한 세세한 행위성 규칙들은 모든 충실한 유대인들을 지배하였다. 그들이 신성한 전통을 무시하거나 오랫동안 받들어 온 사회 행위성의 규율을 감히 경멸하는 그들의 동료 중 하나를 즉시 제거했던 것은 당연한 일이었다. 그들은 조상 아브라함이 직접 제정하였다고 믿고 있던 독단들과 충돌하기를 주저하지 않는 사람들의 가르침을 선의로 보아줄 수가 없었다. 모세가 그들에게 주었던 율법에 대해서 훼손하려고 하지 않았다.

그리스도 이후 1세기까지, 명망 있는 선생들이나 율법 학자들이 율법에 대해 말로 해석한 내용이 문자화된 율법 그 자체보다 더욱 높은 권한을 가지고 있었다. 이러한 이유로 인하여 몇몇 종교 지도자들은 유대인이 새로운 복음을 배척하도록 묶어둘 수 있었다.

이러한 상황은 유대인이 종교적인 자유와 영적 해방에 대한 새로운 복음의 메신저로서 그들의 신성한 운명을 완수할 수 없도록 만들었다. 그들은 전통의 족쇄를 부술 수 없었다. 예레미아는 '사람의 가슴에 기록된 율법'을 이야기하였고 에스겔은 '사람의 혼 안에 거할 새로운 영'을 말하였으며, 시편 기자는 하나님에게 '깨끗한 가슴을 창조하시고 올바른 영을 새롭게 해 달라'고 기도하였다. 그러나 선행을 강조하고 율법의 노예가 된 유대 종교가 전통적 타성의 침체에 희생자로 전락하였을 때, 종교적 진보의 물결은 서쪽의 유럽인에게로 옮겨 갔다.

그리하여 하나의 진보된 신학, 그리스인의 철학, 로마인의 법, 히브리인의 도덕성, 그리고 예수의 가르침에 근거하고 바울에 의해 조직적으로 만들어진 개인성의 존엄성과 영적 해방에 대한 복음 등을 구현하는 하나의 교육체계를 세계로 전파하는 일에 다른 민족의 요청을 받게 되었다.

바울의 그리스도교 예배 종파는 그것의 도덕성이 유대로부터 왔다는 흔적을 보여주었다. 유대인의 역사는 일하시는 야회의 섭리로 여겼다. 그리스인은 영원한 생명에 대해 보다 확실한 개념을 새로운 가르침으로 전해 주었다.

바울의 교리들은 신학과 철학적 면에서 예수의 가르침뿐만 아니라 플라톤과 필로로부터 영향을 받았다. 윤리적 면에서 그는 예수뿐만 아니라 금욕주의자에게서도 영감을

받았다.

바울의 안디옥 그리스도교 예배 종파에서 구체화 되었듯이, 예수의 복음은 다음과 같은 가르침과 융합되었다.

> 1 유대주의로 개종한 그리스인의, 영원한 생명에 관한 그들의 개념 중 일부를 포함하고 있는 철학적 논법.
> 2 널리 퍼져 있던 신비 교의 매혹적인 가르침들, 특히 어떤 하나님이 희생됨으로써 이루어진 대신 속죄, 그리고 구원에 미트라 숭배의 교리들.
> 3 이미 확립된 유대 종교의 완강한 도덕성.

예수 시대에, 지중해의 로마 제국과 파르티아왕국 그리고 인접된 지역의 민족들은 모두, 세계 지리와 천체 연구 그리고 신체 상태와 질병 등에 대해 아주 미숙하고 원시적인 관념에 사로잡혀 있었다. 나사렛 목수의 새롭고도 놀라운 선언을 듣고 그들이 놀란 것은 당연한 일이었다. 선한 영과 나쁜 영을 소유한다는 관념은, 단순히 인간에게만 적용된 것이 아니라 많은 사람에게 모든 바위와 나무도 영을 가지고 있는 것처럼 보이게 하였다. 이 시대는 마법이 성행하던 때였으며 모든 사람은 기적이 보통 흔하게 발생할 수 있는 것으로 믿었다.

8) 이전에 쓰인 기록들 (4 복음서)

신약 성경의 기록은 다음과 같은 상황에서 작성되었다.

① 마가복음

요한 마가는 예수의 일생에 관하여 가장 최초로(안드레의 단편적인 기록을 제외하고는) 가장 짧고 가장 단순하게 기록하였다. 그는 주를 한 사람의 섬기는 자, 사람들과 함께 있었던 한 사람으로 소개하였다. 마가는 자신이 서술한 장면 중에 여러 경우 한 소년으로 현장 주변에 있었지만, 실제로 그의 기록은 베드로에 의해 만들어진 복음서다. 마가는 처음에는 베드로와 나중에는 바울과 함께 활동하였다. 마가는 베드로의 부탁으로 그리고 로마에 있는 교회의 간곡한 청에 의해 이것을 기록하였다. 마가는 주가 땅에 사시는 동안 자신의 가르침을 글로 남기는 것을 얼마나 일관되게 거부하였는지 알았기 때문에, 사도들과 다른 수제자와 마찬가지로, 그것을 기록으로 남기기를 주저하였다. 베드로는 로마에 있는 교회에서 이러한 기록된 이야기가 필요함을 느꼈으며, 마가는 그 일의 준비를 담당하기로 동의하였다. 그는 베드로가 서기 67년 죽기 전까지 간단한 기록을 많이 만들었으며, 베드로가 승인한 전체적인 윤곽에 따라서, 로마에 있는 교회를 위하여, 베드로가 죽은 직후부터 이 기록을 쓰기 시작하였다.

이 기록은 68년 말경에 완성되었다. 마가는 순전히 자신과 베드로의 기억에 의존하여 글을 썼다. 그 기록은 그 후에 많이 변경되었다. 수많은 구절이 삭제되고 후대의 문서들 일부가 끝부분에 삽입되어 복음서 원형의 5분의 1에 해당하는 후반부 부분을 대치하였다. 최초의 원본에 있었던 그 부분은 사본이 만들어지기 전에 유실되었다. 안드레의 초고와 마태의 초고와 함께, 마가의 이 기록은 예수의 일생과 가르침을 그려내려고 하였던, 후에 기록된 모든 복음서에서 성문화된 기초역할을 하였다.

② 마태복음

이 복음서는 유대인 그리스도교인 들을 교화시키기 위하여 쓰인 주의 일생에 관한 기록이다. 이 기록의 저자는 예수의 일생에서 그가 행한 사건 대부분이 '예언자에 의해서 선포된 말씀이 성취될 것이다'라는 말과 일치하고 있음을 보여주려는 일관된 노력을 견지하였다. 마태복음에서는 예수를 다윗의 자손으로 묘사하고 있으며, 그가 율법과 선지자들을 크게 신뢰하고 있는 것처럼 서술한다. 사도 마태는 이 복음서를 쓰지 않았다. 마태의 제자 중 하나인 이사도르가 이것을 기록하였는데, 그는 작업을 하는 데 이 사건에 대한 마태의 개인적 기억뿐만 아니라 예수가 십자가에서 돌아가신 직후에 이사도르 자신이 그의 말씀들을 모아놓은 그것들의 도움도 받았다. 마태가 기록한 것들은 아랍어로 되어 있었다. 이사도르는 그리스어로 기록하였다. 이 글을 마태의 작품이라고 공언함은 속이려는 생각은 전혀 없었다. 이렇게 하는 것은 제자들이 자기 스승에게 경의를 표하는, 당시의 관습이었다.

　마태의 원래 기록은 서기 40년, 그가 예루살렘을 떠나 복음을 전파하러 가기 직전까지 편집되고 첨가되었다. 이 기록은 사적이었으며, 마지막 사본이 서기 416년 시리아의 수도원 화재 때 소실되었다.

　서기 70년 티투스 장군의 무리가 예루살렘을 포위하였을 때 이사도르는 마태의 단편적인 기록들을 가지고 도시를 빠져나와 펠라로 도피하였다. 서기 71년, 펠라에 거하면서 이사도르는 마태의 단편적 기록에 따라 복음서를 기록하였다. 그는 마가의 기록 중 5분의 4에 해당하는 첫 부분을 갖고 있었다.

③ 누가복음

　피시디아의 안디옥(지금의 터키)에서 의사였던 **누가**는 바울에 의해 개종당한 이방인이다. 그는 주의 일생에 관하여 매우 다른 이야기를 기록하였다. 그는 서기 47년 바울을 추종하기 시작하면서 예수의 일생과 가르침에 대하여 배웠다. '누가'는 바울은 물론 다른 사람들로부터 이 사실을 수집하여 '예수 그리스도 주님의 은혜'에 대해 많이 기록하여 보관하였다. 그는 바울이 죽기 전에는 자신의 많은 단편적 기록을 복음서로 만들지 않았다. 누가는 아가야에서 82년에 기록하였다. 그는 그리스도 와 그리스도교에 관한 역사를 다루는 세 권의 책을 쓸 계획이었으나 두 번째 책인 '사도행전'을 완결하기 직전인 서기 90년에 죽었다.

　누가는 복음서 편집을 위한 자료를 처음에는 바울이 전하여 준 자기 체험과 관련하여 말하였던 예수의 일생에 대한 자료에 의존하였다. 따라서 누가복음은 어떤 면에서 바울에 의한 복음서라고 할 수 있다. 그러나 누가는 다른 정보들도 갖고 있었다. 예수의 생애에서 여러 가지 일들에 관하여 목격한 많은 사람과 면담했을 뿐 아니라, 마가복음의 5분의 4에 해당하는 이사도르의 글과 78년 안디옥에서 세데스 라는 신자가 쓴 간단한 기록도 가지고 있었다. 누가는 또한 사도 안드레의 것으로 여겨지는, 종합적이고 많이 편집된 단편적인 기록의 사본도 가지고 있었다.

④ **요한복음**

요한의 복음서는 다른 기록에서 볼 수 없는, 유대 지역과 예루살렘 근방에서 예수의 활동이 많이 기록되어 있다. 이것은 세베데의 아들 요한에 의한 복음서라고 불렸으며, 비록 요한이 직접 복음서를 쓰지는 않았지만, 그의 영향으로 이루어진 것은 사실이다. 이 복음서가 첫 번째로 쓰인 이후, 요한 자신이 직접 쓴 것으로 보이기 위해 수차례에 걸쳐 편집되었다. 이 기록이 작성되었을 때 요한은 다른 복음서들을 가지고 있었고, 많은 내용이 생략되어 있음을 발견하였다. 따라서 그는 서기 101년 99세에 가이사랴에서 온 그리스 유대인 자기 동료 나단을 설득하여 이것을 기록하기 시작하였다. 요한은 자신이 기억하는 사실들을 그에게 제공하였고 이미 쓰인 세 권의 기록을 참고하도록 하였다. 요한 자신이 직접 쓴 기록은 없었다. '요한 1서'라고 알려진 서신서는 그가 직접 쓴 것이었는데, 그것은 그의 지도에 따라 나단이 기록한 작품의 서언에 해당하는 편지였다.

이 저자들 모두는 예수의 모습을 보았던 그대로, 기억나는 대로, 혹은 그에 대하여 배운 대로 정직하게 기록하였다. 오래전에 있었던 이 사건들은, 나중에 지지받게 된 바울의 그리스도교 신학에 따라서 영향을 받았다. 거의 2000년 동안 지구 역사의 방향을 바꾸기에, 충분한 것이었다.

5. 예수의 탄생과 유아 시절부터 29세까지

① **예수의 탄생**

기원전 7년 8월 21일 정오에 태어났다.

팔 일째 되는 날에 할례를 받았고 공식적으로 예수(여호수아)라는 이름이 주어졌다.

태어난 지 3주 후 메소포타미아 우르에서 온 사제들로부터 선물을 받았다. 요셉, 마리아, 예수는 베들레헴에서 1년 이상을 머물러 있었다. 생계는 요셉이 목수 일로 꾸려나갔다.

기원전 6년 10월 중순 헤롯은 베들레헴의 모든 가정을 조사해 두 살 아래의 남자아이는 다 죽이라고 명령하고자 하였다. 살해 사건이 있던 전날 밤 헤롯 측근이 사가리아에게 살해 계획을 알려주었다. 이때 16명의 남자아이가 살해되었다.

요셉은 가족을 데리고 그 밤에 사가리아가 마련해 준 돈으로 이집트 알렉산드리아로 갔다. 요셉은 부유한 친척 집에 머무르는 동안 목수 일을 할 수 있었다.

예수가 '약속의 아이'라는 사실을 친척 몇 명에게만 말했는데 친척 중 한 사람이 멤피스에 있는 이크나톤의 먼 후예들인 친구들에게 이 사실을 누설하였다. 이를 안 알렉산드리아의 작은 집단의 신자들이 요셉의 친척 후원자의 집에 모여 나사렛 가족의 평안을 빌고 아이에게 경배하였다. 이때 모였던 사람들이 히브리 경전의 그리스어로 번역된 전권을 선물하였다.

예수를 팔레스타인보다 알렉산드리아에서 교육하라는 설득을 거부하고 헤롯이 죽은 후 기원전 4년 8월 하순에 에즈레온 소유의 배를 타고 요파 항구를 통하여 베들레헴으로 갔다. 기원전 4년 10월 초 베들레헴을 떠나 리다와 스키토폴리스를 거쳐 나사렛을 향해 떠났다. 마리아와 아이는 나귀를 타고, 요셉과 다섯 명의 친지는 걸어서 갔다.

② **나사렛으로 돌아옴**

나사렛으로 돌아올 당시 예수는 3년 2개월쯤 되었다. 예수가 약속의 아이라는 사실을 갈릴리의 친구나 친척들에게 언급하지 않기로 마리아와 요셉은 결정하였다. 기원전 3년 4월 2일 이른 아침 둘째 아이 야고보가 태어났다. 기원전 3년 7월의 갈릴리에 악성 장염이 퍼져 마리아는 두 아들을 데리고 시골 오빠 집에 피신하였다. 예수는 두 달 동안 농장 생활을 즐겼다.

③ **5살 되던 해** (기원전 2년)

소년 예수는 최초로 자기 자신이 직접적으로 도덕적 결정을 내릴 나이가 되었다. 파라다이스 아버지의 신성한 생각 조절자(아버지의 분신)가 예수 안에 거하기 위해 도래하였다. 이 일은 기원전 2년 2월 11일에 일어났다. 그 조절자는 이전에 마키벤타 멜기세덱과 봉사한 적이 있었다. 그는 초 인간적 존재가 육신화 한 그 속에서 활동한 체험이 있었다. 예수는 생각 조절자가 마음속에 거하도록 받아들이고, 그 마음이 궁극적으로 영성 화 되도록 하는 일과 자신이 진화하는 불멸의 혼이 영원토록 살아남도록 일하게 하였다. 그날 이전이나 이후 다른 아이들과 마찬가지로 이 신성한 감시자가 자신에게 온 것을 의식하지 못하였다.

기원전 2년 7월 11일 밤 여동생 미리암이 태어났다. 예수는 어린 남동생과 아기 여동생을 매우 좋아하였으며, 마리아에게 큰 도움이 되었다. 그 당시 유대인 가정은 아이들을 양육하는 데 체계적인 프로그램을 하고 있었다. 그들은 아이들의 삶을 다음과 같이 일곱 단계로 나누었다.

1 생후 8일까지는 신생아.
2 젖 먹이.
3 젖을 뗀 아이.
4 5살이 끝날 때까지 계속되는, 어머니에게 의존하는 시기.
5 아이들이 독립적으로 생활하기 시작하며, 아들의 경우에는 아버지가 가르칠 책임을 갖게 되는 시기.
6 청소년기의 남, 여 아이들.
7 남, 여 젊은이들.

다섯 번째 생일까지만 아이 기르는 책임을 어머니에게 지우는 것이 갈릴리 유대인의 관습이었다. 그 이후 남자아이면 교육은 아버지에게 책임이 맡겨졌다. 기원전 2년 8월 21일 공식적으로 앞으로의 교육은 요셉이 맡게 되었다.

이제는 예수의 지적이고 종교적인 교육은 요셉이 책임지게 되지만, 마리아는 집안에서 그를 교육하는 일에 여전히 관심을 가졌다. 예수는 오래되지 않아 아람어와 그리스어 그리고 히브리어까지 유창하게 읽고 쓰고 말하게 되었다.

④ 6살 되던 해에 일어난 사건들 (기원전 1년)

그리스어 교본으로는 이집트를 떠나올 때 선물로 받은 히브리어 경전 그리스어 번역본이 사용되었다. 나사렛 전체에 그리스어로 번역된 전권의 사본은 두 개밖에 없었다.

그래서 많은 사람이 이 집을 찾아왔다. 예수는 자라면서 이 경전을 보려고 집에 찾아온 진지한 학도들과 진리를 찾고자 하는 사람을 끝없이 접할 수 있었다. 예수가 어린 시절 큰 충격을 체험한 것은 채 여섯 살이 되지 않았을 때였다. 아버지와 어머니가 합하면 모든 것을 알 수 있을 것으로 생각하였는데, 방금 발생한 약한 지진의 원인에 관한 질문에 아버지가 '내 아들아, 나는 실제로 모르겠다.'라고 대답하자 호기심 많은 이 아이는 매우 놀라고 당황했다. 이때부터 자연 현상과 보이지 않는 세력들의 영향에 대해 생각하기 시작하였다.

서기 1년 초여름 사가리아와 엘리자벳이 아들 요한을 데리고 나사렛 가족을 찾아왔다. 부모들은 아이들의 장래에 대해 많은 이야기를 나누었고, 예수와 요한은 이 며칠 동안 매우 잘 지냈다. 예루살렘 근처에서 왔던 요한을 만난 후, 예수는 이스라엘 역사에 대해, 특히 안식일 의식, 기념일 축제, 등불을 밝히는 축제 등에 비상한 관심을 보이기 시작했다.

요셉과 마리아는 예수가 드리는 기도에 대해 의견 충돌이 있었다. 예수는 아버지 요셉에게 말하는 것과 똑같은 태도로 하늘에 계신 아버지께 말하는 것을 고집하였다.

요셉은 나사렛 가게를 그의 형제들에게 넘겨주고, 건축자로 나섰다. 그래서 수입이 세 배 이상 늘어서 교육과 여행을 하면서도 여유로웠다.

⑤ 7살이 되던 해 (서기 1년)

서기 1년 1월 초 갈릴리에는 2피트가 넘는 눈이 내렸다. 이는 나사렛에서 100년 이래 최대의 폭설이었다. 예수는 유머 감각이 뛰어났고 노는데 소질이 있었다. 열네 살까지 시간 대부분을 명랑하고 밝게 보냈다.

미리아는 집에 붙어 있는 축사 지붕에 비둘기 집을 마련해 놓았다. 그들은 비둘기를 팔아 특별 자선기금으로 사용하였는데, 예수는 그것에서 십일조를 하고 나머지 기금은 맡아 관리하였다.

예수는 평소처럼 옥상에서 놀고 있었는데, 건기인 7월에 이례적으로 모래폭풍이 불어왔다. 계단으로 내려오던 그의 눈에 모래가 들어가는 바람에 계단에서 굴러떨어졌다. 이 사고 후 요셉은 계단 양옆에 난간을 설치하였다.

이 사고는 어떤 방법으로도 미리 방지될 수 없었다. 이 아이를 보호하기로 되어 있었던 중도자나 수호천사의 실책도 아니었다. 단지 피할 수 없는 일이었을 뿐이었다. 물리적인 세계 속에서 늘 발생하게 되는 이러한 물질적 사고에, 천상의 개인성은 독단적으로 끼어들지 않는다.

나사렛 가족의 네 번째 아이 요셉이 서기 1년 3월 16일 수요일에 태어났다.

⑥ 나사렛에서의 학교 시절

예수는 일곱 살이 되어 회당 학교에서 공식적인 교육을 받게 되었다. 열 살이 될 때까지 3년 동안 나사렛 회당에 있는 초등학교에 다녔다. 이 기간에 히브리어로 기록된 율법에 있는 보다 어려운 가르침을 크게 반복하여 읽음으로써 암기하는 과정을 거쳤다. 열세 살이 되었을 때, 이 회당 학교를 졸업했다. 교육받은 '계명의 아들'로서 이제부터는 이스라엘의 국민으로서 책임 있는 시민이 되었다.

예루살렘에서 행해지는 유월절 행사에 참여할 수 있는 자격이 부여되었고 회당 관료로부터 부모에게 인계되었다. 따라서 그 해에 아버지 어머니와 함께 처음으로 유월절 행사에 참여하였다. 나사렛 회당은 히브리어로 쓰인 성서 전권 하나를 가지고 있었다. 열두 살까지는 성서만을 공부하였다.

예수는 공식적인 학교생활 이외에 아버지의 수리소를 거쳐 지나가는 세계 방방곡곡으로부터 오는 많은 사람과 접촉하기 시작하였다. 더 나이가 들게 되자, 쉬거나 요기하려고 우물 근처에서 머물고 있던 카라반들과도 자유롭게 어울렸다. 유창한 그리스어 덕분에 대부분의 카라반 여행자나 지휘-안내자들과 대화하는 데 어려움이 없었다.

나사렛은 카라반들이 경유하는 곳이었고 여행경로의 교차점이었다. 주로 이방인들이 살고 있었고, 유대 전통적인 율법을 개방적으로 해석하는 중심지로 널리 알려져 있었다. 이러한 여건들로 인하여 예루살렘에서는 '나사렛에서 무슨 선한 것이 나올 수 있겠는가?'라는 말이 공공연하게 떠돌 정도였다.

유대인이든 이방인이든 그가 어울린 사람과의 이러한 친밀한 교제는, 그에게 인간 종족에 대해 알 기회를 잘 제공했다.

나사렛의 교사 카잔은 예수가 학교에서 과정을 마쳤을 때 '그 소년을 가르칠 수 있었다기보다는 오히려 예수의 탐구적인 질문으로부터 더 많은 것을 배울 수 있었다'라고 요셉에게 털어놓았다.

안식일의 나사렛에 머물게 된 저명한 방문자들에게 회당에서 설교하도록 부탁하는 것이 관례였다. 예수는 자라면서 유대인 전체 세계에서 손꼽히는 많은 사상가가 해석하는 견해들을 들었고, 나사렛에 있는 회당이 히브리 사상과 문화의, 진보적이고 개방적인 중심지였기 때문에, 정통 유대인이라고 할 수 없는 많은 사람의 견해도 들을 수 있었다.

일곱 살이 되어 학교에 들어가게 되면 (당시 유대인은 막 교육법을 제정했다) 학생은 자기의 '탄생 기념 성구'를 선택하여 공부하는 동안 내내 하나의 황금률이 되도록 하는 것이 관례였다. 그들이 열세 살이 되어 졸업하게 되었을 때 이 성구에 대해 상세히 설명하곤 하였다. 예수가 선택한 성구는 이사야 61장 1절이다.

'주 하나님의 영이 내게 임한 것은, 주님이 나에게 기름을 부으시기 위함이다. 가난한 자들에게 아름다운 소식을 전하고, 슬픔과 절망에 빠진 자를 감싸 치료하며, 포로 된 자들에게 자유를 선포하고, 영적으로 갇힌 자들을 해방하려고 그가 나를 보내셨다'라는 내용이었다.

나사렛의 자연환경과 전통

나사렛은 히브리 민족 24명의 제사장 본부가 있는 도시 중의 하나다. 갈릴리 지방의 제사장들은 전통적인 계명의 해석에 유대 지방의 학자나 랍비들보다 더 개방적이었다. 나사렛에서는 안식일을 지키는 것에 서도 더 자유로웠다. 그래서 요셉은 안식일 오후에 예수를 데리고 종종 산책하였다. 집 근처의 높은 언덕에 올라가면 갈릴리 지방의 사방이 훤히 보인다. 맑은 날에는 북서쪽으로 갈멜산의 능선이 지중해를 향해 뻗어 내려간 것을 볼 수 있다. 북쪽으로는 눈 덮인 3,000피트가 되는 산봉우리가 만년설로 빛난다. 멀리 동쪽으로는 요단 계곡을 식별할 수 있고, 더 멀리는 모압의 험한 산이 자리를 잡고 있다. 멀리 남쪽과 동쪽으로는 데가 폴리스에 그리스·로마풍의 도시를 둘러싸고 있는 대리석 벽에 해가 비칠 때는 위세를 부리는 성전과 원형 극장이 보인다. 서편으로 지는 해를 향하여 거닐 때는 멀리 지중해의 배들을 식별할 수 있다. 남쪽으로는 길보아 산과 사마리아까지 뻗어 있는 에스드랠론의 광활하고 비옥한 평야를 내려다볼 수 있다.

⑦ 8살이 되던 해 (기원후 2년)

이 해는 학교에서 재미있게 보낸 한 해였다. 예수는 비범한 학생은 아니었지만, 매우 부지런하였다. 학생 중에 보다 진취성을 보이는 3분의 1에 속하였다. 그는 맡은 일을 잘 해냈기 때문에 한 달에 한 주일 정도는 출석하지 않아도 되었다. 이 동안에는 막달라 근처의 갈릴리 호수에서 어부인 삼촌과 시간을 보내거나 5마일가량 떨어진 외삼촌 농장에서 시간을 보냈다. 이 무렵 예수는 다마스쿠스에서 온 수학 선생을 만나서 숫자와 공간 그리고 비율에 대해 예리한 감각을 키웠다.

예수는 동생 야고보를 좋아하였으며 이 해가 끝날 무렵에는 그에게 철자법을 가르치기 시작하였다. 이 해에 수금을 배우기 시작하였고 열한 살이 되었을 때는 능숙한 수금 연주자가 되었다. 비범한 연주 실력과 뛰어난 즉흥곡으로 가족과 친구들을 즐겁게 해주는 것을 좋아하였다.

예수가 학교에서 부러움을 살만한 진보를 보이는 동안 순조롭기만 한 것은 아니다. 과학과 종교에 대해 그리고 지리학과 천문학에 대해 난처한 질문을 많이 했다. 팔레스타인에 건기와 우기가 왜 존재하는지, 요단 계곡의 온도 차가 왜 많이 나는지 집요하게 물었다.

세 번째 남동생 시몬이 서기 2년 4월 14일 금요일 저녁에 태어났다.

2월 예루살렘에 있는 랍비 학교의 선생인 라호르가 사가리아의 집을 방문했다. 그는 요한의 아버지 사가리아의 부추김을 받아 나사렛에 오게 되었다. 예수의 솔직함과 비전통적인 태도에 다소 충격을 받으면서, 이러한 태도는 갈릴리가 히브리 정통 교육과 문화에서 격리된 탓으로 돌렸다. 라호르는 예수가 예루살렘으로 가서 교육과 문화의 혜택을 받게 하는 것이 좋을 것이라고 요셉과 마리아에게 조언했다. 마리아는 그의 설득에 동의하였지만, 요셉은 주저하였다. 라호르는 이 문제에 대한 결정권을 예수에게 맡기자고 제안하였다. 예수는 주의 깊게 듣고 나서 마리아, 요셉, 이웃과 의논한 후 이틀 후에 대답하기를 자기 부모의 의견과 충고자들의 의견이 다르고, 자기 자신도 어느 한쪽도 선호하지 않기 때문에, '하늘에 계신 내 아버지께 의논해' 보기로 하였지만, 거기에 대한 응답에 완전하게 확신이 없으므로 차라리 '내 아버지 어머니와 함께' 집에 남아있는 것이 낫겠다고 생각하였다고 말하였다.

1) 예수의 유년기 이후

예수가 지인들의 권고를 받아들여 알렉산드리아에서 교육받았다면 갈릴리보다 좋은 기회를 가질 수는 있었겠지만, 갈릴리는 전 세계의 모든 지역으로부터 여러 계층의 문명화된 사람과 빈번한 접촉을 할 수 있는 곳이다. 히브리 신학에 대한 동방 또는 바빌로니아적 시각과 서방 또는 그리스적 시각이 어떤 상대적인 장점이 있는지 균형 잡힌 관념은 가질 수 있게 하였다.

① 예수가 9살 되던 해 (서기 3년)

동생들과 함께 어린아이들이 흔히 앓는 사소한 병을 앓기도 하였다. 나사렛 남쪽에 있는 삼촌의 농장에 가기도 하고 아버지와 함께 낚시 여행을 하기도 하였다.

형상들과 초상화들 그리고 그림들은 모두 우상이라고 카잔(선생)의 가르침에 예수는 도전이라도 하는 듯 그림을 그리고 흙으로 다양한 물체 만들기를 좋아하였다. 이 일로 학교에서 장로들이 집으로 찾아왔으나 예수의 용기 있고 지혜 있는 주장으로 돌아갔다. 이날 이후로 예수는 수긍하지는 않았으나 물체와 비슷한 모양이나 그림을 그리지 않았다.

예수의 둘째 여동생인 마르다는 서기 3년 9월 13일 목요일 밤에 태어났다.

요셉은 작업장 겸 침실을 집에 덧붙여서 짓고 예수를 위하여 작은 작업대를 만들어 주었다. 몇 년 후 예수는 멍에 만드는데 상당한 숙련자가 되었다. 예수는 어린 시절부터 독창적인 깊은 사색가였으며 능숙한 선생이었다. 그는 소위 '구전되는 율법'이라는 모든 것을 항상 탐탁지 않게 여겼지만 언제나 집안 풍습에 적응하려고 애썼다. 그는 나이 또래의 아이들과 잘 지냈으나 느린 정신적 반응 때문에 실망하곤 하였다. 신체적, 지적, 종교적 인품을 장려하는 모임을 만들고 이 7인 모임의 지도자가 되었다.

② 10살 되던 해 (서기 4년)

서기 4년 7월 5일 이달의 첫 안식일에, 예수는 아버지와 시골길을 걸으면서 그의 생애에 해야 할 사명이 비범한 성격임을 스스로 인식하여 가고 있음을 가리키는 느낌과 생각을 처음 표현하였다. 요셉은 아들의 말을 주의 깊게 들었지만, 마리아 역시 **자진하여 어떤 정보도 주지 않았다.** 거의 2년이 지나서 부모에게 그가 지닌 성품과 성격 그리고 이 땅에서 해야 할 그의 사명 특성과 관련하여 그 자신의 의식 안에서 점점 커가는 계시에 관하여 말하였다.

예수는 8월 회당에 소속된 상급 학교에 진학하였다. 학교에서 질문을 그치지 않음으로써 끊임없이 문제를 일으켰다. 그의 담임 선생은 그 소년의 호기심과 통찰력, 지식을 향한 열망에 크게 흥미를 갖게 되었다.

예수의 놀이 친구들은 그의 행동에서 초자연적인 것은 전혀 발견하지 못하였다. 그는 어떤 면에서든지 그들과 똑같았다. 학업에 대한 그의 관심은 보통 이상이었으나 특출한 것은 아니었다. 다른 아이들보다 더 많은 질문을 하였다.

눈에 띄는 특색이라면 예수는 자신의 권리를 위해서는 싸우려 하지 않았다. 나이에 비해 몸집이 좋은 아이였기 때문에, 불공정을 당하거나 모독당하는 경우라도 방어하지 않는 것은 친구들에게 이상하게 보였다. 한 살 더 많은 친구 야곱은 예수의 성격을 알기에 나서서 방어하고 반격해 주었다. 그는 동료로부터 사랑받았고, 우두머리로 인정받았다. 이 해부터 자기보다 나이 많은 사람과 어울리는 것을 더 좋아하는 것이 나타나기 시작하였다. 두 달 동안 삼촌과 함께 고기 잡는 체험을 하였으며 이미 능숙한 어부가 되었다. 그는 태생적으로 선생이었으며 놀이할 때도 그러한 태도를 보였다.

갈릴리는 유대 지방보다 아름답게 번영하였으며, 생활비는 예루살렘이나 유대 지방의 4분의 1 정도면 충분하였다.

그곳은 농업에 종사하는 마을과 번창하는 산업도시가 있는 지역이며 5,000명 이상의 인구를 가진 성읍이 200개가 넘었고, 15,000명이 넘는 성읍도 30개 이상이었다.

③ 11살 되던 해 (서기 5년)

이 해는 아버지와 여러 차례 여행하였고, 삼촌 농장에도 자주 방문하였다. 때로는 막달라에 가서 삼촌과 고기를 잡았다. 동생보다 자기를 편애하면 바로 거절하였다. 카라반들과 세계 곳곳에서 온 여행자들과 대화 함으로써 국제적 관련사에 대하여 많은 정보를 얻었다. 이 해는 자유롭게 놀면서 아이로서 즐거움을 만끽할 수 있었던 마지막 해였다.

서기 5년 6월 24일 수요일 저녁 일곱 번째 아이 유다가 태어났다. 유다가 태어나고부터 마리아가 아파서 맏아들로서 바쁘게 지냈다. 카잔은 장래가 촉망되는 자기 학생이 예루살렘으로 가서 박식한 랍비 밑에서 학업을 계속하라는 권고에 왜 무관심 한지 이해할 수가 없었다.

예수는 데카 폴리스 지방의 이방 대리석 신전을 보고 감탄하였다. 스키 토 폴리스의 원형 극장에서 육체적 용맹을 실증하고 경쟁하는 시합을 보고 열광적으로 매료되었다. 요셉은 아들이 시범 경기를 열광적으로 관람하는 것을 보고 충격을 받았다. 집으로 돌아가면 나사렛에 원형 극장을 짓자고 하는 바람에 기절할 정도로 놀랐다. 예수는 평생 건전한 오락에 대한 관념을 개인적 계획으로 도입해 보려고 시도하였다. 후일 십이사도의 활동 계획에 이것을 시도하였다.

11살이 끝날 무렵에는 깊은 묵상과 진지한 사색에 많은 시간을 보냈다. 자기 가족을 부양하면서 세상을 향한 자신의 소명에 충실할 방법에 대하여 많은 생각을 하였다. 자신의 사명이 유대 민족을 향상하는 것에 제한되어 있지 않다는 것을 이미 인식하고 있었다.

④ 12살이 되던 해 (서기 6년)

예수는 집에 있는 목공소에서 일하기 시작하였고 수입을 직접 관리하였다. 마을에서 문제를 일으키던 원인을 알게 되었고, 동료들과 다르게 보일 수 있는 일들은 숨기면서 사려가 깊은 사람이 되어갔다. 자연적으로 성장한 그의 마음으로는 자신의 이중적인 본성의 실체를 완벽하게 이해할 수 없었다. 형제자매들과 더욱 잘 지냈으며, 점점 더 재치 있는 사람이 되었고, 그들의 번영과 행복에 대하여 항상 연민을 가지고 배려하였다.

예수의 부모는 맏아들 속에 초인간적인 어떤 존재가 들어있다는 것을 점점 더 깨닫게 되었지만, **이 약속의 아이가 참으로 이 지역 우주의 사물과 존재들을 창조한 창조자라는 사실을 꿈에도 상상하지 못하였다.** 요셉과 마리아는 자기들의 아들 예수가 정말로 필사자의 **육신을 입고 세상에 내려온 우주 창조자라는 사실을 전혀 알지 못한 채로 죽었다.**

마리아는 예수 사명의 의의에 대하여 점점 더 이해하지 못하였고 자신의 맹신적인 기대를 만족시켜 주지 않는 것을 보면서 더 상처를 입었다. 요셉은 예수 사명의 영적 본질에 대해 점점 확신을 두게 되었다.

문설주의 양피지 문서에 습관적으로 경의를 표하는 것은 우상숭배의 요소가 있음을 지적하였다. 요셉은 예수의 항의를 받은 후 그 양피지 문서를 제거하였다. 예수는 진실과 정의에 대한 신념과 부모와 가족에 대한 책무를 조화롭게 성취하였다.

⑤ **13살 되던 해** (서기 7년)

예수는 소년기를 벗어나 청년기에 들어가게 되었다. 그의 음성이 변화하기 시작하였고, 몸과 마음의 다른 특징들도 어른의 지위에 도달하려는 증거들이 나타났다.

서기 7년 1월 9일 일요일 밤 남동생 아모스가 태어났다.

2월 중순쯤 땅에서 사람을 깨우치고 하나님을 들어내는 임무를 수행하는 운명을 가진 것을 인간으로서 확신하게 되었다.

서기 7년 3월 20일 나사렛 회당에 부속된 지역 학교에서 훈련 과정을 졸업했다. 꿈이 큰 유대인 가족에 가슴 벅찬 날이다. 이날은 맏아들이 '계명의 아들'이라는 이름이 붙여지고, 이스라엘 주 하나님의 대속함을 받은 첫아들, '지고자의 아이'인 동시에 이 세상 전체 주의 종으로 선포되는 날이다.

예수를 가르친 선생은 주의 깊고 부지런한 제자가 눈에 띌 만한 출세, 어떤 특별한 사명을 수행하게 될 것이라고 확고하게 믿었다. 장로들이 이 소년을 자랑스럽게 여겼고, 유명한 히브리 학교에서 공부할 수 있도록 계획을 세우기 시작했다.

이러한 계획이 토론되는 것을 들으면서, 예루살렘으로 가서 랍비들과 공부하지 않을 것이라는 결심을 점점 더 확고하게 하였다.

⑥ 예루살렘으로 여행

이 해의 유월절 축제는 서기 7년 4월 9일 토요일이었다.

4월 4일 월요일 아침 103명의 나사렛 사람은 예루살렘을 향하여 떠났다. 나사렛을 떠난 지 넷째 날 올리브 산을 오르기 시작했다.

산 너머에는 거룩한 예루살렘 성이 있고 동쪽 비탈에는 베다니 라는 마을이 있다. 마을 입구에서 쉬고 있었는데, 마을 사람이 순례자를 보살피기 위하여 몰려나왔다. 요셉은 우연히 시몬이라는 사람의 집 가까이에 머물게 되었는데, 시몬은 예수와 같은 또래 마리아, 마르다, 나사로라는 이름의 자녀가 있었다. 시몬은 요셉의 가족이 쉬어갈 수 있도록 초대하였고, 이를 인연으로 평생의 우정이 생기게 되었다. 그 후 예수는 사건 많은 평생 여러 차례 이 집에 머물렀다.

목요일 오후 서둘러 미리 약속된 마리아의 부유한 친족 집에 도착하였다. 요셉은 틈을 내어 예수를 데리고 2년 후 15세가 되면 입학하게 될 학원을 방문 하였다. 요셉은 주의하여 마련한 이 계획에 대하여 예수가 흥미를 보이지 않자 어리둥절했다.

예수는 성전 행사와 활동에 깊은 감명을 받았다. 그는 깊은 생각에 몰두하여, 많이 묻지 않았다. 하늘에 계신 아버지는 왜 죄 없고 무력한 동물을 그렇게 많이 도살하도록 요구하는가, 등의 난처한 질문을 몇 가지 하였다.

유월절 안식일 전날에, 영적 광채의 홍수와 같은 물결이 예수의 마음을 휩쓸고 지나갔다. 이날은 하나님의 아들이 육체를 입고 보낸 특이한 날 중 하나였다.

그 날밤, 땅에서 살던 생애에 처음으로, 임마누엘의 명령을 받아 살빙톤으로부터 파견된 사자가 그에게 나타났다. '**그는 때가 왔습니다. 이제 비로소 당신 아버지의 일을 시작할 때가 되었습니다.**'

그리하여 나사렛 가족을 돌보는 무거운 책임이 지워지기 전인, 열세 살이 채 안 된 소년에게, 우주에 대한 책임을 재개해야 할 시간이 도래하였음을 주지시켰다. 이것은 아들의 증여를 완성하고 그의 인성과 신성의 어깨 위에 우주 정부를 올려놓게 하였다.

시간이 지나면서 육신화의 신비는 우리 모두에게 갈수록 깊이를 헤아릴 수 없게 되었다. 이 나사렛 소년이 네바돈 우주의 창조자였다는 사실을 이해할 수 없었다. 그럴 뿐만 아니라 우리는 지금도 어떻게 해서 **창조주 아들의 영과 그의 파라다이스 아버지의**

영이 인간의 혼과 연합될 수 있는지 이해하지 못한다. 시간이 지나감에 따라, 그의 인간 정신이 육신으로는 자기 인생을 살지만, 영으로는 자기 어깨 위의 우주에 대한 책임이 지워져 있다는 사실을 점점 더 뚜렷이 식별하고 있음을 알 수 있었다.

이제 소년의 경력이 끝나고 청년기에 들어간 이 젊은이는 스스로 신성한 인간임을 자각하는 이야기가 시작된다. 일생의 목적을 부모의 기대, 자기 가족, 그가 사는 시대의 사회에 대한 의무와 통합하려고 애쓰면서, 삶의 여정에 대해 깊이 생각하기 시작한다.

2) 예루살렘에서의 예수

예루살렘 첫 방문은 예수의 마음을 사로잡았고 감동되게 하였다. 혼자서 성전 토론에 참석한 체험과 간섭받지 않은 1주일 동안 독립된 생활은 오랫동안 기억에 남았다.

예루살렘 축제에 여인들은 의무가 아니기 때문에 거의 참여하지 않았다. 예수는 어머니가 함께 가지 않으면 가지 않겠다고 하였다. 그의 어머니가 동행하기로 하자 여러 명의 나사렛 여인들도 따라나섰다.

예수는 이스라엘 시민으로 봉헌될 새로운 율법의 아들과 합류했다. 마리아는 여인이므로 봉헌식에 참석할 수 없었다. 어머니가 그런 불공정한 차별로 고통받게 되었다는 것에 분개하였다. 성전 경내는 한꺼번에 20만 명 정도 수용할 수 있을 만큼 넓고 웅장했다. 그는 경배의 영적 의미에 대해 깊이 사색하는 일에 열중하였다.

예수는 진노의 하나님 또는 전능자의 노여움에 대한 믿음이 내포된 이러한 경배와 종교적인 헌신에 대한 설명을 순수하게 받아들일 수 없었다. 성전 방문 후 이 문제에 대해 계속 토론하는 중에 호소하는 듯이 "아버지 그것은 사실이 아닙니다····." 하늘에 계시는 아버지는 세상의 아버지보다 얼마나 더 선하시고 자비가 넘치시겠습니까? 요셉과 마리아는 예수의 이런 말을 듣고 다시는 하나님의 사랑과 자비하심에 관한 마음을 바꾸려 하지 않았다.

① 성전을 구경하는 예수

성전 마당 어디를 가도 경건치 않고 불경스러움에 충격을 받고 기분이 상했다. 요셉이 이방인의 마당으로 데리고 갔을 때, 시끄러운 속어, 욕하는 소리, 양 떼 우는 소리, 환전상과 잡상인의 비천한 말들에서 충격을 주었다. 그들은 성전 돌계단 아래에 있는 제사장의 뜰로 내려갔다. 그곳은 제단이 있고 동물을 죽이는 장면과 제사를 집행한 사제들의 피투성이 손, 죽어 가는 짐승들이 지르는 소리가 들렸다. 자연을 사랑하는 이 소년은 역겨워서 견딜 수가 없었다.

요셉은 아들이 성전 의식을 보고 상처를 입은 것을 보았으므로 현명하게 그를 이끌어 미문을 보여주었는데, 이것은 고린도의 놋으로 만들어진 아름다운 예술적 대문이다.

마리아를 만나기 위해 성전 위쪽으로 올라갔다. 인파를 피해 경외를 걸으면서 하스몬 왕조 건물과 로마 경비병의 탑을 보았다. 요셉은 걸으면서 예수에게 예루살렘 시민은 매일 제물 의식을 볼 수 있고, 갈릴리 사람은 1년에 3번 유월절, 오순절, 장막절 축제 경우에만 참석할 수 있다고 알려주었다. 이런 축제는 모세가 만들었고 나중에 만들어진 봉헌식과 부림절 축제에 관해서도 이야기했다. 그 뒤에 숙소로 돌아가서 유월절 행사를 준비하였다.

② 예수와 유월절

원래는 마리아의 친척 집에서 유월절을 지낼 예정이었으나, 예수는 베다니 시몬의 초대에 응하도록 부모를 설득하였다.

예수는 양을 죽이지 않고도 유월절을 축하할 수 있다는 쪽으로 생각하기 시작하였다. 하늘에 계신 아버지께서도 이러한 희생물 제공 장면을 기뻐하지 않으실 것이라고 확신하게 되었다. 해가 갈수록, 언제인가는 피 흘림이 없는 유월절 축하 의식을 만들겠다는 결심을 더욱 굳게 하였다.

예수는 그날 밤에 잠을 이루지 못하였다. 유대 신학의 모순과 어리석음으로 인해 마음은 산란해지고 가슴이 아팠다.

다음 날 아침 나사로는 예수의 손을 잡고 예루살렘과 그 주변을 체계적으로 구경시켜 주었다. 유월절 주간의 수요일에, 베다니 나사로의 집에서 그날 밤을 지내도 좋다는 허락을 받았다. 그 날밤 이후 나사로 마르다 마리아는 진짜 형제처럼 예수를 사랑하게 되었다.

유월절 동안, 예수의 부모는 그가 두 손으로 머리를 싸매고 혼자 따로 앉아서 깊은 생각에 빠진 것을 자주 목격하였다. 날이 갈수록 자신의 문제에 관하여 집요하게 생각하였다. 주말이 되었을 때 많은 것이 정리되었지만, 풀리지 않은 문제로 인하여 혼란스러웠다.

예수는 부모와 자기를 가르친 선생과 함께 15세가 되면 다니게 될 학교를 방문했다. 그들의 말과 행동에 예수가 관심을 보이지 않아 걱정했다. 그 소년의 이상스러운 의견과 평소와 다른 행동 때문에 당황했다.

유월절 주간은 예수의 일생에 중요한 시간이었다. 헌납식에 후보자로 왔던 여러 나라에서 온 자기 나이 또래와 만남은 좋은 기회였다. 이집트, 메소포타미아, 투르키스탄, 파르티아, 로마의 극서 지방 사람의 생활방식을 배웠다. 150명이 넘는 소년과 이야기하고 세계여행을 하고 싶다고 생각하기 시작하였다.

③ 요셉과 마리아의 출발

나사렛 사람은 약속대로 축제가 끝난 첫날 오전에 성전 근처에서 만나기로 하였다. 다 모인 줄 알고 떠나서 여리고에 가서야 예수가 같이 오지 않았음을 발견하였다. 나사렛에서 출발할 때 예수는 어머니가 탄 당나귀를 끌고 여자들과 함께 예루살렘으로 왔고, 갈 때는 어른으로 헌납되었기 때문에 아버지와 다른 남자들과 함께 나사렛으로 가게 되어 있었다. 예수는 성전에서 토론에 열중하여 떠날 시간이 지났음에도 신경 쓰지 못하였다. 정오가 되어 성전 모임이 산회 될 때까지도 혼자된 사실을 모르고 있었다.

④ 성전에서 첫날과 둘째 날

예수는 그날 내내 토론을 들었으며 직접 참가하지는 않았다. 토론이 끝나자, 베다니 시몬의 집으로 갔으며 세 명의 아이가 반갑게 맞아 주었다. 그날 밤에 대부분을 정원에서 혼자 명상하며 보냈다. 아침 일찍 일어나 성전으로 갔다. 일찍 도착한 그는 토론에 참석하기로 했다. 요셉과 마리아도 일찍부터 예루살렘에 갈만한 곳을 찾아봤지만, 못

찾고 잠을 자기 위해 친척 집으로 갔다.

예수는 언제나 소년다운 태도로 겸손하게 질문하였다. 그날 날카로운 질문으로 선생들을 약간 당황하게 하였지만, 대부분 선생은 그를 잘 봐주고 싶어 하였다. 그는 다시 베다니로 가서 그날 밤을 지냈다. 그날도 명상과 기도를 하기 위해 정원으로 나왔다. 그는 마음속으로 중대한 문제에 대하여 깊이 사색하고 있음이 분명하였다.

⑤ 성전에서 셋째 날

셋째 날 갈릴리에서 온 소년에 대한 소문을 들은 많은 사람이 모여들었다. 시몬 역시 예수가 무엇을 하는지 보려고 베다니로부터 왔다. 요셉과 마리아는 이날도 몇 번 이곳까지 거의 왔으나 토론 모임 중에서 찾을 생각을 하지 못하였다. 토론 모임의 모든 관심은 예수의 질문에 집중되었다. 그의 많은 질문 중에는 다음과 같은 것이 있었다.

1 성전 휘장 뒤에 있는, 지성소에는 실제로 무엇이 있는가?
2 어째서 이스라엘에서 어머니들이 성전에서 예배하는 남자들과 따로 분리되어 있어야 하는가?
3 하나님이 자기 자녀를 사랑하는 아버지시라면, 신성한 은혜를 얻기 위하여 왜 이렇게 동물을 죽여야 하는가? 모세의 가르침을 잘못 해석한 것이 아닌가?
4 하늘에 계신 아버지께 예배드리기 위해 성전이 봉헌되었다면서, 세속적인 거래나 장사하는 사람이 들어오도록 허락하는 것은 그 정신과 일치하는가?
5 올 것이라 기대하는 메시아가 다윗의 왕좌에 앉을 현세의 왕이 될 것인가? 아니면 영적인 나라를 세우는 데 생명의 빛으로서 활동할 것인가?

거기서 종일 듣던 사람은 이런 질문에 경탄했고, 시몬보다 더 놀란 사람은 없었다. 그는 장로들의 견해에 대해서는 거의 의견을 제시하지 않았다.

예수는 질문을 통하여 자신의 가르침을 전달하였다. 능숙하고 영민하게 질문하므로 그들의 가르침에 이의를 제기했고 자신의 가르침을 제시했다.

반대자를 역 이용하는 것을 싫어했고 논리적으로 승리하려 하지 않았다. 다만 영구적 진리를 선포하고 하나님의 계시에만 관심을 두었다.

식후 정원으로 나와 밤이 깊을 때까지 골몰하였다. 일생에 할 일의 문제를 해결하는 분명한 계획을 생각하기 위하여 영적으로 눈먼 동포에게 하늘 아버지에 대하여 전보다 더 아름다운 개념을 계시하고, 율법과 제례, 예식 절차 그리고 진부한 전통이라는 속박에서 해방하는 좋은 방법이 무엇일까 노력하였다. 그러나 진리를 탐구하는 이 소년은 명쾌한 해답은 얻지 못하였다.

⑥ 성전에서 넷째 날

예수는 이상하게도 육신의 부모를 생각하지 않았다. 선생들은 예수가 그리스어와 히브리어를 잘 알고 있는 그것에 놀랐다. 예수의 부모는 율법 해석을 능숙하게 논쟁하는 소년이 있다는 사실을 들었으나 그가 자기 아들일 것은 생각하지 못하였다. 혹시 엘리자벳과 요한을 만나러 사가리아의 집으로 갔나 하여 성전 옆을 지나가는 길의 성전에서 흘러나오는 예수의 음성을 들었다. 성전, 선생들과 함께 앉아 있는 것을 보고 놀라고 경탄했다. 예수는 이제 성년으로 간주하는 이스라엘 시민으로 헌납되었는데 그런데도 마리아는 사람들 앞에서 신랄하게 꾸짖었다. 예수의 진지하고 숭고한 노력을 기울여 진리의 선생으로, 정의의 설교자로, 하늘에 계신 사랑 가득한 성격의 아버지의 증거자로서 자신을 나타낼 기회를 불명예스럽게 끝내도록 하였다.

예수는 당황하지 않고 "나를 찾는데 왜 그렇게 시간이 오래 걸리셨어요? 이제 내 아버지의 일을 할 때가 이르렀으니, 내가 아버지의 집에 있을 것이라는 생각을 못 하셨단 말입니까?" 모든 사람은 그렇게 대답하는 예수의 태도에 깜짝 놀랐다‥‥. 하늘에 계신 우리 아버지께서 준비하셨던 일들입니다. 이제 집으로 떠나시지요, 며칠 전 눈물을 흘렸던 올리브 산마루에 도착하자 감정이 격하여서 지팡이를 높이 들고 온몸을 부르르 떨면서, 오 예루살렘아, 예루살렘아, 그곳에 사는 사람들과 너희는 무슨 노예인가, 로마의 명에에 굴종하고, 전통에 희생된 자여, 언제인가 돌아와, 성전을 청결케 하고, 속박에서 나의 백성을 구원할 것이다.

집에 돌아온 예수는 부모에 대한 애정을 확신시켰고, 앞으로는 걱정시키는 일이 없을 것이라고 이야기하였다. 그리고 나는 하늘에 계신 내 아버지의 뜻을 따르는 동시에, 이 세상에서의 아버지에게도 순종하겠습니다. 나는 나의 때를 기다릴 것입니다.

예수는 그의 부모가 여러 번 그의 생각을 바꾸거나 방향을 바꾸도록 노력하였는데 동의하지 않았다. 마리아는 맏아들이 다윗의 왕권을 회복하고, 이방인에 의한 정치적 속박의 멍에를 없애줄 지도자가 되기를 바랐다.

3) 혹독한 2년

예수가 체험한 생애 가운데 열네 살과 열다섯 살 때가 가장 힘들었다. 자기의 신성한 운명을 비로소 깨달은 뒤에 내주하는 조절자와 많이 교통하기 전의 이 두 해는 힘겨운 시간이었다. 예루살렘 축제를 다녀오고 난 후 아버지와는 함께 많이 다니며 의논했지만, 어머니와 상의하는 일은 점점 줄어들었다. 한편 부모와의 세상일과 하늘 아버지의 일 사이에서 번갈아 가며 숙고하는 모습을 부모는 이해하기 어려웠다.

예수는 진지한 바리새인과 정직한 서기관은 존중하였으나 위선적인 바리새인과 정직하지 못한 신학자는 혐오하였다. 예루살렘 성전의 현자들 사이에서 이룬 예수의 공훈에 관한 이야기는 나사렛 회당 선생들을 흐뭇하게 하였다. 드디어 나사렛에서도 위대한 선생이 나오게 되었다고 내다보았다.

① 열네 살 되던 해 (서기 8년)

이제 열네 살이 되었다. 멍에를 잘 만들고 천과 가죽 다루는 솜씨가 능숙하다. 목수로 빨리 숙련되어 가구 제작자가 되었다. 여름에는 기도와 묵상을 위하여 북서쪽 산꼭대기에 자주 올라갔다. 그는 자신을 증여하는 일의 본질을 점점 더 자각하기 시작하였다. 그는 회당 교사들의 지도하에 상급 독해 과정을 계속 공부하였고, 동생들의 나이에 따라 가정교육을 하였다. 예수는 다음 해 15세가 되면 예루살렘으로 가서 교육받기로 예정되어 있어서 요셉은 수입을 따로 저축해 두기로 하였다.

이 해 초기에 요셉과 마리아는 자주 의심하였다. 총명하고 사랑스러웠지만 숨죽이고 기다리던 기적이 한 번도 나타나지 않았다. 그 시대 독실한 신자들은 선지자나 약속의 사람은 기사와 이적을 나타내므로 자신의 소명을 증명하고 신성한 권위를 세워야 한다고 믿었다. 그래서 그의 부모는 혼란스러웠다.

예수는 음악 교습을 다시 시작하였고, 하프 연주를 좋아하였다. 이 해는 '자라가면서 하나님과 사람에게 더 사랑스러워졌다'라고 말할 수 있다.

② 요셉의 죽음

서기 8년 9월 25일, 요셉이 세포리에 있는 분봉 왕 헤롯 안티파서의 관사 공사 현장에서 일하던 중에 기중기에서 떨어져 심하게 다쳤다는 소식을 받았다. 마리아가 현장에 도착하기도 전에 세상을 떠났다. 그들은 그를 나사렛으로 옮겨 다음날 장사 지냈다.

장래가 밝았던 그때 나사렛 가정의 가장을 쳐서 넘어뜨렸고, 예수를 위한 모든 계획과 장래의 계획은 수포가 되었다. **이제 막 14살이 지난 목수 소년은 하늘에 계신 아버지의 위임 명령을 수행해야 할 책임과 어머니와 동생까지 부양해야 할 책임도 짊어져야 했다. 갑작스럽게 유족이 된 가족들에게는 이 소년만이 유일한 부양자이며 위안이었다.**

예수는 한 인간 가족의 **가장**이 되었고, 동생들의 **아버지가** 되었으며, 어머니를 부양하고 보호하며, **세상을 체험하는 가정생활의 수호자**가 되었다.

예수는 갑작스럽게 맡겨진 책임을 기쁘게 받아들였으며, 성실하게 잘 수행해 냈다. 이제 랍비 밑에서 공부하기 위하여 예루살렘에 가지 않아도 되었다.

예수가 '어떤 사람의 제자도 아니다'라는 말은 사실이다. 그는 진리를 가르치기 위하여 자료나 능력을 인간으로부터 얻지 않았다.

가브리엘이 마리아를 방문한 사실은 요한으로부터 침례를 받던 날에야 그로부터 알게 되었다.

해가 지나면서 이 젊은 목수는 일정한 평가 기준으로 모든 사회 제도와 종교 관습을 분석하였다.

> 그것은 인간의 혼을 위하여 무엇을 하는가?
> 그것은 사람에게 하나님을 알려주는가?
> 그것은 사람을 하나님에게로 인도하는가?

이 젊은이는 오락과 사교적인 면을 외면하지는 않았지만, 가족을 보살피는 것과 하늘 아버지의 뜻을 세상에서 준비하는 일에 에너지와 시간을 바쳤다.

이해 겨울은 매일 밤 집에 오는 동네 사람들에게 습관처럼 그리스어 경전을 읽어주며 하프를 연주해 주었다.

③ **열다섯 살 되던 해** (서기 9년)

예수는 가정의 경영을 완전히 떠맡았다. 그 해가 가기 전에 돈은 거의 바닥이 났다. 서기 9년 4월 17일 수요일 밤에 막내 룻이 태어났다.

예수는 슬픈 시련을 겪는 동안 어머니를 위로하고 돌보느라 애썼다. 공생애 전까지 다른 아버지보다 더 룻과 가정을 사랑하고 애정을 쏟았다. 예수는 가정 예배를 발전시켜 형성된 여러형태의 찬미형식과 기도문이 있었다. '주님의 기도'도 이때 사용되던 것이다. **예수는 이 세상 아버지가 가족을 돌보는 것이 다른 의무보다 우선 한다고 정확하게 판단하였다.**

해가 지나면서 예수는 '에녹서'를 읽는 중에 **'사람의 아들'**이라는 구절을 발견하고 후일 이 단어를 자기 취임에 대한 이름으로 사용하기로 하였다. **다니엘서(7; 13-14)에서 묘사하는 그러한 사람의 아들로서는 절대로 나타나지 않을 것임을 확신하였다.**

유대인의 메시아에 대한 관념을 자세히 검토해 보았으나, 자기가 결코 그 메시아가 아니라는 것을 굳게 확신하였다 에녹서는 '이 사람의 아들은 자신이 사람을 구원하기 위해 이 땅으로 내려오기 전에, 모두의 아버지가 되시는 하나님과 함께 하늘의 영광스러운 정원을 함께 거닐었다. 그리고 필사자들에게 구원을 선언할 목적으로 이 세상으로 내려오기 위해 이러한 모든 권세와 영광을 버렸다'라고 설명하고 있다.

이 무렵에 앞으로 세상을 위하여 할 많은 일들을 거의 완벽하게 결정해 놓았지만, 아직도 유대인의 메시아가 될 것이라는 관념을 가지고 있던 어머니에게는 아무 말도 하지 않았다.

마리아는 비둘기파는 일을 야고보에게 넘기고 두 번째 소를 샀다. 미리암의 도움을 받으면서 이웃에게 우유를 판매하였다. 예수는 긴 시간 동안 명상과 기도하기 위하여 언덕 꼭대기에 자주 갔다. 예수가 제시하는 이상한 많은 관념으로 인하여 어머니는 몹시 불안하였다. 특별한 사람으로 간주할 수 있는 일에 대해서는 사람에게 말하지 않았다.

④ 회당에서 첫 번째 설교
예수는 15번째 생일을 맞아 공식적으로 안식일 회당 설교단에 설 수 있게 되었다. 생일이 지난 후 첫 안식일에 카잔은 회당의 예배를 인도하도록 주선하였다. 나사렛의 모든 신자가 모인 가운데 다음과 같은 이사야 구절을 읽었다.

'주 하나님의 영이 내게 임하셨으니 이는 내게 기름 부으시기 위함이며, 그가 나를 보내심은, 가난한 자에게 기쁜 소식을 전파하고, 마음이 상한 자들을 고치며, 포로 된 자들에게, 자유를 선포하고, 영적으로 갇힌 자들을 해방하기 위함이며… 너희는 살기 위하여 선을 구하고 악을 구하지 말라… 공의를 구하고 억압받는 자들을 풀어주라… 주께서 선한 것이 무엇임을 우리에게 보이셨다… 그는 능력이 강하므로 하나도 이루지 못하신 것이 없느니라… 내가 너와 함께 있으니 놀라지 말라… 두려워 말라 내가 너를 도울 것이다… 내가 주이고, 나 외에는 구원자가 없느니라.'

사람들은 그렇게 엄숙하고 권위가 있는 모습을 본 적이 없었다.

⑤ 경제적인 분투
예수의 가족은 검소한 생활로 돌아갔다. 우유, 버터, 치즈는 풍부하였고 텃밭에서 채소도 가꾸었다. 유대인에게는 가난이 열등함을 의미하지 않았다. 예수의 가정과 들판과 공장에서 인간 체험은 후일 그의 가르침 속에 잘 나타난다. **예수의 일생은 낙심한 모든 이상주의자에게 영구한 위로가 된다.**

세금 징수원은 돈을 더 거두려고 안간힘을 쓰면서 심지어 하프를 가져가겠다고 협박까지 하였다. 그리스어 성서 사본이 발견되어 압수당할까 염려하여 열다섯 살 되는 생일에 성년 헌상품으로 회당에 바쳤다.

요셉의 사망 보상금을 줄 수 없다는 헤롯 안티파서의 판결에 후일 헤롯을 '그 여우'라고 언급했다. **가족을 부양하는 혹독한 체험은** 무의미한 명상이나 신비적인 경향에 빠지지 않도록 지켜주었다.

예수의 가족은 이제 비둘기 이외에, 세 마리의 소 네 마리의 양 당나귀 몇 마리의 닭과 개를 소유하고 농장 체험도 하였다. 어린 꼬마들까지도 일정한 임무가 있었고 이것이 나사렛 가정의 상황이다. 이제 나사렛의 이 젊은이는, 마음과 육체의 성장기는 끝났으며, 가야 할 진정한 생애가 시작되었다.

4) 청년기 시절

예수가 청년기로 접어들었을 때 큰 가족의 가장이자 부양자가 되어 있었다. 시간이 지나면서 자신이 선재 하였음을 점점 더 또렷하게 의식하게 되었다. 동시에 **하늘 아버지를 사람 자녀들에게 계시하는 목적을** 위하여 육체를 입고 있다는 사실을 명확하게 깨닫기 시작하였다. 이 세상이나 다른 어느 세계에서 살았던 어떤 청소년도, 앞으로 살게 될 어떤 젊은이도 예수가 15세에서 20세까지 견디어 낸 힘겨운 시기보다, 더 심한 형편은 없을 것이다.

이러한 실제적인 극한 체험은 지역 우주 전역을 통하여, 모든 세대와 모든 세계를 통하여, 괴로워하고 난처할 지경에 빠진 청년들에게 영원히 공감하는 피난처가 되었다. **이 신성한 아들은 실제 체험을 통하여 자기 우주에 대한 지존적 존재가 되었다.**

① 16살 되던 해 (서기 10년)

육신 화가 된 아들은 평온한 유아기와 어린 시절을 경험하였다. 어린 시절과 젊은 성년기 사이에 시련의 과도기를 벗어나 청년 예수가 되었다.

이 해에 몸이 완전히 성장하였다. 남자답고 잘생긴 젊은이였다. 침착하고 진지하였으며, 친절하고 동정심이 많았다. 눈은 온유하였고 예리하였다. 미소는 항상 매력적이고 편안하게 해 주었다. 음성은 음악 소리 같았으나 위엄이 있었다. 인사는 따뜻해도 꾸밈이 없었다. 일상적인 만남에서도 인성과 신성이 보이는 듯하였다. 평시에도 동정심이 가득한 친구와 선생의 모습이 보였다. 이러한 특색이 청년기에도 나타났다. 이 모든 것이 모여서 강하고 매력적인 인격체를 갖도록 하였다.

마리아는 맏형이 유대인의 해방자가 될 운명이라고 설득하려 하였으나 예수가 그것을 부인하자 동생들은 혼란스러워했다.

예수는 여자도 남자와 똑같이 학교에 가야 한다고 생각하였으나 회당에서 받지 않았다. 그래서 가정학교를 수행하였다.

솜씨가 뛰어나 이 해에도 계속 일거리가 많이 들어와 쉴 틈이 없었다. 때로는 일이 많아 야고보가 도움을 주곤 하였다.

이 해 말경에는 동생들을 양육하여 결혼하는 것을 본 후에, 진리를 가르치는 선생으로, 하늘에 계신 아버지를 세상에 나타내는 계시자로서, 자기 일을 공개적으로 시작하기로 거의 마음을 굳혔다.

예수는 그들이 고대하는 유대인의 메시아가 되지 않으리라는 것을 알고 있었다. 이 문제는 어머니와 상의해 보아야 쓸데없다는 결론을 내렸다. 어머니 생각이 무엇이건 그대로 두기로 하였다.

예수는 어리지만, 사랑만은 아버지였다. 마리아는 공부 대신에 가족 부양을 위하여 힘겹게 일하는 것을 보면서 안타까웠다. 아들에게는 이해할 수 없는 것이 있었지만, 가정을 위해 맡겨진 책임을 지려는 태도에 형용할 수 없을 정도로 감사하였다.

② 17살 되던 해 (서기 11년)

예루살렘과 유대 지방에서 로마에 세금을 내지 않고 정치적 반란을 통하여 문제를 해결하려는 '열심당'이라는 강한 민족주의 분파가 생겨났다. 이 세력이 나사렛까지 와서 예수에게 가입을 촉구했다.

예수는 가족 부양을 이유로 극구 사양했으나 집요하게 설득했다. 동생 야고보와 외삼촌도 참여했고 마리아도 그를 설득하여 참여하게 하려고 최선을 다했다. 유대인 부자 이삭이 애국자 집단의 지도자가 되어주면 가족 부양을 책임지겠다고 나서자, 상황은 더욱 복잡해졌다.

예수는 아무리 많은 돈을 제공해도 자기 가족을 떠날 수 없다고 말하면서 **'돈은 사랑이 하는 것을 할 수가 없다'**라는 잊을 수 없는 말을 하였다. 돌아가신 아버지에 대한 신의 때문에 가족을 떠날 수 없다고 되풀이하여 말하였다. 예수의 답변은 대부분의 군중 가슴을 움직였다.

이 사건은 훗날 가버나움으로 옮겨가는 원인 중 하나가 되었다. 야고보는 이 해에 학교를 졸업하고 집에 있는 목공소에서 정식으로 일하기 시작하였다. 멍에와 쟁기 만드는 일을 전담하였다. 예수는 건물 마무리 손질과 가구 제작에 더 많은 시간을 보냈다.

이 해에 예수는 머릿속으로 생각을 많이 정리하였다. 그는 신성한 본성과 인간적 본성을 점차 결합하게 되었다.

③ 18살 되던 해 (서기 12년)

그 해를 지나는 동안, 집과 밭을 제외한 모든 부동산이 처분되었다. 가버나움에 있는 저당 잡힌 부동산도 이미 팔렸다. 이 돈으로 세금 납부와 야고보를 위한 연장을 사고, 카라반 숙소 근처에 있는 가게를 고치는 비용으로 사용되었다. 야고보가 집에 있는 가게에서 일하면서, 마리아의 집안일을 도왔고 재정 압박도 줄어들었다. 예수는 유월절에 야고보를 데리고 참석하기로 하였다. 사마리아를 거쳐 가면서 역사적인 장소에 관하여 이야기해 주었다.

유월절 저녁 식사를 위하여 야고보를 데리고 베다니로 갔다. 시몬이 이미 세상을 떠난 후였기 때문에, 예수가 유월절 가족의 가장 자격으로 성전으로부터 가지고 온 유월절 어린양을 가지고 의식을 주관하였다. 식후 야고보는 마리아, 마르다와 이야기하였고 나사로는 예수와 밤늦게까지 이야기를 나누었다.

다음날 그들은 성전 예배에 참석하였고, 야고보는 이스라엘 국민으로 받아들여졌다. 다음날 집으로 떠나려 하였지만, 야고보가 졸라서 다시 성전으로 갔다. 야고보는 어머니에게 들은 대로 형이 토론에 참여하는 것을 보고 싶어 하였다. 그들은 토론은 들었지만, 아무 질문도 하지 않았다. 인간이자 하나님인 그의 깨어나는 지성인에게는 모두가 시시하고 하찮게 보였다. 야고보가 실망하여 예수에게 묻자 단지 "아직 내 때가 오지 않았다"라고 대답하였다. 다음날 여리고 와 요단 계곡을 지나 집으로 오면서 여러 가지를 이야기하였다.

이 무렵 카잔은 철학적인 토의를 하는 젊은 남자들의 모임을 시작하였다. 이 모임에서 예수는 탁월한 일원이 되었다. 이 모임을 통해 민족적 운동 파문으로 잃었던 위신을 약간 회복하였다.

9월에 엘리자벳과 요한이 나사렛 가족을 방문하였다. 마리아와 엘리자벳은 이야기를 나눌수록 두 젊은이가 함께 일하면서 서로를 더 많이 아는 것이 좋겠다고 확신하게 되었다. 예수와 요한은 많은 이야기를 나누었다. 그들은 매우 상세하고도 개인적인 문제들을 의논하였다. '하늘에 계신 아버지의 부르심'에 따라 업무를 시작한 후 공적인 봉사를 하면서 만나게 될 때까지 서로 만나지 않기로 하였다. 사람의 아들이 요단강에서 세례를 받으려고 나타나기까지 서로 만나지 않았다.

서기 12년 12월 3일 토요일 오후에 아기 동생 아모스가 고열로 일주일 동아 앓다가 죽었다. 마리아는 이 슬픈 기간을 견디어 낸 후부터 예수를 진정한 가장으로 인식하게 되었다. 4년 동안 생활 수준은 점점 나빠졌다. 어려운 사정에 장례비용은 더 어렵게 만들었다. 이러한 환경 속에서도 예수의 굽히지 않는 실천적인 낙천주의는 진정으로 영향력이 있었다. 이러한 긍정적인 분위기와 희망을 주는 용기는 강하고 고상한 성격을 기르는 데 크게 이바지하였다. 예수는 당면한 과제에 마음과 혼과 육체의 힘을 효과적으로 동원하는 힘을 갖고 있었다. 여기에 지치지 않는 인내심과 더불어 마치 **'보이지 않는 그 분을 보고 있는 것처럼'** 살았다.

④ 19살 되던 해 (서기 13년)

마리아는 예수를 아들로 여기던 일은 줄어들고 오히려 아이들에게 아버지처럼 되었다. 날마다 생활은 실제적이고 눈앞에 닥친 문제로 가득하였다. 4명의 아들과 3명의 딸을 부양하고 기르는 일에 모든 마음을 쏟았다.

예수는 아이들을 키우는 방법으로 **악을 행하는 것을 금지하는 악을 강조하는 일을 삼가고 오히려 선을 행하라 명령하므로 선한 것을 높이 올렸다.**

예수는 동생들을 현명하게 지도하였기 때문에 벌이 필요하지 않았다. 예외적으로 유다는 고의로 가족의 행동 규칙을 세 번 어겼다고 자백했기 때문에 벌할 필요가 있었다. 나이 든 다른 형제들의 만장일치로 결정되었고, 벌을 주기 전에 유다의 동의도 받았다.

야고보 - 온건하고 침착하며 신실한 일꾼이었으나 영적이지는 못하였다.
미리암 - 고상하고 영적이며 온건하고 분별력이 있었다.

요셉 – 꾸준히 일하는 사람이었고 지적 수준이 떨어졌다.

시몬 – 마음씨 좋은 아이였으나 망상가였다. 생활 적응 속도가 느렸다.

마르다 – 생각과 행동이 느렸지만 유능한 이이였다.

유다 _ 말썽꾸러기였고 높은 이상을 가지고 있었지만, 기질이 안정되지 못하였다.

룻 – 아기 룻은 가족에게 밝은 빛 같았다. 생각 없는 말은 했지만, 진실하였다. 아버지 격인 큰 오빠를 거의 숭배하듯 하였다.

이 해에 유다는 학교에 다니기 시작하였다. 그 경비를 마련하기 위해 여가를 즐기던 하프를 팔았다.

⑤ 에즈라의 딸 레베카

비록 가난하기는 했어도 나사렛에서 예수의 사회적 지위는 조금도 떨어지지 않았다. 그 도시에서는 뛰어난 젊은이였다. 젊은 여자들 사이에서 대단히 평판이 좋았다. 예수는 건장하고 지성적인 빼어난 남성이었고, 영적 영도자로 명성을 가지고 있었다.

나사렛 부자 에즈라의 맏딸 레베카가 예수를 사모하게 된 것은 이상한 일이 아니다. 레베카는 예수의 동생 미리암에게 먼저 사랑을 고백하고, 미리암은 이 모두를 어머니와 의논하였다. 그들은 이 사실을 의논한 후, 예수에게 알리지 않고, 레베카에게 예수는 운명의 아들이다. 어쩌면 메시아가 될지도 모른다는 자기들의 생각을 직접 털어놓음으로써 더 이상 진행되지 않도록 하였다.

레베카는 주의 깊게 경청하였으며 그러한 사실을 듣고 기쁨이 넘쳤다. 오히려 이 남자와 운명을 같이 하고 그의 지도자 사명을 함께 참여하기로 굳게 결심하였다. 그녀는 가장이자 유일한 부양자를 잃게 되는 두려움에서 오는 반응으로 해석하였다. 그녀는 아버지와 상의하여 재정적 후원을 약속받고, 마리아와 상의하였으나 동의를 얻지 못하자 대담하게 예수에게 직접 말하기로 하였다. 그녀의 아버지는 레베카의 17살 생일 축하연에 예수를 집으로 초대하였다.

예수는 주의 깊게 이해하는 태도로 아버지와 레베카로부터 들었다. 그는 다정하게 대답하면서, 자기 아버지의 가족을 일으켜야 하는 자신의 의무는, 인간의 모든 책임 중에 가장 신성한 것이며, 그 어떤 많은 돈으로도 대신할 수 없다고 말하였다. 레베카의 아버지는 가족에게 헌신하는 예수의 말에 매우 감동되었고, 의논에서 물러나면서 아내에게 '우리는 그를 사위로 맞이할 수 없을 것이오, 그는 우리에게 과분하오'라고만 말하였다.

그리고 레베카와 진지한 대화가 시작되었다. 예수는 지금까지 소년 소녀 남녀를 구분하지 않고 사귀었다. 그의 마음은 지상의 다급한 문제와 하늘 아버지의 일을 위해 심사숙고하는 것에 몰두하였다. 평범한 인간이 거쳐야 하고, 결정해야 하는 사랑과 결혼에 대하여 직면하였다. 예수는 모든 면에서 시험을 받았다.

예수는 단순한 형제간 사랑이나 진정한 친구 관계 이외의 어떤 여인과의 특별한 관계를 맺을 수 없는 처지임을 설명하였다. 내 운명이 확실히 이루어지기까지 전 생애에 다른 책임을 맡아서는 안 된다고 덧붙여 말하였다.

레베카는 비탄에 젖어 모든 청혼을 거절하고 아버지를 졸라 세포리로 이사하였다. 그는 살아 있는 진리의 선생 공생애 시작을 기다렸다. 레베카는 예수의 대중 활동하는 내내 눈에 띄지 않게 헌신적으로 그를 따랐으며 십자가 옆 다른 여인들 옆에 서 있었다.

⑥ 예수가 20살 되던 해 (서기 14년)

예수에 대한 레베카의 사랑 이야기는 나사렛과 가버나움에 널리 퍼졌다. 그리하여 남자들이 예수를 사랑하는 것처럼 여인도 예수를 사랑하게 되었고 다시는 레베카와 같은 일은 일어나지 않았다. 이때를 기점으로 예수에 대한 인간의 애정은 좀 더 경건하고 경배 적 성질인 것이 되었다.

미리암은 레베카 사건을 잘 알고, 자기 오빠가 아름다운 한 처녀의 사랑을 어떤 식으로 거절했는지를 잘 알았으므로, 예수를 이상으로 여기고 감동적인 깊은 애정으로 아버지와 오빠로 사랑하였다.

돈을 쓸 형평은 안 되었지만, 예수는 예루살렘에 가기를 원하였다. 그의 어머니는 레베카 일도 있고 해서 지혜롭게 여행을 권하였다. 예수가 원하는 것은 나사로와 이야기하고 마르다와 마리아를 만나는 것이었다. 나사로는 예수와 동갑이고, 마르다는 한 살 위, 마리아는 한 살 아래였다. 예수는 이 세 사람 모두에게 우상처럼 이상적인 사람이었다.

예수가 오는 것을 몰랐던 나사로는 이웃 동네 친구들과 유월절을 축하하기로 준비해 놓았다. 예수는 나사로의 집에서 유월절을 지내자고 제안하였다. 나사로가 우리에게는 어린양이 없다고 말하자, 예수는 하늘에 계신 아버지는 그런 유치하고 무의미한 재래식을 좋아하지 않으신다고 긴 시간 동안 설득하였다. 뜨겁게 기도를 드린 후 예수는 말했다. "우리 민족 중에서 어둠에 갇혀 있고 어린 마음을 가진 사람들은 모세가 지시한 대로 하나님을 섬기라 하라, 그들은 그렇게 하는 것이 좋겠지만, 생명에 이르는 빛을 본 우리는 더 이상 죽음의 어두운 길로 우리 아버지께 나아가지 말자, 우리 아버지의 영원한 사랑에 대한 진리를 앎으로써 자유를 누리자"라고 말했다.

이 네 사람은 믿음이 깊은 유대인으로서 전례가 없는, **유월절 양 없이 지내는 첫 번째 유월절 만찬을 나누었다.** 누룩을 넣지 않은 빵과 포도주가 준비되었고, 예수는 상징적 의미를 갖는 이것들을 "생명의 빵과" "생명의 물"이라고 부른 후 나누어 주었다. 그들은 방금 받은 교훈을 엄숙히 준수하며 먹었다. 나중에 베다니를 방문할 때마다 이 성스러운 예식을 치르는 것이 습관화되었다.

예수는 집에 돌아와 어머니에게 이 모든 사실을 이야기했다. 그녀는 충격을 받았으나 차차 그 관점을 알게 되었다. 유월절에 대한 새로운 개념을 자기 가족에게는 적용하지 않고, 집에 있는 동생들과는 해마다 '모세의 율법에 따라' 유월절 만찬을 나누었다.

결혼 문제에 대해 마리아와 예수가 긴 대화를 나눈 것은 그해였다. 예수가 아이들의 육신의 아버지가 되지 않기로 이미 마음속에 작정하였기 때문에 인간적인 결혼에 대해서는 거의 생각하지 않았다. 결혼은 하지 않을 것 같고 내 아버지의 일을 시작해야만 하는 때까지, 기다려야만 한다고 말하였다.

요셉이 그 해에 회당 학교를 졸업해서 집에 있는 작업대에서 일하기 시작하였다. 세 사람이 규칙적으로 일하게 되어서 가난에서 벗어날 희망이 보였다.

예수는 빠른 속도로 한 사람의 어른이 되어가고 있었다. 실패의 문턱으로부터 기술적으로 승리를 끌어내는 데에 숙달되었다.

그는 지구에서 충분하고, 대표적이고 충만한 일생을 살았다. 이러한 인간 체험 전체는 우주 주권자에게 영원히 간직되었다. **그는 우리를 이해하는 형제이며, 동정심 많은 친구이고, 체험 많은 주권자이며, 자비로운 아버지다.**

그는 어린아이 때에 방대한 양의 지식을 쌓았다. 청년의 때에는 이 정보를 간추리고 분류하고 서로 연결하게 했다. 이제 영역의 어른으로서 네바돈 전체 우주를 통하여 이 세상과 모든 다른 거주 구체들 속에 사는 그의 동료 필사자들을 위하여, **장차 가르치고 돌보고 봉사하는 데에 사용하기 위한 준비로** 이러한 정신적인 소유물들을 조직화하기 시작하였다.

이 세상에서 아기로 태어난 후 어린아이로 사는 삶을 살았다. 소년기와 청년기 단계를 지나왔으며 이제는 삶의 풍부한 체험을 소유하였다. 인간 본성에 대한 충분한 이해와 그것의 나약함에 대한 많은 동정심을 가진, 충만한 어른이 되는 문턱에 와 있었다. 그는 모든 세대와 모든 단계의 필사 창조체들을 하늘 아버지께 계시하는 신성한 기술에 숙련되어 가고 있었다. **그는 필사자들에게 하나님을 계시하고 필사자들을 하나님께로 이끄는 자신의 최고 사명을 계속할 수 있도록 준비하고 있었다.**

5) 예수의 성년기 초기

나사렛 예수는 성년기를 시작할 때까지 평범하게 살았다. 다른 아이들과 똑같이 세상에 왔고, 주변 환경의 변천과 씨름하면서 자랐다. 예수(미가엘)의 증여는 두 가지 목적이 있음을 기억해야 한다.

1 필사 육신을 입고서 **한 인간의 일생을 충만하게 체험**하는 것, 네바돈 우주에서 자기 **주권**을 완성하는 것.
2 자기 우주 안에 있는 필사 거주자들에게, 우주 아버지를 **계시**하고 잘 이해하도록 효과적으로 **인도**하는 것.

피조물의 혜택과 이점은 이 주요 목적에 부수적이고 이차적이다.

① **21살 되던 해**(서기 15년)

성년이 되면서부터, 지적 피조물 가운데 가장 낮은 형태인 자기 삶에 대한 지식을 통달하는 체험을 완성하였다. 자기가 창조한 우주에 대한 무제한 적인 통치자 자격을 가지는 권리를 최종적으로 충분하게 완전한 의식을 가지고 시작하였다. 그가 지닌 이중적인 본성을 완전히 깨달으면서, 이 엄청난 임무를 시작하였다. **그는 이미 두 가지 본성을 하나로, 나사렛 예수로 병합시켰다.**

요셉의 아들 예수는, 여자에게서 태어난 피와 살을 가진 사람의 아들이다. **그는 우주 아버지의 창조 말씀, 창조자 아들이 육신이 되어 이 땅에 한 사람으로 살았다. 그는 다른 사람과 똑같이 지식을 얻었고 체험을 습득하였다. 세례를 받을 때까지 초자연적인 힘을 사용하지 않았다. 그는 사람 중에 진짜 사람이다. 그는 직접 고통을 받고 시험을 당하였기 때문에, 혼란되고 괴로워하는 자들을 이해하고 보살피신다.**

나사렛 목수는 자신 앞에 놓인 임무를 충분히 이해하였지만, **자연스럽게 흘러가는 길을 따라서 일생을 살기로 선택하였다.** 이것은 사람에게 하나의 본보기가 되었다. (빌 2; 5~11) 다른 모든 사람과 똑같이 자신의 일생을 살았으며, 모든 악에서 구원할 수 있는 그분께 자주 기도와 탄원을 드렸다. 심지어는 통렬한 감정과 눈물로 드렸고, 그가 믿음을 가졌기에 기도는 효력이 있었다. 모든 면에서 자기 형제들과 똑같은 처지에서 처신하였기 때문에, 그들에게 자비롭고도 이해하는 주권을 가진 통치자가 될 수 있었다.

그는 자기 인간 본성에 대해서는 의심한 적이 없었다. 그러나 신성한 본성에 대해서는, 의심과 추측의 여지는 항상 남아있었으며, 적어도 세례를 받는 순간까지는 그리하였던 것이 사실이다. **신성을 스스로 깨닫는 것은 느렸으며, 인간의 관점에서 보면 자연스러운 진화적 계시였다.**

신성에 대한 계시와 자각은 13세가 되기 전의 예루살렘에서 있었던 초자연적인 사건에서 시작되었다. 신성한 본성에 대한 자각에 영향을 준 이 체험은, 육체로 있는 동안 두 번째 초자연적 체험이 있을 때 완전해졌다.

그것은 요단강에서 요한에게 세례를 받을 때 일어난 장면이었고, 사명 활동과 가르침으로 이루어진 공생애의 시작을 알리는 사건이었다.

그가 육체로 있던 모든 시간이 진실로 성스러운 존재였다. 그는 실제로 하늘 아버지의 창조주 아들이었다. 통치권(주권)을 얻는 순전한 필사자 체험이 절차상 완성된 후부터, 자신이 하나님의 아들임을 대중 앞에서 공개적으로 시인하는 데 주저하지 않았다.

'나는 알파와 오메가요 시작과 나중이며 처음과 끝이다.'라고 서슴없이 선언했다. 그는 훗날 그에게 붙여졌던 다음과 같은 명칭에 아무런 이의도 표하지 않았다. 영광의 주님, 우주의 통치자, 모든 창조의 주님 하나님, 이스라엘의 거룩한 분, 만유의 주님, 우리 주님 우리 하나님, 우리와 함께하는 하나님, 모든 세계와 모든 이름 위에 이름을 가지신 분, 우주 권능 자, 이창조계의 우주 마음, 지혜와 지식의 모든 보물을 감추고 계신 분, 만유를 채우시는 그 분의 충만한 영원한 하나님의 영원한 말씀, 만유 이전에 계셨고 만유 속에 계신 분, 하늘과 땅의 창조자, 우주의 유지자, 땅의 모든 것을 심판하는 이, 영원한 생명을 주시는 이, 참 목자, 세상의 해방자, 우리의 구원을 이루는 대장, 예수는 한 가지 이름에는 반대하였는데. 임마누엘이라고 불렀을 때 그는 단지 '나는 그가 아니다. 그것은 나의 형님 이름이다.'라고 대답하였다.

세례받은 후, 자기를 믿는 자들과 따르는 자들에게 자기를 경배하도록 허락할 생각을 하지 않았다. 가난과 씨름하고 손으로 애써 일하는 동안에도, 자신이 하나님의 아들이라는 자각은 커지고 있었다. 자신이 하늘들과 이 땅을 만든 조물주라는 것을 알고 있었다. 거대한 우주에 천상의 무리도 마찬가지로 이 나사렛 사람이 자신들이 사랑하는 주권자이며 창조주 아버지임을 알았다.

그 해에 둘째 남동생 요셉과 함께 예루살렘으로 올라가 헌납식에 참석하였다. 이 해도 베다니의 세 친구와 함께 유월절을 보냈다.

② **22살 되던 해** (서기 16년)

예수의 형제·자매가 열일곱 살에서 열여덟 살로 청소년기에 접어들어서 여러 문제와 고난에 부딪히는 한 해였다. 이들이 지적이고 정서적인 새로운 삶에 적응하도록 돕느라고 바쁘게 지냈다.

이 해에 셋째 동생 시몬이 학교를 졸업하고 예수의 친구인 석공 야곱과 함께 일하기 시작했다. 가족회의 결과 모든 형제가 목수가 된다는 것은 현명하지 못하다는 결론을 얻었다. 직업을 다양화함으로 건물 전체를 짓는 청부를 받을 수 있도록 준비해야겠다고 생각하였다. 나사렛에서 목수 일이 줄어들자. 야고보에게 수리점을 맡기고, 자신은 세포리로 가서 대장간 일을 하였다. 세포리로 가기 전 야고보를 가장으로 임명하고 예수는 자신이 받는 주급을 야고보에게 보냈다. 그 후로 다시는 가장의 권리를 돌려받지 않았다.

세포리에서 일하는 동안 매일 밤 걸어서 뵙게 올 수도 있었지만, 야고보와 요셉이 가족을 부양하는 책임감을 느끼도록 훈련하려는 의도 때문에 오지 않았다. 예수는 가족으로부터 점점 벗어났다. 필요한 경우 주중에도 집에 들렀다. 매주 안식일에는 나사렛으로 돌아왔다.

세포리에서 6개월을 지내면서 이방인의 생활 습관과 마음을 연구하는 데 힘썼다. 도덕적 수준이 캐러밴의 도시인 나사렛이 세포리보다 더 나아, 헤롯 안티파서의 감독 아래에 고용되는 어떤 일도 하고 싶지 않았다. 야고보가 가장으로 2년간의 체험을 쌓은 뒤에, 결혼한 후에는 요셉이 그의 뒤를 이어 가정의 제반 경영을 맡게 되었다.

③ 23살 되던 해 (서기 17년)

이 해에는 네 명이 일 하였기 때문에 재정 압박이 조금 줄어들었다. 미리암은 우유와 버터를 팔아 제법 돈을 벌었고, 마르다는 능숙한 직조 기술자가 되었다. 수리점 구매 비용 중 3분의 1 이상이 지급되었다. 형편이 나아져서 예수는, 시몬을 데리고 3주 동안 예루살렘을 방문하였다.

그들은 데가볼리를 거쳐 펠라, 거라사, 필라델피아, 헤스본, 여리고를 지나서 예루살렘으로 갔다. 올 때는 바닷가 길로 리다. 욥바, 가이사랴를 지나 갈멜산을 돌아서 프톨레마이오스를 거쳐 나사렛으로 돌아왔다. 이 여행으로 북부 팔레스타인 전역을 잘 알게 되었다.

필라델피아에서 예수와 시몬은 다마스쿠스에서 온 한 상인을 알게 되었는데, 그는 나사렛의 청년들을 매우 좋아해서, 예루살렘에 있는 자기 숙소에서 함께 머물기를 간청했다. 시몬이 성전 행사에 참석하는 동안에, 예수는 고등 교육받은 후 세계 여러 곳을 여행하여 세상일에 훤한 이 사람과 많은 시간을 보냈다. 이 사람은 카라반 낙타를 4천 마리 넘게 소유하고 로마 제국 전역에 걸쳐 사업을 하는 사람이다. 그는 예수에게 다마스쿠스에 와서 동방에서 수입하는 일에 동참하라고 제의하였으나, 예수는 지금 가족을 멀리 떠남은 옳지 않은 것 같다고 설명하였다.

스데반이라는 그리스인을 우연히 만나, 아스모니아 궁전을 구경하면서 이야기가 시작되어, 생명의 길과 참 하나님, 그리고 예배에 관하여 네 시간에 걸쳐 토론하게 되었다. 스데반은 예수가 한 말에 강렬한 인상을 받았고 그 말씀을 잊지 않았다. 이 사람이 나중에 예수의 가르침을 믿게 되었고 이 초창기 복음을 담대히 전하다가 성난 유대인의 돌에 맞아 순교한 바로 그 사람이다.

그러나 15년 전에 만나 이야기를 나누었던 그 사람이 예수였다는 사실은 꿈에도 생각지 못하였다. 유대인의 성전과 그 전통적 관습을 공격한 값으로 목숨을 바쳤을 때, 다소 시민 **사울**이 그곳에 서 있었다. 그리스인이 자신의 신앙 때문에 목숨을 걸고 있음을 사울이 목격하고 사울의 가슴속에 어떤 감정이 북받쳐 올랐고, 이것이 스데반이 목숨을 바쳐 싸운 그 운동을 지지하게 만들었다. 후일에 그는 적극적이고 굴하지 않는 바울, 유일하게 기초를 세운 사람은 아니지만, 그리스도교의 설립자, 철학자가 되었다.

예수의 가족들은 사람에 대한 그의 관심, 그들을 만나서 그들의 삶의 방식을 배우려 하고 그들이 무엇을 생각하는지를 알아내려는 강한 호기심을 이해할 수 없었다. 예수는 장래 일에 대해 어떤 말도 하지 않았다.

④ 다마스쿠스에서 있었던 이야기

예루살렘으로 가는 길에 필라델피아에서 처음 만났던 상인의 초청으로 다마스쿠스에서 이 해의 마지막 넉 달을 보냈다. 유대인의 피가 섞인 이상인은 다마스쿠스에 종교적 철학을 가르치는 학교를 설립할 수 있도록 큰돈을 기부하겠다고 제안하였다. 그는 알렉산드리아를 능가하는 교육 중심지를 세울 계획을 하였다. 예수에게 새로운 사업의 책임자가 되는 준비로, 전 세계 교육 중심지를 돌아보는 긴 여행을 즉시 시작하도록 제안하였다. 이것은 예수가 인간 사명을 수행하는 과정에 부딪힌 큰 유혹 중 하나이다.

곧 이 학교를 지원하기로 동의한 12명의 상인과 은행가로 구성된 무리를 예수 앞에 데려왔다. 예수는 학교설립 제안에 관심을 보이고 도움을 주기는 하였다. 예수는 무엇인가 말해 줄 수는 없지만, 자신에게 이미 맡겨진 중요한 다른 임무가 있으므로 받아들일 수 없다고 말했다. 이상인은 가족을 동원해서 집요하게 설득하였으나 승낙하지 않았다. 아무리 그 의미가 좋을지라도 '사람이 만든 위원회'가 통제하도록 자신이 묶여서는 안 됨을 알고 있었다. 이 일은 나사렛 목수였을 때 일어났다.

그의 마음속에 있었던 한가지 목적은 자신에게 다양하고 화려한 생애가 구축되는 것을 막기 위한 것이었다. 그가 삶 속에서 실천하였고 가르쳤던 진리를 후세의 사람이 순종하는 대신에 오히려 스승을 숭배해 버리는 경향으로 나가는 것을 우려하였기 때문이다. 예수는 자신의 가르침으로부터 관심을 다른 데로 돌리게 하는 하나의 인간적 성공담을 만들고 싶지 않았다. 그는 자신의 가르침을 전파하는 대신에 스승을 높이 내세우려는 인간 경향에 도움을 줄 만한 모든 일들을 억제하려고 지속해서 노력하였다.

이와 같은 동기로, 이 땅에서 다양한 삶을 사는 여러 시기에 여러 가지 이름으로 알려지도록 버려두었는지가 이해된다. 그는 가족이나 다른 사람에게 순수한 판단에 따르지 않고 달리 믿도록 하는 영향력을 미치게 하고 싶지 않았다. 항상 인간의 마음에 불공정한 입장에서 이익을 취하기를 거절하였다. 사람이 자신의 교훈 속에 계시가 된 영적 실체에 대해 마음으로 공감하지 않으면서 자기를 믿는 것을 원하지 않았다. (이적을 봄이 아니라 그의 말을 듣고 믿게 하려고 하였다)

그 해 말에는 나사렛 가정이 부드럽게 돌아갔다. 마리아는 예수가 집으로부터 멀어지는 것에 익숙해졌다. 자신의 수입이 가족을 위해 쓰일 수 있도록 야고보에게 계속 보냈고, 개인적 부분으로 조금 남겨 놓았다. 세월이 지나면서 이 사람이 이 땅에 있는 하나님의 아들임을 알아보기가 더욱 어렵게 되어갔다. **사람들 사이에 평범한 사람처럼 된 듯하였다. 이것이 하늘에 계신 아버지께서 정하신 것이다.**

⑤ **24살 되던 해** (서기 18년)

이 해는 가족 부양 책임으로부터 비교적 자유로워진 첫해였다. 유월절 다음 주에, 알렉산드리아의 저명한 5명으로부터 가이사랴에서 만나자고 나사렛에 연락이 왔다. 그래서 예수는 가이사랴로 갔는데, 그들은 알렉산드리아에서 종교 지도자의 지리를 맡아줄 것을 간청하였으며, 시작으로 본부 회당의 카잔(선생)을 보좌하는 지위부터 시작해 달라고 제안하였다.

이 위원회의 대변인은 알렉산드리아가 전 세계로 퍼져나가는 유대 문화의 본부가 될 운명임을 설명하였다. 유대인 문화에 들어있는 헬레니즘 성향은 바빌로니아 학파의 사상보다 앞서 있다고 말하였다.

그들은 예루살렘과 팔레스타인 전역에서 반란이 있을 것이라는 불길한 소문을 예수에게 상기시켰다. 만약 팔레스타인 유대인이 봉기를 일으킨다면 그것은 국가적인 자살 행위로 로마의 철권은 삼 개월 안에 반란을 진압하고, 예루살렘은 파괴되고 성전은 무너져서 돌 위에 돌 하나도 남지 않게 되리라는 확신을 피력하였다.

예수는 그들의 말을 경청하고 신임에 감사하였지만, 알렉산드리아에 가는 것은 사양하였는데 '나의 때는 아직 이르지 않았다'라는 것이었다. 그들은 그에게 보인 명예에 대한 무관심에 당황하였다. 그들은 존경을 표하고 시간을 내준 대가로 돈 봉투를 주려 하였으나, 사양하면서 내 팔에 힘이 있고 내 형제들이 일할 수 있는 한, 다른 사람의 빵을 먹을 수가 없다고 말하였다.

예수는 야고보와 에스더가 2년 후에 결혼하도록 승낙하였고, 미리암도 아버지와 같은 큰 오빠에게 야곱과 결혼하도록 승낙받았다. 집에 있을 때 예수는 일주일에 세 번씩 야간학교에서 가르치는 일을 계속하였으며 안식일에는 자주 성서를 읽었고, 존중받는 시민으로 처신하였다.

⑥ **25살 되던 해 (서기 19년)**

예수는 아담 이후 가장 건강하고 세련된 한 표본이었다. 마음은 활동적이고 예리하며 사물을 꿰뚫어 보았다. 정신은 인간 견지에서 신성하였다. 가정의 재정 상태는 요셉의 유산을 내준 이후로 최상이었다. 캐러밴 수선 작업장에 대한 마지막 분할금을 지급하였다. 이제 아무에게도 빚이 없었고 처음으로 여유로웠다.

유다가 회당 학교를 졸업하여 예루살렘에 데리고 갔다. 유다는 조급한 성격에다 애국심까지 있어서 나사렛에서 사소한 문제를 여러 차례 일으켰었다. 늦지 않게 예루살렘에 도착하여 먼저 성전을 방문하였다.

성전을 처음 본 유다는 영혼의 깊은 곳까지 자극을 주어 흥분하였다. 그때 예수가 우연히 베다니 나사로를 만나 이야기를 나누는 동안, 로마 근위병이 유대 소녀에게 부적절한 말을 하였다. 이를 본 유다는 분개하여 그 군인에게 서슴없이 울분을 터트렸다. 당시 로마 군대는 유대인의 사소한 비방에도 신경이 날카로워져 있었기 때문에 즉시 체포하였다. 유다는 집단 감옥에 갇히게 되었고, 예수는 보호자로 동행하였다. 다음날 이스라엘의 완전한 시민이 되는 율법의 아들이 받는 의식에 참여하지 못하였다. 몇 년 후에야 의식이 이루어졌고, 그는 열심당 애국 조직에서 크게 활약하였다.

감옥에서 둘째 날 아침 예수는 유다를 대신하여 군 법무관 앞에서 동생의 미숙함을 사과하고, 상황을 신중한 말로 설명하였다. 군인도 원인을 제공하였기 때문에 유다에게 훈계한 뒤 석방되었다. 저녁을 베다니에서 지낸 후, 집으로 돌아와 가족들에게 체포되었던 일에 아무 말도 하지 않았다.

3주 동안 유다와 이 일에 대해 긴 이야기를 나누었다. 이후 유다는 스스로 이 이야기를 가족에게 하였다. 이 체험을 통하여 아버지와 같은 형의 인내심과 관용에 대해 잊지 않았다.

이것은 예수가 가족을 데리고 참가한 마지막 유월절이다. 사람의 아들은 자기 혈육과 함께하는 일이 점점 줄어들었다.

예수는 아이들을 언제나 환영하였다. 룻과 5살에서 10살까지의 아이들과 때로는 이야기를 즐겁게 나누며 사랑하였는데 아이들도 예수를 사랑하였다.

⑦ 26살 되던 해 (서기 20년)

이 해가 되면서 나사렛 예수는 자신이 폭넓은 잠재 능력을 갖추고 있다는 것을 강하게 의식하였다. 이 능력은 때가 올 때까지는 보류해야 함을 알고 있었다. 실제 사명 활동을 위하여, 자신이 직접 가족과 함께 있지 않아도 될 정도로 그들을 독립시키는 어려운 과제를 거의 마쳤다.

예수는 일곱 번째 증여에서 주요 사명이 **인간 체험을 얻는 것, 네바돈 우주에 주권을 성취**하는 것이라는 사실을 잊지 않았다. 이 경험을 쌓으면서 하늘 아버지를 최상으로 계시하였다. **부수적인 것으로, 루시퍼 반역에 관련된 복잡한 관련사를 해결하는 임무도 맡았다.**

이 해에 예수는 여가가 많았고, 수선가게 경영에 야고보를 훈련하고 요셉에게는 집안일을 처리하는 방법을 가르쳤다. 마리아는 예수가 자기들을 떠날 준비를 하고 있음을 눈치챘다.

이 해에 식구들 각자와 많은 시간을 보냈다. 예수는 유다를 데리고 나사렛 남쪽에 있는 삼촌에게 데리고 갔지만 추수가 끝나자, 다라나 버렸다. 나중에 어부들과 함께 있는 그를 시몬이 발견하고 집으로 데려왔다. 예수는 유다와 많은 대화를 나누었고, 어부가 되기를 원하여 막달라로 가서 친족 어부에게 그를 맡겼다. 유다는 그날 이후로 결혼할 때까지 규칙적으로 일하였고 결혼 후에는 계속 어부로 일하였다. 드디어 모든 형제가 생업을 정하고 평생 직업으로 삼는 날이 왔다. 예수가 집을 떠날 수 있는 분위기가 마련되었다.

11월에는 야고보와 에스더, 미리암과 야곱이 결혼하였다. 예수는 미래에 대하여 계속 침묵하였다. 예수 때문에 요셉이 공식적인 가장으로 임명되었다. 유다도 이제 신실하게 자기의 몫에 해당하는 돈을 매달 집으로 보내왔다. 예수는 야고보에게 집을 떠날 준비를 하고 있음을 확실하게 말하였다. 그리하여 수리점의 책임자 직함을 물려 주었고 동생 야고보를 '내 아버지 집의 가장이며 수호자로' 세워주었다.

야고보와는 이 모든 의무에서 벗어나게 해 주겠다는 것을 명문화하여, 비밀계약서를 예수가 작성하여 둘이 다 서명하였다. 하지만 예수는 때가 올 깨까지는 매달 얼마씩 보내주고 이 돈은 특별한 경우에 쓰도록 하였다.

이렇게 예수는 하늘에 계신 아버지의 일에 임하는 공생애를 시작하기 전에, 가정과 분리되어 살아가는 성인으로서의 두 번째 삶의 국면에 들어갈 준비를 마쳤다.

6) 예수의 성년기 후기 (인간 예수)

예수는 나사렛 **가족을 직접 돌보는 일에서는 완전히 손을 떼었다.** 그러나 세례받기 전까지 재정에 계속 도움을 주었고 동생들과 어머니에게 세심한 관심과 뜨거운 애정으로 가족을 사랑하였다. 가족은 4년이 넘게 이별을 준비해 온 것을 알고 있었다.

① **27살 되던 해** (서기 21년)

서기 21년 1월 비가 내리는 일요일 아침 가족과 작별하고 티베리아로 떠났다. 이후 가정의 정식 구성원이 되지 않았다. 일주일 후 막달라와 세포리를 거쳐 가버나움에 있는 아버지의 친구 세베대의 집을 방문하였다. 세베대의 아들 야고보, 요한, 다윗은 어부이고 세베대는 배를 건조하는 사람이다.

예수는 설계와 건축에 전문가이고, 나무를 다루는 일에 장인의 경지에 있었다. 세베대는 개량된 배 만드는 데 고심하고 있었으며, 이미 예수의 솜씨를 오래전부터 알고 있었다. 자신의 설계도를 방문한 목수에게 펼치면서 사업을 함께 하자고 제의하였다. 예수는 쾌히 승낙하였다.

예수는 세베데와 1년 조금 넘게 일하였다. 이 기간에 새로운 건조 기법으로, 증기를 쐰 널빤지를 이용하는 개선된 방법으로 구형보다 훨씬 안전한 배를 건조하였다. 5년이 못 되어 호수 위에 떠 있는 배는 거의 세베대 조선소에서 만든 것이었다. 예수는 어부들에게 신형 배 설계자로 유명해졌다. 조선소는 가버나움 남쪽에 있었고 집은 벳새다 호숫가에 있었다.

세베대의 아내 살로메는 대제사장이었던 안나스의 친족이며, 예수를 탄복하고 친아들처럼 사랑하였다. 그녀의 네 딸은 예수를 큰오빠로 여겼다. 그들은 예수가 배 만드는 일에 전문가일 뿐만 아니라 노련한 어부라는 사실을 알게 되었다.

예수는 매달 야고보에게 돈을 보냈고, 10월에 마르다의 결혼식에 다녀왔다. 2년 후에 시몬과 유다의 결혼식에 또 다녀왔다.

이 한 해 동안, 예수는 배를 만들었고, 세상에서 사람이 어떻게 사는지 계속 관찰하였다. 그는 캐러밴 집결지인 가버나움을 자주 방문하였는데, 이 도시는 다마스쿠스에서 남쪽으로 직선 여행로의 길목에 있다. 이곳은 로마군 부대 주둔지로, 이 부대 사령관은 부유한 로마 사람으로 이방인이면서 하나님을 믿는 '경건한 사람'이다. 그는 스스로 가버나움에 아름다운 교회를 지어 유대인에게 기증하였다. 예수는 이 해의 반년이 넘는 기간 동안 이 새 예배당에서 예배를 인도하였다.

세금 낼 기한이 되자 예수는 자신을 "가버나움의 숙련된 기술자"로 등록하였다. 이날 이후로 지상 생활이 끝나는 날까지 가버나움 주민으로 알려졌다. 어떤 사람은 그를 다마스쿠스, 베다니, 나사렛, 알렉산드리아 사람이라고 말하기도 하였다.

가버나움 회당에 있는 동안, 서고 속에서 많은 새로운 책을 발견하였다. 일주일에 닷

새 저녁은 연구에 매진하였다. 나머지 이틀 중에 하루는 나이 많은 사람과 교제하였고 나머지 하룻저녁은 젊은 사람과 보냈다.

예수는 젊은이를 끌어당기는 온유하고 영감 어린 어떤 것이 있었다. 그는 항상 그들이 하는 일에 관심이 있었고, 물어오지 않는 한 거의 충고 하지 않았다.

세베대의 가족은 예수를 거의 숭배하듯 하였다. 저녁 식후 회당으로 공부하러 가기 전 질의응답 시간을 가졌다. 이웃 젊은이들도 이 모임에 자주 참석하였다. 세베대에게는 많은 고용인이 있었으므로 일주일에 한 번씩 모임을 했다. 이 일꾼들 사이에서 예수를 '주'라고 처음 불렀다.

유다는 안식일에 예수의 설교를 듣기 위해 종 종 왔다. 유다는 자기 큰형을 자주 대할수록, 그가 진실로 위대하다는 것을 확신하게 되었다. 이 해에 예수는 자신의 정신을 통솔하는데 진전을 이루었고 자신 안에 내주하는 생각 조절자와 의식적인 접촉을 이루는 새롭고 높은 수준을 달성하였다.

이 해는 안정된 생활을 누리는 마지막 해였다. 이후로 한 곳이나 한 가지 일에 한 해를 보내지 않았다. 이 땅에서 맹렬하게 활동할 날이 머지않았다. 수년 동안의 광범위한 여행과 변화 많은 개인 활동의 과도기적 시기를 맞이하였다. 이제 완전한 하나님이자 사람으로서, 가르치고 전도하는 여정에 들어가기 전에, 이 땅에서 자신을 증여하는 동안, 받아야 하는 훈련을 완전히 마쳐야 한다.

② 28살 되던 해 (서기 22년)

서기 22년 3월 세베대 가족과 작별하고 가버나움을 떠나면서, 예루살렘에서 유월절에 만나기로 하였다. 새로 찾아낸 친구이자 가까운 동료 요한 세베대와 긴 이야기를 나누었다. 그는 요한에게 '나의 때가 올 때까지' 널리 여행할 것임을 말하였고 자기가 받아야 할 돈이 다 없어질 때까지 자신을 대신하여 나사렛 가족에게 매달 일정한 금액을 보내달라고 요한에게 부탁하였다.

선생님! 일을 시작하시고, 세상에서 당신의 과업을 이루십시오, 이 일뿐만 아니라 다른 문제라도 당신을 대신하여 처리할 것이며, 친어머니와 친동생을 돌보는 것처럼 돌볼 것입니다. 그러니 편안하게 당신의 길을 가십시오.

예수가 예루살렘으로 떠난 뒤에 요한은 아버지와 의논하였으며 그 액수가 많은 것에 놀랐다. 예수가 이 문제를 그들의 손에 맡겼기 때문에, 부동산에 투자하여 거기서 나오는 수입으로 나사렛 가족을 돕는 것이 좋겠다고 의견을 모았다.

세베대는 일부만 우선 받고 팔려는 집을 계약 했고, 예수가 추가로 보내온 큰 금액과 합쳐서 가버나움에 방이 두 개인 집을 소유하게 되었다. 그러나 예수는 이 사실을 모르고 있었다.

나사렛 가족은 예수가 가버나움을 떠났다는 소식을 들었을 때, 요한이 맡은 재정적 원조는 모르는 상태에서, 야고보는 예수와 맺은 계약을 기억하고 형제들의 도움을 받으면서 가족 부양 책임을 맡았다.

예루살렘에 있는 예수는 거의 두 달 도안, 성전의 토론을 듣고, 랍비들이 있는 학교를 방문하고 안식일에는 대부분 베다니에서 보냈다. 전에 살로메로부터 '친아들과 같은 사람'이라고 쓴 편지를 가지고 안나스에게 간 적이 있었다. 예수는 안나스와 많은 시간을 보냈고, 안나스는 그를 친히 데리고 종교 선생들이 많은 학교를 방문하였다. 예수는 이 학교들을 자세히 살피고 교습 방법을 주의하여 관찰하는 동안 대중 앞에서 한 마디도 묻지 않았다.

유월절이 되자 세베대의 전 가족이 안나스의 넓은 집에 도착하였고, 거기서 즐거운 한 가족이 되어 유월절을 기념하였다.

유월절이 끝나기 전에 우연히, 부유한 여행자와 17살쯤 된 그의 아들을 만나게 되었다. 인도에서 온 이 여행객은 로마와 지중해 여러 곳을 방문하는 중이었고 통역하면서 아들의 가정교사 역할을 할 사람을 찾고 있었다. 예수를 만난 이들은 자기들과 여행해 주도록 끈질기게 부탁하였다. 예수는 2년이나 가족과 떨어져 있기가 어렵다고 말하자, 여행객은 1년 치 봉급을 미리 주겠다고 제안하였다. 이에 예수는 여행에 동참하기로 동의하였다.

예수는 이 많은 돈을 요한에게 전부 맡겼다. 세베대는 2년여 동안 예수가 어디에 갔는지 아무에게도 누설하지 않았다. 나사렛 가족은 예수가 죽은 줄로 여기고 있었다. 자기 아들 요한과 함께 여러 번 나사렛에 찾아온 세베대의 확신에 찬 말 만이 마리아에게 희망을 품게 해 주었다. 요한은 예수가 지시한 대로 마리아와 룻에게 매달 습관처럼 선물을 가져다주었다.

③ 29살 되던 해 (서기 23년)

29세 되던 해 전부를 지중해 지역을 여행하는 데 사용하였다. 로마권에 대한 여행에는 다마스쿠스 서기관으로 알려졌고, 고린도를 거쳐 돌아오는 길은 유대인 개인 교사로 알려졌다. 이 체험은 세베대를 제외하고 가족과 이후 사도들도 몰랐다. 가족들은 다마스쿠스나 인도 혹은 알렉산드리아에 있을 것이로고 생각하였다.

예수의 생애에 대해 이해하려면 이 세계에 온 목적을 파악해야 한다. **그는 과도한 매력을 느끼게 하거나, 주의를 끌지 않으려고 항상 조심하였다.** 동료에게 하늘 아버지를 드러내는 일에 전념하고, 아버지의 의지에 복종하는 숭고한 과제에 전념하였다.

이 신성한 증여를 배우는 모든 필사자 학생이, 예수께서 이 세상에서 육신화의 일생을 살았지만, **자신의 전체 우주를 위하여 살았음을 안다면,** 예수의 삶을 이해하는 데 유용할 것이다.

네바돈 우주 전체에 있는 모든 거주인이 사는 구체에 대하여, 필사자 자연 본성의 육신으로 살았던 그의 일생은, 특별하고 영감을 주는 어떤 것이 있다. 이 지역 우주의 미래 역사에서, 의지를 가진 창조체들이 거주하게 될 모든 세계에서도 똑같은 진리가 될 것이다.

사람의 아들은 로마 세계여행 체험을 통해 그 시대와 세대에 살았던 여러 민족과 교육적인 접촉을 하고 훈련하는 일을 마쳤다. 사람이 어떻게 살고 생계를 이어가는지 거의 배웠다.

지중해 지역을 **여행한 목적은 사람을 아는 것이었다.** 그는 모든 종류의 사람과 만나고 교제하고 사랑하였다. 이 지중해 여행에서, 인간으로서 물질적인 필사자 마음을 완전히 아는 과제에서 큰 진전을 이루었다. 그에게 내주하는 조절자는 이 같은 인간 지적 능력 상승과 영적인 정복에 커다란 진전을 이루었다.

이 여행이 끝나갈 무렵, 예수는 자신이 하나님의 아들, 우주 아버지의 창조자 아들이라는 사실을 인간으로서 확실하게 알았다. 조절자는 그가 네바돈 지역 우주를 조직하고 관리 운영하기 전에 자신의 신성한 아버지와 함께 하늘 파라다이스에서 체험한 희미한 기억을, 점점 더 사람의 마음속에 떠오르게 할 수가 있었다.

예수가 영원한 과거의 다양한 시대 속에 사는 동안, 신성한 실존으로 있을 때 가졌던 필요한 기억을 예수의 인간 기억 속으로 조금씩 불어넣었다. 그 조절자가 회상시킨 인간 이전 체험 중 마지막 체험은 구원자 별(네바돈 우주의 수도 살빙톤)의 임마누엘과 송별회를 가진 것이었다. 이 기억은 요한에게 세례받던 그날 예수의 의식 속에 명료해졌다.

④ 인간 예수

예수의 지중해 지역 여행은 모든 지상 체험 중 가장 흥미로운 시간이었다. 이때는 아직 나사렛 목수, 가버나움 선박 목수였으며, 다마스쿠스 서기관이었기 때문에. 모든 것에 열중하도록 만들었다. 그는 아직도 사람의 아들이고, 인간 마음을 충분히 지배하는 경지에 이르지 못하였다. 조절자는 필사자의 정체성을 충분히 익히지 못하였고 부본화(동등화) 시키지 못하였다.

사람의 아들 종교 체험, 개인의 영적 성장은, 29세 되던 해에 거의 정점에 이르렀다. 영적 발달에 대한 이러한 체험이, 생각 조절자가 도착한 순간부터 사람의 물질적 마음과 영적 마음의 성질이 하나로 되는 현상은 차츰차츰 단계적으로 자란 것이다. 이 두 마음이 하나로 된 것은 요단강에서 세례받은 날 완벽하게 최종적으로 마친 체험이다.

그는 영으로 내주하는 아버지와(조절자) **몸소 소통하는 방법을 통달하였다. 육신 안에서 진정한 인생, 완전한 인생, 정상적이고 자연적이며, 일반적인 인생을 살았다. 사람의 아들은, 최상의 기쁨에서 깊은 슬픔에 이르기까지 인간의 넓은 영역을 모두 체험하였다.** 그는 명랑한 아이였고, 선한 유머를 구사하였다. 슬픔을 겪고 비애를 알았다. 영적 의미에서, 밑바닥부터 꼭대기까지, 처음부터 끝까지 필사자 일생을 거쳤다. 그는 인류의 전반적이고 완벽한 체험에 대하여 지적으로 정통하게 되었다. 예수는 태어나서 죽을 때까지 여러 영역에서 진화하고 상승하는 필사자의 생각과 느낌, 욕구와 충동을 알고 있다. 신체적, 지적, 영적, 자아의 시초부터 유아기, 아동기, 소년기, 성년기까지 **인간의 죽음을 체험하기까지 인생을 살았다.** 지적, 영적 진보가 있는 기간, 사람이 보통 겪는 익숙한 기간을 거쳤을 뿐 아니라 세상에서 지금까지 극소수의 사람밖에 성취하지 못한, 인간과 조절자가 조화를 이루는 것과 같은 진보된 단계를 완벽하게 체험하였다. 필사 사람의 전 생활을 체험한 그의 일생은, 너희 세상과 시공의 모든 세계와, 빛과 생명의 정착된 가장 진보된 세계에서 산 것과도 같다.

육신을 가지고 살았던 나사렛 예수의 이러한 완전한 생애는 영원한 하나님을 사람에게 충분하게 계시했다. 동시에 무한한 창조주가 흡족해하기까지 완전한 인격체로 제시한 것은, 우주 아버지로부터 완벽하고 조건 없는 승인을 받았다.

이것은 그의 참된 최고의 목표였다. 그는 어느 시대 어느 사람에게 모방해야 할 본보기로 살려고 내려온 것이 아니다. 그의 풍성하고 아름답고 고상한 일생이 모범과 영감을 주는 것은 사실이지만, 그것은 진실하고 순수한 인간 생활을 하였기 때문이다. **예수가 자기 시대에 있는 상태 그대로 일생을 살았던 것처럼, 우리도 있는 상태 그대로 살라는 모범을 우리 모두에게 설정해 주었다. 예수는 사람으로부터 하나님께로, 부분적인 것으로부터 완전한 것으로, 지상으로부터 하늘로, 시간으로부터 영원으로 이르는, 새롭고 살아있는 길이다.**

29세 되던 해 말경에, 육체를 입고 머무는 자에게 요구되는 인생살이를 거의 마쳤다. 그는 **사람에게 하나님의 충만함을 나타내기 위하여 이 세상에 왔다.**

6. 약 3년간의 세계여행

1) 지중해 주변과 로마 여행 2년

로마로 가는 길

예수와 두 명의 인도인 **고노드**와 그의 아들 **가니드**는 서기 22년 4월 26일 일요일 아침 예루살렘을 떠났다. 그들은 일정을 따라 여행하였고 서기 23년 12월 10일 페르시아만의 카라스주에서 고노드, 가니드와 작별 인사를 하였다.

예루살렘에서 출발하여 요파를 거쳐 가이사랴로 갔다. 가이사랴에서 키레네를 거쳐 카르타고로 갔다. 카르타고에서 나폴리로 가면서 몰타와 시러큐스와 메시나를 경유하였다. 나폴리에서 카푸아로 갔고 아피아 도로를 통하여 로마에 이르렀다.

로마에 머문 다음 육로로 타렌툼으로 갔다. 거기서 그리스의 아테네로 항해하였다. 중간에 니코폴리스와 고린도에 머물렀다. 아테네에서 트로아를 거쳐서 에베소에 이르렀고, 여기서 배를 타고 키프로스로 항해하였다. 가는 도중 로드를 들렀다. 키프로스에 머물면서 상당한 시간을 방문과 휴식으로 보냈다. 그다음 시리아의 안디옥을 향해 항해하였다. 안디옥에서 남쪽으로 내려와 시돈을 여행하였고, 다마스쿠스까지 갔다. 그곳에서 캐러밴 길을 통해 메소포타미아로 갔다. 탑사쿠스와 라리가를 지나갔다. 바빌론에서 얼마간 머물다가 우르와 다른 지역들을 방문하고 수사로 갔다. 수사에서 카락스로 갔고 거기에서 고노드와 가니드는 배를 타고 인도로 떠났.

예수가 고노드와 가니드가 사용하는 언어의 기본 원리를 습득한 것은 다마스쿠스에서 일했던 4개월 동안이었다. 이곳에 있는 동안 고노드의 고향 출신인 한 인도인의 도움을 받아 가며 그리스어를 인도 언어로 번역하는 데 많은 시간을 보냈다.

지중해 지역 여행에서 예수는 매일 대략 절반의 시간을 가니드를 가르치는 일과, 고노드의 사업 회의와 사교 접촉이 있을 때 통역하였다. 매일의 나머지 시간은 자유롭게 쓸 수 있었고, 주위 사람과 사적으로 만나면서 보냈다. 예수는 직접적인 접촉과 관찰을 통하여 서양과 레반트 지역의 물질적, 지적 문명을 습득하였다. 고노드와 그의 영리한 아들로부터는 인도와 중국 문명과 문화에 대하여 많은 것을 배웠다. 고노드는 인도 시민이면서 황색인종의 제국까지 세 번이나 두루 여행한 사람이다. 고노드와 가니드는 여러 번 인도에 가자고 청했지만, 가족에게 돌아가야 한다고 청을 사양하였다.

① 요파에서 요나에 관한 말씀

요파에 머무는 동안 제혁업자 시몬을 위해 일하는 블레셋인 통역자 가디아를 만났다. 가디아는 진리를 찾는 사람이고 예수는 진리를 주는 사람, 그 시대의 진리였다. 이 두 사람이 만났을 때 새로운 진리의 체험으로 사람을 해방하는 깨달음이 생겨났다. 가디아는 저녁 식후 해변을 거닐면서 예수에게 이곳이 요나가 다시스로 가는 배를 탄 유명한 곳이라고 말하면서, 큰 물고기가 실제로 요나를 삼켰다고 생각하십니까? 라고, 질문하였다.

예수는 "나의 친구여 우리는 모두 하나님의 뜻대로 인생을 살아야 하는 요나와 같다. 현재 생활의 의무를 피하여 유혹하는 것들이 있는 곳으로 달아나려 할 때마다. 진리의 능력과 정의의 힘이 지시하지 않은 영향력을 직접 받는다. 의무를 회피하는 것은 다루기 힘든 고래들과 비참한 투쟁을 해야 하는 결과를 초래할 뿐이다.

그렇지만, **낙심한 혼들이 진심으로 하나님을 찾고자, 진리에 대한 굶주림과 정의에 대한 갈증이 있다면, 그들이 빠진 수렁이 아무리 깊어도 하나님의 영이 그들을 수렁에서 구원할 것이다.** 일생을 둘러싼 악한 환경이 그들을 토해내어 그들을 다시 새로워진 봉사와 현명한 삶을 위한 신선한 기회의 마른 땅으로 나오게 될 것이다."

나중에 도르가의 집에서 베드로와 토론하였던 가디아가 바로 이 사람이다. 블레셋 청년 가디아는 세상에 **선과 악**이 공존함은 부당하다는 느낌으로 괴로워하였다. '하나님이 무한히 선하시다면, 어떻게 우리가 악으로 인한 슬픔을 겪게 하시며, 악은 누가 만들었습니까?' 당시 많은 사람은 선과 악 모두 하나님이 창조했다고 믿었지만, 예수는 그 같은 잘못을 가르치지 않았다. 예수는 이렇게 대답하였다. "나의 형제여. 하나님은 사랑 그 자체이므로, 선하실 수밖에 없으며, 그의 선함이 너무나 크고 실제여서, 악으로 인한 사소하고도 비실제적인 것들을 포함할 수 없다. **하나님은 너무나 긍정적으로 선하여서 그에게는 부정적인 악이 남아있을 소지가 절대로 없다.** 악은 선에 저항하고 아름다움을 거부하며 진리에 불충한 무리의 성숙하지 못한 단지 미숙함에서 오는 부작용이거나 혹은 무지에서 오는 분열이고 왜곡시키는 영향력일 뿐이다. 악은 어리석게 빛을 거부한 결과로 수반되는 필연적인 어두움이다. 악은 어둡고 거짓된 것이며, 의식적으로 받아들여지고 고의로 시인될 때 죄가 된다."

"하늘에 계신 아버지는 진리와 잘못 중에서 하나를 선택하는 능력을 너희에게 줌으로써 빛과 생명으로 가는 긍정적인 길 안에 잠재적으로 부정적인 것이 그 안에 있도록 창조하였다. 그러나 지능을 지닌 생명체가 생명의 길을 선택함으로 악이 존재하도록 결정하는 순간까지, 그러한 잘못에 의한 악은 사실상 존재하지 않는다. **악은 의도적으로 반항하는 생명체가 알면서도 고의로 그것을 선택함으로써 그것이 죄로 올라오게 된다.** 수확의 시기까지 곡식과 가라지가 함께 자라도록 허용하는 것과 같다."

② 가이사랴에서

그들이 타려던 배에 큰 방향타 하나가 갈라질 위험이 있는 것이 발견되어 예수와 일행은 며칠 더 머물게 되었다. 수리할 목수가 부족하여 예수는 자원하여 그 일을 도와주었다.

가이사랴는 팔레스타인의 수도이고 로마 행정 장관의 거주지다. 높은 언덕 위에는 아우구스투스 신전이 있고 황제의 거대한 동상이 세워져 있다. 이틀째 되는 날에는 좌석이 2만여 개나 되는 원형 극장에서 공연을 관람하였다. 셋째 날 아침에는 총독 관저를 공식 방문하였다.

그들이 머무는 숙소에 몽골에서 온 한 상인이 묵고 있었고, 극동에서 온 이 사람은 그리스어를 잘하므로 예수와 여러 차례 긴 이야기를 나누었다. 이 사람은 예수의 인생철학에 많은 감명을 받았다. 특히 '하늘에 계신 아버지의 뜻을 매일 순종하면서 땅에 있는 동안 하늘의 일생을 누리는 삶'에 관한 그의 지혜로운 말은 잊을 수가 없었다. 이 사람은 도교를 믿는 사람인데, 우주적 신의 교리를 깊이 믿는 사람이 되었다. 그가 몽골에 돌아갔을 때 이 진보된 진리를 자신의 이웃과 동반자에게 가르치기 시작하였다. 그러한 활동의 결과로 그의 장남은 도교의 제관이 되려고 결심하였고, 그의 아들 손자 역시 유일하신 하나님, 하늘의 최고 통치자에 대한 교리에 헌신적으로 충성하였다.

필라델피아에 본부를 둔 초기 그리스도교 동쪽 분파가 예루살렘 형제들보다 예수의 교훈을 더욱 신실하게 믿는 동안, 베드로와 같은 태도로 중국으로 들어간 사람이 한 사람도 없었다. 바울과 같은 태도로 인도로 들어간 사람이 하나도 없었다는 것은 매우 애석한 일이다. 그곳의 영적 토양은 새로운 복음의 씨앗을 뿌리기에 적당한 옥토가 되어 있었다.

방향타 작업을 함께하던 젊은이는 예수가 시간마다 들려준 말에 많은 관심을 끌게 되었다. 하늘에 계신 아버지께서 이 세상에 있는 자녀들의 행복에 관심을 둔다는 사실을 넌지시 말했을 때, 이 젊은 그리스인 아낙산드는 '만약에 하나님이 내게 관심이 있다면, 잔인하고 불공평한 이 작업장 감독을 왜 없애버리지 않습니까' 그는 예수의 대답에 놀랐다. "네가 친절을 베푸는 방법을 알고 정의를 존중하기 때문에, 더 좋은 길로 이끌라고 아마도 하나님이 잘못하는 이 사람을 네 가까이에 데리고 오신듯하구나! 아마 네가 이 형제가 다른 사람을 더욱 인정할 수 있는 사람으로 만들 소금일지 모른다. 네가 맛을 잃지 않았다면 그러하리라. 선의 힘으로 악을 지배하라, 그리하면 네가 주인이 되리라. 잘못과 악을 이기는 선한 투쟁에서 얻는 영적 에너지와 신성한 진리를 가지고 생활하는 기쁨을 즐기는 매혹적인 모험이다." 후에 이 사람은 백 부장의 청지기가 되었고 빌립이 설립한 교회에 훌륭한 회원이 되었다.

이 무렵 가니드는 '당신은 낯선 사람을 만나는 일에 왜 그토록 끊임없이 몰두하십니까?'라고 물었다. "가니드야! 하나님을 아는 사람에게는 어떤 사람도 낯선 사람이 아니다. 하나님을 찾는 체험 안에서 모든 사람이 형제임을 발견하게 되는데 자기 형제·자매를 사귀고, 그들의 문제를 알게 되고, 그들을 사랑하는 법을 배우게 되는 것은, 인생에서 최고의 체험이다."

가니드는 하나님의 뜻과 의지라고 불리는 선택하는 인간 마음 사이에 어떤 차이가 있는지 물었다. 예수가 말한 요지는 **하나님의 뜻**은 하나님의 길, 어떤 잠재적인 양자택일에 직면하였을 때 하나님의 선택과 동반자 관계를 이루는 것이다. 하나님의 뜻을 행하는 것은 점점 더 하나님처럼 되어 가는 진보의 체험이며, 하나님의 모든 선하고, 아름답고, 참된 것의 근원이자 목표이다. **사람의 의지**는 사람의 길이며, 그것은 되고자 하고 하고자 하는 사람의 선택 총합이요 본질이다. 의지는 스스로 의식하는 존재가 알면서 선택하는 것이요, 이것은 지적 숙고에 근거를 둔 결정과 행위로 이끈다.

목양견과 즐겁게 놀던 가니드는 개도 혼과 의지를 갖추고 있는지를 물었다. 예수는 이렇게 대답하였다. 개는 자기 주인, 사람을 알아볼 수 있는 일종의 마음을 가지고 있지만, 영이신 하나님을 알 수는 없으므로 개는 영적 본성을 갖고 있지 않고, 영적 체험도 즐길 수 없다. 개는 본능에서 나오는 훈련으로 증강될 수 있는 어떤 의지를 갖추고 있을 뿐이다.

사람이 도덕적 존재, 영적인 책임을 갖는 속성과, 영원한 생존의 잠재력을 자질로써 부여받은 창조체가 될 수 있는 것은, 영적 분별력과 진리를 선택하는 힘을 갖고 있기 때문이다. 동물에게는 그러한 정신력이 없으므로 언어의 발전이나 영원한 생존은 불가능하다. 가니드는 사람의 혼이 동물의 몸속에 윤회한다는 믿음을 다시는 갖지 않았다.

의지란 주관적인 의식을 객관적으로 표현할 수 있게 하고 하나님처럼 되기를 열망하는 현상을 체험할 수 있게 하는, 인간의 정신을 명백하게 표현하게 하는 것이다. 이런 의미에서 스스로 돌아보고, 영적으로 생각하는 인간 존재는 창의적인 사람이 될 수가 있다.

③ 알렉산드리아에서

예수와, 고노드와 가니드는 알렉산드리아 항에 도착하였다. 가니드는 기원전 3세기에 만들어진 높이 100m에 달하는 파로스 등대를 보고 놀라고 흥분하였다. 이 등대는 기원이고 세계 7대 불가사의 중 하나이다. 예수는 가니드에게 "네가 인도로 돌아가면 네 아버지가 돌아가신 후라도 이 등대처럼 될 것이며, 구원의 항구에 안전하게 도달하는 길을 보여줌으로써, 어둠 속에 있는 주위 사람들에게 생명의 빛처럼 될 것이다" 그러자 가니드는 예수의 손을 잡고 '그렇게 하겠습니다'라고 말하였다.

항구에 도착한 지 네 시간이 지나서, 이 도시의 큰길 동쪽 끝 부근에 숙소를 잡았다. 이 도시는 인구 100만 명이나 되는 로마 제국 제2의 도시이다. 이 도시의 가볼 만한 곳인, 대학 도서관(박물관), 알렉산더 왕가의 거대한 무덤, 궁전, 넵튠 신전, 극장, 체육관을 돌아본 후, 세계에서 가장 큰 도서관으로 갔다. 이곳은 세계 모든 문명 세계에서 가져온 100만 권에 이르는 책이 모여 있다. 이 도서관에서 매일 일정한 시간을 보냈다. 가니드에게 이곳에서 히브리 경전을 그리스어로 번역된 일에 관해 말해 주었다. 그리고 세계 모든 종교를 주제로 토론하였다.

'여호와는 멜기세덱의 계시와 아브라함의 언약으로부터 발생한 하나님이다. 유대인은 아브라함의 자손이고, 나중에는 멜기세덱이 살면서 가르쳐서 모든 세계에 선생을 보낸 중심지였던 이 땅을 차지하였다. 유대의 종교는 다른 세계 종교보다 이스라엘의 주님 하나님을 하늘에 계신 우주 아버지로서 훨씬 정확하게 묘사하였다.'

가니드는 예수의 지도를 받으면서, 하위의 신들을 다소 인정하더라도, 우주의 신을 인정하는, 세상의 모든 종교의 가르침을 수집하였다. 토론이 있고 난 뒤에, 로마인의 종교에는 참된 하나님이 없으며, 그들의 종교는 황제 숭배에 불과하다는 결론을 내렸다. 그리스인은 철학은 있어도 인격적 하나님을 가진 종교는 가지지 않았다고 결론을 내렸다.

가니드가 이런 작업을 마무리하고, 개인적인 결론을 첨가한 것은 로마 체류 기간이 끝나갈 무렵이었다. 세계의 신성한 문헌을 기록한 가장 훌륭한 저자들은 모두, 하나님의 성품 그리고 인간과의 관계에 대하여 많이 일치하고 있음을 발견하고 무척 놀랐다.

박물관은 희귀한 물건을 소장한 곳이라기보다. 예술, 과학, 문학을 가르치는 대학이었다. 학식 높은 교수들이 강의했고 예수는 날마다 강의를 통역해 주었다. 당시에는 이곳이 서양 세계의 지적 중심지였다.

두 번째 주 어느 날 가니드가 큰 소리로 말하였다. '여호수아 선생님, 당신이 이 교수들보다 많이 아십니다. 당신은 나에게 말해 준 위대한 것들을 일어나서 그들에게 말해 줘야 합니다.' 예수는 미소를 지으며 " 너는 칭찬 받을 학생이지만, 이 선생들은 너와 내가 그들을 가르치는 것을 원하지 않는다. 영적 변화 없이 학문을 배움으로 생기는 자만은, 인간의 체험에서 위험하다. 참된 선생은 늘 배우는 사람이 되므로 지적 성실성을 유지한다."

알렉산드리아는 서양 문화가 혼합된 도시이고, 로마 다음으로 크고 웅장했다. 여기에 세계에서 제일 큰 유대인 회당이 자리를 잡았는데, 70인 장로로 이루어진 알렉산드리아 산해드린의 행정중심지가 있었다.

고노드가 거래하는 많은 사람 중에 알렉산더라는 유대인 은행가가 있었는데 그의 형제인 필로는 당대에 가장 유명한 종교 철학자였다. 필로는 그리스 철학과 히브리 신학을 조화시키는 어려운 과제에 몰두하고 있었다. 그의 강의에 참석하려 했지만 내내 병석에 누워있었다.

④ 실체에 관한 강연

알렉산드리아를 떠나기 전날 밤, 예수는 플라톤의 교훈을 가르치는 교수와 오랫동안 이야기를 나누며 가니드를 통역했지만, 그리스 철학을 반박하는 자신의 교훈을 거기에 개입시키지는 않았다. **세상에 물질적인 것들이, 보이지는 않지만, 본질적인 영적 실체에 대한 그림자**라는 그리스 철학의 어떤 부분은 조건을 달아 인정했다. 가니드의 생각에 신뢰할만한 기초를 놓으려고 애썼다.

예수가 가니드에게 말한 내용을 요약하면 다음과 같다. 우주 실체의 근원은 무한자이다. 유한한 창조계 안에 있는 물질적인 것들은 낙원 원형(원본)과 영원한 하나님의 우주 마음이 시공간 안에서 일으킨 반영(결과)이다. 물리적 세계에서 원인, 지적 세계에서 자의식, 영 세계에서 진보하는 자아, 즉 우주적 규모로 설계하고, 영원한 관계 속에 통합되고, 완전한 자질과 신성한 가치를 체험한, 이 세 가지는 지존 자와 일체를 이룬다. 그러나 늘 변하는 우주에서 원인이자 기능이요 영 체험을 일으키는 최초의 원본 인격체는 변하지 않고 절대적이다. 절대자들, 그리고 물리적 상태나 지적인식이나 영적 신분에 이른 절대적인 것들을 제외하고, 한없는 가치와 신성한 품질을 지닌 영원한 우주에서도 모든 것은 변할 수 있으며 때때로 변하기도 한다.

유한한 인간이 진보하여 올라갈 수 있는 가장 높은 수준은 우주 아버지를 인식하는 것이며 지존 자를 아는 것이다. 그리고 최종(완결)에 이른 존재들은 물리적 세계의 움직임에서, 그 물질 현상에서, 줄곧 변화를 체험한다. 그들은 영적 우주를 계속 올라가면서 자아를 계속 진보하는 것, 지적 우주를 더 깊이 이해하고, 그러한 우주에 대한 반응을 차츰차츰 의식하는 것을 알고 있다. 오로지 의지가 완전해지고, 조화되고, 일치되는 가운데, 인간은 창조자와 하나가 될 수 있다. 오직 인간이 유한한 개인 의지를 창조자의 신성한 뜻에 한결같이 맞추어 시간과 영원 속에서 계속 사는 방법으로, 신다운 상태에 도달하고 그 상태를 유지한다. 하나님의 뜻을 행하고자 하는 욕구가, 하늘 가는 하나님 아들의 혼 속에서 언제나 가장 높고 그의 마음을 지배해야 한다.

인간의 체험에서 모든 참된 가치는 인식의 깊은 곳에 숨겨져 있다.

마음이 없는 인과 작용은 세련되고 복잡한 상태로 진화시킬 수 없고 영이 없는 체험은 물질적 마음으로부터 영원히 생존하는 신성한 성격으로 진화할 수 없다. 무한한 신의 특성을 유일하게 나타내는, 우주의 한 가지 속성은 이렇게 점진적으로 신에 도달해서 살아남을 수 있는 성격을 끝없이 창조적으로 증여하는 것이다.

인격체는 변화와 공존할 수 있고, 언제까지나 정체성을 간직하는 우주의 재산이요, 우주 실체의 단계이다.

생명은 우주 상황들의 요구와 가능성에 대한 근원적인 인과법칙이며 우주 지성의 적용과 영이신 하나님의 생기를 활성화함으로 생기가 된다. 생명의 의미는 적응력에 있고, 생명의 가치는 하나님을 의식하는 높이까지 발전하는 능력이 있다.

자의식을 가진 생명체가 우주에 잘못 적응하면 우주에 부조화를 일으킨다. 인격체 의지가 우주의 경향으로부터 일탈은, 지적인 고립, 인격체의 격리로 종결된다.

이 생명은 전체적으로 우주 아버지를 최종 목표로 삼으면서 더 높은 가치를 향하여 분투한다.

마음의 수준에서 인간은, 조금 높은 준-영적인 지능 활동을 제외한다면, 동물보다 약간 높은 마음을 소유하고 있다. 그러므로 동물(경배와 지혜가 없는)은 의식에 대한 의식인 초 의식을 체험할 수 없다. 동물의 마음은 오직 객관적인 우주만을 의식한다.

지식은 물질적인 또는 사실을 분별하는 정신의 영역이다. **진리는** 하나님을 아는 것을 인식하는 영적 자질로서 부여된 지성의 영역이다. 지식은 논증될 수 있으며, 진리는 체험되는 것이다. 지식은 마음(정신)이 가진 소유물이요, 진리는 혼, 진보하는 자아의 체험이다. 지식은 비 영적 차원의 지능이요, 진리는 우주들의 마음 영 차원의 위상이다. 물질적인 마음의 눈은 사실적인 지식의 세계를 감지한다.

영성 화 된 지성의 눈은 참된 가치들의 세계를 식별한다. 이 두 눈이 보는 관점은 동시에 작용하고 조화되어 실체의 세계를 드러내며 그 안에서 지혜는 진보하는 개인적 체험의 관점에서 우주의 현상을 해석한다.

잘못(악)은 불완전한 것에 대한 대가이다. 완벽하지 못한 성질이나 적응을 잘못한 사실은 물질 수준에서 비판적 관찰과 과학적 분석으로 드러나고 도덕 수준에서 인간의 체험으로 드러난다. 악이 존재하는 것은 생각이 다르고 진화하는 자아가 미숙하다는 증명이다. 따라서 잘못은 사람이 얼마나 우주를 불완전하게 해석하는가를 가리킨다. 잘못을 저지를 가능성은 지혜를 얻는 과정에서 부분적이고 일시적인 것으로부터 완전하고 영원한 것으로, 상대적이고 불완전한 것으로부터 최종이며 완전해진 것으로 나아가는 계획에 본래부터 그 안에 있다. 잘못은 사람이 낙원의 완전성으로 상승하는 우주 길목에서 반드시 마주쳐야 하는 상대적 불완전의 그림자다. 잘못(악)은 우주에 실재한 성질이 아니다. 단지 불완전한 유한 자의 불완전성이 지고 와 궁극으로 향한 상승의 수준과 관련하여 상대성이 관찰되는 것이다.

예수는 이 소년에게 이해하기 쉬운 말로 해 주었지만 잠에 빠졌다. 다음날 그레타 섬의 라시아로 가려고 일찍 일어났다. 출발 전 가니드는 악에 관한 질문이 더 있었고, 예수는 이렇게 대답하였다.

악은 상대성을 지닌 개념이다. 사물과 존재들이 가득한 유한한 우주가, 무한한자의 영원한 실체들이 우주에 표현하는 생명의 빛을 그림에 따라서, 우주가 던져주는 그림자 안에 나타나는 결점을 관찰함으로 악이 발생한다.

잠재적 악은 무한과 영원한 시간과 공간에 제한되어 나타나는 표현으로 하나님의 계시가 불완전하게 나타나는 데 있다. 앞부분에 완전한 것이 있다는 사실은 상대적 실체이며 총명하게 선택할 필요를 나타낸다.

영의 인식과 반응이 여러 수준의 가치를 정립한다. 일시적이고 제한된 인간의 머리가 생각하는, 무한한 자에 대한 불완전하고 유한한 개념은 그 자체로서 저절로 악의 잠재성이다. 하지만 처음부터 있던 지적 부조화와 영적 부족을 이치에 맞게 영적으로 수정할 때, 부당하게 결함을 확대하는 잘못은, 실제 악을 실천하는 것에 해당한다.

모든 움직이지 않는 죽은 개념은 잠재적으로 악이다. 상대적이고 살아있는 진리의 그림자는 계속 움직인다. 정적 개념은 언제나 과학, 정치, 사회, 종교 등의 발전을 지체시킨다. 정적인 개념은 어떤 지식을 나타내기는 하지만, 지혜가 부족하고 진리가 빠져 있다. 그러나 상대성 개념에 빠져, 우주정신의 인도를 받으면서 우주가 조정되고, 지존자의 영과 에너지로 말미암아 우주가 안정되도록 통제되는 것을 간과하지 말라.

⑤ 그레테 섬에서

그레테 섬에는 섬 주위를 산책하거나 산을 오르면서 즐기려고 갔다. 그러면서 예수와 가니드는 많은 혼을 인도하였다. 후일 바울이 디도를 이 섬으로 보냈을 때 그들이 닦아놓은 기초가 복음을 빨리 받아들이도록 했다.

그레테의 산 중턱에서 고노드와 처음으로 종교에 관하여 길게 대화했다. '당신이 일러준 모든 말을 아들 가니드가 믿는 것은 놀라운 일이 아니요, 다마스쿠스는커녕 예루살렘에 그런 종교가 있다는 것을 전혀 모르고 있었습니다.' 고노드는 예수에게 인도에 가자고 제안하였다.

어느 날 가니드는 왜 공적인 교사의 일에 헌신하지 않느냐고 물었다. 예수는 "아이야 모든 일은 때가 오기를 기다려야 한다. 너는 세상에 태어났지만 아무리 걱정하고 조바

심해도 네가 성장하는 데 도움이 되지 못한다. 때가 되어야 푸른 과일이 익고, 시간이 지나야 계절이 바뀌고, 해가 뜬 뒤에 해가 지는 것도 그러하다…. 나의 내일은 전적으로 하늘에 계신 아버지께 달려 있다." 그리고 모세가 40년 동안 준비하고 기다린 이야기를 해 주었다.

페어 항구를 방문하던 길에 가니드에게 잊지 못한 사건이 발생했다. 이 사건의 기억은 인도의 카스트 제도를 바꾸기 위한 어떤 일을 하고 싶다는 생각을 항상 갖게 했다. 어떤 술에 취한 주정꾼이 큰길에서 노예 소녀를 폭행하고 있었다. 예수가 소녀의 곤경을 보고 즉시 달려가 미치광이의 공격에서 구해냈다. 격분한 남자를 떼어 놓은 후 주먹을 휘두르다 지칠 때까지 오른팔로 잡고 있었다. 가니드는 예수를 돕고 싶었지만, 아버지가 만류하였다. 세 사람은 소녀를 집까지 데려다주었고, 소녀는 진심으로 감사하였다. 가니드는 술에 취한 사람이 당연히 때린 만큼은 맞아야 하는데 그냥 놓아준 것을 이해하지 못하였다.

⑥ 두려움에 빠진 젊은이

산에 올라가던 중에, 두려움이 가득하고 풀이 죽은 젊은이와 오랜 시간 이야기를 하게 되었다. 이 젊은이는 열두 살 때 아버지를 잃고 수많은 어려운 상황으로 무력하고, 열등하다고 느끼고 자랐다. 예수는 "안녕, 친구여! 이 좋은 날에 왜 풀이 죽어 있는가? 만약 걱정거리가 있다면 아마 도움을 줄 수도 있겠네! 도울 수 있다면 정말 좋겠네!"

젊은이가 말하지 않으려 하자, 예수는 두 번째로 그의 혼에 접근하여 말하였다. 사람을 피하여 이 산에 올라온 것을 아네, 그래서 나와 이야기하고 싶지 않겠구나, 혹시 파닉스로 가려면 어느 길이 좋은지 알려줄 수 있겠나? 젊은이는 신이 나서 여러 갈래의 오솔길을 땅에 상세히 그리면서 설명하였다. 가려고 하다 돌아서서 네가 울적한 마음으로 혼자 있고 싶어 함을 알지만, 너한테 친절한 길 안내를 받고 그냥 떠나는 것이 공평하지 않다. 네가 피닉스로 가는 길을 잘 아는 것 같이, 나는 좌절된 희망과 무너진 포부를 회복시켜 줄 도시에 이르는 길을 잘 안다. 내게 도움을 청했으므로 너를 실망하게 하지 않을 것이다. '젊은이는 더듬거리며 아무것도 요청하지 않았는데요'라고 말했다. 그렇지 않다 말이 아닌 간절한 표정으로 내 마음에 요청했다. 얘야, 자기 동료를 사랑하는 자는, 실의와 절망 속에 도움을 요청하는 강한 호소력이 있음이 느껴진다. 하나님의 돌보심과 사람의 형제 관계 속에 있는 기쁨과 행복으로 인도하는 길을 말해 줄 터이니 여기 함께 앉자.

이 시점에 젊은이는 예수와 말하고 싶어서, 무릎을 꿇고 슬픔과 좌절에서 벗어날 수 있는 길을 보여달라고 간청하였다. 나의 친구여 남자답게 일어서라. 너는 작은 적들과 숱한 장애물로 뒤처졌는지 모르지만, 이 세상과 우주의 큰 것과 실제적인 것이 네 편에 있다. 태양은 아침마다. 부자와 권세 있는 사람에게 인사하듯, 네게도 똑같이 인사하지 않느냐? 보아라, 너는 튼튼한 육체와 강인한 근육은 보통 사람보다 훨씬 낫다. 그러나 불운을 한탄하는 동안은 그 신체가 쓸모가 없다. 훌륭한 일을 서둘러 시작한다면, 너는 그 육체를 사용하여 위대한 일을 이룰 수 있다. 너는 불행한 자신으로부터 도망가려 하지만, 불가능하다. 네 문제는 실제이며, 살아있는 한 도망칠 수 없다. 그러나 네 머리는 맑고 능력이 있으며, 튼튼한 몸을 지휘할 총명한 머리가 있다. 문제를 푸는 데 머리를 쓰고, 지능이 너를 위해 일하도록 가르쳐라. 이제 생각 없는 짐승처럼 겁먹지 마라.

지금처럼 두려움에 빠진 노예가 되고 우울과 패배의 종이 되기보다. 두뇌는 함께 용감하게 싸우는 친구가 되어 일생의 문제를 해결해야 한다. 무엇보다 귀중한 것은, 진정한 성취를 이룰 잠재력이, 네 안에 사는 영이다. 두려움의 사슬에서 몸을 해방하고, 팔팔한 믿음을 가진 힘찬 존재로서 영적 성품이 비로소 너를 무위(無爲)의 잘못에서 벗어나게 만든다면, 그 영은 스스로 통솔하도록 자극하고 영감을 주고 몸을 움직이게 한다. 이 신앙이 하나님의 자녀라는 마음에 태어난 의식 때문에 네 혼을 넘치도록 채워줄, 동료에 대한 사랑이 강력하게 나타나 사람에 대한 두려움을 극복하게 될 것이다.

얘야! 오늘 너는 다시 태어났다. 신앙의 사람, 용기의 사람, 그리고 사람에 대한, 하나님을 위한 봉사에 헌신하는 사람으로 다시 세워진 것이다. 그리고 네 속에 있는 생명에게 재조절되었을 때, 우주에 대해서도 재조절되는 것이다.

너는 다시 태어났고, 영으로 태어났으니, 너의 일생은 전 생애가 승리하는 일생이 될 것이다. 걱정은 너를 활기차게 할 것이다. 실망은 네가 도전하도록 할 것이다. 장애물은 네가 자극을 받도록 할 것이다. 젊은이여, 깨어나라! 굽실거리고 도망 다니는 겁쟁이의 일생에 작별을 고하라! 그리고 서둘러 너의 임무로 돌아가서, 육체를 가진 하나님의 아들로서 사람에 대해 깊음이 있는 봉사에 전념하고, 하나님에 대해 영원한 봉사를 하며 살아가기를 바란다.

운이 좋은 이 사람은 그레테에서 기독교 신자들의 지도자가 되었고 디도의 가까운 동역자가 되었다.

어느 날 아프리카의 카르타고로 항해를 시작했고, 구레네에서 이틀을 머물렀다. 여기서 예수와 가니드는 수레에 바쳐 부상한 르포라는 젊은이를 응급치료해 주고, 그의 어머니와 아버지 시몬에게 데려다주었는데, 이 사람은 후일 로마 병사의 명령으로 대신 십자가를 지게 된 구레네, 시몬이다.

⑦ 카르타고에서 시간과 공간에 대한 강연

카르타고로 가는 길에 예수는 사회, 정치, 상업에 관하여 이야기하고 종교에 관한 이야기는 나오지 않았다. 고노드와 가니드는 예수가 훌륭한 이야기꾼임을 발견하였고, 다마스쿠스나 예루살렘이 아닌 갈릴리에서 자랐음을 알게 되었다.

가니드는 만나는 사람마다 예수에게 매료됨을 알고서, 그 비결을 물었다. 예수는 "동료에게 관심을 가지며, 그들을 사랑하는 법을 배우고, 그들이 원하는 일을 하고 기회를 만들어라." 그러면서 유대 속담 '친구를 사귀고 싶은 사람은 먼저 친절을 베풀어야 한다.'라는 말을 인용하였다.

카르타고에서 예수는 미트라교 사제와 사람의 불멸에 관하여 이야기하였다. 이 페르시아 인은 알렉산드리아에서 교육받았고, 예수에게 배우기를 진심으로 원했다. 질문에 대한 요약은 다음과 같다.

시간은 인간의 의식에 의해 감지되는 사건들의 흐름이다. 시간은 사건들이 인식되고 분리되는 연속된 배열에 주어진 이름이다. **공간**의 우주는 낙원이라는 고정된 거주지 밖의 어떤 내부 위치든 거기서 보는 것과 같은 시간에 관련된 현상이다. 시간의 움직임은, 공간에서 움직이지 않는 어떤 것과 관련하여 시간적 현상으로서만 드러난다. 온 우주에서 낙원과 거기에 있는 신들은 시간과 공간, 모두를 초월한다. 인간이 사는 세계에서, 인간 개인성만이 (낙원 아버지의 영이 거주하고 그것에서 기원한), 일시적 사건들로 이루어진 물질적 연속을 초월할 수 있는 실체와 오직 물질적으로 연결되어 있다. 사람은 낙원

쪽으로 상승할수록 시야가 넓어지고 점점 더 식별한다.

시간 제약에 따라 공간에 대한 개념은 일곱 가지로 달라진다. **공간**은 시간에 의해 측정되지만, **시간**은 공간에 의해 측정되지 않는다. 과학자들은 공간의 실체를 인식하기에 실패했기 때문에 더 혼란에 빠지게 되었다. 공간은 우주 물체들의 변화를 보는 단순한 지적 개념이 아니다. 공간은 비어있지 않으며, 사람이 아는바 어느 정도라도 공간을 초월할 수 있는 유일한 것은 마음이다. 마음은 물체들이 공간과 관계된 개념과 따로 활동할 수 있다. 공간은 생물의 지위를 가진 모든 존재에게 상대적으로, 비교적 유한하다. 의식이 일곱 가지 우주 차원을 자각함에 가까워질수록, 잠재 공간 개념은 궁극에 더욱 가까워진다. 하지만 공간의 잠재성은 오직 절대 수준에서만 참으로 궁극에 이른다.

우주의 실체가 확대하고 있다는 것, 상승하고 완전을 이루어 가는 조화 우주 차원에서 항상 상대적인 의미가 있다. 궁극적으로 생존 되는 필사자들은 일곱 차원의 우주에서 자기 정체성을 성취한다.

물질에 기원을 둔 마음의 시공간에 대한 개념은, 의식하고 이해하는 인격체가 여러 단계의 우주를 상승하면서 연속적으로 확대되는 과정을 거치게 되어 있다. 인간이 물질적인 면과 영적인 면 사이를 연결하는 마음을 가지게 되면 시공간에 대한 관념을 인지하는 질과 체험의 양에서 확장을 이룰 것이다. 진보하는 영 인격체의 확장되는 시공 우주적 개념들은, 의식의 넓이와 통찰력의 깊이 둘 다 증가한다. 인격이 위로 안으로 계속 신을 닮는 초월 수준까지 지나감에 따라서, 시공 개념은 절대자들의 개념, 시간이 없고 공간이 없는 개념이 점점 더 가까워질 것이다. 상대적으로 그리고 초월적 달성에 따라서, 궁극의 운명을 가진 자녀들이 이 절대 수준의 개념을 상상하게 될 것이다.

⑧ 나폴리와 로마로 가는 길에서

카르타고에서 로마로 가는 길에 처음 머문 곳은 말타 섬이다. 여기서 예수는 낙심하고 위축된 클라우두스라는 청년과 긴 이야기를 나누었다. 이 청년은 자살할 생각을 하고 있었지만, 이야기를 마쳤을 때 '나는 남자답게 인생을 대처하겠으며, 겁쟁이 노릇은 이제 끝났습니다. 내 민족에게 돌아가서 모든 것을 다시 시작하겠습니다.' 얼마 안 되어 견유학파를 열심히 전하는 사람이 되었다. 나중에 베드로와 손잡고 로마와 나폴리에서 기독교를 전파하였으며, 베드로가 죽은 뒤에는 스페인까지 가서 복음을 계속 전파하였다. 나중까지 자기를 정신 차리게 해 준 사람이 예수라는 사실을 알지 못하였다.

시러큐스에서 한 주를 머물면서, 여관을 하는 유대인 에즈라를 만났는데 에즈라는 예수에게 이스라엘 신앙을 회복하도록 도와달라고 부탁하였다. "네가 진정으로 하나님을 찾고 싶다면, 그 바람은 이미 그를 찾았다는 증거이다. 네 문제는 하나님을 찾을 수 없다는 것이 아니라, 아버지께서는 이미 너를 찾으셨다. 네 문제는 단지 하나님을 모른다는 것이다." 에즈라는 하나님을 발견하였고, 후일 부자 그리스인 개종자와 연합하여 시러큐스에 첫 그리스도교인 교회를 세웠다.

메시나에서 하루를 머무는 동안 과일 행상을 하는 어린 소년을 만나 과일을 사면서 아이야! 어른으로 자라기까지 용기를 가져라. 몸이 자란 다음에 어떻게 혼을 키우는지 배워라. 하늘에 계신 내 아버지께서 너와 항상 함께 계실 것이고 너를 인도하실 것이다. 소년은 미트라교에 들어갔다가 나중에는 기독교로 개종하였다.

그들은 나폴리에 도착하였다. 빈민들에게 여러 번 구제금을 주었지만, 한 걸인에게는 동전 한 닢을 주었을 뿐 아무 말도 하지 않았다. 가니드가 그 이유를 묻자, "말의 뜻을 알아들을 수 없는 사람에게 무엇 때문에 말을 낭비하느냐? 아버지의 영은 아들 된 신분의 힘을 갖지 못한 사람은 가르치거나 구할 수가 없다." 예수가 의미했던 것은 그 사람은 정상적인 마음을 소유하지 못하고 있었고 영의 인도에 반응할 능력이 부족하다는 것이었다.

나폴리를 떠나 카푸아에서 사흘을 머물다가, 짐 실은 동물들을 이끌고 아피아 길을 따라서 세계에서 가장 큰 로마로 향하였다.

2) 가니드가 정리한 세계의 종교들

예수, 고노드, 가니드가 알렉산드리아에 머무는 동안, 가니드는 하나님에 관하여 그리고 그와 사람과의 관계에 대한 세계 종교의 가르침을 수집하였다. 아버지의 돈으로 신들에 대한 종교적 교리들을 요약하기 위하여 60명 이상의 학식 있는 번역가를 고용하였다.

이것을 기록하면서 명백하게 밝혀야 할 점은, 일신교를 표방하는 이 모든 가르침은 직접적이든 간접적이든 마키벤타 멜기세덱이 보낸 선교사들의 설교로부터 비롯된 것이라는 사실이다. 그 선교사들은 유일하신 하나님 지고자(가장 높은분)에 대한 교리를 땅끝까지 전파하기 위하여 살렘 본부로부터 파견되었다.

이 글은 가니드의 서류에서 발췌하여 제시하는 것이며, 이 서류는 알렉산드리아와 로마에서 준비한 것이다. 가니드가 죽은 후 몇백 년 동안 인도에 보존되었고 다음과 같은 10가지 항목으로 정리되었다.

마키벤타 멜기세덱은 하늘에서 내려온 초인간으로 예수가 태어나기 1973년 전에 와서 94년간 하나님의 실체에 대한 진리를 계시하고 온 곳으로 갔다. 외모는 놋 사람과 수메르인을 닮았고, 키는 6피트에 갈대아 말을 하였으며 6가지 언어를 구사하였다.

갈대아에는 이미 살렘 종교가 전파되었고. 테라 가족은 페니키아 선생인 오비드의 설교를 통해 멜기세덱을 알게 되었다. 그들은 직접 살렘으로 가려고 우르를 떠났다. 테라가 하란에서 죽은 후 멜기세덱은 자기 학생 중 하나인 히타이트 사람 야람을 보내, 아브라함과 나홀을 초청하였으나 나홀은 오지 않고 아브라함과 조카 롯만 왔다.

멜기세덱은 학교를 세워 살렘 선교사들을 여러 해 동안 훈련하였다. 이들은 이집트, 메소포타미아, 소아시아, 반 호수가, 유럽, 영국, 중국, 일본 등 생명을 내걸고 전 세계로 나가 선교하였다. 아브라함은 살렘 학교에서 공부하였고 후일 멜기세덱의 후계자로 활동하였다.

바빌론 포로가 된 유대인들은 민족적 열등감에서 벗어나려고 사제들은 기록을 편집할 때 고의로 전승들을 왜곡시키고 오용하였다. 그리하여 멜기세덱에 관한 것도 예외가 아니었다. 사제들은 이 시기에 관한 모든 기록을 발견하는 대로, 편집한 기록을 정당화시키려고, 모두 파기시켰다…. 〈93편 일부〉

① 견유주의

멜기세덱 제자들의 남아있는 가르침은, 유대인의 종교에 나타나 있는 것을 제외하고는 견유학파의 교리 속에 가장 잘 보존되어 있었다. 가니드가 수집한 내용 속에는 다음과 같은 것이 포함되어 있었다.

'하나님은 최극(최상.지존)이시며; 하늘과 땅의 지고자 이시다. 하나님은 완전해진 영원의 순환계이며, 우주들의 우주를 다스리신다. 그는 하늘들과 땅의 유일한 조물주이시다. 그가 어떤 것을 명하시면, 그것이 존재하게 된다. 우리의 하나님은 유일한 하나님이시며, 그는 연민이 가득하시고 자비가 풍성하시다. 높고, 거룩하고 진실하고 아름다운 모든 것은 우리의 하나님을 닮은 것이다. 지고자는 하늘과 땅의 빛이며; 동, 서, 남, 북의 하나님이시다.'

'땅이 사라진다고 하더라도, 최극자의 빛나는 얼굴은 장엄과 영광 속에 거한다. 지고자는 처음이자 마지막이며 시작이자 모든 것의 끝이다. 오직 한 분 하나님만이 존재하시고 그의 이름은 진리이다. 하나님은 자아-실존이며, 그에게는 분노와 적의가 전혀 없으시고, 그는 불멸하시며 무한하시다. 우리의 하나님은 전능하시며 관대하시다. 그는 여러 가지로 현시 활동을 하시지만, 우리는 오직 하나님 그 자신만을 경배한다. 하나님은 모든 일 - 우리의 비밀과 맹세를 알고 계시며, 우리 각자가 믿을 만한 것이 무엇인지 아신다. 그의 힘은 모든 일에서 공평하시다.'

'하나님은 평화를 주시는 분이시며, 그를 두려워하고 신뢰하는 모든 사람에게 신실한 보호자가 되신다. 그는 그를 섬기는 모든 사람에게 구원을 주신다. 모든 창조물은 지고자의 힘 안에 존재한다. 그의 신성한 사랑은 그의 힘이 거룩함으로부터 솟아 나오며, 애정은 그의 위대함의 힘에서 발생한다. 지고자는 몸과 혼의 연합을 명하셨으며, 그 사람에게 자신의 영을 자질로써 부여하셨다. 사람이 행하는 것은 끝이 있지만, 창조자가 하시는 것은 언제까지나 지속된다. 우리는 사람의 체험으로부터 지식을 얻지만, 지혜를 얻는 것은 지고자에 대한 깊은 사색을 통해서이다.'

'하나님은 땅에 비를 내리시고, 태양을 빛나게 하시며, 곡식의 싹을 틔우시고, 우리에게 현재의 일생뿐만 아니라, 다가오는 세상에서 영원한 구원을 이루시는 좋은 것들로 풍성한 결실을 얻게 하신다. 우리의 하나님은 권한을 누리시며, 그의 이름은 탁월함이고, 그의 본성은 깊이를 헤아릴 수 없다. 너희가 병들었을 때 너희를 고치시는 이는 지고자시다. 하나님은 모든 사람을 향해 선함이 충만하시며; 우리에게 지고자와 같은 친구는 없다. 그의 자비는 모든 곳을 채우시고, 그의 선함은 모든 혼을 감싸신다. 지고자는 변함이 없으시며; 필요할 때 항상 우리의 조력자이시다. 너희가 기도할 때마다 지고자께서 얼굴을 보이시고, 우리 하나님께서 귀를 기울이신다. 너희가 사람에게서는 자신을 숨길 수 있겠지만. 하나님 앞에서는 숨길 수 없다. 하나님은 우리에게서 먼 곳에 계시지 않으시며; 그는 전재(全在)이다. 하나님은 모든 장소에 충만하시며, 그의 거룩한 이름을 두려워하는 자의 가슴속에 살아 계신다. 창조물은 창조자 안에 있고, 창조자는 자기 창조물 안에 계신다. 우리가 지고자를 찾으면, 우리 가슴 속에서 그를 발견한다. 너희가 소중한 친구를 찾으려고 하면. 너희는 그를 너희 혼 속에서 발견한다.'

'하나님을 아는 자는 모든 사람을 평등하게 바라보며; 그들은 모두 그의 형제들이다. 육 신적인 자기 형제들을 무시하는 이기적인 사람은, 그 대가로 피곤함을 느낄 뿐이다. 자신의 주위 사람들을 사랑하는 사람들과 순수한 가슴을 지닌 사람들은 하나님을 만나게 될 것이다. 하나님은 진실한 자를 절대로 잊지 않으신다. 하나님은 진리 자체이기 때문에, 정직한 가슴을 가진 자를 진리 안으로 인도하실 것이다.'

'너희의 삶 속에서, 살아있는 진리를 사랑함으로써 실수를 뒤집어엎고 악을 극복하라. 사람들과의 모든 관계 속에서 악에 대하여 선(善)을 행하라. 주님 하나님은 자비롭고 사랑이 넘치는 분이시며; 용서하고 계시는 분이시다. 하나님께서 먼저 우리를 사랑하셨으니, 우리도 그를 사랑하자. 하나님의 사랑과 그의 자비를 통해서 우리는 구원받을 것이다. 가난한 자나 부유한 자나 모두 형제들이다. 하나님은 그들의 아버지시다. 너희가 자신에게 악을 행하지 않는 것과 같이 다른 사람에게도 하지 말라.'

'그의 이름을 부를 때마다. 너희가 그의 이름을 믿는 것만큼, 너희 기도가 상달될 것이다. 지고자를 경배한다는 것이 얼마나 영광스러운 일인가! 온 세상과 우주들은 지고자를 경배한다. 그리고 너희의 모든 기도로써 감사를-경배의 경지에 이르기까지- 드려라. 간절한 기도로 드리는 경배는 악을 물리치고 죄를 막아 준다. 항상 그 지고자의 이름을 칭송하자. 지고자를 피난처로 삼는 사람은 자신의 결점을 우주로부터 가릴 수 있다. 너희가 깨끗한 가슴을 지니고 하나님 앞에 설 때, 너희는 모든 창조물을 두려워하지 않게 된다. 지고자는 사랑이 많으신 아버지와 어머니 같으시며, 그는 지상에 있는 그의 자녀들인 우리를 실제로 사랑한다. 우리의 하나님은 우리를 용서하실 것이다. 우리의 발걸음을 구원의 길로 인도하실 것이다. 그는 우리의 손을 잡고 자신에게로 인도

한다. 하나님은 자기를 믿는 사람을 구원하시며; 자기 이름을 섬기도록 사람에게 강요하시지 않는다.'

'지고자에 대한 신앙이 너희의 가슴속으로 들어가 있다면, 너희 일생의 모든 나날을 통하여 두려움으로부터 자유롭게 될 것이다. 믿음 없는 자들의 번영 때문에 초조해하지 말고 악을 꾸미는 자들을 두려워하지 말라; 혼이 죄에서 멀리하게 하고 구원의 하나님을 전심으로 신뢰하라. 방황하는 필사자들의 지친 혼은 지고자의 품 안에서 영원한 쉼을 찾으며; 현명한 자는 신성한 포옹을 그리워한다; 땅의 자녀들은 우주 아버지의 팔에 안전하게 거하기를 고대한다. 고귀한 사람은 필사자들의 혼이 최극자의 영과 섞여 하나가 되는 높은 상태를 추구한다. 하나님은 의로우시다; 이 세상에서 우리가 심은 것으로부터 결실을 받아들이지 못한 것은 다음 세상에서 받아들일 것이다.'

② 유대교

팔레스타인의 켄-사람은 멜기세덱의 가르침 대부분을 건져 냈으며, 유대인에 의해 보존되고 수정된 이 기록으로부터 예수와 가니드는 다음과 같이 요약하였다.

'태초에 하나님께서 하늘들과 땅과 그 안에 있는 모든 것을 창조하셨다. 그리고 그가 창조한 모든 것은 보기에 매우 좋았다. 주님은 바로 하나님이시며; 하늘 위에도 땅 아래에도 그 없이는 아무것도 존재하지 못한다. 그러므로 너희는 가슴을 다하고 혼을 다하고 힘을 다하여, 너희 하나님이신 주님을 사랑하라. 바다를 덮은 물처럼, 땅은 주님을 아는 지식으로 가득할 것이다. 하늘들은 하나님의 영광을 선포하고, 궁창은 그 손으로 한 일을 나타낸다. 날이면 날마다 말씀을 선포하고, 밤이면 밤마다 지식을 나타낸다. 그들의 음성이 들리지 않는 말씀이나 언어가 없다. 주님의 일은 위대하시며, 그는 지혜로 모든 것을 만드셨고; 주님의 위대하심은 헤아릴 수 없다. 그는 별들의 숫자를 아시며; 그들의 이름으로 그들을 모두 부르신다.'

'주님의 힘은 크시며 그의 이해는 무한하시다. 주님께서 이렇게 말씀하셨다; '하늘들이 땅보다 더 높은 것같이, 나의 방법은 너희의 방법보다 높고, 내 생각은 너희의 생각보다 높다.' 하나님은 자기 안에 빛이 거하므로 깊고 비밀스러운 것을 드러내신다. 주님은 자비롭고 은총이 많으시며; 오래 참으시고 선함과 진실이 풍성하시다. 주님은 선하시고 정의로우시며; 온유한 자를 옳은 길로 인도하실 것이다. 주님의 선함을 맛보고 바라보라! 하나님을 신뢰하는 자는 복되다. 하나님은 우리의 피난처이오. 힘이며, 환난 속에 함께 거하시는 도움이시다.'

'주님의 자비는 그를 두려워하는 자 위에 영속으로부터 영속까지 임하며, 그의 의는 우리 자손의 자손에까지 이른다. 주님은 은혜로우시며 연민의 정이 풍성하시다. 주님은 모든 것에 선하시고, 그의 부드러운 자비는 그의 모든 창조물을 덮으시며; 그들 가슴이 상한 자를 고쳐주시고, 그들의 상처를 싸매주신다. 내가 하나님의 영을 떠나서 어디로 가겠습니까? 내가 신성한 현존으로부터 어디로 도망갈 수 있겠습니까? 그러자 그의 이름이 거룩함인, 영원히 거하시는 높고 존귀한 이가 이렇게 말씀하셨다; '나는 높고 거룩한 곳에 거하며 또한 뉘우치고 가슴이 겸손한 자와 함께 거한다!' 아무도 우리 하나님으로부터 자신을 숨기지 못하니, 그가 곧 하늘과 땅을 채우셨기 때문이다. 하늘들은 기뻐하고 땅은 기쁨을 향유하라. 모든 나라들이 이렇게 말하게 하라. 주님께서 다스리신다! 언제까지나 그의 자비가 지속되리니, 하나님께 감사드려라.'

'하늘들은 하나님의 의를 선포하고, 모든 백성은 그의 영광을 보았다. 우리를 만드신 이는 우리 자신이 아니라 하나님이시며; 우리는 그의 민족이고 그의 풀밭에 있는 양이다. 그의 자비는 영속하며 그의 진실은 모든 세대마다 계속되신다. 우리 하나님은 모든 나라들의 총독이시다. 그의 영광으로 땅을 가득 채워라! 그의 선함과 사람의 자녀들에게 주시는 그의 놀라운 선물을 위하여 주님을 찬양하라!'

'하나님은 사람을 신성한 존재보다 조금 못하게 만드시고 그의 사랑과 자비로 관을 씌우셨다. 주님은 의의 길을 아시지만, 하나님을 믿지 않는 자의 길은 망할 것이다. 주님을 두려워하는 것이 지혜의 시작됨이다; 최극자를 아는 것이 명철이다. 전능자 하나님이 이렇게 말씀한다; '내 앞에서 걸으며 완전하라.' 자부심은 패망의 선봉이요, 거만한 영은 몰락의 앞잡이임을 잊지 말라. 자신의 영을 다스리는 자는 한 도시를 점령하는 자보다 강하다. 주님 하나님, 거룩한 이가 말씀한다; '너희가 돌이켜 영적 평안에 이르러야 구원을 얻을 것이며, 고요함과 확신 속에서 네가 힘을 얻을 것이다.' 주님을 기다리는 자들은 새 힘을 얻으리니, 독수리의 날개 치며 올라감 같을 것이다. 달음박질하여도 피곤하지 않으며, 걸어가도 지치지 않을 것이다. 주님은 너희에게 두려움으로부터 휴식을 주실 것이다. 주님께서 말했다; '두려워 말라, 내가 너와 함께할 것이다. 낙담치 말라, 나는 너희의 하나님이다. 내가 너를 굳세게 할 것이요, 너에게 도움을 주리라, 그렇다. 나는 정의 오른손으로 너를 붙들 것이다.'

'하나님은 우리의 아버지시며 주님은 우리를 회복시키는 이시다. 하나님은 우주의 주인들을 지으시고, 그들을 모두 보존한다. 그의 의는 산과 같고, 그의 판단은 깊은 바다와 같다. 그는 우리가 그의 기쁨의 강물을 마시게 하시며, 그의 빛 안에서 우리가 빛을 볼 것이다. 아침에는 자애로움을 보내어 보이시고 밤마다 신성한 충실하심을 보이시니; 주님께 감사하고 지고자를 찬송하라. 하나님의 왕국은 영속하는 왕국이니, 그의 영토는 모든 세대에 두루 이어진다. 주님은 나의 목자시니 내가 부족함이 없을 것이다. 그는 푸른 초장에 나를 누이시며, 쉴만한 물가로 나를 인도한다. 내 혼을 소생시키시고, 나를 정의의 길로 인도한다. 내가 죽음의 그림자가 드리워져 있는 골짜기를 다닐지라도, 해 받음을 두려워하지 않는 것은 하나님이 나와 함께 계시기 때문이다. 내가 죽는 날까지 선함과 인자하심이 정녕 나를 따를 것이며, 내가 언제까지나 주님의 집에 거할 것이다.'

'야훼는 내 구원의 하나님이시므로; 나는 신성한 이름을 신뢰할 것이다. 나는 온 전심을 다 하여 주님을 믿고 내 명철을 의지하지 않을 것이다. 범사에 그를 인정할 것이며, 그가 나의 길을 지도하시리라. 주님은 신실하시고; 그를 섬기는 사람들에게는 약속을 이행하시며; 의로운 자는 그의 신앙으로 말미암아 살 것이다. 네가 편치 않은 것은 네 문 앞에 죄가 놓여 있기 때문이다. 악을 밭 갈고 죄를 뿌린 자들은 그대로 거둘 것이다. 악을 행하는 자를 인하여 불평하지 말라. 네가 네 가슴에 사악한 불의를 품으면, 주님께서 네 말을 듣지 아니하실 것이다. 만약 네가 하나님께 죄를 범하면 너는 너 자신의 혼에도 그릇된 것이다. 하나님은 사람의 모든 행위와 모든 은밀한 일을 선이든 악이든 판단하실 것이다. 사람은 그 가슴에 품은 생각에 따라. 그 됨됨이가 정해진다.'

'주님은 자기에게 성심으로 진실하게 탄원하는 모든 자에게 가까이 계신다. 울음이 밤 동안에 계속될지라도, 아침에는 기쁨이 온다. 즐거운 가슴은 약처럼 좋은 것이다. 하나님은 정직하게 행하는 자에게 좋은 것을 아끼지 아니하실 것이다. 하나님을 두려워하고 그 명령을 지키는 것이 사람의 본분이다. 그러므로 하늘을 창조하시고 땅을 지으신 주님께서 말했다; '나 외에 다른 하나님이 없으니, 나는 공의의 하나님이며 구원자이다. 땅끝의 모든 백성아, 나를 바라보고 구원을 얻어라. 너희가 나를 전심을 다하여 나를 찾는다면, 나를 만나리라.' 온유한 자는 땅을 상속받으며 풍부한 화평으로 즐거워할 것이다. 누구든지 사악한 불의를 뿌리는 자는 재앙을 거둘 것이며, 바람을 심는 자는 광풍을 거둘 것이다.'

'주님이 말하기를, 오라, 우리가 함께 변론하자. 너희의 죄가 주홍 같을지라도 눈과 같이 하얘질 것이며, 진홍같이 붉어질지라도 흰 양털같이 될 것이다.' 그러나 악인에게는 평화가 없으며; 너희에게 오는 좋은 것을 막은 것은 바로 너희가 지은 죄들 때문이다. 하나님은 내 안색을 치유하는 분이시며, 내 혼의 기쁨이다. 영원한 하나님은 나의 힘이시며; 우리의 처소가 되시고, 그 아래에는 영속하는 팔이 있다. 주님은 슬픔과 절망에 빠진 자에게 가까우시며; 어린아이 같은 영을 가진 모든 자를 구원한다. 의인에게는 고난이 많으나, 주님께서 그 모든 고난에서 건지신다. 너의 길을 주님께 맡기면- 그를 신뢰하면-그가 그것을 이루실 것이다. 지고자의 은밀한 곳에 거하는 자는 전능자의 그늘에 거할 것이다.'

"네 이웃을 네 몸과 같이 사랑하라; 다른 사람에게 원한을 품지 말라. 네가 싫어하는 것을 남에게 하지 말라. 주님께서 말하기를, '나는 내 자녀들을 아낌없이 사랑할 것이다.'라고 하셨으니, 너희도 너희 형제를 사랑하라. 의인의 길은 밝은 빛과 같아서, 완전한 날에 이르기까지 점점 더 빛날 것이다. 지혜 있는 자는 궁창의 빛과 같이 빛날 것이요, 많은 사람을 옳은 데로 돌아오게 한 자는 별과 같이 언제까지나 비칠 것이다. 악인은 자신의 악한 길을, 불의한 자는 자신의 모반하는 생각을 버리라, 주님께서 이렇게 말씀하셨다; '그들을 내게 돌아오게 하라, 내가 그들을 불쌍히 여길 것이다; 그들을 널리 용서할 것이다.'"

'하늘과 땅을 지으신 하나님이 이렇게 말씀하셨다; 나의 법을 사랑하는 자는 큰 평안을 소유한다. 나의 계명은 이것이다; 너희는 온 가슴을 다하여 나를 사랑하라; 내 앞에 다른 하나님을 두지 말라; 내 이름을 망령되이 일컫지 말라; 안식일을 기억하여 거룩하게 지켜라; 네 아비와 어미를 공경하라; 살인하지 말라; 간음하지 말라; 도적질하지 말라; 거짓 증거하지 말라; 탐내지 말라.'

'주님을 지극히 사랑하고 그 이웃을 저 자신처럼 사랑하는 모든 사람에게 하늘에 계신 하나님께서 이렇게 말씀하셨다;' '나는 너를 무덤에서 살려낼 것이다; 너를 죽음에서 구원한 것이다. 나는 너의 자녀들에게 은혜를 베풀 것이며 또한 의를 베풀 것이다. 내가 땅 위에 있는 나의 창조체들에 너희는 살아계신 하나님과 아들들이라고 말하지 아니하였느냐? 그리고 내가 영속하는 사랑으로 너희를 사랑하지 아니하였느냐? 내가 나와 같이 되어 파라다이스에서 언제까지나 나와 함께 살자고 너희를 부르지 아니하였느냐?'

③ **불교**

가니드는, 불교가 하나님 없이도, 개인적이거나 우주적인 신 없이도, 얼마나 위대하고 아름다운 종교에 가까이 와 있었는지를 알고는 충격을 받았다. 어쨌든 그는, 인도에서 부처 시대에 이르기까지 계속 활동한 멜기세덱 선교사들의 가르침으로부터 어떤 영향을 받은 것으로 보이는 초기 신조들의 기록을 찾아내었다. 예수와 가니드는 불교 문헌으로부터 다음과 같은 구절들을 발췌하였다.

'순수한 가슴으로부터 나온 기쁨은 무한 자에게 이를 것이다; 나의 존재 전체는 죽음을 초월한 기쁨으로 평화로울 것이다. 나의 혼은 만족으로 가득 차고, 나의 가슴은 평화로운 신뢰의 지복으로 넘친다. 나는 두려움이 없다. 나는 욕망에서 벗어난다. 나는 안정 속에 거하며, 나의 적들은 나의 가슴을 흔들 수 없다. 나는 내 확신의 열매로 만족한다. 나는 불멸에 쉽게 접근하는 길을 발견하였다. 나는 오랜 여정에서도 나를 붙들어 줄 신앙을 위해 탄원한다. 내세로부터 온 신앙은 내가 실망하게 하지 않을 것임을 나는 안다. 내 형제들이 불멸 자에 대한 신앙을 갖게 된다면 번영하리라는 것과, 심지어는 겸양과 정직과 지혜와 용기와 지식과 인내심을 주는 그 신앙으로 자라갈 것임을 나는 안다. 슬픔을 내어버리고 두려움을 용납하지 말자. 신뢰를 통해서 진정한 의와 순수란 사람다움을 간직하자. 공의와 자비에 대해 명상하는 법을 배우자. 신앙은 사람의 진정한 재산이다; 덕행과 영광의 자질이다.'

'불의는 비천한 것이며 죄는 비열한 것이다. 악은, 생각 속에 있든지 밖으로 드러나든지, 타락시키는 것이다. 바람이 불면 먼지가 날리는 것처럼, 악의 길에는 고통과 슬품이 뒤따른다. 물질적 사물의 본체에 그림자가 따라오는 것처럼, 순수한 생각과 고결한 삶에는 행복과 평화가 따라온다. 악은 잘못된 방향으로 흐르는 생각의 소산이다. 죄가 없는 곳에서 죄를 보는 것은 악이다; 죄가 있는 곳에서 죄를 보지 못하는 것도 악이다. 악은 거짓된 교리의 길이다. 사물을 있는 그대로 봄으로써 악을 피하는 자는, 진리를 만남으로써 기쁨을 얻을 것이다. 죄를 혐오함으로써 너희의 불행을 마감하라. 너희가 고귀한 이를 바라볼 때, 전심으로 죄에서 떠나게 된다. 악에 대하여 어떤 핑계도 하지 말라; 죄에 대하여 어떤 변명도 하지 말라. 과거의 죄를 고치려는 노력을 통하여, 너희는 미래에 다가올 죄의 흐름에 저항하는 힘을 얻는 것이다. 절제는 참회에서 태어난다. 고귀한 이에게 모든 결함을 남기지 말고 고백하라.'

'즐거움과 기쁨은 선한 행위의 보상이며, 불멸 자의 영광에 이른다. 너희 자신의 마음속에 있는 자유로움을 빼앗을 수 있는 자는 아무도 없다. 너희의 종교에 대한 신앙이 너희 가슴을 해방하면, 마음이 산과 같이 안정되어 흔들리지 않게 되면, 혼의 평화가 깊은 강물처럼 고요하게 흐를 것이다. 구원을 확신하는 사람들은 탐심과 시기심과 증오심과 재물에 대한 미혹으로부터 언제까지나 자유롭다. 신앙이 더 좋은 일생에 대한 에너지이기는 하지만, 그런데도 너희는 인내심을 갖고 너희 자신의 구원을 위해 정진해야 한다. 만약 너희의 최종적인 구원에 대해 확신한다면, 너희가 모든 의를 이루기 위하여 진지하게 추구하고 있는지 확인하라. 내면에서 솟아 나오는 가슴의 확신을 키워라, 그리하면 영원한 구원의 황홀함을 즐기게 될 것이다.'

'어떤 종교인도, 나태하고 게으르고 연약하고 쓸데없고 파렴치하고 이기적인 상태에 처해 있는 한에는, 불멸의 지혜 깨우침을 얻기를 바랄 수 없다. 그러나 사려 깊고 신중하고 반성하며 열렬하고 진지한 사람은- 그가 땅에 살고 있을 때라도-, 신성한 지혜로부터 나오는 평화와 해방의 최극 깨우침을 얻을 것이다. 기억하라, 모든 행동은 반드시 그 보응을 받아들인다. 악은 슬픔으로 끝나고, 죄는 고통으로 끝난다. 기쁨과 행복은 선한 생활의 결과이다. 악을 행하는 자들도 자신의 악행이 무르익을 때까지는 즐거운 시절을 지낼 수 있지만, 피할 수 없이 악한- 행동에 대한 충분한 결실을 반드시 거두게 된다. 그 가슴 속에; '그릇된 행동의 벌은 나에게는 이르지 않을 것이다.'라고 말하면서 죄를 가볍게 생각하지 말라. 너희가 행한 것은, 지혜로운 심판에 의하여, 모두 너희에게 행해질 것이다. 너희의 주위 사람들에게 행한 불공정은 너희에게 되돌아오게 될 것이다. 창조체는 자기 행위로 인한 운명에서 벗어날 수 없다.'

'어리석은 자는 그 가슴에서 말하기를 '악이 나를 점령하지 못하리라'라고 한다; 그러나 안전함은 오직 그 혼이 질책을 갈망하고 마음이 지혜를 찾을 때만 발견될 수 있다. 지혜로운 사람은, 자기의 적들에게도 친절하게 행하고, 난리 중에도 조용하게 행하며, 탐욕 자들 속에서 너그러운 고귀한 혼을 말한다. 자기를 사랑하는 것은 아름다운 들판에 자라는 잡초와 같다. 이기심은 결국 슬픔을 부르며; 쉴 새 없는 걱정은 죽음을 부른다. 유순한 마음은 행복을 가져온다. 자기 자신을 극복하고 복종시킨 자는 가장 위대한 전사이다. 매사에 자제하는 것은 좋은 일이다. 덕을 쌓으며 자신의 임무에 충실한 자만이 우월한 개인이다. 분노나 미움이 너희를 지배하지 못하게 하라. 어떤 사람에게도 가혹하게 말하지 말라. 가득 찬 만족은 최고의 재산이다. 지혜롭게 주어진 것은 잘 지켜진다. 자신에게 일어나지 않기를 소원하는 일을 남에게 행하지 말라. 악에서 선으로 갚고; 선으로 악을 이겨라.'

'의로운 혼은 지상의 모든 주권을 가진 것보다 더욱 소중한 존재이다. 불멸은 성실함의 목표이다; 죽음은 경솔한 삶의 종말이다. 진지한 자는 죽지 않으며, 경솔한 자는 이미 죽은 것이다. 죽음 없는 상태에 관해 관심을 주는 자는 복 있는 사람이다. 삶을 억지로 산 사람은 죽음 후에도 행복을 거의 발견하지 못한다. 사심-없는 사람은 하늘로 오르지만, 거기서 그들은 무한한 해방의 축복 안에서 기쁨을 향유하고, 고귀한 관용 속에서 계속 성장한다. 올바르게 생각하며 고귀하게 말하고 사심-없이 행동하는 모든 필사자는 이 짧은 평생 이곳에서 덕을 즐길 뿐만 아니라, 몸이 괴멸되고 난 뒤에도 천상의 복락을 계속 누릴 것이다.'

④ 힌두교

멜기세덱의 선교사들은 어디를 가든지 유일신에 대한 가르침을 전파하였다. 일신교를 숭상하는 이러한 교리 대부분은, 이전에 있었던 다른 개념들과 함께, 힌두교의 후대 교훈들 속에 체현되기 시작했다. 예수와 가니드는 다음과 같은 구절들을 발췌하였다.

'그는 위대한 하나님이며, 모든 방면에서 지존이시다. 그는 만물을 포용하시는 주님이시다. 그는 창조자이시며 우주들의 우주 통제자이시다. 하나님은 한 분이신 하나님이시다; 그는 홀로이시며 자기 자신으로 그 이시다; 그는 유일한 존재이시다. 이 유일한 하나님이 우리의 조물주이시며 혼의 최종적인 운명이 되신다. 최극이신 분은 너무나 찬란해서 말로 표현할 수 없으며; 빛 중의 빛 이시다. 모든 가슴과 모든 세계가 이 신성한 빛에 의해 비추어진다. 하나님은 우리의 보호자 ―자기 창조체들의 편에 서 계시다― 이시며, 그를 알게 되는 자는 불멸하게 된다. 하나님은 에너지의 큰 근원이시며; 위대한 혼이다. 그는 우주적 주권을 만유 위에 펼친다. 유일한 이 하나님은 사랑이 넘치시며 영광스러우시며 경배받을 만하시다. 우리의 하나님은 힘에 있어서 최극이시며 더없이 높은 처소에 거한다. 진정한 이 개인은 영원하고 신성하다; 하늘에서 최초의 주님이시다. 모든 예언자는 그를 환호하였고, 그는 자신을 우리에게 나타내 오셨다. 우리는 그를 경배한다. 오, 최극이신 분이시여, 존재들의 근원이시며, 당신이 내재적으로 거하시는 그 힘을 당신의 창조 체인 우리에게 나타내소서! 하나님은 태양과 별들을 만드셨고; 밝으시며 순수하시며 자아―실존적이다. 그의 영원한 지식은 신성하게 현명하시다. 영원한 이에게는 악이 침투하지 못한다. 우주가 하나님으로부터 발생하였으므로, 그가 그것을 적절하게 다스리신다. 그는 창조의 원인이시며 따라서 모든 것이 그의 안에서 형성되었다.'

'하나님은 필요할 때 모든 선한 사람들에게 확실한 피난처가 되시며; 불멸하시는 분은 모든 인류를 돌보신다. 하나님의 구원은 강하며, 그의 친절하심은 은총이 넘친다. 그는 사랑이 많으신 보호자이시며 축복이 넘치는 옹호자이시다. 주님께서 말하되; '나는 그들 자신의 혼 속에 지혜의 등불로서 머무른다. 나는 빛나는 광채이며 선한 사람들의 선이다. 두세 사람이 모인 곳에 나도 그곳에 있다.' 창조체들은 창조자의 현존을 피할 수가 없다. 주님은 모든 필사자의 눈이 끊임없이 깜빡거리는 것까지도 세시며; 우리는 이 신성한 존재를 우리와 분리할 수 없는 동행자로서 경배한다. 그는 모든 것에 세력을 미치시며 관대하시며 전재하시며 무한히 친절하시다. 주님은 우리의 통치자이시며, 피난처 이시며, 최극의 통제자이시며, 그의 태고 영이 필사자의 혼 안에 내주하고 있다. 선행과 악행에 대한 영원한 증인이 사람의 가슴 속에 거한다. 경배할 만하고 신성한 생명을 주는 이를 깊이 명상한다; 그의 영이 우리의 생각을 충분히 다스리게 하

라. 이 비실제의 세계로부터 실제 세계로 우리를 인도하소서! 어둠에서 빛으로 우리를 인도하소서! 죽음에서 불멸로 우리를 인도하소서!'

'우리의 가슴으로 모든 미움을 일소하고, 영원자를 경배하자. 우리의 하나님은 기도의 주님이시며; 자기 자녀들의 울음소리를 들으신다. 모든 사람의 의지를 변치 않으시는 분에게 복종시키게 하라. 기도의 주님께서 주시는 자유 속에서 기뻐하자. 너희의 내밀한 친구에게 기도하고, 너희 혼의 지지자를 경배하라. 영원한 이가 이렇게 말씀하셨다; '너희가 오직 사랑으로 나를 경배하면, 나는 너희에게 나를 얻는 지혜를 주겠노라. 나를 경배함은 모든 창조 체에 공통된 덕이기 때문이다.' 하나님은 어두움을 밝히시는 분이시며 연약한 자의 힘 이시다. 하나님은 우리의 강한 친구이시기에 우리는 더 이상 두려움을 갖지 않는다. 우리는 절대로 정복되지 않는 정복자의 이름을 칭송한다. 그가 사람의 신실하시고 영원한 조력자이시기 때문에, 우리는 그를 경배한다. 하나님은 우리의 확실한 영도자이시고 실패를 모르는 안내자이시다. 그는 하늘과 땅의 위대한 부모이시며, 무한한 에너지와 제한 없는 지혜를 소유하셨다. 그의 광채는 장엄하며, 그의 아름다움은 신성하다. 그는 우주의 최극의 피난처이시며 영속하는 법의 변함없는 수호자이시다. 우리의 하나님은 생명의 주시고 모든 사람의 안위자 이시며; 인류를 사랑하시는 분이시며 핍박받는 자들의 조력자이시다. 그는 우리에게 생명을 주신 분이시며 인간 무리의 선한 목자이시다. 하나님은 우리의 아버지시며 형제이시며 친구이시다. 그리고 우리는 이 하나님을 우리의 내면적 존재 속에서 알기를 열망한다.'

'우리는 우리 가슴의 열망으로써 신앙을 얻는 법을 배웠다. 우리는 우리 감각의 억제를 통해서 지혜를 얻었으며, 지혜로 말미암아 우리는 최극(지존)자 안에서 평화를 체험하였다. 신뢰로 가득한 이는, 그의 내면 자아가 하나님에게로 향할 때 진정으로 경배한다. 우리의 하나님은 하늘을 외투로 삼으시고; 그는 또한 다른 여섯 개의 넓게 펼쳐진 우주들에 거한다. 그는 모든 것 위와 모든 것 속에서 지존이시다. 우리는 우리 동료들에 행한 모든 잘못으로 인해 주께 용서를 구한다; 우리는 그가 우리에게 한 것처럼 우리도 그릇됨으로부터 친구들을 용서할 것이다. 우리의 영은 모든 악을 싫어한다; 그러니, 오, 주님, 악의 모든 더러움에서 우리를 건지소서. 우리는, 위로자시며 보호자시며 구원자이신 -우리를 사랑하시는- 하나님께 기도한다.'

'우주를 유지하시는 분의 영이 단순한 창조 체의 혼으로 들어가신다. 그 사람은 유일한 하나님을 경배하는 현명한 사람이다. 완전을 위해 분투하는 사람들은 참으로 최극 주님을 알아야 한다. 그는, 누가 최극자의 축복이 넘치는 안전함을 아는지를 개의치 않으시는데, 최극자는 자기를 섬기는 사람들에게 '두려워 말라. 내가 너와 함께 있다'라고 말하기 때문이다. 섭리의 하나님은 우리의 아버지시다. 하나님은 진리이다. 그리고 그의 창조체들이 자기를 이해하는 것 −진리를 충분히 아는 것− 이 하나님의 바람 이시다. 진리는 영원하다; 우주를 지탱한다. 우리 최극의 열망은 최극 자와 연합하는 것이다. 위대한 통제자는 모든 것 −모든 진화가 그에게서 나왔다− 을 생겨나게 하는 분이시다. 그리고 모든 의무는 다음과 같다; 아무도 자신에게 싫증이 나는 일을 다른 이에게 시키지 못하게 하라; 악을 품지 말고, 너희를 때리는 자를 때리지 말며, 자비로 분노를 정복하고 그 은혜로 증오를 극복하라. 그리고 이 모든 것을 우리가 해야만 하는 것은, 하나님이 친절한 친구이며 우리의 모든 세속적 잘못을 용서하시는 은혜로운 아버지이시기 때문이다.'

'하나님은 우리의 아버지요, 땅은 우리의 어머니요, 우주는 우리가 태어난 곳이다. 하나님이 없이는 혼은 갇힌 자이다; 하나님을 아는 것이 혼을 해방한다. 하나님을 명상함으로써, 그와 연합함으로써, 악에 대한 모든 망상으로부터 해방됨이 오고, 모든 물질적 사슬에서 궁극적인 구원을 맞이한다. 사람이 공간을 한 조각 가죽처럼 둘둘 말아 버릴 때, 악이 종말을 맞게 되는데, 그것은 사람이 하나님을 발견하였기 때문이다. 오, 하나님이시여, 우리를 삼중 지옥의 파멸 원인 −육욕, 분노, 탐욕−으로부터 구원하소서. 오, 혼이여, 불멸함의 영 투쟁을 위하여 스스로 각오를 단단히 해라! 필사 생명의 끝이 왔을 때, 더욱 어울리고 아름다운 형태를 얻기 위해, 그리고 더 이상 두려움도, 슬픔도, 배고픔도, 목마름도, 죽음도 없는 그곳 최극자와 불멸자의 영역에서 깨어나기 위해 주저하지 말고 이 육신을 버려라. 하나님을 아는 것은 죽음의 끈을 잘라 버리는 것이다. 하나님을 − 아는 혼은, 우유의 위에서 크림이 떠오르듯, 우주에서 떠오른다. 우리는 자기 창조체의 가슴 안에 언제나 자리하고 계시는 위대한 혼, 모든 일을 −하시는 분, 하나님을 경배한다. 그리고 하나님이 인간의 가슴속 보좌에 앉아계시는 것을 아는 사람들은 그와 같이 −불멸− 될 운명이다. 악은 이 세상에 남아있게 되지만, 미덕은 혼을

따라 하늘로 간다.'

'우주에는 진실도 없고 어떤 통치자도 없으며; 우리의 탐욕을 위하여 고안되었을 뿐이다'라고 말하는 자는 오직 사악한 자일뿐이다. 그러한 혼은 그들의 지성이 편협 되므로 인하여 미혹되는 것이다. 그들은 탐욕을 즐기는데 자신을 던지고 자신의 혼에서의 덕목의 즐거움과 정의의 기쁨을 빼앗는다. 죄에서 구원받는 체험보다 더 큰 체험이 있을 수 있는가? 최극자를 만난 사람은 불멸한다. 육신으로서 사람의 친구들은 죽음을 극복할 수 없으며; 사람이 파라다이스의 화창하고 빛나는 들판을 향해 여행할 때, 그의 선행만이 그 사람 곁을 따라간다.'

⑤ 조로아스터교

조로아스터는 그 자신이 초기 멜기세덱 선교사들의 후손들과 직접적인 접촉을 했었으며, 유일한 하나님에 대한 그들의 교리는 그가 페르시아에 세운 종교의 중심 교훈이 되었다. 유대교를 제외하고, 당시에 조로아스터교보다 이들 살렘의 가르침들을 더 많이 가진 종교는 없었다. 이 종교의 문헌들에서 가니드는 다음과 같은 문구들을 발췌하였다;

'모든 것이 한 분 하나님에게서 나왔고, 또 그분께는 전지하고 선하고 의롭고 거룩하고 빛나고 영광스러우심이 있다. 우리의 이 하나님은 모든 광채의 근원이시다. 그는 창조자이시며, 모든 선한 목적의 하나님이시며, 우주의 공의를 수호하시는 분이시다. 현명한 일생을 사는 길은 진리 영과의 일치 안에서 행동하는 것이다. 하나님은 모든 것을 보시고 사악한 자의 악행과 의로운 자의 선행을 둘 다 지켜보고 계시며; 우리의 하나님은 번쩍이는 눈으로 모든 것을 관찰한다. 그의 손끝이 닿는 곳에는 치유함이 있다. 주님은 만능 이신 은총을 베푸시는 분이시다. 하나님은 그의 은혜로운 손길로 의로운 세상을 세우셨고 선과 악에 대한 보응을 정하셨다. 전지한 하나님은, 순수하게 생각하고 의롭게 행동하는 경건한 혼에 불멸을 약속하고 계시다. 너희가 최극으로 열망하는 대로 너희는 그렇게 될 것이다. 우주에서 하나님을 알아보는 자에게 태양의 빛은 지혜와 같은 것이다.'

'지혜로우신 이의 기쁨을 추구함으로써 하나님을 칭송하라. 그가 종교를 통해 계시한 길을 걸음으로써 빛의 하나님을 경배하라. 빛들의 주님이신, 최극자 하나님은 한 분밖에 없다. 우리는 물과 식물과 동물과 땅과 하늘들을 만드신 이를 경배한다. 우리의 하나님은 가장 은혜로우신 주님이시다. 우리는 가장 아름답고 관대한 불멸의 존재, 영원한 빛을 자질로써 부여받은 이를 경배한다. 하나님은 우리에게 가장 멀리 계시며, 동시에 가장 가까우신 분으로서 우리의 혼 안에 거한다. 우리의 하나님은 신성하고 가장 거룩한 파라다이스의 영이시지만, 모든 창조체의 가장 친근한 것보다 사람에게 더욱 친근한 분이시다. 하나님은 우리에게 가장 큰 도움이시며, 모든 일 중에서 그분 자신을 아는 것은 가장 위대한 일이다. 하나님은 우리에게 가장 칭송 받을 만한 분이시며 의로운 친구이다; 우리의 지혜이시고 생명이시며 혼과 육체의 활력이 되는 분이시다. 지혜로우신 창조자는 우리의 선한 생각을 통해서 우리가 그의 뜻을 행하게 하실 것이며, 그럼으로써 신성하게 완벽한 모든 것의 실현을 달성한다.'

'주님, 한편으로는 내세 영의 일생을 준비하면서, 육체에서 이 일생을 어떻게 살아가야 할지 가르쳐 주소서, 주님, 우리에게 말씀하소서 그러면 우리가 당신의 명령을 따르겠나이다. 우리에게 좋은 길들을 가르쳐 주소서, 그러면 우리가 바르게 가겠나이다. 우리가 당신과 연합할 수 있도록 허락해 주소서. 우리는 정의로움과 함께 연합하는 길로 인도하는 종교가 올바른 것임을 알고 있나이다. 하나님은 우리 지혜의 본성 이시며 최상의 생각이며 정의로운 행동 이십니다. 하나님이시여, 당신 안에서 신성한 영과 불멸성으로 당신과 하나 되게 하소서!'

'지혜자의 이 종교는 모든 악한 생각과 죄 많은 행위로부터 믿는 자를 깨끗하게 한다. 만일 내가 생각이나 말이나 행동으로 −의도적이건 비의도적이건− 죄를 범한 것이 있었다면 하늘에 계신 하나님 앞에 회개하면서 허리를 굽힐 것이며, 자비를 바라면서 탄원하고 용서를 바라면서 기도한다. 내가 고백할 때, 다시는 악한 일을 하지 않겠다고 다짐한다면, 그 죄가 내 혼에서 물러갈 것임을 나는 안다. 그 용서가 죄의 결박을 풀어 줄 것임을 나는 안다. 악을 행하는 자는 벌을 받아들일 것이나, 진리를 따르는 자는 영원한 구원의 축복을 누릴 것이다. 은총을 통해서 우리를 붙들어 주시고 우리의 혼들에서 구원의 힘을 행사하소서. 우리는 완전을 달성하기를 원하기에 자비를 구합니다. 우리는 하나님과 같이 되기를 원합니다.'

⑥ 수두안교 (자이나교)

인도에서 유일한 하나님 사상-멜기세덱 가르침의 생존-을 보존해 온 신자 중에서 세 번째 그룹이 그 당시에는 수두안 교인으로 알려져 있었다. 후에 이 신자들은 자이나교의 추종자들로 알려졌는데, 그들은 다음과 같이 가르쳤다.

'하늘의 주는 최극(지존) 이시다. 죄를 범하는 자는 높이 올라가지 못할 것이지만, 정의의 길을 걷는 자는 하늘에서 처소를 찾을 것이다. 우리가 진리를 안다면 이후의 일생을 확신한다. 사람의 혼은 가장 높은 하늘에까지 올라갈 수도 있으며, 거기에서 진정한 영적 본성을 발전시키고 완전성을 달성할 것이다. 하늘의 재산은 사람을 죄의 속박에서 구원하며 최종적이고 참된 행복으로 인도한다; 정의로운 자는 이미 죄와 그것에 연관된 모든 불행의 종말을 체험한 것이다. 자아는 사람이 이겨내기 어려운 적이며, 자아는 사람의 네 가지 가장 큰 열정으로 현시된다; 그것은 곧 분노, 자부심, 거짓, 탐욕이다. 사람의 가장 위대한 승리는 자신을 정복하는 것이다. 사람이 용서를 구하려고 하나님을 바라볼 때, 그리고 사람이 그런 해방을 대담하게 즐길 때, 그는 그것으로써 공포에서 벗어나게 된다. 사람은 자신이 대우받고 싶은 것처럼 그의 연관- 동료 창조체들을 대우하며 일생의 여정을 여행해야 한다.'

⑦ 신교

극동지방 종교의 그 사본들이 알렉산드리아 도서관에 소장된 것은 그 당시 최근의 일이었다. 그것은 가니드가 한 번도 들어보지 못한 세계였다. 다음의 요약에서 나타나는 바대로 이 신앙 역시 초기 멜기세덱 가르침의 자취를 간직하고 있다.

"주님이 이렇게 말씀하셨다; '너희 모두는 나의 신성한 힘을 받은 자들이다; 모든 사람이 나의 자비로운 보살핌을 누리고 있다. 나는 온 땅 위에 의인들이 늘어나는 것에서 큰 기쁨을 갖는다. 자연의 아름다움과 사람의 덕목 양쪽 모두에서 하늘의 영주는 자신을 드러내고 또 의로운 자기 본성을 보여주기를 원한다. 이전 사람들이 나의 이름을 알지 못했기에, 나는 세상에 태어나 눈에 보이는 실존이 됨으로써 나 자신을 현시하였으며, 사람이 나의 이름을 잊지 않게 하려고 그러한 굴욕마저 참았다. 나는 하늘과 땅을 만든 자이다; 해와 달과 모든 별이 내 뜻에 복종한다. 나는 땅과 사해에 있는 모든 창조체의 통치자이다. 비록 내가 위대하고 최극이지만, 나는 여전히 불쌍한 사람의 기도를 중히 여긴다. 만약 어떤 창조체든지 나를 경배한다면, 나는 그의 기도를 들을 것이며 그의 가슴속에 있는 소망을 들어줄 것이다.'

'사람이 번민에 짓눌릴 때마다 그는 자기 가슴에 있는 혼의 인도로부터 한 걸음씩 멀어진다.' 자부심은 하나님을 방해한다. 만약 너희가 하늘의 도움을 받고자 한다면 너의 자부심을 버려라; 조금이라고 자부심을 품게 되면 구원의 빛이 차단되며, 거대한 구름에 의해서 가려지는 것과 같다. 만약 너희가 내면에서 떳떳하지 못하면 외부적인 것을 위해 기도해도 소용이 없다. '만약 내가 너희의 기도를 듣는다면, 그것은 너희가 거짓과 위선을 벗어나 깨끗한 가슴으로 진리를 비추는 거울과 같은 혼으로 내 앞에 왔기 때문이다. 만약 너희가 불멸을 얻고자 한다면, 세상을 버리고 나에게로 오라'

⑧ 도교

멜기세덱의 메신저들은 중국까지 깊이 들어갔고, 유일한 하나님에 대한 가르침은 중국에 있는 몇몇 종교들의 초기 가르침의 일부가 되었다; 유일신을 가르치는 진리 대부분을 포함하면서 가장 오랫동안 전해져 온 것이 바로 도교였고. 가니드는 그 창시자의 가르침으로부터 다음과 같은 문장들을 수집하였다.

'최극자는 얼마나 순수하고 고요하며, 얼마나 힘세고 강하며, 또한 얼마나 깊고 헤아릴 수 없는지! 하늘에 계신 이 하나님은 만물의 영예로운 조상이시다. 만약 네가 영원 자를 안다면, 너희는 깨우친 것이고 현명한 것이다. 만약 네가 영원 자를 모른다면, 그 때는 무지가 스스로 악을 현시하며 그렇게 하여 죄에 대한 열망이 일어난다. 이 놀라운 존재는 하늘들과 땅이 있기 전부터 존재하였다. 그는 진실로 영적이시며; 아무 도움도 받지 않으시며 변치 않으신다. 그는 참으로 세상의 어머니이시며, 모든 창조체는 그의 주위에서 움직인다. 이 위대한 이는 자신을 사람에게 나누어주시며, 그리하여 그들이 탁월하게 만드시고 영존하게 한다. 사람이 비록 지식을 조금밖에 갖고 있지 못한다 하여도, 그는 여전히 최고자의 길 안으로 걸어갈 수 있다.; 하늘의 뜻을 따를 수 있다.'

'참된 봉사에서 모든 선한 일은 최극자(지존자,우주적 창조자)로부터 나온다. 만물은 생명에 대하여 위대한 근원에게 의지한다. 위대한 최극자는 자기가 증여한 것에 대해 조금도 공로를 찾지 않는다. 그는 힘에서 최극이지만, 우리의 눈에서 띄지 않도록 언제까지나 감추어진 채 머물고 있다. 그는 자신의 창조체들을 완전하게 하면서, 자신의 속성들을 끊임없이 변질시킨다. 하늘의 이치는 느리고 그의 계획을 세우는데 참음이 있지만, 그의 성취는 확실하시다. 최극자는 우주를 온통 뒤덮으시고 그 모든 것을 떠받치고 있다. 그의 넘치는 영향력과 이끄시는 힘이 얼마나 위대하고 강한지! 참된 선은 물과 같으니 그 안에서는 모든 것을 축복하고 그 어떤 것도 해치지 않는다. 그렇게 물처럼, 참된 선은 가장 낮은 곳. 아니 남들이 피하는 바닥까지도 찾아가니, 그것은 최극자와 비슷하기 때문이다. 최극자는 만물을 창조하시고, 본성 안에서 그들을 키우시며, 영 안에서 그들을 완전하게 한다. 최극자가 창조체에게 강요하지 않으면서 그를 기르시고 보호하시고 완전케 하시는 것은, 얼마나 신비한 일인지 모른다. 그는 자아 – 주장 없이 인도하시고 지도하시며, 지배하지 않고 진보를 돌보시고 있다.'

'현명한 사람은 자기의 가슴을 보편화한다. 어설프게 아는 지식은 위험한 것이다. 위대함을 열망하는 자들은 자신을 겸손하게 하는 것을 배워야 한다. 창조에서, 최극자는 세상의 어머니가 되셨다. 자기 어머니를 아는 것은 자기가 아들 신분임을 인식하는 것이다. 전체의 관점에서 모든 부분을 보는 그러한 자는 현명한 사람이다. 모든 사람에게 대할 때, 너 자신이 그의 처지에 있는 것처럼 대하라. 친절함으로 모욕을 갚아라. 만약 네가 사람들을 사랑하면, 그들이 너에게 가까이 끌려오니 – 저희를 설득하기에 그 어떤 어려움도 없다.'

'위대한 최극자는 모든 곳에 – 퍼져계신다; 왼편에도 계시고 오른편에도 계신다; 모든 창조를 도우시고 모든 참된 존재들 속에 거한다. 너희는 최극자를 찾을 수 없으며, 그럴 뿐만 아니라 그가 계시지 않는 곳에 갈 수도 없다. 만약 사람이 자신의 길이 악함을 깨닫고 가슴으로부터 죄를 뉘우친다면, 그는 용서를 구할 수도 있다; 벌을 피할 수 있다.; 화를 복으로 바꾸게 할 수도 있다. 최극자는 모든 창조체의 안전한 피난처 이시다; 인류의 수호자이시고 구원자이시다. 만약 너희가 날마다 그를 구하면, 너희는 그를 틀림없이 찾을 것이다. 그는 죄를 용서하실 수 있어서, 만인에게 참으로 가장 귀한 분이시다. 하나님은 사람의 행함에 대해서 상 주시는 것이 아니라. 그가 어떤 사람인지에 따라서 상을 주신다는 것을 항상 기억하라; 그러므로 너희는 보상을 바라지 말고 이웃

들에게 도움을 베풀어야 한다. 자신에게 돌아올 혜택을 생각하지 말고 선을 행하라.'
 '영원 자의 법을 아는 자들은 현명하다. 신성한 법에 무지한 자는 불행하며 재난이 뒤따른다. 하나님의 법도를 아는 자는 그 마음이 자유롭다. 만약 너희가 영원 자를 안다면, 너희의 육체는 멸하지만, 너희 혼은 영의 봉사 안에서 생존 될 것이라. 너희가 자신의 무의미함을 인식할 때 너희는 진정으로 현명해진다. 너희가 영원한 이의 빛 속에 거한다면, 너희는 최극자에 대한 깨우침을 누릴 것이다. 최극자의 봉사에 자신의 개인을 봉헌한 사람은, 영원한 이를 추구함 속에서 즐거워한다. 사람이 죽을 때, 영은 위대한 고향으로 귀환하는 긴 여행을 날아가기 시작한다.'

⑨ 유교

 세상의 위대한 종교 중에서 가장 적게 하나님을-인정하는 종교조차도, 멜기세덱 선교사들과 변치 않는 그 계승자들의 유일신 사상을 인정하고 있었다. 유교에 대한 가니드의 요약은 다음과 같았다.
 '하늘의 약속에는 실수가 없다. 진리는 실제이며 신성하다. 만물은 하늘에서 나왔고, 위대한 하늘은 오류를 범하지 않는다. 하늘은 많은 종속(부하, 신하)을 임명하셔서 열등한 창조체에게 가르침을 베풀고 그들의 향상을 도와주도록 하였다. 위대한, 아주 위대한 이는 높은 곳에서 사람을 다스리시는 한 분 하나님이시다. 하나님은 힘에 장엄하시며 그 판단하심에 엄격한 분이시다. 이 위대한 하나님은 많은 열등한 민족에게 이르기까지 그들에게 도덕적 감각을 주신다. 하늘의 은총은 끊임이 없다. 은총은 하늘이 사람에게 주시는 최상의 선물이다. 하늘은 사람의 혼에서 그 고상함을 베푸시며; 사람의 덕은 하늘의 고상한 자질이 주는 열매이다. 위대한 하늘은 모든 것을 식별하시고 만사에 사람과 함께 한다. 위대한 하늘을 우리의 아버지와 어머니로 부를 때, 우리는 만족스럽게 행하는 것이다. 만약 그리하여 우리가 신성한 선조들의 하인이 된다면, 우리는 확신을 두고 하늘에게 기도할 수도 있다. 항상 모든 것에 하늘의 장엄을 경외하자. 오, 하나님이시여, 지고자시여, 다스리시는 군주시여, 우리는 심판이 당신에게 달려 있음과 모든 자비가 신성한 가슴으로부터 진행되는 것임을 고백합니다.'
 '하나님은 우리와 함께 계시므로; 우리는 가슴에 두려움이 없다. 모든 선행이 그 보상을 받는다면, 그것은 나와 함께 거하시는 하늘의 현시 활동이다. 내 안에 있는 이 하늘은 종종 내 신앙에 어려운 요구를 한다. 만약 하나님이 내 안에 계신다면, 나는 가슴속에 어떤 의심도 하지 않을 것이다. 신앙은 틀림없이 사물에 대한 진리에 아주 가까이 있고, 나는 사람이 어떻게 이토록 선한 신앙 없이 살 수 있는지 알 수 없다. 선과 악은 원인이 없이 사람에게 발생하지 않는다. 하늘은 그 목적에 따라 사람의 혼과 관계를 이룬다. 너희가 자신의 그릇됨을 발견하면, 지체하지 말고 잘못을 고백하고 재빨리 보상하라.'

'지혜로운 사람은 진리를 탐구하는 것에 몰두하며, 단지 삶을 살아가는 것을 추구하는 것에 몰두하지는 않는다. 하늘의 완전함을 달성하는 것이 사람의 목표이다. 우월한 사람은 자아 – 조절에 열중하기 좋아하며, 염려와 두려움에서 벗어난다. 하나님은 너희와 함께 계신다; 너희 가슴속에 그 어떤 의심도 하지 말라. 모든 선한 행실은 그 보상을 받는다. 우월한 사람은 하늘을 상대하여 투덜대지 않고 사람들을 상대하여 앙심을 품지 않는다. 너희 자신에게 행하였을 때 너희가 좋아하지 않을 일을 남에게 행하지 말라. 모든 징벌에서 연민이 한 부분이 되도록 하라; 그 어떤 길에서도 징벌이 축복되도록 참아내라. 그것이 위대한 하늘의 길이다. 모든 창조체가 죽어서 흙으로 돌아가야만 하지만, 고귀한 사람의 영은 높은 곳에 전시되며 최종적 밝음을 비취는 영광스러운 빛에 이르기까지 상승한다.'

⑩ 우리의 종교

파라다이스 아버지에 관한 세계 종교 가르침을 모은, 이 자료집을 완성하는 어려운 작업을 마쳤다. 가니드는 예수의 가르침을 받아 하나님을 믿게 되었다. 그 믿음을 요약하는 내용에 온 힘을 기울였다. 이 젊은이는 그러한 믿음을 습관적으로 '우리의 종교'라고 부르곤 하였는데, 그의 기록은 다음과 같다.

'주님 우리 하나님은 유일한 주님이시고, 너희는 마음을 다하고 진정을 다하여 그분을 사랑해야 하며, 동시에 너희가 자신을 사랑하듯이 그분의 모든 자녀를 사랑하는 데 최선을 다해야 한다. 이 한 분 하나님은 하늘에 계신 우리 아버지이시며, 만물이 그 안에서 이루어졌고, 진지한 인간의 모든 혼 속에 영으로 거한다. 하나님의 자녀인 우리는, 신실한 창조자이신 그분에게 우리의 혼을 어떻게 의탁해야 하는지 배워야 한다. 하늘에 계신 우리 아버지와 함께하면 모든 것이 가능하다. 그는 만물과 모든 존재를 지으신 창조자이시기에, 거기에 다른 길은 있을 수 없다. 비록 우리가 하나님을 볼 수 없다 하더라도, 우리는 그를 알 수 있다. 하늘에 계신 아버지의 뜻대로 매일 살아감으로써, 우리는 그를 우리 동료들에게 나타낼 수 있다.'

'하나님의 성격 속에 있는 신성하고 풍성함은 무한히 깊고 영원히 지혜로울 수밖에 없다. 우리는 지식으로 하나님을 찾을 수 없지만, 개인적 체험을 통해 우리의 가슴 안에 그를 알 수 있다. 그의 공의는 지나간 후에야 발견될 수 있는 반면에, 그분의 자비는 이 세상에서 가장 겸손한 자가 받아들일 수 있는 것이다. 아버지께서 우주를 가득 채우시는 동안에, 그분은 우리의 가슴 속에도 거한다. 사람의 마음은 인간적이고 필사이지만, 사람의 영은 신성하며 불멸한다. 하나님은 만능 이실 뿐만 아니라 모든 – 지혜를 갖추고 계신다. 만약 우리의 육신 적인 부모가 악한 경향이 있음에도 불구하고, 자기들의 자녀만큼은 어떻게 사랑하고 그들에게 어떻게 좋은 선물을 주어야 하는지 안다면, 하늘에 계신 선한 아버지께서 훨씬 더 지혜롭게 이 땅에 있는 자녀들을 사랑하고, 그들에게 적절한 축복을 내리시는 방법을 당연히 더 잘 아신다.'

'하늘에 계신 아버지는, 그 자녀가 아버지를 찾기를 바라고 진실로 그와 같이 되려고 원하는 한, 이 세상에서 한 자녀도 멸망하도록 내버려 두지 않으실 것이다. 우리 아버지는 악인조차 사랑하시며, 감사할 줄 모르는 자에게도 언제나 친절하시다. 만약 더 많은 인간 존재들이 하나님의 선함을 알 수만 있다면, 그들은 확실히 자신의 악한 기질을 후회하고 모든 알려진 죄를 떠날 것이다. 모든 선한 것들은 빛의 아버지로부터 내려오며, 그의 속에는 변함이 없으시고 변화의 그림자도 없으시다. 참 하나님의 영이 사람의 마음속에 있다. 그는 모든 사람이 형제가 되기를 원한다. 사람이 하나님을 찾기 시작한 때, 그것은 이미 하나님이 그들을 찾았다는 증거이며, 그들은 그에 관한 지식을 탐구하고 있다. 우리는 하나님 안에 살고 하나님은 우리 안에 거한다.'

'나는 더 이상 하나님이 우리 모든 백성의 아버지인 것을 믿는 것으로만 만족하지 않고, 그가 또한, 나의 아버지이심을 믿을 것이다. 나는 실제로 하나님을 – 알게 되었을 때 나의 조력자가 되시는 진리의 영 도우심으로 그를 경배하려고 항상 힘쓸 것이다. 무엇보다도 나는 이 세상에서 하나님의 뜻이 어떠하심을 알아서, 하나님을 경배하는 행동을 실천할 것이다. 하나님께서 필사자인 내 이웃 각자들을 어떻게 대하실 것이라고 내가 생각하는 것처럼 그대로, 나는 내 곁에 있는 그들은 최선을 다해 대할 것이다. 우리가 육체 속에서 이러한 일생을 사는 동안, 우리는 하나님의 많은 것들을 구할 수 있을 것이며, 그는 우리에게 이웃들을 돕기 위해 더 잘 준비되고 싶다는 우리 마음의 소원들을 우리에게 주실 것이다. 하나님 자녀들의 사랑 넘치는 이 모든 봉사는, 하늘의 기쁨과 하늘의 영에서 사명 활동의 높은 즐거움을 받아들이고 체험하는, 우리의 수용 능력을 확대한다.'

'나는 그의 말할 수 없는 선물로 인하여 하나님께 매일 감사할 것이다; 사람의 자녀들에게 행한 그의 놀라운 일들로 인하여 그를 찬양할 것이다. 내게 그분은 전능자이시며 창조자이시며 권능이며 자비이지만, 그러나 무엇보다도 그는 내 영의 아버지시며, 이 세상에 있는 자녀들과 마찬가지로 나도 언젠가 그를 만나기 위해 나아갈 것이다. 나의 선생님은 내가 그분을 갈구함으로써 그를 닮아갈 것이라고 말씀하셨다. 하나님 안에서의 신앙으로, 그분과 평화롭게 지낸다. 우리의 이 새로운 종교는 기쁨으로 충만하며, 그것은 영구적인 행복을 준다. 나는 죽을 때까지 신실할 것임을 확신하며, 영원한 생명의 면류관을 분명히 받아들일 것을 확신한다.'

'나는 모든 것을 증거가 되는 것과 선한 것에 집착하는 것을 배우고 있다. 사람들이 내게 해 주기를 원하는 모든 일들을, 나는 내 이웃들에게 그렇게 할 것이다. 새로운 이 신앙으로 인하여, 사람이 하나님의 아들이 될 수 있음을 안다. 모든 사람이 나의 형제라는 생각을 멈추어 생각해 보면 때때로 두려운 기분이 들기도 하지만, 그 생각은 진실임이 틀림없다. 모든 사람이 내 형제라는 생각을 받아들이지 않으면서, 하나님의 아버지 신분을 기쁨으로 누릴 수 있는 다른 방법을 나는 알 수 없다. 누구든지 주님의 이름을 부르는 자는 구원을 받을 것이다. 만일 그것이 진실이라면, 모든 사람은 나의 형제들임이 틀림없다.'

'그러므로 나는 은밀하게 선을 행할 것이다; 또한 나는 홀로 있을 때 더 많이 기도할 것이다. 나는 내 이웃들을 부당할지 모를 판단을 하지 않을 것이다. 나는 원수를 사랑하는 법을 배울 것이다; 나는 하나님과 – 같음이 되는 이 실천에 아직 참되게 숙달하지 않았다. 비록 내가 다른 종교들 속에서 하나님을 볼 수 있기는 하지만, 나는 '우리의 종교' 속에서, 더욱 아름답고 사랑이 넘치며 자비롭고 인간적이며 적극적인 존재로서 그를 발견하고 있다. 무엇보다도 가장 중요한 것은, 이 위대하고 영광스러운 존재가 바로 나의 영적 아버지이신 것과; 나는 그의 자녀라는 사실이다. 모든 다른 방법을 제외한, 단지 그와 같아지려는 거짓 없는 원함을 통하여, 나는 결국에는 그를 발견할 것이며, 그리하여 영원히 그를 섬길 것이다. 드디어 나는 한 하나님, 장엄한 하나님의 종교를 갖게 되었고, 그는 영원한 구원을 이루시는 유일한 하나님이시다.'

3) 로마 체류 기간

로마에는 많은 인도 사람이 있어서 그들이 예수를 대신해 자주 통역해 줌으로 혼자 시간을 보낼 수 있었다. 이것이 200만 로마 시민을 눈에 익힐 시간을 주었다. 이때 로마 제국은 남부유럽 전체, 소아시아, 시리아, 이집트, 북아프리카 그리고 주민 중에는 동반구에 있는 모든 나라 시민도 있었다. 이러한 것이 예수가 이 여행에 동참하기로 승낙한 주된 이유이다.

로마에 6개월 동안 체류하면서 귀중한 것은, 제국에 있는 종교 지도자들을 접촉하고, 영향을 끼친 것이다. 첫 주간 견유학파, 스토아 철학 파. 신비 종파와 미트라를 숭배하는 집단의 쓸만한 지도자들을 찾아냈고, 그들과 친숙해졌다.

예수는 자기 메신저들이 얼마 안 있어서 로마에 올 것이라는 사실을 확실하게 예견하고 있었다. 그래서 그들이 복음을 수월하게 받을 수 있도록 미리 길을 마련하기 시작하였다. 스토아학파 5명, 견유학파 11명, 신비 예배 종파 16명을 6개월 동안 가깝게 지내면서 보냈다. **그가 가르친 방법은 실수나 결점은 절대로 공격하지 않았다.** 각각의 경유마다 그들의 가르침 속에 있는 진리를 분리해 낸 후에 이 진리가 그들의 마음속에서 갖추어지고 빛나도록 유도함으로써, 짧은 시간에 이러한 진리가 강화되어 실수를 밀어내게 했다. 나중에 기독교 선교사들의 가르침 속에 비슷한 진리를 알 수 있도록 준비되었다. 이것이 그리스도교가 급속하게 퍼지는 촉진제가 되었다.

로마에서 가르친 30여 명의 종교 지도자들은 그리스도교가 설립되는데 중심인물이 되었고, 미트라교 신전이 첫 번째 그리스도교 교회로 바뀌는 데 공헌하기도 하였다.

뒤에서 인간 활동을 지켜보던 이들이 발견한, 그리스도교가 빨리 퍼진 세 가지 요소는,

1 사도 베드로를 사도로 선택하고 유지한 점.
2 스데반과 예루살렘에서 대화, 그의 죽음으로 다소사람 바울을 얻은 점.
3 로마에서 종교 지도자 30명을 미리 준비시킨 점, 예수는 로마의 30인을 거의 일대일로 만나 가르쳤다.

몇 년 후에 베드로와 바울 그리고 다른 그리스도교 선생들은 자기들보다 먼저, 새로운 복음을 가지고 올 수 있도록 분명하게 그 길을 준비해 놓았던 이 다마스쿠스 서기관(통역자 예수)에 관하여 이야기를 듣게 되었다. 이 사람이 어쩌면 예수라고 생각하였지만, 예수는 로마 여행에 관한 이야기를 가족과 다른 사람들에게 하지 않았다.

① 참된 가치

로마 체류 기간 초기에 밤새도록 이야기를 나눈 사람은, 스토아학파 지도자인 앙가몬이다. 이 사람은 나중에 바울과 훌륭한 친구가 되었고, 로마에서 그리스도교 교회를 강력하게 지지한 사람 중의 하나이다. 예수가 앙가몬에게 가르친 내용을 요약하면 다음과 같다.

참된 가치관의 기준은 영적 세계와 영원한 실체의 신성한 차원에서 찾아야 한다. 하늘로 올라가는 필사자에게 이보다 낮은 물질적 기준은 모두 일시적이고 부분적이며 열등한 것으로 인식해야 한다. 과학자는 여러 물질적 사실이 관계된 것을 발견하는데 국한된다. 엄밀히 말하면, 자신이 물질주의자나 이상주의자라고 주장할 권리가 없는데 이런 태도는 철학의 본질이기 때문에, 이런 주장은, 과학자의 태도를 버리는 것과 같다.

인류의 도덕적 통찰력과 영적 달성이 균형 잡힌 비례로 증가하지 않는다면, 물질적인 문화의 제한 없는 발전은 결국 문명을 위협하는 것이 될 수 있다. 순전히 물질적인 과학을 모든 과학적 노력을 파괴하는 잠재적 씨앗을 그 자체 내에 숨겨두고 있다. 이러한

태도는 도덕적 가치를 느끼는 감각을 포기하고, 영적 달성의 목표를 거부한 문명이 궁극에 붕괴한다는 사실을 예시하기 때문이다.

물질적인 과학자와 극단적 이상주의자는 언제나 다투게 되어 있다. 높은 도덕적 가치관과 영적 시험을 치르는 수준의 과학자와 이상주의자는 그렇지 않다. 시대마다 과학자와 종교가들을 인간의 필요성이라는 장벽 앞에서 시험받고 있음을 알아야 한다. 인간의 진보에 헌신하고, 생존을 정당화하려고 애쓰며 자기들끼리의 전쟁을 삼가야 한다. 어느 시대나 과학이나 종교가 잘못되었다면, 정화하든지 사라져야 한다.

② **선과 악**

마르쿠스는 견유학파의 지도자이다. 밤마다 예수와 토론 중에 **선과 악**에 대한 견유학파의 질문에 답한 내용을 20세기 언어로 요약한 것이다.

형제여, 선과 악은 관찰할 수 있는 우주를 인간이 이해하는 상대적 수준을 상징적으로 표현하는 단어에 불과하다. 네가 윤리적으로 사회적으로 무관심하면, 현재 사회적 관례들을, 선에 대한 기준으로 선택할 수도 있다. 영적으로 나태하고 도덕적으로 진보성이 없다면, 현재의 종교적 실행이나 전통을 기준으로 삼을지도 모른다. 그러나 시간 세계에서 살아남아, 영원으로 들어가야 하는 혼은, 하늘에 계신 아버지가 인간의 마음 안에 살도록 보내주신 신성한 영에 의해 세운 영적 기준의 참된 가치에 의해 선과 악이 결정된다. **반드시 그중 어느 하나를 개인적으로 선택해야 한다. 내주하는 이 영이 인격체 생존의 기준이다.**

진리와 마찬가지로, 선이란 항상 상대적이며 반드시 악과 대조된다. 이런 선과 진리의 특성에 대한 감지가, 사람의 성장하는 혼이 영원히 살아남는 데 필수적인 결정을, 몸소 선택하게 한다.

영적으로 눈이 멀어서 과학적인 지시와 사회적 통념 종교적 독선을 따르는 인간은, 그의 도덕적 자유를 희생하고, 영적인 해방을 잃어버린 심각한 위험에 처하게 된다. 그러한 영혼은 지능만 뛰어난 앵무새, 사회에 자동으로 따라가는 존재, 종교적 권위에 대한 노예가 될 운명에 처해있다.

선은 도덕적 자아실현과 영적 인격을 달성하는 내주하는 조절자를 발견하고 그와 하나가 되는 새로운 수준을 향하여 항상 성장한다. 체험은 아름다움에 대한 이해를 높이고, 도덕적 의지를 강화하고 진리에 대한 분별력을 향상하고, 동료들을 사랑하는 힘을 확대하고, 영적 이상을 높인다. **시간 세계에서 최고의 인간다운 동기는 내주하는 조절자의 영원한 계획과 연합할 때 선다.** 이 모든 것이 아버지의 뜻을 실행하려는 소망이 커지도록 직접 인도하며, 그렇게 함으로 하나님을 찾아내고 그를 더욱 닮아가려는 신성한 열정을 길러준다.

우주에서 인간이 발전하는 계단들을 올라갈 때, 선을 체험하고 진리를 분별할 수 있는 능력에 따라서, 선이 증가하고 악이 감소하는 것을 발견할 것이다. 상승하는 인간의 혼이 마지막 영 단계를 성취할 때까지는 잘못을 마음에 품거나 악을 체험하는 능력은 완전히 사라지지 않을 것이다.

선은 살아있고, 상대적이며, 항상 진보하고, 변함없는 개인적인 체험이며, 진리와 아름다움을 헤아리는 것과 언제까지나 서로 연결된다. 선은 영적 수준의 긍정적 진리와 가치를 인식하는 데서 발견되며, 이것은 인간의 체험에서 부정적인 악의 그림자와 대조되어야 한다.

파라다이스 수준에 이를 때까지, 선은 항상 달성할 체험이라기보다는 목적이며, 소유라기보다 추구가 될 것이다. 네가 정의에 굶주리고 목말라할지라도, 선을 부분적으로 달성하는 데 만족을 느낀다. **이 세상에 선과 악이 있는 것은 그 자체로서 사람의 도덕적 의지, 즉 인격이 존재하고 실재한다는 분명한 증명이며, 인격은 이러한 선악의 가치를 확인하고 선택할 수 있다.**

파라다이스에 도달할 때가 되면, 하늘가는 필사자가 참된 영 가치와 일체가 되는 능력이 아주 향상돼서 생명의 빛을 완전히 소유하는 결과를 낳는다. 완전해진 그러한 영 인격을 긍정적이고 최상질의 선, 아름다움, 진리와 아주 온전히 신성하게 영적으로 하나가 되어서, 무한한 파라다이스 통치자들의 빛, 사람을 살피는 신성한 광원의 빛에 노출되었을 때, 그러한 올바른 영은 악의 잠재성을 가진 어떤 부정적 그림자도 전혀 남지 않는다. 선은 신답게 완성되었고 영적으로 충만하다. 선은 최상위의 완전함에 가까워진다.

악의 가능성은 도덕적 선택에 필요하지만, 악이 현실이 될 필요는 없다. 그림자는 단지 상대적으로 실재한다. 현실로 나타나지 않는 악은 개인의 체험이 될 필요가 없다. 악의 잠재성은 영적 발전이 낮은 수준에 있을 때, 도덕적으로 진보하는 영역에서 결정을 내리게 하는 자극으로서 똑같이 효력이 있다. 악은 오직 도덕적 정신이 악을 선택할 때만, 개인적 체험이라는 실체가 된다.

③ 진리와 신앙 (믿음)

나본은 그리스 유대인이고, 로마에서 으뜸 신비 예배 종파인 미트라교의 우두머리 중에서 지도자이다. 이 사제와 다마스쿠스 서기관(예수)과 여러 번의 만남 중에서 '**진리와 신앙**'에 대한 예수의 가르침을 요약하면 다음과 같다.

진리는 말에 의해서가 아니라, 오직 삶에 의해서만 정의될 수 있다. 진리는 항상 진리 이상의 것이다. 지식은 관찰할 수 있는 사물과 관계되지만, 진리는 물질적인 차원을 초월하는 것으로, 지혜와 조화롭게 어울리고, 인간 체험처럼 가치를 달아볼 수 없는 것은 물론 영적이고 삶 실체까지 포용한다. 지식은 과학에 근원을 두고, 지혜는 철학에 근원을 두지만, 진리는 영적 삶의 종교적 체험에 근원을 둔다. **지식은 사실을 다루고, 지혜는 관계를 다루나, 진리는 실체 가치를 다룬다.**

사람은 과학을 결정화하고, 철학은 정형화하며, 진리는 독단 화하려는 경향이 있는데, 이는 삶의 발전적인 투쟁에 정신적으로 나태하고, 미지의 것을 두려워하기 때문이다. 자연적인 사람은 사고 습관이나 삶의 기법 변화를 시도하는데 둔하다.

계시가 된 진리를 개인적으로 발견하는 것은, 인간 혼의 최고 기쁨이다. 이것은 물질적인 마음과 내재하는 영이 공동으로 창조한 것이다. 진리를 식별하고 아름다움을 사랑하는 이 혼의 영원한 구원은, 하나님의 뜻을 행하고 하나님을 찾으며 그를 닮아가려는 단 한 가지의 목적만을 개발하도록 이 필사자를 인도하는 선에 대한 굶주림과 목마름에 의하여 확인된다. 진정한 지식과 진리 사이에는 아무 충돌이 없다. 지식과 인간 신념들, 편견으로 채색되고, 두려움에 의해 변형되고, 물질적 발견이나 영적 진보의 새로운 사실들에 대처하는 것은 두려워함으로써 지배를 당하는 사이에서는 아마 충돌이 일어날 수도 있을 것이다.

진리는 신앙의 실천 없이는 절대로 사람의 소유가 될 수 없다. 이것이 틀리지 않는 것은, 사람의 생각과 지혜, 윤리와 이상이 자신의 신앙, 자기 최고의 희망보다 더 높이 올라갈 수 없기 때문이다. 이러한 참된 신앙은 심오한 반영과, 진지한 자아비판, 그리고 타협하지 않는 도덕적 의식 위에 세워진다. 신앙은 영성 화 된 창조적 상상력이 영감이다.

신앙은, 불멸의 씨앗인 신성한 불꽃이 초인간적 활동을 하도록 풀어주도록 작용하는데, **사람의 마음속에 살며, 그것은 영원한 생존의 잠재력이다.** 동식물은 같은 자신의 입자들을 다른 세대로 자동으로 전하며 생존한다. **사람의 혼(인격)은 내주하는 이 신성한 불꽃과 정체성 연합에 의해 이 세상의 죽음으로부터 살아남는다.** 그 불꽃은 불멸하는 것이고, 인간의 개인성이 지속적이며 더 높은 차원의 진보적 우주 실존으로 영속하게 하는 기능을 한다. 인간 혼에 숨겨진 그 씨앗은 하나의 불멸하는 영이다. (신성한 불꽃 = 개인마다 부여된 아버지 하나님의 영, 생각 조절자, 아버지의 분신이다) 혼의 두 번째 세대는 진보하는 영적 존재들의 인격이 명시되는 순서에서 처음이요, 이 순서는 오직 이 신다운 개체가 그 존재의 근원, 모든 존재의 인격적 근원이 되시는 하나님, 우주의 아버지께 이르렀을 때야 끝난다.

인간의 생명은 이어진다. 살아남는다. 그 생명이 우주 기능, 곧 하나님을 찾아내는 과제를 가졌기 때문이다. 신앙으로 활기를 얻은 사람의 혼은 이 운명의 목표에 도달하기 전에 멈출 수 없다. 이 신성한 목표를 일단 이룩하면, 결코 그칠 수 없으니, 그 혼이 하나님처럼 '영원하게' 되었기 때문이다.

영적 진화는 갈수록 더 자진해서 선을 선택하는 체험이며, 여기에는 똑같이 잘못을 저지를 가능성이 점진적 감소가 뒤따른다. 선을 택하는 결의, 진리를 이해하는 완벽해진 능력을 얻는 것과 함께, 완전한 아름다움과 거룩함이 생기게 되며, 이 두 가지의 올바름은 잠재 악의 개념이 솟아날 가능성조차 영원히 억제한다. 하나님을 아는 그러한 혼은 신성한 선의 그러한 높은 영 수준에서 활동할 때 의심하는 악의 그림자를 만들지 않게 된다.

사람의 마음속에 파라다이스 영이 계신 것은, 우주 아버지의 불멸 적이고 내주하는 이 영 단편(생각 조절자)과 같이 하나가(연합) 되려고 애쓰는 모든 혼에, 신성한 진보의 영원한 실존에 대한 계시의 약속이요, 믿음의 서약이다.

사람이 우주에서 진보하는 것은 인격의 자유를 확대하는 특징이 있으며 그 진보가 점점 더 높아지는 수준에서 자아를 이해하고 그에 따라 자진하여 자제력을 점진적으로 얻는 것과 연결되기 때문이다. 완전한 영적 자제에 도달하는 것은 우주에서 자유를 얻고 인격의 해방을 성취하는 것과 같다. 그러나 광활한 우주에서 사람이 초기에 적응하는 혼란의 와중에서, 믿음은 사람의 혼을 육성하고 유지한다. 한편 기도는, 창조적 상상력으로부터 얻는 다채로운 영감, 자기 안에 살면서 자기와 연결된 신성한 존재인 영의 이상과 자기가 하나처럼 같이 되려는 혼의 신앙적 욕구를 하나로 합치려는 위대한 통합자가 된다.

나본은 예수와 이야기를 나눈 다른 사람처럼 크게 영감받았다. 이 진리는 그의 가슴 속에 계속 타올랐고, 나중에 예수의 복음 전파자들에게 큰 도움이 되었다.

④ 개인적 사명 활동

로마에 있는 동안 모든 인종과 계층에 대한 상세한 지식을 얻는 데 많은 시간을 보냈다. 사람과 접촉할 때마다. 삶에 대한 반응을 알고 싶었고, 그들의 일생을 풍성하고 가치 있게 만들려고 무엇인가를 말하거나 행하려고 애썼다. 이 몇 주 동안의 종교적 가르침은, **후일 제자 선생이나, 대중 설교자의 가르침과 전혀 차이가 없었다.**

언제나 그가 전하는 말씀의 요점은, 하늘에 계신 아버지의 사랑은 사실이요, 그의 자비는 진리이었고, 인간은 이 사랑 하나님의 믿음의 자녀라는 기쁜 소식이었다. 사회와 접촉하는 예수의 방법은, 질문을 던짐으로 대화를 끌어내고 그들이 질문하면 답하는 형식이다. 대체로 많이 가르치는 자에게는 말을 적게 하였다. 이때 혜택을 본 사람은, 무거운 짐을 지고 걱정하며, 풀이 죽은 사람이었다. 그들은 자기 말을 들어주며, 동정심이 많고, 이해해 준 이 사람에게 자기 혼의 짐을 내려놓음으로써 위안받았다. 사회에 적응하지 못하는 이 사람들이 말했을 때, 실용적이고 즉시 도움이 되는 충고를 해 주며, 하늘에 계신 인자한 아버지의 자녀라는 소식을 다양한 방법으로 전하곤 하였다. 이러한 방법으로 로마에 체류한 6개월 동안 500명 이상의 시민과 애정 넘치는 만남은 가졌다.

로마에 체류하는 동안 교육, 사회, 종교계로부터 12번 이상이나 봉사 활동을 해 달라는 제안을 받았고, 각각의 경우마다 적절한 말과 봉사로 영적으로 고귀한 생각을 나누어주는 기회로 활용하였다.

어느 원로원 의원은 예수와 한 번의 만남에서 감명받아 통치 제도를 바꾸려고 평생을 노력하였다. 어떤 부유한 노예 소유자는, 하나님의 자녀라는 주제로 하룻저녁을 이야기한 후 다음 날 아침 117명의 자기 노예에게 자유를 주었다.

저녁 식사 자리에서 만난 그리스인 의사는 육체 외에 마음과 혼이 있다는 이야기를 듣고 이웃에게 힘써 봉사하려고 애쓰게 되었다. 예수는 모든 계층에 속하는 온갖 사람과 대화를 나누었다.

티베 강변을 거닐며 로마 병정에게 이렇게 말해주었다. '손뿐 아니라 가슴도 용감해야 한다. 담대하게 정의를 행하고 관대하게 자비를 보여라. 상급자에게 복종하는 것처럼, 네 낮은 본성으로 높은 본성에 복종하도록 하라. 선을 존경하고 진리를 드높여라. 추한 것 대신에 아름다운 것을 택하라. 동료를 사랑하고 온 가슴을 다하여 하나님을 찾아라. 하나님은 하늘에 계신 너의 아버지이시기 때문이다.'

공개 토론 회의 연사에게, 이렇게 말하였다. '너의 웅변은 사람들을 기쁘게 하고 논리는 칭찬받을 만하며, 네 음성은 듣기에 좋구나. 그러나 너의 가르침은 진리와 먼 것이다. 하나님이 너의 영적 아버지임을 아는, 영감 어린 만족감을 즐길 수만 있다면, 어둠의 사슬과 무지의 노예 상태에서 동료들을 해방하기 위하여 네 말솜씨를 사용할 수 있을 것이다.' 이 사람은 로마에서 베드로의 설교를 듣고 그의 후계자가 된 매커스였다. 베드로가 십자가에 못 박혔을 때 로마의 박해자들에게 대항하고 용감하게 새 복음을 계속 전도하였다.

누명을 쓴 가엾은 사람을 만났을 때, 그와 함께 행정관에게 가서, 그를 대변해 줄 수 있는 허락을 얻은 후 이렇게 말하였다. '공의는 한 나라를 위대하게 만들기 때문에, 나라가 위대해질수록, 가장 미천한 시민에게까지 불공정이 행해지지 않게 하려고 더욱 애써야만 할 것이다. 단지 돈과 세력이 있는 자에게만 법정에서 공의를 베풀려고 하는 나라에는 재앙이 있으리라. 죄지은 자를 벌주는 그것뿐 아니라, 죄 없는 자를 풀어주는 것은 행정관의 신성한 의무이다. 법정의 공명정대, 공정성, 그리고 고결한 순수성 위에 한 나라의 운명이 달려 있다. 진정한 종교가 자비 위에 세워지는 것처럼, 시민의 정부는 공의 위에 세워진다.' 그 재판관은 재판을 다시 열어 증거를 자세히 검토한 후 죄수를 석방하였다. 이 사건은 예수가 대중 앞에 나타나 활동한 것이라 할 수 있겠다.

⑤ 부자에게 준 교훈

금욕 자이며 로마 시민인 어떤 부자가, 예수에게 만일 당신이 많은 재산을 가졌다면 어떻게 사용하겠는가? 라고 물었다. 예수의 대답은 '지적 생활을 풍성하게 만들고, 사회생활을 고귀하게 만들며 영적 생활의 진보를 위하여 물질 재산을 사용할 것이다. 한 세대에 주어진 자원에 대하여 현명하고 효율적인 신탁인의 자격으로 재산을 운영할 것이다.'

그 부자는 예수의 대답에 만족하지 않고 다시 물었다. 예수는 '내 착한 친구여! 네가 지혜를 진지하게 구하고 진리를 진정으로 사랑하니, 오직 너에게 지침이 되도록 충고한다. 진정으로 네 재산을 신탁물로 여긴다면, 네 부의 근원에 대해 너 자신에게 물어보고, 다음과 같은 열까지의 방법을 고려해 보아라.'

1 상속된 재산- 부모나 다른 조상으로부터 얻은 재산.
2 발견된 재산- 개발되지 않은 땅의 자원으로부터 생긴 재산.
3 상거래 재산- 물건을 거래하고 교환한 이익으로 얻은 재산.
4 부당한 재산- 부당한 착취나 노예로 만들어서 얻은 재산.
5 이자 재산 - 투자한 자본의 공정하고 이익으로 얻은 재산.
6 재능 재산 - 창조적 발명의 보상으로 얻은 재산.
7 우연이 얻은 재산- 동료의 관대함이나 생활 형편에서 얻은 재산.
8 훔친 재산 - 부당, 부정, 도둑질, 사기로 얻은 재산.
9 신탁된 기금 - 현재나 미래에 어떤 용도를 위해 동료가 맡긴 재산.
10 벌어서 모은 재산- 정신과 육체로 수고하여 얻은 정당한 보수로 얻은 재산.

하나님 앞에서 사람에게 봉사하면서 재산을 충실하고 정당하게 관리하려거든, 재산을 10가지 큰 부분으로 대강 나누고, 정의, 공정, 공평 그리고 참된 효율성의 법칙을 따라 지혜롭고, 정직하게 진행하여라. 불행한 환경에서 고통받는 사람을 도와주다가 이따금 실수해도 하늘에 계신 아버지는 책망하지 않으실 것이다. 물질적 상황이 공평하고 정당한지 의심이 들 때, 곤궁한 자에게 유리하고 불행을 당한 자에게 유리하게 결정을 내리도록 하여라.

이러한 문제에 대해 그 부자는 더 자세한 가르침을 원하였고, 예수는 자신의 가르침을 상세하게 설명하였는데, 그 내용은 다음과 같다. 나의 조언은 너에게만 해당되는 것으로, 네 개인적 지침으로만 받아들일 것을 강조한다.

1 상속된 재산, 너는 재산의 청지기로서 그것의 근원을 살펴보아야 한다. 정당한 재산은 공정한 너의 몫을 제한 후, 다음 세대에 전해 줄 의무 아래 있다. 조상의 부정 축재나 불공정이 있다면 계속 유지할 필요가 없다. 사기나 부당함에 연유된 재산이 있다면, 너의 배상에 대한 신념에 따라 돌려주어야 한다. 상속은 현명한 식별력과 건전한 판단력이 의사 결정을 좌우해야 한다.

2 발견한 재산, 한 개인이 이 땅에서 사는 기간이 아주 짧은 기간임을 기억해야 한다. 가능한 한 많은 사람이 도움이 되도록 그러한 발견을 나누어 가지도록 적절한 준비를 해야 한다. 발견자의 수고가 무시되어서는 안 되지만, 자연에 숨겨진 보물의 자원으로부터 유래된 축복들은 자신만의 것이라는 이기적인 권리를 주장해서는 안 된다.

3 상거래 재산, 모든 소매상인은 봉사에 대한 임금을 받을 자격이 있다. 모든 재산의 근원을 공의와 정직 그리고 공정성이라는 최고의 원칙에 의해 판단 되어야 한다. 동종 업자끼리는 기꺼이 화합하며 똑같은 이익을 남겨야 한다.

4 부당한 재산, 하나님을 알고 그의 뜻을 행하고자 하는 사람은 억압으로 재산 착취에 가담하지 않는다. 불의하게 모은 재산은, 빼앗긴 사람, 또는 그들의 자손에게 반환하여야 한다. 지속적인 문명은 노동자를 착취하는 관습 위에서 세워질 수 없다.

5 이자 재산, 정직하게 얻은 재산은 정당한 이자를 거둘 수 있다. 인색하고 탐욕스러운 고리대금업에 빠지지 않도록 조심하여라. 돈, 권력을 이용해 고전하는 사람에게 고리대금을 받으려는 유혹에 빠지지 마라.

6 지능재산, 천부적 재능으로 재산을 얻었다면, 재능에 대한 보상을 지나치게 주장하지 마라. 비범한 자질은 조상과 자손에게 어느 정도 빚을 지고 있는 것이고 일류 국가가 제공한 환경에 의무가 있다. 부의 공정한 배분은 영원히 불가능한 일이다. 먼저 사람은 네 형제라는 것을 알고, 너에게 해주었으면 하고 바라는 그대로 그가 너에게 해주기를 원한다면, 공의, 정직, 공정이라는 평범한 양심의 지시가 모든 문제를 해결하도록 너를 안내해 줄 것이다.

7 우연이 얻은 재산, 재산의 관리로 얻은 정당하고 합법적인 보수를 제외하고 행운으로 얻은 재산은 개인 소유권을 주장해서는 안 된다. 이런 노력 없이 얻은 재산을 신탁물이라는 처지에서 다수의 의견에 따라야 한다.

8 훔친 재산, 사기, 부정, 부당에 의한 재산은 서둘러 주인에게 반환하고 충분한 보상을 통하여 부정직한 재산을 깨끗하게 만들어라.

9 신탁된 기금, 다른 사람을 위한 신탁 관리자는 중대하고 신성한 의무를 갖는다. 신용에 해를 입히거나 위태롭게 해서도 안 된다. 공정한 사람이 허용할 만큼의 양만을 네 몫으로 떼어 놓아라.

10 벌어서 모은 재산, 공정하고 너 자신이 정신적, 육체적 노력으로 얻은 재산은 진정한 네 소유이다. 이런 재산을 간직하고 소유하며 이 권리를 이웃에게 해를 끼치지 않게 행사한다면 누구도 그것을 반박할 수 없다.

예수가 조언을 마치자, 부유한 로마인은 인사를 하며 속으로 '나의 선한 친구여 당신은 위대한 지혜와 선을 지니신 분이시라는 것을 알았습니다. 내일부터 당신의 조언에 따라 나의 재산 관리를 시작할 것입니다.'

⑥ 사회적인 사명 활동 (봉사)

우주의 창조자가, 길을 잃고 겁에 질려 울고 있는 아이를, 걱정하던 어머니에게 되찾아 주느라고 몇 시간을 보냈다. 예수는 가니드와 도서관에 가는 길이었지만, 그 아이를 찾아주는데, 애를 썼다. 가니드는 예수가 한 말을 잊지 못하였다. "가니드야, 사람 대부분은 길을 잃은 아이와 같다. 사람들은 진실로, 안전과 안심으로부터 짧은 거리에 있음에도, 두려움에 울고 슬픔으로 고통을 받으면서 시간 대부분을 보낸다. 이것은 그 아이가 집으로부터 조금 떨어져 있는 것과 같다. 진리의 길을 알고, 하나님을 아는 확신을 즐기는 사람은, 삶의 만족을 찾으려고 노력하는 이웃에게, 안내하는 것은 의무가 아닌 하나의 특권으로 여겨야 한다. 그 아이의 어머니에게 되찾아 주는 이 수고를 하면서 우리가 최고의 기쁨을 누리지 않았느냐?" 그날 이후로 가니드는 집을 잃는 아이들의 집을 찾아주는 일을 여생 동안 계속하였다.

남편을 사고로 사별하고 다섯 아이를 혼자 키우는 과부가 있었다. 예수는 자신의 아버지를 사고로 잃었던 일에 대하여 가니드에게 이야기하였고 그들은 어머니와 아이들을 위로하기 위하여 여러 번 갔으며, 가니드는 아버지에게 돈을 구하여 옷과 음식을 제공하였다. 그들 중 가장 나이가 든 소년이 가족을 보살필 수 있도록 직장을 소개해 주었다. 그날 밤, 고노드는 아들로부터 이러한 체험담을 듣고는 예수에게 부드럽게 말하였다. '나는 아들을 학자나 사업가로 키우려고 하는데, 당신은 이 아이를 철학자나 자선가로 만들려고 하는군요.' 그러자 예수는 미소를 지으며 이렇게 말하였다. "아마 우리는 당신이 말한 그 네 가지 전부를 성취하도록 만들 수 있을 것이오, 그렇게 된다면 그의 귀가 한 가지 음색 대신에 네 가지 음색을 알아들을 수 있는 것처럼, 그의 인생은 네 배로 만족하며 즐길 수 있을 것입니다." 고노드는, 당신은 철학자임이 틀림없습니다. 당신은 후손을 위해 책을 써야 하겠습니다. 그러자 예수는, "책이 아니라 **내 사명은 이 세대에 다른 모든 세대를 위하여 사는 것이오.**"라고 말하였다.

⑦ 로마 근처를 여행함

예수와 고노드와 가니드는 로마 변방을 다섯 차례 여행하였다. 이탈리아 북부에 있는 호수를 방문하였을 때 사람이 하나님을 알기를 원하지 않으면, 하나님에 대하여 그 사람에게 가르치는 것은 불가능하다는 것에 관하여, 가니드와 길게 이야기하였다. 호수로 올라가는 길에 우연히 무종교인을 만나 이야기하며, 영적인 대화를 끌어내지 않는 것을 보고 가니드는 의아해하였다. 가니드는 그의 선생에게 왜 이 이방 무종교인에게 아무런 흥미를 느끼지 못하는지 묻자, 예수가 대답했다.

가니드야, 그 사람은 진리에 갈급하지 않았고, 자신에게 불만이 없다. 그는 도움을 청할 준비가 되지 않았고, 그의 마음의 눈은 혼을 위하여 빛을 받으려고 열려있지 않았다. 그 사람은 구원의 추수에 해당할 만큼 무르익지 않았다. **지혜와 더 높은 가르침을 받아들이기 위해서는 그를 준비시킬 인생의 시련과 고난의 시간이 좀 더 주어져야 한다.** 또는 그를 우리와 함께 살게 한다면, 우리의 **삶을 통하여** 하늘에 계신 아버지를 보여줄 수 있을 것이고, 이처럼 하나님 아들로 사는 우리의 삶에 이끌려서 어쩔 수 없이 우리의 아버지에 관해 묻게 된다. **하나님을 구하지 않는 자에게는 그분을 보여줄 수 없**

으며, 원하지 않는 혼은 구원의 기쁨으로 인도할 수 없다. 사는 체험의 결과로 진리에 갈급해야 한다. 아니면 다른 사람이 하늘에 계신 아버지께로 인도하기 전에 신성한 아버지와 친분이 있는 사람들의 생활과 접촉한 결과로 그가 하나님을 알고 싶어 해야 한다. **우리가 하나님을 알면 생활 속에서 아버지가 드러나도록 사는 것이다.** 하나님을 찾는 모든 사람이 이렇게 아버지를 보고서, 우리 생활 속에서 표현하는 하나님을 알려고 우리에게 도움을 청할 것이다.

스위스를 방문하였을 때, 고노드의 **부처**에 관한 질문에 예수는 다음과 같이 대답하였다. "당신이 아는 **부처는 불교보다** 훨씬 뛰어났었다. 자기 민족에게는 선지자이기도 했지만 고아 선지자이다. 이렇게 말함은, 그가 일찍이 영적 아버지, 즉 하늘에 계신 아버지를 잃어버렸음을 의미한다. 그의 체험은 비극이었다. **그는 하나님 없이,** 하나님의 사자처럼 살아가고 가르치려 노력하였지만, 하나님이 그 안에 없었다. 부처는 구원의 배를 안전한 항구 바로 앞까지 안내하였으나, 잘못된 항해지도 때문에, 훌륭한 배는 좌초되었다. 거기서 배는 여러 세대 동안 움직이지 않은 채, 희망을 잃고 그곳에 묶여 있었다. 너희 민족 다수는 그 세월 내내 거기 머물러 있었다. 안식하는 안전한 바다에 아주 가까이 있었지만, 항구 입구에서 좌초되었기 때문에, 항구로 들어가지 않았다. 불교 신자들은 그 선지자가 만든 철학의 배를 버리고, 그의 고귀한 영을 붙들지 않는 한 이 항구에 들어가지 못할 것이오. 너희 민족이 부처의 정신에 진실하게 머물렀다면, 너희는 오래전에 영의 고요함과 혼의 안식과 구원의 확신이라는 피난처에 들어왔을 것이다."

고노드여, 부처가 영으로 하나님을 알았지만, 마음속에서 그를 분명하게 발견하는 데 실패하였다. **유대인은 마음속에서 하나님을 발견하였지만, 영적으로 그를 아는 데는 크게 실패하였소,** 오늘날 불교 신자들은 하나님이 없는 철학 안에서 버둥거리고 있고, 반면에 **나의 민족은 가련하게도 구원해 주는 생명과 해방의 철학 없이 하나님에 대한 두려움의 노예가 되어 있소.**

그러자 가니드가 감탄하여 외쳤다. 선생님 인도를 위하여 훌륭하고 로마를 위하여도 거창한 새로운 종교를 우리가 만들지요! 그러면 아마 우리가 야훼를 위해 유대인에게 전할 수 있을 것입니다. 그러자 예수가, 종교는 만들어지는 것이 아니다. 사람의 종교는 오랜 세월을 통해 자라나는 것이지만, 하나님의 계시는, 하나님을 자기 동료에게 나타내는 사람의 삶 속에서 이 세상에 갑자기 나타난다. 그러나 이런 예언적 말의 의미를 이해하지 못하였다. 가니드는 잠자리에서 아버지에게 저는 어떤 때는 예수가 선지자라는 생각이 듭니다.

그날 이후 가니드는 여생 동안 자기의 종교를 계속 발전시켰다. 예수의 편견 없는 마음과 공정함과 관대함에 마음 깊은 그곳까지 감동하였다.

이 인도인 청년이 우주의 창조자에게 새로운 종교를 만들자고 제안하는 광경을 바라보는 천상의 지성체들에게는 얼마나 놀라운 일이었을까! 이 젊은이는 모르지만, 거기에서 **그들은 새롭고 영구적인 종교, 예수 안에서 하나님을 사람에게 계시하는 이 새로운 구원의 길을 만들고 있었다.** 그 청년이 가장 하고 싶었던 그것을, 그는 의식하지 못한 채 실제로는 행하고 있었다. 그것은 이렇게 이루어졌고, 지금도 있으며, 영원히 있을 것이다. 영적 가르침과 인도함을 받아 깨우쳐서 반성하는 인간의 상상력이 전심으로 또한 사심 없이 하고 싶고 되고 싶은 그것은 그 아버지의 뜻을 신성하게 행하는 데에 인간이 헌신하는 정도에 따라서 적당하게 창조적으로 되어간다. 인간이 하나님과 협력하여 함께 갈 때, 위대한 일들이 일어날 수 있고 또한 일어나고 있다.

4) 로마에서 돌아옴

예수는 아무에게도 말하지 않고 로마를 떠났다. 1년이 지나자, 스토아학파, 견유학파, 신비주의자들은 예수의 가르침에 의견을 나누며 기독교 초창기 전도자들이 오기까지 비공식적인 소모임을 가졌다.

가니드는 타렌툼으로 가는 길에 인도의 카스트 제도에 대해 예수에게 물었다. 예수는, 인간이 여러 면에서 서로 다르더라도 하나님 앞에서나 영적 세계에서는 모든 사람이 동등한 위치에 있다. 하나님 앞에는 단지 두 무리만 있는데, 하나님의 뜻을 행하는 자와 그렇지 않은 자다. 우주가 인간 거주 세계를 내려다볼 때도, 하나님을 아는 자들과 그렇지 않은 자들이다. **하나님을 알 수 없는 자는 주어진 어떤 영역에서든 동물로 간주한다.** 사람을 육체적, 정신적, 사회적, 직업적, 도덕적으로 관찰할 수 있는 것처럼,

이런 다른 조건들로 나눌 수 있지만, 하나님의 심판대 앞에서는 모두 동등한 신분으로 서게 되며, 하나님은 진정으로 인격체들을 차별하지 않으신다. 너희가 하나님을 경배하기 위해 모였을 때 사람의 영적 형제 관계에서 어떤 차별도 해서는 안 된다.

① 자비와 공의

그들은 길가에서 난폭한 소년이 작은 아이를 폭행하는 것을 발견하자, 예수가 달려가 폭행하는 소년을, 작은 아이가 멀리 달아나도록 붙잡고 있었다. 예수가 잡고 있던 소년을 놓아주자, 가니드는 달려가 그 소년을 때려주기 시작하였다. 예수가 가니드를 즉시 저지하자 그는 매우 놀랐다. 가니드를 말리면서 겁먹은 그 소년을 도망가게 해주자, 가니드는 한숨을 돌리자마자 흥분해서 외쳤다. 나는 선생님을 이해할 수 없습니다. 만일 당신이 작은 아이를 구하는 것이 자비의 요구라면, 몸집이 그보다 크고 공격적인 소년에게 벌주는 것이 공의의 요구 아닙니까? 예수는 대답으로 이렇게 말하였다.

네가 이해하기 어려운 것은 사실이다. 자비를 베푸는 것은 언제나 그 개인의 일이지만, 공의로서 처벌하는 것은 사회나 정부의 행정집단이나 우주 경영 집단의 역할이다. 나는 한 개인으로서 자비를 베풀 권한이 있고, 곤경에 처한 아이를 구해야만 했으며, 가해자를 멈추는 데 필요한 만큼의 완력을 사용함에 전혀 모순이 없다. 그것이 바로 내가 한 일이다. 나는 곤경에 처한 아이를 구하는 목적을 달성하였고, 그것으로 내 자비 행위는 끝났다. 그 후 약한 자가 도망가기에, 충분한 시간만큼 가해자를 힘으로 붙잡아 두었다. 그 후에는 그 일에서 물러났다. 나는 공격자를 심판 하려고, 그 친구를 공격한 이유를 판단하려고 동기를 묻지 않았고 그가 저지른 잘못을 보상하게 하려고 내 마음이 시키는 대로 벌을 주려고 하지 않았다.

가니드야, 자비는 아낌없이 줄 수도 있지만 정의는 엄정한 것이다. 공의를 이루기 위한 형벌에 한 사람은 곤장 40대를, 한 사람은 20대를 한 사람은 격리 감금을 부과할 수도 있다. 이러한 책임은 집단이나 집단이 뽑은 대표자에게 맡겨지는 것이 좋다는 것을 모르겠느냐? 우주에서는 그것의 동기뿐 아니라 그 앞에 있었던 내력을 완전히 알고 있는 자들에게 판단을 맡기고 있다. 문명사회에서 그리고 조직된 우주에서, 정의에 대한 관리는 공평한 판단의 결과로 공정한 판결을 하는 것을 전제로 하며 그러한 특권은 그 세상의 사법 집단에, 모든 창조계의 더 높은 우주에서 모든 것을 아는 관리자들에게 속해 있다.

그들은 여러 날 동안 자비를 나타내는 것과 공의를 집행하는 문제에 관하여 이야기하였다. 가니드는 예수가 왜 신체적인 싸움을 하지 않으려고 했는지 어느 정도 이해하였다. 그러나 가니드의 마지막 질문에는 만족스러운 답을 듣지 못하였다. 그 질문은 선생님이 만약 힘이 더 세고 고약한 사람이 당신을 공격한다면 어떻게 하시겠습니까? 방어를 위해 아무 노력도 하지 않으시렵니까? 예수는 자신을 주시하고 있는 우주에서 **파라다이스 아버지의 사랑을 본보기로 보여주기 위하여 이 세상에 살고 있다는 것을** 그에게 밝히기를 꺼렸기 때문에 그에게 만족할 만한 답변을 줄 수 없음에도, 다음과 같은 이야기를 해 주었다.

가니드야, 이 문제 중 어떤 것이 너를 혼란하게 하는지 알고 있으니, 네 질문에 답이 되도록 노력해 보겠다. 우선 나에 대한 공격자가 하나님의 아들인지, 즉 육체를 입은 나의 형제인지 아닌지를 결정할 것이다. 만일 그 사람이 도덕적 판단과 영적 이성을 가지지 않았다면, 나는 주저하지 않고, 모든 능력으로 방어할 것이다. 다시 말해 재판도 없이 그를 처벌하지는 않을 것이다. 가능한 책략을 동원하여 미리 예방하고, 저지하지 못하면 완화하려고 애쓸 것이다.

가니드야, 하늘에 계신 나의 아버지께서 돌보아 주실 것을 나는 확신한다. **나는 하늘에 계신 내 아버지의 뜻을 행하는 데 바쳐졌다.** 나는 진정한 해가 나에게 미칠 수 있다고 믿지 않으며, 적들이 내게 가하려는 어떤 것도 내 일생의 사명이 위태로워지리라고 믿지 않는다. 두려워할 만한 어떤 폭행도 우리 친구들로부터 당하는 일은 없을 것이다. 나는 우주 전체가 나에게 호의적이라는 사실을 절대적으로 확신한다. 어떤 불리한 상황에서도, 전심에서 우러나오는 확신 하고, 전능한 이 진리를 믿고자 한다.

② 타렌툼에서 배를 탐

배에서 화물 내리기를 기다리면서, 선착장에 머무는 동아, 한 남자가 자기 아내를 학대하는 것을 보았다. 예수는 평상시 습관대로, 공격당하는 사람을 위하여 중재에 나섰다. 그는 성난 남편 뒤로 걸어가 그의 어깨를 부드럽게 두드리며 말하였다. 친구여, 나와 잠깐 조용히 이야기할 수 있겠나? 화난 남자는 잠시 당황하고 주저하다가 더듬거리며, 예 내게 무슨 볼일이 있습니까? 예수는 그를 한쪽으로 데리고 가서, 친구여, 내가 보기에는 아주 끔찍한 어떤 일이 네게 일어난 것 같네, 무엇 때문에 너와 함께 건장한 사람이 많은 사람 앞에서, 자기 아내, 즉 자기 아이들의 어머니를 모든 이들의 눈앞에서 공격하게 만든 것이 무엇인지 내게 말해줄 수 있겠나? 이렇게 폭행할 만큼 무언가 확실한 이유가 있나? 보아하니 당신의 얼굴에는 자비는 아니라도 공의에 대한 사랑이 있어 보이네. 내가 길가에서 강도에게 공격당한다면, 당신은 나를 구하기 위해 재빨리 달려왔을 것이다. 너는 그런 용감한 일을 여러 번 했으리라 생각한다….

이 남자의 마음의 감동을 준 것은, 그가 말한 내용보다. 오히려 말을 마치면서 예수가 그에게 보여준 친절한 표정과 인정 어린 미소였다. 그 남자는 말했다. 당신은 견유학파 사제인 것 같은데, 나를 말려주신 것에 감사드린다. 내 아내는 큰 잘못을 저지르지 않았으며 착한 여자입니다만, 공개적으로 나를 비난해 흥분했고, 내가 이성을 잃었습니다. 내가 자제력을 잃은 것에 사과하며, 오래전에 더 나은 삶을 가르쳐준 당신의 형제에게 한 서약에 맞게 살기로 약속합니다. 내가 당신에게 약속합니다.

그러자 예수는 그에게 작별 인사를 하면서 말하였다. 나의 형제여, 여자가 기꺼이 자발적으로 남자에게 권한을 주지 않는 한 남자는 여자에 대하여 그 어떤 정당한 권한도 없다는 것을 항상 기억하시오, 네 아내는 너를 도와, 고난을 헤쳐 나가며, 아이를 낳고 기르며, 힘든 몫을 담당하기로 약속했으며 이러한 봉사의 대가로 특별한 보호를 받음이 당연하다. 한 남자가, 자기 아내와 아이들에게 기꺼이 주는, 사랑과 보호와 배려는, 창조적이고 영적인 자의식이 고귀한 수준에 이르렀는지를 재는 척도이다. 남자와 여자의 불멸 혼을 스스로 소유하기까지 자라는 존재들을 창조하도록 협동함에서, 그들이 하나님과 동역자가 됨을 알지 못하겠느냐? 하늘에 계신 아버지께서는 우주 자녀들의 영 어머니를 자신과 동등한 존재로 대우하신다. 네 자녀의 생애에서 너희 자신을 재생산하는 신성한 체험을 너와 함께 그토록 완전하게 공유하는 어머니 동역자와 함께, 너희 삶 거기에 관련된 모든 것을 똑같이 분담함은, 존엄한 일이다. 하나님이 너를 사랑하는 것처럼 네가 자녀를 사랑할 수만 있다면, 하늘에 계신 아버지께서 방대한 우주의 모든 영 자녀의 어머니인, 무한한 영을 존경하고 높여주시는 것처럼, 너는 아내를 사랑하고 소중히 여기게 될 것이다.

배에 올랐을 때 그들은 눈물을 글썽이는 부부가 말없이 포옹하며 서 있는 모습을 보았다. 고노드는 예수가 말하는 후반부를 듣고 종일 명상에 잠겼고, 인도에 돌아가면 가정을 개혁하기로 결심하였다.

그들은 니코 폴리스에서 며칠 동안 머물렀다. 이 도시는 아우구스투스가 악티움 전투에서 승리한 후 '승리의 도시'로 세운 곳이다. 그들은 배에서 만난 그리스 사람 예라미 집에서 머물렀는데. 그는 유대인 신앙으로 개종한 사람이다. 바울이 세 번째 선교 여행 때 예라미의 아들과 함께 이 집에서 지냈다. 그들은 니코 폴리스를 떠나 아카이아라는 로마 식민지의 수도인 고린도로 향하였다.

③ 고린도에서

고린도에 도착할 즈음 가니드는 유대교에 많은 관심을 가지게 되었다. 어느 날 예수와 함께 유대교 회당을 지나가다가 가니드는 예배에 데려가 달라고 부탁한 것은 이상한 일이 아니다. 그날 박식한 랍비의 '이스라엘의 운명'에 대한 설교를 들었고, 예배 후 회당의 책임자인 그리스 보를 만났다. 그 후 여러 번 회당에 갔는데 가니드는 그리스 보의 아내와 5명의 자녀와 사귀며 유대인 가정생활을 관찰하였다.

한편 예수는 그리스보에게 종교 생활에 대한 더 나은 방법을 가르쳤다. 예수는 이 선견지명이 있는 그리스보와 20번 이상 만나 깊이 있는 대화를 나누었다. 여러 해가 지난 후 바울이 이 회당에서 전도하자, 유대인들이 그 복음을 배척하고 회당에서 전도하는 것을 금지했다. 바울이 이방인에게로 전도하려고 갔을 때, 그리스보와 가족은 이 새로운 종교를 받아들였고, 나중에 바울이 고린도에서 조직한 그리스도교인 교회의 주요 지지자 중 하나가 된 것은 바울에게 큰 힘이 되었다.

바울은 훗날 실라와 디모데와 함께 18개월 동안 전도 활동을 하였을 때 인도 상인의 아들 유대인 가정교사로부터 가르침을 받았다는 많은 사람을 만났다.

고린도에서 그들은 세 대륙에서 온 여러 종족의 사람을 만났다. 이곳은 알렉산드리아와 로마 다음으로 지중해 제국에서 가장 국제적인 도시이다. 예수와 가니드는 회당 옆에 있는 다른 유대인 가정의 초청을 받았는데 그는 믿음이 깊은 유스도의 집이다. 훗날 바울이 여러 번 유스도의 집에 머물게 되었는데, 거기서도 인도인 청년과 그의 유대인 가정교사에 관한 이야기를 들었으며, 그러는 동안 바울과 유스도는 그토록 현명하고 총명한 유대인 선생이 어떻게 되었는지 궁금해하였다.

어느 날 저녁 고린도 성벽 부근을 거닐고 있을 때, 두 매춘부가 말을 걸어왔다. 가니드는 예수가 고상한 생각을 지닌 사람으로서, 부정이나 악의 기미가 있는 모든 것을 혐오한다는 생각이 몸에 배어 있다고 생각하여, 이러한 여자들에게 쏘아붙이면서, 비키라고 거칠게 손짓하였다. 이것을 본 예수는, 너희 호의는 고맙지만, 너는 하나님의 자녀들에게 이야기하면서 비록 어쩌다가 실수를 범한 자녀가 되어 있다고 해고, 그렇게 주제넘게 말해서는 안 된다. 우리가 누구이기에 이 여자들에 대한 심판 자리에 앉겠는가? 그들이 생계를 유지하려고 그런 방법에 의지하게 한 그들의 처지를 알 수 있겠느냐? 이 문제에 관한 이야기는 이쯤에서 끝내자. 그가 하는 말에 가니드보다 매춘부들이 더 놀았다.

그들이 달빛 아래 서 있는 동안 예수의 말씀이 이어졌다. **"하늘에 계신 아버지의 선물인 신성한 영이 모든 인간의 마음 안에서 살고 있다.** 이 선한 영은 우리를 하나님께로 인도하고, 우리가 하나님을 발견하여 그분을 알도록 도움을 주는 일에 언제나 애쓰고 있다. 그뿐 아니라, 개인과 종족의 안녕을 위하여 봉사하도록 창조주가 넣어준 많은 선천적 육체적 성향이 있다. 흔히, 남녀가 자기 자신을 이해하려는 노력과, 죄로 가득 찬 세상에서 살아야 하는 많은 어려움을 극복하려 노력할 때, 혼란을 겪으며 사는 경우가 많이 있다. 가니드야, 이 두 여인 중 누구도 의도적으로 사악하지 않음을 나는 안다. 나는 그들이 많은 슬픔을 체험했다는 것, 외견상 잔인한 운명의 손에 많은 고통을 겪어온 것, 의도적으로 이러한 종류의 삶을 선택하지 않은 것, 절망의 가장자리에서 낙심해 당시 상황에 굴복했고, 그들에게 절망으로 보이는 어떤 환경을 빠져나가는 최고의 방법으로, 어쩔 수 없는 이런 생계 수단에 의지해 왔던 것을 그들의 얼굴에서 읽을 수 있다. 가니드야, 어떤 자들은 고의로 마음에서부터 악하며, 고의로 비열한 일을 하기로 선택하지만, 네가 지금 이렇게 눈물 젖은 얼굴들을 들여다보면서, 나쁘거나 악한 어떤 것이든 찾아줄 수 있겠느냐?" 예수가 가니드의 대답을 들으려고 멈추자, 목이 막히는 음성으로 더듬거리며, 아니요, 선생님 찾지 못했습니다. 그들에 대한 나의 무례함을 사과합니다.

그러자 예수는 하늘에 계신 아버지께서 그들을 용서하신 것을, 그분 대신 내가 말하는 것처럼, 그들이 너를 용서했음을, 그들 대신 내가 말하겠다. 너희 모두 나와 함께 친구 집으로 가서, 간단한 음식을 청한 후, 앞으로 새롭고 보다 나은 삶을 위한 계획을 세우자. 놀란 여자들은 한마디의 말도 하지 않고 있었으며, 서로 쳐다보다가 남자의 뒤를 조용히 따라갔다.

이렇게 늦은 시간에, 예수와 가니드가 두 여인을 데리고 나타나서 유스도의 아내는 몹시 놀랐다. 이런 시간에 온 것을 용서하고, 이 친구들과 나누려 하니 내게 음식을 조금 주십시오, 그리고 이것 외에, 이 여인이 새 삶을 시작하도록 돕는 일에, 너희도 관심을 가지겠다고 생각해서 너희에게 왔다. 저들도 너희에게 말하겠지만, 나는 그들이 많은 곤경을 겪어왔음과 지금 너희 집에 있다는 것 자체가 얼마나 선한 사람을 알고 싶어 하는지 입증한다. 그들이 얼마나 용감하고 고귀한 여인이 될 수 있는가를 온 세상과 하늘에 보여줄 기회를 잡기를 바라는 가를 보여준다.

유스도의 아내가 식탁에 음식을 차려놓자, 예수는 예기치 않게 자리를 떠나면서 말했다. "시간이 늦었고 이 젊은이의 아버지가 우리를 기다리고 있으므로, 지고자의 사랑을 받은 너희 세 여인을 남겨 두고 떠나는 것을 이해하기를 바란다. 너희가 이 땅에서 그리고 저 건너 영원한 생애에서 지낼 새롭고 보다 나은 생애를 위하여 계획을 세우는 동안, 나는 너희가 영적으로 잘 안내받도록 기도하겠다."

잠깐 마르다는 말이 없었지만, 그녀는 곧 이러한 난국에 대처하였고 낯선 이 사람을 위하여 예수가 그녀에게 기대하였던 모든 일을 이행하였다. 이 두 여인 중 연장자는 그 후 영원한 생존에 대한 밝은 희망을 안고 세상을 떠났다. 어린 여인은 유스도의 일터에서 일했으며 나중에는 고린도의 첫 그리스도인 교회에서 평생 봉사하였다.

예수와 가니드는 그리스보 집에서 가이우스라는 사람을 여러 차례 만났는데 그는 나중에 바울의 충실한 지지자가 되었다. 그들은 두 달 동안 고린도에서 20명 이상의 훌륭한 사람과 깊은 대화를 나누었고 그런 접촉 결과로 영향받은 사람 중 반 이상이 훗날 그리스도교 교인 공동체의 일원이 되었다.

바울이 처음 고린도에 갔을 때는 오래 머물 생각이 없었다. 그러나 바울이 유대인 가정교사가 길을 얼마나 잘 준비해 놓았는지 모르고 있었다. 그는 아굴라와 브리스길라에 의해 큰 세력이 이미 조성되어 있음을 발견하였는데, 아굴라는 견유학파 사람이었고, 로마에서 예수와 접촉한 사람이다. 이 부부는 로마에서 온 유대인 피란민이었고 바울의 교훈은 신속히 받아들였다. 그들은 천막 짓는 자이었으므로 바울은 그들과 살면서 같이 일하였다. 이런 상황으로 바울은 고린도에서 체류 기간을 연장하였다.

④ 고린도에서 개인적인 일

예수와 가니드는 고린도에서 많은 사람과 대화하면서 많은 경험을 하였고 그들은 예수의 가르침으로 큰 도움을 받았다.

방앗간 주인에게 삶의 체험은, 방앗간에서 진리의 곡식을 가는 것이라고 가르치면서, 약하고 힘없는 사람도 쉽게 받아들일 수 있도록 영적 지각 능력이 어린 자에게는 진리의 젖을 주어라. 각각의 수용 능력에 맞추어진 매력적인 형태의 영적 음식을 제공하여라.

로마 백 부장에게, 시저의 것은 시저에게 주고 하나님의 것은 하나님께 드려라. 하나님에 대한 봉사와, 시저에 대한 충성 사이에는, 시저가 하나님에 대한 경의를 스스로 취하려고 하지 않는 한, 충돌되지 않는다. 하나님을 알게 되면 그에 대한 충성심은, 덕망 있는 황제에 대한 충성심이 더 신실하게 만들 것이다.

미트라교의 진지한 지도자에게, **영원한 구원을 위한 종교를 찾는 일은 좋은 일이지만 사람이 만든 신비와 인간 철학에서 영광스러운 진리를 찾는 것은 잘못된 것이다. 영원한 구원에 대한 신비가 너 자신의 혼 속에 살고 있다는 사실을 모르느냐? 하늘의 하나님께서 자신의 영이 네 안에 살 수 있도록 보내신다. 이 생명을 통하여 죽음의 문전에서부터, 하나님이 그의 자녀들을 받아들이기 위하여 기다리신다.** 영원한 최고의 빛에 다다를 때까지 진리를 사랑하고 하나님께 봉사하는 자를 이 영이 인도한다는 사실을 모르느냐? 만약 네가 그처럼 되기를 원한다면, 하나님을 아는 너희는 이미 하나님의 자녀라는 사실을 잊지 마라.

쾌락주의 학파 선생에게, 너는 최선을 선택하고, 선을 존중하기는 잘하지만, 인간의 마음속에 있는 하나님의 현존에 대한 인식에서 유래된, 영 영역 안에 구현된 인생의 더 위대한 것을 알아보지 못하면서 지혜롭다고 할 수 있겠는가? 인간의 모든 체험 중에서 가장 위대한 것은, 그의 영이 네 안에 거하면서, 모든 창조의 하나님, 우주들의 주이신 우리가 공유하는 아버지를 직접 만나기까지 길고 거의 끝없는 여정에서 너를 인도해 주려고 애쓰고 있는 하나님 앎의 실현이다.

그리스의 건축자에게, 친구여 사람들의 물질적 건축물을 짓는 것처럼, 네 혼 속에 있는 그 신성한 영을 닮도록 영적 성품을 성장시켜라. 건축자로 성공하는 일이, 하늘나라의 영적 아들이 되기보다 앞서지 않도록 하여라. 다른 사람의 집을 짓는 동안, 자신을 위하여 영원한 집의 소유권을 확보하는데 게으르지 마라. 한 도시가 있으니, **정의와 진리가 기초**를 이루고, 하나님이 건축자가 되시고 창조자가 되시는, 도시가 있음을 명심하여라.

로마 법관에게, 네가 사람들을 재판할 때, 너도 언제인가 우주 통치자의 심판대 앞에 서서 심판받을 것이라는 점을 기억하여라. 공정하고 관대하게 판결하되, 너도 언제인가는 우주 통치자의 법정에서 자비로운 동정심을 간청하게 될 것임을 염두에 두어라. 같은 상황에서 판결받기를 원하는 그대로 판결하여라 네 앞에 불려 온 자들의 어려운 상황을 고려하여 정의를 실천한다면 너도 언제인가 온 땅의 심판관 앞에 설 때 자비에 의해 완화된 공의를 기대할 권리를 갖게 될 것이다.

그리스 여인숙의 여주인에게 이렇게 말하였다. 지고자의 자녀들을 대접하는 사람으로 친절을 베풀어라. 하나님께서 사람의 가슴 속에 거하시기 위하며 내려보내신 자기의 영이, 내주하는 신성한 영 선물로, 하늘 아버지를 알도록, 마음을 변환시키고, 혼을 인도하려고 애쓰신다.

중국인 상인과 여러 번 이야기를 나누었다. 작별을 고하면서, 너의 진정한 영 조상인 하나님만, 경배하라. 아버지의 영이 네 안에 항상 거하시고, 너의 혼 방향을 하늘 쪽으로 항상 가리키고 있음을 잊지 마라. 네가 불멸하는 이 영의 무의식적인 인도를 따른다면 너는 틀림없이 하나님을 발견하는 길로 계속 올라갈 것이다. 네가 하나님께 도달한다면, 그를 찾음으로써 점점 더 그분처럼 되었기 때문일 것이다. 영적 혼들의 아버지께서 낙원으로 가도록 결정된 자들을 위하여 매혹적인 많은 정류장을 제공해 놓으신 빛의 세계에서 우리가 다시 만날 것이다.

영국에서 온 여행자에게, 형제여, 네가 진리를 찾고 있음을 안다. 모든 진리의 아버지 영이 네 안에 거할 수도 있다고 말하고 싶다. 네 혼 안에 계신 영과 진지하게 이야기하려고 노력한 적이 있느냐? 이러한 일은 어렵고 가끔 성공하지만, 물질적인 마음이 그 속에 내주하는 영과 교통하려는 모든 성실한 시도는 확실하게 성공을 거둔다. 그런 놀라운 체험 대부분은 하나님을 아는 자의 혼 속에 초 의식적으로 등록된 채로 반드시 오랫동안 남아있다.

가출한 소년에게, 하나님과 너 이 두 가지로부터 달아날 수 없음을 기억하여라. **네가 어디로 가든지, 네 마음속에 사시는 하늘에 계시는 아버지의 영과, 너 자신이 함께 있다.** 아이야 자신을 속이려 들지 말아라. 인생에 주어진 사실과 부딪히려는 용기 있는 행동을 갖도록 하여라. 네가 하나님의 아들이고 분명히 영생한다는 확신을 굳게 가져야 한다. 오늘부터 진정한 남자가 되겠다는 각오와, 용감하고 총명하게 부딪쳐 목표를 이루어라.

마지막 시간이 임한 사형수에게, 형제여 너는 악한 시대에 태어났다. 너는 길을 잃었고, 범죄의 올가미에 걸려들었다. 너와 말해보니, 이 세상의 생명을 대가로 지급해야 할 만큼의 악한 일을 계획적으로 저지르지는 않았다는 사실을 알았다. 그러나 너는 악을 행하였고, 너의 동료들은 너를 죄인으로 사형을 선고하였다. 너나 나나 국가가 선택한 방법, 국가를 방어할 국가의 권리를 부인해서는 안 된다. 네 잘못에 대한 벌을 피할 길이 없는 것 같다. 너의 동료는 네 행위에 따라 판단하였지만, 네가 용서를 구할 수 있는 심판관이 있는데, 그는 **진정한 네 동기와 더 좋은 의도를 가지고 판단**하실 것이다. 만약 네 참회가 순수하고 너의 신앙이 진지한 것이라면, 너는 하나님의 심판을 두려워할 필요가 없다. 너의 실수로 인한 사형 선고는, 하늘에 있는 법정에서, 네 혼이 공의를 구하고, 자비를 누릴 기회에서 어떤 편견도 주지 않는다.

고린도에 머문 두 달 동안 여기에 다 쓸 수 없을 정도로 수많은 굶주린 혼들과 긴밀한 대화를 나누었다. 여기 일을 마치고 교육 중심지인 아테네로 작은 배로 여행하였다.

⑤ 아테네에서 과학에 대한 토의

한때 인도 국경까지 지배하였던 알렉산더 제국의 과학과 학문의 중심지 아테네에 도착하였다. 아테네는 훌륭한 대학이 여전히 번성하였고, 세 사람은 대학 강의실을 자주 방문하였다. 그들은 어느 날 저녁 그리스 철학자와 과학에 대한 강의를 세 시간, 들은 후 예수가 말하였는데 현대의 표현으로 말하면 다음과 같다.

과학자가 언제인가는 중력, 빛, 전기에서 나오는 에너지, 힘의 발현을 측정할 수 있겠지만, 과학자들은 이 우주 현상이 무엇인지 과학적으로 말해줄 수 없다. 과학은 물질적 에너지 활동을 다루며, **종교는 영원한 가치를 다룬다.** 진정한 철학은 이러한 양적인 관찰과, 질적인 관찰을 상관관계 시키기 위하여 최선을 다하는 지혜로부터 태동한다. 순전히 물질적인 과학자들은, 영적으로 무지한 것은 말할 것도 없이 수학적 자만과 자기중심의 통계만 믿는 병에 걸릴 위험이 항상 있다.

논리는 물질세계에서 유효하고, 수학은 물리적 사물에 국한되었을 때 믿을 만하다. 생명 문제에 적용될 때 두 가지 모두, 신뢰할 만하거나 확실하다고 간주할 수 없다. 생명은 물질이 아닌 현상을 포함한다. 한 사람이 한 마리의 털을 깎는 데 10분이 소요된다면, 수학은 열 사람이 일 분에 양의 털을 깎을 수 있다고 말한다. 그것은 확실한 수학이지만, 사실이 아닌데, 열 사람이 그 일을 할 수 없기 때문이다. 서로 방해가 되어 일이 지연될 것이기 때문이다.

한 사람이 지적, 도덕적 가치의 어떤 한 단위를 나타낸다면, 수학은 열 사람이 이 가치의 10배를 나타낼 것이라고 주장할 것이다. 그러나 그런 인격체의 연합은 단순한 산술의 합계보다, 협동해 일하는 조화된 인간의 사회 집단은 훨씬 더 큰 힘을 나타낸다.

수량은 하나의 사실로 확인되고 그래서 과학적인 일관성이 된다. 질은 정신 해석의 문제이므로 가치에 대한 평가를 나타내며, 그것은 개인 체험으로 남아야 한다. 과학과 종교 모두가 독단을 줄이고 비판을 너그럽게 대할 때 철학은 비로소 통일되어 우주를 지적으로 이해할 것이다.

너희가 질서 정연한 우주의 작용을 식별할 수만 있다면, 그 안에 통일이 있다. 실제 우주는 영원하신 하나님의 모든 자녀에게 우호적이다. 문제는, 사람의 유한한 마음이 논리적이고 진실하고 일치하는 사고의 통일을 어떻게 이룰 수 있을 것인가? 하는 것이다. 우주를 아는 이 마음 상태는, 양적인 사실과 질적인 가치가, 낙원 아버지 안에서 공통의 인과 관계를 맺는다는 사실을 알게 됨으로써만, 소유될 수 있다. 실체에 대한 이러한 개념은, 우주 현상의 의도적인 통일에 대한 확대된 통찰력을 갖게 한다. 그것은 진보적인 인격체 성취의 영적 목표까지도 드러낸다. 이것이, 계속 변하는 비 인격 관계와 발전하는 인격 관계로 이루어진, 살아있는 우주에 대해 변하지 않는 배경을 감지할 수 있는 통일성 개념이다.

물질과 영 그리고 그들 사이에 일어나는 상태는, 실제 우주의 진정한 통일이 이루는 서로 관계되고 상호 관련된 세 가지 수준이다. 사실과 가치에 대한 우주 형상이 얼마나 확산하여 있는가에 상관없이 이것은 결국 지존자 안에서 하나로 통합된다.

물질 존재의 실체는 눈에 보이는 사물뿐만 아니라, 인식되지 않는 에너지에도 부여된다. **우주 에너지들이 속도가 매우 느려져서 필수적 운동량만 갖게 되면, 바로, 이 에너지들은, 적당한 조건 속에서, 물체로 변한다.** 명백한 실체들의 현존을 독자적으로 인식할 수 있는 마음 자체도 역시 실제임을 잊지 마라. 이러한 우주의 에너지, 물질(질량), 마음(지성, 정신), 영으로 구성된 이 우주의 근본 원인은 영원하다. 그것은 우주 아버지와 그의 절대적 협조자들의 본성과 반응 안에 존재하고 구성하고 있다.

그들은 모두 예수의 말에 경탄하였고, 그리스인이 떠나면서 '민족적 우월성이나 종교와는 상관없이 훌륭한 것을 말하는 유대인을 마침내 만나 보게 되었습니다' 그리고 나서 그들은 잠을 자려고 물러갔다.

아테네 체류는 즐겁고 유익했으나, 특별한 결실은 없었다. 지난 시절의 명성에 지적으로 자만심을 갖거나, 어리석고 무식했는데 아직도 명석한 지성인이 많았고, 노예들의 후손도 있었다.

⑥ 에베소에서 혼에 대한 강론

아테네를 떠나 트로아를 거쳐 아시아 지방에서 로마 수도 역할을 하는 에베소로 갔다. 그리스인 철학자가 예수가 반복해 사용하는 '혼'이라는 말이 무슨 의미로 쓰는지 물었다. 예수는 이렇게 대답하였다.

'혼'은, 사람이 자아를 비추어 반성하고, 진리를 분별하며 영을 인식하는 부분인데 이것은 동물 세계 수준보다 더 높은 수준으로 영원히 향상한다. 자아를 의식한다는 것이 그 의식하는 것이나 의식 그 자체가 혼은 아니다. **도덕적 자아의식이 진정한 인간적 자아실현이고 사람 혼의 기초를 이루고 있으며, 혼은 인간 체험의 잠재적 생존 가치를 나타내는 사람의 한 부분이다. 도덕적 선택과 영적 달성,** 하나님을 알려는 능력과 그와 같이 되고자 하는 간절한 마음이 혼의 특징이다. 사람의 혼은 도덕적 사고와 영적 활동을 떠나서는 존재할 수 없다. 침체한 혼은 죽어가는 혼이다. 그러나 사람의 혼은 마음속에 내주하고 있는 신성한 영과 뚜렷하게 다르다. **신성한 영은 인간 마음의 첫 번째 도덕적 활동과 동시에 도착하여 그때가 혼이 태어나는 계기이다.**

'혼이 구원'되거나 잃게 되는 것은, **도덕적 의식이 그와 연결된 불멸하는 영적 자질(신성한 영)과 영원한 결합(연합)을 통하여, 생존하는 지위(자격)를 달성하였는가 아닌가에 달려 있다. 구원은 도덕적 의식 자아실현(깨달음)의 영성 화(영적으로 변화)인데, 그것 때문에 생존 가치를 소유하게 된다.** 모든 형태 혼의 갈등은 도덕적이거나 영적인 자의식과 순전한 지적 자의식 사이에 조화의 부족 때문에 일어난다.

'**인간의 혼**'은 성숙하고 고상해지고 영성 화 되었을 때 물질적인 것과 영적인 것, **물질적 자아와 신성한 영** 사이에 조정 되어가며 개체로 존재하게 된다.

그렇게 하늘의 지위로 다가가는 것이다. 인간의 진화하는 혼은 말로 표현하기 어렵고, 그것을 보여주기란 더 어려운데, 그것을 물질적 연구나 영적 증명의 방법으로 발견되지 않기 때문이다. 물질적 과학은 혼의 존재를 증명할 수 없고, 순수한 영 실험도 할 수 없다. 물질적 과학과 영적 기준 둘 다 인간 혼의 실재를 발견할 수 없음에도, 도덕적 의식을 가진 모든 필사자는 자기 혼의 실존을 실재적이고 사실적인 개인 체험이라고 알고 있다.

⑦ 키프로스에서 체류- 마음에 관한 강연

여행자들은 로드에 잠시 들렀다가 키프로스 섬 바보에 도착하였다. 지중해 여행이 막바지에 이르렀으므로 휴식을 취하고 즐기는 것이 목적이었다. 가까운 산에서 몇 주간 쉬기 위하여 준비한 물건을 짐승에 싣고 떠났다. 두 주 동안 즐겁게 지냈는데, 어린 가니드가 몹시 아팠다. 예수는 소년을 능숙하고 부드럽게 돌보아 주었는데 가니드의 아버지는 예수의 자상함과 민첩함에 감명받았다.

가니드가 회복하고 있던 3주 동안 예수는 자연의 여러 변화에 대해 재미있는 이야기를 많이 해주었다. 산을 거닐면서 소년은 묻고 예수는 대답하였다. 소년의 아버지는 이 모든 일에 감탄하였다. 그 산에 머무르던 마지막 주에 인간 마음의 작용에 대하여 긴 대화를 나누었다. 몇 시간의 대화 끝에 가니드는 '선생님 사람이 고등동물보다 더 높은 형태의 자아의식을 체험한다는 말은 무슨 의미인가요?' 예수는 이렇게 대답하였다.

사람의 마음과 그 안에 거하는 신성한 영에 대하여 이미 여러 번 말해주었다. 이제 **자아의식이** 하나의 실체임을 강조한다. 어떤 동물이든 자아의식을 갖게 되면, 하나의 원시인이 된다. 그러한 달성은 비인격적 에너지와 영을 느끼는 마음 사이에 이들이 서로 협조하는 작용이 생기는 결과로 일어나며, 이러한 현상은 인간 개인성(인격체)을 위한 하나의 절대적 초점을, 하늘에 계신 아버지의 영을 내려 주게 되는 근거가 된다.

관념은 단순한 감각의 기록이 아니며, 관념은 감각에 인격 자아의 돌이켜보는 해석을 더한 것이다. **자아란** 그 사람이 느끼는 감각을 모두 합친 것보다 더 많은 것이다. 진화하는 자아 신분 안에서 하나의 통일을 이루려는 어떤 그 무엇이 있게 시작하며 그 통일은 동물에서 기원한 자아의식 마음을 영적으로 활성화하는 절대적 통일의 일부분인 내주하는 현존으로부터 도래한다.

동물에 불과한 존재들은 시간 자의식을 소유할 수 없다. 동물은 서로 연결된 감각의 인식과 그로 인한 기억을 생리적으로 조정하는 능력을 소유하고 있지만, 어떤 동물도 지능적이며, 자기를 되돌아보는 인간의 이해력의 결과로 나타나는 것처럼, 감각을 의미로 인식하는 체험이나 이렇게 서로 연합된 육체적 체험을 어떤 목적을 위하여 서로 어울리게 하지는 못한다. 이러한 자아를 의식하는 존재는, 그가 나중에 영적 체험에서 얻는 실체와 연결이 되어서, 우주의 잠재적인 아들이 되게 하고 결과적으로 그가 우주의 지고한 통일을 달성하게 됨을 예시한다.

인간의 **자아는** 단순히 의식이 연결된 상태가 합쳐진 것이 아니다. 의식 분류자와 연합 자의 효과적 작용 없이는 자아라고 확실하게 말할 수 있는 원활한 통일체가 존재할 수 없을 것이다. 통일되어 있지 않은 마음은 인간이란 위상의 의식 수준에 거의 도달할 수 없다. 의식의 연결이 그냥 우연히 일어나는 것이라면, 모든 인간의 마음은 통제가 되지 않고 제멋대로 서로 어울려서 정신적으로 미쳐 있는 어떤 상태로 나타내 보일 것이다.

오직 육체적 감각의 의식으로 형성된 인간의 **마음은** 결코 영적 단계에 이를 수가 없다. 이런 종류의 물질적 마음은 도덕적 가치에 대한 감각이 부족하며, 시간 속에서 조화로운 인격체 통일을 성취함에서 필수적이다. 영원 세계에서 생존하는 인격체로부터 분리될 수 없는, 영의 우월성이 안내하는 감각이 없게 된다.

인간의 **마음은** 일찍부터 초 물질적인 성질을 나타내기 시작한다. 참되게 자기를 비추어 보는 인간 지성은 시간의 한계에 함께 묶이지 않는다. 평생 서로가 다르게 행동하는 것은, 다양한 성질의 유전과 서로 다른 환경의 영향을 받았음을 나타내고 있다. 자아가 성취한, 그와 함께 살아가는 아버지의 영과 이룬 통합의 정도를 가리키며, 이는 자아와 영이 얼마나 서로 같은 존재가 되었는지를 재는 척도이다.

인간의 **마음은** 이중으로 충성하는 모순을 잘 견디지 못한다. 선과 악 모두를 섬기려고 애쓰는 체험은 혼에 심각한 부담을 준다. 최고로 행복하고 효과적으로 통합된 마음이란, 하늘에 계신 아버지의 뜻을 행하는 일에 전심으로 봉헌된 마음이다. 해결되지 않은 모순들은 통일을 파괴하고 마음의 분열로 끝날 것이다. 그러나 혼의 생존 되는 성격은, 어떤 값을 치르더라도 마음의 평화를 얻으려는 시도나, 고귀한 포부를 포기하거나 영적인 이상의 성취를 적당히 양보함으로서도 길러지는 것이 아니다. 오히려 그러한 평화는 참된 것의 승리를 꿋꿋하게 주장함으로써 달성되고, 이러한 승리는 선이 지닌 강한 힘으로 악을 극복함으로써 성취된다.

다음 날 그들은 살마키스를 향해 떠났고 그곳에서 시리아 해변에 있는 안디옥으로 출항하였다.

⑧ 안디옥에서

안디옥은 시리아 지방에서 로마의 수도 역할을 하는 50만 명의 인구를 가진 도시이다. 로마 제국에서 인구가 세 번째이고 이 지역 총리 공관이 있으며 사악함과 부도덕하기로는 첫 번째 도시이다. 예수는 그들과 다니기를 사양하였는데 이는 언제인가는 다시 올 가까운 도시이기 때문이다. 그들은 시돈으로 내려갔고, 거시서 다마스쿠스를 지나서 3일 후에 사막의 모래벌판을 가로지르는 긴 여행에 들어갈 준비를 하였다.

⑨ 메소포타미아에서

가니드는 선생님이 20마리의 낙타에 짐을 싣는 것에 도움을 주는 것과 자기 짐승들을 손수 이끌고 갈 것을 자원하는 것을 보고 감탄하면서, 선생님, 선생님께서 할 수 없는 것이 어떤 것이 있습니까?…. 그들은 고대의 도시인 우르로 출발하였다.

예수는 아브라함의 출생지인 우르의 초기 역사에 관심을 보였고, 수사의 옛 터전들과 전통에도 매료되었다. 고노드와 가니드는 예수가 역사를 조사하는데 더 많은 시간을 제공하고, 자신들과 인도로 함께 가도록 설득하는데 시간을 더 가지려고 3주간을 더 머물렀다.

가니드는 지식, 지혜, 진리의 차이점에 관해 이야기를 나눈 것은 우르에서였다. 그는 히브리 현인의 다음과 같은 말에 매료되었다. '지혜가 기본적이니, 지혜를 얻어라. 네가 탐구한 모든 지식으로 명철을 얻어라. 지혜를 높이면, 그가 너를 높이 들 것이다. 만일 지혜를 품기만 하면 그가 너를 영화롭게 할 것이다.'

마침내 이별의 날이 다가왔다. 그들은 모두 대담하였고 힘들고 괴로운 체험이었다. 가니드는 선생님에게 '안녕히 가십시오, 사랑합니다. 하늘에 계신 아버지는 선생님과 같으신 어떤 분이라는 생각이 듭니다. 적어도 당신께서 제게 이야기해 주신 그와 당신이 매우 닮았다는 것을 저는 알고 있습니다. 선생님의 가르침을 기억하겠습니다만, 무엇보다도 선생님은 결코 잊지 못할 것입니다.' 그의 아버지는 말하기를 '우리를 좀 더 나은 사람으로 만드시고, 하나님을 알도록 도움을 주신 위대한 선생님께 작별을 고합니다.' 그러나 예수는 대답하기를 '평화가 당신들 위에 있고 하늘에 계신 아버지의 축복이 항상 함께 있기를 바랍니다.' 이렇게 작별하고 주는 인도에서 온 그들과 작별하고 배를 타고 카락스를 떠났다. 이 세상에서 다시는 서로 만나지 못하였고, 나사렛 예수가 그 선생인 줄을 평생 알지 못하였다.

5) 과도기 시절과 카스피 지역 여행 1년

지중해 여행하는 동안, 예수는 자기가 만났던 사람들과 거쳐 갔던 나라들에 관하여 주의 깊게 연구하였으며, 땅에서 자신의 나머지 일생에 대하여 최종 결정에 도달한 것도 이 무렵 일이었다. 그는 자신이 팔레스타인에 있는 유대인 부모에게 태어났다는 사실을 참작한 계획을 충분하게 고려하였고 이제 그 계획을 최종적으로 결정하였으며, 따라서 그는 진리를 가르치는 일반 대중을 위한 선생으로서 필생의 사명 활동을 시작할 때까지 기다리기 위하여 계획적으로 갈릴리로 돌아갔으며; 그는 자기 아버지인 요셉이 소속된 민족 땅에서 공생애를 펼치기 위한 계획을 수립하기 시작하였고, 자기 자유의지로 이것을 수행하였다.

예수는, 이 세상에서 자기 일생에 대한 마치는 장을 꾸미고 마지막 장면을 상연하기에, 전체 로마 세계 중에서 팔레스타인이 최상의 장소임을, 개인적 그리고 인간적 체험을 통하여 발견했었다. 그는, 자신이 태어난 팔레스타인 유대인과 이방인 가운데서, 자신의 진정한 본성을 공개적으로 나타내고 자신의 신성한 정체성을 계시하는 계획에, 제일 먼저 충분하게 만족하게 되었다. **그는 어떤 도움도 없는 아기로서 인간 체험에 들어갔던 같은 장소에서 땅에서 자기 일생을 완결하고 필사자 실존으로서 자신의 생애를 완성하기로 분명하게 결정하였다.** 그의 유란시아(지구) 생애는 팔레스타인에 있는 유대인 가운데서 시작되었다. 그는 자신의 일생을 팔레스타인 안에서, 유대인 가운데서, 끝내기로 선택하였다.

① **30살이 되던 해 (서기 24년)**

카락스에서 고노드와 기니드를 보낸 후 (서기 23년 12월) 예수는 우르를 거쳐 바빌론으로 돌아갔다. 거기서 다마스쿠스로 가는 길에 있던 캐러밴과 합세하였다. 다마스쿠스에서 나사렛으로 가는 도중에, 잠시 가버나움에 들러 세베대의 가족을 만났다. 그때 그를 대신하여 배 만드는 목공소에 와있던 야고보와 유다(우연히 가버나움에 온)와 이야기를 나눈 후에, 요한 세베대가 자기를 대신하여 사 놓은 작은 집을 동생 야고보에게 넘겨준 다음, 나사렛으로 갔다.

지중해 여행이 끝났을 때, 예수는 공적 사역을 시작할 때까지 필요한 생활비를 충당할 만큼 충분한 돈을 받았다. 가버나움의 세베대와 여행에서 만난 사람을 제외하고는 이 여행에 대해 아무도 알지 못하였다. 그의 가족은 알렉산드리아에서 공부하며 지낸 것으로 알았다. 예수는 이런 생각을 확인도 부인도 하지 않았다.

나사렛에서 몇 주 머무는 동안 가족과 친구를 방문하거나 요셉의 수선소에서 시간을 보냈지만, 시간 대부분을 마리아와 룻에 쏟았다. 룻이 15세가 되었고 처음으로 그녀와 긴 대화를 나누었다.

시몬과 유다는 미루어 오던 결혼을 맏형 예수의 축복 속에 서기 24년 3월 초에 두 쌍이 합동결혼식으로 올렸다. 나이 든 동생들은 모두 결혼하고 이제 어린 룻과 마리아 만이 집에 남게 되었다.

예수는 가족 개인과의 만남에서는 자연스럽게 이야기를 나누었지만, 모두 함께 모여 있을 때는 거의 말이 없으므로 마리아는 이런 행동에 불안하였다.

예수가 나사렛을 떠나려고 준비하고 있을 때, 어느 캐러밴 안내자가 심하게 아프게 되어 예수가 여러 언어에 능통함으로 그의 자리를 대신 하겠다고 자원하였다. 이 여행으로 1년간 집을 비워야 했고 집에는 어머니와 룻뿐임으로 가버나움 집으로 어머니와 룻은 이사하고 요셉은 자기 가족들을 데리고 나사렛 집으로 들어왔다.

이 해는 사람의 아들이 내적 체험에서 특별한 한 해였다. 그는 인간 마음과 내주하는 조절자 사이에서 조화를 이루도록 하는 일에 큰 진전이 있었다. 이제 얼마 남지 않은 장래에 일어날 위대한 사건들을 위하여 조절자는 예수의 생각을 재조직하고 마음을 훈련하는 일에 적극적으로 관여하고 있었다. 이 시기는 중간 단계로, 사람으로 나타난 하나님으로서 삶의 시작, 하나님으로 나타난 사람으로서 이 세상에서 생애를 완성하려고 이제 준비하는 과도기 단계였다.

② 카스피 지역을 향한 캐러밴 여행

예수가 나사렛에서 카스피해로 여행을 떠난 것은 서기 24년 4월 1일이다. 예수가 지휘—안내자로 함께 했던 그 캐러밴은 예루살렘에서 다마스쿠스와 우르미아 호수를 거쳐 아수르, 메디아, 마르티아를 거쳐 남부 카스피아 해로 갔다. 이 여행은 돌아오기까지 꼬박 1년이 걸리었다.

예수에게 이 캐러밴 여행은 탐구하고 개인적 사명 활동을 할 수 있는 또 다른 모험이다. 그는 자신이 속한 캐러밴 일행, 승객, 안내원, 낙타 부리는 자들과 함께 흥미 있는 체험을 하였다. 캐러밴 길을 따라 사는 남녀 사람들은, 평범한 지휘 안내자로 보였던 예수와 접촉한 결과로, 더 좋은 여생을 누렸다.

카스피해 여행은 동방에 가장 가까웠고, 극동지방 사람을 좀 더 이해할 수 있게 하였다. 적색 인종을 제외하고 이 세상의 모든 종족과 친밀하고 개인적인 접촉을 했다. 그들 모두는 예수가 자기들에게 가져다준 살아있는 진리를 잘 받아들였다. 극서 지방에서 온 유럽인이나 극동지방에서 온 아시아인들은, 희망과 영원한 생명을 전하는 그의 말에 주의를 기울였고 똑같이 영향을 받았다.

캐러밴 여행은 모든 면에서 성공적이었다. 예수는 우르미아 호수에서 캐러밴 지도자의 자리를 사직하고 2주가 약간 넘는 기간 동안 그곳에 머물렀다. 그는 나중에 다마스쿠스로 가는 캐러밴 대열에 승객으로 합세하여 가다가 가버나움으로 가는 캐러밴과 함께 여행하여 서기 25년 4월 1일 가버나움에 도착하였다. 그는 더 이상 나사렛을 자기 고향으로 여기지 않았다. 가버나움이 예수와 야고보, 마리아와 룻의 고향이 되었다. 그러나 예수는 자기 가족과 함께 살지 않았다. 가버나움에 있을 때는 세베대의 집을 자기 집으로 삼았다.

③ 우르미아에서의 강연 (24번의 강연과 12번의 토론)

예수는 카스피해에서 돌아오는 길에 휴식을 취하기 위하여 오래된 페르시아 도시 우르미아에서 며칠을 머물렀다. 우르미아 해변 가까운 곳에 큰 섬이 있는데 거기에는 강의를 할 수 있는 큰 원형 극장이 있다. 이 건물은 '종교의 정신'을 가르치기 위하여 심보이톤 이라는 부유한 상인과 세 아들에 의하여 세워졌다. 이 종교학교의 강의와 토론은 주중 매일 10시에 시작하고, 오후 수업은 3시, 저녁 토론은 10시에 열렸다. 사회는 언제나 심보이톤이나 세 아들 중에 한 사람이 맡았다. 이렇게 종교 철학을 가르치는 학교를 설립한 사람은 자기의 종교 신념을 나타내지 않은 채 세상을 떠났다.

예수는 여러 차례 이 토론에 참여하였으며, 그가 떠나기 전에 심보이톤은 예수와 의논하여 돌아오는 길에는 2주간 머물면서 '사람의 형제 신분'이라는 주제로 24회 강의를 하고 저녁에는 그 강의에 '일반적인 사람의 형제 신분'에 대하여 질문과 토론을 하는 12번의 수업을 하도록 합의하였다.

이 강의는 주님의 모든 교훈 중에 가장 체계적이고 형식을 갖춘 것이었다. 그가 그렇게 많은 이야기를 한 것은 전무후무한 일이었다. 이 강의는 실제로 **'하나님의 나라와 사**

람의 나라'에 관한 것이었다.

30개가 넘는 종교와 예배 종파가 이 종교 철학의 사원에서 교수진을 구성하고 있었다. 각 종교 집단이 대표 선생을 선택하고 지원하고 인가하였다. 이 무렵에는 75명의 선생이 교수진으로 활동하였다.

이 여러 종교의 선생은 이 생애와 다음 생애에 대한 근본적인 사항에서 각자의 종교가 서로 어떤 유사점이 있는지 찾기 위하여 큰 노력을 하였다.

이 교수진에 들어오기 위해서는 한 가지 원칙만 적용하는데 하나님을 인정하는 종교를 대리하여야 한다. 교수진 가운데는 어떤 조직화한 종교도 대표하지 않는 독립된 다섯 명의 선생이 있는데, 예수는 그런 독립된 선생 자격으로 그들 앞에 서게 되었다.

예수가 살던 시대와 20세기의 종교적 정치적 상황이 다르므로 **하늘의 계시 위원회**에서는 예수의 발표를 현재의 세상에 적합하도록 조정하였다.

④ 주권- 신성한 것과 인간적인 것

사람의 형제 신분은 하나님의 아버지 신분에 기초를 둔다. 하나님의 가족은 하나님의 사랑으로부터 기인한다. 하나님은 사랑 이시다. 아버지 하나님은 그의 자녀 모두를 신성하게 사랑하신다.

하늘나라, 신성한 정부는 신성한 주권(통치권)을 가진 사실에 기초를 둔다. 하나님은 영이시다. 하나님이 영이시기 때문에 이 하늘나라는 영적이다. 하늘나라는 물질적이지 않을 뿐 아니라, 단순히 지적인 것도 아니다. 하늘나라는 하나님과 사람 사이의 영적 관계이다.

만약 다른 종교들이 아버지 하나님의 영적 주권을 인정한다면, 그러한 모든 종교는 서로 평화롭게 지낼 것이다. 하나의 종교가, 어떤 면에서 자신이 다른 모든 종교보다 우월하다고 한다면, 그것이 다른 종교보다 독점적 권한을 갖게 된다면, 그러한 종교가 다른 종교들을 용납하지 않게 되거나 다른 종교 신자를 겁 없이 박해하게 될 것이다.

종교적 평화, 형제 관계는 모든 종교가, 교단의 모든 권한을 자진해서 완벽하게 버리고, 영적 주권에 대한 모든 개념을 포기하지 않는 한, 결코 존재할 수 없다. 하나님 한 분만이 영적 통치자이시다.

모든 종교가 모든 종교적 주권을 초 인간적인 하나님 자신에게 맡기기로 동의하지 않는다면, 종교적 전쟁 없이 종교들 사이에 평등(종교적 자유)을 유지할 수 없다.

사람들의 마음속에 있는 하늘나라가 종교적 화합을(반드시 획일적일 필요는 없지만) 창조하게 될 것인데, 왜냐하면 그러한 종교적 신자들로 구성된 모든 종교는 성직의 권한, 종교적 주권에 대한 모든 개념에서 해방될 것이기 때문이다.

하나님은 영이시며, 하나님은 자신의 영 그 자체의 한 단편(분신)을 사람의 마음속에 거하게 하신다. 영적으로 볼 때 모든 사람은 평등하다. 하늘나라는 신분이나 특권 계급이나 사회 차원이나 경제 집단에서 벗어난다. 너희는 모두 형제이다.

그러나 너희가 하나님 아버지의 영적 통치권(주권)을 잃어버리는 순간, 어떤 하나의 종교가 다른 종교에 대해서 우월성을 주장하기 시작할 것이다. 그렇게 되면 이 세상에서 평화가 이루어지고 사람들 사이에서 선한 뜻이 이루어지는 대신, 종교인들 사이에서 불화와 비난이 시작될 것이고 심지어는 전쟁이 시작될 것이다.

자신을 스스로 동등하다고 주장하는 자유의지를 가진 존재는, 어떤 초월적 주권, 즉 자신보다 위에 더 높은 권위에 자신들이 종속됨을 서로 인정하지 않는 한, 조만간에 다른 사람과 집단을 지배하기 위한 힘과 권한을 갖기 위하여 자신의 힘을 시험해 보고 싶은 유혹을 받게 된다. 평등의 개념은 초월 주권의 어떤 전면 통제 영향력을 서로 인정하지 않고 서는, 결코 평화를 가져오지 않는다.

우르미아 종교인은 종교적 주권에 대한 자신의 모든 신념을 전부 버렸기 때문에, 비교적 평화스럽고 고요하게 함께 살았다. 영적으로는 그들 모두가 유일한 주권자이신 하나님을 믿었다. 사회적으로는, 충만하고 도전할 수 없는 권위를 그들의 최고 사회자 심보이톤에게 맡겼다. 그들은 모두, 동료 선생들 위에 군림하려는 자는 누구든 어떤 조치가 취해지는지 잘 알고 있었다. 하늘이 내린 편애와 선택된 백성 그리고 종교적 주권에 대한 자신들의 신념을, 모든 종교적 집단이 자유의지로 포기하기 전에는, 영구한 종교적 평화를 이 세상에 기대할 수 없다. 오직 아버지 하나님의 뜻이 최고가 될 때만, 사람들은 종교적 형제들이 되고 이 세상에서 종교적 평화 속에 함께 살게 될 것이다.

⑤ 정치적 주권

하나님이 **주권**(통치권)을 가졌다는 주의 가르침은 진리이지만, 그 후에 세상 종교 가운데 그에 관한 종교로 인해 복잡하게 되었다. 정치적 통치권에 관한 그은 말씀은 1,900여 년 동안 정치적 진화 때문에 대단히 복잡해졌다. 예수 시절에는 두 개의 강국, 서양에 로마 제국 동양에는 한 제국이 있었다. 이 두 제국은 파트리아 왕국과 카스피 그리고 투르키스탄 지역의 땅이 사이에 멀리 분리되어 있었다. 따라서 우르미아에서 가르친 내용과는 벗어나게 되며, 그러한 가르침이 20세기에서 정치적 주권의 진화가 특별히 결정적 단계에서도 적용될 수 있도록 가르침의 취지를 서술해 보려고 한다.

국가들이 제한 없는 국가 주권에 대한 환상적인 생각에 집착하는 한 전쟁은 끝나지 않을 것이다. 거주하는 세계에는 단지 두 가지 차원의 상대적 주권만이 있다. 필사자 개인의 영적 자유의지와 인류 전체의 집단적 주권이 다 개별 인간 수준과 인류 전체 수준 사이에는, 어떤 집합과 연합도 상대적 일시적이며. 개인과 행성의 전체 합계- 사람과 온 인류- 의 행복, 복지, 진보의 질을 높이는 한 가치가 있다.

종교 선생은, 하나님의 영적 주권이, 중간에 있는 모든 영적 충성 행위보다 더 우선한다는 것을 항상 기억해야 한다. 시민 정부의 통치자들은, 사람의 왕국을 통치하는 지도자를 언제인가는 알게 될 것이다.

사람의 나라에서 다스리는 지도자의 통치는, 특별하게 혜택을 받는 어떤 집단을 위한 것이 아니다. **'선택받은 민족'이라는 것은 존재하지 않는다.** 지고 자(하나님)의 통치, 곧 정치적 진화를 전반적으로 통제하는 자의 지배는 모든 사람 가운데, 가장 긴 세월 동안, 최상의 유익을 주도록 설계된 하나의 법칙이다.

주권은 힘이며 그것은 조직에 의해 자라난다. 이러한 정치권력 조직의 성장은 유익하고 바람직한데, 그것은 인류 전체의 가장 넓은 부분들을 포용하는 경향이 있기 때문이다. 그러나 정치적 조직의 이와 같은 성장은, 정치적 힘이, 처음 자연적으로 형성된 조직인 -가족- 그리고 정치적 성장의 마지막 성취인 - 모든 인류의 정부 사이에는, 모든 인류에 의하여 모든 인류를 위하여, 모든 넘어가는 중간 단계마다 문제가 발생한다.

정치 주권은 가족 집단 속에 있는 부모의 힘으로부터 출발하여, 정치적 주권은 진보를 이루어 가족들 간의 혈연관계인 씨족으로 뭉쳐지고, 그것들은 다시 여러 가지의 이유로 인하여 부족 단위들 – 혈연관계를 초월한 정치적 집단들로 연합된다. 그다음, 무역 상업 정복 때문에, 부족들은 합쳐져서 국가가 되고, 또한 가끔 국가들이 합쳐져서 제국으로 통합되기도 한다.

주권이 소규모에서 대규모 집단으로 넘어가면서 전쟁은 점점 줄어든다고 즉 작은 나라 간 국지전이 줄어든다. 주권을 행사하는 나라가 커질수록 더 큰 전쟁 가능성이 증가한다. 곧 모든 세상이 개척되고 점령되면, 국가의 숫자가 적어지고, 단지 바다만이 그들을 나눠 놓게 되면, 그때 세계적 전쟁이 일어날 무대가 준비될 것이다. 소위 주권을 가진 국가들은, 결국에는 전쟁하지 않고서는, 서로 사귈 수 없다.

정치적 주권이, 가족에서 전체 인류로 진화하는 데 어려움은, 중간 단계에서 관성과 저항이 있다. 가족의 경우는 씨족에게 반항하였고, 씨족과 부족들은 지역 국가의 주권을 종종 타도해 왔다. 정치 조직에서 이전에 개발된 '발판이 되는 단계들'에 의해 난처할 지경에 처하고 방해받는다. (항상 그래왔다) 이것이 사실인 이유는 **인간의 충성심은 한번 발동이 걸리면 바꾸기가 어렵기 때문이다.** 부족의 진화를 가능하게 만드는 바로 그 충성심이, 종족을 초월한 지역 국가의 진화를 어렵게 한다. 그리고 지역 국가를 진화할 수 있게 하였던 같은 그 충성심(애국심)이 전체 인류, 정부의 진화적 발전을 매우 복잡하게 만든다.

정치적 주권은 먼저 가족 안에서 개인이, 그다음은 가족과 씨족들이 부족과 그리고 더 큰 집단과의 관계에, 자기 결정권의 양도에서 생긴다. 자기 결정이 소규모에서 좀 더 큰 정치집단으로 옮겨간 이런 진보적 양도가 동방에서는 명 왕조와 몽골 왕조가 설립된 후 대체로 줄어들지 않고 진행되었다. 서방 세계에서는 세계대전 말까지 1,000년이 넘는 기간에 그것이 진행되었는데 그 후에 유럽의 수많은 작은 집단들이 침몰 되었던 정치적 주권을 재정립 함으로써 정상적인 이 경향이 불행스러운 역행 운동으로 말미암아 일시적으로 거꾸로 되었다.

이른바 주권(통치권) 국가라는 나라가 그의 주권을 인간 형제의 손안으로, 즉, 인류의 정부에게로 현명하게 완전히 넘기지 않는다면, 영구적으로 평화를 누릴 수 없을 것이다. 국제주의 국제연맹은 결코 영원한 평화를 가져올 수 없다. 국가들의 세계적 연합은 소규모 전쟁을 효과적으로 방지하고 작은 나라들을 통제하게 되겠지만, 세계 전쟁을 막을 수 없을 뿐만 아니라, 3개 4개 또는 5개의 초강대국을 통제할 수 없을 것이다. 실제적 갈등에 직면하게 되면, 이 세계적 강대국 중 하나가 연방에서 탈퇴해서 전쟁을 선포할 것이다. 그들은 국가 주권이라는 망상적 병균에 감염된 채 남아있는 한, 너희는 전쟁으로 치닫는 나라들을 막을 수 없다. 국제주의는 올바른 방향으로 가는 한 단계이다. 국제 경찰의 힘은 많은 작은 전쟁을 예방하게 되겠지만, 이 세상에서 막강한 군사력을 가진 정부 사이의 갈등인 큰 전쟁을 막기에는 효력이 없다.

진정한 주권을 가진 강대국의 숫자가 줄어감에 따라, 인류 전체의 정부에 대한 기회와 필요성이 증가한다. 단지 소수의 강대국만이 실제로 주권을 행사할 때, 그들은 국가(제국)의 우월성을 위해 사생결단의 투쟁을 선포해야만 하던가, 주권의 어떤 특권들을 자발적으로 양도함으로써, 온 인류의 진정한 주권의 시작으로 작용하게 될, 초 국가적 능력의 본질적인 토대를 창립해야 한다.

이른바 주권 국가라는 모든 국가가 전쟁을 수행하는 권한을 온 인류의 대표 정부에게 양보할 때까지, 평화는 유라시아(지구)에 오지 않을 것이다. 정치적 주권은 세상의 민족들이 생길 때부터 지니고 있어야 한다. 유란시아의 모든 민족이 하나의 세계정부를 창립했을 때 그 정부가 주권자가 되도록 만드는 권리가 능력을 갖추고 있다. 그러한 대표적 또는 민주적 세계 권력이 이 세상의 육, 해 공군의 군사력을 통제할 때 이 세상에 평화가 이루어지고 사람 사이에는 친선이 도모될 것이다. 그러나 그전에는 아니다.

19세기와 20세기의 중요한 예를 하나 든다면, 48개 주로 구성된 아메리카 연방은 오랫동안 평화를 누리고 있다. 그들은 자기네끼리 전쟁은 더 이상 하지 않는다. 그들은 자신의 주권을 연방정부에 양도했으며, 전쟁에 대한 중재를 통하여 자기 결정권이라는 망상을 모두 포기하였다. 각 주 정부는 자체적인 내부의 관련사들을 규제하는 반면, 외국과의 관계, 세관, 이민, 군사 문제, 주 정부 간의 통상 등에는 관여하지 않는다. 연방정부의 주권이 어떤 문제로든지 위태롭게 되었을 때만 48개 주는 전쟁으로 인한 참화를 겪게 된다.

이 48개 주는 **주권과 자결권이라는 두 개의 억지 주장을 포기했기 때문에, 평화와 평온을 누린다.** 이처럼 유란시아 국가들이 각자의 주권을 '인간이 서로 형제라는 정신의 주권에' 지구 전체를 책임지는 정부의 손에 기꺼이 넘기게 될 때, 평화를 누리게 될 것이다. 이러한 세계국가 안에서는 작은 나라들도 큰 나라만큼 힘을 갖게 되는데, 마치 작은 로드아일랜드 주가 인구가 많은 뉴욕주나, 가장 큰 텍사스주와 마찬가지로 미국 국회에 두 명의 상원 의원을 보내는 것과 같다.

이러한 48개 주는 한정된 주권을 사람에 의해 사람을 위하여 만들어졌다. 아메리카 연방이라는 주를 초월하는 주권은 이들 주 가운데 처음 시작하였던 13개 주에 의해, 자체 이익을 위하여 주민의 이익을 위하여 만들어졌다. 언제인가는 여러 나라에 의해, 자신의 이익을 위해, **모든 사람의 이익을 위해, 초국가적 주권을 갖는 인류의 행성 정부가 비슷하게 세워질 것이다.**

시민은 정부의 이익을 위하여 태어난 것이 아니며, 정부는 사람의 이익을 위하여 고안된 조직이다. **모든 사람이 주권을 갖는 정부가 나타날 때까지,** 정치적 주권의 진화에 끝이 있을 수 없다. 모든 다른 주권은 가치에서 상대적이고 의미에서 중간적이며 지위에서 종속적이다.

과학의 발달과 함께, 전쟁은 갈수록 세상을 더 황폐화하면서 종족이 거의 자살 하는 경지에 이르게 하고 있다. 얼마나 많은 전쟁을 치러야 하고, 얼마나 많은 국가 동맹이 실패해야만 인간이 **인류의 정부**를 기꺼이 세울 것이며, 항구적인 평화의 축복을 누리기 시작하면서 인간 사이에서 세계적인 친선에 의해 평온함이 번창할 수 있을까?

⑥ 법, 자유, 주권

만약 한 사람이 **자유**, 해방을 열망한다면, 다른 사람도 역시 똑같은 자유를 열망하고 있다는 사실을 기억해야 한다. 자유를 사랑하는 집단은 각 사람에게 같은 정도의 자유를 주고, 동시에 모든 동료 인간에게 똑같은 정도의 자유를 보장해 주는 법, 규칙, 규정을 지키지 않고서는 평화롭게 함께 살 수 없다. 만약 한 사람이 절대적으로 자유로워지려면, 다른 사람은 절대적인 노예가 되어야만 한다. 자유는 사회, 경제, 정치 측면에서 상대적 성질을 가진 것이 참말이다. **자유는 법을 집행함으로써 성취할 수 있는 문명의 선물이다.**

종교는 사람들이 형제애를 실현하는 것을 영적으로 가능하게 만들어 주지만, 인간의 행복이나 효율성에 관계되는 사회적, 경제적, 정치적인 문제를 규제하기 위해서는 인류 전체의 정부를 요구한다.

세계의 정치 주권이 나뉘어 있고, 한 집단의 국가, 주 정부에 장악되는 한 전쟁과 전쟁에 대한 소문, 국가 간에 반목이 없어지지 않을 것이다. 잉글랜드, 웨일즈는 각자의 주권을 영국 연방에서 위임하기 전까지는 항상 서로 싸워 왔다.

또 다른 세계 전쟁을 체험함으로써, 소위 주권 국가들이 어떤 종류의 연방정부를 구성하는 것을 배우게 될 것이며, 그렇게 해서 작은 전쟁, 약소국 사이에 전쟁을 예방하는 기구를 만들게 될 것이다. 다른 아무것으로도 막을 수 없다

미국의 독립된 48개 주는 평화를 유지하며 함께 살고 있다. 이 48개 주의 시민 중에는, 항상 전쟁에 시달리는 유럽 국가들에 살고 있는 다양한 종류의 국적과 인종도 섞여 있다. 이 미국인은 전 세계의 모든 종교와 종교적 종파를 대표하고 있으며 그런데도 이 북아메리카 지역에서 평화롭게 함께 살아간다. 이 48개 주가 자신의 주권을 포기했고, 자체적 결정권을 갖는 권리에 대한 모든 의견을 버렸기 때문에 가능하게 되었다.

그것은 무장과 비무장의 문제가 아니다. 징집인가 지원병인가 하는 것도, 세계 평화를 유지하는 문제에 속한 것도 아니다. 만약에 강대국으로부터 모든 무기와 폭탄을 다 빼앗는다고 하더라도 그들이 국가적 주권이라는 신성한 권리에 대한 망상에 빠져 있는 한, 주먹과 돌과 방망이를 갖고라도 싸울 것이다.

전쟁은 사람의 가장 크고 끔찍한 질병이 아니며, 전쟁은 증상, 즉 결과이다. **진짜 질병은 국가적 주권이라는 병균이다.**

유란시아 국가들은 진정한 주권을 소유한 적이 없다. 그들은 세계 전쟁의 참상과 황폐함으로부터 보호해 주는 주권을 한 반도 가져본 적이 없다. 인류를 위한 세계적 정부를 탄생시키는 것은, 국가들을 참다운, 진정한 언제까지나 지속하는 세계적 주권을 실제로 만드는 것인 만큼, 그들의 주권은 포기하지 않는 것이며, 그 순간부터 이 주권은 모든 전쟁으로부터 그들을 온전히 보호할 수 있게 된다. 지역적인 일은 지역 정부가 취급할 것이다. 국가적인 일은 국가 정부가, 국제적인 일은 세계정부가 다스릴 것이다.

세계 평화는 조약, 외교, 외교정책, 연맹, 힘의 균형, 혹은 민주주의적 주권으로 속임수를 쓰는 어떤 다른 유형의 미봉책으로 유지될 수 없다. **세계에 통용되는 법이 만들어져야 하고 모든 인류의 주권자인 세계정부에 의해 집행되어야 한다.**

개인은 세계정부 아래서 훨씬 더 많은 자유를 누리게 될 것이다. 오늘날 강대국 시민은 거의 강제적으로 세금을 내고, 규제당하고 통제받고 있으며 이런 개인 자유에 대한 대부분의 간섭은, 국가 정부들이 국제적 문제들에 관해 자신의 주권을 범세계 정부에게 기꺼이 맡길 때 사라질 것이다.

국가 집단들은 범세계 정부 아래서 순수한 민주주의의 개인적 자유를 깨닫고 즐길 진정한 기회를 얻게 될 것이다. **자결권**이라는 잘못된 생각은 사라질 것이다. 돈과 무역에 대한 범세계적 규칙에 따라 세계적 평화의 새로운 시대가 도래할 것이다. **곧 범세계적 언어가 생길 것이며, 언제인가는 범세계적 종교, 혹은 범세계적 견해를 지닌 종교를 갖게 된다는 희망이 어느 정도 생길 것이다.**

집단의 안전은 그 집합체가 전체 인류를 포함하기 전까지는 결코 평화를 잘 제공하지 못할 것이다.

인류를 대표하는 정부의 정치적 주권은 지구에 영원한 평화를 가져올 것이다. 사람의 영적 형제 신분은 모든 사람 가운데 친선을 영원히 보장할 것이다. 이 세상에 평화와 사람 가운데 친선을 이룰 수 있는 다른 방법은 아무것도 없다.

심보이톤이 이 세상을 떠난 후 그의 아들들은 평화로운 교수진을 유지하는 데 어려움이 있었다. 예수의 가르침은 우르미아 교수진에 합류한 후대의 그리스도교 교사들이 좀 더 지혜롭고 관대하였다면 훨씬 영향이 컸을 것이다.

심보이톤 아들들이 필라델피아에 있는(요단강 동쪽) **아브너** (침례 요한 수 제자로, 사도와 함께 예수에게 교육받고 일함, 요단강 동쪽에서는 베드로 바울 버금가는 지도자)에게 요청했지만 아브너가 보낸 선생들은 완고하고 양보하지 않았다. 이 선생들은 자신들의 종교가 다른 신앙을 지배하려고 애썼다. 그들은 캐러밴 안내자가 가르친 강의가, 예수가 직접 가르친 것이라고 결코 생각하지 못하였다. 교수들 사이에 혼란이 커지자, 그들은 경제적 지원을 끊었다. 5년 후 학교 문을 닫게 되었고 나중에 미트라교 사원으로 다시 문을 열었으나 결국에는 주신(酒神) 축제 중 불타 버렸다.

⑦ **31살이 되던 해** (서기 25년)

예수가 카스피해로 떠났던 여행에서 돌아왔을 때 그는 세계여행이 거의 끝났음을 알았다.

그는 한 번 더 팔레스타인 밖 시리아로 여행하였다. 가버나움을 잠시 방문한 후 나사렛에서 며칠 머물렀다. 4월 중순에 나사렛을 떠나 두로를 향했다. 그곳에서 북쪽으로 여행해 시돈에서 며칠 머물렀지만, 그의 목적지는 안디옥이었다.

이 해에 예수는 팔레스타인과 시리아를 두루 다녔다. 이 여행 기간에 여러 지역에서 다양한 이름으로 알려졌는데, 나사렛 목수, 가버나움 배 건조인, 다마스쿠스 서기관, 알렉산드리아 교사 등이 그것이다.

사람의 아들은 안디옥에서 두 달을 살면서, 일, 관찰, 공부, 방문, 봉사 활동을 하였다. 그동안 내내 사람이 살아가는 방법과 인간 실존이라는 환경에 어떻게 생각하고 느끼고 반응하는지를 배웠다. 이 기간 3주 동안은 천막 만드는 자로 일하였다. 10년 후 사도 바울이 거기서 설교하고 추종자들로부터 다마스쿠스 서기관의 교리에 대해 들었을 때, 주님 자신의 음성을 직접 듣고 가르침을 받았다는 사실을 전혀 알지 못하여.

예수는 안디옥에서 가이사랴를 향해 해변을 따라 남쪽으로 여행하였고 그곳에서 몇 주 지내다가 해변을 따라 욥바로 내려갔다. 그는 욥바에서 얌니아, 애시돗, 가자를 향해 내륙 쪽으로 여행하였다. 그는 가자에서 내륙 도로를 택해 브엘세바로 갔고 그곳에서 한 주간 머물렀다.

그리고 사적으로 혼자 한 것으로는 마지막이 되는 여행을 출발하였는데, 팔레스타인 중심부를 통과해, 남쪽에 있는 부엘세바에서 북쪽의 단까지 갔다. 그는 북쪽으로 여행 중에 헤브론과 베들레헴(출생지), 예루살렘(베다니는 방문하지 않았다), 베롯, 레보나, 싸이카, 세겜, 사마리아, 게바, 엔-가님, 엔도르, 마돈을 들렸고 막달라와 가버나움을 지나 북쪽으로 여행하였으며, 메롬의 우물 동쪽을 지나면서 카라타를 지나 단, 곧 가이사랴 빌립보로 갔다.

내주하는 생각 조절자(하나님의 분신)는 이제 사람이 사는 곳을 떠나 헤르몬산으로 가도록 예수를 인도 하였고, 그곳에서 자기 인간 마음을 충만히 이해하는 일을 완결하였으며, 땅에서 나머지 자신의 사명에 온 전력을 효과 있게 하는 작업을 완성할 수 있었다.

이 체험은 주님의 지상 생애에 이례적이고 특별한 기간이었다. 또 다른 비슷한 기간은 세례받고 난 바로 뒤에 펠라 가까운 산에서 혼자 있을 때 거친 체험이었다. 헤르몬

산에서의 이 고립 기간은, 순수한 **인간 생애의 종료**, 필사자 증여의 엄밀한 법 해석상의 종료를 표시하는 것이었으며, 반면에 나중에 있었던 고립 기간은 증여에서 더욱 **신성한 위상의 시작**을 표시하는 것이었다. 예수는 헤르몬 산기슭에서 6주 동안을 혼자 하나님과 함께 지냈다.

⑧ 헤르몬산에서 체류

예수는 가이사랴 빌립보 근처에서 얼마 동안 지낸 후, 생필품을 짐승 위에 싣고 티그라스라는 소년을 데리고 다마스쿠스 길을 따라 산기슭에 있는 베이트젠 이라고 알려진 마을로 갔다. 서기 25년 8월 중순쯤 여기를 거점으로 정하고 물자를 티그라스에게 맡기고, 인적이 드문 산기슭으로 올라갔다. 첫째 날 티그라스는 해발 약 1,800m 되는 지점까지 예수와 동행하였고, 그곳에 돌로 저장고를 지었는데, 티그라스는 매주 두 번씩 그곳에 음식을 갖다 놓기로 하였다.

예수는 첫째 날 티그라스를 돌려보낸 후 조금 더 올라가 기도하기 위하여 멈추었다. 먼저 아버지께 '티그라스와 함께 있을' 보호자 세라핌(천사)을 보내달라고 기도하였다. 그는 인간 존재로 있는 그 현실 실체들과 마지막 투쟁까지 혼자 진행하도록 허락해 주기를 요청하였다. 이 요청은 수락되었다. 예수는 단지 그를 인도하고 유지하는 조절자와 함께 이 엄청난 시험에 들어갔다.

예수는 산에 있는 동안 음식을 간소하게 먹었고, 한꺼번에 하루나 이틀 정도만 금식하였다. 이 산에서 대면하였던 존재, 영적으로 씨름하였던 존재, 그리고 힘으로 물리쳤던 초인간적 존재들은 실제였다. 그들은 사타니아 체계 안에 있는 그의 적들이었다. 그들은 착란에서 오는 환상이나 허약함에서 오는 상상의 유령이 아니다.

예수는 8월의 마지막 3주와 9월의 첫 3주를 헤르몬산에서 지냈다. 이 기간에 마음을 이해하고 인격을 통제하는 여러 수준에 도달하는 과제를 완료하였다. 하늘에 계신 아버지와 교제를 갖는 이 기간에 내주하는 조절자도 자신에게 맡겨진 소임을 완료하였다. 다만 마음과 조절자의 조화를 이루는 마지막 단계만이 남았다.

5주가 넘도록 하늘 아버지와 중단 없는 밀접한 교제를 나눈 후에, 예수는 자신의 본성에 대하여 그리고 시공간에서 인격이 표현되는 물질 수준을 확실히 뛰어넘었다는 것을 절대적으로 확신하게 되었다. 자신의 신성한 본성이 인간 본성의 상위에서 지배한다는 것을 충만하게 믿게 되었고 주저함이 없이 그것을 주장하였다.

산에서 체류 기간이 끝나갈 무렵, 예수는 하나님에게 요셉의 아들 여호수아라는 사람의 아들로서 사타니아에 있는 자기 적들과 회의를 가질 수 있도록 허락해 달라고 요구하였다. 이 요구는 받아들여졌다. 헤르몬산에서 마지막 주간에, 엄청난 유혹, 우주적 시험이 발생하였다. 사탄(루시퍼를 대리하는)과 반역적인 행성 영주(지구의) 칼리가스티아가 예수 앞에 나왔고 그가 충분히 볼 수 있도록 모습을 드러냈다. 그리고 이 '유혹' 반역적인 인격체들의 잘못된 대표 권한 앞에서 인간의 충성심에 대한 이 마지막 시험은 음식이나 사원의 꼭대기 또는 무엄한 행위들과는 상관이 없다. 그것은 세상의 왕국과 관계되는 것이 아니다. 막강(위력)하고 영광스러운 우주의 주권과 관계된 것이다. 너희들에게 기록되어 전해진 그 상징은, 유치하게 생각하는 진부한 시대의 세상 사람들을 위하여 의도적으로 만들어진 것이다. 앞으로의 세대는 마땅히 사람의 아들이 헤르몬산에서 그러한 사건이 벌어졌던 날 얼마나 위대한 투쟁을 치렀는지를 이해해야 한다.

루시퍼의 사자들이 제한한 많은 제안과 반대 제안들에 대하여, 예수는 단지 이렇게 대답하였다. '나의 하늘 아버지 뜻이 이루어지기를 바라며, 반역을 일으키는 나의 아들인 너(루시퍼)에게는 옛적으로 늘 계신이의 성스러운 판결이 있기를 바란다. 나(예수)는 너의 창조자 아버지이다. 나는 너를 도저히 공정하게 판가름할 수 없고, 너는 이미 나의 자비를 거절하였다. 나는 너를 더 높은 우주 재판관들의 판결에 맡기기로 하였다.'

루시퍼가 제안한 모든 절충안과 미봉책들에 대하여, 육신 화가 된 증여에 대한 그럴듯한 모든 제안에 대하여, 예수는 오직, '하늘에 계신 내 아버지의 뜻이 이루어진다.'라고 대답할 뿐이었다. 시험적인 괴로운 체험이 완결되자, 떠나갔던 수호 세라핌 천사가 예수의 곁으로 돌아와서 그를 섬겼다.

늦은 여름 어느 날 오후, 나무들로 둘러싸인 자연의 정적 속에서, 네바돈의 미가엘(예수)은 자기 우주의 절대적 주권을 성취하였다. 시간과 공간의 진화하는 세상에서 창조자 아들들이 필사자 육신과 같은 모습으로 육신 화한 일생을 살아가야 하는 임무를, 그는 바로 그날에 완성하였다. 이 감격스러운 성취에 대한 우주의 발표는 그로부터 몇 달 후에 있었던 그의 세례 날까지 미루어졌지만, 그 모든 것은 산에서 그날 실제로 이루어졌다. 예수가 헤르몬산에서 내려왔을 때 사타니아에서 루시퍼의 반란과 유란시아에서 칼리가스티아의 탈퇴는 실질적으로 해결되었다. 예수는 자신의 우주 주권을 갖기 위하여 그에게 요구된 마지막 값을 이미 냈으며 그것은 그 자체적으로 모든 반역 상태를 규제하고, 그러한 모든 미래의 격변들이 (그런 것들이 발생한다면) 즉석에서 효과적으로 다루어지도록 정해졌다. 따라서 소위 예수의 '큰 시험'이라고 불리는 것은, 그의 세례 직후의 사건이 아니라 세례 이전에 일어났음을 알 수 있다.

산에서 체류를 끝내고 하산할 때 음식을 가지고 만나던 장소로 올라오던 티그라스를 만났다. 소년에게 당나귀를 주고 작별하였다. 예수는 많이 변화된 사람이었다. 왔던 길로 가버나움을 향해 남쪽으로 갔다.

⑨ 기다림의 시간

이제 여름 끝자락이 가까웠고, 속죄의 날과 장막절도 가까웠다. 예수는 안식일에 가버나움에서 가족회의를 가진 후, 세베대 요한과 함께 예루살렘으로 떠났다. 그들은 호수 동쪽 거라사를 지나 요단 계속으로 내려갔다. 가는 동안 예수에게 큰 변화가 있음을 알아차렸다.

예수와 요한은 베다니에서 그날 밤을 나사로와 그의 자매들과 함께 지낸 후 다음 날 일찍 예루살렘으로 갔다. 그들은 3주 동안 도성 안과 근처에서 보냈는데, 요한은 여러 날 혼자 예루살렘에 들어갔고, 예수는 언덕을 거닐거나 하늘에 계신 아버지와 영적교제를 여러 차례 가지면서 지냈다.

그들은 속죄의 날 예배에 참석하였고, 요한은 이 예배에 깊은 감명을 받았지만, 예수는 생각에 잠긴 채 조용한 구경꾼으로 남았다. 사람의 아들에게는 이러한 일들이 가엽고 애처롭게 보였다. 그는 그 모든 것들이 하늘에 계신 아버지의 성품과 속성을 잘못 나타내고 있음을 알았다. 이날의 모든 행위는 신성한 공의의 사실들과 무한한 자비의 진리들을 잘못된 표현으로 보았다. 그는 아버지의 사랑 넘치는 성품과 우주에서 그분의 자비로우신 운영에 대한 진정한 진리를 선포하고 싶은 열정에 타올랐지만, 신실한 감시자가 그에게 아직 때가 이르지 않았음을 경고하였다. 그러나 그날 밤 베다니에서 예수는 수많은 논평을 하였고 그것은 요한의 마음을 뒤흔들었다. 요한은 그날 저녁 예수가 한 말의 중요성을 온전히 이해하지 못하였다.

장막절(초막절)은 팔레스타인 전체의 연중 공휴일이며 유대인의 휴가철이다. 예수는 노소를 막론하고 자유분방하게 즐기는 것을 보고 같이 즐거워하였다.

축제 중간에 예수는 하늘 아버지와 좀 더 긴밀한 영적 관계를 맺기 위하여 언덕으로 가면서 요한에게는 따라오지 못하게 하고, '너는 사람의 아들 짐을 같이 져야 할 필요가 없으며, 단지 파수꾼만이 도시가 평화 속에 잠들어 있는 동안 불침번을 서야 한다.'라고 말했다. 예수는 예루살렘에 돌아가지 않고, 베다니 근처 언덕에서 한 주간을 홀로 지낸 후 가버나움으로 갔다. 집으로 돌아가는 길에 길보아 산기슭에서 하룻밤과 낮을 혼자 지냈으며, 집에 도착한 예수는 쾌활해 보였다.

다음 날 아침 예수는 세베대의 작업소에 작업복을 꺼내 입고 다음과 같이 말하면서 작업에 참여하였다. '나의 때를 기다리는 동안, 내가 바쁘게 지내는 것이 마땅하다.' 그리고 배 만드는 목공소 동생 야고보 곁에서 다음 해 1월까지 몇 달 동안 일하였다. 예수의 마지막 작업기간 동안, 좀 더 큰 배의 실내를 완결하는 일에 노력을 아끼지 않았으며, 그 훌륭한 배를 완성했을 때 인간 성취의 만족을 체험하는 듯이 보였다.

시간이 지나자, 회개한 사람에게 세례를 주고 설교하는 요한에 대한 소문이 가버나움까지 왔다. 요한은 이렇게 외쳤다. '하늘나라가 가까이 왔으니 회개하고 세례를 받아라.' 예수는 요한이 예루살렘에서 가까운 강에서 요단 계곡을 따라 천천히 올라오면서 일하고 있다는 소식에 귀를 기울였다. 그러나 다음 해인 서기 26년 1월 요한이 펠라 가까이에 있는 지점까지 강을 따라 여행하기까지, 예수는 배 만들며 일을 계속하였으며, 그때 작업 도구를 내려놓고 '나의 때가 이르렀다.'라고 선언하였고, 세례를 받으러 요한에게로 갔다.

그러나 엄청난 변화가 이미 예수에게 일어나고 있었다. 그가 그 지역의 땅을 오가며 방문하고 봉사했던 사람 중에서, 나중에 대중을 위한 선생으로 나타난 그를, 이전 세월 동안에 그들이 사적인 한 개별존재로 알고 지내며 사랑하였던 같은 개인임을 알아보는 사람은 거의 없었다. 이러한 마음과 영의 변환이 여러 해 동안 진행됐었고, 그 사건 많은 헤르몬산에서 체류하는 동안에 완결되었기 때문이었다.

7. 세례 요한 이후

세례자 요한은 일 년 전 6월 가브리엘이 엘리자벳에게 나타나 약속한 대로 기원전 7년 3월 25일 태어났다. 8일째 되는 날에 요한은 유대인 관습에 따라 할례를 받았다. 예루살렘으로부터 서쪽으로 4마일가량 떨어진 유다의 도시라는 작은마을에서 평범한 이이로 자랐다. 요한이 6살 조금 넘은 기원전 1년 6월 그의 부모와 함께 나사렛의 가족과 예수를 만났다.

나사렛에서 돌아온 후 요한의 부모는 체계적인 교육을 시작하였다. 이 작은마을에는 회당 학교가 없었지만, 사가리아는 사제로 교육을 잘 받은 사람이고, 엘리자벳은 아론의 자손으로 사제의 혈통이다. 요한은 독자이기 때문에 그들은 정신적 영적 훈련에 많은 시간을 쏟을 수 있었다. 사카리아와 엘리자벳은 소규모 목장을 가지고 있었고, 사가리아는 사제 신분으로 정규적인 수당을 받았다.

1) 나실 인이 된 요한

요한은 14세에 졸업하는 학교는 다니지 않았지만, 엥디게로 데려가 나실인 형제 회에서 서약한 후, 종신토록 있을 이 계층에 가입하였다. 유대인은 나실 인을 거의 대제사장처럼 존경하였고, 성전의 지성소에도 들어갈 수 있었다.

요한이 16세가 되었을 때 엘리야에 대한 글을 읽고 감명받아 그의 복장을 본받아 항상 허리에 가죽 띠를 두르고 털옷을 입었다. 키는 6피트 이상 자랐고, 긴 머리와 특이한 복장은 눈길을 끄는 젊은이였다. 그의 부모는 약속의 아이이자 종신 나실 인인 외아들에게 큰 기대를 걸었다.

2) 사가리아의 죽음

사가리아가 서기 12년 7월 세상을 떠났는데, 이때 요한은 18세가 되었다. 이해 9월 엘리자벳과 요한은 마리아와 예수를 방문하러 나사렛으로 갔다. 요한은 그의 일생 임무를 시작할 것을 바로 결심하려 하였지만, 예수가 말뿐만이 아닌 그의 행동으로 보인 본보기에 의해 깨달은 바가 있었기 때문에 집으로 돌아가서는 어머니를 보살피면서 '아버지의 때가 돌아오기까지' 기다리기로 하였다. 이 즐거운 여행을 끝내고 예수와 마리아에게 작별한 이후로, 예수가 세례를 받으러 요단강에 오기까지, 서로 만나지 않았다.

요한과 엘리자벳은 집으로 돌아와 미래를 위한 계획을 세웠다. 성전 기금에서 그에게 주어지는 사제 수당을 거절하였기 때문에 2년 후에는 집까지 처분하게 되고, 20세가 되던 해에 남쪽 헤브론으로 이사 하였다. 요한은 유대 광야에서 엥디게로부터 사해로 합류하는 개울가를 따라 양을 쳤다. 엥디게 집단 마을은 종신 또는 일시적으로 봉헌된 나실인 뿐 아니라, 가축을 이끌고 이 지역에 모여 나실인 동우회와 친하게 지내는 수도하는 다른 목자가 있었다. 그들은 양치기와 부자 유대인이 그 계층에 기증했던 기금으로 생활을 유지했다.

시간이 지남에 따라 헤브론보다 엥디게 출입이 늘어났고, 다른 나실인과 너무 달랐기 때문에 형제 회와 친하게 지내기가 어려웠다. 그러나 엥디게 집단 마을의 유명한 지도자이며 우두머리인 아브너를 매우 좋아하였다.

3) 목자의 생활

작은 시냇물이 흐르는 계곡을 따라, 돌로 만든 움막과, 돌을 쌓아 가축우리를 12개나 만들었다. 양치기로 지내는 요한의 생활은 많은 생각할 시간적 여유가 있었다. 배스-주르 고아 출신 소년 에즈다는 양자나 다름없었고, 엥디게나 헤브론 등 어디를 갈 때는 에즈다에게 맡기고 갈 수 있었다. 그들은 양고기, 염소 우유, 석청, 식용 메뚜기를 먹었고, 때로는 헤브론과 엔디게에서 가져온 음식을 먹었다.

엘리자벳은 요한에게 팔레스타인과 세상 소식을 계속 전해 주었다. 요한은 옛 체제가 곧 끝나고 '하늘나라'라는 새 시대의 도래를 알리는 선구자가 될 것임을 깊이 확신하였다. 요한은 사가리아가 가르쳐 주었던 다니엘의 글을 특히 좋아하여 다니엘이 큰 우상을 묘사한 것을 천 번도 더 읽었다. 이것이 바벨론에서 시작해 페르시아, 그리스, 로마에 이르는 것이고 로마는 앞으로 시리아 이집트, 팔레스타인과 다른 영토로 갈라질 것이라고 믿었다.

다니엘의 말과 부모의 말이 조화를 이루지 못하여 혼란을 겪을 때마다 그의 어머니는 먼 사촌인 예수가 진정한 메시아이고 그는 장차 다윗의 왕좌에 앉을 것이며, 요한은 그의 도래를 미리 알리는 자가 될 것이며, 그를 지지하는 우두머리가 될 것이라고 확신시켰다. 요한은 자신이 구시대의 마지막 선지자임과 동시에 새 시대의 첫 번째 선지자가 된다는 느낌이 요한의 가슴속에 자라났다.

4) 엘리자벳의 죽음

서기 22년 8월 17일 요한이 28세 되었을 때 그의 어머니가 갑자시 세상을 떠났다. 어머니의 장례를 마치고 엥디게로 돌아와 바깥세상과 만남을 끊었다.

요한은 엘리야가 아니라는 것을 알았지만 엘리야의 영향 때문에 엘리야처럼 옷을 입고 말하려고 애썼다. 외모로는 옛 엘리야 선지자 모습이었다. 그는 건강하고 아름답고 두려움이 없는 당당한 정의로운 설교자였다. 그는 드디어 서기 25년 3월 어느 날 대중을 위한 설교자로 엥디게를 떠났다.

5) 하나님의 왕국

요한이 활동하던 시대 유대인의 처지는, 거의 100년 동안 이방 군주들에게 종속되고, 모세가 가르친 정의는 반드시 번영과 힘으로 보상받는다. 하나님이 선택한 백성이다. 라고 했는데, 유대인은 왜 다윗의 왕좌는 황폐하고 비어있는가? 모세의 교리와 선지자의 교훈에 비추어 보면 민족적 처참함을 설명하기 어렵다는 것을 발견하였다.

유대인에게 '하늘 왕국'은 단지 한 가지 의미가 있을 뿐인데, 메시아께서 자신이 하늘에서 다스리는 것과 똑같은 힘의 완벽해서 이 세상의 왕국을 다스리는, 절대적으로 정의로운 국가, '당신의 뜻이 하늘에서 이룬 것 같이 땅에서도 이루어지이다'를 의미하였다.

요한의 시대에 모든 유대인은 간절하게 물어보았는데 '왕국은 언제나 오게 됩니까?'라는 것이다.

소규모 믿음이 깊은 집단은 도래할 새 왕국은 이 세상의 것이 아니라 영속하는 왕국의 설립을 예고하는 것이며, 죄는 끝나고 축복을 누리면서 영원히 살게 된다는 것을 가르쳤다.

메시아라는 용어가 그들에게는 단지 하나님의 뜻을 가르치는 자를 가르치든지 또는 의로운 삶을 선포하는 자를 가르친다는 것은 있을 수 없는 일이다. 유대인은 그런 자를 선지자라는 이름을 붙였다. 메시아는 하나님의 왕국인 새 왕국의 설립을 이룩하는 존재였다. 이러한 일을 이루지 못한다면 그 누구도 메시아가 될 수 없었다.

나이 든 사람은 다윗의 아들이라는 교리에 집착했다. 요한이 나가서 '회개하라 하늘의 왕국이 임박하였다'라고 선포하였을 때 유대 나라의 종교적 배경은 이상과 같았다.

서기 25년 12월 요한은 요단강을 따라 펠라 근처까지 왔고, 예수는 요한의 메시지에 관해 호감을 느끼고 이야기하였는데, 이것이 가버나움 사람이 회개의 세례를 베푸는 요한의 예배 종파에 찾아가게 했다. 세베대의 아들 야고보와 요한도 내려가서 세례를 받았다.

예수의 동생 야고보와 유다는 세례받으러 요한에게 내려가는 것에 대해 예수와 상의하기로 하였다. 서기 26년 1월12일 토요일 저녁 예수는 논의를 내일로 미루자고 하였으며 그날 저녁 하늘에 계신 아버지와 긴밀한 교제를 하면서 밤을 지새웠다. 다음날 일요일 점심 휴식 시간 바로 전에 연장을 내려놓고 작업복도 벗고 세 명의 일꾼에게 '이제 나의 때가 이르렀다'라는 말만 하였다. 그는 자기 동생인 야고보와 유다에게 나가서 '나의 때가 이르렀다.'라고 반복하여 말하였다. 곧바로 펠라를 향해 떠났고 점심은 여행 중에 먹었다. 이일은 1월 13일 일요일의 일이다. 요단 계곡에서 그날 밤을 지내고, 요한이 세례 주는 장소에는 다음 날 정오 무렵에 도착하였다.

예수와 두 동생도 도래할 왕국에 대한 요한의 설교를 믿는 열성적인 남녀 대열 속에서 차례를 기다렸다. 요한은 세베대의 아들에게 예수에 관해 물은 적이 있었다. 그는 자신의 설교에 대한 예수의 의견을 들었으며, 예수가 나타나기를 매일 기다렸다. 그러나 그는 세례를 받으러 온 사람의 줄에서 예수를 만나게 되리라는 생각은 꿈에도 못 하였다.

요한이 예수를 알아보고 "왜 당신이 나를 만나러 물속으로 내려오십니까?"라고 물었다. 그러자 예수는 "너의 세례를 받기 위해서다"라고 대답하였다. "그렇지만 내가 당신에게 세례를 받아야 할 터인데, 왜 당신이 나에게 나오십니까?" 그러자 예수는 작은 음성으로 "이제 내 말대로 하자, 왜냐하면 이것은 우리가 나와 함께 서 있는 내 형제에게 모범을 보이는 것이고, 또한 사람이 나의 때가 온 것을 알게 될 것이기 때문이다."

서기 26년 1월 14일 월요일 정오의 요단강에서 예수에게 세례를 베풀 준비를 하면서 요한은 감정에 북받쳐 전율하였다. 그렇게 해서 요한은 예수와 두 동생에게 세례를 주었다. 기다리는 나머지 사람은 다음 날 정오에 계속한다는 발표를 듣고 돌아갔다. 아직 물속에 서 있었던 네 사람은 이상한 소리를 들었으며 얼마 안 있어서 하나의 환영이 잠깐 예수의 머리 바로 위에 나타났다. 그들은 '이는 내가 그 안에서 기쁨으로 기꺼이 있을 내 사랑하는 아들이다'라고 말하는 음성이 그들에게 들렸다. 예수의 용모에 큰 변화가 일어났고, 그는 아무 말도 없이 물에서 나와 그들을 떠났고 동쪽의 언덕을 향해 걸어갔다. 그리고 40일 동안, 예수를 본 사람은 아무도 없었다.

요한은 거리를 두고 예수를 따라가면서, 자기 어머니가 자기가 태어나기 전에 가브리엘의 방문이 있었다고 이야기해 주었다. 예수에게 "이제 당신이 해방자이신 것을 확실히 알겠습니다."라고 말한 후 예수가 자기 길을 가도록 내버려 두었다. 그러나 예수는 아무 대답도 하지 않았다.

요한은 그와 항상 함께 거주하던 30여 명의 제자에게 돌아왔고, 이 무렵 그의 제자도 설교하기 시작하였다. 2월 23일 안식일 이른 아침에 요한의 무리가 식사하고 있을 때 예수가 자기들에게 돌아오는 것을 보았다. 요한은 큰 돌 위에 올라가 "세상의 해방자이신 하나님의 아들을 보라! 내가 전에 말하기를, '내 뒤에 오시는 분이 계시는데, 나보다 앞선 것은 그가 나보다 먼저 계심이라'…, 나는 성령이 이분 위에 강림하는 것을 보았고, 하나님께서 '이는 내 사랑하는 아들이라, 내가 너를 기뻐하노라'라고 선포하는 음성을 들었다."

요한의 설교 성격이 점차 보통 사람을 위한 자비의 선포로 바뀌어 갔으며 반면에 다시 격렬한 태도로 부패한 정치, 종교적 통치자들을 공공연히 비난하였다. 헤롯은 요한을 감옥에 가두기로 하고 군중이 모이기 전, 서기 26년 6월 12일 이른 아침에 체포하였다.

감옥으로 면회하러 온 제자에게, 나는 메시아가 아니요, 그의 길을 예비하기 위해 앞에 보내심을 받은 자다. 그는 흥해야 하고 나는 쇠해야 한다….

나사렛 예수는 하늘로부터 와서 우리 모두를 위해 계신다. 사람의 아들은 하나님에게서 왔고, 하나님의 말씀을 너희에게 선포하실 것이다. 왜냐하면 하늘에 계신 아버지는 자기 아들에게 영을 한량없이 주시기 때문이다. 아버지께서 자기 아들을 사랑하셔서 만물을 다 그 손에 맡겼다. 아들을 믿는 자는 영원한 생명을 얻을 것이다. 이러한 나의 말은 진리이고 영구적이다.

요한은 죽기 며칠 전 제자를 통해 예수의 전언을 들었다. 내가 잊지 않고 있다. 보고 들은 것을 말해 주어라, 의심하거나 실족하지 않으면 다가올 시대에서 넘치는 복을 받으리라는 것을 전해라, 이 메시지가 그를 안심시켰으며 그의 신앙을 굳게 해 주었고 비극적 종말을 준비해 주었다.

요한을 25년 3월 초 시작하여 26년 6월 12일까지 15개월 동안 10만 명이 넘는 사람에게 세례를 주었다.

8. 세례 이후 십이사도의 교육과 훈련기간 1년

1) 예수의 세례와 40일

메시지의 차이, 인성과 신성의 연합

예수는, 요한의 설교에 대한 대중적 관심이 절정에 다다르고, 팔레스타인 유대민족이 메시아가 나타나기를 간절히 바라던 그 시점에, 대중 앞에 나서는 활동을 시작하였다.

요한이 열성적이고 성실한 일꾼이었다면, 예수는 침착하고 행복한 일꾼이었다. 예수는 서두르지 않는 세상의 위로자였다. 요한은 하늘 왕국을 전파하였지만, 행복한 세계 안으로는 거의 들어가지 못하였다. 요한은 구시대의 가장 위대한 선지자다. 라고 호평했지만, 하늘 왕국에 들어간 자 중에 작은 자도 요한보다 크다고 말씀하셨다.

요한은 회개하고 다가올 진노(震怒)를 피하라 였지만, 예수는 회개하라는 권고는 같았지만, 메시지 뒤에는 항상 새로운 왕국의 기쁨과 해방의 행복한 소식인 복음이 항상 따라왔다.

① 기다리던 메시아에 대한 개념

일반적으로 유대인은 아브라함으로부터 시작해 메시아와 하나님의 왕국인 새 시대에서 최고조에 달할 것으로 생각하였다. 초기에는 이 **구원자를 주의 종**으로 여겼고, 다음에는 **사람의 아들**로, 더 후대에는 메시아를 하나님의 아들로 언급하기에 이르렀다.

그러나 그를 '아브라함의 자손'으로 칭하거나 '다윗은 아들'로 칭하였거나를 막론하고 그가 '기름 부음을 받은 자'로서의 메시아라는 점에는 모두 동의하였다. 그렇게 하여 그 개념이 '주의 종'에서, '다윗의 아들', '하나님의 아들'로까지 발전하였다.

요한과 예수 시대의 유식한 유대인은 곧 오실 메시아에 대한 관념을, 이스라엘을 대표하고 완전케 하는 존재, **즉 선지자와 제사장 그리고 왕이라는 삼 중적 직책이 그에게서 합쳐진 '주의 종'으로 발전시켰다.**

유대인은 모세가 선조를 이집트의 억압으로부터 기사와 이적으로 구했던 것처럼, 곧 오실 메시아도 더 큰 기사와 이적으로 로마의 통치로부터 구해줄 것이라고 열렬하게 믿어왔다.

랍비는 분명한 모순이 있음에도, 곧 오실 메시아를 예언한다고 단언하는 500개가 넘는 성서 구절을 수집하였다. 이러한 시간, 기법, 기능의 세부 사항에 집착하는 가운데, 메시아의 개인성(인격체)에 대한 시각은 거의 완벽하게 등한시하였다.

그들은 세상의 구원보다는 유대 민족의 영광, 이스라엘의 세속적인 지위 향상과 회복을 바라고 있었다. 그러므로 나사렛 예수가 유대인의 마음속에 자리 잡은 이러한 세속적인 메시아 개념을 만족시킬 수 없다는 사실이 분명해진다. 예언적인 이 언질은 다른 각도에서 바라보았더라면, 메시아 예언은 대부분은 한 시대를 마무리하는 자로, 그리고 모든 민족에게 자비와 구원에 대해 새롭고도 더 나은 섭리 시대를 시작하는 자로 예수를 인식할 수 있도록, 그들의 마음을 자연스럽게 준비시켰을 것이다.

유대인은 쉐키나의 교리를 믿도록 교육받고 자랐다. 그러나 신성한 현존에 대한 상징은 성전에서 나타나지 않고 있었다. 그들은 곧 오실 메시아가 그것의 회복에 영향을 미칠 그것이라고 믿었다. 그들은 종족의 죄와 사람의 악한 본성에 대하여 혼돈된 관념을 갖고 있었다. 어떤 사람은 아담의 죄가 인간 종족을 저주받게 하였는데, 메시아가 이러한 저주를 없애주고 신성한 호의로 사람을 회복시킨다고 가르쳤다. 또 어떤 사람은 하나님이 사람을 창조하면서 그의 선과 악의 속성을 모두 불어 넣었다고 가르쳤으며, 그가 이러한 일의 결과를 보고 실망하셨으며 그런 현상을 보고 사람 만든 것을 후회하셨다고 가르쳤다. 이렇게 가르쳤던 자들은, 이러한 선천적으로 타고나는 악한 본성을 사람으로부터 없애주기 위하여 메시아가 오실 것이라고 믿었다.

유대인 대부분은 민족적인 죄와, 이방인 개종자들의 반신반의하는 믿음 때문에 로마 통치하에서 계속 쇠약해지고 있다고 믿었다. 유대 민족이 아직 온 가슴으로 회개하지 않아서 메시아가 오는 것이 지연되고 있다고 믿었다. 이런 이유로 요한이 설교한 것 회개하라, 세례를 받아라, 하늘 왕국이 가까이 왔다. 라는 말이 즉각적으로 효력이 나타낸다.

유대 메시아 개념이 매우 다른 한 가지가 있는데, 인간적인 것과 신성한 것, 두 본성의 연합이었다. 유대인은 메시아에 대하여 완전한 인간, 초인간, 그리고 신성한 존재에 이르기까지 다양한 개념을 갖고 있었지만, **결코 인간적인 것과 신성한 것의 연합이라는 개념을 생각해 보지는 않았다.** 이것은 예수의 초기 제자들에게 커다란 걸림돌이 되었다. 선지자의 말대로 하나님의 아들까지는 이해하고 있었지만, **인간적인 것과 신성한 것, 두 가지 본성이 이 세상의 한 개인성으로 연합한다는 참된 개념은 고려해 본 적이 결코 한순간도 없었다.** 창조자 아들이 육신으로 와서 영역의 필사자 가운데 거하기 전까지는 세상에 그러한 일을 알 수 없었다.

② **예수의 세례**

유대인은 아버지의 죄가 자녀를 괴롭힌다고 믿고, 한 개인의 죄가 민족을 저주할 수도 있다고 믿었다. 혹시라도 알지 못하는 죄 때문에 메시아가 오시는 길이 지연될까, 봐 두려워하였다.

요한이 예수에게 세례를 주기 위하여 손을 얹자, 완전해진 예수의 인간 혼으로부터 하나님의 분신인 조절자는 떠나갔다. 조금 있다가 개인성 구현된 조절자는 고상한 신분이 되어 다시 돌아와 '이는 내 사랑하는 아들이요 내 기뻐하는 자라'라고 말하는 것을 물속에 서 있는 네 사람은 들었다. 이 세례의 날이 예수의 순수하게 인간으로서의 일생을 끝마쳤다. 사람의 아들은 그가 육신을 입고 사람으로 내려오기 전 자기 모습과 그가 육신화 된 일생이 완결되고 난 후의 그의 모습인 하나님의 아들로서 자신의 환영을 보았는데, 그것은 이제 개인성 구현된 조절자에 의해 제시된 것이다. 조절자는 아버지의 일부이고, 아버지로서 있으므로, 일생에 조절자와 항상 교제하였다.

세례받은 후, 자신의 조절자가 개인성 구현 됨으로써 발생한, 이 세상과 우주의 변화된 관계에 대해 자신을 조절하기 위한 40일에 들어갔다. 이 40일 동안 하늘 존재로부터, 모든 반란은 종결시켰으며, 제한 없는 권한을 자질로써 부여받았고, 지금부터 당신의 행로는 당신의 선택에 달려 있다고 알려왔다. 사람의 마음은 하나님의 마음으로 되었고, 그러나 '나의 뜻이 아니라 아버지의 뜻이 이루어지게 하소서'라고 하였다.

③ 40일 (생략)

④ 대중을 위한 일에 대한 계획

요한과 같은 시기에 가르침을 시작하지 않기로 하였다. 이 세상에서 사명 활동은 자신의 방법과 아버지의 방법이 있는데, 항상 아버지의 뜻을 선택하기로 자신에게 약속하였다. 쓰라린 마지막까지도 그의 뜻을 아버지의 뜻 아래로 종속시켰다. 주로 아버지를 계시하며 그의 사랑을 보여주는 일을 계속하였다.

⑤ 첫 번째 중대 결정

12군단의 세라핌 천사와 다른 지능 존재가 항상 대기하고 있었으나 지휘를 개인성 구현된 조절자에게 맡기고, 예수는 모든 초인적인 협조를 자발적으로 배제하였다.

자신이 세운 자연법칙을 초월하거나 위배하거나 어기는 정책을 피하기로 분명하게 결정하였다.

⑥ 두 번째 결정

현재 사회의 법에 따르고 자신을 방어하지 않는 방침을 추구하기로 하였다. 그는 다른 사람을 위해서는 초인간적 힘을 쓸 수도 있지만, 자신을 위해서는 절대로 쓰지 않았다.

예수는 자기 민족이 기대하는 메시아가 어떤 종류인지를 잘 알고 있었으며 그들의 가장 낙관적인 기대를 채워줄 수 있는 모든 능력과 특권을 갖고 있었지만, 그러한 능력과 영광으로 빛나는 과정을 거부하기로 하였다.

예수는 자신이 백성을 가엾게 여겼으며, 그 메시아가 올 때 '세상은 포도나무 열매는 일만 배 이상 수확할 것이며, 한 넝쿨에는 일천 개의 송이가 있을 것이며, 한 송이는 일천 개의 포도알을 맺을 것이며, 한 송이의 포도는 일 갤런의 포도주를 생산할 것이다.' 라는 기대를 어떻게 해서 가지게 되었는지를 잘 이해하고 있었다.

그는 빵과 포도주를 풍성하게 해주려고 오는 메시아가 아니었다. 그는 하늘에 계신 아버지를 이 세상에 있는 자녀에게 나타내 주기 위하여 왔고, 동시에 이 세상에 있는 자기 자녀가 하늘에 계신 아버지의 뜻을 따라 살아가려는 진지한 노력에 그와 함께 참여하도록 인도하기를 꾀하였다.

이러한 결정을 통하여 개인적 웅대함이나 이기적 영광을 위하여 신성한 재능이나 하나님이 주신 능력을 팔아넘기는 것이 어리석은 죄가 된다는 것을 보고 있는 우주에 나타내었다. 이것이 바로 루시퍼와 갈리가스티아의 죄였다.

예수의 이러한 결정은 이기적 충족과 감성적인 희열이 사람에게 행복을 가져다줄 수 없다는 진리를 묘사해 주었다. 진정한 가치는 필사자 실존에 좀 더 높은 가치와, 지적인 통달과 영적인 성취에 있다. 좀 더 높은 생의 가치, 좀 더 깊은 영적 만족이라는 새롭고 나은 길로 가는 기법을 계시해 주었다.

⑦ 세 번째 결정

육신의 생애에 뜻밖의 종말을 맞는 것을 방지하기 위하여 조심하되, 육신의 비상사태를 만났을 경우, 모든 초인간적 개입을 금지하기로 하였다.

예수는 자기 민족이 자연법칙을 초월하는 메시아를 기대하고 있다는 것을 알고 계셨다. 표적을 찾는 유대인을 만족시켜도, 아버지를 나타내는 길은 아니며 우주에 설립된 법칙을 의심하는 어리석음을 낳을 뿐이다. 이 모든 것을 이해한다면, 자신이 세운 자연법칙을 무시하며 일하기를 거절하였다는 것을 이해한다면 예수는 지상 생활 내내, 끊임없이 이 결정에 충실하였다. 십자가에서 내려오라고 조소하였을 때도 이 결정을 꾸준히 지켜나갔다.

⑧ 네 번째 결정

이 **하나님인 사람이** 하늘에 계신 아버지의 뜻에 따라 고심하면서 자기 동료 사람의 관심을 끌고 가깝게 끌어들이는 목적으로 자신의 초자연적 권능을 조금이라고 사용할 그것에 관한 질문이다. 그는 웅장함과 경탄스러움을 열망하는 유대인을 만족시키기 위하여 어떤 방식으로든 자신의 우주적 권능을 사용할 것인가? 그렇게 하지 않겠다고 결정하였다. 자신의 사명에 대하여 사람의 시선을 끄는 방법으로, 그런 행위를 일절 하지 않기로 하였다.

이 중대한 결정을 일관되게 지켜나갔다. 시간을 단축하는 자비의 역사를 여러 번 허락했을 때도 치유 사역의 수혜자에게, 받은 혜택을 누구에게도 말하지 말라고 금했다. 신성을 증명하고 표적을 보이라는 적의 도전을 항상 거절하였다.

기적을 행하고 놀라운 일을 하는 것은 물질적 마음을 장악하는, 겉으로 만의 충성을 가져오리라는 것을 예견하였다. 그런 행동은 하나님을 나타내 보이지 못하고 사람을 구원하지도 못한다. 단순히 기적 행하는 자가 되기를 거절하였다. 그는 단 한 가지 과제 하늘나라 설립에만 매진하기로 결심하였다.

예수가 자신과 소통하는 이 중요한 대화를 통하여, **인간이자 하나님이기 때문에**, 질문을 하면서 거의 의심을 하는 인간적 요소로 그 안에 함께 존재하고 있었다. 그가 기적을 행하지 않는다면 유대인은 그를 메시아로 받아들이지 않을 것이다. 한 번이라도 초자연적인 일을 허락한다면, 그것은 인간의 마음은 개인성 구현된 조절자의 현존만으로도 신성과 인간성과의 협력에 대한 충분한 증거가 된다고 결정하였다.

예수는 많은 여행을 하였으므로 세상의 방법을 잘 알았다. 사명 활동을 진행하면서 천국의 설립에 세상의 지혜와 타협 그리고 부자들의 영향력을 거부하기로 하였다. 그는 아버지의 뜻에 전적으로 의지하는 쪽으로 다시 한번 결정하였다.

예수는 자신의 권능으로 할 수 있는 지름길을 잘 알고 있었다. 신성한 목적을 성취하는데 자연스럽고 속도가 느려지면 확실한 그 길을 앞질러 가려고 하였던 칼리가스티아가 저지른 어리석음을 알고 있었다. 다시 한번 사람의 아들은 아버지 뜻인 아버지의 방법에 복종하기로 하였다.

예수는 인류의 가슴속에 하늘나라를 설립함에, 앞으로 될 이 세상의 자녀가, 하늘나라를 키우고 확장해 나가는 일에 겪어야 하는 것과 똑같이, 자연스럽고, 일반적이고, 어렵고, 고된 방법을 선택하였다. 이것은 모든 세대 자녀 중 다수가 많은 환란을 겪음으로써 천국에 들어갈 것을 잘 알았기 때문이다. 권능을 소유한 자로서, 이기적이거나 개인적인 목적으로 그 권능을 사용하기를 끊임없이 거절하는 시험을 통과하고 있었다.

너희는 사람의 아들이 20세기 또는 다른 세기의 사람이 아닌 **1세기의 마음을 가지고 육신화 되었다는 점을 항상 기억해야 한다. 이것을 통하여 전달하고자 하는 관념은, 예수의 인간 자질이 자연스러운 방법으로 성취되었다는 점이다.** 그는 유전적이고 환경적인 요소가 훈련과 교육의 영향에 의해 빚어진 그 시대의 산물이다. 그의 인간성은 그 당시 그 시대의 실제적인 지적 지위와 사회적이고 경제적인 조건에 그 기반을 두고, **전적으로 양육된 순수하고 자연스러운 것이다.** 반면에 하나님인 사람의 체험에서는, 신성한 마음이 사람의 지성을 초월할 가능성을 항상 지니고 있었지만, 그의 인간 마음이 당시 인간의 환경조건 아래에서 하는 것처럼 작용하였다.

예수는 도덕적 가치를 강화하거나, 영적 발전을 가속하려는 목적으로 권위를 사용하거나, 권세를 나타낼 목적으로 인위적 환경을 만들어 내는 것이 어리석음을 우주의 모든 세계에 보여주었다. 마카비 가문의 통치에서 보여준 실망이 반복되지 않도록 하기로 하였다. 자신의 신성한 속성이 정당하지 않은 인기나, 정치적 명성을 얻는 목적으로 오용하기를 거절하였다. 나사렛 예수는 죄나 악과 타협하는 것을 거부하였다. 주는 승리감에 넘쳐서 아버지의 뜻에 충성하는 것을, 땅에서 그리고 현세적으로 고려해야 할 다른 모든 것보다 위에 올려놓았다.

⑨ 다섯 번째 결정

자연법칙과 영적 권능에 대한 개인적 관계에 적합하도록 정책 현안을 결정한 후, 하나님 나라를 선포하고 걸립하는데 사용될 방법들을 선택하는데, 자신의 관심을 집중하였다. 요한은 이미 이 일을 시작했는데, 그는 어떻게 메시지를 계속 전할 것인가? 어떻게 요한의 사명을 넘겨받을까? 어떻게 하면 그의 추종자들이 효율적으로 활동하고 지혜롭게 서로 협력하도록 조직할 것인가? 예수는 당시에 일반에게 알려진 유대인의 메시아로 더 이상 간주하지 않으려는, 최종 결정에 도달하였다.

유대인은 구원자를, 적을 기적의 힘으로 쳐부수고, 유대인을 세상 통치자로 만들어 주며 빈곤과 억압에서 해방해 주는 자로 마음속에 그려왔다. 예수는 이런 희망이 실현되지 않으리라는 것을 알았다. 찬란한 권능의 전시 효과에 대한 권한이 그에게 있었지만, 하늘나라 취임식에 사용하지 않기로 하였다. 아버지의 뜻에 순종함으로 인하여 잠재적으로 세상을 얻었고, 시작과 마찬가지로 끝도 그렇게 사람의 아들로서 완결할 것을 계획하였다.

하늘과 이 세상에서 모든 힘을 소유한 이 하나님인 사람이 기적을 사용한 무력적인 전쟁을 통하여 한때 주권자의 깃발을 휘날렸더라면, 무슨 일이 일어났을지 너희는 상상도 할 수 없을 것이다. 그러나 그는 타협하지 않았다. 하나님에 대한 경배가 그것으로부터 유래된다고 가정되었을지 모를 악을 받아들이지 않았다. 그는 아버지의 뜻에 따라 살아가고자 하였다. 그는 자신을 주시하고 있던 우주에 '너희는 너희 하나님이신 주님을 경배하고, 오직 그만을 섬겨야 할 것이다'라고 선포하고자 하였다.

여러 날이 지나면서 어떤 종류의 진리 계시자가 될 것인지 확실하게 알았다. 하나님의 길이 쉬운 길이 아님을 알아차렸다. 자기 인간 체험의 나머지 잔이 더 쓴맛이 될 가능성이 있음을 깨달았지만, 그 잔을 받기로 하였다.

로마는 서방 세계를 지배하고 있었다. 이제 홀로 이러한 중대한 결정을 이룩한 사람의 아들은, 그가 지휘하는 하늘의 무리와 함께 유대인이 세상을 지배할 수 있는 마지막 기회가 왔다. 그러나 이 유대인은 엄청난 지혜와 능력을 소유하고 있었지만, 자신을 드러내거나 민족의 왕권을 위해 사용하기를 거부하였다.

그에게 세상을 지배할 수 있는 권능을 그의 손에 넘겨주었으나, 그것을 원하지 않았

다. 이 세상 나라는 우주의 창조자이며 통치자인 그에게는 하찮은 것이다. 그에게는 오직 한 가지 목적, 사람에게 하나님을 더 계시하는 것, 천국을 설립하는 일, 인류의 가슴 속에 하늘에 계신 아버지의 통치가 이루어지는 것뿐이다.

전쟁, 다툼, 살육이라는 개념은 예수가 싫어하였다. 그는 평화의 왕으로 하나님의 사랑을 세상에 나타내고자 하였다.

사람의 아들인 인간 마음은 이러한 모든 메시아적인 어려움과 모순 그리고 히브리 경전, 부모의 가르침, 카잔의 가르침, 유대적 기대를 깨끗하게 쓸어버리고 단번에 자신의 경로를 결정하였다. 그는 갈릴리로 돌아가 천국의 선포를 조용히 시작할 것이며 매일 매일의 세부적 일은 자신의 아버지(개인성 구현된 조절자)를 신뢰하기로 하였다. 이러한 결정으로 예수는 **영적인 문제를 증명하기 위해 물질적 시험을 받기를 거절하였을 때, 자연법칙 무시하기를 거절하였을 때, 이런 결정은 우주의 모든 사람에게 가치 있는 본보기가 되었다.**

그가 영적 영광의 서막으로 **세속적인 힘 갖기를 거절하였을 때,** 우주적 충성과 도덕적 고상함의 영감 어린 모범을 세웠다.

예수는 아버지 나라 설립을 위한 계획을 작성하였다. 그는 사람의 육체적 만족을 주려고 생각하지 않았다. 최근 로마에서 본 것처럼, 군중에게 빵을 나눠주는 일은 하지 않을 것이다. 유대인이 그런 종류의 해방자를 기대하여도, 기적을 행함으로 주의를 끄는 일은 하지 않을 것이다. 정치적 권한이나 속세의 힘을 보여줌으로 영적 메시지가 받아들여지기를 구하지도 않을 것이다.

기대에 찬 유대인의 눈에 다가오는 **천국을 더 과장하는 그런 방법을 거절하면서,** 바로, 이 유대인이 자신의 모든 권위와 신성에 관한 주장을 분명히 그리고 최종적으로 배척할 것임을 확신하였다. 이 모든 것을 알았으므로 **추종자에게 자신을 메시아로 암시하지 못하도록 오랫동안 애썼다.**

자신의 공적 사역 전반에 걸쳐, 되풀이해 발생하는 세 가지 상황을 처리해야 할 필요에 직면했는데, 음식을 제공하라는 외침, 기적에 대한 강요, 왕으로 추대하는 것을 허락하라는 요청이다. 그러나 페레아 산속에서 홀로 지내는 동안 내린 결정에서 절대로 벗어나지 않았다.

⑩ **여섯 번째 결정**

고립의 마지막 날 요한과 그의 제자들과 합류하러 산에서 내려가기 전에 사람의 아들은 마지막 결정을 내렸다. 이 결정은 다음과 같은 말로 개인성 구현된 조절자에게 통보하였다. '그리고 모든 다른 문제는, 이제 기록에 남긴 이들 결정처럼, 나의 아버지 뜻에 복종할 것을 서약합니다' 그렇게 말씀한 후 산에서 내려갔다. 서기 26년 2월 23일 토요일 이른 아침 그의 얼굴은 영적 승리와 도덕적 성취의 영광으로 빛나고 있었다.

2) 갈릴리에서 기다리는 해

서기 26년 2월 23일 토요일 이른 아침 예수는 펠라에서 야영하고 있던 침례 요한의 무리와 만나기 위해 산에서 내려왔다. 침례 요한의 눈에는 눈물이 고였지만, 자신의 수제자 안드레와 베드로 두 사람을 침착한 음성으로 예수에게 넘겨줄 것을 선언하였다. 24일 일요일 아침 세례 요한과 헤어진 후 육신으로는 다시 만나지 않았다.

1차로 택한 사도 6명 중 안드레, 베드로, 야고보, 요한, 빌립은 친분이 있었고 나다니엘은 알지 못했다. 이날 저녁 그들 모두는 예수가 소년 시절을 지냈던 나사렛 집에서 요셉과 함께 지냈다. 새로 만난 자기들의 선생이 집에 있는 십계명이나 금언 등 자신의 필체로 쓰인 흔적을 모두 없애는데 왜 그러는지 알 수가 없었다.

다음날 화요일 그들 모두는 나오미의 혼인 잔치에 초대되어 가나로 갔다. 이 결혼 잔치에 예상보다 많은 1,000여 명이 넘는 축하객이 모여 결혼식이라기보다 예수의 공식 연회장처럼 보였다.

그러나 만찬이 끝나기도 전에 포도주가 모자란다는 당황스러운 소식이 전해졌다. 이에 모친 마리아는 제발 도와 달라고 애원하였다. 예수는 "선한 어머니여, 내가 그것과 무슨 상관이 있습니까? 우리는 모든 일을 행함에 하늘에 계신 아버지의 뜻을 기다려야 합니다." 내게 부탁하는 일이 아버지의 일이라면 얼마든지 기꺼이 하겠는데~~ 말이 끝나기도 전에 마리아는 기뻐 뛰었다.

하나님이며 사람인 인간적인 동정으로 포도주가 만들어지고 있었다. 가까운 곳에 20

갤런(75.7L)의 물이 담긴 돌항아리 6개가 정결 예식에 쓰려고 준비되어 있었다. 하인들이 돌항아리에서 포도주를 연회장에 퍼가는 모습이 보였다. 이에 가장 놀란 사람은 예수 자신이었다. 이것이야말로 예수가 행하지 않으려고 결정하였던 것이다.

예수는 이미 모든 것을 아버지의 뜻에 맡겨 놓고 있었기 때문에 아버지의 뜻을 거역한 것은 아니다. 이제 동정과 연민에 빠지지 않도록 주의를 기울여야 한다는 것과, 이런 종류가 반복되면 책임을 져야 한다는 것을 이해하였다.

① 안식일의 사건들

세례받은 후 예수의 첫 번째 대중을 위한 출현은 안식일인 서기 26년 3월 2일 가버나움 회당에서 있었다.

세례받고 있었던 일, 가나 혼인 잔치에서 물이 포도주로 변한 일, 등으로 분위기가 들떠 있었다. 사람이 너무 많아서 들어가기가 힘들었다. 예수는 6명의 사도를 귀빈석에 앉히고 동생 야고보와 유다도 함께 앉히셨다. 그의 어머니도 왔는데 여인 자리에 앉히셨다. 성경 이사야서를 읽고 말씀하였지만 무엇을 뜻하는지 이해하지 못하였다.

이날 오후 예수는 야고보와 유다를 포함한 사도들은 배를 타고 해변에서 좀 떨어진 곳에 닻을 내리고 가르치면서 그들에게 '하늘나라가 다가오는 시간까지는' 그들의 정규적인 직무에 몰두하라고 지시하였다. 그들에게 용기를 주기 위하여 자신도 정규적으로 배 만드는 작업장에 일하러 돌아감으로써 모범을 보였다.

예수는 앞으로 일어날 일을 위한 공부와 준비를 위하여 매일 저녁 세 시간을 써야 한다는 것을 그들에게 설명하면서, 덧붙여 말했다. "아버지께서 내게 너희를 부르라고 청할 때까지, 우리는 모두 이 근처에 남아있을 것이다. 이제 너희들 각자는 아무 일도 없었던 것처럼, 각각 늘 하던 일로 돌아가야 한다. 아무에게도 나에 대해 말하지 말라, 나의 나라는 소란스럽고 화려하게 오는 것이 아니라, 오히려 너희 가슴 안에서 그리고 하늘나라의 협의회에 너희와 함께하도록 요청받아야 할 자들의 가슴에 나의 아버지께서 이룩하실 커다란 변화를 통해서 온다는 것을 기억하라. 너희는 이제 나의 친구이다. 나는 너희를 신뢰하며 너희를 사랑한다. 너희는 머지않아 나의 개인적 연관-동료가 될 것이다. 인내심을 갖고 관대하라. 항상 아버지의 뜻에 복종하라. 너희 자신을 왕국의 부름에 준비되어 있도록 갖추라. 내 아버지에 대한 봉사에서 너희는 커다란 기쁨을 체험할 것이다. 한편으로는 너희는 또한 고난에 대비해야만 할 것이니 이는 내가 너희에게 주의를 주건대 오로지 많은 시련을 겪어야만 그로서 많은 사람이 하늘나라로 들어올 것이기 때문이다. 그러나 하늘나라를 발견한 자들은 기쁨으로 넘칠 것이며 모든 세상에서 복을 받은 자로 불릴 것이다. 그렇지만 거짓된 희망을 품게 되지 말라. 세상은 내 말에 걸려 흔들리게 될 것이다. 심지어는 나의 친구들인 너희도, 너희의 혼란스러운 마음에 내가 펼쳐 보이는 것을 충분히 이해하지 못한다. 오류를 범하지 말라. 우리는 표적 탐구자들의 세대를 향하여 수고하려고 나아가는 것이다. 사람들은 내가 나의 아버지에 의해 보내졌다는 증거로 이적 나타내기를 요구할 것이며 그들은 내 아버지 사랑의 계시 안에서 내 사명에 대한 신임장을 인지하는 데에 더딜 것이다."

② 4개월의 훈련

4개월-3월. 4월. 5월. 6월에 걸친 기간에 100번이 넘는 진지한 강의 시간은 유쾌하고 즐거운 시간이었다. 친동생 야고보를 포함하여 일곱 명의 믿는 자들은 예수와 점점 더 친하게 되었다. 그들은 하나님이 육신화 되신 분인, 그 '하나님과 친구 됨'이 실제로 쉽다는 것을 발견하였다. 이 기간에 기적은 일어나지 않았고 예수는 이 기간에 기적이 일어나지 않을 것을 아셨다.

기다리는 이 기간에, 예수는 팔레스타인에 있는 여러 종교 집단과 정치적 당파에 대해 가져야 할 자세에 관하여 가르쳤다. "우리는 그들 전부를 설복하고자 추구해야 한다. 그러나 우리는 그들 중의 어느 하나에 속하지는 않는다."

서기관들과 랍비들을 모두 합쳐서 **바리새인**들이라고 불렀다. 그들은 스스로 '동료들'이라고 불렀다. 그들은 히브리 경전에 분명하게 기초를 두지 않은, 오직 후대의 예언서인 다니엘서에서만 언급된 죽은 자로부터 부활의 믿음을 받아들였는데, 많은 면에서 유대인 집단 중에서 진보적인 사람들이었다.

사두개인들은 사제들과 특정한 부유층의 유대인들로 구성되어 있었다. 그들은 법의 집행에서 세부적인 면에 연연하지 않았다. 바리새인들과 사두개인들은 분파라기보다는 오히려 실제로 종교적인 집단들이었다.

에세네 사람들은 하나의 진정한 종교적 교파로서 **마카비** 반란 동안에 시작되었는데, 어떤 면에서는 그들의 자격조건은 바리새인들보다 더 까다로웠다. 그들은 페르시아의 많은 믿음과 실천들을 받아들였고, 수도원에서 형제 신분으로 살면서 결혼을 금하였으며, 모든 소유물을 공유하였다. 그들은 천사들에 관한 가르침을 전문으로 삼고 있었다.

열심 당원들은 열렬한 유대 애국자들이었다. 그들은 로마의 억압에서 벗어나는 일이라면 방법을 가리지 않고 사수하고자 하였다.

팔레스타인 한가운데에는 **사마리아인**들이 살고 있었는데, 그들은 유대적 가르침과 유사한 많은 관점을 가지고 있었음에도, '유대인들은 그들과 전혀 거래하지 않았다.'

비교적 작은 집단인 **나지르인** 형제들을 포함하여, 이들 집단과 교파들 모두는 언젠가 도래할 메시아를 믿고 있었다. 그들 모두는 민족적 해방자를 찾고 있었다. 그러나 예수는 그와 그의 제자들은 이 사상의 학파와 실천 중의 어느 하나와 특별한 우호적 관계를 맺지 않는다는 점을 분명하게 하였다. 사람의 아들은 나지르인은 물론 에세네파도 아니었다.

복음 전파를 위해 사도를 보냈을 때 '하늘나라의 기쁜 소식을 전하는 데 중점을 두고, 사랑과 연민과 동정심을 보여야 할 것과, 사람의 가슴속에서 하나님을 왕으로 모시는 것과 관계되는 영적 체험을 일찍부터 가르쳤다.'

이 4개월 동안 일주일에 두 번은 회당에서 성경 공부를 하였고, 소화할 수 있는 범위 안에서 가르쳤고 지나치게 가르치는 오류를 범하지 않았다.

③ 하늘나라에 관한 설교

세례 요한이 구속되었다는 소식을 듣고 "아버지의 때가 왔다. 하늘나라 복음을 전파할 준비를 하자." 서기 26년 6월 18일 목공소에서 마지막으로 작업을 했다.

예수는 안식일 설교에서 **"하늘에 계신 아버지는 사람의 마음속에 거하도록 자기의 영을 보내신다.** 내가 이 세상에서 나의 사명을 모두 완결할 때, 진리의 영이 모든 육체 위에 부어질 것이다. 그리고 내 **아버지의 영과 진리의 영**은, 너희들이 영적 납득과 신성한 정의로움으로 도래할 왕국에 자리 잡게 할 것이다. 나의 왕국은 이 세상에 속한 것이 아니다. 사람의 아들은 세상의 영광을 위하여 그리고 힘이나 왕국을 설립하기 위하여 군대를 이끌고 전쟁하지 않을 것이다. 나의 왕국이 도래하고 나면, 너희는 사람의 아들이, 평화의 영주로서, 영속하는 아버지에 대한 계시임을 알게 될 것이다. 아버지 왕국에서 큰 자가 되려면 먼저 모든 사람을 섬기는 자가 되어야만 한다.

나는 이제 하늘의 왕국(나라)에 들어가기 위해 치르는 값으로, 하나님의 선물, 신앙을 선포하러 와 있다. 너희는 단지 나의 아버지께서 무한한 사랑으로 너희를 사랑한다는 것을 믿기만 한다면, 그러면 너희는 하나님의 나라(왕국)에 있는 것이다."

3) 하늘나라 메신저들의 훈련

예수는 이 왕국의 사도 지도자 무리 단에 자신의 가까운 친척을 포함하지 않기로 작정하였다. 부활 이후까지도, 예수의 온 가족은 그의 사명 활동에 거의 상관이 없었다.

서기 26년 6월 23일 일요일 둘씩 짝을 지어 기쁜 소식을 전하러 나가도록 명령하였다. 세례 주는 것을 금하고 대중 연설을 하지 말라고 부탁하였다. 그들은 결국 **종교란 순수하게 그리고 온전히 개인적 체험의 문제**인 것을 더욱 확실하게 인식하면서 돌아왔다.

세베대와 살로메는 그들의 큰 집을 예수와 그들의 십이사도에게 넘겨주기 위하여, 아들 다윗의 집으로 이사하였다.

① 집중적인 훈련의 주간

6명의 새로 뽑힌 사도 '마태 레위, 도마 디디머스, 야고보 알패오, 유다 알패오, 시몬 젤로떼, 가룟 유다'는 먼저 된 사도들이 신임 사도에게 도움이 되도록 예수로부터 그때까지 배운 모든 것을 세밀하게 가르쳐 주었다. 밤이 되면 그들 모두는 예수의 지침을 받아들이기 위하여 세베대의 정원에 모였다.

이즈음에 예수는 휴식과 오락을 위하여 주중에 하루를 휴일로 정하였다. 그가 육신 속에 살아있는 동안 휴식의 계획을 꾸준하게 지켰다. 일반적으로 수요일은 결코 정규 활동을 추진하지 않았다. 예전 일을 하든지 오락을 찾아서 새로운 기분을 즐겼다. 인간에게는 이 휴식이 꼭 필요하다는 것을 아셨으므로 이 계획을 채택하였다.

예수는 강조하여 말했다. **"나의 왕국과 거기에 관련된 복음이 너희 메시지의 중심이 되어야 한다. 나에 관하여서나 나의 가르침에 관해서 설교하는 잘못된 옆길로 빠지지 말도록 유의하라.** 왕국의 복음을 선포하고, 하늘에 계신 나의 아버지에 대하여 내가 계시한 것을 묘사해 보여줘라. 나의 믿음과 가르침에 관한 믿음과 가르침을 가지고 행하려고 전설을 창조하고 예배 종파를 세우는 샛길로 잘못 인도되지 않도록 하여라." 그들은 왜 이런 말씀을 하는지 이해하지 못하였다.

사도들에게 한 교훈은 언제나 같았는데, "가서 죄인들을 찾으라, 낙심한 자들을 찾을 것이며 근심하는 자들을 위로해 주어라."

예수는 무제한 적 힘을 소유하고 계셨지만, 가장 조용하고 정상적인 방식으로 아버지 일을 해 나갈 것을 고집하였다. 힘을 나타내지 않기 위하여 몹시 애쓰셨다.

② 또 한 번의 실망

제자들이 면담을 신청하여, 왕국의 선포를 가버나움에서 할 것인가 아니면 예루살렘에서 할 것인가를 대담하게 물었다. 이에 예수는 나의 왕국은 이 세상에 속한 것이 아니라고 명백하게 말하지 않았느냐? 내가 다윗의 권좌에 앉으려고 온 것이 아니라고 여러 번 너희에게 말해 주었는데 어찌하여 왕국에서 차지할 직위를 묻는단 말이냐? 내가 너희를 영적 왕국의 대사로 불렀다는 것을 깨닫지 못하겠느냐? 내가 아버지를 대신하는 것 같이 너희는 곧 나를 대신하게 될 것이다.

예수는 가족들의 생활비를 어떻게 조달하는지를 물어보고, 2주 동안은 고기를 잡고 2주는 하늘나라 일 하기를 다섯 달 이상 계속하였다.

③ 12 사도의 첫 번째 활동

회계로 뽑힌 가룟 유다는 고기잡이로 번 돈을 부양가족 생활비로 제공했다.

서기 26년 8월 중순 그들은 둘씩 짝을 지어 안드레가 할당한 일터로 나갔다. 예수는 각 전도팀과 두 주씩 순서에 따라 함께 나갔다. 적어도 한 번씩은 그들 각각의 짝과 함께 나갔다.

예수는 그들에게 **참회나 희생물 없이 하나님에 대한 신앙(믿음)을 통해 죄 사함을 받**

을 수 있다는 점과, 하늘에 계신 아버지는 영원한 사랑으로 그의 모든 자녀를 똑같이 사랑한다는 점을 설교하도록 가르치셨다.

예수는 사도에게 다음 사항을 토의하는 것을 금했다.

1 세례 요한의 활동과 그의 구속에 관하여.
2 세례받던 날에 들었던 음성에 관하여, 나에게 들었던 것만 말하고 풍문에 떠도는 것을 말하지 말라.
3 가나에서 물이 포도주로 변한 사실에 관하여 아무에게도 말하지 말라.

예수는 선지자처럼 말하지 않고, 권한을 가진 자로서 자기 말처럼 하였다.

④ 5개월 동안의 시험

고기잡이와 사명 활동을 번갈아 하는 5개월은 지루하고 기진맥진할 수도 있었지만, 충성하는 마음은 변하지 않았고, 사도들 각자에게 예수를 온 세상에서 자신의 가장 친한 친구로 여기도록 만들었다. 부활 후까지 붙들어 준 것은, 예수의 가르침이나 굉장한 행동이 아니라, 바로 이러한 **인간 정서**이었다.

사도들은 대부분 결혼하고 자녀도 있어서, 사명 활동하면서 개인 일도 하였다. 기금으로부터 도움을 받지만, 부양 대책을 잘 마련해 놓았었기 때문에, 가족에 대한 경제적 책임을 걱정하지 않고 주의 일에 모든 힘을 쏟을 수 있었다.

4) 열두 사도의 성직 임명

12명의 사도는 **다양한 인간 성격을 대표**하고, 이 갈릴리 어부의 대부분은 100년 전에 강제적으로 갈릴리 인이 된 이방 사람들로 인한 **이방인의 피가** 상당히 섞여 있다. 알패오 쌍둥이를 제외하면 다 회당 학교를 졸업하고 히브리 성서에 대하여 그리고 그 당시 통용되는 지식에 대하여 철저한 교육을 받았다. 한 가지 사실은 한결같이 경직되고 편견에 치우친 교육과정을 밟지 않았다.

서기 27년 1월 12일 정오 복음을 전할 대중 전도자로 임명하기 위해 사도들을 불러 모았다. 가버나움 북쪽 산지로 가서 공식적인 임명식을 위한 준비를 하였다.

① 예비 지침

정식 임명 예배가 있기 전 주위에 앉히고 나의 형제들이여, 이 하늘나라의 때가 왔다. 하늘나라의 대사로 너희가 아버지께 있게 하려고 너희를 따로 불렀다. 회당에서 많은 것을 배웠지만, 좀 더 가르치고자 한다.

내 아버지가 세우고자 하는 나라는 영원한 나라다. 그의 신성한 뜻을 행하기를 바라는 자의 마음속에서 내 아버지는 이렇게 끝없이 다스릴 것이다. 내 아버지는 유대인의 하나님도 이방인의 하나님도 아니다. 동서남북에서 와서 너희와 함께 자리하겠지만, 아브라함의 많은 자녀는 마음에 아버지의 영이 통치하는 이 새로운 형제 관계에 참여하는 것을 거절할 것이다.

이 나라의 힘은 하나님의 자녀 마음을 가르치고 가슴을 지배하는 신성한 · 영의 영광에 있다. 이것은 사랑으로 맺어진 형제 신분인데 그 안에서는 정의가 지배하며 선지자들의 약속에 대한 성취이다.

이 나라에 들어가려는 모든 이들에게는 엄중한 시험이 앞에 가로 놓여 있다. 오직 믿음만이 너희가 그 관문을 통과하게 하겠지만, 너희가 신성한 교제를 나누는 진보적인 일생 속에서 계속하여 상승하기를 원한다면 너희는 내 아버지의 영 열매를 맺어야만 한다.

너희가 전할 말씀은 먼저 하나님의 나라와 그의 의를 구하라. 이것을 찾는 동안 영원한 생존에 필요한 다른 모든 것들이 그것과 함께 너희에게 보장될 것이다. 너희가 전파하는 이 나라는 너희 안에 계신 하나님이기 때문이다. 내 아버지 나라에서 크게 되고자 하는 자는 모두를 섬기는 자가 될 것이다. 첫째가 되고자 한다면, 형제를 섬기는 자가 되게 하라. 하늘나라에 시민으로 받아들여지면, 너희는 종이 아닌 자녀, 살아계신 하나님의 자녀다.

너희가 보고 있는 이것, 평범한 열두 명으로 이루어진 이 미약한 출발이, 아버지를 찬양하는 소리로 가득 찰 때까지 배가되고 불어나게 될 것이다. **하늘나라의 실체를 알게**

되는 것은, 전하는 말씀보다는 너희가 행하는 삶을 통해서이다.

② 성직 임명

하늘나라에 관한 가르침을 방금 받은 사도를 자기 주위에 원을 그리며 무릎을 꿇게 하였다. 그런 다음 각각의 머리 위에 손을 얹고 사도들을 모두 축복한 후에, 손을 뻗어 다음과 같은 기도를 드렸다.

나의 아버지, 이제 내가 이 사람들, 나의 전령들을 당신께 데려왔습니다. 내가 아버지를 대표하려고 온 것 같이, 나를 대표하여 앞으로 가게 하려고 열두 사람을 이 땅 위의 자녀들 가운데서 택하였습니다. 아버지가 나를 사랑하고 함께 계신 것 같이 이들을 사랑하고 이들과 함께하소서, 이제, 내 아버지여, 다가오는 하늘나라의 모든 일을 이 사람들 손에 맡기오니 이들에게 지혜를 주소서, 아버지의 뜻이라면, 이들이 하늘나라를 위하여 수고할 때 나는 이들을 돕기 위해 땅에서 한동안 머무르려고 합니다. 그리고 다시, 내 아버지여, 이 사람들로 인하여 감사드립니다. 아버지가 주신 일을 마치기까지, 나는 이들을 아버지의 보호에 맡깁니다.

③ 성직 임명 설교

이제 너희는 내 아버지 나라의 대사다. 따라서 이 세상의 모든 다른 사람으로부터 구별된 특별한 사람이 되었다. 평범한 사람이 아니라 하늘나라를 깨우친 다른 시민이 된 사람이다. 이 세상 주권자의 대사로 보내심을 받은 자로서 살아야 한다. 내가 아버지를 대신하듯이 너희는 이 세상에서 나를 대신하기 위해 택함을 받았다.

하늘에 계신 아버지의 뜻을 좇아, 영적으로 포로 된 자에게는 해방을, 두려워하는 자에게는 기쁨을, 병든 이들에게는 치료함을 선포하도록 내가 너희를 보내겠다. 절망 속에 있는 나의 자녀를 보거든 용기를 북돋아 주어라. 이어서 산상수훈과 빛 그리고 소금에 대해 비유하셨다….

나를 대표하고 내 아버지 나라의 대사로서 행하라고 너희를 세상으로 보낸다. 기쁜 소식을 전할 때 아버지를 신뢰하라, 너희는 그의 전령이다. 불의에 억지로 저항하지 말라. 육체의 힘을 의지하지 말라. 이웃이 너의 오른쪽 뺨을 때리면, 다는 쪽도 그에게 돌려라. 너희 가운데서 법대로 처리하기보다는 공평치 않은 처사를 기꺼이 견뎌라. 곤궁하고 궁핍한 모든 사람에게 자비와 친절로 섬기라….

너희 눈 속에 들보를…. 소경이 소경을 인도하면…. 진주를 돼지 앞에…. … 하늘나라 들어가는 입장권을 얻는 데, 평가에 포함되는 것은 그 **동기이다.** 내 아버지는 사람의 가슴을 들여다보시고, 그들의 내면적인 갈망과 **진실한 목적**을 심판한다.

소위 산상수훈(山上垂訓)이라고 부르는 것은 예수의 복음이 아니다. 많은 도움이 될 가르침을 포함하고 있기는 하지만, 예수가 열두 사도에게 주신 임명식 훈시이며 개인적 명령이었다…. 가치 있는 목표가 없다면, 일생은 이렇다 할 주견이 없게 되고 무익하게 되며 더욱 불행하게 된다. 예수는 추종자들에게 체험적 신앙을 행하라고 권고하였다. 단순한 지적 동의, 쉽게 믿는 것, 그리고 확립된 권한에 의존하지 말라고 사도에게 훈계하였다.

모든 필사자는 하늘에 계신 아버지가 완전하신 것처럼, 완전해지기를 정말로 갈망하며, 결국에 '우주는 참으로 아버지와 같기' 때문에 그러한 성취가 가능하다.

④ 아버지의 사랑과 형제의 사랑

산상수훈에서부터 최후의 만찬 강연에 이르기까지, 예수는 따르는 무리에게 형제 사랑보다는 아버지의 사랑을 나타내도록 가르쳤다. 형제 사랑은, 너희 자신을 사랑하는 것처럼 너희 이웃을 사랑하는 것이며, "황금률"을 충분히 이행하는 것이 될 것이다. 그러나 아버지의 사랑은, 예수가 너희를 사랑한 것같이, 너희도 너희 동료 필사자들을 그렇게 사랑할 것을 요구한다.

예수는 인류를 두 가지 애정으로 사랑한다. 그는 이 땅에서 두 가지 성격, 인성과 신성으로 살았다. 하나님의 아들로서 그는 아버지의 사랑으로 사람을 사랑한다. 그는 사람의 창조자이며, 그의 우주에서 아버지이다. 사람의 아들로서. 예수는 필사자들을 형제로서 사랑한다. 그는 사람들 사이에서 진정한 사람이었다.

사도들을 향한 예수의 말 가운데 **아버지다운 사랑**이라는 이 새로운 개념을 심어주려고 노력하였다.

주는 단순한 형제 사랑의 한계와 대조되는 아버지 사랑의 네 가지 초월적이고 최고의 반응을 계속해서 묘사하기 위한 서곡으로, 네 가지 **믿음의 태도**에 집중을 불러일으키면서 이 중대한 담론을 소개했다.

그는 먼저 영이 가난한 자, 의에 굶주린 자, 온유한 자, 가슴이 청결한 자에 대하여 말했다.

1 심령이 가난한 자, 겸손한 자는 행복하다. 아이들의 행복은 당장 즐거움을 누리려는 갈망이 충족되는 것이다. 어른은 나중에 큰 복을 거두기 위하여 극기의 씨를 기꺼이 뿌린다. 예수의 시대와 그 이후 행복은 모두 부의 소유라는 생각과 너무나 자주 연관 되어 왔다. 심령이 낮아진 사람은 영적인 부의 목표, 하나님을 찾는 것을 추구한다. 그리고 진리를 추구하는 사람들은 먼 미래에 보상을 기다릴 필요가 없다. 그들은 지금 보상받는다. 그들은 자신의 마음속에서 하늘나라를 찾고, 지금 그런 행복을 체험한다.

2 의에 굶주리고 목마른 자는 행복할 것이니, 저희가 풍족하게 될 것이기 때문이다. 오직 겸손한 자들만이 신성한 권능과 영적 힘을 추구한다.

체험으로 얻는 의는 기쁨이지, 의무가 아니다. 예수의 정의로움은 역동적인 사랑, 아버지의 애정과 형제의 애정이다.

3 온유한 자들은 행복할 것이니, 저희가 땅을 기업으로 받을 것이기 때문이다. 진정한 온유함은 두려움과 아무런 관계가 없다. 그것은 오히려 하나님께 협조하려는 사람의 태도 '당신의 뜻이 이루어지이다'이다. 예수는 세상에서 가장 이상적인 온유한 사람이었으며 광대한 하나의 우주를 상속받았다.

4 가슴이 청결한 자는 행복할 것이니, 저희가 하나님을 볼 것이기 때문이다. 아버지의 사랑은 하고 싶은 대로 내버려 두는 것이 아니며 악을 묵과하지 않지만, 경멸과는 항상 거리가 멀다. 아버지의 사랑은 한 가지 목적만을 갖고 있는데, 그것은 사람 안에서 가장 좋은 것을 항상 찾는데 그것이 진정한 부모의 자세이다.

너희가 아버지를 알게 될 때, 너희 자신들이 신성한 아들 관계임을 확신하게 되고, 그렇게 해서 육신의 형제들을 형제로서, 형제의 사랑으로 뿐만 아니라 또한 아버지로서 아버지의 애정으로 그들을 점점 더 사랑할 수 있게 된다. 이러한 교훈은 어린아이에게도 가르치기 쉽다. 아이들을 대할 때에는, 모든 속임수를 피하고 의심을 일으키도록 넌지시 비추는 것을 삼가라.

다음에 예수는 따르는 자들에게 투쟁의 주된 목적(완전함, 신성한 달성) 실현에 대하여 계속 가르쳤다. 그는 항상 이렇게 말했다. '하늘에 계신 아버지께서 완전한 것 같이 너희도 완전하라' 그는 사도에게 자신을 사랑하는 것처럼 이웃을 사랑하라고 권고하지 않았다. 그것은 이미 이루어졌어야 했으며, 형제 사랑 성취를 나타냈어야 했다. 오히려 사도들에게 자신이 그들을 사랑하였던 것처럼 —형제의 사랑은 물론이고 아버지의 사랑을 가지고— 그렇게 사람들을 사랑하도록 가르쳤다. 그는 **아버지 같은 사랑** 네 가지 최고의 반응을 지적함으로써 이를 보여주었다.

1 '애통한 자들은 행복할 것이니, 저희가 위로를 받을 것이기 때문이다.' 인정이 많은 감정적 태도를 암시한다. 온화한 태도는 분노와 증오 그리고 의심의 악영향으로부터 혼을 보호해준다.

2 '긍휼히 여기는 자들은 행복할 것이니, 저희가 긍휼히 여김을 받을 것이기 때문이다.' 여기서 자비는 가장 높고 가장 깊고 가장 넓은 진실한 우정 '자애로움'을 의미한다. **자녀를 사랑하는 부모는 자녀를 아무리 여러 번 용서하여도 어려움을 느끼지 않는다.**

3 '화평케 하는 자는 행복할 것이니, 저희가 하나님의 아들이라 일컬음을 받을 것이기 때문이다.' 예수의 말씀을 들은 사람들은 군사적 해방을 소망하고 있었지, 평화를 만드는 자가 아니었다. 그러나 예수가 말씀하는 평화는 소극적이며 부정적인 것이 아니다. 재판과 박해에 직면하였을 때 예수는. '나의 평화가 너희와 함께 있을 것이다.' 이것은 파괴적인 갈등을 미리 방지하는 평화다. 개인적 평화는 개인성을 집대성한다. 사회적 평화는 두려움과 탐욕과 분노를 막는다. 정치적 평화는 인종적 반목과 민족적 의심 그리고 전쟁을 막는다. 평화를 만드는 일이 불신과 의심에 대한 치료이다.

4 '의를 위하여 핍박받는 자들은 행복할 것이니, 하늘의 왕국이 저희 것이기 때문이다.' 평화 뒤에는 박해가 종종 따라온다. '아버지의 사랑'은 이러한 모든 일들, 형제의 사랑으로는 이룰 수 없는 일들을 쉽게 할 수 있다. 그리고 박해의 최종적 수확물은 언제나 진보였다.

그래서 산상수훈의 행복 선언은 '믿음과 사랑'에 기초를 두었고, '윤리와 의무'에 근거한 것이 아니라는 것이 드러난다.

아버지와 같은 사랑은 악을 선으로, 불의가 선행으로 되돌아오는 것을 기뻐한다.

⑤ 성직 임명이 있던 날 저녁

안드레가 산책하시는 예수를 찾아가서 "주여, 내 형제들이 하늘나라에 대한 주의 말씀을 잘 이해하지 못하고 있습니다. 우리에게 조금 더 가르침을 주실 때까지는 이 임무를 시작할 수 없을 것 같습니다."

주는 이렇게 말했다. "너희가 **옛날 방식으로 새로운 가르침을 이해하려고 해서** 나의 말을 받아들이기가 어렵다는 사실을 알아야 하지만, 내가 분명히 말하겠는데 너희는 다시 태어나야 한다. 어린아이처럼 새로 시작하고 기꺼이 내 가르침을 의지하고 하나님을 믿어야 한다. **하늘나라의 새로운 복음은 옛날부터 내려온 것에 끼워서 맞출 수 없다.** 너희는 사람의 아들과 땅에서 그의 사명에 대해 잘못된 생각을 하고 있다. 그러나 내가 율법과 선지자들을 제쳐두고 왔다는 잘못된 생각을 하지 말라, 없애려는 것이 아니라 이를 더 성취하고, 확대하여 밝히려고 온 것이다. 나는 율법을 어기려고 온 것이 아니라, 오히려 이 새로운 계명들을 너희 마음 판에 새기려고 온 것이다."

내가 너희에게 구제와 기도, 금식함으로 아버지의 은혜를 얻으려는 자들의 의를 능가하는 그러한 의를 요구한다. 너희가 하늘나라에 들어가려면, 사랑, 자비, 진리로 이루어진 의가 있어야 한다. 하늘에 계신 내 아버지의 뜻을 행하고자 하는 진지한 소망이 있어야 한다.

율법은 행위를 심판하지만, **나는 행위 뒤에 감추어진 동기를 본다.** 하늘에 계신 아버지는 그 의도에 의해서 심판하고, 자녀의 마음을 살펴보시며 그리고 자비 안에서 그들의 의도와 실제 욕구에 따라 그들을 판결한다.

나는 법을 제정하러 온 것이 아니라 깨우치러 왔다. 나는 이 세상을 개혁하러 온 것이 아니라, 하늘나라를 설립하러 왔다. 나는 단지 사람의 마음을 평안하게 하고 영을 해방하며 혼을 구원하려고 이 세상에 왔다.

너희는 언제나 사람의 모든 행위에 두 가지 관점, 인간의 관점과 신의 관점, 육체의 길과 영위 길, 시간적 평가와 영원의 관점을 인식해야 한다.

너희는 내 말을 항상 문자 그대로 해석하려고 해서 내 가르침으로 인하여 걸려 넘어진다. 내가 영 안에서 내 삶을 사는 것처럼 너희 삶을 살아야 한다. 너희는 나의 개인적 대리인이다. 그러나 모든 사람이 너희처럼 살기를 기대하는 실수를 범하지 마라.

너희는 악을 선으로 갚아라. 나의 메신저들은 사람들과 분투하여서는 안 되며, 모든 이에게 온유하게 대해라. 당한 것을 그대로 갚는 것은 너희의 법칙이 아니다. 사람의 규율에는 그러한 법이 있지만, 하늘나라에서는 그렇지 않다. **언제나 자비가 너희의 심판을 결정해야 하며 사랑이 너희 행위를 결정해야 할 것이다.** 만약 사도가 되기 위한 요구사항이 너희에게 너무 벅차다면, 덜 엄격한 제자의 신분으로 돌아갈 수도 있다. 이러한 충격적인 말씀을 듣고, 잠시 모임을 하고, 당신과 함께하겠습니다. 별도의 대가를 치를 준비가 되어 있습니다. 우리는 그 잔을 마시겠습니다. 제자가 아닌 사도가 되겠습니다.

예수가 이 말을 듣고, 그러면 기꺼이 책임감을 느끼고 나를 따라라. 너희는 선행을 은밀히 행하되, 오른손이 하는 것을 왼손이 모르게 하라. 그리고 기도할 때 홀로 따로 가서 하며, **헛된 반복과 빈말을 되풀이하지 말라. 구하기 전에 너희에게 필요한 것을 아버지께서 이미 알고 계시는 것을 항상 기억해라.** 하늘나라 일에 기탄없는 협력을 하려고 애쓴다면, 자신의 삶을 걱정하지 말며 아버지는 너희의 필요함을 못 본 체하지 않으신다는 것을 명심하라. 내일 일을 염려하지 말라, 한 날의 수고는 그날로 족하다.

⑥ 성직 임명 다음 주간

"너희는 이제 기쁜 소식을 전파하고, 믿는 자들을 가르칠 너희 임무를 시작해야 한다. 예루살렘으로 떠날 준비를 해라." 도마가 용기를 내어 우리가 그 일을 시작할 준비가 되어 있어야 하지만, 두렵습니다. 며칠만 더 여기에 머물도록 하락해 주시겠습니까? 사도들 모두가 같은 생각임을 아시고 너희가 원하는 대로 하자.

이미 예수에 대한 소식이 널리 퍼져 티레, 시돈, 다마스쿠스, 케자리아, 그리고 예루살렘 같은 먼 곳으로부터 왔다. 그때까지는 예수가 직접 가르쳤으나 이제는 이 일을 사도들에게 맡겼다. 안드레는 사도 중에서 한 명씩을 택하여 방문자들을 맡아보게 했으며 가끔은 사도들 모두가 함께 이 일을 맡아보았다.

이 연습 동안, 예수는 세례 이후 사명의 두 가지 큰 동기에 대해 반복하여 말했다.

 1 사람들에게 아버지를 나타내는 일.
 2 사람들이 아들이라는 의식을 갖게 하는 것, 그들이 하나님의 자녀임을 신앙으로 깨닫는 일.

⑦ 목요일 오후 호수에서

예수는 사도가 자신의 가르침을 충분히 이해하지 못하고 있음을 잘 아셨다. 그래서 베드로, 야고보, 요한이 다른 동료들에게 자신의 관념을 분명하게 설명해 줄 수 있기를 바라면서, 그들에게 얼마간의 특별한 가르침을 더 주기로 결심하였다. 열두 사도가 영적인 하늘나라 개념의 어떤 모습을 파악하고 있었지만, 이들이 다윗의 왕좌를 회복하고 땅에서 현세의 권력으로서 이스라엘을 다시 세운다는, 글자 그대로의 나라 개념, 오래되고 뿌리 깊은 개념 바로 위에, 이 새로운 영적 가르침을 붙이려고 끈질기게 고집하는 것을 알았다. 따라서 베드로, 야고보, 요한을 데리고 배를 타고 호수에 나가 왕국의 관련사들에 대해 좀 더 설명하였다. 이것은 네 시간 동안 가르치는 회의였고 수십 가지 질문과 대답을 포함하였다.

다음 내용은 베드로가 그날 오후에 배웠던 것을 다음 날 아침 형 안드레에게 전했던 내용을 요약한 것이다.

 1 아버지의 뜻을 행하는 것, 예수는 하늘 아버지의 보호하심을 믿으라고 가르쳤는데, 이는 맹목적이고 수동적인 운명론적인 것이 아니었다. 아버지를 신뢰하라는 그의 가르침은 현대나 어느 다른 시대의 사회적, 경제적 조건에 의해 결정되어서는 안 된다. 그의 가르침은 동서고금을 막론하고 하나님과 가까이 사는 이상적 원리들을 담고 있다. 그가 금한 것은 앞선 생각이 아니라 걱정과 근심이었다.

그들에게 악에 저항하거나 불공정이나 혹은 부당한 처사에 대항해 싸우지 말라고 가르치셨지만, 그릇된 일에 수동적으로 참으라고 가르치지 않았다. 사회질서 유지와 공정을 실행하기 위해서 무력을 사용해야 한다는 것을 분명히 하였다. 그는 사도에게 보복이라는 악의 실천을 하지 않도록 끊임없이 경고하였다. 보복, 원수를 갚겠다는 관념을 절대로 허용하지 않았다. 사적이고 개인적인 복수라는 개념 전체를 경시하면서 이러한 문제들을 민간 정부, 한편으로는 하나님의 심판에 맡겼다. 그는 세 사람에게 자신의 가르침은 국가가 아닌 개인에게 적용된다는 점을 분명히 했다. 이러한 가르침을 다음과 같이 요약하였다.

원수를 사랑하라–인간이 형제라는 도덕적 주장을 기억하라.
악은 무익하다. 보복한다고 잘못이 고쳐지지 않는다. 악한 수단으로 악에 대항하여 싸우는 잘못을 저지르지 말라.
신의 동정과 영원한 선이 궁극적으로 승리하는 확신–믿음을 가져라.

2 정치적 태도. 당시에 유대 민족과 로마 정부 사이에 존재하던 긴장된 관계에 대하여 논평을 삼가라고 사도들에게 주의를 주었다. 이 난국에 말려드는 것을 금했다. 그는 언제나 '시저의 것은 시저에게 돌리고, 하나님의 것은 하나님께 돌려라.'라고 말하면서, 적들이 쳐놓은 정치적 함정에 항상 주의를 기울였다.

그는 자신의 관심이 구원의 새로운 길을 확립하는 자신의 사명으로부터 옆길로 전환되는 것을 거부 했다. 항상 모든 시민법과 규정을 준수했다.
어떤 대중 교육에서도 그는 시민, 사회, 경제 분야에 관여하지 않았다. 오직 사람의 내적인 삶, 개인의 영적 생활의 원칙에만 관심을 가진다고 세 사도에게 말했다. 그러므로 예수는 정치적 개혁가가 아니었다. 그는 세상을 재조직하러 오신 것이 아니었다. 예수의 가르침을 그 어떤 정치적 또는 경제적 이론이나 사회 또는 산업 체제와 정체성을 확인하려는 오류를 절대로 범해서는 안 된다.

3 사회적 태도. 유대 랍비들은 누가 이웃인가를 논쟁해 왔다. 예수는 적극적이며 자발적으로 우러나는 친절 관념을 제시하였다. 이웃을 너무도 진실하게 사랑함으로써 전 세계의 모든 사람이 포함되도록 이웃을 확대하고, 모든 사람을 이웃으로 만드는 사랑을 제시하였다. 그

러나 이 모든 것에서 예수는 군중이 아니라 오직 개별존재에게 관심을 가졌다. 그는 순수한 동정심, 연민을 가르쳤다. 그는 자비에 사로잡힌 아들이었으며 연민은 그의 본성이었다.

다음날 예수는 사도들의 재산은 예수 자신의 요구나 두 사도의 공동 신청이 있는 경우를 제외하고는 구제금으로 쓰여서는 안 된다고 유다에게 확고하게 지시하였다.

예수의 생활철학, 그는 **영구적인 최고의 중심은 가족이었다.** 그는 가족을 기반으로 하여 하나님에 대해 가르치셨으며, 한편으로는 조상들을 과잉 숭배하는 유대인의 전통을 고치려고 노력하였다. 그는 가정생활이 인간에게 최상의 의무라고 하였지만, 가족 관계가 신앙적 의무에 방해가 되어서는 안 된다는 것도 분명하게 밝히셨다.

가족이 현세적인 제도이고 죽음 이후에는 적용되지 못한다는 사실을 상기시켰다. 예수는 자기 가족이 아버지의 뜻과 충돌이 되었을 때, 자기 가족을 포기하는 데에 주저하지 않았다.

4 경제적 태도, 예수는 세상에서 배운 대로 일하였고 살았으며 거래하였다. 비록 부의 불평등한 분배에 대해 자주 주의를 기울이긴 하였지만, 경제 제도의 개혁가는 아니었다. 그러나 예수는 이러한 불평등한 분배에 대한 어떤 개선책도 제시하지 않았다. 부와 재산에 반대하는 설교를 하지 않았고, 아무런 규율도 제시하지 않았다.

그는 열두 사도를 제외한 나머지 제자들에게는 한 번도 세상의 **재물을** 버리라고 가르치지 않았다. 그는 추종자들에게 **공동생활** 방식을 따르라고 개인적으로 지도한 적이 한 번도 없었다. 그러한 문제에 관한 어떤 종류의 말도 하지 않았다. 그는 재산의 소유에 대해 정면 공격을 하지 않았지만, 영적 가치가 선행된다는 영원한 기본 원칙을 강조하였다.

예수는 모든 사람을 하나님처럼 만들고, 다음에 이 하나님의 아들들이 자신의 정치, 사회, 경제 문제를 스스로 해결하는 동안 이해심을 가지고 구경하려 할 것이다. 그가 비난한 것은 재산이 아니라, 재산에 굴종하는 대다수 사람에게 재산이 미치는 영향이었다. 이 목요일 오후에 예수는 '주는 것이 받는 것보다 복이 있다'라고 처음으로 동료들에게 말했다.

5 개인적 종교, 그의 사도들이 그랬던 것처럼, 너희들도 예수의 일생을 통해 그의 가르침을 더 잘 이해해야만 한다. 그는 이 세상에서 완전한 일생을 사셨고, 그의 고유한 가르침들은 그 일생이 직접적인 체험으로 가시화될 때만 이해될 수 있다. 아버지의 신성한 특성과 사랑 넘치는 개인성을 드러내는 데에 가장 도움이 되는 것은, 예수의 사도들에 대한 **가르침과 군중에게 한 설교가 아니라 그의 일생이다.**

예수는 히브리의 선지자들이나 그리스 도덕주의자들의 가르침을 공격하지 않았다. 주는 이들 위대한 선생들의 많은 좋은 말들을 인정하였지만, 그는 추가적인 어떤 것을 가르치기 위해 이 땅에 왔는데, 그것은 '**하나님의 뜻에 대한 사람 의지의 자발적인 일치**'를 가르치는 일이었다. 예수는 단지 종교적인 감정으로 가득 차 있고 오직 영적 자극에 의해서만 움직이는 하나의 종교적인 사람을 만드는 것을 원하지 않았다. 너희가 한 번만이라도 그를 바라볼 수 있었다면, 예수는 이 세상일에 위대한 체험을 한 실제로 하나의 사람이었음을 단번에 알아차렸을 것이다.

이런 점에서 보면, **예수의 가르침은 그리스도교 시대 여러 세기를 거치면서 비뚤어지고 잘못 전해져 왔다.** 너희들도 역시 주의 온유함과 겸손함에 대해서 잘못된 관념에 사로잡혀 있다. 그가 자신의 일생에서 목표했던 것은 장엄한 자아 존중을 갖추는 것으로 나타났다. 그는 오직 사람들이 스스로 낮아져야만 진정으로 높임을 받는다고 충고하였다. 그가 실제로 목표한 것은 하나님께 대한 진정한 겸손이었다. 그는 **성실함, 순수한 진심**에 가장 큰 가치를 두었다. **성실성**은 그가 성품을 평가하는 기본 덕목이었으며, 반면에 **용기**는 그의 가르침의 핵심이었다. "**두려워 말라**"라는 말은 그의 표어였고, **인내**는 그의 이상적인 성품의 힘을 지탱해 주는 것이었다. **예수가 자신의 개인적 대표로서 어째서 소박하고 씩씩하며 대부분 어부 출신인 평범한 사람들을 선택하였는지 하는 이유이다.**

예수는 당시 사회적 병폐에 대해 거의 언급하지 않았다. 도덕적 비행에 대해서도 마찬가지였다. 그는 진정한 덕을 갖춘 적극적인 선생이었다. **가르칠 때 부정적인 방법을**

사용하는 것을 피하였다. 악을 선전하기를 거부하였다. 도덕의 개혁가도 아니었다. 인간의 감각적 충동이 종교적 비난이나 법정 제재로 억제되지 않음을 잘 알았으며 사도들에게도 그렇게 가르쳤다. 그는 몇 가지 경고는 주로 자부심, 잔인함, 억압, 위선에 관한 것이었다.

예수는 세례요한처럼 격렬하게 바리새인들을 비난하지 않았다. 그는 많은 율법 학자와 바리새인들이 정직한 가슴을 소유하고 있음을 알았으며, 그들이 종교적 전통에 얽매여 있음을 이해하였다. 예수는 '먼저 좋은 나무를 심는 것'에 대해 많이 강조하였다. 그는 그 세 사도에게, 자신은 몇 가지의 특정한 선행에 가치를 두지 않고 전체의 일생에 가치를 둔다는 것을 강조하였다.

그날 가르침에서 **요한이 터득한 한 가지는, 예수의 종교 핵심은 하늘에 계신 아버지의 뜻에 따르려는 데서 동기를 가진 개인성과 더불어, 연민이 가득한 성격을 습득하는 데 있다는 것이었다.**

베드로는 자신들이 **선포할 복음이 실제로 전체 인간 종족에 대한 새로운 시작**이라는 관념을 파악했다. 그는 이 생각을 나중에 바울에게 전했는데, 바울은 그것으로부터 그리스도를 '두 번째 아담'이라고 칭하는 그리스도교 교리를 형성하였다.

야고보는 예수가 그의 **지상 자녀들이 이 세상에 살면서도, 이미 완성된 하늘나라의 시민이 된 것처럼 살게 되기를 원한다**는 감격스러운 진리를 깨달았다.

예수는 사람이 서로 다르다는 것을 알았고, 사도에게도 그렇게 가르쳤다. 그는 사도에게 제자들과 신도들을 일정한 틀에 짜 맞추지 말라고 끊임없이 훈계하였다. 그는 하나님 앞에서 완전하고 분리된 한 개별존재로서 각각의 혼이 각자 자신의 길을 헤쳐 나가는 것이 허용되기를 원하였다. 베드로의 많은 질문 중의 하나에 대답하면서 주가 이렇게 말하였다. "나는 사람을 자유롭게 하여, 새롭고도 더욱 나은 일생 위에서 갓난아이처럼 새로 다시 시작할 수 있기를 원한다." 예수는 **진정한 선행은 무의식중에 이루어져야만** 한다고, 자선할 때 오른손이 하는 일을 왼손이 모르게 하라고 항상 강조하였다.

세 사도는 이날 오후, **주의 종교에는 영적 자기-반성에 대해 아무런 규정도 없음을 깨닫고 매우 놀랐다.** 예수의 시절 이전과 이후에 있던 모든 종교는, 심지어 그리스도교에서도, 양심적인 자아-검증을 조심스럽게 제시하고 있다. 그러나 나사렛 예수의 종교에서는 그렇지 않았다. **예수 일생의 철학은 종교적 내면-성찰이 없다.** 목수의 아들은 성격 형성을 가르친 적이 없었다. 하늘나라는 겨자씨와 같다고 선언하면서, 성격 성장을 가르쳤다. 그러나 예수는 거만한 자기중심주의를 예방하는 수단으로서 하는 자아-분석을 금지하려는 그 어떤 말도 하지 않았다.

하늘나라에 들어가는 권리는 신앙, 개인적 믿음에 달려 있다. 하늘나라로 가는 점진적인 상승에 참여하기 위해 치르는 대가는, 사람이 자신의 소유를 모두 팔아서라도 사려는 비싼 진주와 같다.

예수의 가르침은 약한 자나 노예들만을 위한 하나의 종교가 아니며, 모든 사람을 위한 종교이다. 그의 종교는 결코 **신조나 신학적 규칙으로 구체화 되지 않았으며**(그의 시절 동안에), 그는 한 줄의 글도 남기지 않았다. 그의 일생과 가르침은 온 세상의 모든 세대에게 영적 인도와 도덕적 가르침에 적합한 영감을 주는 이상적인 유산으로 후세에 전해졌다. 그리고 심지어는 오늘날에도, 예수의 가르침은 모든 종교로부터 따로 떨어져서, 그들 모두에게 살아있는 희망이 되고 있다.

예수는 사도에게, 종교가 사람이 세상에서 추구해야 할 유일한 것이라고 가르치지 않았다. 그것은 하나님을 섬기는 일에 대한 유대인들의 관념이었다. 그러나 열두 사도에게는 종교가 그들의 유일한 일이라고 단언하였다. **예수는 자기 신도들에게, 그들이 진정한 문화를 추구하는 데 방해가 될 그 어떤 것도 가르치지 않았다.** 오직 전통에 얽매여 있던 예루살렘의 종교적 학파들로부터만 멀리 떨어졌다. 그는 개방적이며, 가슴이 넓고, 박식했으며, 참을성이 많았다. 자아-의식이 강한 연민은, 정의로운 삶을 사는 그의 철학에서는 찾아볼 수 없었다.

주는 그 자신의 세대나 혹은 뒤이어지는 어느 세대의 비종교적 문제를 위해서, 그 어떤 해결책도 내놓지 않았다. 예수는 영원한 실체들을 꿰뚫어 보는 영적 통찰력을 개발하고, 그리고 삶의 근원 안에서 새로운 계획을 자극하기를 원하였다. 그는 인간 종족의 저변에 깔린 영구적인 영적 필요에만 순전히 자신을 깊이 관여시켰다. 그는 하나님과 동등한 선을 계시하였다. 그는 사랑 ―진리, 아름다움, 선― 을 신성한 이상과 그리고 영원한 실체로 드높였다.

주는 사람 속에 새로운 영, 새로운 의지 ―진리를 알고, 온정을 체험하고, 그리고 선을 선택하기 위한 새로운 수용 능력을 나누어 주려고—, 곧 하늘에 계신 아버지가 완전한 것처럼 완전해지려는 영원한 충동과 더불어 하나님의 뜻과 조화를 이루려는 의지를 사람 속에 창조하기 위해 왔다.

⑨ 헌납식이 있던 날

그다음 안식일에 예수는 자기 사도와 함께 **성직 수임 식**을 행했던 산지로 되돌아갔고, 그곳에서 열두 **사도의 헌납식**을 엄숙하게 거행하였다.

주는 헌납식의 훈시에서 '세상에 나아가 하늘나라의 기쁜 소식을 전파하라. 영적으로 포로 된 자에게 자유를 주고, 억눌린 자를 위로하며, 고통받는 자를 보살펴라.'….

⑩ 헌납식 이후의 밤

그날 밤은 비가 내리므로 세베대의 집에서 가르쳤다. **무엇을 행하여야 하는 것에 대한 것이 아니라, 어떤 사람이 되어야 할지를 가르치기 위해 길게 이야기하였다.**

그들은 의(義) —구원— 을 얻는 방법으로써 어떤 특정한 행위를 요구하는 종교만을 알고 있었다 그러나 예수는 다시 말했다. "하늘나라에서는 너희가 그 일을 하기 위하여 의(義)를 지켜야 한다." 예수는 여러 번 반복했다. "그런즉 하늘에 계신 너희 아버지가 완전한 것같이 너희는 완전하라." 갈피를 못 잡고 있던 사도에게 주가 말씀하는 동안 내내 설명하였던 요지는 자기가 세상에 가지고 온 **구원은 오직 믿는다는 것과 단순하고도 진실한 신앙을 통해서만 얻을 수 있다는 것이었다.** 요한은 옛 생활방식을 참회하는 회개의 세례를 설교했다. 그러나 너희는 하나님과 친교를 맺는 세례를 선포해야 한다. 회개의 가르침이 필요한 자들에게는 회개를 권고하지만, 그러나 이미 하늘나라로 들어갈 진실한 입구를 구하는 이들에게는, 문을 활짝 열고 하나님 자녀들의 즐거운 친교 안으로 들여보내라. 그러나 갈릴리 어부 출신인 그들로서는 **신앙(믿음)으로 의롭게 되는 것이, 세상 일상생활 속에서 정의로움을 행하는 것보다 앞서야 한다는 점을 이해하기 힘들었다.**

사도를 가르치는데 또 다른 **큰 고충은 종교적 진리의 높은 사상과 영적 원리를 개인적 행위의 구체적인 규정으로 바꾸려는 경향이었다.** 예수는 혼의 태도에 대한 아름다운 마음을 그들에게 보여 주고자 하였지만, 그들은 이러한 가르침들을 개인적 행동에 규칙으로 해석하려고 계속 고집하였다. 주가 한 말을 잊었을지라도 **예수 자신이 가르침 그 자체**였기 때문에 점진적으로 동화되었다. 그리고 생활하면서 점진적으로 깨달았다.

사도들은 주가, 우주의 모든 세상과 모든 사람을 위하여 영적 영감을 주는 일생의 삶에 종사하고 있었던 점을 명료하게 깨닫지 못하였다. 때때로 예수가 말해주었음에도, **사도들은 그가 일은 이 세상에서 하지만 그 일은 그가 창조한 방대한 다른 세상들도 위해서라는 관념을 파악하지 못하였다.**….

내가 바라는 것은, **아이와 아버지의 관계였다.** 너희는 어린아이요 너희가 들어가고자 하는 곳은 너희 아버지의 나라이다. 모든 정상적인 자녀와 그 아버지 사이는 자연스러운 애정이 존재하며, 이는 이해와 사랑의 관계를 보장하며, 아버지의 사랑과 자비를 얻으려고 협상하는 모든 성향을 영원히 배제해야 한다. 너희가 나가서 전하려는 복음은 바로 영원한 자녀-아버지 관계의 믿음-실현에서 성장하는 구원과 관련이 있다.

예수의 가르침 한 가지 특징은, **하나님께 대한 개별존재의 개인적 관계 —바로 자녀 아버지 관계—**에서 기원하는 그의 철학에서 그 도덕성이다. 예수는 국가나 민족이 아니라, **개별존재에게 중점을 두었다.** 도덕성의 모든 규칙과 의례를 제거하고 이를 영적 사고와 진실로 의로운 삶이라는 장엄한 차원으로 끌어 올렸다.

모든 사람은 하나님의 자녀이며, 이것이 너희가 선포하려는 그 기쁜 소식이다. 그래서 모든 사람을 자신의 형제로 대하라고 가르쳤다.

요한이 예수에게 '주여, 하늘나라는 어떤 것입니까'라고 물었다. 예수가 대답하였다. "하늘나라는 세 가지 본질로 이루어졌는데, **첫째** 하나님의 주권 사실에 대한 인정이고, **둘째** 하나님의 아들이라는 진리를 믿는 것이다. **셋째** 하나님의 뜻에 따르고자 하는 —하나님을 닮아 가는— 인간의 최고 소망에 대한 신앙이다. 이것이 복음이 주는 좋은 소식이다. 믿음으로 모든 인간은 구원의 이 모든 본질을 가질 수 있다."

이제 기다림의 주간이 끝나고 다음 날 예루살렘으로 떠날 준비를 하였다.

5) 대중 전도의 시작

서기 27년 1월 19일 예수와 열두 사도는 벳새다 본부를 떠날 준비를 마쳤다. 사도들의 가족과 다른 제자들이 새로운 일을 시작하러 가는 그들에게 작별과 성공을 빌기 위해 왔기 때문에 떠나지 못하고 있었다. 예수는 가족이 오지 않아서 상심하였다.

① 갈릴리를 떠남

예수의 명성은 갈릴리 전체와 그 밖에 있는 지역으로 널리 퍼져 있었다. 헤롯이 머지않아 자기 일을 알게 되리라는 것을 알고, 남쪽으로 해서 유대 지방으로 여행하는 것이 최선의 길이라고 생각하였다. 100여 명이 따라가기를 원했으나 사도 집단을 따르지 말라고 간청했다. 그러나 며칠 뒤에 대부분 뒤쫓았다.

예수는 대중 설교를 하지 않았다. 안드레는 군중을 오전 오후 집회로 나누어서 그들을 위한 설교자를 임명하였다. 예수는 새로운 가르침을 주지 않고 그 전에 가르침을 검토하고 많은 질문에 대답하였다. 서기 27년 한해는 페레아와 유대 지방에서 요한의 일을 넘겨받으며 조용하게 지냈다.

② 하나님의 법과 아버지의 뜻

펠라를 떠나기 전날 밤 하늘나라에 대해 좀 더 가르쳤다. 하나님 나라는 이곳에 그리고 우리 한가운데에 있음을 선언하는 바이다.

모든 왕국(나라)에는 왕이 그의 왕좌에 앉아 있고, 그 권역의 법을 선포하여야만 한다. 너희는, 메시아가 다윗의 왕좌에 앉아 있고 그 자리에서 초자연적인 힘으로 온 세계의 법을 제정하고, 유대 백성은 세상 모든 사람 위에서 영화롭게 되는 통치가 이루어지는 것으로 하늘 왕국의 개념을 발전시켜 왔다. 그러나 나의 자녀들아, 너희는 믿음의 눈으로 보지 않고, 영의 이해로도 듣지 않는다.

하늘의 왕국은 사람들의 가슴속에서 하나님의 법을 실현하고 인정하는 것임을 내가 선언하노라. 진실로, 이 왕국에는 한 분 왕이 계시며, 그 왕은 나의 아버지이자 너희의 아버지시다.

우리는 참으로 그분의 충성스러운 백성이지만, 그런 사실을 훨씬 초월하는 것은 우리가 그분의 **아들들이라는 완전히 변환된 진리이다.**

무한자의 왕좌는 하늘들의 하늘에 계시는 아버지의 영원한 처소이다. 그는 우주들을 넘어 우주들에 모든 것을 채우시고 자신의 법을 선포한다. **또한 아버지는 필사자 사람들의 혼 안에서 살도록 그가 보내온 영(靈)에 의하여, 땅 위에 있는 그의 자녀들의 가슴 안에서 다스리신다.**

"선포하러 온 왕국 복음으로 인하여 너희가 신앙으로 자신이 그분의 자녀인 것을 발견할 때, 그때부터는 힘이 가득한 왕의 법을 복종하는 신하로 자신이 보이는 것이 아니고 **사랑이 많으시고 신성한 아버지의 특별한 자녀로 보인다.** 내가 진실로 진실로 말하겠는데, 아버지의 뜻이 율법이 될 때는, 왕국 안에 거의 들지 못한다. 그러나 아버지의 뜻이 진정으로 너희의 뜻이 될 때는, 그로서 왕국은 너희 안에 세워진 체험이 되기 때문에 너희는 진실로 왕국 안에 있는 것이다. **하나님의 뜻이 너희의 율법이 될 때는, 너희가 고상한 노예 같은 백성이지만, 신성한 아들 관계의 새 복음을 너희가 믿을 때는, 아버지의 뜻은 너희의 뜻이 되며 너희는 하늘나라의 해방된 아들, 하나님의 자유로운 자녀라는 높은 위치로 오른다.**"

사도 중에서 이 엄청난 발표의 모든 의의(意義)를 이해한 사람은 야고보 세베대를 제외하고는 거의 없었다.

③ 아마투스에 체류함

아마투스에서 3주간 머물면서 예수는 각 안식일 오후에 설교하고, 사도들은 하루에 두 번씩 설교했다. 베드로, 야고보, 요한이 대중 설교 대부분을 하였다.

예수는 어떤 회의에도 참여하지 않고 충고도 하지 않았다. 곤란한 문제들을 어떻게 풀어갈지 조언도 일절 하지 않았다.

예수의 초상화는 가장 한탄스럽다. 그의 모습은 위엄이 깃든 남자다움이었다. 그는 선하였지만, 꾸밈이 없었다. 예수는 상냥하고 달콤하며, 부드럽고 친절하며, 신비적인 그러한 자세를 보이지 않았다.

주의 명에는, 쉬운 것이지만, 결코 억지로 지우려 하지 않았다. 모든 개별존재는 자기 자신의 자유의지로 이 멍에를 메지 않으면 안 된다.

④ 아버지에 대한 가르침

예수는 사도에게 하나님에 대한 **새로운 개념**을 가르쳤다. 하나님은 아버지인 것, 죄 많은 자녀에 대하여 처벌대상자를 가려내는 데 몰두하는, 위대한 최고의 장부 기록자이거나, 나중에 심판관 자리에 앉아 모든 창조체의 올바른 심판으로, 그들에게 사용할 죄나 악을 기록하는 분이 아니라고 계속 반복하여 강조하였다. 유대인은 사랑이 많으신 개별존재의 아버지로서의 하나님 관념을 가진 적이 전혀 없었다.

주는 악한 영에 사로잡히는 것과 정신 이상의 차이점을 잘 알았지만, 사도에게 충분하게 이해시키기는 불가능하였다. '그들은(악한 영) 내가 하늘에 계신 내 아버지께로 올라갈 때, 그리고 왕국이 위대한 힘과 영적 영광으로 올 때, 그리고 내가 나의 영을 그러한 시대의 모든 사람에게 쏟아부어 준 이후에는, 더 이상 사람들을 괴롭히지 않게 될 것이다.'

⑤ 영적 통합

……예수가 열두 명의 사도를 훈련 시키는 동안 여러 번 이 주제로 되돌아갔다. 선한 사람의 종교적 해석이라도, 주를 믿는 자들이 그런 해석에 따라서 독단 화 되고 **표준화 되는 것은** 그가 원하지 않는다고 거듭 말했다. 그는 하늘나라 복음을 믿는 사람들을 안내하고 통제하는 수단으로서 **신조를** 공식화하고 전통 세우는 것에 반대하는 것을 사도에게 거듭 경고했다.

⑥ 아마투스에서 보낸 마지막 주

시몬 젤로떼가 다마스쿠스에서 온 페르시아 인을 설득하지 못하자, 예수에게 왜 그는 나에게 저항하고, 당신의 말씀은 그토록 흔쾌히 들으려 할까요? 시몬아 내가 너희에게 구원을 구하는 자들의 마음에서 무엇인가를 빼앗으려고 하는 모든 노력을 자제하라고 몇 번이나 가르쳤느냐? 다만 갈급한 이 혼들 속으로 무언가 집어넣기 위해 노력하라고 얼마나 자주 말했느냐? 사람들을 하늘나라로 인도하라, 그러면 위대하고 살아있는 진리, 하늘나라의 진리가 금방 모든 심각한 오류를 없앨 것이다.

시몬아, 사람의 아들이 너희에게 처음 왔을 때, 그가 모세와 다른 예언자들을 공공연히 비난하고, 그리고 새롭고 나은 일생의 길을 선포하였더냐? 아니다. 나는 너희 선조들로부터 물려받은 것들을 없애러 온 것이 아니고 너의 조상들이 **단지 부분적으로만 보았던 것의 완전 한 모습을 너희에게 보여주러 왔다.**

그날 밤, 예수는 **하늘나라의 새로운 생활에** 관하여 사도들에게 강론하였다.

하늘나라에 들어갈 때 너희는 다시 태어난다. 오직 육신으로 난 자들에게는 영의 깊은 일들을 가르칠 수 없다. 영의 높은 길을 가르치려고 애쓰기 전에 먼저 저희가 영에게서 태어났는지를 보라 너희가 먼저 그들을 성전 안으로 데리고 가기 전까지는, 그 사람들에게 성전의 아름다움에 대해 증명하려고 시도하지 마라. 하나님의 아버지 신분과 사람들의 자녀 관계라는 교리를 너희가 강연하기 이전에, 사람들을 하나님께, 하나님의 아들로서 소개하라. 사람들과 다투지 말라, 항상 참을성을 가져라. 그것은 너희의 나라가 아니다. 너희는 단지 대사들일 뿐이다. 단지 나아가며 선포하라, 하늘나라는 이렇다. 하나님은 너희의 아버지시며 너희는 그분의 자녀들이며 만약 그것을 온 가슴으로 믿으면 이러한 기쁜 소식은 너희의 영원한 구원이 된다.

⑦ 요단강 건너 베다니에서

2월 26일 예루살렘으로 가기 전 4주 동안 이곳에서 가르쳤다.

주는 선생들에게 그들의 유일한 일은 각 사람에게 하나님을 아버지로 드러내는 것이며, 각 사람이 아들임을 의식하도록 인도하고, 그 사람을 하나님께 믿음의 아들로 인도하는 것이라고 말했다. 이 두 가지 본질적인 계시는 예수 안에서 이뤄진다. 그는 정말로 '길이요, 진리요, 생명'이었다. 예수의 종교는 전적으로 그의 지상 삶을 기반으로 했다. 예수는 이 세상을 떠났을 때, 개인의 종교 생활에 영향을 미치는 책, 율법, 또는 다른 형태의 인간 조직을 남겨놓지 않고 떠났다.

예수는 하늘나라에 대해 가르칠 때 두 가지 진리라고 칭하였던 것을 강조했는데 '진리를 알지니 진리가 너희를 자유롭게 하리라'는 말은 진리를 진정으로 인식함을 통하여 인간 해방의 성취라는 혁명적인 가르침과 연관된 신앙, 오지로 믿음으로 인한 구원의 달성을 말한다. **예수는 육신으로 나타낸 진리**였으며 자기가 하늘에 계신 아버지께 되돌아간 후에 자기 모든 자녀의 가슴속에 자기 **진리의 영**을 보내겠다고 약속하였다.

인간의 측면에서 볼 때 그는 진정으로 하나의 유대인이었지만, 그는 영역의 필사자로서 모든 세상을 위하여 자기 일생을 사셨다.

예수의 증여 임무는 소수의 지상 창조 체에 본보기가 되어주기 위한 것이 아니고 자신의 온 우주를 망라하여 모든 세상에 있는 모든 사람을 위한 인간 일생의 표준을 설립하고 실증하기 위한 것이라는 점을 이 사도들에게 밝히셨다. 그러나 사도들은 그의 말을 이해할 수 없었다.

그는 자신이 하늘로부터 파견되어 물질적인 마음에 영적 진리를 제시해 주는 선생의 자격으로 역할을 하려고 왔다고 발표하였다. 그리고 그는 정확하게 그 일을 하였다. 그는 설교자가 아닌 선생이었다.

오로지 아버지의 뜻을 행하기 위해 이 세상에 왔다고 그들에게 말했다.

그는 대중의 의견에 신경을 쓰지 않았고, 절대로 어떤 사람에게도 충고나 기도를 요청하지 않았다. 절대로 흥분하거나 화내거나 당황하지 않았다. 그는 결코 어떤 사람에게 사과한 적이 없었다. 그는 때때로 슬픔에 젖었지만 절대로 낙심하지 않았다.

⑧ 여리고 에서의 일

사도들은 자기들의 메시지가 고통받는 사람들에게 치유를 가져다준다는 것을 발견하였다. 그들은 예루살렘으로 올라가는 길에 여리고에서 멈추었다. 예수는 자기와 상의하기 위해 메소포타미아에서 온 대표단을 만났다. 예수는 그들과 3일을 지체하였다. 그들은 하늘나라의 새로운 진리에 대한 지식을 가지고 유프라테스강을 따라 그들 각자의 집으로 행복에 차서 돌아갔다.

4월 6일 예수와 사도 일행은 처음 예루살렘에 갔다.

6) 예루살렘에서의 유월절

저녁에는 주로 베다니에서 지냈고, 하루나 이틀은 그리스파 유대인 플라비우스의 집에서 지냈는데 저명한 유대인들이 그를 만나기 위해 많이 찾아왔다.

한때 높은 사제였고, 살로메의 친족인 옛날 친구 안나스를 찾아갔으나 냉정함을 눈치채고 '두려움이 사람을 노예로 만드는 주범이고 자부심이 사람의 가장 큰 약점이다. 당신은 자신을 배반하여, 기쁨과 해방을 파괴하는 이 두 가지 모두의 노예가 되고자 하는가?'라고 말하면서 나왔다.

① 성전에서의 가르침

이달 내내, 예수나 사도 중의 하나는 매일 같이 성전에서 가르쳤다. 너무 많이 모여들자, 사도들은 신성한 경내 밖에서 가르침을 수행했다. 그들의 메시지 내용은 다음과 같다.

1 하나님의 나라가 가까이 이르렀다.
2 하나님 아버지 신분에 대한 신앙을 통하여 너희는 하늘나라에 들어갈 수 있으며 그렇게 해서 하나님의 자녀가 된다.
3 사랑은 하늘나라에서 사는 규칙이다. 너희 이웃을 너 자신처럼 사랑하면서 하나님에 대한 최상의 헌신이 삶의 규칙이다.
4 아버지의 뜻에 복종하여, 개인적 일생에서 영의 열매를 맺는 것이, 하늘나라의 법칙이다.

유월절 축제장에 왔던 군중들은 이 기쁜 소식을 듣고 기뻐하였다. 유대인 제사장들과 통치자들은 예수와 사도들을 염려하게 되었고 자기들끼리 의논하였다.

관심을 가진 군중들은 예수의 메시지 들을 로마 제국의 먼 지방과 동방에까지 전했다.

② 하나님의 진노

크레테에서 온 야곱이라는 부자 상인은 주의 가르침을 알아들을 수 없어서, 안드레의 안내로 플라비우스의 집에서 예수와 자세한 대화를 가졌다.

야곱은, '랍비여, 모세와 옛 선지자들은 야훼는 질투하는 하나님, 크게 노여워하고 불같이 성내시는 하나님이라고 우리에게 말합니다. 선지자들은 말하기를 그분은 악을 행하는 자를 미워하고 그분의 법에 복종하지 않는 자들에게 재앙을 내리신다고 합니다.

그런데 당신과 제자들은, 하나님이 모든 사람을 너무 사랑하기 때문에, 당신이 가까이 왔다고 선포하는 이 새로운 하늘나라로 그들을 모두 환영하는, 친절하고 연민이 가득한 아버지임을 가르치고 있습니다.'

예수는, '야곱아, 옛날 선지자가 그들 시대에 가르친 것을 잘 표현하였다. 파라다이스에 계신 우리 아버지는 변함이 없다. 그러나 그의 본성에 대한 개념은, 모세의 시절부터 아모스의 시절을 거쳐 선지자 이사야 세대에 이르기까지 계속 확대되고 성장하였다. 그리고 이제는 내가 새로운 영광으로 아버지를 나타내고 온 세상의 모든 사람에게 그분의 사랑과 자비를 보여주려고 육신으로 왔다.….

야곱아, **선하고 진실한 아버지는 자기 가족 전체를 하나의 가족으로 사랑할 뿐만 아니라, 또한 개별 식구 하나하나를 진정으로 사랑하고 애정으로 보살핀다는 것을 기억하기를 바란다.**'

자녀들이 어리고 철이 없을 때, 훈련이 필요하여 체벌했다고 해서, 어른이 되어서까지 여전히 그것을 마음에 담아 둔다면 어리석은 일이 아니겠느냐? 어른이 되었다면 어릴 때 부모가 한 사랑의 단련을 분별할 수 있어야만 할 것이다.

만약 너희가 모세와 선지자들이 보았던 것처럼 하나님 보기를 고집한다면, 영적으로 계몽되고 깨우친 이 세대에서 네게 무슨 이득이 있겠느냐?….

③ 하나님 개념

예수는 사도에게 야훼 사상의 성장 과정을 다음과 같이 가르쳤다.

1 야훼— 시나이(Sinai) 씨족의 하나님(God). 이것은 모세가 이스라엘의 주님 하나님(Lord God)의 수준으로 올려놓았다. **하늘에 계신 아버지는 신(Deity)의 개념이 아무리 투박하든지 또는 무슨 이름으로 그의 신성한 본성을 상징하든지 상관없이 땅에 있는 자녀들의 신실한 예배를 반듯이 받으신다.**

2 지고자(Most High). 멜기세덱이 하늘에 계신 이 아버지 개념을 아브라함에게 선포했다. 커지고 확대된 이 신(Deity)사상을 후일에 믿은 사람들이 이것을 살렘으로부터 멀리 가지고 갔다. 아브라함과 그의 형제는 태양신 경배의 체제 때문에 우르를 떠났으며, 그들은 멜기세덱의

가르침인 엘 엘리온(El Elyon)—지고자 하나님(Most High God)—의 신봉자가 되었다. 그들의 개념은 하나님의 개념을 합성한 것이었는데, 그것은 메소포타미아에서 가졌던 그들의 옛 관념들과 지고자의 교리가 함께 혼합된 것이었다.

3 엘 샤다이(El Shaddai) 이 초기 시절에 많은 히브리인이 엘 샤다이를 숭배했다. 이집트인이 가졌던 하늘의 하나님(God) 개념이며 히브리인은 나일강이 흐르는 땅에서 포로 생활을 하는 동안에 이것을 배웠다. 멜기세덱의 시절이 오래 지난 뒤에, 이 세 가지 하나님 개념은 창조자인 신(Deity), 이스라엘의 주 하나님(Lord God)의 교리 형태로 모두 한꺼번에 합쳐지게 되었다.

4 엘로힘(Elohim). 아담의 시대부터 파라다이스 삼위일체(Paradise Trinity)에 대한 가르침은 계속되었다. 너희는 성서의 시작에서 '태초에 하나님들이 천지를 창조하시니라.'라고 주장하는 것을 기억하지 못하느냐? 이것은 그 기록이 만들어졌을 당시에 세 하나님들의 삼위일체적인 개념이 우리 선조들의 종교에 자리 잡고 있었다는 것을 나타내고 있다.

5 최극자(最極者) 야훼(Supreme Yahweh). 이사야의 시대 무렵에는 하나님에 대한 이러한 믿음들이 우주적 창조자라는 개념으로 확대되었는데 그는 동시에 모든 힘을 지니고 모든 자비로움을 지닌 분이었다. 그리고 이러한 진화되고 확대되어 가는 하나님의 개념은 우리 조상들의 종교 속에 있는 신에 대한 이전의 모든 관념들을 실질적으로 대체하였다.

6 **하늘에 계신 아버지(Father in heaven). 이제 우리는 하나님을 하늘에 계신 우리의 아버지로 알고 있다. 우리의 가르침은 신도들이 하나님의 자녀라는 종교를 제공한다.** 그것이 하늘의 왕국 복음의 기쁜 소식이다. 아버지와 함께 아들과 영이 공존하며, 이들 파라다이스 신들의 본성과 사명 활동에 대한 계시는 하나님의 상승하는 자녀의, 영원한 영적 발달의 끝없는 세대들을 통하여, 계속 확대되고 밝게 빛날 것이다. 언제나 그리고 모든 시대 동안에, 어떤 인간의 진정한 경배—개별존재적인 영적 발달에 관한—도 하늘에 계신 아버지께 드리는 충성으로서 내주(內住)하는 영에 의하여 인지된다.

이전 세대 유대인 마음속에 있었던 하나님 개념의 성장을 자세히 듣고 사도들은 큰 충격을 받았다. 어리둥절해 질문도 할 수 없었.

십계명은 두 번 기록되었는데 첫 번째 기록은 이집트로부터 해방이 안식일 준수를 위한 이유로 주어졌지만, 나중에 시내 산에서 기록된, 우리 선조들이 요구했던 진보된 종교적 신념들이, **안식일 준수의 이유에서 창조의 사실을 인식하는 것으로** 바뀌게 되었다.

'다음에, 이사야의 시절에 더 크게 영적 깨우침을 받아, 이 **부정적 십계명이 크고 긍정적인 사랑의 율법으로, 하나님을 극진히 사랑하고 이웃을 네 몸과 같이 사랑하라는 명령으로 바뀌었음을** 너희가 다시 한번 기억할 것이다. 내가 너희에게 선언하는 것은 **하나님과 사람을 사랑하는 이 최상의 율법이 사람 전체의 의무이다.**'

④ 플라비우스와 그리스 문화

플라비우스가 사는 집은 그가 세계 여행을 하면서 모은 그림과 조각품들로 아름답게 꾸며져 있었다. 그래서 주가 방문했을 때 조각 작품이 우상이라고 꾸짖을까 봐 염려하였다. 이방 저방 다니며 안내할 때, 예수가 각 작품에 대해 식견이 있는 질문을 많이 해 플라비우스는 놀랍고 기뻤다. 주는 집주인이 어리둥절한 것을 눈치챘다.

플라비우스야, 다가오는 시대에는 이것을 섬기지 말라, 저것을 섬기지 말라. 이것에서 멀리하고 저것을 하지 않도록 조심하라는 명령에 더 이상 관심을 두지 않게 될 것이다. 오히려 무한한 창조자에 대한 진지한 경배와 자기 동료 인간들에 대한 사랑하는 봉사이다. 만일 네가 네 이웃을 너 자신처럼 사랑한다면, 너희는 자신이 하나님의 자녀라는 것을 실제로 알게 된다.

나의 아버지를 제대로 이해하지 못하던 시대에는, 우상숭배를 금하려는 모세의 시도가 정당화되었지만, 앞으로 아버지는 아들의 일생 안에서 계시 될 것이다.

플라비우스는 예수가 가르친 모든 것을 믿었고, 다음날 요단강으로 가서 요한의 제자로부터 세례를 받았다. 그는 예수를 위해 큰 만찬을 베풀었는데 60명의 친구를 초대하였다. 손님 중에 많은 사람이 예수의 메시지를 믿게 되었다.

⑤ 확신에 대한 강연

유월절 주간 성전에서 다마스쿠스 사람이 질문했다. 당신을 하나님이 보내셨다는 것과, 당신과 당신의 제자들이 가까이 임했다고 선포하는 이 왕국에 우리가 진정으로 들어간다는 것을, 우리들이 어떻게 확실히 알 수가 있습니까?

예수가 대답했다. "나와 내 제자들의 가르침에 관하여 너희는 그것들의 열매를 가지고 판단해야 한다. 만약 우리가 너희에게 영에 관한 진리들을 전파한다면, 우리 메시지가 참되다는 것을 영이 너의 가슴 안에서 증명할 것이다. 하늘나라에 관하여, 그리고 하늘의 아버지가 받아들인다는 너의 확신에 관하여 말한다. 내가 묻건대 너희 가운데 훌륭하고 마음이 친절한 어떤 아버지가, 집안에서 아들이 어떤 상태에 있는지 또는 아버지의 마음속에서 사랑받는 안전한 처지에 있는지 아들을 걱정시키거나 불안에 떨도록 버려두겠느냐?"

"하늘에 계신 너희 아버지도 믿음의 자녀, 영의 자녀들이 하늘나라에서 저희가 어떤 상태에 있을지 불안하게 의심하도록 버려두지 않는다. 너희가 하나님을 아버지로 받아들이면, 정말로 그리고 진실로 너희는 하나님의 아들이다. 너희가 아들이라면, 영원하고 신성한 아들 관계에 어떤 일에도 너희의 위치와 신분은 안전하다. 너희가 내 말을 믿으면, 믿음으로 나를 보내신 이를 믿는 것이요, 이렇게 아버지를 믿음으로 하늘 시민의 지위를 확실하게 만든다. 너희가 하늘에 계신 아버지의 뜻을 행하면 신성한 나라에서 진보하며 영원한 생명을 얻는 데 실패하는 일이 절대 없을 것이다."

최극자(지존자, 우주적 창조자) 영은 너희가 진실로 하나님의 자녀인 것을 너희 영에게 증명할 것이다. 너희가 하나님의 자녀라면, 너희는 하나님의 영으로 난 자들이다. 너희가 영으로 난 자들이라는, 모든 세상에 대한 증거는, 너희가 진심으로 서로를 사랑하는 것이다.

열두 사도는 예루살렘에서 이 가르침으로 큰 영감을 받았고, 나중에 사명 활동에서 큰 도움이 되었다.

⑥ 니고데모와의 대화

저녁에 플라비우스 집에 니고데모라는 사람이 예수를 만나러 왔는데, 그는 부자였으며 유대 산헤드린의 나이가 지긋한 회원이었다. 사적으로 만날 수 있도록 안드레와 이미 약속해 두었었다. 전적으로 개인적이며 진지한 관심으로 예수를 만나러 왔다. 그는 나중에 아리마데 요셉과 함께 용감하게 자기 신앙을 인정하였고, 대부분 제자가 주의 마지막 고난과 죽음의 현장에서 두려워 도망하였을 때도 예수의 시신을 되찾았다.

니고데모의 질문에 이렇게 말하였다. 사람이 위에서 태어나지 않고는 하나님의 나라를 볼 수 없다. 영으로 태어난 사람 이외에는 하나님의 나라에 들어갈 수 없다. ……이미 하늘에 계신 아버지의 영이 네 안에 거하고 있다. 만일 네가 위로부터 온 이 영의 인도를 받는다면, 너는 곧 영의 눈으로 보기 시작하게 될 것이며, 영의 인도에 전심을 다 바쳐 선택함으로써, 너의 유일한 삶의 목적은 하늘에 계신 아버지의 뜻을 행하는 것이 되기에 네가 영으로 태어나는 것이다. 그렇게 네가 영으로 태어난다는 것과 하나님의 나라에서 행복하다는 것을 알고 나면, 너는 매일의 생활에서 풍부한 영의 열매를 맺게 될 것이다.

⑦ 가족에 관한 교훈

도마는 오후에 사적인 생활방식 등 여러 가지 질문을 하였다. 주의 교훈을 요약하면 다음과 같다.

예수는 자신이 육신을 입고 독특한 일생을 살고 있다는 것과, 사도인 그들은 사람의 아들 증여 체험에 참여하도록 소명 받았다는 사실을 먼저 사도에게 분명하게 설명하고자 하였다. 그래서 동료로서 증여 체험 전체에 여러 가지 특별한 제한이나 의무를 나누어 가진다고 말했다.

하나님의 진정한 가슴을 살펴보고 사람 혼의 깊은 곳을 동시에 볼 수 있었던 이는, 이 세상에서 이제까지 살았던 사람 중에서 오로지 사람의 아들 한 사람뿐이었음을 넌지시 암시하였다.

예수는, **하늘나라는 진화적인 체험인데**, 이 세상에서 시작하여 파라다이스까지, 연속적인 일생을 통하여 **진보해 나가는** 것임을 매우 명백하게 설명하였다. 왕국 발전의 어느 미래 단계에서 자신이 영적 힘과 신성한 영광으로 이 세상을 다시 방문할 것이라고 분명하게 말했다.

예수는 하늘의 왕국(하늘나라 개념)은 사람과 하나님의 관계를 보여 주는 가장 좋은 방법이 아니다. 이런 비유를 쓴 것은 유대 민족이 왕국을 기대했고, 요한이 다가올 왕국이라는 표현으로 전파했기 때문이라고 설명했다.

다른 시대의 사람은 **하늘나라 복음이 가족 관계를 나타내는 표현으로 제시되었을 때**, 종교는 하나님이 아버지이며 사람이 형제이고 하나님의 아들이라는 가르침이라는 것을 사람이 이해할 때, 그 복음을 더욱 잘 알아들을 수 있는 것이다. 다음에 주는 하늘나라 가족의 예증으로서, 이 세상의 가족에 관하여 얼마큼 길게 강론하고, 두 가지 근본 생활 법칙을 다시 표현하였다. 아버지, 곧 집안의 가장을 사랑하는 **첫째 계명**, 그리고 자녀들끼리 서로 사랑하라. 형제를 네 몸과 같이 사랑하라는 것이 **둘째 계명**이다. 그런 다음 그러한 성질의 형제 사랑은 항상, 사심 없이 사랑으로 사회에 봉사함으로 나타난다고 설명하였다.

예수는 참된 가족은 다음의 7가지 사실에 바탕을 둔다고 말하였다.

1. 실존(존재)하는 사실, 인간과 유사한 현상인 본성에 대한 관계성은 그 가족 안에서 밀접하게 관련이 있다. 아이들은 특정한 부모의 특성들을 물려받는다. 아이들은 부모로부터 생겨난다. 성격 존재는 부모의 행동에 달여 있다. 아버지와 아이의 관계는 모든 본성 안에 타고난 것이며, 모든 살아 있는 존재들에게 숨어든다.

2. 안전과 즐거움, 진정한 아버지들은 자녀들의 필요를 충족시키는 데 큰 즐거움을 느낀다. 아버지들은 자녀들의 단순한 욕구를 채워주는 것에 만족하지 않고 자녀들의 즐거움을 위해 준비하는 것을 즐긴다.

3. 교육과 훈련, 현명한 아버지는 자녀들의 교육과 적절한 훈련을 신중하게 계획한다. 그들은 젊었을 때 노년의 더 큰 책임에 대비한다.

4. 단련과 억제, 멀리 내다보는 아버지는 또한 어리고 미숙한 자식의 필요한 단련, 안내, 교정, 그리고 때로는 금지 조치를 마련한다.

5. 동료애와 충성, 인정 많은 아버지는 아이들과 가깝고 사랑하는 관계를 유지한다. 그는 언제나 그들의 탄원에 귀를 기울인다. 그는 언제나 그들의 어려움을 나누고 그들의 어려움을 도울 준비가 되어 있다. 아버지는 자손의 진보적 복지에 대단히 관심이 있다.

6. 사랑과 자비, 동정심이 많은 아버지는 기꺼이 용서한다. 아버지는 자녀에게 복수심에 불타는 기억을 갖지 않는다. 아버지는 심판관들, 원수들 채권자들과 같지 않다. 진정한 가족은 관용, 인내, 용서를 바탕으로 만들어진다.

7. 미래를 위한 준비, 현세의 아버지들은 자녀들에게 유산을 남겨주고 싶어 한다. 죽음은 단지 한 세대가 끝나고 또 나른 세대의 시작됨을 표시하는 것이다. 죽음은 개별존재의 일생을 그치게 하지만, 가족을 부득이 그치게 하는 것이 아니다.

가족생활에 관한 몇 시간의 토론 후 내린 결론은, 나는 아들과 아버지의 모든 관계를 완벽하게 알고 있다. 영원한 미래에 너희가 아들로서 도달해야 하는 모든 것을 내가 지금 이미 도달하였다. 사람의 아들은 아버지의 오른편으로 올라갈 준비가 되어 있고 그래서 하늘에 계신 너희 아버지가 완전한 것 같이 너희가 완전하게 되는 영화로운 진보를 마치기 전에, 너희가 모두 하나님을 보기 위한 길이 내 안에 활짝 열려있다.

예수는 신성한 아들이었으며, 우주 아버지의 완전한 신뢰 속에 있는 아들이다. 그는 아버지와 함께 계셨고 아버지를 완전히 이해했다. 이제 아버지의 마음에 흡족하기까지 땅에서 일생을 살았다. **육체를 입은 이 육신화는 그에게 사람을 충분히 이해하게 했다.** 예수는 완전한 사람이었다. 모든 참 신자가 그 안에서, 그를 통하여, 달성할 운명을 가진 바로 그러한 완전에 그는 이미 도달했다. **예수는 완전한 하나님을 사람에게 계시하였고, 자신의 몸속에 이 땅에서 완전하게 된 아들을 하나님께 내놓았다.**

예수는 몇 시간 동안 말했지만, 도마는 여전히 만족하지 못하고 다시 말하였다.

도마야, 얼마나 더 있어야 너는 영의 귀로 듣는 힘을 갖게 되겠느냐?

이 나라는 영적인 나라요, 내 아버지 또한 영적 존재인 것을 분별하기까지 얼마나 걸리겠느냐? 내가 너를 하늘의 **영적인 가족에서 영적인 자녀로 가르치고 있다**는 것을 이해하지 못하느냐? 가족의 수장인 아버지는 무한하고 영원한 영이다. 내 가르침을 글자 그대로 물질적 일에 적용하지 않고서 내가 땅의 가족을 신성한 관계의 예로 사용하는 것을, 너희는 수긍할 수 없느냐? 너의 지성에서 하늘나라의 영적 실체들과 현재의 물질, 사회, 경제, 정치 문제를 분리할 수는 없느냐? 내가 영의 언어로 말할 때, 예를 들 목적으로 평범하고 글자 그대로의 관계를 사용한다고 해서, 어찌하여 내가 의미하는 것을, 육신의 언어로 풀이하기를 고집하느냐? 나의 자녀들아, 나는 너희가 영의 나라 가르침을 노예 제도, 가난, 집, 땅이라는 비도덕적인 일들과 인간의 평등과 공정이라는 물질적인 문제에 적용하는 것을 멈추기를 간청한다. 이 현세의 문제들은 이 세상 사람들의 관심사이고, 어떤 면에서 그 문제들이 모든 사람에게 영향을 미치기는 하여도, 내가 내 아버지를 대표하는 것 같이 너희는 세상에서 나를 대표하라고 부름을 받았다. 너희는 영의 나라를 대표하는 영적 대사요, 영 아버지의 특별한 대표이다.

⑧ 남부 유대 지방에서

 4월 말경에는 바리새인과 사두개인 사이에서 예수에 대한 반대가 너무 뚜렷해져서, 주와 사도들은 예루살렘을 떠나 베들레헴과 헤브론에서 일하려고 남쪽으로 가기로 하였다. 5월 한 달은 이 도시와 인근 마을에서 가정을 방문하며 개인을 상대로 전도하였다.

 사도들이 복음을 가르치는 동안 예수와 아브너는 나지르인 거류지를 방문하면서 엔게디에서 지냈다. 세례요한은 이곳에서 나왔고, 아브너는 이 집단의 수장이었다.

 6월 초까지는 예루살렘 안에서 예수에 대한 동요가 어느 정도 가라앉게 되어 예수와 사도 일행은 신도들을 가르치기 위하여 돌아갔다. 그달 전부를 보냈으나 아무런 대중 가르침을 하지 않았다. 올리브 산 서쪽 그늘진 겟세마네 공원에 천막을 치고 찾아오는 자들을 만났다. 새로운 동요가 일어나서 사마리아와 데가 폴리스의 여러 도시로 물러나 있기로 하였다.

9. 사마리아를 거쳐 감

 서기 27년 6월 말 유대 종교 지도자가 점점 심하게 방해하므로 예수와 열두 사도는 천막과 개인 물건을 베다니 나사로의 집에 맡기고, 사마리아로 가기 위해 벧엘에서 안식일을 지냈다. 이곳에서 여러 날 전도 했으며 아리마대와 탐나에서 온 무리의 초청으로 그곳에서 2주 이상 유대인과 사마리아인을 가르쳤다.

 남부 사마리아 사람은 예수의 말씀을 기쁘게 받아들였고, 사도들은 사마리아인에게 가졌던 편견을 많이 극복할 수 있었다. 7월 마지막 주간에, 요단에서 가까운 그리스 도시인 파사엘리스와 아켈라이스로 떠날 준비를 하였다.

1) 아캘라이스에서의 설교

사도 일행은 8월 전반부에 그리스인 도시에 본부를 두고 그리스인, 로마인, 시리아인 같은 이방인을 상대로 전도 체험을 했는데 새로운 어려움에 부딪혔다.

예수의 교훈에 대한 새로운 반대에 봉착하였고, 열두 사도가 개인 체험담을 반복해서 말하자, 예수는 천국 복음에 대한 이러한 장애물에 대해 주의 깊게 귀 기울였다.

빌립이 '주님, 이 그리스인과 로마인은 그런 교훈이 약한 자나 노예에게 어울린다면서 우리 메시지를 가볍게 여깁니다. 그들은 이방인의 종교가 강력하고 확고하고 적극적인 성품을 획득하게 해 주기 때문에 우리 가르침보다 우월하다고 주장합니다. 그들은 우리가 모든 사람을 약하고 수동적인 비 저항자로 만들어 이 세상에서 곧 사라지게 할 것이라고 말합니다. 주님, 그들은 당신을 좋아하고 당신의 가르침이 신성하고 이상적이라고 기꺼이 시인하지만, 우리를 진지하게 받아들이지는 않습니다. 그들은 당신의 종교가 이 세상에 맞지 않고, 당신이 가르치는 대로 살 수 없다고 주장합니다. 그러니 주님, 이제 우리는 이방인에게 무엇이라고 말해야 합니까?'

도마, 나다니엘, 열성 당원 시몬, 마태로부터 비슷한 이야기를 듣고 난 후 예수께서 열두 사도에게 말하였다.

"나는 내 아버지의 뜻을 행하고 그의 사랑하는 성품을 모든 인류에게 계시하기 위하여 이 세상에 왔다. 내 형제들아, 그것이 나의 사명이다. 그래서 나는 단지 이 한 가지를 이행할 것이며, 나의 가르침이 이 시대 혹은 다른 시대의 유대인이나 혹은 이방인에 의해 오해받는 것에 괘념치 않는다. 그러나 너희는 신성한 사랑에도 혹독한 단련이 있다는 사실을 경시해서는 안 될 것이다. 자녀에 대한 아버지의 사랑은, 아버지로 자기 생각 없는 자손이 현명하지 못한 행위를 억제하도록 종종 강요한다. 아버지가 억제하는 단련의 현명함과 사랑하는 동기를 자녀가 항상 이해하는 것은 아니다. 그러나 내가 너희에게 분명하게 말하겠는데, 파라다이스에 계신 나의 아버지는 그분의 **저항할 수 없는 사랑의 힘으로** 우주들의 우주를 지배한다. 모든 영적실체 중에서 사랑이 최고이다. 진리는 자유롭게 하는 계시이지만, 사랑은 최상의 관계이다. 그리고 오늘날의 세상일에서 너희와 같은 사람이 어떤 실책을 범하든지 간에 앞으로 오는 세대에서는 내가 너희에게 선언하는 복음이 바로, 이 세상을 지배하게 될 것이다. **인간 진보의 궁극적인 목적은 하나님 아버지의 신분은 존경을 담아서 인지하는 것과 사람이 형제임을 사랑으로 실현하는 것이다.**"

그러나 누가 너희에게 나의 복음이 단지 노예와 약한 자만을 위한 것이라고 했느냐? 내가 선택한 사도인 너희가 허약한 자처럼 보이느냐? 요한이 약한 자처럼 보이느냐? 내가 두려움에 떠는 것을 보았느냐? 이 세대에서 가난한 자와 억압받는 자들이 자신에게 전파된 복음을 소유하였다는 것은 사실이다. 이 세상 종교는 가난한 자를 무시했지만, 나의 아버지는 사람을 차별하지 않는다.

게다가, 가난한 자들이 회개하고 아들인 것을 받아들이라는 부름에 제일 먼저 관심을 표하였다. 하늘나라 복음은 모든 사람 유대인과 이방인, 그리스인과 로마인, 부자와 가난한 자, 젊은이와 늙은이, 남자와 여자에게 똑같이 전파되었다.

"나의 아버지께서 사랑의 하나님이고 자비 베풀기를 기뻐하신다고 해서, 천국 봉사가 단조롭고 쉬울 것으로 생각지 말라. 파라다이스로 올라가는 것은 영원히 최고의 모험이요, 영원을 향한 어렵게 성취하는 것이다. 땅에서 하늘나라에 봉사하는 것은 너희, 그리고 너희와 함께 일하는 용감한 남성 자질을 요구할 것이다. 너희들 중에서 많은 사람이 이 천국 복음에 충성을 바침으로써 죽임을 당할 것이다. 육체적 전쟁에서 싸우고 있는 전우 앞에서 용기를 얻어 죽기는 쉽지만, 인간의 가슴 속에 소중히 여기는 진리를 사랑하기 때문에 차분하게, 온전히 혼자서 목숨을 버리는 데는 더 높고 깊은 형태의 인간다운 용기와 헌신을 요구한다."

"오늘날, 너희가 무저항의 복음을 가르치고 비폭력의 인생을 사는 것으로 인해 믿지 않는 자들이 너희를 비난할지 모르지만, 이 교훈을 향한 영웅적 헌신으로 인하여 인류를 놀라게 할 첫 번째 자원자이다. 이 세상의 어떤 군대도, 세상 모든 곳으로 나아가 하나님의 아버지 되심과 사람이 형제 관계라는 좋은 소식을 전파하는 충성스럽고 용감함을 보여 준 적이 이제까지 없었다. 육신의 용기는 가장 낮은 형태의 용감성이다. 마음의 용감성이 더 높은 유형의 인간적 용기이지만 가장 고귀하고 최상의 용맹성은 심오한 영적 실체를 깨달은 확신에 대해 가지는 양보하지 않는 불굴의 충성심이다.

그러한 용기는 하나님을 알고 있는 그 사람의 영웅적인 행위를 만들어 낸다. 너희는 모두 하나님을 아는 사람이다. 너희는 진실로 사람의 아들 개인적 동료다."

이러한 말은 그때 예수가 한 이야기의 전부가 아니라, 서론이었으며 일일이 예를 들면서 길게 이어갔다. 이 열렬한 강의는 강한 감정으로 보여준 귀한 경우이다.

사도의 대중 전도와 개인 사역에 결과가 바로 나타났다. 바로 그날부터 그들의 메시지는 압도적인 용기에서 나오는 새로운 빛이 들어 있었다. 사도는 하늘나라의 새로운 복음을 전하는 일에 적극적으로 공격하는 기백을 계속 얻었다. 이날 이후로는, 스승의 가르침을 따라, 무엇을 하지 말라는 식으로 부정적이고 수동적인 명령을 하는 설교를 많이 하지 않았다.

2) 자아 정복에 대한 교훈

주는 자아를 통제할 수 있는 인간의 완전한 표본이었다. 욕설을 듣고서 욕하지 않았다. 고통을 받을 때, 괴롭히는 사람에게 위협하는 말을 전혀 하지 않았다. 적들이 그를 비난하여도 하늘에 계신 아버지의 정의로운 판결에 자신을 맡겼다.

어느 날 저녁 회의에서, 안드레가 예수에게 물었다. '주여, 요한이 가르친 것처럼 우리도 자기부정을 실천해야 합니까? 아니면 선생님의 가르침처럼 자아 통제를 하도록 힘써야 합니까? 당신의 가르침과 요한의 가르침은 어떤 면에서 다른 것입니까?' 예수께서 대답했다.

"요한은 진실로 자기 선조의 빛과 율법에 의지해 의의 길을 너희에게 가르쳤고 그것은 **자아 반성과 자아 부정**의 종교였다. 그러나 나는 **자아 망각과 자아 통제**라는 새로운 메시지를 가지고 왔다. 하늘에 계신 아버지께서 내게 계시하신 대로 너희에게 그 생명의 길을 보여주고 있다."

진실로 진실로 너희에게 말한다. 자기 자신을 다스리는 자는 한 도시를 점령하는 것보다 더 위대하다. 자아 정복은 사람의 도덕적 본성의 척도이며 영적 발전을 가리키는 지표이다. 옛 규율 안에서는 너희가 금식하고 기도했다. 영으로 다시 태어난 새로운 피조물로서, 너희는 믿고 기쁨을 누리라는 가르침을 받고 있다. 너희는 아버지의 나라에서 새로운 피조물이 될 것이며, 옛것은 지나갔으며, 보라 모든 것이 어떻게 되는지 내가 너희에게 보여주고 있다. 너희가 서로 사랑함으로써, 너희는 속박에서 자유로, 죽음에서 영구적 생명으로 옮겨갔음을 세상에 확신시켜야 한다.

"너희는 옛날 방법을 따라서. 스스로 참고 복종하며 순응하려고 애쓴다. 이제는 먼저 진리의 영에 의해 변화되고, 마음을 끊임없이 영적으로 새롭게 하여 너희 안에 있는 혼이 강한 힘을 얻게 된다. 그렇게 인자하고 적절하고 완전한 하나님의 뜻을 확실하고 기쁘게 행하는 힘을 자질로써 부여받는다. 너희가 신성한 본성의 공유자가 되는 것을 보증하는 것은, 지극히 위대하고 값진 하나님의 약속에 대한 너희의 개인적 신앙인 것을 잊지 마라. 이처럼 너희 신앙과 영의 변화로 실제로 하나님의 성전이 되며, 그의 영은 실제로 너희 안에 거하는 것이다. 만약에 그 영이 너희 안에 거한다면, 너는 더 이상 육신의 노예가 아니고 자유롭고 해방된 영의 자녀이다. 자아 속박의 두려움과 자아 부정의 노예가 되는 옛날의 법 대신에, 새로운 영의 법이 자아 정복의 해방을 너희에게 자질로서 부여하는 것이다."

"너희가 악을 행하였을 때, 실제로는 자신이 선천적 경향으로 인해 길을 잃게 되지만, 너희 행동이 악한 세력의 영향 때문이라 생각한 적이 여러 번 있었다. 선지자 예레미아는 오래전에 너희에게, 인간의 가슴은 무엇보다도 기만적이고 때로는 지독하게 사악하다고까지 말하지 않았느냐? 너희가 자기기만에 빠지고 그리하여 어리석은 두려움, 여러 가지 욕망, 쾌락에 사로잡힘, 악의, 시기, 그리고 심지어 복수심에 불타는 증오에 빠지기가 얼마나 쉬운지 모른다!"

'**구원은 영이 다시 살아남으로 인한 것이며, 육신이 자기 의의 행위 덕분이 아니다. 너희는, 육신의 자아 부정과 두려움에 의해서가 아니라 신앙에 의해서 옳다고 인정되며 인애(仁愛)에 의해서 동료관계로 되는 것이다.** 그럼에도 영으로 태어난 아버지의 자녀들은 항상 자아와 육신의 욕망에 대한 모든 것들의 주인이다. 너희가 **믿음으로 구원** 받았다는 것을 알게 될 때 하나님과 실제 평화를 갖는다. 이러한 하늘의 평화 길을 따르는 모든 이들은 영원한 하나님의 항상 진보하는 자녀들의 영원한 봉사로 신성화되도록 운명 된다. 따라서 하나님의 사랑 안에서 완전함을 구하면서 모든 마음과 육체의 악으로부터 너희 자신을 씻는 것은 의무가 아니라 오히려 너희의 고귀한 특권이다.'

'**너희가 자녀 관계를 획득하는 것은 믿음에 기반을 두며,** 두려움으로 흔들이지 않는다. 너희의 기쁨은 신성한 말씀을 신뢰하는 데서 나오며, 따라서 너희는 아버지의 사랑과 자비의 실체를 의심하도록 이끌리지 않아야 한다. **사람을 참되고 진정한 회개로 인도하는 것은 바로 하나님의 선하심이다.** 너희 자아 정복 비결은, 사랑으로 언제나 일하는, 내주하는 영에 대한 너희 신앙에 달려 있다. **구원에 이르는 이러한 믿음도 너희 스스로 얻는 것이 아니며, 그것도 역시 하나님의 선물이다.** 너희가 살아있는 이 신앙의 자녀라면, 너희는 더 이상 자아에 묶인 노예가 아니고 오히려 너희 자신을 이긴 주인, 즉 하나님의 해방된 자녀다.'

나의 자녀들아, 너희가 영으로 태어나면, 자아 부정의 삶에 대한 자아의식의 속박에서 그리고 육신의 욕망에 대한 경계심에서 영원히 구출되며, 즐거운 영의 나라로 옮겨지고 너희 일상생활에서 자연스럽게 영의 열매를 맺게 되며, 영의 열매들은 즐길만하고 고상케 하는 자아 통제 중 가장 높은 유형의 핵심이다. 땅에서 필사자가 도달하는 최고 높이까지 이르는 진정한 자아 정복이다.

3) 기분 전환과 휴식 (휴식의 효능)

이 무렵 사도와 그 직계 제자 사이에 신경과민과 감정적 긴장감이 발생하였다. 그들은 함께 일하고 살아가는 데 적응하기가 어려웠다. 이 유대인은 이방인과 사마리아인 그리고 세례요한의 제자와 어울리는 데도 어려움을 겪고 있었다. 최근 예수가 한 말도 그들의 혼란한 마음을 더욱 불안하게 하였다. 사도들의 의장인 안드레는 정신을 잃을 지경이었다. 앞으로 무엇을 해야 할지 몰랐으므로, 문제와 복잡한 일을 가지고 스승에게로 갔다. 예수께서는 사도의 대장이 말하는 것을 들은 후 말해주었다.

'안드레야, 복잡하게 서로 연결된 상태에 있을 때 네가 그 복잡한 것을 다른 사람에게 말할 수는 없는 것이며, 그리고 많은 사람이 격한 감정이 있다면, 네가 요구하는 것을 내가 할 수 없다. 이렇게 개인적으로 서로 얽힌 문제에 간섭하지 않을 것이다. 그러나 나는 너희와 함께 사브라타 산으로 가서 하루나 이틀 쉬도록 하자고 전해라.'

'이제 열한 형제 각자에게 가서 남이 보지 않는대서 이렇게 말하여라 '주가 한동안 쉬고 긴장을 풀려고, 우리만 그와 함께 가기를 원하신다. 우리가 모두 요즈음 정신이 많이 시달리고 긴장하였으니, 이 휴일 동안에 우리가 겪은 시련과 곤경에 대하여 아무 말도 하지 말라고 내가 제안한다. 이 문제에 네가 협조할 것을 기대해도 되겠느냐?' 이 방법으로 형제 각자에게 친히 접근하여라. 안드레는 주가 지시한 대로 하였다.

이것은 각자의 체험에 굉장한 사건이었다. 그들은 산으로 올라갔던 그날을 잊지 못하였다. 전체 여행 기간 자신들의 문젯거리에 대해서는 한마디 말도 없었다. 산 정상에 올라가자, 예수는 그들을 자신의 주위에 앉히고 말씀하였다. "내 형제들이, 너희 모두는 휴식의 소중함과 이완 휴식의 효능에 대해 알아야만 한다. **복잡하게 얽힌 문제들에 대한 최선의 해결 방법은 잠깐 그것을 내버려 두는 것이라는 것을 너희가 깨달아야 한다.** 그런 다음, 휴식이나 경배의 시간을 가진 후에 새롭게 돌아가면, 너희는 더욱 단호해진 가슴을 말할 것도 없고, 좀 더 맑은 머리와 좀 더 안정된 솜씨로 너희 문제를 쳐부술 수 있게 된다. **다시 한번 말하지만, 너희 마음과 몸을 쉬게 하는 동안에 너희 문제는 크기와 비율에서 여러 번 쪼그라들었다는 것을 발견하게 된다.**"

다음 날 예수는 열두 사도 각자에게 종교 문제와 관련 없는 주제를 하나씩 주고, 이 주제에 대하여 생각하고 대화하며 하루를 보냈다. 점심시간에 예수가 입으로 식사 기도를 하지 않는 것을 보고 순간 놀랐다. 그가 그러한 형식을 무시하는 것을 본 것은 이번이 처음이다.

산으로 올라갔을 때, 안드레의 머리는 문제로 가득 차 있었다. 요한은 지나칠 정도로 가슴속에서 갈피를 잡지 못하고 있었다. 마태는 이방인 가운데 머무르고 있었기 때문에 기금이 모자라 가슴을 태우고 있었다. 베드로는 과로했고 보통 때보다 더 신경질적이었다. 유다는 때때로 찾아오는 신경과민과 이기심으로 고통받고 있었다. 시몬은 애국심과 형제 사랑을 절충하려는 노력으로 마음이 편치 않았다. 빌립은 일이 되어가는 형편을 보고 어찌할 바 몰랐다. 나다니엘은 이방인과 접촉하게 되면서 유머가 줄었고, 도마는 심한 우울증에 빠졌다. 쌍둥이 형제만 정상적이고 평온하였다. 모두는 세례요한 제자들과 어떻게 사이좋게 지낼 수 있을지 난처해하고 있었다.

셋째 날 산에서 내려와 야영지로 돌아왔을 때, 그들에게 큰 변화가 일어났다. 그들이 발견한 중요한 사실은, **인간에게 복잡한 많은 것들이 사실은 존재하지 않는다는 것, 압박을 주는 많은 곤란한 일들은 그대로 내버려 두는 것이 상책인 것을 터득하였다. 그런 문제에서 떠나감으로써 그것들이 저절로 해결되도록 내버려 두었다.**

이 휴가는 요한의 추종자들과 사이가 개선되는 계기가 되었고, 그들이 신경과민에서 해방되었음을 알고 기뻐하였다. 인간 접촉의 단조로움이 분규를 부풀리고 어려움을 확대하는 위험이 언제나 있다.

4) 유대인과 사마리아인

600년이 넘도록 유대 지방의 유대인, 나중에는 갈릴리의 유대인도 사마리아인과 반목하고 있었다. 유대인과 사마리아인 사이의 반감은 다음과 같은 이유로 생겼다.

기원전 700년 전 무렵에, 앗수르 왕 사르곤이 중부 팔레스타인에서 일어난 폭동을 진압하면서, 북쪽 이스라엘 왕국의 유대인 2만 5천 명이 넘게 포로로 데려갔다. 그 자리에 거의 같은 수의 쿳, 세파르브, 하마트 후손으로 채웠다. 그 뒤 아슈바니팔이 다른 정복민을 데려다가 사마리아에 살게 하였다.

유대인과 사마리아인 사이의 종교적 적대감은, 유대인이 바벨론 포로 생활에서 귀환하는 때로 거슬러 올라간다. 그때 사마리아인은 예루살렘의 재건을 막으려고 하였다. 나중에 그들은 알렉산더 군대를 친절히 도와줌으로 유대인을 화나게 하였다. 이 친절에 대한 보답으로 알렉산더는 사마리아인에게 그리심 산에 성전을 짓도록 허락하였다. 그 성전에서 그들은 야훼와 그들의 부족 신을 섬기며, 예루살렘 성전의 예배순서에 희생 제물을 바치는 것처럼, 그렇게 제물을 바쳤다. 요한 힐카누스가 그리심 산에 있는 성전을 파괴하였고 마카비 시대까지 예배는 계속되었다. 사도 빌립은 예수의 죽음 후에 사마리아인을 위해 이 옛 사마리아 성전 터에서 많은 모임을 했다. 주님이 '사마리아로 가자'라고 말했을 때 유대인인 열두 사도에게는 주님에 대한 충성심을 시험하는 것과 같았다.

5) 수가성의 여인

주님과 열두 사도가 야곱의 우물에 도착하였을 때, 여행으로 지친 예수는 우물가에서 기다렸다. 그동안에 빌립은 수가에서 음식물과 텐트를 가져오기 위하여 사도를 데리고 갔다. 베드로 야고보 요한은 남아있으려 했지만, 예수는 형제들과 함께 가라고 이들에게 부탁하며 말했다. "내 걱정은 하지 말아라, 사마리아인은 친절할 것이며, 우리 형제 유대인만이 우리를 해치려 꾀한다." 이때는 여름날 저녁 6시 경이다.

야곱의 우물은 수가의 우물보다 광물질이 적었으므로 식수로 소중히 여겼다. 예수는 목이 말랐지만, 물을 길 방법이 없었다.

그래서 수가의 한 여인이 물을 길으려고 준비하고 왔을 때, 그녀에게 내게 물을 좀 달라고 하였다. 이 사마리아의 여인은 이름은 날다 이고 미모의 여인이었다…. 그녀는 자신의 선택으로 비도덕적인 여자가 된 것은 아니었다. 남편에게 모질게 또 부당하게 버려진 이래로 네 명의 남자와 동거했고 막다른 골목에서 결혼식도 하지 않고 그리스인 아내로 지내고 있었다.

……예수는 이 여인과의 대화에서, 너희는 알지 못하는 것을 예배하나니 이교도 신의 종교와 이방의 철학이 혼합된 것이다. 유대인은 적어도 경배드리는 대상을 알고 있으며, 유일하신 하나님 곧 야회에만 경배를 집중시킴으로써 혼란을 제거했다. 그러나 아버지께 진지하게 예배하는 사람은 영으로 그리고 진리로 섬기게 될 것인데, 바로 지금이 그때다. 내가 한 말을 믿어야 하는데 이는 아버지께서 찾으시는 것이 바로 이러한 예배자이기 때문이다. 하나님은 영이시며 그에게 예배하는 자는 영안에서 그리고 진리 안에서 예배하여야 한다. 너희의 구원은 다른 자들이 어떻게 혹은 어디서 예배드리는 것을 아는 데서 오는 것이 아니라, 지금 내가 너에게 주는 생수를 너 자신의 가슴에 받음으로써 온다.

날다는, 선생님 세례요한이 전파하기를 개종시키는 분이 와서 자신을 해방자(구원 주)라 칭할 것이며, 그가 오시면 모든 것을 우리에게 선언하실 것이라 하였습니다. 그러자 예수는 날다 말을 중단시키고, 놀라운 확신으로 말했다. **"네게 말하고 있는 내가 바로 그 이니라"**

이것은 예수가 땅에서 자신의 신성한 본성과 하나님의 아들 신분임을 직접, 분명하게, 숨기지 않고 선언한 것으로는 처음이다. 그것도 한 여자에게, 사마리아 여자에게, 이 순간까지 남자들 눈에 의심스러운 인격을 가진 여자에게 선언하였다.

그러나 신의 눈은, 자신의 욕망으로 죄를 짓기보다는 다른 사람에게 저항하다가 더 많은 죄를 지었다고 보았으며, 지금은 진심으로 온 마음으로 구원을 갈망하는 인간의 혼이라고 보았고, 그것으로 충분하였다.

……예수가 날다에게 말했다. "여인아, 너의 길을 가라, 하나님께서 너를 용서하셨다. 이제부터는 새 삶을 살도록 하여라, 네가 생수를 받았으니 새로운 기쁨이 네 혼 내부에서 솟아오를 것이며, 너는 지도자의 딸이 될 것이다. 그 여인은 사도들이 못마땅해 하는 것을 알아채고 물동이를 두고 동네로 달아났다.

날다는 도시로 들어가면서 만나는 사람마다 야곱의 우물로 가라고 선전하였다. 그러자 해가 지기 전에 많은 무리가 예수의 말을 들으러 야곱의 우물 가에 모였다. 주는 그들에게 생명수 곧 내주하는 영의 선물에 대해 더 이야기해 주었다.

사도는 예수가 의심스러운 인품의 여인, 심지어 부도덕한 여인이라고 불리는 그런 여인과 기꺼이 대화를 나눈 사실에서 받은 충격에서 벗어날 수가 없었다. 부도덕한 여인이라고 불리는 여인일지라도 하나님을 그들의 아버지로 선택할 수 있으며, 그러므로 영원한 생명을 위한 후보자인 하나님의 딸이 될 수 있는 영혼을 지니고 있다는 사실을 예수가 사도에게 가르치기는 아주 힘든 일이었다. 심지어 그로부터 19세기가 지난 뒤에도 많은 사람이 그와 같이 이러한 스승의 가르침을 기꺼이 이해하지 않으려는 모습을 보인다.

심지어 그리스도교 종교인들조차도 그리스도의 일생에 대한 진리 대신에 그리스도의 죽음이라는 사실을 중심으로 모든 것을 쌓아 올리려고 끈질기게 애쓰고 있다.

세상은 비극적이고 슬픈 그리스도의 죽음 보다는, 그가 행복하게 하나님을 드러내 보이려고 애쓴 일생(삶, 생애, 인생)에 대하여 보다 많은 관심을 가져야 한다. 날다가 다음날 이 모든 이야기를 사도 요한에게 말하였지만, 다른 사도에게는 다 말해주지 않았으며, 예수가 열두 사도에게 그것에 대한 자세한 말을 안 하였다.

6) 사마리아의 부흥

예수와 사도는, 그리심 산에 캠프를 세우기 전에 수가에서 이틀 동안 전도를 하였다. 많은 주민이 복음을 믿고 세례받기를 구했지만, 아직 세례를 주지 않았다.

그리심, 산에서 야영한 첫날 밤 사도는 야곱의 우물가에서 여인에게 한 태도를 꾸중하리라 예상했으나 그 일에 대해 아무 언급이 없었다. 대신에, **"하나님 나라에서 중심이 되는 실체"**에 대해 잊지 못할 말씀을 그들에게 해 주었다. **어떤 종교에서도 기치가 한쪽으로 치우치도록 버려두고, 사람의 신학에서도 진리 대신에 사실이 자리를 차지하도록 버려두기가 너무나 쉽다. 십자가의 사실은 후일에 기독교의 바로 그 핵심이 되었다. 그러나 그것은 나사렛 예수의 일생과 가르침으로부터 얻을 수 있는 종교의 중심이 되는 진리가 아니다.**

그리심, 산에서 예수가 가르친 주제는 다음과 같다.

그가(예수) 형제요 친구인 것 같이, 모든 사람이 하나님은 아버지이자 친구로 여겨주기를 원하였다.

그는 이 신성한 관계의 관찰에서 진리가 가장 위대한 선언인 것과 똑같이 사랑이 세상에서, 우주에서 가장 위대한 관계라는 점을 반복하고 또 반복하여 강조하였다.

예수가 자기 자신을 충만하게 사마리아인에게 선포하였는데 그가 안전하게 그렇게 할 수 있었고, 하늘나라 복음을 전파하러 사마리아 중심부를 다시 방문하지 않을 것을 알기 때문이다. 사도가 땅끝까지 흩어지게 된 후에, 이 지역에서 빌립의 놀라운 과업을 위한 길이 충분히 준비되도록 하였다.

7) 기도와 경배에 대한 가르침

그리심산 모임에서 예수는 많은 위대한 진리를 가르쳤는데 다음의 내용을 강조하였다. **참된 종교는, 한 개별 혼이 창조주와의 관계를 스스로 인식하는 행위이다.** 조직된 종교는 개별 종교인의 예배를 사회적인 모임으로 만들려는 인간의 시도이다.

예배(경배), 영적인 것에 대한 깊은 사색은, 물질적인 실체와의 접촉인 봉사와 번갈아 있어야 한다. 일은 오락과 번갈아 가며 해야 한다. 종교는 유머와 균형을 이루어야 한다. 심오한 철학은 운율(리듬) 있는 시로 긴장감을 풀어주어야 한다. 생활의 긴장, 인격이 시간 속에서 받는 긴장감은, 예배가 주는 휴식으로 풀어야 한다. 우주에서 인격이 고립되는 두려움에서 생기는 불안한 느낌은 아버지를 믿고 숙고함으로, 그리고 지존자를 깨달으려고 애쓰므로 중화되어야 한다.

기도는 적은 생각으로 많은 깨달음을 얻으려고 고안한 것이다. 기도는 지식을 높이는 것이 아니라 통찰력을 넓히도록 고안되어 있다.

예배는 앞날에 더욱 나은 삶을 예상하고, 다음에 이 새로운 영적 의미를 현재 닥친 생활에 다시 비춰보는 것이다. 기도는 영적으로 유익하지만, 예배는 신성하게 창조적이다.

예배는 많은 이에게 봉사하는 영감을 얻기 위하여 한 분을 주목하는 기법이다. 예배는 혼이 물질 우주로부터 얼마큼 떨어져 있는가를 재고, 혼이 동시에 모든 창조의 영적 실체에 얼마나 안전하게 붙어 있는가? 재는 척도이다.

기도는 자아를 다시 생각하는 숭고한 사고이다. 예배는 자아를 잊는 것이다. 초월 사고이다. 예배는 힘들지 않은 집중이요, 혼의 참되고 이상적인 휴식, 일종의 평안함이 넘치는 영적 분발이다.

예배는 한 부분이 전체와 유한자가 무한자와 아들이 아버지와 일체가 되는 행위요, 시간이 영원과 발걸음을 맞추는 행위이다. 예배는 아들이 신다운 아버지와 몸소 친교 하는 행위요, 인간의 혼 영이 신선하고 창조적인 태도. 친근하고 열렬한 태도를 가지는 것이다.

사도는 야영지에서 그가 가르친 것 중에서 몇 가지밖에 깨닫지 못했지만, 다른 세상은 그 가르침을 깨달았고 땅에서 다른 세대도 그럴 것이다.

10. 길보아와 데가볼리에서

9월과 10월은 길보아 산의 비탈에 자리 잡은 한적한 캠프에서 은둔한 가운데 지냈다.

9월 한 달을 예수는 여기서 사도하고만 지내면서 하늘나라의 진리를 가르치고 교훈을 주었다.

예수와 사도는 이 지역에서 은둔생활을 한데는 몇 가지 이유가 있다. 예루살렘 종교 지도자는 반감이 심했다. 헤롯 안티파서가 침례 요한을 감옥에 가둔 채 석방과 처형 양쪽에 두려움을 가지고 있었고, 예수와의 관련성도 의심하고 있었다. 세 번째로 요한의 제자와 예수의 사도 간에 긴장감이 점점 심해졌는데 신자 수가 늘어갈수록 점점 더 나빠졌다.

예수는 사도를 가르치고 전도하는 예비 사전 작업의 시간이 거의 끝났고, 다음 행동은 지상 생애에서 마지막으로 해야 할 노력의 시작인 것을 알았다. 그래서 예수는 사도와 얼마 동안 은둔하면서 좀 더 훈련을 시키며 지내는 한편, 요한이 처형되거나 풀려나서 그들과 하나로 합쳐서 함께 활동할 수 있을 때까지 데가볼리의 도시에서 조용히 지내기로 하였다.

1) 길보아에서 야영 생활

시간이 지남에 따라, 열두 사도는 예수에게 더 헌신하고 하늘나라 일에 전념하게 되었다. 그들의 헌신은 대부분 개인적 충성심이었다. **그들은 그의 다방면 가르침을 이해하지 못하였다. 예수의 본성이나 이 땅으로 내려온 의미를 완벽히 이해하지 못하였다.**

예수는 사도들에게 은둔생활을 하는 세 가지 이유를 명확하게 말해주었다.

1 하늘나라의 복음을 그들이 이해하고 믿는 것을 확인하려고.
2 유대와 갈릴리에서 그들이 하는 일에 대한 반대가 잠잠해지기를 기다리기 위하여.
3 세례 요한의 숙명을 기다리기 위하여.

길보아 산에서 기다리는 동안 어린 시절과 헤르몬산에서 있었던 일, 세례받고 40일 동안 언덕에서 지낼 때 있었던 일 중 일부를 말해주었다. 그가 아버지께 돌아가기 전에는 이러한 체험에 대해 아무에게도 말하지 말라고 당부하였다.

9월 몇 주 동안은 휴식과 방문을 하며, 주가 가르친 것들을 조화시키려 노력하였다. 모두가 이것이 길게 쉬는 마지막 기회일 것이라고 눈치챘다. 하늘나라가 다가왔을 때 그 나라가 어떠할까에 정해진 개념이 없었다.

9월 한 달 동안 토론의 주제는 기도와 예배였다. 주가 고정된 틀에 박힌 기도문을 외우는 습관을 승인하지 않는다는 것을 일찍 감지했다. 그러나 신자들은 기도하는 방법을 가르쳐 달라고 끊임없이 요청하였다.

2) 기도에 관한 강연

세례요한은 진실로 간단한 기도 형식을 가르쳤다.

'오 아버지여, 우리를 죄로부터 사하여 주시고 아버지의 영광을 우리에게 보이시고, 사랑을 드러내시며, 아버지의 영이 우리의 마음을 영원히 정화하여 주소서.' 아멘! 그는 무엇인가를 대중에게 가르쳐줄 것이 있게 하려고 이 기도를 가르쳐 주었다. 그러나 형식적이고 틀에 박힌 기도를 해야 한다는 의도는 아니었다.

기도는 영을 향한 혼의 태도인 전적으로 개인적이고 자발적인 표현이다. 기도는 아들 신분으로 하는 교제이며 동료관계의 표현이어야 한다. 기도는 영에 의해 이루어졌을 때 협동적인 영적 향상에 이르게 한다. 이상적인 기도는 지적 예배로 이끄는 일종의 영적 교류의 한 형태이다. 참된 기도는 너희 이상을 이루려고 하늘을 향하는 진지한 태도이다.

기도는 혼의 호흡이며, 아버지의 뜻을 확인하려는 끈질긴 시도로 이끌어야 한다. … 다시 너희에게 이르노니 구하라 그리하면 주시리라, 찾으라 그리하면 찾아내리라, 두드리라 그리하면 열리리라 ….

너희 중에 아버지가 된 사람이 자식이 어리석게 간청하면… 오히려 그 대신 아버지의 지혜에 따라서 주는 것을 주저하겠느냐? 사람은 항상 기도하고 낙망하지 말아야 할 것이다…. 이 이야기를 너희에게 하는 것은, 너희가 기도를 지속해서 하라고 용기를 주기 위한 것이며, 너희 간청이 공정하고 정의로우신 하늘에 계신 아버지를 변화시킬 수 있다는 것을 암시하는 것은 아니다. 그러나 너희 집요함은, 비록 하나님의 은혜를 얻은 것은 아니지만, 너희가 땅에서 태도를 바꾸는 것이며, 혼이 영적인 것을 받아들이는 능력을 키우려는 것이다.

그러나 너희는 기도할 때 거의 믿음이 없다. 진정한 믿음은 혼이 성장하고 영적으로 진보하는 길에 어쩌다 놓인 산더미 같은 물질적 어려움도 제거할 수가 있다.

3) 믿는 자의 기도

그러나 사도는 여전히 만족하지 않았다. 예수가 새로운 제자에게 가르칠 수 있는 모범이 될 만한 기도문을 자기들에게 가르쳐 주기를 원하였다. 이 강연을 듣고 난 후 야고보 세베데가 말하였다. 참으로 좋습니다. 주여, 우리 자신을 위한 기도 형식을 그렇게 원하는 것이 아니고, 우리에게 '하늘에 계신 아버지에게 받아들여지는 기도를 가르쳐 달라'고 자주 간청하는 새로운 신도들 때문입니다.

야고보가 말을 끝내자, "만약 너희가 여전히 그러한 기도를 원한다면, 내가 나사렛에서 내 형제들에게 가르쳤던 것을 알려주겠다."

하늘에 계신 우리 아버지시여 당신의 이름이 거룩히 되기를 바랍니다. 당신의 나라가 임하옵시며, 당신의 뜻이 하늘에서와 같이 땅에서도 이루어지옵소서 오늘 우리에게 내일을 위한 양식을 주옵시고, 우리의 혼을 생명의 물로 새롭게 하옵소서, 우리가 우리에게 빚진 자를 용서하여 준 것 같이 우리의 모든 빚진 것들을 용서하여 주옵소서, 우리를 시험에서 구원하시고, 악에서 건져 주시며, 우리를 당신처럼 점점 더 완전하게 만들어 주옵소서.

사도가 신자들을 위하여 모범 기도문을 가르쳐주기를 바란 것은 이상한 일이 아니다. 세례 요한은 자기 추종자들에게 여러 가지 기도문을 가르쳤으며 다른 위대한 선생들도 자기 제자들을 위한 기도문을 만들었다. 유대인 종교 선생들은 25 또는 30개 정도의 기도문을 만들어서 회당이나 길거리 모퉁이에서 낭송했다. 예수는 특히 대중 장소에서 기도하는 것을 혐오하였다. 열두 사도는 이때까지 스승이 소리 내어 기도하는 것을 겨우 몇 번 정도 목격했다.

예수는 언제나 남몰래 기도할 것을 열두 사도에게 가르쳤으며, 기도할 때 혼자서 조용히 자연환경 가운데로 가거나, 자기 방으로 들어가 문을 닫고 기도하도록 지시하였다.

예수가 아버지께로 올라간 후 '주 예수 이름으로 기도합니다'가 추가 되었고 훨씬 나중에 복사하는 과정에서 두 줄이 빠지게 되었다. '나라와 권세와 영광이 당신께 영원히 있사옵니다.'라는 기도문에 보태어졌다.

예수는 나사렛 집에서 기도한 그대로 공동 형태의 기도문을 사도에게 주었다. 개인적으로 기도하는 문구를 가르친 적이 없고, 오직 집단, 가족 또는 사회가 드리는 간청을 가르쳤다.

예수는 효력 있는 기도는 다음과 같아야 한다고 가르쳤다.

1 사심 없음(이타적)- 자기만을 위한 것이 아니다.
2 믿음 - 신앙에 따름
3 성실(진지함)- 마음이 정직하게
4 지능적(총명)- 빛에 따라서
5 신뢰하고- 모든 면에서 현명하신 아버지의 뜻에 순종하여

예수는 산에서 기도하며 밤을 지새울 때 주로 제자를 위해, 특히 열두 사도를 위해서였다. 주는 자신을 위해서는 거의 기도하지 않았다. 하지만 하늘 아버지와 함께 이해하며 교통하는 성질을 가진 예배에 많이 잠겨 있었다.

4) 기도에 대해 더 하신 설명

기도에 대해 강론이 있었던 후에 사도는 이런 중요한 습관에 관해 계속 질문하였다. 이 기간에 기도와 예배에 관하여 사도에게 준 교육은 다음과 같다.

어떤 간구라도 진지하게 간절히 되풀이하는 것은, 그런 기도가 하나님 자녀의 진지한

표현이고 믿음으로 입에서 나왔을 때, 직접 응답하는 것이 현명치 못하거나 불가능하더라도 영적인 것을 받아들이는 혼의 능력을 어김없이 키워준다.

기도할 때는 언제나, **아들 관계가 하나님의 선물인 것을 기억해라. 어떤 자녀도 아들이나 딸의 지위를 획득하기 위하여서 해야 할 것은 없다.** 지상의 자녀는 부모의 뜻에 따라 세상에 태어난다. 마찬가지로 그렇게 하나님의 자녀는 은총 안에서 그리고 하늘에 계신 아버지의 뜻에 따라 새 생명으로 태어난다.

따라서 하늘나라를 -신의 아들 신분을- 어린아이처럼 받아들여야 한다. 너희가 의로움, 점진적 인품의 성장은 노력으로 얻지만, **아들 신분은 은총으로 그리고 믿음을 통하여 받는다.**

기도가 예수를 이끌어서, 그의 혼이 우주들의 우주 통치자들과 초월적 교제가 이루어지게 하였다. 기도는 이 세상의 필사자들을 진정한 경배의 교제로 이끌어 줄 것이다. 영적인 것을 받아들이는 혼의 능력은 하늘이 내리는 축복의 양을 좌우한다. 이 축복은 깨달을 수 있다.

기도, 그에 결부된 예배는 생활의 일상적인 것, 물질 존재의 단조로운 고역을 벗어나는 기법이다. 기도는 영적으로 변화된 자아실현, 지적, 종교적으로 성취하는 개성에 접근하는 길이다.

기도는 자신을 들여다보는 해로운 버릇에 해독제다. 적어도, 주가 가르친 것과 같은 기도는 혼에 매우 유익한 보살핌이다. 예수는 사람이 동료를 위하여 드리는 기도의 유익한 영향력을 한결같이 이용했다. 주는 보통 때, 자기 한 사람이 아니라, 여러 사람을 생각하여 기도했다. 오직 땅에서 보낸 일생의 큰 위기에 부닥쳤을 때 예수는 자신을 위하여 기도한 적이 있다.

기도는 인류가 세운 물질문명의 와중에도 영적 생명이 숨을 쉬는 소리이다. 예배는 쾌락을 추구하는 필사자 세대를 구원하는 줄이다.

기도가 혼의 영적 건전지를 다시 충전하는 것과 비유해도 좋은 것 같이 예배는 우주 아버지의 무한하신 영이 보내는 우주 방송을 들으려고 혼을 조절하는 행위와 비교해도 좋다.

기도는 아이가 영 아버지를 진지하게 갈급한 눈으로 바라보는 것이요. 인간의 뜻을 버리고 신의 뜻을 얻는 정신적 과정이다. 기도는 현재의 상태를 고쳐서 앞으로 되어야 할 상태로 만드는 신의 계획의 일부이다.

예수의 긴 밤샘 기도에 자주 동반했던 베드로 야고보, 요한이 그가 기도하는 소리를 한 번도 듣지 못했던 이유는, 주가 기도를 거의 입 밖으로 소리 내어서 하지 않았기 때문이다. **예수의 기도는 영으로 그리고 마음으로 침묵으로 하였다.**

5) 기도의 다른 형식 (생략)

예수는 여러 가지의 다른 형식들을 사도에게 알려주었으나, 이것은 단지 다른 방법을 예시하면서 가져온 것이며, 이들 '비유적인 기도문들'은 군중에게 가르쳐서는 안 된다고 명하였다. 그 기도문 중에 많은 것은 사람이 사는 다른 행성으로부터 온 것인데, 예수는 이 사실을 열두 사도에게 밝히지 않았다. 사도는 이러한 기도를 자유롭게 사용할 수는 없었지만, 개인적 종교활동에 많은 혜택을 주었다.

예수는 이것 그리고 다른 모형의 기도문을 예제로 사용하였는데, 이 기록에서 이들 7개의 표본 기도문을 예제로 사용하였는데, 이 기록에서 이들 7개의 표본 기도문을 옮겨 쓸 수 있도록 특별히 허락되었다. (이 책에서는 한 가지 표본만 소개한다.)

'우주의 중심에 계시고 창조하시는 우리 아버지여, 우리에게 아버지의 본성을 부여 하시고, 당신의 성품을 주시옵소서. 은총으로 우리를 당시의 아들과 딸로 만드시고, 우리의 영원한 성취를 통하여 주의 이름을 영화롭게 하소서. 당신이 조정하시고 통제하시는 영을 우리 안에 살고 거하게 하소서. 천사가 빛 안에서 당신의 명령을 행하듯이, 우리가 이 세상에서 당신의 뜻을 행하게 하소서. 오늘날 우리가 진리의 길을 따라 진보하도록 계속 붙들어 주시옵소서. 우리를 타성과 악과 모든 악한 범죄로부터 구원하소서. 우리가 우리의 형제들에게 자애로움을 보인 것처럼 우리를 받으소서. 우리 피조물의 마음속에 당신 자비의 영을 보내주시옵소서. 불확실한 인생의 미로를 지나갈 때, 당신의 손으로 발자국마다 우리를 인도하시며, 우리가 세상을 마칠 때 신실한 우리의 영을 아버지의 품 안에 받으소서. 참으로 그러하오니 우리 뜻이 아니라 당신의 뜻대로 이루어 지이다.'

6) 세례요한의 사도들과 회의

　10월 1일 빌립과 사도 몇 사람이 가까운 마을에서 음식물을 사던 중 우연히 요한의 사도 몇 사람을 만났다. 이렇게 만난 결과로 길보아 산 야영지에서 예수의 사도와 요한의 사도와 3주 동안 회의가 열리게 되었다. 요한이 최근에 우두머리 아브너의 요청으로 예수를 본받아 12명의 사도를 임명했다.

　이들 24명은 삼 주일 동안 하루 세 번씩 엿새 동안 회합했다. 첫 주에는 예수가 회의에 참석하였다. 그들은 주가 함께 계시면서 공동 토의를 주관해 주기를 원했지만, 한사코 거절하였다. 세 번에 걸친 강연은 허락하였다. 강연은 동정심, 협조, 관용에 관한 것이었다.

　안드레와 아브너는 두 집단의 대표로서 공동회의에서 번갈아 사회를 맡았다. 이 사람에게는 토의해야 할 많은 어려움과 풀어야 할 수많은 문제가 있었다. 예수에게 거듭하여 어려운 문제들을 가지고 갔으나, 다음과 같은 대답을 들을 수 있을 뿐이었다.

　'나는 오직 너희 개인적 문제와 순수하게 종교적 문제에만 관심이 있다. **나는 개별존재에 대한 아버지의 대리인이며, 집단에 대한 대리인이 아니다.** 너희가 하나님과의 관계에서 개인적 어려움이 있으면 나에게 가지고 오라 그러면 너희의 말을 들어주고, 너희 문제에 대한 조언을 줄 것이다. 그러나 너희가 종교적인 문제에서 다양한 인간 해석에 대한 조화-협동이라든지 종교의 사회화에 대한 문제에 관해서는 너희 자신들의 판단으로 그것을 풀어가야 하는 운명에 있다. 그런데도 언제나 동정심을 품고 있고 항상 관심이 있으며, 비 영적 의미의 문제를 다루면서 너희가 결론에 도달하고 모두가 그것에 동의하였으면, 나는 충분한 동의와 진정한 협조를 할 것을 미리 약속하는 바이다. 이제 너희의 자유로움에 제약이 되지 않도록 나는 2주 동안 떠나겠다. 내가 너희에게 돌아올 것이니, 나에 대해 걱정하지 마라. 이는 우리가 이곳 이외의 다른 영역을 가지고 있기 때문이다.'

　그런 말씀을 하고 예수가 산에서 내려가셨는데, 그 후 2주 동안 그를 만나지 못하였다. 그들은 다시 핵심적인 토론으로 돌아갔으며, 예수의 도움을 구할 생각은 더 이상 하지 않았다.

　그 모임이 첫 번째 동의한 항목은 예수가 최근에 가르친 기도문을 받아들이기로 한 것이다. 양쪽 사도는 이 기도를 신자에게 가르치기로 합의 투표에 의해 만장일치로 가결하였다.

그다음 결정은 요한이 감옥에 있든 풀려나든 요한이 살아 있는 한 두 사도 집단이 자체의 할 일을 계속할 것, 그리고 때때로 합의할 장소에서 석 달마다 한 주 동안 합동 회의를 열기로 하였다.

그들의 문제 중 가장 심각한 것은 세례 문제였다. 예수가 그 주제에 대하여 발언하기를 거절하였기 때문에 더욱 어려웠다. 요한이 살아 있는 한, 아니면 이 결정을 합동으로 수정할 때까지, 오직 요한의 사도들이 신자들에게 세례를 주고 오직 예수의 사도들이 마지막에 새 제자들을 가르치기로 마침내 찬성했다. 그때부터 요한이 죽기까지, 요한의 두 사도가 신자들에게 세례를 주려고 예수와 그의 사도들을 따라다녔다. **이는 세례가 하늘나라 일과 동맹하는 것을 겉으로 표시하는 첫걸음이라고 합동 회의가 만장일치로 결정했기 때문이었다.**

그다음으로 동의한 그것은 요한이 죽을 경우, 요한의 사도들이 예수께 나와 그의 지도를 따를 것이며, 예수나 그의 사도 허락 없이는 더 이상 세례를 주지 않을 것이라는 점이다.

그다음에는 요한이 죽으면 예수의 사도가 신성한 영 세례에 대한 상징으로 물세례를 주기 시작할 것을 가결했다. 세례에 대한 연설에서 그들이 회개를 포함해야 할지 아닌지는 선택할 여지로 남겨두었다. 그 집단을 제한할 어떤 결정도 하지 않았다.

요한의 사도들은 설교하기를 '**회개하고 세례를 받아라.**'라고 했고, 예수의 사도들은 "**믿고 세례를 받아라.**"라고 선포하였다.

그리고 이것은 예수의 추종자들이 다양한 주장들을 조정하고, 서로 다른 의견을 가다듬으며, 그룹이 해야 할 일을 체계화하고, 대외적인 관점을 규정으로 정하며, 개인의 종교적 습관을 사회에 적응하는 것을 처음으로 시도한 그것에 관한 이야기이다.

다른 여러 사소한 문제가 검토되었고, 그것에 대한 해결은 만장일치로 결정하였다. 24명은 2주 동안, 예수가 없는 상태에서, 문제점과 마주하고 어려움을 수습하도록 강요되었을 때, 놀라운 체험을 하였다. 그들은 의견을 달리하고, 토론하고, 다투고, 기도하고, 타협하기를 배웠고, 그동안 내내 다른 사람의 관점에 공감하며, 적어도 정직한 의견에 어느 정도 관용을 베푸는 것을 배웠다.

재정 문제를 마지막으로 토론하던 날 오후에 예수가 돌아왔다. 그는 심의한 결과를 듣고 결정에 귀를 기울이고 나서 말했다 '그렇다면 이것들은 너희 결정이고, 나는 너희 각자 이 일치된 결정의 참뜻을 실행하도록 도와줄 것이다.'

이때로부터 두 달 반 후에, 세례요한이 처형되었는데, 이 기간 내내 요한의 사도는 예수와 열두 사도와 함께 남아있었다. 그들은 모두 데가볼리의 도시에서 이 수고의 계절 동안 함께 일하고 신자에게 세례를 주었다. 길보아 야영지는 서기 27년 11월 2일에 해체되었다.

7) 데가볼리의 여러 도시에서

11월과 12월 내내 예수와 24명은 데가볼리에 있는 그리스 도시들에서 조용하게 일하였는데, 주로 스키토폴리스, 게라사, 아빌라, 가다라 등지에서 일하였다. 이것은 실제로 요한의 일과 조직을 넘겨받는 예비 과정의 마지막 기간이었다. 새로운 계시를 주는 사회적인 종교는, 구원을 모색하는 기존 종교의 확립된 형식들 그리고 관례와 타협하는 값을 치러야 한다.

세례는 예수의 추종자들이 사회에 퍼진 한 종교 집단으로서 세례요한의 추종자들을 흡수하려고 치른 값이었다. 요한의 추종자는 예수의 추종자와 합세하면서, 물세례 외에 모든 것을 포기하였다. 예수는 데가볼리의 도시들에서는 거의 대중 설교를 하지 않았다. 그는 24명을 가르치는데 많은 시간을 사용하였으며, 요한의 십이사도와는 여러 차례의 특별 수업을 했다. 길보아 야영지로 오기 전에는 주로 요한의 증거로 인하여 예수를 믿었으나 그 뒤에는 주님과의 직접 접촉과 그의 가르침 결과로 믿기 시작하였다.

두 달 동안 예수의 사도 한 사람과 요한의 사도 한 사람과 짝을 지어 일하였는데, 요한의 사도는 세례를 주고 예수의 사도는 가르침을 주었다.

요한의 사도 우두머리인 아브너는 예수를 적극적으로 믿게 되어서, 나중에 복음을 전파하라고 주가 임명한 70인 선생 집단의 우두머리로 임명되었다.

8) 펠라 근처에 있는 야영지에서

12월 후반에 그들은 펠라에서 가까운 요단강 근처로 가서 다시 가르치고 전도하기 시작하였다. 유대인과 이방인이 복음을 들으려고 야영지에 찾아왔다. 예수가 어느 날 군중을 가르치고 있을 때 요한의 친구 몇 명이 요한의 마지막 소식을 주께 전하러 왔다.

요한은 지금까지 1년 반 동안 감옥에 있다. 이 기간에 예수는 조용하게 일을 진행하였으므로 요한이 하늘나라에 관해 궁금하게 여기는 것은 당연하다. 요한의 친구들이 예수의 가르침을 중단시키고 "세례요한이 우리를 보내어 다음과 같이 물어보라고 했습니다. 오실 그이가 당신입니까? 아니면 다른 이를 기다려야 합니까?" 예수는 군중을 향하여, 요한이 하늘나라의 복음을 의심한다고 생각하지 마라. 오로지 내 제자이기도 한 그의 제자에게 확신을 주려고 묻는다….

진실로 진실로 말하건대 여자가 낳은 자 중에 세례 요한보다 큰 이가 일어난 적이 없다.… 이날 이후로 요한의 사도는 예수와 단단하게 연합되었다. 이 일로 요한과 예수의 추종자 사이에 진정한 화합이 시작되었다.

요한의 사자는 아브너와 이야기를 나눈 후, 요한에게 보고하기 위해 마케루스로 떠났다. 요한은 예수의 말과 아브너가 보내준 메시지를 받고서 위로받고 더욱 굳건하게 되었다….

9) 세례요한의 죽음

세례요한이 서기 28년 1월 10일 밤 헤롯 안티파스의 명령으로 처형되었다. 요한의 제자 몇 명이 마케루스로 가서 그의 시체를 찾아 묻고 나중에 아브너의 고향인 세바스티에 묻었다. 그다음 날인 1월 12일 야영지로 가서 요한의 죽음을 예수께 전하였다. 예수는 그 보고를 받고 무리를 해산시키고 24명을 한 자리에 불러 놓고 말했다. "요한은 죽었다. 헤롯이 그의 목을 베었다. 오늘 밤 공동 협의회를 갖고 그에 따른 너희의 관련사를 준비하여라. 더 이상 지체하지 말라, 하늘나라를 드러내 놓고 힘차게 선포할 때가 왔다. 내일 우리는 갈릴리로 떠날 것이다."

서기 28년 1월 13일 이른 아침에 예수와 사도들은 25명쯤 되는 제자들을 동반하여 가버나움을 향해 떠났고 그날 밤 세베대의 집에서 묵었다.

11. 가버나움에서 사건 많은 4일간

서기 28년 1월 13일 밤 세베대의 집에 도착하자 평소처럼 그곳을 본부로 정했다. 세례요한이 죽자, 예수는 첫 번째 공개적인 대중 연설을 갈릴리에서 시작하기로 준비하였다. 예수가 돌아왔다는 소식이 빠른 속도로 도시 전역에 퍼져 나갔다. 예수의 어머니 마리아는 다음 날 일찍 서둘러서 아들 요셉을 만나려고 나사렛을 향하였다.

수요일, 목요일, 금요일은 대규모 대중 전도를 사도들이 준비하도록 지시하며 보냈다. 돌아오는 안식일의 회당에서 설교할 수 있도록 안드레를 통해 주선시켰다.

금요일 저녁 늦게 예수의 막내 여동생 룻이 은밀하게 찾아왔다. 룻은 예수의 지상 사명의 신성함을 의심하지 않고 끝까지 믿은 유일한 가족이다. 룻은 십자가형의 고난 중에도 예수에게 최고의 위안이 되었다.

1) 물고기를 들어 올림

이 주 금요일 아침, 예수가 물가에서 가르치고 있을 때, 사람이 너무 많이 몰려들어 물 쪽으로 몰리자, 작업 중인 어부에게 오라고 손짓했다. 이 배는 시몬 베드로가 고기를 잡을 때 쓰던 배인데, 예수가 손수 만든 배였다. 무리에게 배에 선체로 두 시간 이상 가르쳤다. 이 배에서 다윗 세베대(야고보와 요한의 친동생)와 동료 두 사람이 함께 조업했다.

예수가 가르치기를 마친 후 다윗에게 말했다. "나에게 오느라 일이 늦었으니, 이제 내가 너와 함께 일하겠다. 고기를 잡으러 가자. 저쪽 깊은 곳에 가서 그물을 내리고 한 그물 가득히 걷어 올려라." 그러나 다윗의 동료 중 한 사람인 시몬이 말하였다. '주여, 소용이 없습니다. 우리가 밤새워 수고하였으나 아무것도 잡지 못하였습니다. 그렇지만 당신께서 시키시니 우리가 가서 그물을 내리겠습니다.' 시몬의 주인인 다윗이 손짓하였기 때문에, 예수께서 가리킨 장소로 가서 그물을 내리자, 그물이 터질 정도로 많이 잡혔다.

그물이 찢어질까 두려워서 물가에 있는 동료에게 와서 도와 달라고 손짓하였다. 배 세 척이 거의 가라앉을 정도로 고기를 잡게 되자 시몬이 예수 앞에 무릎을 꿇고 말했다. '주여 저로부터 떠나십시오, 저는 죄인입니다.' 현장에 있던 모든 사람은 굉장한 어획량에 경탄하였다. 그날부터 다윗 세베대와 이 시몬과 그 동료들은 그물을 버리고 예수를 따랐다. (다윗은 소식은 전하는 전령 팀을 조직하여, 예루살렘 소식을 예수와 사도에게 전하고, 예수의 소식을 유대 전역과 유대 밖까지 성도들에게 전했다. 후일 예수의 막냇동생 룻과 결혼하였다.)

그러나 이때 잡은 고기는 어떤 의미에서도 기적에 의한 것이 아니다. 예수는 원래 자연을 세심하게 관찰하는 사람인 데다 체험 있는 어부였기 때문에 갈릴리 바다의 물고기의 습성을 잘 알았다. 이 경우 단지 물고기가 흔히 이때 잘 잡히는 장소로 안내했을 뿐이다. 그러나 예수의 추종자들은 이것을 항상 기적이라 여겼다.

2) 회당에서의 오후

다음 안식일, 회당 오후 예배에서, 예수는 '하늘에 계신 아버지의 뜻'이란 제목으로 설교하였다. 아침에는 베드로가 '하늘나라'에 대하여 설교하였고, 목요일 저녁 회당 모임에는 안드레가 가르쳤는데 주제는 '새로운 길'이었다. 이 특별한 시기에 다른 어떤 도시보다 가버나움에서 더 많은 사람이 예수를 믿었다.

예수는 안식일 오후의 관습에 따라, 첫 번째 본문, '일어나 빛을 발하라…' 예수는 이 설교문으로 출애굽기에서 읽었다. '너희 하나님이신 주를 섬겨라…' 두 번째 본문은, 이사야서를 통해, **종교가 개인적 체험**이라는 사실을 분명히 해 주려 노력하였다.

여러 다른 말 중에서 주가 이런 말씀을 하였다… 너희는 하늘에 계신 아버지께, 더 이상 이스라엘의 자녀로 가까이 가지 말고, 오히려, 하나님의 자녀로서 낳아가야 할 것이다. 집단으로 볼 때, 너희는 진실로 이스라엘의 자녀이지만, 개별존재로서 너희 각자는 하나님의 자녀이다. **내가 온 것은 아버지를 이스라엘의 자녀에게 나타내려는 것이 아니라, 오히려 개별존재인 믿는 자에게 순수한 개인 체험이 되도록 이러한 하나님에 대한 지식과 그의 사랑 그리고 자비에 대한 계시를 가져다주기 위해서이다.**

선지자들이 모두 야훼께서 자기 백성을 돌보신다는 것, 하나님께서 이스라엘을 사랑한다는 것을 너희에게 가르쳐 왔다. 그러나 **나는 너희들 안에 좀 더 큰 진리, 많은 후세의 선지자들 역시 파악했던, 하나님이 너- 너희 하나하나를 개인적으로 사랑하심을 선포하기 위하여 너희 가운데 왔다.** 이 모든 세대가 너희에게 국가적 혹은 인종적 종교를 갖게 했지만, 이제는 **내가 개인적 종교를 너희에게 주려고 왔다.**

그러나 이것은 새로운 개념이 아니다. 예레미아는 다음의 말을 한 것을 읽지 못했느냐…? 이는 가장 작은 자부터 가장 큰 자까지 다 나를 **개인적으로** 알 것이기 때문이다.

예레미아는…. 하늘에 계신 하나님께서 너희 **각자의 본심**을 찾으신다고 하지 않았더냐? 에스겔이, 종교는 너희의 **개별적 체험에서** 현실이 되어야 함을 가르쳤다…. 에스겔은 하나님을 대신하여 오늘날까지 예견하여 말하기를 '새 영을 너희 안에 두고 새 심성도 너희에게 주리라'라고 했다.

'너희는 하나님이 한 개인의 죄로 인해 민족을 벌주실 것이라고 더 이상 두려워하지 말며, 하늘에 계신 아버지께서 믿음이 깊은 자기 자녀를 민족의 죄로 인해 벌하지도 않으시겠지만, 그런데도 어떤 가족에 소속된 개인은 가족의 잘못이나 집단적 죄의 물질적 결과로 흔히 고통당할 수밖에 없다. 더 좋은 나라, 더 좋은 세상이 올 희망은 개인의 진보와 깨우침과 밀접히 연결되어 있음을 깨닫지 못하겠느냐?'

그러고 나서 주는, 하늘에 계신 아버지는 사람이 이러한 영적 자유를 식별한 후에 이 세상에 있는 자기 자녀들이 파라다이스로의 영원한 상승을 시작하게 되기를 바라신다고 설명했으며, 이 상승의 길은 창조자를 발견하고 하나님을 알고 그처럼 되기를 추구하는, 내주하는 영의 신성한 충동에 대한 창조체의 의식적인 반응으로 이루어진다고 하였다.

사도들은 이 설교로 큰 도움을 받았다. **그들 모두는 하늘나라의 복음이 민족이 아니라 개인에게 전하는 소식임을 아주 충분히 알게 되었다.**

이날 간질병에 걸린 젊은이의 이야기, 베드로 장모 아마타가 말라리아로 고생한 이야기가 나오나 생략한다.

3) 해 질 무렵의 치료

이 뜻깊은 안식일이 끝날 무렵, 예수와 사도가 저녁을 하려고 할 때, 가버나움과 그 주의는 기적으로 병을 고쳤다는 소문으로 떠들썩하였다. 안식일 낮 동안에는 병을 고치러 찾아가는 것이 허락되지 않았다.

해가 지평선으로 지자마자 고통당하는 수많은 남녀노소가 세베대의 집을 향해 가기 시작하였다.

예수가 오후 설교에 인용한 본문도 병든 자의 치료와 관련되어 있고 호소력은 듣는 자의 가슴속을 파고들었다.

이 안식일은 예수의 지상 일생에서 중대한 날이었다. 이때 유대의 가버나움은 사실상 우주의 수도였다.

예수의 설교 가운데 '증오는 두려움의 그림자다. 복수는 비겁자의 가면이다.' 또한 청중은 '사람은 하나님의 자녀이지 마귀의 자식이 아니다'라는 축복의 말씀도 잊을 수가 없었다.

아직 식사 중일 때 베드로의 아내는 앞마당에서 들리는 소리를 듣고 나가, 큰 무리를 이루어서 모여 있는 광경을 보았다. 그녀는 바로 남편에게 알렸고, 베드로는 예수에게 알렸다.

주가 세베대의 집 정문으로 나가 보았을 때 병든 자를 포함해 거의 1,000여 명이나 되었다.

자신이 신임했던, 우주 경영진에 속하는 아들들(루시퍼 무리)의 실수와 잘못된 행동의 결과로 고통당하는 이 사람들, 어른과 아이의 모습이, 예수의 인간 마음을 움직였고, 이 자애로운 창조자 아들이 가진 신성한 자비심을 자극하였다. 그러나 예수는 순전히 물질적인 이적의 기초위에 지속하는 영적인 운동을 절대로 세울 수 없다는 것을 잘 알았다. 창조자로서 자신의 특권을 행사하지 않는다는 것이 그의 변함 없는 정책이었다.

가나의 사건 이후에, 초자연적이거나 기적적인 것은 그의 가르침에 포함되지 않았다. 그래도 이 고통받는 무리는 그의 동정심 가득한 가슴을 움직였고 그의 이해하는 애정에 강하게 호소하였다.

앞마당에서 한 사람이 외쳤다. '주여, 말씀으로 우리를 강건하게 하시고, 우리 질병을 치유하시며, 우리 혼을 구원해 주십시오.' 이 말이 떨어지기가 무섭게, 육신화 된 한 우주의 창조자를 항상 동행하던 세라핌 천사, 물리 통제자, 생명 운반자, 중도자로 이루어진 광대한 수행원들은 그들의 주권자의 신호가 내려지게 되면 창조의 능력을 행사하려고 준비하였다. 예수의 지상 생애에서, 신의 지혜와 인간의 동정심이 사람의 아들 판단 속에 서로 얽혀서, 아버지의 뜻에 호소함으로 피난처를 찾는 순간이었다.

베드로가 주에게 도움을 달라는 외침을 들어달라고 간청하자, 예수는 고통받는 군중을 내려다보며 대답하였다. **'나는 아버지를 드러내고 그의 나라를 세우려고 세상에 왔고**, 이 목적을 위하여 살아왔다. 그러므로 그것이 나를 보내신 그 분의 뜻이고 하늘나라의 복음을 선포하려는 내 헌신에 모순되지 않는다면, 나는 내 자녀가 온전하게 되기를 바라겠으며, 그리고' 그러나 다음 말은 떠들썩한 소리 때문에 들리지 않았다.

예수는 병 고치는 이 결정의 책임을 아버지의 판단으로 맡겼다. 아버지의 뜻으로부터는 명백하게 아무런 반대도 없었으며, 주의 말씀이 채 끝나기도 전에, 예수의 개인성 구현된 생각 조절자의 명령 아래 천상의 인격체들이 힘차게 움직였다. 수많은 하늘 수행원이 고통받는 사람이 섞여 있는 무리 속으로 내려왔고, 순식간에 638명의 어른과 아이들이 모두 한꺼번에 육체적 질병과 물질적 장애가 완전히 치유되었다. 그런 광경은 이 세상에서 그날 이전에 전혀 목격된 바 없었으며, 그 후로도 그랬다. 그리고 이 창조적인 치료의 물결에 참석했던 우리(천상의 인격체)에게, 그것은 진정으로 감격스러운 장관이었다.

그러나 이러한 갑작스럽고 기대하지 않았던 초자연적인 치료 때문에 놀랐던 사람 중에 가장 많이 놀란 사람은 바로 예수였다.

예수의 인간적 관심과 동정심이 자신의 앞에 펼쳐진 그 고통과 괴로움의 현장 위에 집중되었던 한순간에, 그는 특정한 조건들 아래에서 또한 특정한 상황 안에서는 한 창조자 아들이 가진 창조자로서의 특권에 관한 시간 요소를 제한하는 것이 불가능하다는 것에 대하여 자신의 조절자가 충고했던 경고를 자기 인간 마음속에서 잠시 잊고 있었다.

예수는 그렇게 하는 것이 아버지의 뜻에 저촉되지 않는다면, 고통받는 자들을 온전케 해주고 싶었다. 예수의 개인성 구현된 조절자는 그 당시의 그러한 창조 에너지의 행위가 하늘 아버지의 뜻을 위반하는 것이 아니라고 판단하였으며, 그래서 그러한 결정으로 병을 고쳐주고 싶어 하는 예수의 표현에서 창조적 행위가 일어났다. 창조자 아들이 (예수) 원하는 것이었고, 그의 아버지의 뜻이 존재하였다. 예수의 나머지 지상 생애에서 그러한 단체적인 육신의 치료가 다시는 일어나지 않았다.

예상하던 대로 가버나움의 벳새다에서 해 질 무렵에 일어난 치유의 명성이, 갈릴리, 유다 전역은 물론 그 이상의 지역으로 퍼져 나갔다. 헤롯이 두려워하여 염탐꾼을 파견하였다.

의도하지 않은 육체적 치유가 원인이 되어 이후 지상 생애 내내 설교자뿐 아니라 의사 역할도 맡게 되었다. 그의 대부분 개인적 일은 고통받는 자들을 위로하는 것이 대부분이었으며, 그러는 동안 사도는 대중을 위한 설교와 신도에 대한 세례를 맡았다.

이날 해 질 무렵, 육체적 치유를 받은 사람 대다수가, 이렇게 특별하게 보여 준 자비로 영원한 영적 혜택을 본 것은 아니다. 단지 소수의 사람만이 육체적인 보살핌으로 정신적 혜택을 받았지만, 창조적 치유의 놀라운 사건은, 마음 안에 영적 나라가 향상되지는 않았다.

치유의 이적이 예수의 지상 사역 중 수시로 일어났지만, 그것은 하늘나라를 선포하는 계획 일부가 아니었다. 거의 제한 없는 창조 특권을 가진 신성한 존재가 이 세상에 거주함으로써 그의 자비와 동정심으로 치유는 부수적으로 일어났다. 그러나 소위 기적들은 예수에게 많은 어려움을 주었는데, 그것들은 편견과 원치 않은 나쁜 평판을 일으켰다.

4) 그날 밤 이후

인간적인 관점에서 보면 이날이 모든 날 중에서 아마 제일 중요한 날이었다. 이러한 치유 능력이 시작에 불과하다면, 앞으로 무엇이 올 것인지 생각하며 기대로 전율하였다. 예수의 신성에 대한 의심이 사라졌다. 그들은 갈피를 잡지 못하고 황홀감의 절정에 빠졌다.

그러나 그들이 예수를 찾았을 때 볼 수가 없었다. 주는 벌어진 일로 마음이 편치 않았다. 각종 병에서 치유 받은 남녀노소가 감사의 말을 전하고 싶었지만, 그들이 돌아간 후에 왔다. 다만 이렇게 말하었다. 내 아버지가 육신의 병을 고친 능력이 아니라, 오히려 혼을 구원하는 권능으로 기뻐하라. 우리가 내일 아버지의 일을 해야 하니 쉬도록 하자.

열두 사도는 실망하고 당황하며 잠자리에 들어갔다. 희망이 산산조각이 나고 용기와 열정의 기반을 뒤엎는 것 같았다. '우리는 그를 이해할 수 없다. 이 모든 것이 무엇을 의미하는 것일까?'

5) 일요일 이른 아침

예수는 날이 새기 훨씬 전인 일요일 이른 새벽에, 언덕으로 기도하러 갔다. 이는 독립된 방이 없었기 때문이다. 그는 세상이 육체적 고통으로 가득 차 있고 물질적 어려움이 넘쳐있다는 것을 알았다. 병자나 고통당하는 자에게 많은 시간을 쓰는 것이, 사람의 가슴속에 영적 나라를 세우는 사명을 방해하거나 종속되는 위험이 있음을 심사숙고하였다. 이른 아침 기도의 주제는 인간의 호소에 대한 자신의 인간적 동정심이 신성한 자비심과 합쳐지면서, 영적인 것이 소홀해지는 육체적 사명 활동에 자신의 모든 시간이 점령되지 않도록 지혜와 판단을 구하는 것이었다. 그는 병자를 소홀히 하고 싶지는 않았지만, 영적 가르침과 종교적 교육이 더욱 중요하다는 것을 알았다.

베드로 야고보 요한은 이른 아침 예수를 찾아 나섰다. 주에게 치유의 역사를 왜 괴로워하는지 물었다. 그는 아버지의 나라가 왜 이적을 행함이나 물리적 치유 위에 세워질 수 없는지 이유를 명백하게 알리려 애썼지만, 그의 가르침은 그들은 이해할 수 없었다.

그러는 동안, 다른 고통 받는 혼들의 무리와 호기심에 찬 사람들이 일요일 아침 일찍 세베대의 집으로 몰려들기 시작하였다. 그들은 예수를 만나게 해달라고 시끄럽게 요구하였다. 안드레와 사도들은 난처한 처지가 되었다. 안드레는 예수를 찾아 나섰고, 예수를 만나자, 모든 사람이 주를 찾고 있습니다. 먼 곳으로부터 온 사람들이 집을 둘러싸고 있습니다.

　예수는 안드레야, 나의 사명은 아버지를 계시하는 것이며 나의 메시지는 하늘나라에 대한 선포인 것을 너희와 다른 사람들에게 가르치지 않았더냐?. 그들은 혼의 구원을 위한 영적 진리를 구하러 온 것이 아니라, 육신의 치료 때문이 아니더냐? 그들 대부분은 진리와 구원을 구하러 온 것이 아니라, 자신들의 물질적인 어려움으로부터 해방을 얻기 위하여 그리고 육체의 병의 치유를 구하여 온 것이다.

　..... 영적이 아닌 육체의 일에 사명 활동하게 되는 것은 아버지의 뜻이 아니다. 나는 너희가 복음을 전파하고 병자를 돌보도록 임명하였지만, 나의 가르침을 제쳐놓고 병을 고치는 일에 점거되어서는 결코 안 된다. 안드레야, 나는 너와 함께 돌아가지 않겠다. 가서 사람들에게, 우리가 가르쳤던 것을 믿음으로써 하나님의 자녀가 되어 해방의 기쁨을 누리라고 말해라. 그리고 갈릴리로 떠난 준비를 조속히 해라. 그동안 나는 여기서 네가 오기를 기다리겠다.

　예수가 말씀을 끝내자, 안드레와 동료들은 슬픈 마음으로 세베대의 집으로 가 무리를 해산시키고 신속하게 여행 준비를 끝냈다. 서기 28년 1월 18일 일요일 오후에 갈릴리의 도시들에서 예수와 사도들은 실제로 최초의 공개적인 선교 여행을 시작하였다. 유다와 야고보가 형 예수를 찾아왔지만 이미 떠난 후였다.

　도마가 동료 사도에게 다음과 같이 말하였다. '가자! 주의 말씀이 떨어졌다. 우리가 하늘나라에 대한 신비를 충분히 이해하지 못할지라도, 한가지 만은 확실한데, 그것은, 우리가 자기 자신을 위한 그 어떤 영광도 구하지 않으시는 선생님을 따르고 있다는 것이다.' 그들은 마지못해 갈릴리의 다른 도시들로 기쁜 소식을 전파하기 위하여 떠났다.

12. 갈릴리의 첫 번째 여행

　갈릴리 지방을 도는 첫 전도 여행은 서기 28년 1월 18일에 시작해서 3월 17일에 가버나움으로 돌아와 끝을 맺었다. 이 여행은 예수의 사도와 요한의 옛 사도들의 도움을 받아, 림몬, 요타파타, 라마, 스블론, 아이론, 가이사라, 고라신, 매돈, 가나, 엔돌에서 복음을 전하고 세례를 주었다.

처음으로 동역자들에게 자유롭게 전도하도록 허락하였다. 다만 나사렛을 멀리하고, 디베랴를 지날 때 조심하라고 권고하였다. 사도에게는 마음대로 전도하고 가르친다는 느낌이 큰 만족을 주었고 열심과 기쁨으로 헌신하게 하였다.

1) 림몬에서의 전도

작은 도시 림몬은 한때 바벨론의 공기의 신 람만을 믿었다. 초기 바벨론 사람과 후대 조로아스터 교도의 교훈이 여전히 림몬 사람의 믿음 안에 남아있었다. 그래서 예수의 24명은 옛 신앙과 새로운 하늘나라 복음의 차이점을 설명하는 데 많은 시간을 보냈다.

림몬의 많은 시민이 예수의 가르침을 믿는 사람이 되었으나 후일에 그들의 형제에게 고통을 주었다. 짧은 생애에 자연 숭배자들을 영적인 이상을 사모하도록 변화시키는 것은 어려웠다.

바벨론과 페르시아인의 개념 가운데 빛과 어둠, 선과 악, 시간과 영원과 같은 뛰어난 개념이 나중에 기독교의 교리 안에 합쳐졌으며 이것이 근동 지역 사람들이 보다 빨리 받아들여지게 되었다. 이런 방법으로, 나중에 **필로가** 히브리의 이론에 적용한 것 같이, 이상적인 정신, 또는 눈에 보이는 물질적인 모든 것들의 보이지 않는 원형과 같은 **플라톤의 이론**들을 많이 포함함으로써, **바울의** 그리스도교에서 가르침을 서쪽 그리스인이 더 쉽게 받아들이도록 해 주었다.

림몬에서 토단이 처음으로 하늘나라 복음을 들었다. 그는 나중에 메소포타미아 넘어까지 또 유프라테스 너머까지 복음을 최초로 전한 사람 중 하나가 되었다.

2) 요타파타에서

둘째 날 저녁 24명에게 한 예수의 강연에 나다니엘은 마음속에 **기도, 감사, 경배**에 관한 가르침에 혼돈하고 있었고, 예수는 그의 질문에 길게 설명하여 주었다.
기도에 대한 가르침을 요약하면 다음과 같다.

1 사람이 마음속으로 불의를 의식적으로 끈질기게 생각하는 것은 사람과 창조주 사이에 영적 교통의 순환 회로와 인간 혼이 기도로 연결되는 것을 단계적으로 파괴한다. 하나님은 자녀의 간구를 당연히 듣고 계시지만, 인간의 마음이 고의로 그리고 지속해 죄악의 개념을 품으면, 이 세상 자녀와 하늘에 계신 아버지 사이의 개인적 교제는 서서히 없어진다.

2 이미 알려지고 확립된 **하나님의 법칙에 어긋난 기도는,** 파라다이스 신들에게 혐오스러운 것이 된다. 만약 하나님께서, 영, 마음, 물질의 법칙에 따라 자기 창조물에게 말씀하실 때 사람이 듣지 않으려 한다면 그 고의적이고 의식적인 오만한 행위가 개인적 간구를 외면하게 한다. 예수는 사도에게 스가랴서를 인용했다. '그들이 듣기를 싫어하여 어깨를 돌리며⋯. 그들의 악한 생각의 결과가⋯. 자비를 구하나⋯. 그것은 들을 귀가 열려있지 않았다.' 그러고 나서 예수는 지혜의 속담을 인용하였다. 신성한 법을 듣지 않는 자에게는, 그의 기도까지도 혐오스러운 것이 되리라.

3 하나님과 사람 사이에 소통하는 경로에서, **인간 쪽을 열어 놓으면,** 피조물을 향한 신성한 보살핌을 즉시 이용할 수 있도록 만든다. 인간의 마음속에서 하나님의 영이 말씀하시는 것을 들을 때, 하나님께서 동시에 그 사람의 기도를 들으신다는 사실이 체험된다. 죄의 사함까지도 이와 똑같은 틀림없는 방법으로 운영되고 있다. 하늘에 계신 아버지는 너희가 구하기도 전에 이미 용서하였지만, 그런 용서는 너희가 동료 사람들을 용서하기 전에는 너희 개인적 종교 체험에서 유효하지 않다. 하나님의 용서는, 사실에서는 너희가 너희 동료들을 용서함이 조건이 되지 않지만, 체험에서는 정확히 그렇게 조건이 된다. 그리고 신성한 용서와 인간적 용서가 동시에 일어난다는 사실은, 예수가 사도에게 가르쳤던 기도에서 인식되고 서로 연결되어 있다.

4 **우주 안에는 공의(公義)의 기본적인 법칙이 있으며,** 자비는 이것을 피해 갈 아무런 힘이 없

다. 시간과 공간의 영역에서 철저히 이기적인 사람은 파라다이스의 사심 없는 영광을 받아들이는 것이 불가능하다. 하나님의 무한한 사랑조차, 살아남기를 선택하지 않는 어떤 사람도, 영원히 살아남는 구원을 강제로 줄 수 없다. 자비를 베푸는 범위는 넓지만, 결국 자비가 섞인 사랑조차 효과적으로 취소할 수 없는 **공의의 명령이 있다.** 예수는 다시 성서를 인용하였다…. 생명의 길을 배척하였으므로….

5 자비를 받고자 하는 사람은 반드시 자비를 보여주어야 한다. 심판을 하지 않아야 심판받지 않는다. 너희가 남을 심판하는 심령으로 너희 역시 비판받게 될 것이다. 자비는 우주의 공정성을 전적으로 파기하지 않는다. 이것이 마지막에는 참인 것이 증명될 것이다. '가난한 자의 부르짖는 소리에 귀를 막는 자는 누구나, 그 역시 언젠가는 도움을 부르짖을 것이고, 그때 아무도 들을 자가 없으리라' **모든 기도의 진지함은 그것을 듣고 있다는 사실에 대한 확신이다.** 어떤 간구라도 거기에 담긴 영적 지혜와 우주적 일관성이 그 대답이 언제, 어떻게, 어느 만큼 오는가 결정하는 요인이다. 지혜로운 아버지는 자신의 무지하고 경험 없는 자녀의 어리석은 기도에 대해서 글자 그대로 대답하지는 않는다. 하지만 자녀는 그런 우둔한 간구를 하면서 많은 기쁨과 혼의 진정한 만족을 얻을 수가 있다.

6 너희가 하늘에 계신 아버지의 뜻을 행함에 전적으로 헌신하게 되면 너희 모든 간구에 대한 응답이 이루어질 것인데, 너희 기도가 아버지의 뜻에 완전히 부합된 것이고, 아버지의 뜻은 언제나 그분의 광대한 우주를 통해 나타날 것이기 때문이다. 진실한 자녀가 원하고 무한하신 아버지께서 뜻하시는 것은 그렇게 된다. 그런 기도는 응답하지 않은 채로 있을 수 없고, 어떤 다른 간구도 온전히 응답할 수 없다.

7 의로운 자의 부르짖음은 하나님의 자녀가 보이는 신앙 활동이다. 이 믿음의 행위는 선함, 진리, 자비로 가득 찬 아버지의 창고 문을 열며, 이 좋은 선물은 아들이 다가와서 손수 쓰라고 오랫동안 기다리고 있었다. **기도는 사람을 대하는 하나님의 태도를 바꾸지는 않지만, 변함없는 아버지를 향하는 사람의 태도를 바꾼다.** 기도하는 자의 동기가 신성한 귀에 도달하는 올바른 길을 제공하는 것이지 기도하는 사람의 사회적, 경제적, 또는 겉으로 보이는 종교적 위상을 높이는 것은 아니다.

8 기도는 시간의 단축이나 공간의 제약을 초월하기 위하여 사용해서는 안 된다. 기도는 자신을 과장하거나 동료보다 유리한 자리를 얻는 기법으로 고안되지 않았다. 이기적인 혼은 진

정한 의미의 말로 기도할 수 없다. 너희는 하나님의 성품을 최고로 기뻐하라 그리하면 네 마음이 진지하게 바라는 것을 분명히 주시리라. 너희 길을 주께 맡겨라. 그를 신뢰하라. 그리하면 그가 행하리라. 주가 빈궁한 자의 외침을 듣고 그의 기도를 눈여겨볼 것이다.

9 나는 아버지한테서 왔다. 아버지께 무엇을 기도할지 모르면, 언제든 내 이름으로 요청해라, 그러면 아버지의 뜻에 따라, 너희 필요한 소원을 대신 간구할 것이다. 너희가 기도할 때 자기중심이 되는 것을 조심해라, 너희 자신을 위해 많이 기도하는 것을 피하고, 형제들의 영적 향상을 더 많이 기도해라. **물질적인 기도를 피하고**, 영적으로 기도하고 영의 풍성한 은사를 위해 기도해라.

10 너희가 병든 자와 고난 겪는 자를 위해 기도할 때, 이들 고난 겪는 자에게 필요한 사랑의 봉사를 대신 해 준 것으로 생각지 말라. 너희 가족, 친구, 동료들의 안녕을 위해 기도하되, 핍박하는 자를 위해 사랑 넘치는 기도를 해라. 너희 안에 거하는 그 영이 너를 감동하게 해, 영들의 아버지와 맺을 내적 관계를 표현하는 그런 간구를 입으로 말하게 할 것이다.

11 많은 사람이 어려울 때만 기도한다. 그런 습관은 경솔하고 오해하기 쉽다. 곤란할 때 기도하는 것은 잘하는 것이지만, 모든 일이 순조로울 때도 자녀로서 기도해야 함을 명심해야 한다. 진정한 기도는 항상 은밀히 드려라. **다른 사람이 너희 개인 기도를 듣지 못하게 하라**. 예배하는 무리가 감사기도를 하는 것은 적절하지만, 혼이 드리는 기도는 개인의 문제이다. 하나님의 모든 자녀에게 절절한 기도 형식이 하나가 있으니 '**그런데도, 아버지의 뜻이 이루어지이다**'라는 것이다.

12 이 복음을 믿는 모든 사람은 진심으로 하늘나라 확장을 위해 기도해야 한다. 시편의 기록을 긍정적으로 평했다. 내 속에 깨끗한 심성을 창조하시고, 내 안에 정직한 영을 새롭게 하여 주옵소서. 내 입에 파수꾼을 세우시고, 내 입술의 문을 지켜주십시오….

13 아버지의 뜻을 알려고 하는 기도 다음으로, 인생의 길을 안내해 달라는 기도이다. **예수는 결코 인간의 지식과 특별한 기술을 기도로 얻을 수 있다고 가르치지 않았다.** 그러나 기도는 신성한 영의 존재를 받아들일 수 있는 능력을 확대하는 요소라고 가르쳤다. 영으로 진리 안에서 기도하며, 진지하게 전심 다 하고 총명하고 열심히 꾸준하게 기도함을 의미한다고 설명하였다.

14 예수는 추종자들에게 화려한 문체를 사용한 반복, 유창한 말, 금식, 참회, 희생물이 기도를

효과적으로 해 줄 것이라는 생각에 대해 경고하였다. 그러나 감사를 통하여 진정한 경배로 끌어올리는 수단으로 기도를 사용하라고 간곡히 권고하였다. 기도와 경제에서 감사의 영이 거의 나타나지 않는 점을 한탄하였다.

15 그다음 예수는 "너희 일상적인 필요에 지나치게 염려하지 않도록 하여라. 모든 일에 감사의 영과 함께, 기도와 간구로 아버지께 펼쳐 놓아라…. 하나님의 이름을 찬송하고, 감사로 그 이름을 높이는 것이…. 황소를 드림보다 주님을 더욱 기쁘게 함이 될 것이다.

16 아버지께 기도드리고 나서 내주하는 영이, 듣고 있는 혼에 말하는 기회를 여유가 있게 제공하도록, **한동안 조용히 받아들이는 자세로 있으라고 가르쳤다.** 아버지의 영은 사람의 마음이 진정한 예배의 자세를 취할 때, 사람에게 이야기하기가 가장 좋다. 우리는 아버지의 내주하는 영의 도움과 진리의 사명 활동을 통한 인간 마음의 광채로 하나님께 경배를 드린다. 예수는, 예배는 예배받는 분을 점점 더 닮아가도록 해 준다고 가르쳤다. 예배는 변화되는 체험인데, 그것에 의해 유한자가 무한자의 현존에 점점 접근하고 궁극적으로 도달한다.

예수는 사람이 하나님과 교통하는 것에 대하여, 다른 많은 진리를 사도에게 일러주었지만, 그의 가르침을 충분히 깨우친 사람은 많지 않았다.

3) 라마에 들르심

예수는 라마에서 연로한 그리스 철학자와 토론했는데…. 그가 말을 마치자 '어떻게, 왜, 어디로'를 설명하는 것을 빠뜨렸다는 점만 지적하고 종교는 마음 혼자로는 절대로 발견할 수 없거나 충분히 헤아릴 수 없는 영적 실체를 다루는, 사람의 혼에 대한 계시이다. 지적인 갈망이 생명의 사실을 나타낼 수도 있겠지만, 하늘나라 복음은 존재에 대한 진리를 밝혀준다. 너는 진리의 물질적 그림자를 언급하였다….

……나의 자녀들아 내가 그리스인의 철학에 관용을 베풀었다고 해서 놀라지 말라, 참되고 순수한 내적 확신은 외부적인 분석을 조금도 두려워하지 않으며, 또한 진리는 정직한 비판을 받는 것에 대해 화내지 않는다. 편협함은, 자기의 믿음에 담겨있는 진실함

을 스스로 은밀하게 의심하고 있음을 감싸 감추는 가면이라는 점을 너희는 절대로 잊지 말아야 한다. **누구든지 온 마음을 다해 믿고 있는 진리에 대하여 자신감이 있을 때는, 어떤 경우에도 이웃의 태도 때문에 혼란스러워하지 않는다.** 용기는, 믿는다고 고백한 그 일에 대하여 정직하다는 것을 확신하는 것이다. 진실한 사람은 자신의 참된 신념과 숭고한 이상에 대한 비판적인 시험을 두려워하지 않는다.

라마에서 둘째 날 저녁, 도마는 예수께 물었다. 주여, 새로 믿는 사람이, 이 하늘나라 복음이 진리인가 어떻게 알고, 확신할 수 있습니까?

너희가 아버지의 나라에서 가족이 되었다는 것과, 하늘나라 자녀로서 영원히 살아남으리라는 확신은 개인의 체험, 진리의 말씀을 믿는 신앙의 문제이다. 영적 확신은 신성한 진리의 영원한 실체를 몸소 체험하는 것과 동등이며, 달리 말하면 진리인 실체를 너희가 이해하는 것에 영적 믿음을 더하고, 정직하게 의심하는 것을 뺀 것과 같다.

아들은 자연적으로 아버지의 생명을 자질로써 부여받는다. 너희가 아버지의 살아 있는 영을 자질로써 부여받았기 때문에, 너희는 하나님의 자녀다. 너희가 영원한 생명의 선물이, 아버지의 살아 있는 영과 정체성이 확인되기 때문에, 너희 생명은 육신을 가진 물질 세상에서 살아남는다. 정말로 많은 사람이, **내가 아버지로부터 오기 이전에도 이러한 생명을 가졌고,** 이제 나의 말을 믿음으로 인하여 훨씬 더 많은 사람이 이 영을 받아들이고 있지만, 내가 분명히 말하겠는데, 내가 아버지께로 돌아가고 나면, 그가 모든 사람의 가슴속에 그의 영을 보낼 것이다.

너희는 너의 마음속에서 일하는 영을 볼 수는 없지만, 아버지의 내주하는 영의 가르침과 인도에 대해 네가 복종하고 있는 그 정도를 알아보는 방법이 있는데, 그것은 동료에 대한 너희 사랑의 정도이다. 아버지의 이 영은 아버지의 사랑을 나누어 갖고 있으며, 그것이 사람을 지배하게 되면, 그것은 어김없이 거룩한 경배로 인도하고 자기 동료에 대한 사랑을 갖게 한다.

처음에는 나의 가르침으로 인하여 너희가 아버지의 내주하는 현존의 인도를 좀 더 의식하게 되어, 너희가 하나님의 자녀라는 것을 믿지만, 곧 진리의 영이 모든 사람에게 부어질 것이며, 지금 내가 너희와 함께 있으면서 너희에게 진리의 말을 하는 것과 같이, 그가 사람들 안에 거하면서 모든 사람을 가르치게 될 것이다. 이 진리의 영은 너희 혼의 영적 자질을 증명하고 있고, 너희가 하나님의 자녀라는 것을 알도록 도움을 줄 것이다. 그것은 틀림없이 **너희 안에 거하는 아버지의 현존**, 너희 영을 증명할 것이며 그 다음에는 지금 일부 사람 안에서 거주하는 것과 같이, 모든 사람 안에 거하면서 너희가 실제로 하나님의 자녀라는 것을 말해 줄 것이다.

이 영의 인도하심을 따르는 자녀마다. 하나님의 뜻을 알 것이며, 아버지의 뜻에 복종하는 자는 영원히 살 것이다. 너희에게 이 세상 일생으로부터 영원한 영토로 가는 길이 평이하게 만들어져 있지는 않다. 그러나 그것은 길이고, 그것은 항상 있었고, 그 길을 새롭고 생생하게 만들기 위하여 내가 왔다. 하늘나라에 들어가는 자는 이미 영원한 생명을 가졌다. 그는 절대로 멸망하지 않는다. 그러나 이것들 대부분은, 내가 아버지께 돌아간 후에 더 잘 이해할 수 있을 것이다.

예수는 일생을 통하여 종교의 사회적인 면에 관해서는 교훈을 주지 않았다. 스불론은 혼합된 종족이었고 가버나움에서 병자들이 치유되었다는 소문을 들었음에도 예수를 믿는 자는 몇 사람 없었다.

4) 아이론에서 복음 전도

아이론은 광산 지대로 광산에서 시간 대부분을 보냈다. 사도가 방문하며 전도하는 동안, 예수는 광부 체험이 없었으므로, 이 지하 노동자 광부들과 함께 일했다. 문둥병을 제외하고, 기적을 통하여 병을 고치지 않았다. 고침. 받은 문둥병자에게 누구에게도 말하지 말고 제사장에게 가서 네 몸을 보이고 모세가 명한 제물을 드리라 명령했지만, 그 사람은 지시한 대로 하지 않았다. 이 소식이 사방에 퍼져, 다음 날 일찍 그 동네를 떠났다. 예수는 다시는 그 도시 안으로 들어가지 않았다.

사도들이 전도에 실패한 원인을 병자가 치유된 것을 말하지 못하도록 한 것이 요인이라고 보았다. 사도들은 기적을 행하여 관심을 끌게 하자고 말했으나 주는 그들의 열열한 간청에도 조금도 흔들리지 않았다.

5) 가나로 돌아와서

가나는 혼인 잔치에서 물을 포도주로 만든 기적이 일어난 곳임으로 가버나움 신자들은 예수가 어떤 병도 고칠 수 있다고 믿었다. 가버나움의 저명한 시민 디도가 예수가 가나에 도착했다는 말을 듣고 예수에게 찾아가 아들을 치유해 달라고 간청하였다. 이에 예수는 잠시 침묵 속에 묵상하다가 "네 아들이 살았다"라고, 말하였다. 예수의 말씀을 믿고 돌아가는 중에 그의 하인들이 찾아와 아이가 좋아졌습니다. 그가 살아났습니다. 라고, 말하였다. 이를 계기로 디도와 그의 가족은 전심으로 믿었다. 이 아이는 자라서 훌륭한 전도자가 되었고 로마에서 수난당하던 자들과 함께 목숨을 바쳤다.

예수는 가나에서 급히 떠나야만 했는데, 멀리 있는 사람도 치유한다는 소식이 퍼지자, 환자를 대신해 멀리서 심부름꾼이 오기도 했다. 예수는 온 지방이 동요함을 보자 나인으로 가자고 했다.

6) 나인과 엔도르에서

예수는 나인성에서 과부의 아들을 살렸다는 소문으로, 병을 고침을 원하는 소란스러운 무리를 피하여 엔도르에서 며칠을 보냈다.

엔도르에 머무는 동안 사울 왕과 마녀에 대하여 사도에게 자세히 말해 주었다. 타락하고 반역적인 중도 자들, 즉 죽은 자의 영인 것처럼 때때로 흉내 낸 그 존재들은 곧 통제될 것이며, 그들은 더 이상 이런 이상한 일을 행하지 못하게 될 그것이라고 분명하게 말했다.

자신이 아버지께 돌아간 후, 그리고 자신들의 영을 모든 육체에 부어준 후에는 그러한 반영적 존재들, 소위 더러운 영이라 불리는 것이 정신 박약자나 악한 생각을 가진 자들을 더 이상 사로잡을 수 없다고 말해 주었다. 예수는 다시 보충하여, 이 땅을 떠나간 인간 존재의 영들은 살아있는 그들의 동료들과 교통하기 위하여 그들이 생을 시작하였던 이 세상으로 다시 돌아올 수 없다고 설명하였다.

13. 막간의 예루살렘 방문

예수와 사도들은 서기 28년 3월 17일 수요일 가버나움에 도착해서 예루살렘으로 떠나기 전 두 주일을 벳새다 본부에서 지냈다.

이 두 주간 사도들은 바닷가에서 사람을 가르쳤고 예수는 이 두 주 동안에, 야고보, 요한을 데리고 은밀하게 두 번 디베랴를 방문하여 신자들을 만나고 복음을 가르쳤다. 헤롯은 자기 집안사람들이 예수를 믿었고 그들이 하늘나라는 원래 영적인 것으로 정치적인 위험이 없다는 점을 잘 설명해 주었다. 헤롯은 이를 믿었다. 이후 예수에 대한 감시를 중지시켰고, 적대감을 느끼지 않았다. **예수에 대한 위협은 헤롯이 아니라 예루살렘의 종교 지도자들이었다.** 이런 이유로 예루살렘과 유대 지방보다는 갈릴리에서 더 많은 시간을 보냈다.

1) 백 부장의 하인

예루살렘 유월절 축제에 가기 전날에, 가버나움 회당을 지어준 백 부장의 하인이 고침을 받았다는 이야기가 나온다.

2) 예루살렘 여행

서기 28년 3월 30일 화요일 아침 일찍, 예수와 사도는 유월절에 참가하기 위하여 요단강 계곡 길을 따라 4월 2일 금요일 오후에 도착해서 본부를 다른 때와 마찬가지로 베다니에 두었다. 너무 많은 사람이 모여들어 예수는 쉴 틈이 없었다. 그래서 겟세마네에 천막을 치고 군중을 피하여 베다니와 겟세마네를 왕래하였다. 사도 집단이 삼 주 동안 예루살렘에 머물렀지만, 예수는 그들에게 어떤 대중 연설도 하지 말고 오직 사적인 가르침과 개인적 일만 하라고 명하였다.

예수와 열두 사도는 희생물 없이 조용히 베다니에서 유월절을 축하하였다. 요한의 사도는 함께 지내지 않고 아브너와 요한을 믿었던 초기 신도들과 축제일을 지켰다. 예수와 사도가 가버나움으로 떠났을 때, 요한의 사도는 함께 돌아가지 않고 예루살렘과 그 지역에 남아 하늘나라를 확장하는 일을 하였다.

3) 벳새다의 연못

요한은 예수를 모시고 벳새다 연못에 가서, 주여, 이 모든 고난 겪는 자들을 보십시오, 그들을 위하여 우리가 할 수 있는 일이 아무것도 없습니까? 그러자 예수가 대답하였다. "요한아 어찌하여 내가 선택한 길로부터 옆길로 가도록 유혹하느냐? 어찌하여 너는 영원한 복음 선포 대신에, 경이로운 일과 병자를 고치는 일 하기를 원하느냐? 내 아들아, 나는 네가 원하는 일을 하지 않을 것이지만, 이들 병자와 고난 겪는 자들을 모아 놓고, 그들에게 사기를 북돋아 줄 수 있는 영원한 위안의 말을 해 주겠다."

모인 사람들에게 예수가 말했다. "여기 있는 너희 대부분은 여러 해 잘못된 생활을 하였기 때문에 병들어 괴로워한다. 일부는 사고로, 어떤 이는 조상이 잘못한 결과로, 더러는 현세에 존재하는 불안전한 조건의 방해로 고전한다. 그러나 내 아버지께서는 너희의 이 세상 입지를 개선하기 위해, 더 특별히 너희 영원한 신분을 보장하기 위해 일하고 계시며, 나도 일하려 한다. 하늘에 계신 아버지께서 그렇게 뜻하심을 **우리가 발견하지 않는 한**, 우리 중 누구도 일생의 어려움을 거의 바꿀 수 없다. 결국, 우리는 모두 영원 자의 뜻을 행하도록 은혜를 입고 있다. 너희 육체의 고난이 모두 치유된다면, 너희 모두는 경탄하겠지만, 모든 영적 질병에서 깨끗하게 되고 모든 도덕적 허약함에서 치유됨을 발견하는 것이 너희에게 훨씬 더 중요하다. 너희는 모두 하나님의 자녀이며; 하늘에 계신 아버지의 아들이다. 시간의 속박이 너희를 괴롭히는 듯 보이지만, 영원의 하나님은 너희를 사랑한다. 심판의 날이 임할 때 두려워 말라, 너희가 모두 의로움뿐 아니라 풍성한 자비도 함께 발견할 것이다.

내가 진실로 진실로 너희에게 말하는데; 하늘나라 복음을 듣고, 하나님의 아들 신분에 대한 이 가르침을 믿는 자는 영원한 생명을 얻을 것이며; 그런 신자들은 이미 심판과 죽음에서 빛과 생명으로 건너가고 있다. 그리고 무덤 속에 있는 자들도 부활의 명령을 들을 때가 다가오고 있다."

말씀을 들은 많은 사람이 하늘나라의 복음을 믿었다. 고난 겪는 자 중 어떤 사람은 너무나 큰 감명을 받고 영적으로 소생해 자기 육신의 병까지도 고침을 받았다고 전파하고 다녔다.

정신적 장애가 있는 병 때문에 여러 해 동안 우울하고 심각하게 도통 받던 한 남자는, 예수의 말을 듣고 기뻐하면서, 안식일인데도 자리를 들고 집으로 갔다. 고난 겪던 그는 도와줄 누구를 지난 몇 년간 기다리고 있었다. 그는 자기 자신이 무력한 자라는 느낌의 희생자로서, 한 번도 자기 자신을 도우려는 생각을 하지 못하였다. 그러자 이것이 회복을 위해 해야 할 오직 한 가지, 자기의 자리를 **스스로 들고 일어나** 걸어가는 것이다. 요한은 안식일 오후에 예수와 벳새다 연못에 간 사실을 사도들에게 말하지 않았다.

4) 인생을 사는 법칙

같은 날 안식일 저녁 베다니 나사로의 집 정원에서 불을 피워놓고 모여 있을 때 나다니엘이 예수에게 질문하였다. '다른 사람이 너에게 해 주기를 원하는 것처럼 다른 사람을 대하라'는 예수의 가르침에 호색한의 예를 들어 보충 설명을 부탁하였다…. 내가 높은 이상을 가진 사람들에게 말한 것이지, 나의 가르침을 왜곡하여 악행을 조장하기 위한 방종으로 유혹당할 그런 자에게 말한 것이 아니다.

나다니엘은 이 문제에 관한 설명을 좀 더 해 주기를 부탁하였다. 예수께서는 말씀을 계속하였다…. 이 훈계, 즉 **삶의 규율**에 대한 해석에 부가된 여러 다른 수준의 의미에 관해 가르쳐 주겠다.

1 육신의 수준, 순전히 이기적이고 탐욕스러운 해석은 네가 가정하여 말한 질문이 좋은 예이다.

2 감정(느낌)의 수준, 육체의 수준보다 한 단계 높으며, 동정심과 불쌍히 여기는 마음이 이 인생을 사는 법칙을 사람이 높게 해석할 것을 의미한다.

3 마음(정신)의 수준, 이제 이성적인 마음과 지적인 경험이 활동한다. 생활에 대한 그런 원칙은, 깊은 자아 존중의 고귀한 정신을 그 안에 담고 있는 가장 높은 이상주의와 일치하면서 해석되어야 한다고, 훌륭한 판단은 명령한다.

4 형제 같은 사람의 수준, 한 단계 높은 경지에서 형제(동료)의 안녕(복지)에 사심 없이 헌신하는 좀 더 높은 경지의 수준이 발견된다. 더 높은 이 수준은 하나님이 아버지이심을 의식하고 그 결과로 사람이 형제임을 인식함으로 생기는 수준에서 나오는, 온 마음을 다 바치는 사회적 봉사를 말하는데, 생활에 대한 이 기본적 원칙을 새롭게 보다 더 아름답게 해석하는 것이 드러나 보인다.

5 도덕적 수준, 다음에, 참된 철학적 수준에서 해석할 때, 사물의 옳고 그름에 대하여 진정한 통찰력을 가질 때, 너희가 영원히 건전한 인간관계를 깨달을 때, 생활 형편에 적응하는 너희 개인의 문제에 적용되는 대로, 고상한 생각과 이상을 가진 제삼자, 지혜롭고 치우치지 않는 자가 그런 명령을 보고 해석하겠다고 생각되는 대로, 너희가 그러한 해석 문제를 보기 시작할 것이다.

6 영적인 수준, 가장 중요한 것은, 하나님께서 그들을 대하시리라고 우리가 알고 있는 것처럼 다른 사람을 대하라는 신성한 명령이 삶의 규율에서 인식하도록 우리에게 재촉하는 영 통찰력과 영적 해석 수준을 달성함이다. 이것이 인간관계에 대한 우주의 이상이다. 항상 아버지의 뜻을 행함이 너희 최고 바람이 될 때, 모든 문제를 향한 너희 태도이다. 그러므로 **그런 상황에서 내가 그들에게 하리라고 아는 그것을, 너희가 모든 사람에게 행하기를 바란다.**

이때처럼 예수가 사도를 놀라게 한 적은 없었다. 다른 사도는 철학적인 동료 사도가 깊이 사색할 수 있는 질문을 용감하게 한 것에 대해 고맙게 생각하였다.

5) 바리새인인 시몬을 방문하다

예루살렘에서 상당히 유력한 시몬은, 예수와 베드로, 야고보, 요한을 만찬에 초대하였다. 바리새인은 저명한 인사를 위한 만찬을 베풀 때 거지도 들어올 수가 있도록 문을 개방하고, 손님이 주는 음식을 받을 준비 하고 기다리게 하는 관습이 있었다.

이때 이방인의 성전 뜰 가까이에서 전에 매춘 장소를 가지고 있던 이름이 없는 여인이, 식탁에 앉은 예수의 뒤에 서 있다가, 그가 식사하기 위해 소파에 기댈 때, 그녀는 감사의 눈물로 그의 발을 적시고, 자기 머리털로 씻고, 그의 발에 향유를 붓기 시작하였다. 그리고 그녀는 향유를 바르기를 끝마친 후에도, 눈물을 흘리며 그의 발에 입맞춤을 계속하였다.

시몬이 이 모든 것을 보고, 예수가 악명 높은 이 여자를 아는 가를 지켜보고 있었다. 예수는 시몬의 마음을 알아차리고 여인의 행위에 대해 말하고…. "너는 네 죄를 정말로 회개하였으며, 그것은 용서받았다…. 여인아, 네 신앙이 너를 구원하였으니 평안히 가라"…. 아버지는 들어오려는 신앙을 가진 모든 이에게 하늘나라의 문을 열어 놓으시고, 가장 천박한 자거나 이 세상에서 가장 악명 높은 죄인이라 할지라도, 그가 진심으로 들어오기를 구한다면 누구도 그 문을 닫지 못한다. 예수는 작별하고 사도가 머무는 겟세마네 정원의 야영지로 돌아갔다.

이날 저녁 기억할 만한 긴 연설을 하였는데, 하나님과 관련된 신분의 상대적 가치와 파라다이스로 영원히 올라가는 진보에 관한 것이었다. "내 자녀들아, 자녀와 아버지 사이에 참되고 살아있는 관계가 존재한다면, 그 자녀는 아버지의 이상을 향해 확실히 계속 진보할 것이다. 처음에는 자녀가 천천히 발전하겠지만 그 발전은 확실하다. 중요한 점은 너희 발전의 신속성이 아니라, 오히려 확실성에 있다. 너희 실질적 성취는 발전 방향이 하나님을 향했다는 사실 외에는 별로 중요하지 않다. 너희가 하루하루 무엇이 되어간다는 것이, 오늘 무엇인가 하는 것보다 훨씬 더 중요하다.

그러나 예수는 자기 사도에게 하나님의 자녀로서, 아버지의 사랑에 대해 주제넘은 가정을 하지 않도록 진심으로 경고하였다. 그는 **하늘에 계신 아버지는 언제나 죄를 묵인해 주고, 무모함을 용서하는, 그렇게 느슨하고 헐겁고 어리석게 관대하기만 한 그런 부**

모가 아니라고 선언하였다. 하나님이 지각없는 자녀들의 도덕적 타락을 감싸주고, 이 세상의 어리석음과 협력하며, 너무 관대하고 현명치 못한 부모인 것처럼 표현되도록 아버지와 아들에 대한 자신의 예를 그릇되게 적용하지 말라고 경고하였다.

그런 부모는 자식이 죄를 범하고 부도덕하게 되기에 확실하게 직접적인 공헌을 한다. 내 아버지께서는 모든 도덕적 성장과 영적 진보에 자멸적이고 자살적인 그런 행동과 실행을 관대하게 묵인하지 않으신다. 그런 죄로 가득 찬 행동은 하나님 보시기에 혐오스럽다.

예수와 사도는 예루살렘의 크고 작은 회합과 연회에 참석했고 높고 낮은 사람과, 부자와 가난한 자와 함께 하였다. 많은 사람이 진정으로 복음을 믿었으며, 예루살렘과 주변에 남아있던 아브너와 동료에게 세례를 받았다.

4월 마지막 주간에 베다니 본부를 떠나 가버나움으로 돌아갔다. 예루살렘 첩자무리도 함께 가며 여러모로 괴롭게 하였다. 5월 3일 타리케아에서 배를 타고 벳세다로 갔다. 어느 날 밤 새벽 두 시까지 새 포도주와 이사야의 금식에 대해 가르침을 주셨다.

14. 벳새다에서 전도자 학교 운영

서기 28년 5월 3일부터 10월 3일까지 예수와 사도 일행은 벳새다에 있는 세베대의 집에 거주하였다. 건조한 이 다섯 달 동안 세베대의 집이 가까운 호숫가에 거대한 캠프촌을 유지하고 있었다. 이 야영지는, 진리 탐구자, 환자, 호기심이 가득한 500명에서 1,500여 명의 사람이 있었다. 이 천막은 다윗 세베대가 전반적으로 관리하였고, 알페오 쌍둥이의 도움을 받았다. 여러 종류의 다른 병자들은 따로 분리하여, 엘만이라는 시리아인 신자 의사가 관리하였다.

이 기간 내내, 한 주 한 번은 고기를 잡으러 나갔고, 잡은 고기는 야영지에서 소비하도록 다윗에게 팔았다. 팔은 돈은 단체 재정으로 돌렸다. 열두 사도에게는 매달 한 주 동안, 가족이나 친구들과 지내도록 허락되었다.

안드레는 사도 활동의 전반적인 책임을 계속 맡아보았다. 베드로는 전도자 학교를 전적으로 책임을 졌다. 매일 오전에는 사도가 전도자 무리를 가르치면서 자신의 몫을 담당했고 오후에는 선생과 학생 모두가 일반 사람을 가르쳤다. 저녁 식사 후에는 일주일에 닷새 동안 사도는 전도자에게 도움이 되도록 질문 시간을 가졌다. 한 주에 한 번은 예수께서 이 질문 시간에, 아직 해답을 찾지 못한 그 이전에 있었던 질문에 대해 답하였다.

다섯 달 동안 로마 제국 전역에서 수천 명이 다녀갔다. 이 야영지는 사도 일행처럼 운영되지 않고, 다윗 세베데에 의해 자급자족하는 기업 정신으로 관리하였다.

1) 새 전도자 학교

베드로, 야고보, 안드레는 전도자 학교에 입학하려고 지원하는 자를 심사하라고 예수가 임명한 심사 위원이다.

이 새 전도자 학교 학생들은 로마 세계, 인도, 동양의 모든 인종과 국민을 대표하였다. 이 학교는 배우면서 행하는 방식으로 운영되었다. 학생들은 아침에 배운 것을 오후에 회중에게 가르쳤다. 저녁 식사 후에는 허물없이 오전에 배운 것과 오후에 가르친 것을 토론하였다.

사도인 선생들은 각자 하늘나라 복음에 대하여 각자의 견해를 가르쳤다. 똑같이 가르치려고 시도하지 않았다. **신학 교리를 표준화하거나 신조의 형식으로 만들지 않았다. 비록 모두가 같은 진리를 가르쳤어도 각 사도는 주의 가르침에 대하여 자기 개인의 해석을 제시하였다. 예수는 하늘나라의 일을 하면서 얻은 다양한 개인 체험을 이렇게 발표하는 것을 지지하였고,** 주마다 있는 질문 시간에 복음에 대하여 많고 다양한 이 여러 관점을 어김없이 **조화시키고 조정**하였다. 가르치는 문제에서 개인적 자유가 있었는데도, 베드로는 전도자 학교의 신학을 압도하는 경향이 있었다. 베드로 다음으로는 세베대 야고보가 개인적 영향력을 발휘하였다.

이 5개월 동안 해변에서 훈련받은 100여 명이 넘는 전도자들이 중심이 되어 이들로 (아브너와 요한의 사도들을 제외하고)부터 나중에 70인의 복음 선생과 설교자가 뽑혔다. 전도자 학교는 열두 사도가 한 것과 같은 정도로 모든 것을 공동으로 소유하지 않았다.

2) 벳새다 병원

시리아인 의사 엘만을 25명의 여자와 12명의 남자 도움을 받아 넉 달 동안 병원을 운영하였다. 그들은 기도하고 믿음으로 격려하는 영적 실천은 물론 물질적 방법으로도 치료하였다. 예수는 한 주에 세 번 이상 병자를 찾아보고 각 병자와 친히 접촉하였다. 좋아지거나 치유되어 이 병원을 떠난 1,000여 명 가운데, 이른바 초자연적으로 치유한 기적은 전혀 일어나지 않았다. 그러나 덕을 본 사람의 대부분은 예수가 그들을 고쳤다고 알리기를 그치지 않았다.

엘만과 그 동료는 '악령에 들리는 것'에 관하여 환자들에게 진실을 가르치려 애썼지만, 조금도 성공하지 못했다. 환자의 머리나 몸에 이른 바 더러운 귀신이 거함으로 육체의 병과 정신의 혼란이 생길 수 있다는 믿음이 거의 보편적이었다.

예수가 병자나 고통받는 자와 만나면, 그에게 믿음과 확신을 일으키게 하는 방법을 곁에서 봄으로서 병든 자를 돌보던 사람은 도움이 되는 많은 교훈을 얻었다. 그 야영지는 말라리아가 늘어나는 철이 오기 전에 해산되었다.

3) 아버지의 일

야영지에 있는 동안 열두 번 미만 대중 예배를 인도 하였고 가버나움 회당에서 한 번 강연 하였다.

벳새다 전도자 훈련 기간 동안 예수는 많이 혼자 지내셨는데, 사도가 물어보면 '아버지의 일에 관여하고 있다'라고 대답하였다.

자리를 비운 이 기간에, 시간이 있는 두 사람씩 데리고 다니며 친밀한 접촉 기회를 얻었다.

언덕에서 단독으로 있던 기간에 주는 우주 관련사를 맡고 있는 주요 지휘관에게 직접, 지시를 내리는 접촉을 하고 있었고, 그는 광대한 우주를 운영하는 책임을 맡은 높은 영 지성 존재들을 지휘하는데 몰두하였다. 인간 예수는 이러한 활동을 '아버지의 일에 관한 것'이라고 표현하였다.

몇 시간 동안 예수가 혼자 있을 때, 가까이에 있던 두 사도는, 어떤 말 하는 것은 듣지 못했지만, 예수의 모습이 빠르고 다채롭게 변화하는 모습을 볼 수 있었다.

4) 악, 죄, 그리고 불의한 사악

예수는 매주 이틀 저녁 자신을 직접 만나기를 원하는 사람과 특별히 대화하였다. 어느 날 저녁 세베대의 정원 한적한 곳에서, 도마가 주께 질문하였다.

'하늘나라에 들어가기 위해 어찌하여, 왜 영으로 태어나야 합니까? 악한 자의 손에서 벗어나기 위해 다시 태어날 필요가 있다는 것인가요? 악이란 무엇입니까?' 예수께서 이런 질문을 듣고, 도마에 대답하였다.

악한 자, 죄악을 범하는 자와 악을 혼동하지 마라. 너희가 악한 자라 부르는 그는 이기적인 아들, 즉 아버지와 그의 충성된 아들들의 규율을 어기고, 고의적인 반역을 알면서 행했던 고위 행정가이다. 그러나 이미 이런 죄 많은 반역자를 정복했다. (없앴다. 이겼다) 너희 마음속에서 아버지에 대한 태도와 그의 우주에 대한 이런 상반된 태도를 분명히 밝혀라. 아버지의 뜻에 관계되는 이런 법칙을 절대로 잊지 말아라.

악은, 하나님의 뜻 신성한 하나님의 법을 무의식적으로 또는 의도하지 않고 위반하는 것이다. 악은 아버지의 뜻을 따름에서 불완전함에 대한 척도이다.

죄는, 아버지의 뜻 즉 신성한 하나님의 법을 의식적으로, 알면서, 고의로 위반하는 것이다. 죄는 신성하게 이끌리고 영적으로 인도되는 것에 반항하고 있음을 재는 척도이다.

사악(죄악, 불의), 아버지의 뜻인 신성한 하나님의 법 의지를 갖추고, 결심하여 끈질기게 위반하는 것이다. 죄악은 인격체를 살아남게 하려는 아버지의 사랑 계획과 아들의 자비로운 구원의 사역을 계속해 거부하는 정도를 재는 척도이다.

필사적 사람은, 영으로 다시 태어나기 전에는, 선천적으로 악한 경향에 지배되지만, 그런 자연적인 불완전한 행실은 죄가 아니고 죄악도 아니다.

필사적 사람은 하늘에 계신 아버지의 완전함을 향한 자신의 긴 상승을 막 시작하고 있다. 자연적 재능에서 불완전하게 되거나 부분적으로 됨은 죄가 아니다. 사람은 진정으로 악에 굴복하게 되어 있지만, 알면서도 고의로 죄의 길과 죄악의 삶을 선택하지 않는 한, 어떤 의미에서도 악한 존재의 자녀가 아니다. 악은 이 세상의 자연 질서에 내재적이지만, 죄는 영적인 빛으로부터 어둠 속에 빠진 자들이 이 세상으로 가져온 의도적인 반역의 태도이다.

도마야, 너는 그리스인의 교리와 페르시아 인의 오류 때문에 혼돈하고 있다. 너는 사람이 이 세상에서 완벽한 아담에서 시작해, 죄에 의해 신속하게 악화하여 현재의 한심스러운 상태에 이르게 되었다고 보기 때문에, 악과 죄의 관계를 이해하지 못한다. 그러나 너는, 아담의 아들 가인이 어떻게 해서 놋 땅으로 가서 거기서 아내를 얻었는지를 드러내는 그 기록의 의미를 이해하기를 왜 거부하느냐? 그리고 하나님의 아들들이 사람의 딸 중에서 자기 아내를 삼았다는 기록의 의미에 대한 해석을 어찌하여 거부하느냐? (피하려 하느냐?)

사람은 본래 악하지만, 그러나 반드시 죄가 있는 것은 아니다. 새로 태어나는 것, 영의 세례를 받는 것, 악에서 구출되기 위한 필수 조건이며 하늘나라에 들어가기 위해서도 필요하지만, 이것 중 어떤 것도 사람이 하나님의 아들이라는 사실은 부정할 수 없다. 이렇게 태어날 때부터 잠재적인 악이 있다는 사실이 어떤 신비로운 방법으로 하늘에 계신 아버지와 인간 사이가 틀어져 멀리 떨어지게 되었으며, 그래서, 외국인, 이방인, 의붓자식처럼, 어떤 방법으로 아버지에게 합법적으로 입양되기 위하여 애써야 한다는 것을 의미하지 않는다. 본성 그리고 운명을 몰라서 생기는 것이다.

그리스인과 다른 사람은 사람이 신처럼 완전한 상태에서 망각이나 파멸의 방향으로 내려가고 있다고 가르쳤으나 내가 온 것은 사람이 하늘나라에 들어감으로 하나님과 신의 온전함에 이르기까지 확실하고 분명하게 올라가고 있다는 것을 보여 주기 위함이다. 어떻게 하다가 영원한 아버지의 뜻인 신성하고도 영적인 이상에 미치지 못하게 된 모든 존재는 잠재적으로는 악하겠지만, 그들은 어떤 의미에서도 죄를 범한 것이 아니며, 죄악을 범한 것은 더욱 아니다.

도마야, 성서에서, 너희는 주 너희 하나님의 자녀들이다. 내가 그의 아버지가 되겠고 그가 내 아들이 될 것이다. 내가 그를 아들로 택했으며, 내가 그의 아버지가 되겠고 그가 내 아들이 될 것이다. 내 아들들은 먼 곳에서 데려오며, 내 딸들을 땅의 끝에서 오게 하고 내 이름으로 부름을 받은 자들도 다 오게 할 것이니, 이것은 내가 내 영광을 위하여 창조한 자들이기 때문이다. 너희는 살아계신 하나님의 아들이다. 하나님의 영을 가진 자는 진정으로 하나님의 아들들이라는 기록을 읽어보지 못하였느냐? 태어난 아이에게는 인간 아버지의 물질적 요소가 있지만, 하늘나라의 모든 신앙의 아들마다 그 속에 하늘 아버지의 영적 단편이 있다.

이보다 많은 그것을 말해 주었고, 대부분 이해했다. 예수께서는 도마에게 내가 아버지께 돌아가기 전에는 다른 사람에게 말하지 말라고 당부했다. 도마는 이 약속을 지켰다.

5) 고난의 의미 (목적)

정원에서 사적으로 상담했던 나다니엘이 예수에게 물었다. 주님 치유 실행하시기를 왜 절제하시는지를 좀 이해하지만, 하늘에 계신 사랑하시는 아버지께서 왜 이 세상에 있는 그렇게 많은 자녀에게 그토록 많은 고난을 겪도록 허락하시는지 의문이 갑니다.

나다니엘아, 이 세상 자연 질서가 얼마나 여러 번 특정한 반역자들의 죄 많은 모험으로 인하여 망쳐졌는지 네가 이해하지 못하기 때문에, 너나 다른 많은 사람이 그렇게 혼돈을 겪는다. 그래서 내가 그러한 것들을 질서 있게 확립하는 것이 시작되도록 온 것이다.

우주 안에 있는 이 지역을 이전의 길로 회복시키고 사람인 자녀들을 죄와 반역의 추가된 부담으로부터 해방하기 위해서는 많은 세월이 필요하다. 악의 현존 하나만으로도 사람의 상승을 위한 충분한 시험이다. 죄는 생존에 필수적인 것이 아니다.

내 아들아, **아버지는 자녀에게 의도적으로 고난을 주지 않으신다는 것을 알아야 한다.** 사람은 신의 뜻을 따르는 더 좋은 길을 걷지 않으려고 끈질기게 거절하는 결과로 필요 없는 고통을 초래하며, 고통은 잘못 속에 잠재하지만, 고통의 상당 부분은 죄와 불의로 인하여 생긴다…. 아버지는 잘못을 임의로 벌하려고 질병을 보내지 않는다. 잘못을 저지르는 불완전함과 장애는 본래부터 있는 것이요, 죄에 대한 벌은 불가피하고, 불의의 파괴적인 결과는 벗어날 수 없는 것이다. 사람은 자신이 선택한 생활의 자연스러운 결과로 얻는 질병 때문에 하나님을 탓해서는 안 되며, 이 세상에서 사는 생활의 일부로 겪는 체험을 불평해서도 안 된다. **땅에서 지위의 개선을 위하여 끈질기게, 한결같이 필사 인간이 일해야 하는 것이 아버지의 뜻이다. 머리를 총명하게 쓰면 사람이 땅에서 겪는 많은 불행을 극복할 수 있게 된다.**

나다니엘아, 사람이 자신의 영적 문제를 풀어나가도록 도와줌과 이런 방법으로 그들의 정신에 박차를 가해, 복잡한 물질적 문제를 풀어나감에 잘 준비되고 영감을 얻도록 함이 우리 사명이다. 네가 성서를 읽으면서 혼돈하고 있음을 안다. 자주 무지한 사람이 이해할 수 없는 것을 하나님 탓으로 돌리는 경향이 있다. 네가 이해하지 못하는 모든 것이 아버지의 개인적 책임이 아니다. 네가 순수하게 또는 고의로 그런 신성한 법을 어겼으므로 그가 제정한 의롭고 현명한 어떤 율법이 우연히 너를 괴롭혔다는 이류로 아버지의 사랑을 의심해서는 안 된다.

그러나 나다니엘아, 네가 성서를 분별하면서 읽기만 했어도, 배울만한 것이 많이 있다. 이렇게 기록된 글을 기억하지 못하느냐? '내 아들이 주의 징계를 경멸하지 말며, 그의 처벌을 싫어하지도 말라, 주께서는 처벌하시는 그를 사랑하시며, 마치 아비가 자신이 기뻐하는 아들을 처벌함, 같이 하시기 때문이다. 주께서는 괴롭히기 좋아하지 않으신다. 고난 겪기 전에는 내가 그릇 행하였지만, 이제는 주의 법을 지킵니다. 고난 겪음이 내게 유익인데, 이에 따라 내가 신성한 법령을 배울 수 있기 때문이다.

내가 네 슬픔을 안다. 영원한 하나님이 네 피난처가 되시니, 영원하신 팔이 그 아래 있다. 주는 또한 압박당하는 자의 피난처이오, 환란 때에 쉼터이다. 주께서 고난의 병상에서 그를 강건하게 하시며, 주께서는 병자를 잊지 않으신다. 아비가 자기 자식을 불쌍히 여기는 것 같이 주께서 그를 경외하는 자를 불쌍히 여기신다. 그는 너희 체질을 아시며, 너희가 흙임을 기억하신다. 그는 상심한 자들을 치유하시며, 그들의 상처를 싸매신다. 그는 가난한 자들의 희망 이시며, 고뇌 속에 있는 궁핍한 자들의 힘이며, 폭풍으로부터 피난처 이시며, 강력한 더위를 피하는 그늘이 되신다. 약한 자들에게 능력을 주시고, 무능한 자에게는 힘을 더하신다. 상한 갈대를 꺾지 않으시며, 연기 나는 등불을 끄지 않으신다. 네가 고난의 물 가운데 지날 때, 내가 너와 함께할 것이며. 역경의 강물이 네게 넘칠 때도, 내가 너를 버리지 않을 것이다. 그가 나를 보내 상심한 자를 싸매며, 포로가 된 자에게 자유를, 슬픈 자들에게 위로를 주게 하였다. 고통 속에는 교정이 있으며, 고난은 흙에서 나오지 않는다.

6) 고통에 대한 오해- 욥에 대한 강연

같은 날 밤 벳새다에서 요한이 예수께 왜 그렇게 명백하게 선한 많은 사람이 질병으로 고통당하고, 많은 고난을 체험하는지를 물었다. 주가 다음과 같이 말씀하셨다.

...... 욥은, 자식, 재물, 명예, 지위, 건강 등, 사람이 현세의 일생에서 가치를 두는 모든 그것에서 축복받았다는 것을 너는 잘 기억한다.

아브라함 자손의 유서 깊은 가르침에 따르면, 그러한 물질적인 번영이 신성한 은혜라는 충분한 증거가 된다. 그러나 물질적인 소유물이나 현세의 번영이 하나님의 은혜를 나타내지는 않는다. 하늘에 계신 나의 아버지는 부자를 사랑하는 것처럼, 가난한 사람도 사랑하는 분으로 사람을 차별하지 않으신다.

신성한 법을 어기면, 머지않아 벌로서 대가를 치르고, 자신이 뿌린 씨는 반드시 거둔다. 그래도 인간의 고통은 그전에 조상이 저지른 죄에 대한 벌이 아닌 것을 알아야 한다. 어찌하여 고통받는가 오해했어도, 욥은 도덕적 이해와 영적 통찰력을 얻는 수준까지 상승했다. 고통받는 종이 하나님의 환상을 보면 이해를 넘어서는 평화가 온다.

...... 사람에게서 도움을 받지 못한 욥은 하나님에게로 갔다. 그러자 그의 가슴 속에서 신앙과 의심 사이에 갈등이 일어났다. 마침내 괴로움의 인간은 생명의 희망과 용기를 얻어 새로운 경지로 올라갔다. 그는 계속 고통을 겪고 죽기까지 할지 모르나, 그의 깨우친 혼은 '나를 옹호해 주시는 이가 살아계신다!'라는 승리의 외침을 하였다.

욥이, 하나님이 자녀의 부모를 벌하기 위해 자녀에게 고통을 준다는 교리에 도전한 것은 바른 판단 이었다. 고통받는 사람에게 하나님의 사랑을 알고 하늘에 계신 아버지의 자비를 이해하므로 위로받는 것을 더 이상 부정해서는 안 된다. 회오리바람으로부터 하나님이 말씀한다는 것은, 그가 말씀하시던 당시는 장엄한 개념이었지만, 너희는 이미 아버지께서 자신을 그런 식으로 나타내지 않는다는 것을 배웠다. 오히려 인간의 가슴안에서, 조용하고, 작은 음성으로 말한다. 이것이 그 길이다. 그곳으로 걸어라.

하나님께서 너희 안에 거하는 것 너희를 자기처럼 만드실 수 있도록, 그렇게 되시려고, 그가 현재의 너희 모습으로 오셨음을 이해하지 못한단 말이냐?

예수께서는 이렇게 마무리 지셨다. "하늘에 계신 아버지는 자녀들에게 고난을 주는 것을 기꺼이 하지 않으신다. 사람은 첫째로 뜻밖의 사고로 그리고 미숙한 육체 잘못으로 생기는 악인, 불완전하므로 고생한다. 다음에 사람은 죄의 결과 생명과 빛의 법을 어긴 결과로 고통을 받는다. 그러나 사람의 곤경은 신의 심판이 개인에게 찾아오는 것이 아니다. 사람은 현세의 고통을 줄이려고 많이 일할 수 있고 그렇게 할 것이다.

그러나 악한 자의 요청으로 하나님이 사람을 괴롭힌다는 미신에서 벗어나라. 욥기를 공부하면서, 착한 사람조차 솔직하게 하나님에 대하여 얼마나 많이 그릇된 생각을 품을 수 있는가? 바로 이것을 발견해라. 잘못된 가르침에도 불구하고, 고난 겪던 욥이 어떻게 하여 위안과 구원의 하나님을 발견했는지 유의하라. 마침내 그의 믿음은 고통의 구름을 꿰뚫었고, 아버지로부터 쏟아지는 생명의 빛이 사람을 치유하는 자비요 영원한 올바름인 것을 헤아렸다.

요한은 여러 날 동안 이러한 말을 숙고하였고, 나중에 고난의 근원, 성질, 목적에 대해 사도들의 견해를 바꾸는 데 이바지했고, 이 대화에 대해 주가 세상을 떠날 때까지 말하지 않았다.

...... 예수는 안식일에 적들의 도전에 대항하여 마른 손을 고쳐주었다. 이는 치유 능력을 보여 주기 위함이 아니라, 안식일의 휴식을 온 인류에게 무의미하게 제한한 굴레를 효과적인 항의의 수단으로 향하였다.

이 일로 정탐꾼(6명의 정탐꾼) 간에 분열이 일어났고, 3명의 바리새인은 보고 들은 것에 큰 감명을 받았다. 한편 예루살렘 산헤드린 회원 아브라함은 공개적으로 예수를 지지하고 실로암 연못에서 아브너로부터 세례를 받았다. 아브라함은 모든 재산을 사도의 기금에 바쳤으며, 이 기금은 새로 훈련받은 백여 명의 전도자를 바로 보낼 수 있을 만큼 넉넉하였다.

비가 내리는 계절인 10월 1일, 야영지를 해산하고 세베데의 집에 마련한 널찍한 방에서 가르치실 때, 지붕을 뚫고 줄에 매달아 중풍 병자를 주 앞에 내려놓았다…."아들아, 두려워 마라, 너의 죄가 용서된다. 너의 신앙이 너를 구할 것이다."

예루살렘에서 온 바리새인, 서기관, 율법사들이 수군거림을 영으로 감지하고 "내가 이 중풍 병자에게, 네 죄 사함을 받았다. 하는 말과, 이러나 걸어가라 하는 말이 무슨 차이가 있느냐? 그러나 사람의 아들이 땅에서 죄를 사하는 권세가 있는 줄을 너희로 알게 하도록, 내가 이 병자에게 일어나 네 침상을 가지고 집으로 가라고 말하겠다." 예수가 그렇게 이야기하자, 그 중풍 병자는 일어났으며, 그들 모두 앞에서 걸어 나갔다. 세 명의 정탐꾼은 예루살렘으로 돌아가지 않고 베드로에게 세례를 받고 동료관계를 갖게 되었다.

15. 두 번째 전도 순회 여행

갈릴리에서 두 번째 전도 여행은 서기 28년 10월 3일 일요일에 시작되었다. 석 달 동안 계속되고 12월 30일에 끝났다. 예수와 열두 사도는 새로 뽑은 117명의 전도자 단체와 수많은 다른 관심 있는 사람의 도움을 받아 가며 이 일을 진행하였다. 이 순회에서 가다라, 프톨레 마이스, 야피아, 다바리타, 므깃도, 에즈릴, 스키 토 폴리스, 다리키아. 힙보, 가말라, 벳세다-줄리아스, 그리고 많은 다른 도시와 마을을 방문하였다.

이 일요일 아침 떠나기 전에 안드레와 베드로가 예수께 새 전도자에게 최종 책임을 맡기는 말씀을 부탁했으나, 주님은 사양하면서 다른 사람이 충분히 할 수 있는 일을 하는 것은 자신의 직무가 아니라고 말씀하였다. 토의 끝에 세베대 야고보가 책임 지우는 선서를 시행하기로 하였다. 야고보의 말이 결론에 이르자 예수께서 전도자에게 말했다. "너희가 나가서 자신에게 맡겨진 업무를 행하라, 나중에 너희는 스스로 자격 있고 신실하다는 것을 보이면, 그때 하늘나라 복음을 전도하도록 임명하겠다."

이 여행에는 야고보와 요한만이 예수와 함께 길을 떠났다. 베드로와 다른 사도는 저마다 열두 명쯤 데리고 다녔으며, 그들이 가르치고 전도하는 동안 긴밀한 접촉을 유지하였다. **신자들이 하늘나라에 들어갈 준비가 되자마자 사도가 세례를 주곤 하였다.** 예수와 두 동행자는 석 달 동안 때로는 도시를 방문하며 전도자들의 활동을 격려하고 노력에 동기를 북돋아 주었다. 이 두 번째 전도 여행 전체는 주로 새로 훈련받은 이 117명 전도자 단체에 실용적 체험을 마련해 주려는 노력이었다.

이 기간부터 나중에 예수와 열두 사도가 예루살렘으로 마지막 출발을 할 당시까지, 세베대의 아들 다윗이 그의 아버지 집인 벳새다에서 하늘나라 업무를 위한 상설 본부를 세워 놓고 끝까지 유지하였다. 여기가 땅에서 예수의 일을 위한 정보 교환소이었고, 다윗이 팔레스타인의 여러 지역과 주변 지역 사이에 진행했던 심부름꾼(전령) 봉사를 위한 연결 장소였다. 그는 이것을 모두 솔선수범해서 시행하였고, 모든 일을 안드레의 승인만 얻어 자신의 결단에 따라 시행하였다. 다윗은 급속도로 확대되고 확장하는 하늘나라 사무의 정보 분야에 40~50명의 전령을 고용하였다. 이렇게 운용하면서도 자기 시간의 일부는 옛 직업인 고기잡이로 자기 경비를 충당하였다.

1) 널리 퍼진 예수의 명성

벳새다의 야영지가 해산될 무렵 예수의 명성, 특히 치유자로서 명성이 팔레스타인 전 지역과 시리아의 모든 지역에 퍼졌다. 벳새다를 떠난 후에도 여러 주 동안 병자들이 계속 도착하였다. 다윗에게 주님이 있는 곳을 알아낸 후 그를 찾아가곤 하였다. 예수께서는 이 여행에서 의도적으로 소위 기적이라 불리는 치유를 하지 않았다. 그렇지만, 고통에 시달리던 수십 명의 사람은 병을 고치려고 추구하는 그들의 강한 믿음이 주는 회복력의 결과로 건강과 행복을 되찾았다.

이 사명의 시간을 시작으로 이 땅에서 예수의 생애 내내 특이하고 설명할 수 없는 치유 현상이 나타나기 시작하였다. 이 석 달 동안 먼 곳에서 온 100명이 넘는 사람이 무의식적인 치유 혜택을 입었다. 치유 혜택을 본 자마다 '아무에게도 이 일을 말하지 말라' 당부하였지만 그들은 소문을 내고 다녔다. 주는 한 번도 이런 치유 현상이 왜 일어나는지 사도에게 설명해 주지 않았다.

......이런 무의식적인 치유 현상을 주제넘게 설명해 본다면 다음과 같다.

① 강력한 영향력; 육체적 회복보다는 영적 은혜를 위해 치유가 강구되었다는 사실과, 끊임없이 치유 받기를 갈망하는 인간 심성에 있는 강력하고 지배적인 살아있는 믿음의 현존.

② 유력한 영향력; 그러한 인간의 믿음과 동시에, 거의 무제한 적이고 무시간적인 치유 능력과 특권들을 그의 개인 안에 실제로 소유하고 있는, 육신화하고 자비가 – 지배하는 하나님의 창조자 아들이 지닌 위대한 동정심과 연민이 존재하고 있었다.

③ 연합된 영향력; 피조물의 신앙과 창조자의 생애와 더불어, 이 하나님·사람인 이분이 그 아버지의 뜻을 의인화하여 표현한 점도 주목해야만 한다. 인간의 필요와 그것을 만족시키는 신성한 권능이 접촉할 때, 아버지의 반대가 없으면 그 두 가지는 하나가 되었고, 치유가 인간 예수에게는 무의식적인 가운데 발생했지만, 그의 신성한 본성으로는 즉각적으로 인지되었다. 이러한 많은 치유의 경우들은 우리에게 오랫동안 알려진 위대한 법칙, **창조자 아들이 원하고 영원한 아버지가 뜻하는 것은 그렇게 된다는 법칙으로 설명될 수밖에 없다.**

2) 사람의 태도

예수는 사람의 마음을 이해하였다. 그는 사람이 마음에 품고 있는 생각을 아셨다. 그의 가르침이 그가 가르친 그대로 남아있었더라면. 그의 일생을 통해 제공된 영감을 받은 해석만이 유일한 주석이 되어, 세상의 모든 민족과 종교가 신속하게 하늘나라 복음을 받아들였을 것이다. 초기 추종자들이 특정한 종교, 민족, 나라가 그의 가르침을 받아들이기 쉽게 만들려고 노력을 기울인 것은 의도는 좋았지만(고쳐서 말한 것이), 결과적으로 그의 교훈을 더욱 받아들이기 어렵게 만들었다.

사도 바울은 예수의 가르침이 그 당시의 특정한 집단에 **쉽게 받아들여지게 하려고** 지시와 교훈을 주는 많은 편지를 썼다. 예수의 복음을 가르쳤던 다른 선생들도 그와 비슷한 일을 했는데 이런 글 중 일부가, 예수의 가르침을 구현한 것이라고 사람에게 설명하는 저들에 의하여, 한군데 모이게 된다는 것을 깨닫지 못하였다. 따라서 그리스교라고 불리는 것에 주의 복음이 다른 종교에서보다는 더 많이 포함되어 있기는 하지만, 그것은 예수가 가르치지 않은 것들도 많이 포함되어 있다. **페르시아 신비주의(미트라교)의 많은 가르침과 그리스 철학의 많은 것들이 초기 그리스도교에 들어온 것 말고도,** 거기에는 두 가지의 큰 오류가 범해졌다.

1 복음의 가르침을 직접적으로 유대의 신학에 연결하려는 노력이 그것인데, 이는 그리스도교의 속죄교리 – 예수가 아버지의 엄한 공의를 만족시키며 또한 신성한 분노를 완화해 주는 **희생양으로서의 아들이라는** 가르침에서 나타나고 있다. 이러한 가르침은 복음을 믿지 않는 유대인들이 좀 더 쉽게 그것을 받아들일 수 있게 하려는 노력에서 나왔다. 이러한 노력은 유대인을 설득하는 데 실패했을 뿐만 아니라, 그 후 뒤따른 모든 세대에서 정직한 많은 영혼에서 혼란을 일으키게 하였고 가르침으로부터 멀어지게 하였다.

2 주의 초기 추종자들이 저지른 두 번째의 큰 실수, 모든 후일의 세대가 영구하게 지속한 큰 잘못은, **기독교의 가르침을 아주 온통 예수라는 인물에 관하여 체계화한 것이다.** 기독교 신학에서 예수의 인격을 이렇게 지나치게 강조한 것은 그의 가르침을 가리도록 작용하였고, 이 모두가 유대인, 모하멧 교도, 힌두교, 그리고 동방의 다른 종교가들이 예수의 가르침을 더욱 받아들이기 어렵게 만들었다. 우리는 그의 이름을 전할 수 있는 종교에서 예수라는 인격자의 위치를 과소평가하지는 않지만, 그런 배려가 그의 영감 어린 생애를 덮어버리고 그의 **구원 메시지 즉; 하나님의 아버지 되심과 사람의 형제 관계를 대신하도록 허용해서는 안 될 것이다.**

예수의 종교를 가르치는 선생은, 공통으로 지니는 진리를 인정하고(이 중에 많은 것이 직접 간접으로 예수의 말씀으로부터 온다) 다른 종교들에 접근해야 하며, 한편 지나치게 차이를 강조하는 일은 삼가야 한다.

창조자 자신이 필사 육신의 모습으로 이 세상에서 육신화 되었을 때 어떤 특별한 일이 일어나는 것은 불가피하였다. 그러나 이런 **기적적인 사건을 통하여 예수에게 접근하려 해서는 안 된다. 예수를 통해 기적이 일어남을 배워야지, 기적을 통해 예수를 알려는 오류를 범하지 마라.** 이런 경고는, 나사렛 예수께서 초 물질적 행동을 실행한 유일한 종교 창시자 임에도 이 훈계는 정당하다.

율법의 말씀을 여자에게 주는 것보다 차라리 태워버리는 것이 더 낫다고 가르치는 랍비의 가르침 아래서, 노예와 같은 고난에서 여자를 들어 올려, 복음을 가르치는 교사들에 여인들을 포함했다.

……그는 대담하게 자연의 큰 재해, 뜻밖의 사고, 기타 비참한 재앙들이 신성한 심판이거나 신비한 신의 뜻이 펼쳐진 섭리가 아니라고 가르쳤다.

……그는 과감하게 사람의 영적 자유를 선포하였으며, 육신의 필사자들이 진실로 살아계신 하나님의 자녀들이라고 대담하게 가르치셨다.

예수가 참된 종교의 표시로 청결한 손 대신에 청결한 가슴으로 대담하게 대체하였다.

……그는 추종자들이 자신을 주(主)라고 부르도록 허락하였다.

오늘날 그리고 미래의 세기에서까지도 사람은 이 하나님-사람을 알면 알수록, 그를 더 사랑하고 더 따르게 될 것이다.

3) 종교 지도자들의 적개심

일반 사람은 그의 가르침을 호의적으로 받았으나, 예루살렘의 종교 지도자들은 점점 더 경계심과 적대감을 느끼게 되었다. 최근 산해드린 젊은 회원 아브라함의 개종과 첩자 세 명이 탈락한 후 베드로에게 세례를 받고 갈릴리의 두 번째 전도 여행에 전도자로 나간 사건의 결과로 거의 광란적 상태에 있었다. 유대인 지도자들은 진리를 계속 배척하므로 마음이 굳어졌다. **사람 안에 거주하는 영의 호소에 귀를 막을 때 태도를 고칠 수 있는 길이 없다.** 이날로부터 그들은 주를 없애려는 계획과 음모를 그치지 않았다.

4) 전도 순회 여행의 진행

예수는 이 전도 여행에서 대중적인 일은 거의 하지 않았다.

야고보와 요한과 우연히 머물게 된 도시나 동네에서, 신자들과 함께 저녁 수업을 많이 열었다. 어느 날 저녁 새로 된 어느 전도자가 분노에 관해 질문하자 다음과 같이 대답하였다.

분노는 물질적 표현으로 영적인 성품이 지적인 성질과 신체적 성질을 서로 연결하여 통제하지 못하는 정도를 나타내는 것이다. 분노는 너그러운 형제로서 사랑의 부족과 자아 존중과 통제의 부족이 합해져 나타난다. 분노는 건강을 해치고 마음을 저하하며, 사람 혼의 영적 선생에게 장애가 된다. '분노가 어리석은 사람을 죽인다.'라는 그것과 사람이 '분노 안에서 스스로 상처를 낸다.' 또한 '노하기를 더디 하는 자는 크게 명철 하나,' 한편 '마음이 조급한 자는 어리석음을 나타내느니라,' 라는 글을 성서에서 읽지 않았느냐?

너희는 다음과 같은 말도 잘 알고 있다. '유순한 대답은 분노를 가라앉혀도, 과격한 말은 노를 격동한다.' '슬기가 노하기를 더디게 한다.' '자기 자아를 통제하지 아니하는 자는 성벽이 없는 무방비의 성과 같다.' '분은 잔인하고 노는 창 수 같다.' '노하는 자는 다툼을 일으키고, 분하여 하는 자는 범죄 함이 많다.' '정신에서 서두르지 말라, 분노는 바보들의 품에 머문다.'

......너희의 가슴이 사랑으로 지배되어 있게 하라.

......어떤 미덕이든지 그것이 극도로 행해진다면 악덕이 될 수 있다는 사실에 주의를 주었다. 예수는 항상 절제를 설교하였고, 일관성 – 일생 문제에서의 균형 잡힌 조절을 가르쳤다. 지나친 동정심과 연민은 심각한 감정적인 불안정으로 퇴행할 수 있다고 지적하였다. 또한 그 열광은 광신으로 몰아갈 수 있다고 지적하였다. 동시에 보수적으로 단조로움에서 둔감함이 지닌 위험에 대해서도 경고하였다.

......신중한 것과 사려 깊은 분별력이 너무 지나치면 어떻게 그것들이 소심함과 실패로 이끌어 가는지에 대해서도 설명하였다. 그는 감상에 치우치지 않는 동정심과 독실한 신자인 척하지 않는 신앙심을 가지도록 호소하였다. 그는 두려움과 미신에 속박받

지 않고 드리는 존경을 가르치셨다.

균형 잡힌 성격에 관한 그의 가르침보다는 예수 자신의 일생 자체가 그의 가르침이 훌륭한 모범이 되었다는 사실로서 그의 동료들을 감동하게 했다.

현자들과 박식한 자들이 그를 넘어뜨리려고 했지만, 그의 대답은 항상 깨우침을 주고, 위엄있고 최종적이었다. 절대로 명예롭지 못한 전략은 사용하지 않았다.

5) 만족에 관한 교훈

예수가 시몬 젤로떼와 함께 일하는 전도자 집단을 방문하였을 때, 저녁 모임에서 시몬이 "어찌하여 어떤 사람은 다른 사람보다 더 행복해하고 만족해하는지요?" 이 질문에 예수께서 대답하였다.

"시몬아, 어떤 사람은 본성적으로 다른 사람보다 더 행복하다. 많은 것들이 자기 안에 살고 있는 아버지의 영에 의해 인도되고 지시받기를 기꺼이 받아들이는 데 달려 있다. 현자가 '사람의 영은 주의 등불인데, 중심에 있는 모든 것을 살핀다.' 또한 그런 영으로 인도된 필사자들이 말했다…. '의인의 적은 소유가 악인의 많고 풍부함보다 크다.' '선한 사람은 자기 행위로 만족하기 때문이다.' '즐거운 심정은 얼굴을 빛나게 하고, 항상 잔칫날이다.' '가산이 적어도 주를 경외함이, 크게 부하고 번뇌하는 그것보다 낫다.' '채소를 먹고 서로 사랑함이, 살진 송아지 고기를 먹고 서로 미워하는 것보다 적은 소득이 의를 겸하면, 많은 소득이 불의를 겸한 것보다 낫다.' '마음의 즐거움은 좋은 약이다.' '한 움큼밖에 없지만 평온한 것이, 남아돌지만 영이 슬프고 속상한 것보다 낫다. 사악한 자는 쫓아오는 자가 없어도 도망한다."

예수는 이 세상을 '눈물의 골짜기'라고 여기지 않으셨다. 오히려 이 세상을 파라다이스로 올라가는 영원한 불멸의 영들이 태어나는 구체, **'혼을 만드는 골짜기'**로 여겼다.

6) 주를 두려워함

가말라에서 저녁 모임에, 빌립이 주께 성서에서는 '주를 두려워하라'라고 가르치는데, 주께서는 저희에게 하늘에 계신 아버지를 두려움 없이 바라보라고 하시는지요? 우리가 이 교훈을 어떻게 조화시켜야 합니까? 그러자 예수가 빌립에게 대답하였다.

내 자녀들아 이 질문에 나는 놀라지 않는다. 처음에는 사람이 단지 두려움을 통해 존경을 배웠지만, **나는 아버지의 깊고 완전한 사랑을 세상에 드러내 보이기 위해 왔고,** 아들이 애정으로 인식하고 그에 보답하도록 상호관계로 당기는 힘으로 너희가 영원 자를 예배하려는 마음이 생기게 하고자 함이다. 내가 질투하고 분노하는 왕-하나님을 지겹게 예배하는 노예와 같은 두려움으로 너희 자신들을 속박하는 일에서 구해줄 것이다. 내가 너희에게 하나님과 사람과의 관계가 **부자 관계**인 것을 일깨워서, 그것으로 사랑이 많으시고, 의로우시며, 자비로우신 아버지-하나님께 숭고하고 숭고한 자유로운 경배 속으로 너희가 기쁘게 인도될 것이다.

주님에 대한 두려움은, 그 의미가 두려움으로부터 시작하여, 계속되는 세대 동안 고통과 불안을 거쳐, 경외와 존경까지 올라와 있다. 이제는 내가 존경에서 시작하여, 인식, 깨달음, 감사를 통해 사랑에 이르도록 너희를 인도 하겠다. 하나님이 하시는 일만 인식할 때, 두려워하게 되지마는 살아계신 하나님의 성격과 성품을 이해하고 체험할 때, 점차로 그런 **선하시고 완전하시며 보편적이고 영원하신 아버지**를 사랑하게 된다. 사람과 하나님의 관계를 이렇게 변화시키는 것이 이 세상에서 사람의 아들이 이룰 사명이다.

총명한 아이들은 아버지의 손에서 좋은 선물을 받을까 하여 두려워하지 않는다. 그러나 자녀를 사랑하는 마음으로 아버지가 주신 좋은 것들은 이미 풍부하게 받은, 즉 사랑을 많이 받은 이 아이들은 아낌없이 베푸는 그런 은혜를 민감하게 인식하고 이해함으로 아버지를 사랑하게 된다. **하나님의 선하심은 회개로, 하나님의 은혜는 봉사로, 하나님의 자비는 구원으로 인도하는 반면, 하나님의 사랑은 지적이고 자유로운 마음으로 예배하게 한다.**

아이가 어리고 철이 없을 때는, 반드시 부모를 존경하도록 가르쳐야 한다. 그러나 성장하여 부모의 보살핌에 대한 고마움을 알게 되면, 존경심과 애정의 단계를 거쳐서, 부모라는 사실 때문에 부모를 사랑하는 단계에 이르게 된다. 자연적으로 아버지는 자식을 사랑하지만, 반드시 아이는 두려움으로부터, 경외, 불안, 의존, 존경을 거쳐서, 감사와 애정으로 하는 사랑으로까지 발전해야만 한다.

내가 선포하러 온 하늘나라는 높고 강력한 왕이 없으며, 이 나라는 하나의 신성한 가족으로 구성되어 있다. 보편적으로 인정받고 절대적으로 경배를 받는 중심이 되시며, 광대하게 퍼져 있는 지능 존재의 형제집단의 머리가 되시는 분이 나의 아버지시며 그리고 너희의 아버지시다. 내가 그분의 아들이며 너희도 또한 그렇다. 따라서 너희와 내가 하늘 영토에서 형제라는 사실은 영원한 진리이며, 우리는 이 세상에서도 육신의 형제가 되었기 때문에 더욱더 그렇다. 그렇다면 왕으로서 하나님을 두려워하거나 주인으로서 그분을 섬기는 것을 그만두어라.

창조자로 존경하는 것을 배우라; 너희 영 어린아이의 아버지로서 명예롭게 하라. 자비 넘치는 옹호자로 사랑하라; 그리고 궁극에는, 너희의 더욱 성숙한 영적 실현과 진정한 인식에서 아버지, 사랑이 많으시고 전적으로- 지혜로우신 아버지로 경배하라.

하늘에 계신 아버지에 대한 너희의 그릇된 개념으로부터 겸손에 대한 거짓된 관념이 자라나고 많은 너희의 위선이 생겨났다. **사람이 본성과 기원에서 흙에서 난 벌레일 수도 있지만, 그러나 그에게 내 아버지의 영이 깃들게 되면, 그 사람은 운명이 신성하게 된다.** 내 아버지로부터 증여된 영은 신성한 근원과 기원이 되는 우주 차원으로 확실하게 되돌아갈 것이며, 그리고 **내주하는 이 영으로 인해** 다시 태어난 아이가 될 필사 사람의 인간 혼도, 분명히 **그 신성한 영과 함께 영원한 아버지의 바로 그 현존까지 상승하게 될 것이다.**

……마음속 깊이, 하나님 앞에 겸손함은 적절하다. 사람 앞에서 온유함은 칭찬할 만하여도 자의적인 위선과 주의를 끌려고 하는 겸손은 유치하고 하늘나라를 깨우친 아들에게는 어울리지 않는다.

……나의 아버지는 자만을 멸시하고, 위선을 몹시 싫어하며 불의를 혐오한다. 예로서 어린아이를 자주 언급하는 것은, 그런 태도와 반응이 인간이 하늘나라의 영적 실체로 들어가는데 진실성과 신뢰의 가치를 강조하기 위해서다. 예레미아의 말처럼 '입으로는

하나님께 가까이 있어도 마음속에서는 멀도다'…. 믿었던 친구의 집에서 상처받는 그것 만큼 끔찍한 일은 없다

7) 벳새다로 돌아감

안드레는 베드로와 상의하고 예수의 승인을 받아, 12월 30일 목요일에 전도 여행을 끊고 벳새다로 돌아오게, 메신저를 보내라고 벳새다의 다윗에게 지시하였다.

2~3일간은 선 후배 간에 체험담을 통해 많은 것을 배웠다. 그 후 전 집단은 가족과 친구를 방문하거나 고기를 잡으러 가기 위해 두 주간의 휴가를 주었다.

갈릴리의 두 번째 전도 여행에 참여한 전도자 117명 가운데 75명이 실제로 체험하는 시험을 견디었고, 두 주간의 휴가가 끝난 후 배치를 받았다. 예수는 안드레, 베드로, 야고보, 요한과 함께 세베대의 집에 남아 하늘나라의 복지와 확장을 회의하느라 많은 시간을 보냈다.

16. 세 번째 전도 여행

서기 29년 1월 16일 일요일 저녁, 아브너는 요한의 사도와 함께 벳새다에 도착하였다. 다음날 안드레와 예수의 사도와 회의했다. 아브너와 그의 동료는 헤브론에 본부를 두고 정기적으로 벳새다에 오곤 하였다.

합동 회의에서 치유를 위하여 기도할 때 병자에게 기름을 바르는 관습에 관한 문제도 있었다. 예수는 토론에 참여하거나 결론에 자기 의사를 밝히기를 거절하였다. 요한의 제자들은 치유 봉사를 하면서 기름을 늘 사용하면서, 이것을 양쪽 집단이 똑같이 실행하기를 원하였지만, 예수의 사도는 이런 규칙에 묶이기를 거절하였다.

1월 18일 화요일에, 세 번째 갈릴리 전도 여행에 파송되기 위한 준비로 벳새다 세베

대의 집에서 24명과 시험을 통과한 75명의 전도자와 합류하였다. 이 셋째 사명은 7주 동안 계속되었다. 이것은 북부 지역을 빼고 갈릴리에서 마지막 전도였다

전도자를 5명씩 한 조로 내보내고, 예수와 사도는 대부분 함께 여행하였는데 사도들은 필요할 때마다 둘씩 나가서 세례를 주었다. 아브너와 동역자는 3주 동안 전도자 집단과 함께 일하면서 조언도 하고 신자들에게 세례를 주었다. 그들은, 막달라, 디베랴, 나사렛 등 주요 도시와 마을을 방문하였다.

1) 여인 전도 집단

이 세상에서 예수가 행한 일 가운데, 1월 16일 저녁 갑자기 발표한 선언은 놀라운 일이다. "내일 우리가 하늘나라 봉사하는 일을 위하여 여인 열 명을 따로 세우겠다." 사도와 전도자들이 휴가받아 벳새다에서 자리를 비울 2주 기간이 시작될 무렵 예수는 다윗에게 그의 부모를 집으로 부르라, 그리고 이전에 야영지 텐트 병원에서 사무를 도와주었던 10명의 신앙심이 강한 여인을 부르라고 지시하였다. 이들 여자는 젊은 전도자들이 가르침을 받을 때 함께 들었지만, 그들이나 선생들은 여자들을 세우리라고는 결코 생각하지 못했다.

예수가 임명한 10명의 여인은; 전에 나사렛 회당의 카잔이었던 사람의 딸 **수산나**, 헤롯 안티파서의 청지기 추자의 아내 **요안나**, 디베랴 세포리 부자 유대인의 딸 **엘리사벳**, 안드레와 베드로의 누나 **마르다**, 주님의 육신의 형제인 유다 아내의 자매 **라헬**, 시리아 의사인 엘만의 딸 **나산타**, 사도 도마의 사촌 **밀가**, 레위 마태의 맏딸 **룻**, 로마 백부장의 딸 **셀타**, 그리고 다마스쿠스의 과부 **아가만**이었다. 예수는 나중에 막달라 **마리아**, 아리마데 요셉의 딸 **리브가**(레베카)를 추가했다.

예수는 이 여인들에게 조직을 스스로 세우도록 위임하였으며, 유다에게 장비와 짐 부리는 가축을 준비할 기금을 제공하도록 지도하였다. 그 10명은 수잔나를 의장으로 요안나를 회계로 선출하였다. 이때부터 그들 자신의 기금은 스스로 충당하였으며, 유다로부터 기금을 조달받지 않았다.

여인들이 회당에 있는 본당에 들어오는 것이 허락되지 않던 시절에(여인용 회랑에 한정되어 있었다) 새로운 하늘나라 복음을 가르치는 권한을 가진 선생들로 그들을 받아들인 것은 매우 획기적인 것이었다. 예수가 그들을 복음의 교사와 일꾼으로 10명의 여인을 별도로 정하면서 임무를 부여했던 사건은 모든 여성을 언제나 자유롭게 만든 해방 선언이었다. 더 이상 남성이 여성을 자신보다 영적으로 뒤진 열등자로 여길 수 없게 되었다. 이것은 십이사도에게까지 굉장한 충격이었다. 주가 여러 차례 "하늘나라에서는 부자나 가난한 자도 없고, 자유자나 매인 자도 없고, 남자나 여자도 없고, 똑같이 하나님의 아들과 딸이다"라는 말을 들었음에도, 그가 이렇게 정식으로 이들 열 명의 여인을 종교 선생으로 임명하고 그들과 함께 여행할 것을 제안하였을 때 그들은 문자 그대로 기절할 지경이었다. 이 일로 온 나라가 동요 되었고, 적들이 이 기회를 예수를 비난할 구실로 삼았지만, 사방에서 기쁜 소식을 믿는 여신도들이 선택된 자매들을 강력하게 지지하면서 종교 생활에 여성의 지위를 인정한 것에 대하여 확고부동한 승인의 목소리를 내었다. 여성에 대한 당연한 인정인 여성 해방은 다음 세대의 사람들이 옛날의 관습에 다시 빠져들었지만, 사도들은 스승이 떠난 뒤에도 이를 실행하려고 노력하였다. 초기 여자 선생과 봉사자를 여집사라고 불렀으며, 널리 인정받았다.

바울은 이 모든 것을 이론적으로 인정한 것은 사실이지만, 그러나 결코 그 자신의 태도에 이를 실지로 적용하지 못하였고 개인적으로 실천하기는 어렵다는 것을 알았다.

2) 막달라에 머무름

벳새다로부터 사도 일행이 여행할 때 여인들은 뒤에서 따라왔다. 회의 시간에는 연설자 오른쪽 앞자리에 앉았다. 여인 중 누구든 예수나 사도와 상담을 원하면, 수산나에게 갖고, 12명의 여자 전도자 중 한 사람이 동행해, 바로 주님이나 사도가 있는 곳으로 갈 수 있었다.

막달라에서 처음으로 여자들이 그들의 뛰어난 능력을 보여 주어서 그들을 선택한 것이 지혜로웠음을 입증하였다. 이들 열 명의 여자는 악의 환락가에 들어가 기쁜 소식을 직접 전파했다. 병자들을 찾아볼 때 가까이 접근해 봉사할 수 있었다. 이곳에서 이 열 명의 봉사로, 막달라 마리아가 하늘나라에 들어오도록 설득되었다. 마리아에게 그녀 같은 사람에게도 천국 문이 항상 열려있다고 분명히 말해 준 것은 마르다와 라헬이었다. 마리아는 그 기쁜 소식을 믿고 다음 날 베드로에게 세례를 받았다.

막달라 마리아는 이 열두 전도자 무리에서 가장 유능한 복음 선생이 되었다. 새로 개심한 이후 약 4주 뒤에 요타파타에서 레베카(리브가)와 함께 전도 활동을 위하여 따로 구별되었다. 마리아와 레베카는 다른 여인들과 함께 예수의 나머지 생애 동안 천대받는 자매들을 충실하게 그리고 효과적으로 교화시키고 계몽시키는 일을 계속하였다. 예수 일생의 최후 비극적 사건이 일어났을 때, 한 명의 사도를 제외한 모든 사도가 도망갔을 때도 이 여인들은 모두 거기 남아있었고 누구도 그를 부인하거나 배신하지 않았다.

3) 디베랴 에서의 안식일

예수의 지시를 받아 안드레는 사도 일행의 안식일 예배를 여인들의 손에 맡겼다. 이것은 예배가 새 회당에서 진행될 수 없음을 의미한다. 여인들은 요안나가 맡도록 선정했으며, 헤롯이 펠라에 거주하느라 궁전이 비어있으므로 새 궁전 연회장에서 예배를 드렸다. 요안나는 경전에서 이스라엘의 종교 생활에 대한 여인들의 역할 부분을 읽으면서 미리암, 드보라, 에스더 그리고 다른 여자들을 예로 들었다.

안드레는 예수에게 '마술과 미신 밝고 새로운 별의 나타남이' 근거가 있는지 물었다. 예수의 말씀을 요약해 보면 다음과 같다.

1 하늘에 있는 별들의 운행은 인간 생활의 사건과 아무 관계가 없다. 천문학은 과학의 타당한 추구이지만, 점성술은 하늘나라 복음에서 존재할 수 없는 미신적인 오류 덩어리다.
2 갓 죽인 동물의 내장을 살피는 것은, 기후, 미래의 사건들, 또는 인간사의 결과에 아무것도 드러내지 않는다.
3 부적이나 유품은 병을 고치거나 재앙을 막거나 악한 영들에게 영향을 미치지 못한다. 영적

세계에 영향을 준다는 물질적인 방법을 믿는 것은 터무니없는 미신일 뿐이다.

4 **죽은 자의 영**은 살아있는 사람 사이에, 가족이나 한 때 친구였던 사람과 교통하려고 돌아오지 않는다.

5 제비뽑기는 사소한 문제를 해결하는 편리한 방법일지 모르지만, 신의 뜻을 드러내도록 고안된 방법이 아니다. 그러한 결과는 우연히 일어나는 문제이다. 영적 세계와 교통하는 유일한 수단은 아들이 쏟아부은 영과, 전재하는 무한한 영의 영향과 함께 있는, 인류의 영적 자질, 내주하는 아버지의 영안에 담겨있다.

6 점, 마법, 요술은 무지한 마음을 가진 사람의 미신이며 마법의 현혹도 마찬가지다. 마법의 숫자, 좋은 행운의 전조, 불운의 징조를 믿는 것은 단순하고 근거 없는 미신이다.

7 꿈 해석은 대체로 무지하고 공상적인 추측의 미신적이고 근거 없는 체계다. 하늘나라의 복음은 원시 종교의 점치는 사제들과 아무 공통점이 없다.

8 착한 영이나 악한 영은 진흙이나 나무나 금속으로 만든 물질적 상징 안에 거할 수 없다. 우상은 그 자체 만든 물질에 지나지 않는다.

9 요술사, 마법사, 마술사, 그리고 요술쟁이들의 풍습은, 이집트인, 아시리아인, 바벨론 사람, 그리고 고대 가나안의 미신에서 연유되었다. 부적이나 온갖 종류의 주문은 선한 영의 보호를 얻지 못하고 악한 영으로 여겨지는 것들을 막아 주지도 않는다.

10 그는 주문, 죄인판결법, 마법, 저주, 표적, 맨드레이크, 매듭진 끈, 그리고 모든 다른 형태의 무지하고 노예적인 미신에 대한 그들의 믿음을 비난하였다.

4) 사도들을 둘씩 보내다

다음 날 저녁, 열두 명의 사도, 요한의 사도, 그리고 새로 임명한 여인 집단을 모아놓고 추수할 것은 많으나 일꾼이 적은 것은 너희가 직접 봤을 것이다…. 내가 남아서 새로 된 교사들을 위로하고 가르치는 동안, 먼저 된 교사들을 둘씩 보내어, 아직 형편이 좋고 평화로울 때 복음을 전하면서 갈릴리 전역을 통과하려 한다.

……사람이 하나님의 자녀라는 구원하는 진리를 선포하여라.

……내가 사적으로 가르친 것을 지혜롭게 공공연히 전파하여라.

내가 내 친구인 동시에 제자인 너희에게 말하겠는데, 몸은 죽일 수 있으되 혼은 파괴할 수 없는 자를 두려워 말며, 오히려 몸을 유지할 수 있고 혼을 구원할 수 있는 그 분을 신뢰하여라.

그가 너희 머리털까지 다 세신 바 되었다는 것을 너희는 알지 못하느냐? 그러므로 두려워 마라, 너희는 참새보다 귀하다. 가서 평화와 선한 뜻을 선포해라. 그러나 현혹되지 말라, 평화가 언제나 전도에 함께 하지는 않을 것이다. 내가 세상에 평화를 주러 왔지만, 사람이 나의 선물을 거부할 때는 분리와 혼란을 가져온다. 내가 선언하는데 자기 부모를 이 복음보다 더 사랑하는 자는 천국에 합당치 않다. 열두 사도는 이 말씀을 다 들은 후, 예정된 일정대로 둘씩 짝을 지어 복음을 전파하고 나사렛에 모였다.

5) 구원받으려면 무엇을 해야 합니까?

수넴에서 어느 저녁 시간에, 요한의 사도는 헤브론으로 돌아가고, 예수의 사도는 둘씩 짝을 지어 나간 후, 열두 명의 여자 전도자를 가르치고 있을 때, 라헬이 질문하였다. '주여 다른 여인들이 구원받기 위해 무엇을 해야만 하느냐고 물으면 어떻게 대답해야 합니까?' 예수가 이 질문에 대답하였다.

"이 하늘나라 복음을 믿고 신성한 용서를 받아들이라고 대답하여라. 내주하는 하나님의 영을 신앙(믿음)으로 인지하고, 받아들이는 그것이 너희를 하나님의 자녀로 만든다. 성서에서 '주 안에서 내가 의(義)와 힘을 갖는다.'라는 말을 읽지 못했느냐? 또한 아버지께서 말씀하셨다. '내 의가 가까우며, 내 구원이 나갔은즉, 내 팔이 내 백성을 감쌀 것이다.' '내 혼이 내 하나님의 사랑으로 인해 즐거워하리니, 이는 그가 구원의 옷을 내게 입히시며 의의 겉옷으로 나를 덮으시기 때문이다.'

너희는 또한 아버지의 이름이 '주 우리의 의'라, 일컬음을 받으리라, 는 것을 읽지 못했느냐? '독선의 더러운 옷을 벗어버리고 신성한 의로움과 영원한 구원의 옷으로 내 아들을 입히라,' '의인은 믿음으로 말미암아 살리라'라는 것은 영원한 사실이다.

아버지 나라의 문은 완전히 열려있지만, 그 안에 존속하기 위해서는, 진보-은혜 안에서 성장하는 것이 필수이다.

구원은 아버지의 선물이며 그의 아들에 의해 계시가 된다. (드러나게 된다)

'너희가 신앙으로 그것을 받아들임이 너희를 신성한(신다운) 본성, 즉 하나님의 아들과 딸로 만들어 준다. 신앙(믿음)으로 너희가 의로워지며, 신앙으로 구원받는다. 그리고 바로, 이 신앙으로 너희는 진보적이고 신성한 완전성의 길에서 영원하게 나아가게 되는 것이다. 아브라함은 신앙으로 의롭다고 함을 받았고, 멜기세덱의 가르침을 받아 구원받았음을 알게 되었다. **모든 세대를 통하여 같은 이 신앙이 사람의 자녀를 구원하였으나, 지금은 아들이 이 구원을 좀 더 실제적이고 받아들이기 쉽게 하려고 아버지에게서 왔다.**'

예수가 이 말씀을 마쳤을 때, 말씀을 들은 모든 자가 기쁨이 넘쳤으며 뒤이은 여러 날 동안 새 힘을 가지고 복음을 선포하였다. 그리고 그 여인들은 세상에 하늘나라를 세우는 계획에 자신이 포함되었음을 알고 한층 더 기뻐하였다.

예수가 자기 말을 마치면서 이렇게 하셨다.

'**너희는 구원을 돈으로 살 수 없으며, 의로움도 수고한다고 획득할 수 없다. 구원도 하나님의 선물이며, 의로움은 하늘나라에서 아들 신분에 해당하는 영으로 태어난 생명이(아들이) 생애를 통하여 맺는 자연스러운 열매이다**'

'너희가 의로운 생애를 살았기에 구원받은 것이 아니라, 오히려 너희가 이미 구원되었기에, 하나님의 선물로서 아들 신분을 인식하고, 하늘나라에서 봉사를 이 세상에서 인생의 최고 기쁨으로 알았기네 의로운 삶을 산다. 사람이 하나님의 선하심을 드러내는 이 복음을 믿을 때, 죄라고 알려진 모든 것을 자발적으로 회개하도록 인도 될 것이다. 아들 신분 획득은 죄를 범하고 싶은 욕구와 양립할 수 없다. 하늘나라를 믿는 자는 의에 굶주리고 신성한 완전성에 목말라한다.'

6) 저녁 수업

저녁 토론이 있을 때마다 예수는 많은 주제에 대하여 말해주었다. 선임 사도가 없는 동안 젊은 남녀 그룹은 스승과 자유롭게 대화를 할 수 있었다.

예수는 열두 명의 전도자 무리와 2~3일 함께 지낸 후, 다른 무리와 함께 지내려고 자리를 옮겼으며, 다윗의 메신저들을 통하여 사역자의 근황과 동향에 대한 소식을 항상 듣고 있었다.

여 전도자들은 이것이 첫 여행이므로, 시간 대부분을 예수와 함께 남아있었다. 각 집단은 메신저(전령)를 통하여 그 여행의 진행 상황을 계속 들어서 잘 알고 있었으며, 이렇게 받게 되는 다른 그룹의 활동에 대한 소식은 서로 흩어져서 활동하는 사람들에게 용기를 주는 근원이 되었다.

흩어지기 전에 약속한 대로 3월 4일 금요일 나사렛 북쪽 고원지대로 열두 사도와 전도자들 그리고 여인 단이 주와 만나기 위하여서 모이기 시작하였다. 이것은 예수가 대중 사역을 시작한 이래 나사렛은 처음 방문이다.

7) 나사렛에서 체류

금요일 오후에 예수는 아무도 알아보지 못하게 나사렛을 거닐었다. 어린 시절의 집과 목공소, 자주 왔던 언덕, 회당 학교를 지나며 옛날을 회상하였다. 회당에서 아침 예배에 설교할 수 있도록 회당관리인과 주선하라고 도마를 보냈다.

나사렛 사람은 경건하고 올바르게 사는 것으로 소문난 적이 없었다. 예수의 어린 시절과 젊은 시절 그에 관하여 의견이 갈려 있었다. 그가 가버나움으로 이사 갔을 때 많은 분개심이 있었다. 그들은 초기 전도 여행에서 자신이 태어난 마을을 포함하지 않은 것으로 인해 기분이 상해 있었다. 그들은 명성은 들었으나, 그가 어린 시절을 보낸 도시에서 아주 위대한 일을 하지 않았기 때문에 화가 나 있었다. 대체로 호의적이지 않았다.

그가 회당에서 설교하리라는 것을 알고, 그를 괴롭히고 문제를 일으키려고 질 나쁜 사람을 많이 고용하였다.

젊은 세대들은 예전에 아버지 가족에게 헌신했던 것을 기억하지 못했고 형제들과 결혼한 여동생들을 방문하지 않은 것에 신랄하게 비난하였다. 예수의 집안이 그에게 취한 태도도 시민의 불친절한 태도를 증가시켰다. (예수는 가버나움으로 이사한 후에도 마리아에게 일정한 금액의 생활비가 정기적으로 지급되도록 세베대에게 맡겨 놓고 있었다. 세베대의 전 가족은 물심양면으로 예수의 일을 끝까지 도왔다.)

안식일 예배에 사용한 두루마리 경전이 예수가 회당에 기증했던 바로 그 사본인 것을 아무도 몰랐다. 이사야의 글에서 '주님의 영이 내게 계시니 이는 가난한 자에게 좋은 소식을 전하라고 내게 기름을 부으셨음이라, 나를 보내사, 갇혀있는 자에게 자유를, 눈먼 자에게 다시 보게 함을 전파하며, 핍박받는 자를 해방하고, 받아들일 만한 주님의 때를 선포하게 하려 하심이라' '이 글이 오늘날 성취되었다.' 그리고 거의 15분 동안 '하나님의 아들들과 딸들'에 관해 강연하였다. 그 말을 듣고 많은 사람이 기뻐하고, 정중함과 지혜로움에 감탄하였다.

예수는 항상 사도에게 유순한 대답이 분노를 쉬게 한다고 가르쳤지만, 사랑하는 선생이 나사렛 사람들의 난폭한 행동과 말로 무시당하는 것을 차마 볼 수가 없었다. 돈으로 고용된 그들이 벼랑 끝에서 예수를 밀려 했으나 예수가 갑자기 몸을 돌려 조용히 팔을 풀었다.

다음날 일찍 가버나움으로 돌아갈 수 있도록 그날 밤에 준비를 마쳤다. 세 번째 전도 여행의 난폭한 종결은, 모든 예수의 추종자들에게 침착해지는 효과를 가져왔다. 그들은 주의 가르침의 일부를 깨닫기 시작하였다. 그들은 하늘나라가 많은 슬픔과 쓰디쓴 실망을 통해서만 올지도 모른다는 사실에 눈을 뜨고 있었다.

일요일 아침 나사렛을 떠나 3월 10일 정오의 벳새다에 집결하였다. 승리자로서가 아니라, 환상에서 깨어난 진리의 복음 전도자로서 침착하고 진지한 집단으로 함께 모였다.

17. 해변에 머물면서 가르침

서기 29년 3월 10일 선교를 위하여 나갔던 모두가 벳새다에 모였다. 그들 중 다수가 목요일 밤과 금요일에 고기잡이를 나갔다. 안식일에는 회당에서 다마스쿠스에서 온 연로한 유대인이 조상 아브라함의 영광에 대한 강연을 들었다. 예수는 안식일 대부분 시간을 언덕에서 혼자 지냈다. 주님이 토요일 밤에 '역경의 역할과 실망의 영적 가치'에 대해 가르쳤다.

예수는 최근 나사렛에서 배척당한 슬픔에서 완전히 회복하지 못하였다. 야고보와 요한은 시간 대부분을 그와 보냈고, 베드로는 새 전도단의 복지와 지도에 여념이 없었다. 여인들은 예루살렘에서 유월절이 시작되기 전 이 기다리는 기간에 가버나움과 그 주변 동네에서 이집 저집 찾아다니며 복음을 가르치고 병자들을 돌보았다.

1) 씨뿌리는 자의 비유

예수는 일요일 아침 안드레와 베드로가 옛날 고기잡이로 쓰던 배에 혼자 앉아 다음 단계에 대해 명상하였다. 그날 아침 10시가 되자 1,000여 명의 사람이 배 가까이에서 시끄럽게 하였다. 처음으로 씨를 뿌리는 비유를 해 주었다.

그날 밤 세베대의 정원에서 마태가 예수께 물었다. 주여, 군중에게 가르치신 모호한 말들의 의미는 무엇입니까?

.....알아듣지 못하는 군중이나, 우리를 무너뜨리려 하는 자들에게는, 하늘나라의 신비를 비유로 말하겠다. 실제로 하늘나라에 들어오기를 원하는 자는 구원의 의미를 분별하여 구원을 얻게 되겠지만 단지 우리를 해치기 위해 들어온 자는, 보기는 하되 진정으로 보지 못하며, 듣기는 하되 진정으로 듣지 못하여 더욱 혼란스러워질 것이다.

비유에 대해 사도 간에 많은 토론이 있었고, 이해도가 각각 달랐다. 이에 예수는 다음과 같은 가르침을 주었다.

  1 예수는 복음의 진리를 가르치는 데 꾸며낸 이야기나 우화를 쓰지 말라고 조언하였다. 자연을 소재로 한 비유를 쓰도록 전했다. 진리를 가르치는 수단으로 자연 세계와 영적 세계 사이에 존재하는 유사성을 사용하는 것이 가치 있다고 강조하였다. 자연에 있는 것이 '영 실체의 그림자, 휙 지나가는 비현실적인 그림자'라고 자주 언급하였다.

2 예수는 히브리 성서에서 서너 개의 비유를 이야기하면서, 이 교육 방법이 새로운 것이 아니라고 주의를 환기하게 했다. 그러나 이때부터 계속 이용한 바와 같이, 비유는 대체로 새로운 교육 방법이 되었다.

3 사도에게 비유의 가치를 가르치면서, 예수는 다음 몇 가지를 주의하라고 일렀다.

비유는 방대하게 다른 수준의 지성과 영에게 동시에 호소할 수 있게 한다. 비유는 상상력을 자극하고 분별력을 요구하며 비판하는 생각을 촉진한다. 적대감을 일으키지 않으면서 이해를 촉진한다.

비유는 아는 것으로부터 알지 못하는 것을 깨우치는 지경까지 나아간다. 영적이고 초물질적인 것을 소개하는 수단으로서, 물질적이고 자연스러운 것을 이용한다.

비유는 치우치지 않는 도덕적 결정을 내리기 쉽게 만든다. 많은 편견을 피하고 새로운 진리를 품위 있게 머릿속에 받아들이게 하며, 개인적으로 분개하는 자기, 방어를 최소로 줄이면서 이 모든 것을 이룬다.

비유의 유사한 점에 담긴 진리를 물리치는 것은, 한 사람의 정직한 판단과 공정한 결정을 직접 무시하는 의식적인 지적 행동을 요구한다. 비유는 듣는 감각을 통해 사고를 강화하도록 이끌어 준다.

가르침에서 비유 형식의 사용은 그 선생에게 새롭고 놀라운 진리까지 제시할 수 있게 해 주며, 동시에 모든 논쟁 및 전통이나 확립된 권위와의 외면적 마찰을 피하게 된다.

비유는 나중에 똑같은 익숙한 장면과 마주칠 때, 가르친 진리를 기억하도록 자극하는 이점을 가진다.

이 방법으로 예수는 따르는 사람으로 대중을 가르칠 때 어째서 점점 더 비유를 쓰는 습관을 지니게 되었는지 알게 하려고 애썼다.

이 지역에서 씨뿌리는 자의 비유, 갈릴리 호수에서 풍랑 만난 사건, 게라사의 미치광이, 돼지 떼가 절벽 아래로 떨어진 이야기가 나온다.

18. 가버나움에서 위기까지 이끈 사건들

회당장 야이루스 딸을 고쳐주러 가는 길에 혈우병으로 고통받던 자가 예수의 옷자락을 만지고 온전함을 얻는 일이 일어났는데…. 이에 대해 예수는 그녀가 온전하게 된 것은 그녀가 그에게 손을 대서가 아니라 그녀의 믿음으로 인한 것이다. 그녀의 믿음은 주 개인 안에 거하는 창조의 힘에 직접 대어보겠다는 그러한 종류이다. 그녀가 가진 믿음으로는, 단지 주 개인 앞으로 다가가는 것만이 필요할 뿐이었다. 그의 옷자락을 만지는 것은 전혀 필요하지 않았었고. 그것은 단순히 그녀의 믿음에서 가지고 있던 미신적이었다. 그가 치유를 가져온 것은 그녀의 순수하고 살아있는 믿음이라는 것을 모든 사람이 알기를 원하였다.

1) 야이루스 집에서

야이루스 집으로 가는 길에 하인이 와서, 따님이 이미 죽었다고 말했다. 그러나 예수는 하인의 말을 개의치 않고 '두려워 마라, 믿으라.'라고 말하였다. 문상객에게도 죽은 것이 아니라 자고 있다고 말했다. 소녀가 누워있는 곳으로 가서 손을 잡고 '딸아, 내가 네게 말하니, 깨어서 일어나라!' 그녀가 이 말을 듣고 즉시 일어나 방을 걸어갔다. 명한 상태에서 회복된 후, 예수가 먹을 것을 좀 갖다주라고 하였다. 그녀는 오랫동안 음식을 먹지 못하고 있었다. 그는 가족을 모아 놓고 소녀가 오랜 열병 후에 혼수상태로 있던 것이라고 설명해 주었다. 그는 단지 그녀를 잠에서 깨웠을 뿐, 죽음에서 살려낸 것이 아니라고 말씀하였다.

그는 다른 사도에게도 똑같은 설명을 하였지만, 소용이 없었다. 그들 모두는 예수가 소녀를 죽음에서 살려냈다고 믿었다. 그들 모두에게 아무에게도 말하지 말라고 당부하고 벳새다로 돌아왔다.

그가 야이루스 집을 나서자, 두 소경이 한 청각장애우 소년의 인도를 받고 그를 따라

오며 고쳐 달라고 울부짖었다. 이 무렵 치유자로서 예수의 명성이 절정에 달했다. 어디를 가든 병자와 고난 겪는 자들이 기다리고 있었다. 이제 주님은 매우 지쳐 있어서, 사도들은 쓰러지기까지 가르치고 치유하는 일을 계속하지 않을까 염려하게 되었다.

일반 사람은 물론이고 예수의 사도들까지 이 하나님-사람의 본성과 속성을 이해할 수 없었다. 또한 후세의 어떤 세대 사람도 이 세상에서 나사렛 예수라는 한 사람 속에서 일어났던 일들에 대하여 평가할 수 없을 것이다. 우주의 어느 세계에서도 육신을 입고서 물질의 한계를 초월하고 영적 재능을 겸비하여 창조적 에너지의 모든 속성을 가진 존재는 다시 나타나지 않을 것이다.

……오는 날에는 그의 부재로 인해 그런 물질적 현시는 불가능하지만, 그의 영적 능력이 드러날 가능성에 어떤 종류든 제한시키는 것도 삼가야 한다.

주님이 물질적 존재로서 함께 살지 않더라도, 영적 영향을 주는 자로서 사람의 마음속에 현존한다. **예수는 세상을 떠나면서 모든 일류의 마음에 내재하고 있는 아버지의 영과 나란히 그의 영이 살아남을 수 있도록 만들었다.**

2) 5,000명을 먹이다

예수는 계속하여 낮에는 사람들을 가르치고 밤에는 사도와 전도자들을 교육하였다. 유월절 예루살렘으로 가기 며칠 전 가족이나 친구를 방문할 수 있도록 한 주 동안의 휴가를 발표하였다. 그러나 절반 이상의 제자들은 그를 떠나려 하지 않았다. 군중들의 수는 항상 늘어남으로, 다윗 세베대가 새 야영장 세우기를 원했으나 예수는 동의하지 않았다.

예수와 사도는 배를 타고 호수 건너 벳새다 줄리어스의 남쪽 아름다운 휴양지에서 휴식하는 동안, 일부 전도자들이 남아서 무리를 가르쳤다. 그러나 무리는 배를 타고 건너왔고, 일부는 북쪽으로 돌아서 걸어왔다. 늦은 오후에는 천 명이 넘는 사람이 왔고, 월요일 오후에는 삼천 명 이상으로 늘어났다. 수요일 정오에는 5,000명의 남녀와 아이들이 공원에 모였다.

빌립이 예수와 사도를 위한 3일 분의 음식을 준비하였는데, 이것을 소년 마가가 보관하고 있었다. (마가; 최후의 만찬을 자기 집에서 준비, 마가복음 기록) 삼 일째 되는 오후에는 군중 절반 이상이 음식이 떨어졌는데, 떠날 기미를 보이지 않았다.

헤롯과 예루살렘 지도자들과의 마찰을 피해, 적들의 관할구역을 벗어난 이 조용한 장소를 왕으로 즉위하기에 알맞은 장소로 예수가 선택했다는 속삭임이 돌고 있었다. 시간이 지날수록 점점 더 열광적으로 되어갔다. 물론 예수도 알았지만, 한마디도 언급하지 않았다. 이 계획에 동의한 사도는 베드로, 요한, 열성 당원 시몬, 가룟 유다였고, 반대하는 사도는 안드레, 야고보, 나다니엘, 도마였다. 마태, 빌립, 알패오 쌍둥이 형제는 어느 쪽도 아니었다. 젊은 전도자 중 하나인 요압이 예수를 왕으로 즉위시키려는 음모의 주동자였다.

이것이 수요일 오후 5시경의 배경이다. 저들이 3일 동안 우리와 함께 있었으니 가진 음식이 없어 배고프겠구나, 빌립이 마을로 가서 음식을 먹게 하소서 하니, 안드레가 재빠르게 말을 이어서, '주여, 그들을 돌려보내서 음식을 사서 먹도록 하고, 그동안 주는 잠시 휴식을 취하는 것이 최선이라고 생각합니다'

......그러나 주는 "나는 그들이 굶주린 채로 떠나는 것을 원치 않는다"

......사도들이 의견을 말하기 전에 '나는 이 사람들을 떠나보내고 싶지 않다. 여기 그들은 목자 잃은 양처럼 있다. 나는 그들을 먹이고 싶다. 우리가 '가진 음식이 얼마나 되느냐?' 안드레는 소년 마가에게 가서 남은 음식을 확인하고 돌아와 저 소년이 겨우 빵 다섯 덩이와 마른 생선 두 마리가 있다고 합니다.' 베드로가 재빨리 '오늘 저녁에 우리도 먹어야 합니다.'

예수는 침묵하며 먼 곳을 바라보고 있었다. 예수가 갑자기 안드레를 돌아보며 말했다. '그 빵과 생선을 나에게 가져오너라.'라고 말하였다. 안드레가 바구니를 가져오자, '사람들을 100명씩 풀밭에 앉히고, 각 무리의 대표를 정하는 한편, 모든 전도자를 이리로 불러오너라.'

예수는 빵 덩어리를 손에 쥐고 감사기도를 드린 후, 떼어서 사도들에게 주었으며 사도들은 그것을 동료들에게 주었고 동료들은 군중에게 가져갔다. 생선도 그렇게 하였다. 남은 음식을 모으니 12 바구니나 되었다. 이 특별한 잔치에 먹은 사람은 모두 오천 명이나 되었다. 이것이야말로 초자연적 기적이었다.

3) 왕 만들기 에피소드

초자연적 에너지로 오천 명이나 먹인 것은, 인간의 동정심과 창조적 권능을 더한 결과이다. 이제 배부르게 먹고 난 대중에게는, 예수의 명성에 기적까지 더해졌으므로, 주님을 붙잡아 왕으로 선포하려는 계획에 더 이상 개인적 지시가 필요 없었다. 이 생각은 군중을 통해 전염병처럼 퍼져나갔다. 육신의 필요를 이렇게 극적으로 충족시켜 준 것에 대한 군중의 반응은 압도적인 반응이었다. 유대인은 다윗의 자손 메시아가 오면, 그 땅을 젖과 꿀이 다시 넘치게 해줄 것이며 광야에서 선조에게 만나가 하늘에서 내린 것처럼, 생명의 빵이 자신들에게 주어질 것이라고 오랫동안 배워왔다.

그런데 이제 눈앞에서 이루어지고 있지 않은가? 굶주리고 헐벗은 대중이 이 기적의 음식을 먹은 뒤에 그들에게는 오직 하나의 만장일치 반응이 있었다. '여기 우리의 왕이 계신다.' 이적을 행하는 이스라엘의 해방자가 드디어 왔다. 이 단순한 사람들의 눈에는 먹이는 힘이란 다스릴 권한을 지난 것이었다. 잔치가 끝났을 때, 한 사람이 '그를 왕으로 추대하자!'라고 외치자, 군중 모두가 일어선 것은 조금도 이상한 일이 아니었다.

이러한 강력한 외침은 예수가 통치할 권한을 주장하기를 바라고 있던 베드로와 사도 몇 명을 열광하게 하였다. 그러나 이런 잘못된 소망은 오래가지 않았다. 메아리치는 소리가 그치기 무섭게, 예수는 거대한 바위에 올라가서 오른손을 들어 주의를 집중시키며 말했다. '내 자녀들아. 너희 의도는 좋지만. 너희는 좁은 안목과 물질적인 안목을 가지고 있다.' 잠시 멈추었다가, 이 건장한 갈릴리 사람은 동쪽 황혼의 황홀한 빛을 받으며 장엄하게 서 있었다.

숨죽이며 듣던 군중에게 말하는 그의 모습은 어느 면으로나 왕의 품위를 갖추고 있었다. '너희는 지금 나를 왕으로 추대하려 하는데, 그것은 너희 혼이 위대한 진리를 깨달아서가 아니라 너희 배가 빵으로 채워졌기 때문이다. 내가 얼마나 여러 번 나의 왕국은 이 세상 것이 아니라고 말했더냐? **우리가 선포하는 하늘나라는 영적 형제 관계이며,** 아무도 물질적 왕좌에 앉아 다른 사람을 다스리지 않는다.

하늘에 계신 내 아버지만이 이 세상 하나님 아들들의 이 영적 형제 관계를 다스리는 전지 하고 전능한 통치자이시다 **그분이 보내 육신을 입고 내려온 아들**을 너희가 왕으로 추대할 만큼 내가 너희에게 영적 아버지를 나타내 보여 주는 일에서 실패했단 말이냐? 이제 너희 모두 집으로 돌아가라, 너희가 왕을 섬기고 싶다면, 빛의 아버지를 만물의 영 통치자로 너희 **각자의 가슴속에서 추대**하도록 하라.'

예수의 이러한 말은 군중을 아연케 하였고, 낙담한 채로 떠나보냈다. 그날 이후로 그를 믿었던 많은 사람이 돌아섰고, 더 이상 그를 따르지 않았다. 사도들은 할 말을 잃은 채 서 있었다. 소년 마가만이, '그가 우리들의 왕이 되기를 거절했군요'라고 말하였다. 예수가 홀로 언덕으로 올라가기 전에 안드레를 돌아보며, '너희 형제들은 세베대의 집으로 데려가서, 그들 특히 네 동생 시몬 베드로를 위하여 함께 기도하도록 하라'

4) 베드로가 밤에 본 환상

주님은 언덕으로 가시고 제자들은 호수 건너 벳새다를 향해 풍랑 속에서 노를 저었다. 베드로는 실망하여 풀이 죽은 채로 깊은 잠에 빠졌다. 베드로는 꿈속에서 잠꼬대로 예수와 대화하며 실제로 배 밖으로 나가 물속으로 들어갔다. 안드레, 야고보, 요한은 그를 물속에서 끌어 올렸을 때, 그가 꿈을 깼다. 그는 진심으로 그날 밤 예수가 그들에게 왔었다고 믿었다. 요한 마가는 설득되어 마가의 기록에서 이 이야기의 한 부분을 남겼고, 의사인 '누가'는 이 일을 자세히 조사한 후 베드로의 환상이라는 결론을 내렸기 때문에 그의 기록에 포함하지 않았다.

5) 벳새다로 돌아옴

목요일 동이 트기 전에 세베대의 집 근처 해변에 배를 대 놓고 정오까지 잠을 잤다. 먼저 일어난 안드레가 산책하러 나갔다가 소년 마가와 함께 돌 위에 앉아 있는 예수를 발견하였다. 예수는 자정이 조금 넘은 후 소년 마가를 데리고 호수를 돌아 벳새다로 돌아왔다.

……여러 달 동안 줄곧 하늘나라의 진리를 가르쳤는데 아직도 영적 헤아림 대신 물리적 동기에 지배되고 있다….

이제 너희 모두는 기적을 행함이나 물질적 이적을 행사함이 영적 나라에 들어가도록 혼을 설득하지 못하는 것을 보았느냐? 우리가 대중을 배불리 먹였으나 그것이 생명의 빵을 위한 배고픔으로 인도하지 못하고, 영적 의로움의 생수에 목말라하도록 인도하지도 못하였다.

배고픔이 해결되자, 하늘나라 들어가기를 구하지 않고, 오히려 이 세상 왕들의 방법을 따라, 사람이 아들을 왕으로 선포하려 했는데, 그들은 그렇게 해서 이후로는 일하지 않고 계속해서 빵을 먹을 수 있다. 생각했기 때문이다. 너희 중 몇 명이 관여했던 이 모든 일이, 하늘에 계신 아버지를 드러내 보이거나 세상에서 그의 나라를 진보시킴에 아무 효과가 없다.

통치자들의 비위를 거스르기 십상인 그런 일을 하지 않아도, 이미 종교 지도자들 가운데 적을 갖고 있지 않으냐? 아버지께서 너희 눈을 정결케 하셔서 볼 수 있게 하고, 너희 귀를 열게 하셔서 들을 수 있게 해서, 내가 너희에게 가르쳤던 복음을 완전히 믿게 되도록 기도하겠다.

그리고서 예루살렘 유월절 축제에 가기 전 며칠 동안 사도들과 휴식을 취하겠다고 말했다. 그리고 제자들이나 군중들의 누구도 그의 뒤를 따르는 것을 금하였다. 2~3일간의 휴식을 취하기 위해 배편으로 게네사렛 지역으로 갔다. 예수는 이 세상 일생의 커다란 위기를 준비하고 있었고, 그래서 하늘에 계신 아버지와 많은 교제의 시간을 보냈다.

오천 명을 먹인 것과, 왕으로 추대하려 하였다는 소식이 갈릴리와 유대 지방 전역에 퍼져 호기심을 발동시켰다. 또 종교 지도자와 정치 통치자들에게 두려움을 유발했다. 이러한 큰 기적은 물질적 마음을 가지고 반신반의하는 혼 속에 복음의 진리가 들어가는 일에는 도움을 주지 못했으나, 사도나 제자들인 직계 가족이 기적을 찾아 다님과 왕을 열망하는 경향을 바로 잡는 데는 도움을 주었다. 이 굉장한 에피소드로 인하여, 가르침, 훈련, 병 고치므로 이루어진 초기 단계가 끝나게 되었고, 좀 더 높고 좀 더 영적인 위상이 되는 **새로운 하늘나라 복음인 신성한 아들 관계, 영적 해방, 그리고 영원한 구원을 선포**하는 마지막 해를 준비하는 발판이 되었다.

6) 게네사렛에서

　게네사렛 지역 어느 부유한 신자의 집에서 쉬면서, 예수는 오후마다 비공식 회의를 했다. 하늘나라 대표들은 환상에서 깨어남으로 심각하고, 제정신을 차린, 잘못을 깨달은 사람들이었다. 그러나 일어난 모든 사건에도 불구하고 연이어 일어난 사건이 자세히 밝혀주었지만, **유대인이 기다리는 메시아가 올 것이라는 개념, 날 때부터 오래 간직했던 개념을 완전히 벗어나지 못했다.** 지난 몇 주 동안의 사건이 너무나 빠르게 움직여서, 놀란 이 어부들이 사건의 의미를 충분히 깨달을 수 없었다. 남자와 여자들이 사회적 행위, 철학적 태도, 종교적 확신의 기초와 근본이 되는 개념을 철저히 바꾸는 데는 시간이 필요하다.

　갈릴리에서만 **오만 명**이 넘던 추종자들의 숫자가 한 달이 안 되어 **오백 명**도 안 되게 줄었다. 예수는 인기 끄는 주장이 얼마나 쉽게 변하는지 제자들이 체험함으로써 그들끼리 하늘나라 일을 하도록 버려두고 자신이 떠난 뒤에, 그런 일시적인 종교적 흥분을 나타내는 유혹에 빠지지 않기를 바랐지만, 어느 정도만 성공하였다.

　너희도 보는 바와 같이 인간 감정에 호소하는 것은 일시적이고 철저히 실망이 되며 이와 비슷하게 사람의 지성에 호소하는 것도, 속이 비고 열매를 맺지 못한다. 오직 **인간의 마음 안에 사는 영에게** 호소함으로써 지속하는 변화를 이룩할 수 있다. 변화는 마음속에 살고 있는 영에게 호소하는 방법뿐이다.

　예수는 지적으로 사람의 주의를 끌고 집중하는 수법으로서 감정에 호소하는 것을 가르쳤다. 이처럼 자극받고 예민해진 정신이 혼에 이르는 통로라고 하였는데, 혼 속에는 참된 인품을 변화시키는 영구한 결과를 낳기 위하여, 진리를 인식하고 복음의 영적 매력에 반응하는, 사람의 영적 성품이 거한다.

　이렇게 예수는 며칠 후에 닥칠 위기에 대비하려고 애썼다. 열두 사도에게 자신을 없애기 위해 예루살렘 종교 지도자와 헤롯 안티파서가 협력할 것이라고 설명하였다. **영적 진리가 물질적인 이적으로 진전되지 않는다는 사실을 깨닫기 시작하였다.** 오천 명을 먹인 것, 예수를 왕으로 추대하려던 것이 예수에 대한 군중들의 환호가 정점이었음을 깨닫기 시작하였다.

그들은 영적 시련과 역경이 다가오고 있음을 어렴풋이 인식하고 예견하였다. 사도들은 하늘나라 대사로서 맡은 과제의 참 성질이 무엇인가 깨닫기 시작하였고, 주의 사명 활동에 마지막 해의 괴롭고 시련이 되는 엄격한 고난에 대비하여 각오를 단단히 하기 시작하였다.

7) 예루살렘에서

4월 3일 일요일 예수는 열두 사도만 데리고 벳새다에서 사람의 눈을 피한 거라사와 필라델피아를 거쳐 예루살렘으로 갔다. 이 여행에서 대중을 가르치는 어떤 일도 하지 말라고 명하였다. 예루살렘에 머무는 동안 전도하거나 가르치는 일도 허락하지 않았다. 4월 6일 늦게 베다니에 도착해 나사로의 집에서 쉬었지만, 이튿날 흩어졌다. 예수와 요한은 나사로 집 가까이에 있는 시몬이라는 신자의 집에서 묵었다. 나머지 사도는 둘씩 다른 집에서 체류하였다.

예수는 이 유월절 동안 한 번 예루살렘에 들어갔다. 아브너가 예루살렘 신자를 많이 데리고 예수를 만나려고 베다니에 왔다. 사도는 예루살렘에 체류하는 동안, 주님에 대한 사람들의 감정이 얼마나 악화하여 가는지를 알게 되었다. 그들은 모두 위기가 임박했다고 믿으면서 예루살렘을 떠났다.

4월 24일 일요일 예수와 사도는 예루살렘에서 벳새다로 가기 위해 해변 도시인 욥바, 가이사라, 프톨레마이오스를 거쳐서 갔다. 거기서부터 육로로 라마, 고라신을 지나 4월 29일 금요일 벳새다에 도착하였다. 도착하자 예수는 안드레를 회당장에게 보내 인식일 오후 예배에 자신이 설교할 수 있도록 주선하게 하였다. 이것이 가버나움 회당에서 설교할 수 있도록 허락될 마지막 기회임을 잘 알았다.

19. 가버나움에서의 위기

벳새다에 도착한 날, 금요일 저녁과 안식일 아침, 사도는 예수가 어떤 중대한 문제에 심각하게 골똘해 있음을 알았다. 아침과 점심에 식사를 거의 않았다. 예루살렘을 떠난 이래 예수는 거의 말이 없었다.

주가 그렇게 골똘히 생각에 빠져 있는 것을 몇 달 동안 본 적이 없었다. 그래서 베드로는 우울했고, 안드레는 동료에게 무엇을 할지 몰라 당황했다. 나다니엘은 '폭풍 전의 고요'라고 말했고, 도마는 '어떤 특별한 일이 막 일어나려 하고 있다고 말했다.' 빌립은 세베대의 아들 다윗에게 '주님이 무슨 생각을 하고 있는지 알기 전에는 대중을 먹이고 재우는 일에 생각지 말라'고 조언하였다….

1) 무대의 준비

새로 지은 가버나움 회당에서, 안식일 오후 3시에 저명한 사람들로 구성된 회중이 예수를 맞이하였다. 야이로가 사회를 보았고 예수에게 성경을 넘겨주었다. 전날 바리새인과 사두개인 53명이 예루살렘으로부터 도착하였다. 이웃 여러 회당에서 30명이 넘는 지도자와 회당장이 그 자리에 참석하였다.

유대 종교 지도자들은 산해드린 명령에 따라 활동하고 있었다. 예수와 그의 제자들에게 공개적인 싸움을 선포하러 온 것이었다. 유대 종교 지도자들 옆자리 회당의 명예 석에는, 헤롯 안티파서의 공식 관찰자들이 앉아 있었으며, 그들은 헤롯의 형제인 빌립의 관할구역에서 일어난, 군중들이 예수를 유대의 왕으로 선포하려 했다는 불순한 보고에 관한 진상을 확인하라는 지시를 받았다.

예수는 늘어나는 적들이 공언하던, 전쟁을 선포하는 상황이 전개될 것임을 알았다. 그는 대담하게 공격적 자세를 취하기로 하였다. 오천 명을 먹였을 때 물질적 메시아 개념에 도전하였으며, 이제는 유대 구원자 개념을 다시 드러내 놓고 공격하기로 선택하였다.

오천 명을 먹인 사건으로 시작되고, 인기를 끄는 명성과 환호성의 물결이 밖으로 향하는 분기점이었다. 이재부터 하늘나라의 일은, 인류의 진정한 종교적 형제 됨을 인하여, 영속하는 영적 전향으로 승리를 이룬다는 더욱 중요한 과업에 관여하게 되었다. 이 설교는 토론하고 논쟁하고 결심하는 기간으로부터, 드러내놓고 투쟁하고 마침내 받아들이거나 거부하는 기간으로 넘어가는 위기의 시작점이 되었다.

주는 많은 추종자가 천천히 그리고 확실하게 그를 버리려고 마음의 준비를 하는 것을 잘 아셨다. 또한 자신의 많은 제자는 서서히 그리고 분명하게, 마음의 훈련과 혼의 단련을 통하여 의심을 정복하고 용감하게 하늘나라 복음을 충분히 진전된 믿음을 주장할 것이라는 점도 알았다. 선과 악의 거듭되는 선택 과정에서, 위기가 닥칠 때 용감하게 선택하는 과정을 이해하였다. 그러나 예수는 자기가 선택한 메신저를 반복하여 옳고 그름을 판단하는 시행 연습을 하게 만들었다.

예수의 이 세상 위기는 오천 명 먹인 것으로 시작해서 회당에서 이번 설교로 끝이 났고, 사도의 위기는 회당에서의 설교로 시작하여서 한 해 전체를 계속하였으며, 주의 재판과 십자가에 달리심으로 끝났다.

예수가 말을 시작하기 전, 거기 모인 모두의 마음 안에 '왜 그는 그렇게 고의적이고 효과적으로 대중의 열광에 등을 돌리는 것일까?'라는 것이다. 불만에 찬 지지자들은 그런 의심과 실망이 무의식적 반감을 유발했고, 나중에 증오로 바뀌게 된 것은 이 설교 전후의 일이다. 가룟 유다 배신의 생각을 처음으로 한 것이 이 설교 후였다. 그러나 당분간 그러한 의향은 효과적으로 억제하였다.

2) 신시대의 설교 (신기원을 연 설교)

예수는 신명기를 읽는 것으로 설교를 시작하였다. "만약 이 백성이 하나님의 말씀을 순종하지 않으면, 이 모든 저주가 너희에게 임할 것이다….

……이 포위 기간에 너희는 자기 몸의 열매인 너희 아들들과 딸들의 고기를 먹게 될 것이다." 이어서 선지자 예레미야서를 읽었다. 내가 너희에게 보낸 나의 하인들과 선지

자들의 말을 듣지 아니하면, 내가 이 집을….

……그러나 너희는 분명히 알라. 너희가 나를 죽이면, 정녕코 무죄한 피로 너희 몸과 이 백성들에게 돌아가게 할 것이다. 이는 주님께서 진실로 나를 보내셔서 이 모든 말을 너희 귀에 이르게 하였다.

그 당시의 사제들과 선생들은 예레미야를 죽이고자 하였다. 그러나 재판관들이 동의하지 않았다. 그런데도….

땅에서 내가 행하는 사명의 증거로서 너희가 찾는 것이 무엇이냐? 우리는 가난한 자와 버림받은 자에게 기쁜 소식을 전하는 동안, 너희의 힘과 위세의 지위를 방해하지 않았다. 너희가 존경하는 것들에 대해 공격하지 않았다. 오히려 두려움에 찬 혼에 해방을 선포하였다. 나는 이 세상에 나의 아버지를 드러내 보이고, 이 세상 하나님 자녀들의 영적 형제 됨, 곧 하늘나라를 세우려고 왔다. 나는 여러 번 나의 나라가 세상에 속하지 않는다고 상기시켰는데도 불구하고, 증거로서 영적 변화와 새롭게 만드는 일을 한 것 외에도, 너희에게 물질적 이적이 많이 나타나는 것을 내 아버지가 허락하였다.

너희가 찾는 표적이 무엇이냐? 너희는 이미 결정을 내릴 수 있는 충분한 증거를 가졌다. 너희에게 진실로 말하는데, 지금 어떤 길로 가야 할지 선택이 너희 앞에 있다. 여호수아가 너희 선조에게, '너희가 누구를 섬길지를 오늘날 택하라'라고 말했듯이. 오늘 너희 중에 많은 이가 갈림길에 서 있다.

군중이 배불리 먹고 내가 안 보이자, 배를 타고 나를 찾아다녔는데, 그것이 무엇 때문이었는가? 진리나 정의로움이나 혹은 동료들에게 봉사하고 돌보는 방법을 알고자 함이 아니다! 오히려 일하지 않고 더 많은 빵을 갖기 위해서다. 그것은 생명의 말씀으로 너희 혼을 채우기 위함이 아니라, 오직 편안하게 얻은 빵으로 배를 채우고자 함이었다…. **나는 영적 해방을 선포하고, 영원한 진리를 가르치고, 살아있는 신앙을 양육하기 위하여 왔다.**

나의 형제들아, 썩어질 고기를 구하지 말고, 영원한 생명을 주는 영적 음식을 구하라, 이것이 아들이 주는 생명의 빵이니, 이는 아버지가 아들에게 이 생명을 한량없이 주었기 때문이다. 하나님의 일을 하려면 무엇을 해야 합니까? 라고, 묻는다면, 나의 대답은 **'그가 보내신 자를 믿는 것이 하나님의 일이다'**라는 것이다.

모세가 준 만나는 세상의 빵이다. 하늘의 빵을 주지 않았다. 내가 곧 생명의 빵이다. 너희는 아직은 아버지로부터 내가 보내졌다는 것을 믿지 않는다. 내가 선언하는데, 내가 이 세상에 온 것은 내 뜻을 행하려 함이 아니라, 나를 보내신 이의 뜻을 행하려 함이다. **아들을 보고 믿는 자마다 영원한 생명을 얻을 것이다.** 어제는 육신의 빵을 주었으나, 오늘은 굶주린 혼을 위하여 생명의 빵을 준다. 너희가 기꺼이 이 세상의 빵을 먹었던 것 같이, 이제 이 영의 빵을 먹겠느냐?

......진리는 결코 정직한 시험으로 괴로워하지 않는다. 나는 너희가 말하는 그 모든 것이며 오히려 그 이상이다. 아버지와 나는 하나이다. 아들은 아버지가 그에게 가르친 것만 오직 행하며, 아버지께서 아들에게 주신 자들만 내가 받아들일 것이다. 아버지의 내주하는 영의 가르침에 복종하는 자마다 결국에는 나에게 올 것이다. 아무도 아버지를 본 사람은 없지만, **아버지의 영은 사람 안에 살고 있다. 그리고 하늘에서 내려온 아들은 아버지를 확실히 보았다. 이 아들을 진정으로 믿는 자들은 이미 영원한 생명을 얻었다.**

내가 곧 이 생명의 빵이다. 너희 조상들은 광야에서 만나를 먹었어도 죽었지만, 하늘로서 내려오는 이 빵을 사람이 먹으면, 영적으로 절대로 죽지 않을 것이다. **하나님과 사람이 이렇게 하나로 결합한 본성의 실현을 달성하는 혼은 영원히 살 것이다.** 받아들이려고 하는 모든 자에게 내가 줄 이 생명의 빵은 내 생명이며 또한 통합된 본성이다. **아버지는 아들 안에 계시고, 아들은 아버지와 하나이다. 이것이 나의 전 일생을 바쳐 나타내 주려는 것이며, 모든 민족에게 주는 내 구원의 선물이다.**

3) 예배 끝난 뒤의 모임

방문한 바리새인 하나가 등불 받침에 올라가, 당신은 자신이 생명의 빵이라고 우리에게 말했습니다. 어떻게 당신의 살을 먹고 피를 마시게 할 수 있습니까? 그것을 실행치 못한다면 당신의 가르침이 무슨 소용이 있습니까? 예수가 이 질문에 대답하였다. 나는 내 살이 생명의 빵이거나 내 피가 생명의 물이라고 네게 가르치지 않았다. **그러나 육신**

으로 온 내 삶이 바로 하늘의 빵이 증여된 것이라고 말했다.

하나님의 말씀이 육신 속에 증여된 사실과, 하나님의 뜻에 따라 사람의 아들이 된 현상을, 신성한 양식과 동등한(음식에 해당하는) **그러한 체험의 실체를 구성한다.**

너희가 내 살을 먹을 수 없고, 내 피를 마실 수는 없지만, 내가 영으로 아버지와 한 몸인 것처럼, 너희도 영으로 나와 하나가 될 수 있다. 너희는 **생명의 빵인 하나님의 영원한 말씀**으로 양육될 수 있는데, 그것은 정말로 생명의 빵이고, 필사 육신의 모습으로 증여된 하나님의 영원한 말씀으로 영양분을 받을 수 있다.

너희는 신성한 영에 의해 혼 속에 물을 공급받을 수 있는데, 그것이 진정한 생명의 물이다. 아버지께서 모든 사람에게 내주하여 지도하기를 원하는지 보여 주기 위하여 나를 이 세상에 보내셨다. 그래서 내주하는 하늘 아버지 뜻을 알고 행하기를 구하는 모든 사람에게 영감을 주기 위하여, 내가 이 육신의 삶을 산다.

예루살렘 산해드린에서 보낸 바리새인 첩자들은 예수를 난처하게 하고 덫을 씌우기 위하여, 이어서 손을 씻지 않고 먹는 이야기와, 전통의 법으로(장로들의 유전), 하나님의 계명(율법과 선지자)을 피하는 위선에 관한 이야기가 나온다. 장로들의 유전을 범하기보다는 차라리 죽는 것이 낫다.라는 것이 그들의 믿음이었다.

산해드린 위원들은 예수가 신성 모독이나 율법을 우롱하는 죄로 반드시 체포해야 한다는 생각을 굳혔다. 예수는 종교 지도자들과 불화 관계를 더 이상 막을 수 없는 시간이 되었음을 알았기에 거리낌 없이 말했다.

4) 회당에서 마지막 말

반역한 영(귀신, 악한 영, 악귀, 악마, 반항적인 영)에 사로잡혀 혼란을 겪고 있는 한 청년을 바리새인이 예수 앞에 데리고 왔다. 이 미친 젊은이를 당신이 할 수 있는 일이 무엇입니까? 당신들은 마귀들을 쫓아낼 수 있습니까? 주가 그 젊은이를 보았을 때 동정심이 일어나서 손짓하여 불러서, 손을 잡아주며 말했다. "너는 내가 누구인지 알고 있으니 그에게서 나와라." 그리고 다시는 돌아오지 않도록 네 성실한 동료 중 한 명에게 너를 돌보도록 명령한다. 그러자 그 청년이 바로 정상적으로 돌아와서 제정신이 들었다. 이것이 실제로 인간에게 '악령'을 쫓아낸 첫 번째 경우다. 오순절 직전까지 때때로 이런 일이 일어났으며, 주의 영이 모든 육체에 부어지자, 그때, 인간을 속여 행하던 그런 일이 영원히 불가능하게 되었다.

사람들이 놀라워하자, 예루살렘 지도자들은 마귀의 두목인 바알세불의 힘을 빌려서 하는 사탄과 동업자라고 말하였다. 그러자 예수는 사탄이 어떻게 사탄을 쫓아낼 수 있느냐…? 그러면 스스로 망한다. 너희가 편견 때문에 눈이 멀어 잘못되지만 않았다면 마귀보다 더 위대한 자가 너희 가운데 서 있다는 것을 쉽게 알 수 있을 것이다. 사람의 모든 죄와 신성 모독죄도 용서받지만, 누구든지 깊은 궁리로 그리고 사악한 의도로 하나님을 모독하는 자는 영원히 용서함을 받지 못한다.

너희 선택은 갈림길에 서 있다. 너희는 아버지의 뜻과 어두움의 길 사이에 선택해야 할 시점에 와 있다. 그리고 선택한 대로 될 것이다. 그들은 벳새다 집으로 갔다. 그들은 주가 그렇게 공격적인 방식으로 가르치는 것에 익숙하지 않았다.

5) 토요일 저녁

예수는 여러 번 사도의 희망을 산산조각으로 부숴 놓았고, 기대를 꺾어 왔지만, 지금처럼 실망과 슬픔으로 몰아넣었던 적은 없었다. 거기에 절망과 더불어 안전에 대한 두려움까지 겹쳤다. 그들 모두는 사람들의 갑작스러운 그리고 완벽한 배척에 매우 놀랐다. 바리새인들이 보여 준 예기치 못한 대담함과 확고한 결정에 겁이 나고 당황하였다. 예수의 갑작스러운 가르침의 방법에 대한 변화도 놀라고 당황하였다.

자정 무렵 전도자들의 대표인 요압이 돌아와 동료 중 삼분의 일이 떠났다고 보고 하였다. 예루살렘에서 온 지도자들은 불신의 감정을 부추기기 위해 부채질하였다. 열두 명의 여자 대원은 베드로의 집에서 회의했고 아무도 떠나지 않았다.

예수는 식사하기를 거부하고 자정이 넘기까지 다락방에 계셨다.

다락방에서 내려와 30여 명의 동료에게 말했다. **하늘나라 일이 이렇게 사람을 채질**

하여 선별한다는 것이 너희를 슬프게 한다는 것을 내가 알고 있다. 그러나 그것은 피할 수 없는 것이다. 미지근한 군중들과 반신반의하는 제자들을 벗겨내어 버리는 것에 대하여, 그렇게 두려워하고 대경실색하느냐? 너희가 이 시험도 견디기 어려워하면, 인자가 아버지께 돌아가야만 할 때 너희는 어찌하려느냐?

나의 사랑하는 자들아, 되살리는 것은 영이란 것을 너희가 기억해야 한다. 육신과 그것에 속한 것은 모두 무익하다. 내가 너희에게 이른 말이 영이고 그리고 생명이다. 용기를 내라! 나는 너희를 버리지 않았다. 나는 처음부터 반신반의하는 신도들이 도중에 떨어져 나가리라는 것을 알고 있었다. 그래서 너희 열두 명을 선택하여 하늘나라 대사로 준비하지 않았더냐? 지금과 같은 때가 오면 너희도 떠나겠느냐? 너희 각자는 자신의 믿음을 보아라. 이는 너희 중 하나가 심각한 위험에 빠져 있기 때문이다. 예수가 말을 마치자, 베드로가 '그렇습니다. 주님 우리가 슬프고 갈피를 잡지 못하고 있습니다. 그러나 절대로 주를 버리지 않을 것입니다. 주는 우리에게 영원한 생명의 말씀을 가르치셨습니다. 우리는 당신을 믿으며 항상 당신을 따랐습니다. 우리는 주를 하나님께서 보내신 것을 알기에, 돌아서지 않을 것입니다.' 베드로가 말을 마치자, 그들 모두는 그의 충성 서약에 동의한다는 표시로 하나가 되어 고개를 끄덕였다.

20. 가버나움에서의 마지막 삼 주

서기 29년 4월 30일 토요일 밤, 풀이 죽고 어리둥절한 제자들에게 예수가 위로하고 용기를 주는 말을 하고 있을 때, 디베랴에서는 헤롯 안티파서와 산해드린 대표단과 특별 회의가 열리고 있었다. 서기관과 바리새인들은 예수를 체포하라고 강력하게 주장하였다. 그들은 예수가 사람을 선동해 분쟁을 꾀하며, 반역을 일으키려 한다고 이해시키려 최선을 다했다. 그러나 헤롯은 그를 정치범으로 체포하기를 거절하였다. 헤롯의 조언자들은 사람들이 예수를 왕으로 선포하려 할 때, 어떻게 그 제안을 물리쳤는지 정확하게 보고하였다.

헤롯의 집무실 직원 중 한 사람인 추자의 아내 요안나가 여자 봉사단에 속해 있었다. 추자는 헤롯에게, 예수는 이 세상 통치와 관련된 개입하기를 원치 않는다는 것과. 단지 자기 신자들의 영적 형제 관계, 이 형제 모임을 하늘나라라고 부른다고 알려주었다. 헤롯은 추자의 말을 신뢰하였고 믿었기 때문에, 예수의 활동을 막는 것을 거절하였다. 세례요한을 죽인 것이 항상 마음에 걸렸기 때문에, 예수에 대한 음모에 끼어들기를 꺼렸다. 그는 예수가 많은 병자를 고쳤다는 것을 알고 있었고, 선지자나 비교적 해가 없는 종교적 열광자로 보았다.

유대인들이 반역자들을 보호한다고 황제에게 보고하겠다고 협박하자, 헤롯은 그들을 당장 퇴장시키라고 명령하였다. 예수는 임박한 흩어짐을 준비시켰다.

1) 한 주간의 회의

5월 1일부터 5월 7일까지 세배대의 집에서 긴밀하게 상담하였다. 이 회의에는 고난을 견딘 믿을만한 제자들만 참석이 허락되었다. 바리새인에 맞서고 공개적으로 예수에게 속해 있다고 선언한 자가 100여 명 정도였다. 이 무리를 데리고 아침 점심 저녁 일정을 가졌다.

이 주 금요일 가버나움 회당 관리자들은 예수와 일행의 회당 출입을 금지한다고 공지하였다. 이에 회당장 야이로는 사직하고 공공연히 예수와 합세하였다. 호숫가의 모임은 5월 7일 오후에 마지막으로 열었다. 이 토요일 밤의 모임은 가장 낮은 수준의 모임이었다. 이때 이후로는 변함없고 느렸지만 건강하고 믿을만한 성장세를 나타냈고, 영적 체험과 기초위에 뿌리를 두었다. 과도기에 지녔던 물질적 하늘나라 개념, 그보다 이상적인 영적인 예수가 가르친 개념, 이 두 가지 절충적 단계가 끝났다. 이때부터 더 공개적으로 원대한 영적 함축성을 가지고 하늘나라 복음을 선포하였다.

2) 한 주의 휴식

서기 29년 5월 8일 일요일에 산해드린은 예수와 일행에게 팔레스타인의 모든 회당에 들어오는 것을 금한다는 법령을 발표하였다. 이 일로 5명의 산해드린 위원이 사직했고, 100명의 메신저가 법령을 실행하기 위해 전국에 파견되었다.

이때까지 각 회당은 독립된 모임으로, 자체 운영자 회의에서 통치하였다. 예루살렘 회당들만 산해드린 권위에 종속되어 있었다. 그러나 팔레스타인 전 회당이 이 부당한 명령에 따랐고, 헤브론 회당은 회중의 자율성에 어긋난다고 따르지 않았다. 그 뒤 얼마 있다가 헤브론 회당은 불에 타 파괴되었다.

같은 일요일 아침에 한 주의 휴가를 선언하였다. 예수는 쉬는 한 주 동안 호수 가에 살고 있는 여러 가정과 집단을 방문하였다. 다윗은 예수의 주변에 두세 명의 심부름꾼을 항상 대개 시켜 예수의 신변을 보호하였다…. 예수는 가족이나 직계 추종자 중에 누구에게도 초자연적 보살핌을 베풀지 않았다.

인간의 혼은, 성장과 발달을 위하여 어려움을 겪어야 하고 직접 체험을 요구한다. 일반 동물도 편안한 환경에서는 순조롭게 진보하지 못한다.

3) 두 번째 디베랴 회의

5월 16일 예루살렘 당국과 헤롯 안티파스 사이에 2차 회의가 열렸다. 예루살렘의 종교 지도자와 정치지도자는 헤롯에게 유대의 모든 회당이 예수가 가르치지 못하도록 봉쇄하였다고 보고하였다. 그들이 새로이 예수를 체포하려 하였지만, 헤롯은 그들의 요청을 거절하였다. 그러나 5월 18일 유대의 로마 통치자가 동의하는 조건으로, 산해드린 당국이 예수를 체포해 종교재판 하는 계획에 찬성하였다. 그러는 동안 헤롯도 예수에게 적대감을 가지게 되었고 그래서 예수의 적들은 그의 가르침을 믿는 자를 처형한다는 소문을 갈릴리 전역에 부지런히 퍼뜨리고 있었다.

5월 21일 토요일 밤에 예루살렘 정부 당국은, 예수가 체포되어 예루살렘으로 이송되고, 유대 민족의 신성한 율법을 모독하였다는 죄로 산헤드린 앞에서 재판받게 하려는 헤롯과 바리새인 사이에서 내린 합의에 아무 이의가 없다는 전갈을 디베랴에 보내왔다. 따라서 이날 자정 바로 전에 헤롯이 산헤드린의 관리들에게 헤롯의 관할권 안에서 예수를 체포하여 그를 강제로 예루살렘으로 데려가 재판을 할 수 있는 권한을 위임하는 법령에 서명하였다. 헤롯이 이 허락을 내리기 전에, 여러 곳에서 강한 압력이 있었으며, 그는 예수가 예루살렘의 모진 적들 앞에서 정당한 재판을 기대할 수 없으리라는 점을 잘 알고 있었다.

4) 가버나움에서의 토요일 밤

같은 날 토요일 밤에 가버나움 회당에 50명의 유지가 회의하였다. 중대한 문제를 놓고 토론하였지만, 의견을 모으지 못했고, 예수가 어쩌면 메시아, 성스러운 사람, 선지자일 것이라는 몇 명을 제외하고, 견해가 같은 네 집단으로 갈라졌다.

  1 그는 망상적이며 아무 해가 없는 광신자임.
  2 그는 반역을 일으킬지도 모르는 위험한 선동자임.
  3 그는 마귀들과 연관되어 있다는, 어쩌면 마귀들의 두목일지 모르는 자임.
  4 그는 정신 나간 자로서 정신이 균형이 잡히지 않는 미친 자임.

5) 사건 많은 일요일 아침

예수의 일생에 29년 5월 22일은 사건 많은 날이었다. 일요일 아침 날이 새기 전에 다윗의 전령 하나가 디베랴에서 급히 도착해 헤롯이 산헤드린 관리가 예수를 체포하도록 이미 허락했거나 허락 중이라는 소식을 전했다. 다윗 세베대는 그의 전령들을 깨워 그 지방 제자들의 집단들에게 보내 그날 아침 7시에 모이라고 비상 소집하였다. 유다(예수님의 동생)의 처제 라헬이 깜짝 놀라 가까이에 살고 있던 예수의 가족 모두에게로 가서 즉시 세배대의 집으로 모이라고 전했다. 곧 마리아, 야고보, 유다, 룻이 모였다.

이날 이른 아침 회의에서 작별에 따른 지침을 내렸다. 잠시 헤어져 있는 동안 결과에 상관없이 하늘나라 일을 계속하라고 지시하였다. 함께 갈 전도자 12명을 택하였고, 십이사도에게는 무슨 일이 일어나든지 자신과 함께 남아있으라고 지시하였다. 12 명의 여자 대원에게는 부를 때까지 세베대와 베드로의 집에 남아있도록 지시하였다.

예수는 다윗 세베대가 전령을 전국적으로 봉사하는 것을 승인하였다. 전령들은 결코 주님과의 연락이 끊어지지 않을 것이며, 그들을 통해 다른 지역의 하늘나라 일을 들으실 수 있고, 우리는 모두 그들을 통해 주님의 소식을 들을 것입니다. 내게 무슨 일이 일어나든 이 봉사는 계속될 것인데, 내가 첫 번째와 두 번째 책임자, 심지어 세 번째 책임자도 임명했기 때문입니다. 저는 선생도 설교자도 아니지만, 내 마음이 이것을 하라고 지시하며, 아무도 나를 막을 수 없습니다.

6) 예수의 가족이 도착함

일요일 아침 8시경에 예수 육친의 가족이 도착하였다. 그들 중에 룻만이 전심으로 그의 신성함을 믿었고, 유다 야고보 요셉은 흔들리는 믿음을 가지고 있었고, 마리아는 사랑과 두려움, 모성애와 가족으로서의 자부심 사이에서 갈팡질팡하였다. 그녀는 의심으로 많이 시달렸지만, 예수가 태어나기 전 가브리엘의 반문을 잊을 수가 없었다.

그들은 전날 밤 마리아의 집에 모여 바리새인 지도자들에게 예수가 이상한 행동을 한다는 말을 듣고 흔들렸으나 룻은 바리새인의 설득에 '나는 오빠가 하나님의 사람인 것과 바리새인 때문에 설교를 그만두기보다 차라리 죽음을 택하기를 바란다고 말하였다.'

예수의 가족이 세베대의 집에 도착하였을 때 예수는 작별의 말을 하고 있었다. 사람이 많아서 들어가지 못하고 후문 현관에 자리 잡고 어렵게 예수에게 알렸다. 가족은 이 작별의 인사가 얼마나 중요한지 모르고, 마리아와 형제들이 자비를 보였다는 사실에, 바로 말을 중단하고 만나러 나올 것으로 생각하였다.

가족이 왔다는 전달을 받은 후, 달려 나오는 대신 음성이 커지면서, 나를 위해 염려할 필요가 없다고 해라. 나를 보내신 아버지께서 나를 구하실 것이며 내 가족에게 아무 해가 없을 것이다. 그리고 용기를 가지고 하늘 아버지를 믿으라고 전해라…. 누가 내 어머니이고, 동생들이겠느냐? 방 안에 있는 사람들에게 손을 내밀며 "나는 어머니가 없고 동생도 없다. 나의 어머니를 바라보고 내 동생들을 바라보라! 하늘에 계신 내 아버지의 뜻을 행하는 자는 누구든지 나의 어머니, 나의 형제 그리고 나의 자매이기 때문이다."

마리아가 이 말을 듣자, 유다의 품으로 쓰러졌다. 예수는 작별 인사 끝맺음을 하고 가족을 만날 계획이었으나, 전령이 급히 디베랴에서 도착해 후문으로 들어와 산해드린 관리가 예루살렘으로 데려가는 위임장을 가지고 예수를 체포하러 오는 중이라는 소식을 전하였다. 이 소식을 받자, 안드레는 예수의 말을 중단시켰다. 사도들은 전령 일행이 도착하여 일어난 소동이 체포하는 사람일지 모른다고 생각해 두려워서 급히 앞문을 통하여 대기해 놓은 배를 타고 서둘러 떠났다. 주는 이 와중에 다윗 세베대에게 다음과 같이 당부하였다. "내 어머니와 동생들에게 와주어서 고맙다는 말과, 내가 그들을 보려고 했다는 말을 전해라. 그들에게 나를 무례하게 생각지 말고, 오히려 하나님의 뜻을 찾아서 알고 그 뜻을 행할 수 있는 은총과 용기를 구하라고 일러주어라."

사람들은 다윗이 약 25명의 보초를 집 주변에 배치했으므로 누구나 갑작스럽게 체포할 수는 없음을 몰랐다.

7) 황급히 도피

그리하여 서기 29년 5월 22일 일요일 8시 반을 조금 지나자, 예수는 십이사도와 12명의 전도자를 데리고 갈릴리 호수 동쪽 게레사에 도착하였다. 주의 배 뒤에 또 하나의 작은 배에 다윗의 전령 6명이 타고 따라갔다. 이들은 예수와 동역자들 간에 연락을 취하고 근황과 안전에 대한 정보를 벳새다 세베대 집으로 정기적으로 보내도록 지시받고 있었다. 이때부터 주는 이 세상 나머지 기간 세베대의 집을 거처로 정하지 않았고 '머리 둘 곳이 없었다.' 그는 더 이상 안정된 거처나 그 비슷한 것도 갖지 않고 방황을 시작하였다. 게레사에서 가이사라 빌립보로 가면서 빌립의 영역에 머물렀고 거기서부터 페니키아 연안을 따라 길을 잡았다.

예루살렘 관원들이 예수를 찾을 때는 떠난 지 오래되었고, 도피했음을 믿지 않았다. 가버나움 근처에서 그를 찾느라 한 주를 허비하였다. 목요일 오후에 예수의 막내 여동생 룻은 세베대의 집을 방문하여 다윗으로부터 그녀의 아버지와 같은 오빠가 페니키아 해안 길을 따라가고 있다는 소식을 듣고 안심하였다.

21. 갈릴리 북부를 지나 도피하다

게레사 근처에 배를 대고 북쪽으로 얼마큼 가다가 벳새다 줄리아스 남쪽에 있는 아름다운 공원에서 밤을 지냈다. 주는 잠자리에 들기 전에 24명의 일행을 부르고 바타니아와 갈릴리 북부를 거쳐서 페니키아 해안으로 가는 경로에 대해 의논하였다.

1) 왜 이교도들이 분노하는가?

예수가 말했다. "시편 기자가 이 시대를 어떻게 묘사했는지 기억해야 한다. 그는 '어찌하여 이교도(무지하고 배우지 못한 형제)가 분노하고, 민족들이 헛되이 음모를 꾸미는가? 세상의 왕들이 나서며 민족의 통치자들이 서로 꾀하여 주님과 기름 부은 자들을 배척하며 자비심을 없애고 사랑의 계율을 던져 버리자 한다.'라고 하였다."

"오늘날 너희가 이것을 너희 눈앞에서 이루어지는 것을 본다. 그러나, 너희는 시편 기자의 나머지 예언들이 이루어지는 것을 보지 못할 것이다. 왜냐하면 그가 사람의 아들과 이 땅에서 그의 사명에 대해서는 틀린 생각을 가졌기 때문이다. 내 나라는 **사랑에 기초를 두고 있고, 자비 안에서 선포되고 사심 없는 봉사로 세워진다.** 나의 아버지는 하늘에 앉으셔서 이교도들을 비웃고 계시는 것이 아니다. 그는 기분이 나쁘다고 해서 격노하지 않으신다. 아들이 소위 이교도들이라고 불리는 이들을 물려받을 것이라는 약속은 사실이다. 나는 이교도들을 자비와 사랑의 손을 벌려 받아들일 것이다.

승리의 아들이 이교도들을 쇠막대기로 쳐서 질그릇처럼 산산조각으로 깨뜨릴 것이라는 불행한 선언이 있었다. 하더라도, 이 모든 사랑 넘치는 친절함이 이교도들 위에 내릴 것이다. 시편 기자는 너희들에게 '주님을 두려워하므로 섬기라'라고 훈계한다. 나는 너희에게 신앙을 통하여 신성한 아들 관계라는 고귀한 특권을 갖도록 명령한다. 시편 기자는 너희들에게 떨며 기쁨을 누리라고 명령한다. 시편 기자는 말하기를 '그 아들에게 입 맞추라, 그렇지 아니하면 진노하심으로 그의 분노의 불이 붙을 때 너희가 멸망할 것이다'라고 하였으나,

그러나 이제까지 함께 생활 해온 너희는 분노와 노여움이 사람의 가슴속에 하늘나라를 세우는 것과 아무 상관이 없다는 것을 잘 알고 있으리라 믿는다. 그러나 시편 기자는 이 훈계의 말을 완결하면서 '이 아들을 신뢰하는 자는 복이 있다'라고 함으로써 그는 빛을 어렴풋이 보았다.

예수는 스물네 사람에게 계속 가르치시며, 이교도가 우리에게 격분할 때 이유 없이 그러지 않는다. 이교도는 소견이 좁고 편협하므로 자신의 힘을 열광적으로 집중할 수가 있다. 그들의 목표는 가까이 있고 눈에 보이는 것이며, 그러므로 강력하고 효과적인 실행과 씨름한다. 이교도는 자신의 목적을 향해 직접 쳐들어가는데, 너희는 너무 만성적으로 동경만 하는 죄를 범한다.

너희가 천국에 들어가고자 한다면, 왜 이교도가 자신이 포위 공격한 도시를 점령하는 것처럼 영적 기습 공격을 펴서 천국을 차지하지 않느냐? **너희 예배가 대체로 과거를 후회하고 현재 상황을 불평하고, 헛되이 미래에 대한 희망에 의지하기만 한다면 천국에 들어갈 자격이 거의 없다.**

어찌하여 이교도들이 격노하는가? 진리를 모르기 때문이다. 너희는 어찌하여 쓸모없는 염원으로 시들어 가는가? 왜냐하면 너희가 진리에 복종하지 않기 때문이다. 쓸데없이 꿈꾸지 말고 용감하게 나가서 천국 건설에 관계되는 일을 행하라.

너희가 무슨 일을 해도 한쪽으로 치우치거나 너무 전문적으로 다루지 마라. 바리새인은 자기도 하나님의 일을 한다고 생각하며, 전통 때문에 편견으로 눈이 멀었고 두려움으로 마음이 굳어졌다. 그리스인을 보라 저희는 종교 없이 과학을 가졌으나 유대인은 과학 없이 종교를 가졌다. 이처럼 좁고 혼잡스럽게 부서진 진리 조각을 받아들이도록

잘못 인도될 때, 구원받는 유일한 희망은 진리와 조화되는 것- 전향하는 것뿐이다.

나는 이 영원한 진리를 강조한다. 진리와 조화되므로 너희 인생에서 올바름의 이 아름다운 순수함을 모범으로 보여 주기를 배우면 동료들이 너희를 찾아 따라 할 것이다. 진리를 추구하는 자가 끌림은 너희가 지닌 진리의 성질, 올바른 정도에 따라 반영되어 나타난다. 너희가 전하는 말씀을 가지고 얼마나 멀리 가야 하는가는, 온전한 또는 의로운 삶, 진리와 조화된 생애를 사는 것이다.

2) 고라신에서 전도자들

29년 5월 23일 월요일 아침 예수는 베드로에게 12명의 전도자를 데리고 고라신으로 가라 지시했고, 그동안 11 사도와 함께 가이사라 빌립보를 향해 떠났다. 요단강을 거쳐 다메섹-가버나움 길로 가다가 동북쪽으로 방향을 돌려 가이사랴-빌립보로 가는 교차로를 지나 그 도시로 들어갔다. 거기서 2주 동안 머무르고 가르쳤다. 5월 24일 화요일에 도착하였다.

한편 베드로는 고라신에 2주간 머물면서 12전도자와 함께 복음을 전파하였는데 개종자가 적었다. 이곳에서는 질병의 치료보다는 영적 진리를 열정적으로 가르치고 설교하였다. 6월 7일 화요일 전도자들을 불러 모아 합류하기 위하여 가이사라 빌립보로 떠났다.

3) 가이사라- 빌립보에서 주의 가르침

예수가 가이사라- 빌립보 근처에서 머문 2주 동안 대중 활동은 안 하였어도, 사도들은 조용하게 저녁 모임을 수없이 가졌다. 많은 신자가 주와 이야기하려고 숙소로 찾아왔다. 사도들은 매일 같이 주와 이야기하는 동안 업무가 새로운 국면에 접어들고 있음을 분명히 깨닫게 되었다. **'하늘나라는 먹고 마시는 것이 아니라 신의 아들임을 받아들이는 영적 기쁨을 깨닫는 것'임을 알아듣기 시작하였다.**

사도들은 유대인이 진리를 하나의 교리(신조)로 만들었기 때문에 영적으로 침체하고 죽어가고 있음을 알게 되었다. 또한 진리가 영적 안내와 진보의 이정표로 쓰이는 대신, 자기만 옳다는 독선을 지키기 위한 울타리가 된다면 그런 가르침은 창조력과 생명력을 잃고 결국에는 보존제가 되고 화석화가 될 뿐이라는 사실을 깨달았다.

그들은 시간이 지날수록 예수로부터 인간의 인격체들이 시간과 영원 속에서 변화할 가능성을 바라보는 것을 배웠다. 그들은 **먼저 눈에 보이는 형제들을 사랑하게 됨으로써 보이지 않는 하나님을 사랑하도록 많은 혼이 인도될 수 있음을 배웠다.** 이런 의미에서 동료들에게 사심 없이 봉사하라는 스승의 선언에 새로운 의미를 부여할 수 있었다. '너희가 내 형제 중 지극히 작은 자 하나에게 한 것이 곧 내게 한 것이다.'

가이사랴에 머무는 동안 배운 중요한 것은 종교적 전통의 기원과 관계되는, 신성하지 않은 물건, 일반관념 또는 일상적 사건들에 신성시되는 의미가 덧붙여지도록 허용하는 심각한 위험성에 관한 것이다. 진정한 종교란 가장 고귀하고 가장 진실한 확신의 가슴에서 우러나오는 충성을 바치는 것이라는 가르침을 알았다.

종교적 열망이 단지 물질적이고, 자연에 대한 지식만 더 얻는 것이라면, 사물에 대하여 초자연적 기원이라고 상상했던 것을 점진적으로 대체함으로써, 하나님에 대한 신앙을 빼앗긴다. 하지만 **종교가 영적이라면,** 자연 과학의 진보는 영원한 실체와 신성한 가치들에 대한 신앙을 방해할 수 없다는 것이다.

종교가 온전히 영적 동기를 가졌을 때, 인생을 살수록 더 가치 있게 만들며 삶에 고귀한 목적을 부여하고, 초월적 가치로 삶을 존귀하게 하며, 훌륭한 동기로 삶에 영감을 주며, 항상 숭고하고, 북돋아 주는 희망으로 인간의 혼에 안식을 준다는 것을 배웠다. 진정한 종교는 실존의 긴장 상태를 줄여주도록 고안되어 있다. 일상의 삶에서 사심 없이 봉사하도록 믿음과 용기를 내놓는다. 신앙은 영적 활력과 의로운 풍성한 열매를 맺도록 밀어준다.

예수는 반복해서 사도에게 **어떠한 문명도 종교가 최선을 상실했을 때** 오래 지속될 수 없음을 반복해서 가르쳤다. **종교적 체험 대신 종교적 상징 의식**을 받아들이는 커다란 위험성에 대해 반복하여 지적하였다. 얼어붙은 형태의 종교를 녹여서, 깨우친 아들의 자유, 물처럼 흐르는 해방으로 만드는 일에 한결같이 헌신하였다.

4) 페니키아로 가는 도중에

6월 9일 목요일 아침 다윗의 전령에게 소식을 받은 후 25명의 진리를 가르치는 선생을 페니키아 해안으로 가기 위해 가이사랴 빌립보를 떠났다. 늪지대를 돌아 룻츠를 거쳐 막달라-레바논산의 오솔길을 만나는 곳으로 갔고, 거기서 시돈으로 향하는 길을 가로질러 금요일 오후의 그곳에 도착하였다.

룻츠 근처 바위 그늘에서 점심을 먹기 위해 쉬는 동안 예수는 한 번도 들어본 적이 없는 놀라운 말씀을 전해 주었다.

베드로의 질문은 하늘에 계신 아버지가 후원하시는데 우리는 왜 싸우지 않고 적들을 피해 도망갑니까? 예수가 대답하기 전에 도마가 같은 하나님은 믿는데 예루살렘에 있는 적들은 어떤 잘못된 것이 있고, 우리의 종교와 무엇이 다른지요, 예수는 식후 도마의 질문에 먼저 답해주겠다고 말했다.

5) 진정한 종교에 대한 설교 (참된 종교에 대한 말씀)

이 세상 종교는 두 가지 기원, 자연적 기원과 계시적인 기원을 갖는데. 어느 시대 어느 민족 사이에서도 세 가지 뚜렷한 다른 형태의 종교적 헌신이 발견된다.

① 원시 종교, 신비스러운 에너지를 두려워하고 자기보다 큰 물리적 힘을 섬기려는 약간 자연적이고 본능적인 충동으로서, 주로 물질적 종교, 두려움의 종교이다.

② 문명의 종교, 진보하는 종교적 개념과 문명화하는 민족들의 관습, 마음의 종교, 확립된 종교적 전통의 권위를 가진 지적인 신학.

③ 참된 종교, 계시종교, 초자연적인 기치가 있는 계시, 영원한 실체에 대한 부분적 이해와 성찰, 하늘에 계신 아버지의 무한한 성품인 선함과 아름다움을 얼핏 들여다봄으로 인한, 체험에서 나타나는 것과 같은 영의 종교.

자연인의 육체적 느낌과 미신을 두려움에서 생겨난 종교를 주는 비난하려 하지 않았다. 하지만 원시 종교가 지적인 종교 형태 속에 남아있다는 사실에 개탄하였다. 지적 종교와 영적 종교 사이의 큰 차이는, 전자는 교회의 권위로 지탱하는 반면에 후자는 전적으로 인간의 체험에 기초함을 분명히 밝혔다.

그리고, 계속 다음과 같은 진리를 뚜렷하게 설명하였다.

종족들이 고도로 지적이 되고 충분하게 문명화될 때까지, 유치하고 미신을 믿는 예식이 지속할 것이다. 인류가 영적 체험의 현실을 더 높이 더 널리 인정하는 수준으로 진보할 때까지, 큰 집단의 남녀가 지적 동의만 요구하는 권위의 종교를 개인적으로 더 좋아하는 성향을 계속 보일 것이다. 이와 반대로 영의 종교는 진취적 인간 체험을 겪는 벅찬 현실과 씨름하는 신앙의 모험에 마음(지성)과 혼의 적극적 참여가 뒤따른다.

권위를 내세우는 전통적 종교를 받아들이는 것은 영적 본성의 간절한 소망을 채우려는 사람의 충동에 대하여 쉬운 해결책을 제시한다. 안정되고, 굳어진, 권위의 종교는 어지럽고 산란해진 사람의 혼이 두려움에 떨고 불안에 시달릴 때, 도피해도 되는 즉석의 안식처를 마련해 준다. 그런 종교는 만족과 확신을 얻는 대가로, 단지 수동적이고 순전히 지적 동의만을 요구한다.

그리고 상당한 동안, 이 세상에는 소심하고, 두려움이 많은, 주저하는 사람이 있게 될 것이다. 운명을 권위 종교에 던짐으로 인격의 주권을 양보하고 자아 존중의 존엄성을 떨어뜨리며, 황홀하고 영감을 주는 체험에 참여하는, 권리를 포기할지라도 종교에서 위안 얻기를 좋아할 것이다. 즉 진리의 개인적 추구, 지적 발견의 위험에 부딪히는 흥분, 개인의 종교적 체험의 실체를 탐구하려는 결심, 그리고 인간의 존재에서 최대의 모험, 사람이 혼자 힘으로 또 스스로 하나님을 찾다가 찾아내는 모험에서 정직하게 얻는 승리, 영적 믿음이 지적 의심을 이기는 것을 실제로 깨닫는 만족, 개인적으로 승리하는 최고의 만족을 얻는 체험이다.

영의 종교는 노력, 투쟁, 갈등, 신앙, 결정, 사랑, 충성, 진보를 의미한다. 마음의 종교, 곧 권위의 신학은 형식적인 신자들에게 이와 같은 노력을 거의 또는 전혀 요구하지 않는다.

두려워하고 건성으로 믿는 혼에 전통은 안전하고 쉬운 피난처다. 그러한 사람은 진취적 인간 지성이 발견하고 진화하는 인간 혼이 체험할 수 있는, 먼 바닷가의 영적 현실을 찾아서, 탐구되지 않은 진리의 거센 파도를 무릅쓰고 모험하는 믿음의 항해에서 겪는, 그러한 영적 투쟁과 정신적 불안을 본능적으로 피하려 한다.

　예수는 말씀을 이어갔다. 예루살렘에서 종교 지도자들은 전통적인 선생과 선지자들이 전해 준 다양한 교리들을 지적인 믿음의 체계를 세워서 **권위의 종교로 만들었다.** 이러한 종교는 대개 마음에 호소한다. 이제 우리는 이 종교와 치열한 싸움을 벌여야 할 시점에 와 있다. 왜냐하면 머지않아 새로운 종교, 그 단어는 지금, 현재 의미에서 종교가 아닌 종교, **사람의 마음 안에 살고 있는 내 아버지의 신성한 영에게 주로 호소를 드리는 종교,** 더 높은 이 영적교제의 진리 안에서 실제로 그리고 참되게 믿는 자가 되는 모든 사람의 개인적 체험 안에 매우 분명하게 나타내게 되는, 그 종교가 받아들여 맺게 되는 열매로부터 그 종교의 권위를 얻어야만 하는 그런 종교이다.

　……너희는 전통적 권위 종교의 지적 안정성과 확실성이라는 쉬운 길로 되돌아가겠느냐? 아니면 나와 함께 영 종교의 새로운 진리, 사람의 가슴 속에 있는 하늘나라를 선포하는 불확실하고 힘든 미래를 향하여 앞으로 가겠느냐? 그들이 충성된 답변을 하려고 일어섰지만, 손을 들어 제지하고 말하기를 "이제 각자 가서 아버지와 함께하고, 거기서 내 질문에 대해 감정을 배제한 답변을 찾아내고, 참되고 진지한 혼의 태도를 발견하고 나서, 그 대답을 나의 아버지이시고 너희 아버지이신, 그의 무한한 사랑의 생명이 우리가 선포하는 종교의 바로 그 영이 되는, 그 분께 자유롭게 그리고 용감하게 말씀드려라."

　……베드로가 예수에게 가서 생명과 진리의 말씀을 해 주셨는데 저희는 더 듣기를 원합니다. 이 문제에 관하여 더 말씀해 주시기를 간청합니다.

6) 참된 종교에 대한 두 번째 설교

　그래서 언덕 그늘에서 쉬는 동안, 예수는 영의 종교에 관해 계속 가르쳤는데 그 요지는 다음과 같다.

　너희는 마음의 종교에 만족한 채로 있기로 작정한 동료들 사이에서 뛰쳐나왔고, 저희는 안전함을 갈망하고 전통에 순응하기 좋아한다. 너희는 권위주의적 확실성에 대한 감정 대신에, 모험적이고 진취적인 믿음을 주는 영의 보장을 선택하였다. 너희는 제도적 종교의 엄격한 속박에 대담하게 싸워 왔고, 현재 하나님의 말씀으로 간주하는 전통적 기록의 권위를 과감히 거부해 왔다. 우리 아버지께서는 진정으로 모세, 엘리야, 이사야, 아모스, 호세아를 통해 말씀하셨지만, 이 옛 선지자들이 자기 말을 끝낸 후에도, 그는 계속해서 이 세상에 진리의 말씀을 공급하기를 멈추지 않았다. 내 아버지께서는 진리의 말씀을 한 세대에는 주고 다른 세대에는 거둬들임으로써 인류나 세대를 차별하는 그런 분이 아니다.

완전한 인간적인 것을 신성한 것으로 일컫는 잘못을 범하지 말며 영감이라고 생각하여서 전통적인 신탁을 통하여 나오지 않는 진리의 말을 잘못 알아보는 실수를 저지르지 말라.

나는 너희가 거듭나기를, 영으로 태어나기를 권해왔다. 너희를 권위의 어두움과 전통이라는 무기력 상태에서 불러내어, 인간의 혼이 할 수 있는 가장 위대한 발견 곧 너희 자신을 위해 너희 내부에서 스스로 하나님을 발견하는 개인적 체험을 하도록, 영혼을 위하여 스스로 위대한 발견을 할 가능성을 실현하는 초월적인 빛 속으로 이끌어 왔다.

그렇게 하여 너희는 죽음으로부터 생명으로, 전통의 권위로부터 하나님을 아는 체험으로, 그리하여 어두움에서 빛으로, 물려받은 민족적 신앙으로부터 실제 체험으로 성취된 개인적 신앙으로 옮겨가게 될 것이다. 그리하여 너희들은 **조상으로부터 물려받은 마음의 신학으로부터 영원한 자질로 너희 혼 속에 세워질 진정한 영의 종교로 진보하게 될 것이다.**

너희의 종교는 전통적 권위의 단순한 지적 믿음에서 하나님의 실체를 이해할 수 있는 살아있는 신앙과 아버지의 영에 관계된 모든 것들을 실제로 체험하는 것으로 바뀔 것이다. 마음의 종교는 너희를 희망도 없이 과거에 얽매이게 하지만, 영의 종교는 진보적인 계시를 이루고 있으며, 영적 이상들과 영원한 실체 안에서 더 높고 고귀한 성과를 언제나 이루도록 한다.

권위의 종교는 현재 정착된 안정감을 줄 수도 있겠지만, 그 잠깐의 만족을 위한 대가로 너희의 영적 자유와 종교적 해방감을 상실한다. 나의 아버지는 하늘나라에 들어가는 대가로, 영적으로 모순되고, 성스럽지 못하고 진실성이 없는 사실들을 믿는 것에 자신을 강요하여 붙들어 매도록 강요하지 않는다. **영의 종교는 영이 너희를 어디로 인도하든지 진리를 따르도록 너희를 자유롭게 놓아둔다.**

굶주린 혼들을 어둡고 머나먼 과거로 끌고 가 그곳에 방치하는 거짓 종교 선생들에게 부끄러움이 있을지어다…! 종족 간의 마음은 서로 다를 수 있으나, 모든 인류는 똑같은 신성하고 영원한 영이 내재 되어 있다.

권위 종교는 사람을 분열시키고 의도적으로 서로 반목시키게 할 뿐이지만 영의 종교는 점진적으로 함께 모아 서로 이해하고 공감하게 한다. 권위 종교는 믿음에서 획일성을 요구하기만, 이것은 현재의 세상에서 실현할 수 없다. 영의 종교는 믿음의 다양성을 완전히 허락하면서 단지 체험의 통일 운명 획일성을 요구할 뿐이다. 영의 종교는 견해와 전망의 획일성이 아닌, 오직 통찰력의 획일성만 요구한다. 영의 종교는 지적 견해들의 획일성이 아니라, 오직 영 느낌의 통일만 요구한다.

권위 종교는 생명 없는 신경(信經)들로 정형화하지만, 영의 종교는 사랑하는 봉사와 선행과 자비로운 보살핌이라는 고귀한 행위로 인하여 기쁨과 자유가 점점 증가하는 쪽으로 성장한다.

그러나 아브라함의 자손이 이런 전통에 얽매인 열매 없는 악한 시대에 처해 있다는 이유로 그들을 경멸의 눈으로 보지 않도록 조심해라. 우리 조상은 꾸준히 그리고 열심히 하나님을 찾기에 헌신했고, 자신이 하나님의 아들이었기에 하나님을 많이 알았던 아담의 시대 이후로 그들만큼 하나님을 찾아낸 다른 민족은 없다.

나의 아버지는 모세시대 이래로 하나님을 찾고 알기 위하여 유구하고도 부단한 이스라엘의 투쟁 과정을 놓치지 않고 주목해 왔다…. 우리 선조는 모세 이래, 더 분명하고 진실한 영원한 하나님의 모습을 온 세상에 점차 계시하였다. 그렇게 해서, 너희가 나눠 주기 위해 부름을 받은 아버지의 더 큰 계시를 위한 길이 준비되었다.

살아 계신 아버지의 뜻을 발견하려는 시도보다 더 만족스럽고 감동적인 모험은 단 한 가지뿐임을 잊지 마라. 그것은 신성한 뜻을 행하고자 정직하게 시도하는 최상의 체험이다. 또한 하나님의 뜻은 어떤 직업을 통해서든 이루어질 수 있음을 기억하여라. 거룩하지 않은 직업이 있고 세속적인 직업도 있다. 영으로 인도되는 사람의 삶에서는 모든 직업이 신성시되며, 즉 그것은 진리에 복종케 되고, 사랑으로 고귀하게 되며 자비심이 풍만해지고, 공정함과 정의로운 행동으로 절제하게 된다. **내 아버지와 내가 이 세상에 보낼 영은 진리의 영일뿐만 아니라 이상적인 아름다움의 영이기도 하다.**

너희는 하나님의 말씀을 신학적 권위를 가진 옛날 기록에서만 찾으려 하는 것을 중단해야 한다. **하나님의 영으로 태어난 사람은 이제부터 하나님의 말씀이 어떤 출처에서 나왔는지를 막론하고 그 말씀을 알아본다.** 그 증여의 경로가 명백하게 인간이라고 해서 신성한 진리가 평가절하되어서는 안 된다. 너희 형제 중에 대부분은 하나님에 대한 이론을 받아들이는 마음을 가지고 있으면서, 한편으로 그들은 하나님의 현존을 실현하는 데에 영적으로 실패하고 있다. 그것은 내가 자주 너희들에게 진지한 **어린아이의 태도를 보이는 것이 하늘나라가 실현될 수 있는 최상의 방법**이라고 가르쳤다는 이유이다. 내가 너희에게 바라는 것은 어린아이들의 정신적 미숙함이 아니라 오히려 **쉽게 믿고, 충분히 신뢰하는 어린아이들의 영적 단순성이다.** 너희가 하나님을 알아야만 하는 것은, 하나님의 현존을 느끼는 힘이 점점 더 자라야만 한다는 것보다 그렇게 중요하지 않다.

너희 혼 속에서 하나님을 발견하기 시작하면, 곧 다른 사람의 혼 속에서, 그리고 결국에는 막강한 우주의 모든 창조체와 창조물에서 하나님을 발견하기 시작할 것이다. 그러나 영원한 실체에 대해 거의 또는 전혀 사려가 깊은 사색할 시간이 없는 사람의 혼에, 무슨 수로 아버지가 최고의 충성과 신성한 이상의 하나님으로 나타날 기회가 있겠느냐? 마음은 영적 본성이 머무는 자리가 아니지만, 정말로 그곳으로 가는 통로이다.

다른 사람에게 하나님을 찾았다는 것을 증명하려고 애쓰는 잘못을 범하지 말도록 해라, 너희가 그렇게 타당한 증명을 의식적으로 할 수는 없을지라도, 하나님을 알고 있음을 나타내 주는 긍정적이고 강력한 방법이 두 가지 있는데, 그것은 다음과 같다.

1 너희 일상생활에서 나타나는 하나님의 영의 열매들
2 너희가 죽은 이후의 생존에 대한 모험에서, 영원한 하나님, 곧 시간 속에서 그의 현존을 미리 맛본, 그 영원의 하나님을 발견하는 소망의 추구에, 너의 모든 것과 네가 가진 모든 것을 위험을 무릅쓰고 남김없이 내걸어왔다는, 바고 그러한 긍정적인 증서를 너희 전 일생 계획이 마련하고 있다는 사실.

이제 실수하지 말라, 내 아버지는 아주 희미하게 깜박이는 신앙에도 항상 반응한다는 사실이다. 그는 원시인의 물질적이고 미신적인 감정을 알아보신다. 정직하지만 두려움에 찬 혼이 자기 신앙이 너무 약해 권위의 종교에 동의하는 수동적 태도에 지적으로 동의하고 마는 그런 사람에게도, 아버지께서는 자신에게 도달하려는 그런 모든 미약한 시도를 언제가 존중하고 격려하신다. 그러나 어둠에서 빛으로 불려 나온 너희는 전심을 다해 믿은 것이 기대된다. 너희 신앙은 몸, 마음, 영의 통합된 태도를 다스려야 할 것이다.

너희는 내 사도요, 너희에게 종교가 영적 진보와 이상적 모험에 따르는 힘난한 현실에 부딪치는 것이 두려워, 달아나서 지내도 좋은 신학적 피난처가 되어서는 안 된다. 오히려 너희 종교는, 하나님이 너희를 찾아, 높이고, 이상화시키며, 고귀하게 하였고, 너희를 영성 화 식혔다는 것, 너희를 찾아 아들로 맞이하신 하나님을 찾기 위한 영원한 모험에 참여했다는 것을 증명해 주는 실제 체험의 시간이 되어야 한다.

22. 티레와 시돈에서 체류

서기 29년 6월 10일 금요일 오후 시돈 근처에 도착하였다. 시돈으로 오는 도중에 종교에 관한 주의 강연을 듣고 계속 명상에 잠겼지만, 주의 가르침의 중요성을 충분히 파악하지 못하였다.

1) 시리아 여인

지쳐서 쉬는 예수를, 12살가량 된 심한 신경 질환을 앓고 있는 어린아이의 어머니가 막무가내로 떼를 쓰며 예수를 보게 해 달라고 호소하였다. 창문을 통해 대화를 듣고 있던 예수는 밖으로 나와 여자여 네 믿음이 크다. 네 딸이 이미 온전하게 되었으니 평안히 가라. 이 일을 아무에게도 말하지 마라.

2) 시돈에서 가르치다

페니키아에서 머문 6주간은 혼을 구원하는 일에서 많은 결실을 거둔 기간이었다. 그러나 후대의 유대인 복음 저작자들은, **예수가 자기 민족에게서 그토록 큰 숫자가 적대적으로 대하던 그때, 예수의 가르침에 이들 이방인의 따뜻한 수용이 있었다는 기록을 가볍게 보고 넘겨버렸다.** 시리아 페니키아인들은 예수가 하나님 같을 뿐 아니라, 하나님 역시 예수 같다는 사실을 알게 되었다. 이교도라 불리는 이 사람들은 이 세상의 법과 전체 우주의 법이 한결같다는 주의 가르침을 잘 알아들었다. 하나님은 사람이나 민족이나 나라를 차별하는 분이 아니다. 우주는 항상 법을 지키고 어김 없이 믿을만하다는 가르침을 깨달았다.

예수는 적과 대결할 용기가 모자라서 갈릴리에서 달아나지 않았다는 것을 24명에게 분명하게 설명하였다. 기존의 종교와 드러내놓고 충돌할 준비가 아직 되지 않았다. 순교자가 되려고 애쓰지 않는다는 것을 그들은 이해하였다. **주는 처음으로 "하늘과 땅이 사라질지라도, 내 진리의 말은 사라지지 않는다."라고, 말했다….**

예수가 말했다. '내 제자들은 악한 일을 그칠 뿐 아니라, 좋은 일 하기를 배워야 한다.' 의식해서 저지르는 모든 죄로부터 깨끗하게 될 뿐 아니라, 죄를 지었다는 느낌조차 마음에 품지 말아야 한다. 죄를 고백하면 그 죄가 용서되나니, 그런즉 너희는 죄짓지 않는 양심을 지켜야 한다.

3) 해안을 거슬러 올라가며 여행

서기 29년 6월 28일 화요일 예수와 24명은 시돈을 떠나 해안을 따라 포피리온과 헬두아로 갔다. 이방인들이 그들을 환영했고 두 주간 가르침과 전도를 통해 많은 사람이 복음을 받아들였다. 예수는 4~5일 정도 그들을 떠나 베이루트를 방문했는데 그곳에서 1년 전 벳새다에 함께 있었던 말락이라는 시리아인 신자를 방문하였다.

7월 6일 수요일 일행 모두는 일요일 아침까지 주스타의 집에 머물렀다. 일요일 아침 사렙다 길로 해안을 따라 남쪽으로 내려가서 7월 11일 월요일에 두로에 도착하였다. 이들은 대부분 셈족의 후손인 가나안 사람의 후손이었다. 이들은 그리스어를 사용하고, 다수가 복음을 믿으려고 준비되어 있음은 놀라운 일이다.

4) 두로에서

7월 11일부터 24일까지 두로에서 가르쳤다. 사도는 각자 전도자 한 명을 데리고 두로 전 지역과 인근 지역에서 가르치며 전도하였다. 예수는 두로에서 남쪽으로 3~4마일 떨어진 곳에 사는 요셉이라는 유대인 신자의 집에 본부를 유지하였다. 이곳은 다윗과 솔로몬 시대 도시국가 두로 왕이었던 하람의 무덤에서 멀지 않았다. 주는 7월 20일에 한 번 두로에서 가르쳤는데, 온 인류에 대한 아버지의 사랑에 관련하여, 그리고 모든 인류에게 아버지를 나타내기 위한 아들의 사명에 관하여 가르쳤다. 이때 멜카쓰 사원이 예수에게 개방되었는데, 후일에 그 자리에 기독교 교회가 세워졌다.

두로와 시돈은 세계적 자주색 염료공장으로 유명한데, 염료 원료인 바다 갑각류를 따라 지구 끝까지 갔는데, 복음을 가지고 갔다.

5) 두로에서 예수의 가르침

예수는 수요일 오후 가르침에서 백합에 관한 이야기를 처음 하였는데, 백합은 흙 속 썩은 물질과 거름 속에 뿌리를 내리지만, 햇빛을 향해 순결하고 흰 꽃송이를 드러낸다. 마찬가지로 사람은 본성이 동물적인 토양에 두고 있지만 영적 본성을 하늘의 진리라는 햇빛을 향해 자라게 할 수 있고 결국에는 영의 고귀한 열매를 맺을 수 있다.

이 설교를 하는 동안 처음 목수에 대해 비유하였는데 '영의 열매를 맺기 위해서는 영으로 태어나야 한다. 영의 인도를 받으려면 목수의 오류를 범하지 말라.' 벌레 먹고 내부가 썩은 나무를 잘 다듬어 집의 기초로 세우면 비바람이 몰아치는 세월을 견디지 못하고 쓰러진다. 사람마다 인격의 지적, 도덕적 기초가 영적 성품의 상부 구조물을 잘 떠받치고 있는지 확인해라. 진화하는 혼의 토양은 인간적이고 물질적이지만 마음과 영이 합쳐진 이 피조물은 영적이고 신성하다.

이날 저녁 나다니엘이 예수께 물었다. 우리가 시험에 들지 않게 해 달라고 기도하고 있는데, 주께서는 아버지는 시험하지 않는 분이라고 말씀하십니다. 이에 나다니엘에게 대답하였다.

초기 히브리 예언자들이 희미하게 아버지를 본 것과 달리 너희는 나처럼 아버지를 알기 시작하였다. 너희 조상은 모든 자연 현상과 체험 속에서 하나님의 손길을 찾았다. 그들은 선과 악 양쪽을 하나님과 연결했다. 이것이 습관이 되었다. 우리의 선조들은 하나님이 시험하거나 벌을 주거나, 강하게 하려고 그쪽으로 이끈다고 믿는 그것이 버릇되었다. 너희는 이기심과 동물적 자극 때문에 유혹에 빠진다. 너희는 유혹이 무엇인가를 진지하게 인지하고, 영, 마음, 육체의 에너지를 더 높은 수준의 이상적인 목표로 방향을 다시 정하여라.

...... 다시 너희에게 이르노니, 악에 지지 말고 오히려 선으로 악을 이기라. 밤이 늦도록 사도와 전도자들은 계속 질문하였고 주의 답변을 정리해 보면 다음과 같다.

원대한 야망, 총명한 판단, 경험을 쌓아 얻은 지혜는 물질적 성공에 필수적이다. 지도력은 타고난 역량, 분별력, 의지력 그리고 결단력에 달려 있다. 영적 운명은 믿음, 사랑, 진리에 대한 헌신, 정의에 대한 굶주림과 갈증, 즉 하나님을 찾아내고 그와 같이 되기를 전신으로 바라는 것에 달려 있다.

너희가 인간이라는 사실을 발견하고 낙심하지 말아라. 인간의 본성이 악을 향하는 경향도 있겠지만, 그것이 선천적으로 죄가 있는 것은 아니다. 너희가 후회스러운 어떤 경험을 완전히 잊을 수 없음을 낙심하지 말라. 세월이 지나도 잊지 못하는 것은 영원 속에서 잊어버릴 것이다. 너희 운명을 길게 내다보는 관점, 즉 너희 생애의 우주 확장을 신속하게 획득함으로써, 너희 혼의 짐을 가볍게 하여라.

혼의 가치를 마음의 불완전성이나 육체의 욕구에 따라 평가하는 실수를 범하지 말아라. 단 한 번 저지른 불행한 사건을 기준으로 그 인간의 영혼을 판단하거나 평가하지 말아라. 너희 **영적 운명은 오직 너희 영적으로 동경하는 마음** 그 목적에 따라 정해진다.

종교는 하나님을 아는 사람의 진화하는 불멸의 혼이 겪는 순전히 영적 체험이지만, **도덕적 힘과 영적 에너지는** 어려운 사회 상황에 대처하고, 까다로운 경제 문제를 해결하는 데 이용될 수 있는 강력한 힘이다. 이 도덕적 영적 자질은 어떤 수준의 인간 생활도 더욱 부유하고 의미 있게 만든다.

너희를 사랑하는 자만 사랑하기를 배우면, 편협하고 인색한 삶이 된다. 인간의 사랑은 상호적이지만, 신성한 사랑은 사랑이 필요한 곳을 찾아 밖으로 나아가는 것이다. 어떤 사람의 성품에 사랑이 부족하면, 더 큰 사랑이 필요하고 신성한 사랑은 그러한 사랑을 채우려고 더욱 애쓴다. 사랑은 자아를 추구하지 않으며 자신에게 줄 수 없다. 신성한 사랑은 스스로 억제할 수 없으며, 그 사랑은 사심 없이 남에게 주어야 한다.

하늘나라를 믿는 자는 정의가 승리한다는 절대적 믿음, 마음을 다하는 믿음을 가져야 한다. 하늘나라를 세우는 자는 구원의 복음이 진리인 것을 의심해서는 안 된다….

하나님을 아는 사람은 불행 때문에 용기를 잃거나 실망으로 기가 꺾이지 않는다. 믿는 자는 물질적인 기복에 동요되지 않고 우울증에 걸리지 않는다. 진실한 믿음의 사람은 삶에서 옳은 일 하기가 쉽다는 것을 알게 된다.

영적인 삶은 참된 자존심을 강하게 하여 준다. 그러나 자존심은 자아 찬양이 아니다. 자존심은 동료를 사랑하고 봉사하는 것과 언제나 나란히 있다. 이웃을 사랑하는 것보다. 자신을 더 존중하는 것은 불가능하다. 너희는 어제보다 오늘이 작년보다 올해가 더 낳은 정의(正義) 권고 자가 되었느냐?

너희 이상은 영원한 구원을 보장받을 만큼 매우 높게 설정되어 있는가? 너희 동료들과 어울려 세상에 유익한 시민이 되도록 실천적인가? 너희가 영에서는 시민권이 하늘에 있지만, 육에서는 아직 땅에 시민이다. 물질적인 것은 가이사에게, 영적인 것은 하나님께 바쳐라.

진화하는 혼의 **영적 능력**을 재는 척도는 진리를 믿는 믿음과 사람에게 주는 너의 사랑이다. 인격의 **인간적 힘**을 재는 척도는 악의를 품지 않으려는 능력이요, 깊은 슬픔이 닥쳤을 때 절망하지 않고 견디는 능력이다. **패배**는 너의 진정한 자아를 정직하게 볼 수 있는 참된 거울이다.

세월과 함께 나이 먹고 성장하면서, 숙련되고, 요령이 생기고, 완고한 동료와 사는데 관대해지는가? 요령은 사회적 지렛대의 받침이요, 관용은 위대한 사람을 가리키는 표시이다. 매력 있는 **요령과 관용**이라는 두 선물을 가지면, 세월이 지남에 따라 필요 없는 사회적 오해를 피하면서 민첩하고 숙달될 것이다. 이런 지혜로운 사람은, 감정을 조절할 수 없는 자 성장하려 하지 않는 자, 품위 있게 늙으려 하지 않는 자의 어려움을 상당히 피할 수 있다.

진리를 전파하고 복음을 선포하면서 공정하고 정직하게 행동하여라. 부당하게 인정받으려 하지 말고 동정을 구하지 말아라. 신과 인간의 자원으로부터 기꺼이 받아들이고 그 보답으로 아낌없이 사랑하라. 그러나 명예와 칭찬에 관계된 일에는 정직하게 너에게 속한 것만 구하여라.

하나님을 의식하는 사람은 구원을 확신한다. 그는 인생을 두려워하지 않으며 정직하고 한결같다. 그는 피할 수 없는 고통을 용감하게 참아내는 방법을 알고 있으며, 불가피한 어려움에 직면했을 때 불평하지 않는다.

참된 신자는 방해받는다는 이유로 선행을 그치지 않는다. 역경은 진리를 사랑하는 사람의 열정을 돋구며, 장애물은 대담하게 하늘나라를 세우는 자의 노력을 자극할 뿐이다.

그들이 두로를 떠나기 전에 예수는 다른 많은 것을 가르쳤다. 갈릴리 지방으로 돌아가기 전날 예수는 12명의 전도자와 12명의 사도가 서로 다른 길로 가도록 지시하였다. 이곳에서 헤어진 후 전도자들은 그렇게 가까이 주와 함께 지내지 못하였다.

6) 페니키아에서 돌아옴

서기 29년 6월 24일 일요일 정오경 예수와 12사도는 두로 남쪽에 있는 요셉의 집을 떠나 해안을 따라 내려와 프톨레 마이스에 도착하였다. 이곳에서 하루 동안 머물면서 신자들을 만나고 7월 25일 저녁에는 베드로가 설교하였다.

화요일 프톨레 마이스를 떠나 티베라아스 도로를 거쳐 동쪽으로 가면서 요타파타로 향하였다. 수요일에 요타파타에 도착하여 그곳 신자들을 가르쳤다. 목요일 이곳을 떠나 나사렛-레바논산을 잇는 도로를 따라 북쪽으로 가서 라마를 거쳐 스블론을 향하였다. 금요일 라마에서 집회를 열고 다음 날 아침 떠났다.

그들은 케자리아 근처 막달라-시돈 도로와 만나는 곳을 넘어 게네사렛 길을 향하였고 이곳에서 다윗 세베대와 만나기로 약속되어 있었으며, 다음 행동에 대해 상의하였다.

다윗과의 협의에서 많은 지도자가 게레사 근처 호수 반대편에 모여 있음을 알고 그날 밤에 배를 타고 호수를 건너갔다. 하루 동안 언덕에서 조용히 쉬었으며, 다음날 오천 명을 먹인 적이 있는 근처 공원으로 갔다. 이곳에서 3일간 쉬면서 매일 집회를 열었다. 인근 지역에서 한때 많았던 신자 중에서 50여 명이 집회에 참석하였다.

페니키아에 머무는 동안 적들은 예수 일행이 겁을 먹었기 때문에 다시는 돌아오지 못하리라고 결론을 내렸다. 적극적인 반대가 거의 사라졌다. 신자들은 다시 공개적인 모임을 시작하였고, 큰 시험을 통하여 단련 받은 생존자들은 차츰차츰 효과적인 단합이 생기고 있었다.

헤롯의 형제 빌립은 어느 정도 믿는 사람이 되었고, 그래서 관할구역에 살면서 자유롭게 일해도 된다는 말을 보내왔다. 헤롯 안티파스도 심경의 변화를 일으켜 빌립의 관할구역에 있다는 것을 알자, 갈릴리 외부에 머무는 한 방해하지 않겠다고 전하였다. 이 내용을 예루살렘 유대인에게도 전하였다. 유대인 회당에서 예수와 일행이 가르침을 금한다는 명령이 바리새인들에게 불리하게 돌아가고, 산헤드린 지도자들에게 분개심이 있었다.

이상이 서기 29년 8월 초까지의 상황이다.

주님과 그의 동료들이 새로운 종교, **사람들의 마음속에 내재하는 살아 계신 하나님 영의 종교**를 선포하기 시작할 준비를 하면서 싸움의 논점이 분명하게 되었다.

23. 가이사라 빌립보에서

8월 7일 예수가 다윗을 시켜 가족을 만나려고 주선하다가 바리새인의 감시 때문에 무산되었다. 예수가 안드레와 베드로와 배 목공소 가까이에 있는 호숫가에서 성전 세금 징수원을 만나 성전 세주는 이야기가 나온다.

8월 8일 일요일 예수와 열두 사도가 벳새다- 줄리아스 가까이에 있는 마가단 공원에 머물고 있을 때 전도자 여자 전도자, 100명 이상의 신자가 집회에 참석하기 위해 가버나움에서 왔다. 사두개인과 바리새인들도 와서 예수를 함정에 빠뜨리려고 애썼다.

예수와 열두 사도가 가이사랴 빌립보 방문을 마치고 돌아오자마자 데가볼리의 모든 도시와 마을에 합동으로 사명을 수행하기로 결의하였다. 주는 무리를 해산시키면서 말했다. 사두개인과 바리새인이 장난을 부릴 테니 조심해라. 저들이 아는척하고 종교형식에 충성하는데 속지 말라. 오직 살아있는 진리의 영과 참된 종교의 능력에만 관심을 두어라. 너희를 구원하는 것은 죽은 종교의 두려움이 아니라 하늘나라의 영적 실체를 생생하게 체험하는 너희의 신앙이다.

편견으로 인해 눈이 멀거나 두려움으로 인해 몸이 마비되지 말아라. 전통을 숭배하는 것을 용납하지 말라, 단지 평화만을 가져다주는 것은 진정한 종교의 목적이 아니다. 오히려 진보시키는 것이 목적이다. 너희가 영원한 실체의 이상인, 진리와 전심을 다한 사랑에 빠지지 않는 한, 너희의 가슴속에 어떠한 평화나 마음의 진보는 있을 수 없다…. 너희 혼 속에서 동료를 위한 봉사의 감정이 생겨나면 그것을 억누르지 말라. 너희 가슴속에 이웃을 사랑하는 감정이 솟아오르면 표현해라.

1) 베드로의 고백

화요일 이른 아침 예수와 열두 사도는 영주(領主) 빌립의 관할구역 수도인 가이사랴 빌립보를 향해 떠났다. 점심을 먹기 위해 멈추었을 때 예수는 갑자기 다음과 같은 놀라운 질문을 하였다. '사람들은 나를 누구라고 하느냐?'

예수는 신도들에게 여러 달 동안 하늘나라의 본질과 성격을 가르치셨고, 이제 자신의 본성과, 하늘나라에 대한 그의 개인적 관계를 사도들에게 가르쳐야 할 시기가 왔음을 잘 알고 계셨다. 사도의 반 이상이 예수의 질문에 대답하였다. 예언자, 혹은 매우 특별한 사람, 마귀의 두목과 동맹을 맺은 자, 죽었다 살아난 세례요한, 모세, 엘리야, 예레미야와 비교, 이러한 보고를 다 듣고, "그러면 너희는 나를 누구라 하느냐?" 베드로가 갑자기 일어나, '당신은 해방자(구원자)요, 살아 계신 하나님의 아들이십니다' 그러자 앉아 있던 11의 나머지 사도들도 베드로가 그들을 대신하여 말했다는 표시로 모두 일어섰다.

이것을 너희에게 알게 한 이는 내 아버지 시다. 이제 나에 대한 진실을 알아야 만 할 때가 온 것이다. 하지만 당분간 아무에게도 말하지 말기 바란다. 자 이제 길을 떠나자. 저녁 늦게 가이사랴 빌립보에 도착하여 그들을 기다리던 셀 수수의 집에 머물렀다.

2) 하늘나라에 관한 이야기

그들 중 일부는 예수가 기다리던 해방자라고 믿었다. 그러나 그 같은 희망이 생길 틈을 주지 않고 기대를 깨는 말씀을 하고 실망하게 하는 행동을 하므로 희망을 산산조각 내셨다.

시몬 베드로와 열성 당원 시몬 젤로떼는 주가 단순히 메시아일 뿐 아니라 살아 계신 하나님의 신성한 아들이라는 사실을 온 마음으로 받아들일 수준까지 그들을 이끌기 위해 많은 애를 썼다. 안드레가 사도 단의 총괄 단장직을 계속 맡았고 한편 베드로는 열두 명의 동의를 받고 대변인이 되어가고 있었다.

사도들이 정원에 자리를 잡고 앉아 있다가 주님이 오시자 모두 일어섰다. 주님은 미소 지으며 명령하는 손짓으로 자리에 앉아 있어야 함을 지시하였다. 12명의 사도는 주께서 그들에게 나오실 때 다시는 일어서서 인사하지 않았다. 그런 외형적인 존중의 표시를 탐탁하게 여기지 않는다는 것을 알았다.

"너희가 사람의 아들 정체성에 관한 시몬 베드로의 선언에 동의한 지 만 하루가 지난 지금도, 여전히 그 결정에 변함이 없는지 알고 싶다." 이 말을 듣자마자 열두 명의 사도는 일어났으며, 베드로가 몇 걸음 나와 말하였다. "예 주여! 우리는 그렇습니다. 우리는 당신이 살아 계신 하나님의 아들임을 믿습니다" 그리고 나서 베드로는 다른 사도들과 함께 자리에 앉았다.

여전히 서신 채로 너희는 내가 선택한 대사 들이다…. 인간의 지식으로부터 이런 믿음을 가질 수 없다는 것을 내가 안다. 이것은 내 아버지의 영이 너희의 아주 깊숙한 혼에 보여 주신 것이다. 너희 안에 계시는 영의 통찰력을 통해 이 고백을 한다면, 바로 이 기초 위에 하늘나라의 형제 관계를 세울 것임을 선언하고자 한다.

이 영적 실체의 반석 위에 내 아버지 나라의 영원한 실체들 안에서 영적교제를 나눌 수 있는 살아있는 성전을 세울 것이다. 모든 악한 세력과 죄의 무리들은 신성한 영의 이 인간들의 형제 우애 관계에 대항하여 승리하지 못할 것이다. 그리고 내 아버지의 영은 언제나 이러한 영 동료관계의 결속에 들어가려는 모든 이들의 신성한 **안내자와 조언자가** 되실 것이다. 동시에 나는 너희와 너희 후손에게 이제 외형적인 천국 열쇠(현세적인 일에 대한 권한)를 천국의 동료로서 남자와 여자 연합체의 사회적이며 경제적인 면에 대한 권위를 넘겨주겠다. 자신이 하나님의 아들임을 당분간 아무에게도 말하지 말 것을 다시 지시하였다.

이날부터 예수는 한 사람을 제외하고는 사도들의 신앙을 신뢰하실 수 있었다.

이날 이후로 자신의 **신성한 아들 관계의 기초 위에** 살아있는 성전을 세우셨다. 자신이 하나님의 아들임을 자각한 사람은 영들의 영원한 아버지의 지혜와 사랑을 영광스럽게 하고 존귀하게 하려고 세운 살아있는 성전을 이루는 인간 돌들이다.

3) 새로운 개념 (The new concept)

베드로의 고백이 갖는 새롭고 뚜렷한 특징은 **예수가 하나님의 아들인 것, 의심할 수 없는 그의 신성을 분명히 인식한 것이었다.**

예수의 세례와 가나의 결혼식 사건 이후, 사도는 메시아로서 그를 다양하게 생각했으나, **그가 신성해야 한다는 것은 민족의 해방자에 대한 유대인 개념의 일부분이 아니었다. 유대인은 메시아가 신성으로부터 솟아 나오리라고 가르치지 않았다.**

유대인은 메시아가 '**기름 부음 받은 자**'라고는 생각하였지만, 그가 '**하나님의 아들**'이라고는 거의 생각하지 않았다.

두 번째 고백에서 **예수가 사람의 아들이면서 하나님의 아들이라는 고귀한 사실, 병합**

(연합, 결합, 통합)된 본성 (Combined nature)이 더욱 강조되었고, 예수가 하늘의 왕국을 세우리라고 선언한 것은 인간 본성과 신성한 본성의 연합(통합)이라는 이 같은 위대한 진리를 기초로 하고 있다.

3년 동안 예수는 자신을 '사람의 아들'이라고 주장해 왔고, 그동안 사도들은 기다려온 유대인의 메시아라고 점점 더 주장해 왔다. 이제 그는 자신이 하나님의 아들임을 밝히셨다. **하나님의 아들이며 동시에 사람의 아들이라는 병합된 개념 위에 하늘의 왕국을 세우기로 하였다.** 이제 그는 대담하게 그 자신의 본성을 밝히셨으며, 그러고 나서 그들이 계속해서 자신을 메시아라고 생각하는 것을 무시하였다.

6) 다음 날 오후 (깜짝 놀랄 내용)

예수와 사도들은 전령이 다윗 세베대에게 기금을 가져오기를 기다리며 하루를 더 머물렀다. 대중에 대한 예수의 인기가 떨어져 수입이 크게 줄었다. 다윗 세베대가 이를 예상하고 전령들에게 기금을 모으도록 지시했었다. 마태는 가버나움에 있는 마지막 재산을 처분해 익명으로 유다에게 전달할 계획이었다.

베드로나 다른 사도들도 예수의 신성에 대한 정확한 개념을 가지고 있지 않았다. **그들은 주의 생애에 새로운 섭리 시대의 시작일 것을 거의 알지 못하였고, 이때가 선생-치유자이자 새롭게 이해된 메시아-하나님의 아들이 되어가는 시기였다.**

이때부터 주의 메시지는 한 가지 새로운 면이 나타났다. 삶의 이상이 아버지를 드러내 보이는 것이고, 가르침에서 하나의 관념은 오직 실천해야만 깨달을 수 있는 최고의 지혜가 인격화된 모습을 그의 우주에 제시하는 것이었다. 그는 우리가 모두 생명을 가지고, 그것을 더 풍성하게 하려고 오셨다.

예수는 이제 육신을 입은 인간 생활에서 네 번째이자 마지막 단계에 들어갔다. 첫 번째 단계는 **유년기**로 인간으로서 자신의 기원, 본성, 운명을 희미하게만 알고 있었다. 두 번째 단계는 자아를 점차 인식하는 **청소년** 시절과 성인으로 성장해 가는 시기로, 이때 신성한 본성과 인간적 사명에 관해 더욱 분명하게 이해하게 되었다. 이 두 번째 단계는 세례와 관련된 계시와 체험으로 끝났다. 세 번째 단계는 **세례를 받은 후** 선생이자 치유자로 사역하던 시기를 거쳐 가이사랴-빌립보에서 베드로의 중요한 고백이 있던 시기까지였다. 이 세 번째 시기에 사도와 측근은 사람의 아들로 알았으며 메시아로 여겼다.

네 번째이자 마지막 기간은, 이곳 **가이사랴-빌립보에서 시작**되어 십자가에서 처형당할 때까지를 포함한다. 이 단계의 특징은 신성을 자인함이었고, 육신을 입고 사신 마지막 해의 수고를 포함한다. 넷째 기간에 추종자들의 대다수는 아직도 그를 메시아로 여겼지만, 사도에게는 하나님의 아들로 알려지게 되었다. 베드로의 고백은….

예수는 그가 가르친 종교의 생애로 그대로 보여 주었다. 후일에 추종자들이 한 것처럼 혼과 육체 사이의 끊임없는 싸움을 강조하지 않았다. 오히려 영은 이 두 가지를 쉽게 이기며, 이 지적 본능적 투쟁의 상당 부분을 유익하게 절충하는 데 효과적이라고 가르쳤다.

이때부터 예수의 가르침에 새로운 의미가 첨가되었다. 가이사랴-빌립보 이전에는 **통달한 선생의 자격으로** 하늘나라 복음을 제시했다. 그 이후에는 선생일 뿐 아니라 이 영적 천국의 중심인 동시에 영원한 **아버지의 신성한 대리인**으로 나타났으며, 한 인간, 사람의 아들로 이 모든 일을 행하도록 요구되었다.

예수는 선생으로 다음은 선생이자 치유자로, 추종자들을 영적 천국으로 이끌려고 애썼지만, 그들은 따르려고 하지 않았다. 자신의 사명이 유대인이 갖고 있는 메시아에게 건 기대를 채워줄 수 없다는 것을 잘 알았다.

옛 선지자들이 묘사한 메시아의 모습은 될 수 없었다. 사람의 아들로서 아버지의 나라를 세우려고 애썼지만, 추종자들은 그런 모험에 그를 따라 앞으로 나가려 하지 않았다. 이것을 보면서 **부분적으로 신자들에게 맞추기로 작정하였다 그렇게 하면서 하나님의 보내심을 받은 아들로서 임무를 수행할 준비를 하였다.**

따라서 사도들에게 새로운 것을 많이 말해주었다. 일부는 낯설었고, 다음과 같은 것들이 있다.

이 시간부터 우리와 사귀고자 한다면 먼저 아들로서 책임을 알게 하고 나를 따르게 하라. 내가 너희를 떠났을 때, 세상이 너희 스승보다 더 잘 대해주기를 기대하지 말라, 너희가 나를 사랑한다면, 기꺼이 최상의 희생을 함으로써 이 애정을 증명할 수 있도록

준비하여라

　내 말을 주의 깊게 들어라, 내가 의인을 부르러 온 것이 아니라, 죄인을 부르러 왔다. 사람의 아들이 온 것은 섬김을 받으려 함이 아니라, 모든 사람을 섬기고 자기 목숨을 선물로 주기 위함이다. 내가 선언하는데 내가 온 것은 잃어버린 자를 찾아 구원하려 함이다.

　아버지한테서 나온 아들 외에는 세상에 어떤 사람도 아버지를 본 사람이 없다. 그러나 아들이 들림 받으면, 모든 사람을 자신에게 이끌 것이며, **아들의 이 연합된 본성의 진리를 믿는 자마다 영원한 생명을 부여받게 될 것이다.**

　우리는 사람의 아들이 하나님의 아들임을 아직 공개적으로 선언하지 않았지만, 너희에게는 계시 되었다. 그러므로 너희에게 이 신비에 관해 확실히 말한다. 내가 너희 앞에 육체적으로 있더라도, 나는 아버지 하나님에게서 왔다. 아브라함이 있기 전부터 내가 있다. 나는 아버지에게서 이 세상으로 왔으며 너희에게 선언하는데, 나는 이 세상을 떠나 내 아버지의 일로 돌아가야 한다.

　너희 조상이 생각했던 메시아에 대한 기대를 사람의 아들이 만족시키지 않을 것이라는 내 경고를 들으면서, 너희 신앙은 이 선언의 진리를 이해하고 믿을 수 있느냐?

　그런데도 나와 아버지는 하나이다. 나를 본 사람은 아버지를 본 것이다. 나의 아버지는 모든 일에서 나와 함께 행하며, 내 사명에서 결코 나를 혼자 내버려 두지 않을 것이다. 마찬가지로 너희가 이 복음을 온 세상에 전파할 때, 내가 너희를 절대로 버리지 않을 것이다….

24. 변형되신 산

　서기 29년 8월 12일 금요일 해 질 무렵에 헤르몬산 어귀에 도착하였다. 이곳은 25년 8월 중순쯤 6주 동안 머물면서 유란시아의 영적 운명을 해결하고 루시퍼의 반란을 사실상 종결하기 위하여 홀로 산에 올라가 있는 동안 소년 티크라스가 기다렸던 그 장소와 가까웠다. 그들은 곧 닥쳐올 사건들을 위한 영적 준비를 하며 이틀 동안 머물렀다.

8월 15일 월요일 이른 아침 베드로, 야고보, 요한만 데리고 헤르몬산을 오르기 시작하였다. 이 체험은 예수 혼자서만 따로 산에 오르도록 부름을 받았었다. 예수와 사도가 이방인의 땅에 있는 동안 그리고 이방인의 산 위에서 발생했다는 것은 의미심장하다.

예수는 자신을 증여하는 최종 장면을 준비시켜 주는 능력을 받기 위하여 헤르몬산에 올라갔다. 그는 자신이 고민하던 것을 포기하고 우주 영토를 통치하는 일로 돌아갈 수도 있었지만, **파라다이스 아들 계급의 필요조건**을 받아들이고 아버지의 뜻도 받아들이기로 작정하였다. 이날에 사도 세 명은 그에게 주어지는 완전한 우주의 권한을 거절하는 것을 보았다. 사람의 아들이며 동시에 하나님의 아들이 그를 이 땅에서 홀로 완결하도록 두고, 천상의 메신저들이 떠나는 것을 경이로운 눈으로 지켜보았다.

사도들의 믿음은 5천 명을 먹일 때 최고조에 달했고, 곧 급속도로 내려갔다. 주가 자신의 신성을 인정한 결과로 몇 주에 걸쳐 최고조에 달하게 되며 그 뒤로는 주가 부활하기까지 세 번째 믿음의 회복은 일어나지 않았다.

……여기서도 세례받을 때 들었던 것과 같은 음성이 말하는 것을 들었다. "이는 내 사랑하는 아들이니 그의 말을 명심하라." 구름이 사라지자, 예수와 그들 셋 외에는 아무도 없었다. "사람의 아들이 죽음으로부터 다시 살아나기까지는 이 산에서 너희가 보고 들은 것을 아무에게도, 심지어 너희 형제들에게도 말하지 말라."

천상의 존재들이 방문한 이후에 예수는 아버지의 뜻을 알고자 애썼다. **필사자로서의 증여가 자연적으로 종결되는 것을 따르기로 하였다.** 이것이 예수에 대한 변모의 의의였다. 사도들에게 그것은 이 땅에서 삶의 마지막 위상에 들어가는 것을 뜻하는 사건이다.

예수와 세 제자가 헬몬산에 올라간 사이, 간질병 걸린 아이를 고쳐보려고 남은 아홉 명의 제자가 애썼지만 실패하고 굴욕감에 빠져있었다.

예수께서 이곳으로 와 사펫에서 온 소년 야고보의 이야기를 들으시고 신앙의 성과는 의심하는 불신의 명령에서는 나올 수 없다. 실제로 믿는 자에게는 모든 것이 가능하다.

사펫에서 온 야고보가 무릎을 꿇고 '주님 제가 믿습니다. 저의 믿음 없음에 도움을 주기 바랍니다' 예수는 이 말을 들으시고 아이의 손을 붙들고 "내 아버지의 뜻에 따라서 그리고 살아있는 신앙에 경의를 표하여 이 일을 행하고자 한다. 내 아들아, 일어나라!

불순종의 영아 그에게서 나와 다시는 그에게로 들어가지 말라" 그리고 그 아이의 손을 아버지의 손에 쥐어주며 "네 길을 가라, 아버지께서 네 혼의 갈망을 들어 주셨다." 심지어 예수의 적들까지도 이 광경을 보고 깜짝 놀랐다.

사도들에게 너희가 실패한 것은 목적이 순수하지 않았다. 동기도 신성하지 않았다. 이상은 영적인 것이 아니었다. 열정도 이타적인 것이 아니었다. 과정도 사랑에 기초하지 않았으며, 달성의 목적도 하늘에 계신 아버지의 뜻이 아니었다.

아버지의 뜻과 일치할 때를 제외하고 확립된 자연 현상을 단축할 수 없음을 배우기까지 얼마나 더 시간이 걸리겠느냐? 영적 힘이 없이는 영적 일을 이룰 수가 없다. 살아 있는 신앙을 소유하는 개인적 체험이 있지 않으면 이러한 것들을 할 수 없다…. 이제는 이적을 보지 않고도 나의 사명이 지닌 영적 의미를 이해할 때가 되지 않았느냐?

……사람의 아들이 죽음에 넘겨지겠으나, 다시 살아날 것이다. 이 말을 꼭 기억해라. 안드레가 근심에 차서 제발 우리에게 숨기지 말고 사실 그대로 말씀해 주십시요, "너희가 계속하여 나를 메시아로 믿으려고 고집하고, 그 메시아는 반드시 예루살렘에서 권좌에 앉아야만 한다는 생각을 버리지 못하고 있다. 사람의 아들이 얼마 안 있어 반드시 예루살렘에 가서, 많은 고난을 받고, 서기관들과 장로들과 우두머리 사제들에게 버림을 받을 것이며, 이 일 후에 죽임을 당하였다가 다시 살아나리라고 내가 너희에게 계속 말하고 있다.

이는 비유가 아니며, 갑자기 닥쳐올 때, 너희가 잘 준비되도록 사실대로 이야기하는 것이다. 예수가 말씀을 아직 마치지 아니하였을 때, 베드로가 뛰어나와 그의 어깨에 손을 얹고 '주와 논쟁하는 것은 원치 않습니다만, 이러한 일들이 주께 절대로 일어나지 않을 것이라고 제가 장담합니다.'

베드로는 예수를 사랑했기 때문에 그런 말을 했다. 그러나 이 말 속에는 아버지의 뜻에 따라 이 세상에 증여된 삶을 마치고자 하는 자신의 결정을 바꾸려는 미묘한 암시를 알아차리셨다. 예수는 베드로와 다른 사도를 보면서 "내 뒤로 물러가라. 네가 마치 유혹하는 자 또는 원수처럼 느껴진다. 이런 방법으로 나를 사랑하고자 한다면 아버지의 뜻을 행하는 데 방해된다. 사람의 길이 아니라 오직 하나님의 뜻을 따르도록 하라.

누구든지 나를 따르려는 사람은, 자기를 돌보지 말고, 매일 자기의 책임을 다하고 나를 따르라. 누구든지 이기적으로 자기 생명을 구원하고자 하면 잃을 것이요, 나와 복음을 위하여 자기 생명을 잃으면 그것을 구원하게 될 것이다…. 자신들에게 굉장한 지위를 꿈꾸던 갈릴리 어부들에게 이 말씀은 큰 충격이었다. 예수는 그들이 갈등에 빠지지 않도록 용기를 주었다.

예수는 그들의 인간 결점에는 항상 참았지만, 그의 나머지 생애에 관하여 아버지의 뜻에 반대하는 위험에는 그렇지 않았다.

해 질 무렵 가버나움으로 들어가며 저녁을 먹으려고 시몬 베드로의 집으로 향하였다…. 예수는 베드로의 어린 아들 중 한 명을 그들 가운데 앉게 한 후 말했다. 진실로 너희에게 말하는데 방향을 바꾸어서 어린아이처럼 되는 자는 하늘나라에서 큰 자가 될 것이다. 그리고 작은 자를 받아들이는 자는 나를 받아들이는 자이다. 나를 받아들이는 자는 나를 보내신 분을 받아들이는 것이다.

만일 하늘나라에서 첫째가 되고자 한다면 너희 형제들에게 이 선한 진리를 베풀기 위하여 노력하라. 누구든지 이 작은 자 중 하나를 넘어지도록 하면…. 이들 작은 자 가운데 하나라도 가벼이 여기지 않도록 주의하라. 이는 저희 천사들이 항상 하늘에 속한 무리의 얼굴을 바라보고 있기 때문이다.

25. 데가 폴리스 전도 여행

예수와 열두 사도가 마가단 공원에 도착하였을 때, 전도자, 제자, 여자 대원 등 백 명 정도가 기다리고 있었다. 8월 18일 목요일 아침에 무리들을 모두 모으고, 사도마다 열두 전도자 중 한 명씩과 짝을 짓고, 나머지 전도자들도 열두 집단으로 나누어서 데가 폴리스의 도시와 마을로 나가 전도 활동을 하도록 지도하였고, 예수와 다른 제자들은 예수와 남아 있도록 지도하였다.

예수는 이 여행에 4주를 보내기로 하였으며, 9월 16일 금요일에 마가단에 모두 모이도록 지도하였다. 이 기간에 종종 그들을 방문하겠다고 약속하였다. 이 여행 동안에는 병을 고치는 기적이나 다른 비상한 사건이 발생하지 않았다.

1) 용서에 대한 교훈

히포에서 어느 날 저녁 한 제자의 질문에, 용서에 관한 말씀을 주셨다. 일백 마리의 양 중에 잃어버린 양 한 마리, 아흔아홉의 의인보다 회개하는 한 죄인의 예를 들어 복음 안에서 아버지는 회개의 생각을 가지기도 전에 먼저 그들을 찾아 나선다.

하늘에 계신 아버지께서 그의 자녀를 사랑하시니, 너희도 마땅히 서로 사랑하는 것을 배워야 한다. 하늘에 계신 아버지께서 너희 죄를 용서하시니, 너희도 마땅히 서로 용서하는 것을 배워야 한다….

이 세상 나라에서 질서를 유지하는 일은 너희에게 맡겨져 있다. 형제간에 관련된 모든 문제에, 땅에서 판결한 것은 그대로 하늘에서 인지될 것이다. 너희가 각 개인의 영원한 운명은 결정할 수 없지만, 그 모임의 운명에 관해 규율을 제정할 수 있는데, 너희 중 세 사람이 의견이 일치되어 내게 요구한 것은 하늘에 계신 아버지의 뜻과 어긋나지 않는 한 이루어질 것이다. 왜냐하면 두세 사람이 모인 곳에는 내가 그들 중에 함께 있기 때문이다…. 너희가 하늘에서 값없이 받았으니, 너희도 이 땅에서 동료들에게 값없이 주어라.

히포에서 책임자로 사명 활동하던 베드로가 몇 번이나 용서해야 하겠습니까? 라는 질문에 "일곱 번뿐만 아니라 일흔일곱 번이라도 해야 한다."라고, 대답하셨다…. 이 자리에서 일만 달란트 빚진 신하 이야기 등 많은 예가 나온다….

한 개별존재가 평결을 내리는 데에는 편견 또는 왜곡된 감정에 의해 비뚤어진 위험이 항상 존재한다. 예수는 동료를 심판하는 자리에 앉는 것이 얼마나 위험한지를 가르치시고 그 부당함을 밝히 가르치셨다. 보복과 복수의 요소를 최소화하고자 하셨다.

2) 색다른 전도자

예수는 사도 요한 그리고 그와 함께 일하는 제자를 만나기 위하여 가말라에 올라가셨다. 그날 저녁 질문하고 답변하는 형식의 모임에서, 요한이, 우리하고 일면식도 없는 사람이 당신의 이름으로 가르치고 게다가 귀신도 쫓아낼 수 있다고 주장하는 사람을 만나서 그러한 것들을 하지 못하도록 금하였습니다. 그러자 "그를 금하지 말라." 복음이 곧 모든 나라에서 선포되리라. 복음을 믿게 되는 자들이 모두 너희의 지도를 따를 수는 없다. 우리의 가르침이 이미 직접적인 영향의 한계를 넘어 스스로 전파되고 있으니 기쁨으로 향유하라. 우리를 배척하지 않는 자는 우리를 돕는 자다. 오는 세대에는 자격이 부족한 사람이 이 이름으로 신기한 일들을 많이 행하겠으나 나는 그들을 금하지 않을 것이다. 냉수 한 그릇을 대접할지라도 아버지의 메신저들이 그러한 사랑의 봉사에 대하여 영원히 기록할 것이다.

요한에게 금지당한 이 사람은, 사도의 명령에 개의치 않았다. 그는 옳은 방향으로 노력하였고, 메소포타미아로 가기 전에 카나타에서 많은 사람을 믿게 하였다. 이 사람의 이름은 아덴인데, 예수가 게레사 근처에서 병을 고쳐주었던 미친 사람의 증언을 통하여 믿게 된 사람이다.

3) 교사와 신자를 위한 지침

도마와 그의 일행이 사명 활동하던 에드레이에서 저녁에 가진 토론 시간에, 진리를 설교하는 자들에게 지표가 되고 복음을 가르치는 모든 자에게 활력을 불어넣을 수 있는 원칙들에 대하여 가르치셨다. 요약하면 다음과 같다.

언제나 사람의 인격을 존중하라. 올바른 운동을 무력으로 권장해서는 안 된다. 영적 승리는 오직 영적 힘으로 얻을 수 있다. 물리적인 영향력을 이용하지 말라는 이 명령은 물리적 힘뿐만 아니라 정신적 힘도 언급한다.

하늘나라에 들어가게 하려고 압도하는 논리와 정신적인 우월성을 사용해서는 안 된다.

사람의 마음은 단순한 논리의 무게로 압도하거나 날카로운 웅변으로 위압해서는 안 된다.

인간 의사 결정을 내리는 한 요소로 감정을 무시할 수는 없지만, 하늘나라의 운동을 진전시키려 하는 자들을 가르칠 때 감정에 직접 호소해서는 안 된다.

너희는 사람의 마음속에 내주하는 신성한 영에게 직접 호소하도록 하라.

두려움이나 연민 도는 단순한 정서에 호소하지 말라.

사람에게 호소할 때는 공정하게 하라. 자제하고 마땅한 절제를 보이라.

제자들의 인격을 적절히 존중하라. 내가 하는 말을 기억하라.

보라 내가 문에 서서 두드리고 있으니, 누구든지 문을 열면, 내가 안으로 들어가겠다.

사람들을 하늘나라로 인도할 때 자존심을 상하거나 꺾지 말라. 지나친 자존심은 적절한 겸손을 잃게 만들며 자만과 우쭐 함과 거만에 이를지 모르지만, 자존심을 잃는 것은 때때로 의지의 마비를 낳는다. 자존심을 잃은 자에게 자존심을 회복하고 가진 자에게는 삼가게 하는 것이 복음의 목적이다. 너희는 저들에게 실수만 꾸짖는 잘못을 저지르지 말라, 칭찬할 것들은 너그럽게 인정하고 기억하라. 자존심(자존감)을 잃고서 찾고 싶어 하는 자에게 자존심을 회복하기 위하여 나는 어떤 일도 서슴지 않을 것임을 잊지 말라.

소심하고 두려움이 많은 사람의 자존심을 다치지 않도록 조심하라. 생각이 단순한 내 형제들을 희생시키면서 빈정거리지 마라. 두려움에 빠진 내 형제들을 비웃지 마라. 게으름은 자존심을 파괴한다. 따라서 너희 형제들이 자기가 택한 일을 하는데 늘 바쁘게 지내라 타이르고, 직업을 찾지 못한 자를 위하여 일자리를 확보하려고 온갖 노력을 다하라.

사람들을 위협하여 하늘나라에 들어가게 하려는 무익한 술책의 죄를 짓지 말아라. 자녀를 사랑하는 아버지는 그들을 위협해 자기가 요구하는 대로 복종케 하지 않는다.

언제인가는 하늘나라의 자녀들이 뜨거운 감정이 신성한 영의 인도와 일치하지 않음을 알 것이다. 어떤 일을 하고 싶거나 가고 싶은 강하고 이상한 느낌이 든 것이, 내주하는 영의 인도를 반드시 의미하지는 않는다.

육신으로만 살던 사람이, 더 높은 영적인 신앙생활을 하자면 다소간 갈등을 체험하게 되니 미리 경고해 주어라. 하늘나라로 들어가면서 책임과 의무는 벗어날 수 없으나, 기억하라. 복음의 멍에는 쉽고, 진리의 짐은 가볍다.

세상은 생명의 빵을 바로 눈앞에 두고 굶주리며 죽어가는 배고픈 혼으로 가득 차 있다. 사람은 자신 안에 사는 그 하나님을 찾다가 죽는다. 사람은 살아있는 신앙으로 즉시 잡아 챙길 수 있는 거리에 모든 것이 있는데, 간절한 가슴과 피곤함에 지친 발로 하늘나라 보물을 갈구하며 다닌다. 믿음의 종교는 돛과 배의 관계와 같다. 그것은 **힘의 증가**이지, 결코 일생에서 부담이 증가하는 것이 아니다. 하늘나라에 들어가는 자에게는 오직 하나의 투쟁이 있는데, 신앙의 싸움을 잘 싸우는 것이다. **믿음은 오직 의심과 불신과의 싸움이다.**

너희는 하늘나라 복음을 전파할 때 화목을 가르치고 있다. 이 친교는 남녀에게 똑같이 적용될 것인데, 그들의 특징인 열망과 이상을 아주 참되게 채워주는 무엇을 발견할 것이기 때문이다. 내 자녀들에게 이야기할 때, 내가 그들의 감정을 배려하고, 그들의 연약함을 오래 참는다는 것뿐만 아니라. 동시에 내가 죄에 대하여 냉혹하고, 사악한 불의에 대해 관용이 없다는 것도 말해주어라. 내 아버지 앞에서는 겸손하고 유순하지만, 하늘에 계신 내 아버지 뜻에 반대하는, 죄로 가득한 반역과 고의적인 악행이 있는 곳에서는 내가 마찬가지로 가혹하도록 냉혹하다.

너희 선생을 슬픈 사람으로 묘사하지 말라 미래의 세대는 **우리의 기쁨으로 인한 광채, 선한 뜻으로 인한 낙천적 기질, 그리고 선한 유머로 인한 영감도 알 것이다.** 우리는 반가운 소식의 메시지를 선포하며, 이 소식이 지닌 변화를 일으키는 힘으로 널리 퍼지게 된다. 우리의 종교는 새로운 생명과 의미로 약동한다. 이 가르침을 받는 자는 기쁨으로 가득 차고, 가슴속에는 즐거움이 항상 있다. 하나님을 확신하는 자는 점점 더 커지는 행복을 늘 체험한다.

모든 신자에게 거짓된 동정심에 기대지 말라고 가르쳐라. 자신을 불쌍히 여기는 사람은 강한 성품을 기를 수 없다. 불쌍한 처지를 같이 슬퍼하는 거짓된 영향을 미치지 않도록 정직하게 애써라. 생활의 시련 앞에서 겨우 마지못해 버티는 비겁한 사람에게 지나친 동정을 삼가며, 담대하고 용감한 사람에게 동정을 베풀라. 한 번도 싸우지 않고 자기 문제 앞에 드러눕는 자를 위로하지 말라. 보답으로 너희를 불쌍히 여길까 하여 친구들을 동정하지 말라.

하늘나라에 들어가는 자들은 그것으로 **우연한 사고나, 자연의 재앙에서 면제되지 않는다는 것을 모든 믿는 자들에게 가르쳐라.** 복음을 믿는 것이 곤경에 빠지는 것을 막아주는 것은 아니지만, 곤경이 너를 덮칠 때 두려움이 없이 있게 되리라 보장할 것이다. 만일 과감하게 나를 믿고, 전심으로 나를 따라서 나가려고 한다면, 곤경으로 향하는 통로의 길에 확실하게 들어설 것이다.

나는 역경의 바다로부터 너희를 건지리라 약속하지는 않지만, 그러나 나는, 그들의

모든 것에 두루 내내 너희와 함께 갈 것을 약속한다.

4) 나다니엘과의 대화 (모세의 율법과 성서)

예수는 순회 일정에 따라, 나다니엘 일행이 수고하는 아빌라로 가셨다. 이날 밤 질의 응답 시간 후, 나다니엘은 예수를 아무도 없는 곳으로 모시고 가서 물었다. 랍비들이 율법이 하나님의 말씀이라고 가르치는 것을 주님은 거부하는 것으로 보입니다. 나다니엘아 네가 옳게 판단하였다.

나는 랍비들처럼 성서를 대하지 않는다. 네 형제들이 아직 이 가르침을 받을 준비가 안 되었으니, 말하지 않는 조건으로 네게 말하겠다.

모세의 율법과 성서의 가르침이 아브라함 이전에는 없었다. 지금 아는 경전은 최근에 모아 만든 것이다. 유대 민족의 높은 사고와 소망을 담고 있어도, 하늘에 계신 아버지의 성품과 가르침을 대표하기에는 먼 것도 많이 포함되어 있다. 그래서 더 낮은 교훈을 선택한다….

진리를 계시한다는 점에서 전반보다는 후반부가 더 신뢰할 만하다. 성서가 결점이 있고 인간으로부터 기원하였지만, 실수하지 말라, 모든 세계에서 발견할 수 있는 종교적 지혜와 영적 진리에 대한 최고의 모음집이다.

책을 쓴 사람의 이름이 다를지라도, 담긴 진리의 가치가 떨어지지 않는다. 성서는 하나님을 찾는 사람의 사고와 행동을 보여 주기에 신성하며, 그들은 정의, 진리, 거룩함에 대한 높은 개념을 기록해 놓았다. 성서는 진실이 많이 포함되어 있지만, 내가 가르치는 것에 비하여, 하늘에 계신 하나님, 내가 와서 모든 세계에 나타내고자 하는 사랑의 하나님에 대하여 그릇되게 설명하는 부분이 있다는 것을 알 것이다.

나다니엘아, 사랑의 하나님이 너의 조상에게 싸움터에 나가 적을, 남녀노소 모두 죽이라고 지시했다는 성서의 기록을 한 순간이라도 믿으려 하지 마라. 그런 기록은 사람의 말이고, 거룩한 사람의 말이 아니며, 하나님의 말씀도 아니다. 성서는 성서를 쓴 사람들의 지적, 도덕적, 영적 상태를 반영해 왔고 또 항상 그럴 것이다. 선지자들이 사무

엘부터 이사야까지 기록을 만드는 동안 야훼 하나님 개념이 더 아름답고 영화롭게 변화하고 발전해 가는 것을 깨닫지 못하였느냐? 성서가 종교적인 가르침과 영적 안내를 위한 것임을 너는 꼭 기억하라. 성서는 역사가나 철학자의 작품이 아니다.

성서 기록이 절대로 완전하다는 것과, 그 가르침이 틀림없다는 잘못된 관념이 가장 통탄할 일이 아니라, 오히려 **전통에 사로잡혀** 있는 예루살렘의 서기관과 바리새인에 의해 이 성스러운 글들이 잘못 해석되어 혼란을 일으킨다는 점이다. 이제 저들은 하늘나라 복음의 새로운 가르침에 저항하려고 굳게 각오하고, 성서가 영감받았다는 교리와 그에 관한 저희의 그릇된 해석을 활용하고 있다. 나다니엘아, 아버지는 진리에 대한 계시를 어느 한 세대 또는 어느 한 민족에게만 제한시키지 않으신다는 것을 명심해라. 진지하게 진리를 찾는 많은 사람이 성서가 완벽하다는 이 교리 때문에 앞으로도 계속 혼돈되고 낙심될 것이다.

……오늘날 우리는 하늘나라 복음에 대한 가르침을 기록하지 않고 있는데, 이것은 내가 떠난 이후에 내 가르침에 대한 너희의 다양한 해석의 결과 때문에 가지각색 진리 논쟁자 분파로 속히 나뉘지 않도록 하기 위해서이다. 이 세대는 기록 만드는 것을 피하고 이 진리를 실천하는 것이 최고의 방법이다.

나다니엘아, 내 말을 잘 기억해라. 인간 본성이 관여한 것은 틀림없는 것이 아무것도 없다. 사람의 마음을 통하여 신성한 진리가 빛을 발하게 될 수도 있지만, 언제나 상대적으로 순수할 뿐이며 부분적으로 신성할 뿐이다. 창조체는 틀림없는 것을 갈망하지만, 오직 창조자만이 그것을 소유하고 있다.

성서를 가르치는데 가장 큰 실수는 오직 그 민족의 지혜로운 자만 해석할 수 있는 지혜와 신비의 책이라고 봉해 버리는 교리에 있다. 신성한 진리에 대한 계시는 인간의 무지, 완고함, 옹졸한 마음에 의해서만 봉해진다. 성서가 발하는 빛은 오직 **선입관**에 의해 약해지며 그리고 미신적 **습관**에 의해 약해진다. 신성함에 대한 잘못된 두려움, 과거에 쓰인 성스러운 글의 권위에 대한 두려움이 그토록 보고 싶어 하던 빛을, 정직한 혼이 받아들이지 못하도록 실질적으로 막고 있다.

무엇보다 슬픈 점은 전통주의의 존엄함을 가르치는 선생들의 일부가 이 진리를 알고 있다는 사실이다. 그들은 성서의 한계성을 충분히 이해하고 있으면서도, 도덕적으로는 비겁하며 지적으로는 정직하지 못하다. 그들은 거룩한 글에 대한 진상을 알고 있지만, 사람들이 그렇게 흔들리고 있다는 사실을 막아야 한다는 것에 빠져 있다. 성서를 왜곡하고 일상생활을 노예로 만드는 세부 사항과 행동 지침을 만들어 맹종하게 만든다.

나다니엘은 주의 분명한 말씀에 깨우침과 충격을 받았다. 예수가 승천한 이후까지 이 대화 내용을 아무에게도 말하지 않았다. 그 후에도 주가 설명한 모든 이야기를 전하기에 두려워하였다.

5) 예수의 종교가 지닌 긍정적 성격 (적극적 본성)

필라델피아에서 야고보가 활동하고 있었는데, 여기서 예수는 하늘나라 복음의 적극적 성질에 관하여 제자들에게 가르쳤는데, 말씀 중간에 야고보가, 주여, 우리 자신의 교육을 위하여 성서에서 더 적당한 구절을 알려 주십시오.

야고보야 영원히 참되고 신성하게 아름다운 다음과 같은 구절을 찾아보아라.

오 주님 내 안에 정결한 마음을 창조하소서.

주는 나의 목자시니 내가 부족함이 없으리로다.

너 자신을 사랑함같이 네 이웃을 사랑하라.

나는 주 너희 하나님이니, 네 오른손을 붙들고 네게 이르기를, 두려워 말라. 내가 너를 도우리라.

예수는 사람에 대한 하나님의 보살핌을. 독립하지 못한 자기 자녀의 행복을 위하여 사랑하는 아버지가 염려하는 것에 비유하였으며, 이 가르침을 그의 종교에 주춧돌로 삼았다. 그리하여 하나님의 아버지 신분 교리는 반드시 사람의 형제 신분 실행을 피할 수 없게 만든다.

하나님께 경배드리는 것과 사람에게 봉사하는 것이 그 종교의 전부이며 실천적인 내용이다. 예수는 유대교에서 가장 좋은 부분을 취하여 복음의 새로운 가르침 안에 옮겨 놓았다.

예수는 적극적인 행동의 정신을 유대교의 수동적인 교리 속에 적용했다. 의식을 지키는 요구를 따르는 부정적인 순종 대신에, 그의 새 종교가 그것을 받아들이는 자들에게 요구하는 것들을 적극적으로 행하는 것을 명하였다. **예수의 종교는 단지 믿는 것에 있지 않고 복음이 요구하는 것을 실제로 행하는 것에 있다. 예수는 그의 종교의 근본이 사회에 대한 봉사에 있다고 가르치지는 않았고, 오히려 사회봉사는 참된 종교 정신을 소유함을 나타내는 확실한 효과 중의 하나라고 가르쳤다⋯.**

가장 고약한 악보다 진실한 선이 반드시 더 강력하다는 것을 꼭 기억하라⋯.

6) 마가단으로 돌아옴

데가볼리에서 4주간의 전도 활동은 어느 정도 성공적이었다. 사도와 전도자는 예수가 친히 가까이 없는 가운데 행한 사역에서 값진 체험을 하였다.

서기 29년 9월 16일 금요일 미리 지시한 대로 마가단 공원에 모두 모였다. 안식일에 1백 명이 넘는 신자들의 회의가 열렸고, 앞으로의 전도 계획이 만족스럽게 논의되었다. 이 자리에 다윗의 전령들이 참석하였는데, 유대, 사마리아, 갈릴리 그리고 인근 지역의 신자들에 대한 안녕을 보고하였다.

다윗의 전령들은 팔레스타인 전역의 신자들을 예수 그리고 사도들과 접촉이 유지되도록 하였을 뿐만 아니라, 이 암울할 때 자금을 모으는 역할도 담당하였으며, 이 자금은 예수 일행의 양식뿐 아니라, 열두 사도나 열두 전도자의 가족을 돕는 데에도 사용되었다.

이 무렵 아브너는 활동 근거지를 헤브론에서 베들레헴으로 옮겼으며 여기는 다윗 전령들의 본부이기도 하였다.

다윗은 예루살렘과 벳새다 사이에 밤을 새워 교대로 봉사하는 메신저를 두었다. 이들은 매일 저녁 소식을 가지고 예루살렘을 떠나 달려갔으며, 시카와 스키토폴리스에서 교대하고 다음 날 아침 식사 시간에 벳새다에 도착하곤 하였다.

예수 일행은 마지막 신시대를 준비하기 전에 일주일 동안 휴식하기로 하였다. 이것이 마지막 휴식이 되었는데 페레아 사명의 설교 그리고 전도 운동으로 발전되었다. 곧바로 예루살렘에 도착할 때까지 이어졌고, 예수가 이 땅에서 마지막 사명까지 이어졌다.

26. 알렉산드리아 로단

그리스 철학자 로단은 알렉산드리아에서 사명 활동하던 아브너의 동료로부터 가르침을 받아 최근에 예수의 제자가 된 사람이다. 로단은 자기 삶의 철학과 예수의 새로운 종교적 가르침을 조화시키는 과제에 몰두하고 있었다. 자기 자신에게 이 문제에 관하여 얘기해 주리라는 희망을 품고 마가단에 왔고, 예수나 사도로부터 복음에 대한 권위가 있는 해석본을 확보하기를 원하였다. 주는 로단과 토론하기를 사양하였지만, 나다니엘과 도마에게 그가 하고 싶어 하는 모든 이야기를 들어야 한다는 것과, 복음에 대하여 말해주어야 한다고 지도하였다.

서기 29년 9월 19일 월요일 이른 아침 로단은 나다니엘과 도마 그리고 마가단에 있었던 24명가량의 신자에게 열 번의 연속 강연을 하였다. (강연 일부만 소개한다)

나는 예수로부터 훌륭한 문제 해결 방법을 배웠다.

경건의 목적을 위하여 고립되는 것이다. 주는 혼자 따로 가셔서 문제를 한동안 홀로 살펴보신다. 오직 하나님의 영광을 목적으로 '내 뜻대로 마옵시고 당신의 뜻대로 이루어지이다'

선입견은 혼이 진리를 안식하지 못하도록 눈을 가린다. 선입견은 이기주의와 분리될 수 없도록 연결되어 있다.

정말로, 혼자 있는 것은 사람에게 좋지 않다. 어느 정도 인정받고 존중받는 것은 인간 성격 개발에 기본적으로 필요하다. 집에서 참된 사랑을 받지 못하면, 어린이들의 정상적인 인격 개발은 온전히 성취될 수 없다.

예수는 하나님께서 사람 속에 살아 계신다고 우리에게 가르치셨는데, 어떻게 사람을 설득하여 혼 속에 묶인 힘을 풀어줄 수 있는가? 주님은 가끔 언덕에 오르셔서 힘을 취하신다. 이 모든 문제의 비밀은 영적교제, 경배 속에 감추어져 있다.

주는 이렇게 말씀하셨다. '잠긴 문으로 들어갈 방법을 찾을 때, 현명한 자는 문을 부수기보다는 그 문을 열 수 있는 열쇠가 어디에 있는지를 찾으려 할 것이다.'

사람의 육체와 마음은 하나님의 선물, **사람의 영이 되는 하나님의 영이** 거하는 장소이다. 그래서 사람의 마음은 물질적인 것들과 영적 실체 사이의 중재자가 된다.

만일 너희가 실패를 관대하게 받아들이는 방법을 배우지 않으면, 삶은 현실적 실존의 짐이 될 것이다. 좌절에는 고귀한 혼이 반드시 습득하는 어떤 예술이 들어있다. 너희는 당당하게 지는 방법을 배워야 한다. 너희는 실망을 두려워해서는 안 된다. 실패를 인정하는 것에 절대로 주저하지 말라. 성공을 공언하는 것은 항상 듣기에 좋지만, 마지막 결과는 끔찍하다.

종교는 우리들이 우주적으로 숭배할 가치가 있다고 생각하는 어떤 실체에 겸손히 향하는 생각, 느낌, 그리고 행동을 품어준다.

예수의 종교는 우리가 예전에 가졌던 예배에 관한 개념을 초월한다. 그의 아버지를 무한한 실체에 대한 이상으로 설명하고, 땅에서 하늘나라 가기를 선택하며, 하나님에게는 아들이요 사람과는 형제임을 받아들이는 것을 인정하는 모든 필사 인간이, 신성한 근원과 우주의 영원한 중심에 진정으로 그리고 개인적으로 도달할 수 있다고 적극적으로 선포한다.

내가 말하건대(로단) 이건 세상에서 본 적이 없는 가장 높은 종교 개념이다. 이 복음의 무한한 현실, 신성한 가치, 영원한 보편적 가치를 포함하니까, 이보다 더 높은 개념이 결코 있을 수 없다. 이러한 개념은 최상이고 궁극인 것의 이상적 모습을 체험하는 것이다.

……우리가 궁극에는 파라다이스 입구에 확실히 도달한다는 사실을 주가 보장한다는 것이다….

……어떤 다른 하나님은 없으니, 이는 다른 하나님은 있을 가능성이 없기 때문이다. 다른 모든 하나님은 꾸며낸 것이고, 잘못된 논리의 왜곡이고, 창작하는 자들의 잘못된 우상이다….

1) 이어진 로단과의 토론

서기 29년 9월 25일 일요일 사도와 전도자가 마가단에 모였다. 일정을 논의한 후에 예수는 다음 날 일찍 사도와 함께 예루살렘으로 출발하겠다고 하였다. 전도자는 갈릴리에 있는 신자를 방문하고 여자 대원은 벳새다에 돌아가 있으라고 지도하였다.

예루살렘으로 떠날 시간이 되었는데, 나다니엘과 도마는 아직도 토론하고 있었다. 그래서 나다니엘과 도마는 주께 며칠 더 마가단에 머물도록 허락받았고 주는 열 명의 사도만 데리고 떠났다.

① 하나님의 개인성 (인격체, 성품, 성격, personality)

로단은 하나님의 모든 속성은 선뜻 받아들였지만, 하나님은 개인성이 아닐 수 있다고 주장하였다. 사도는 하나님이 개인인 것을 증명하기가 어렵고, 로단도 하나님이 개인성인 것을 증명하기가 어렵다는 것을 발견하였다.

도마와 나다니엘은 예수께 와서 도와 달라고 요청했지만, 토론에 참여하기를 거절하고 귀띔만 해주었다. 너희가 무한하고 영원한 하나님의 본성에 대한 이상을 영적으로 깊이 알고 있는 한, 너희가 품을 수 있는 아버지에 대한 관념이 무엇인가 하는 것은 별 문제가 되지 않는다.

월요일 밤에 되자 도마는 포기하였다. 그러나 화요일 밤이 되어서 나다니엘은 로단을 이기고 아버지의 개인성을 믿게 하였다. 다음과 같은 논리 단계로 그리스인의 관점을 바꾸게 하였다.

1 파라다이스에 계신 아버지는 적어도 다른 두 존재와 동등하게 교통하며, 이들—영원한 아들과 무한한 영은 자신과 완전히 동등하고 전적으로 자신과 같다. 삼위일체 교리의 관점에서 그리스인은 우주 아버지의 개인성을 인정할 수밖에 없었다. (이 토론이 후일에 십이사도의 마음속에 확대된 삼위일체 개념으로 이끌었다. 물론 예수가 영원한 아들일 것이 일반적인 믿음이었다.)

2 저분 예수가 아버지와 동등하니까, 이 아들이 땅에 있는 자녀들에게 개인성을 드러내 보이는 일을 해냈으므로, 그러한 현상은 세 신격이 모두 개인성을 소유한다는 사실과 그 가능성을 보여주는 증명이 되며, 하나님이 사람과 교통하는 것이 가능한가 하는 물음에 영원한 해답을 준다.

3 저분 예수는 사람과 서로 교제하고 교통하는 사이이다. 예수는 하나님의 아들이다. 아들과 아버지의 관계는 동등하게 교통하고 같은 감정으로 서로 이해하는 것을 전제로 한다. 예수

와 아버지는 하나이다. 예수는 동시에 하나님과 사람, 양쪽과 이해하면서 교통을 유지한다. 하나님과 사람, 양자가 예수가 교통하는 상징의 뜻을 이해하니까, 서로 이해할 능력이 있어야 한다는 필요조건이 관계되는 한, 하나님과 사람이 모두 개인성의 속성을 소유하고 있다는 것이다. 예수의 개인성은 하나님의 개인성을 보여주며, 사람 속에 하나님이 계심을 확고하게 증명한다. 똑같은 것에 관계된 두 가지는 서로 관계된다.

4 저분 개인성은 인간 실체와 신성한 가치들에 대하여 사람이 가질 수 있는 최고의 개념을 대표한다. 저분 하나님 역시 신성한 실체와 무한한 가치들에 대하여 사람이 가질 수 있는 최고의 개념을 대표한다. 그러므로 저분 하나님은, 개인성에 대한 사람의 개념과 정의를 무한하게 그리고 영원하게 초월하고 있을지라도 여전히 하나의 신성하며 무한한 개인성, 실체로서의 개인성일 수밖에 없다. 그러나 물론 언제나 우주적인 개인성이 틀림없다.

5 저분 하나님은 모든 개인성의 창조자이시고, 모든 개인성의 운명이기 때문에 하나의 개인성이어야만 한다. 로단은 '하늘에 계신 너희 아버지가 완전하니 너희도 완전하라'는 예수의 가르침에 의해 막대한 영향을 받았다.

이 논증을 들은 로단은 말했다. '나는 이제 확신한다. 초인간, 초월, 최상, 무한, 영원, 최종 그리고 보편성과 같은 연장된 가치들을 개인성의 의미에 붙여서 그런 믿음에 대하여 나의 고백을 허락해 준다면, 나는 하나님은 하나의 개인이라고 고백할 것이다. 나는 이제 하나님이 개인성보다는 무한히 크심이 틀림없지만, 한편으로는 그는 그 이하의 그 어떤 것일 수도 없다는 것을 확신한다. 나는 예수를 아버지의 개인적 계시로서 그리고 논리와 이성, 그리고 철학의 만족하지 못한 모든 요소에 대한 만족으로 받아들이는 것에, 그리고 논쟁을 끝낸다는 것에 만족한다.'

② 예수의 신성한 본성

나다니엘과 도마는 복음에 대한 로단의 견해에 충분히 인정하였지만, 고려할 것이 하나 남아 있는데, 최근에 선언된 교리인 예수의 신성한 본성을 다루는 가르침이다.

나다니엘과 도마는 주의 신성한 본성에 대하여 다음과 같이 제시하였는데 이를 요약하여 재정리하면 다음과 같다.

1 예수는 자신의 신성을 인정하고, 우리는 그를 믿는다. 그가 하나님의 아들일 뿐만 아니라 사람의 아들인 것을 믿어야만 이해할 수 있는 일이 많이 일어났다.

2 예수의 일생과 우리와의 관계는 이상적인 우정의 관계로 보여준다. 오직 신성한 존재만이 그런 인간 친구가 될 수 있다. 진실로 그는 사심 없는 분이시다. 죄인도 친구로 삼으시고, 원수까지도 사랑하신다. 그는 우리에게 충성이다. 우리를 책망하는 데 주저하지 않지만, 그가 우리를 진심으로 사랑한다는 사실을 누구도 의심하지 않는다.

그를 알면 알수록, 그를 더욱 사랑하게 될 것이다. 그의 변함없는 헌신에 매혹될 것이다. 그의 임무를 깨닫지 못한 여러 해 동안 내내, 그는 신실한 친구였다. 비위 맞추는 말을 전혀 하지 않았지만, 우리 모두를 똑같이 친절하게 대하며 언제나 부드럽고 연민이 가득하다. 그의 일생뿐 아니라 다른 모든 것들도 우리와 함께 나누었다. 우리는 행복한 공동체이다. 모든 것들을 공동으로 서로 나눈다. 우리는 그렇게 벅찬 상황에서 한낱 인간이 그렇게 티 없는 일생을 살 수 있다고는 믿지 않는다.

3 우리는 예수가 신성하다고 생각하는 데, 이는 그가 전혀 잘못이 없고 실수하지 않기 때문이다. 그의 지혜는 비상하며, 경건함은 더할 나위 없다. 매일의 삶이 아버지의 뜻에 따라 완전하게 사신다. 그는 아버지의 법을 어긴 적이 없기에 뉘우칠 일이 없다. 우리를 위하여 우리와 함께 기도하지만, 그를 위하여 기도하라고 요청하지 않는다. 우리는 그가 죄가 없다는 것을 믿는다….

우리의 경건함은 회개로부터 솟아 나오지만, 그의 경건함은 정의로움으로부터 솟아 나온다. 그는 죄를 용서한다고 공언하며 병을 고치신다. 인간은 누구도 죄를 용서한다고 제정신으로 공언할 수 없으며, 그것은 신성한 특권이다. 우리는 은혜와 진리의 지식 속에서 자라지만, 주는 시작 때부터 의의 성숙함을 나타낸다. 선한 자나 악한 자나 예수의 선함을 알아본다. 그는 온유하면서도 담대하다. 우리는 그가 주장하는 바로 그분이라고 확신한다.

4 그의 성품이 독특함과 감성 통제의 완전함은 우리에게 인간성과 신성을 함께 가지고 있음을 확신하도록 한다. 그는 인간적 필요가 있는 장면에 어김없이 반응하며, 사람의 고통이 그의 마음에 호소하지 않은 적이 없다. 그의 동정심은 육신의 고통이나 정신적 고뇌 영적 비애를 막론하고 똑같이 움직인다. 믿음이나 장점이 있을 때 재빨리 알아보고 너그럽게 인정한다. 공정하고 공평하며, 동시에 무척 자비롭고 배려가 깊다. 사람들의 영적 완고함을 슬퍼하고,

사람들이 진리의 빛을 보는 것에 기뻐한다.

5 예수는 사람 마음의 생각을 아는 것처럼 보인다. 그는 가슴의 소망을 아는 것처럼 보인다. 항상 우리의 고난 받는 영에 깊이 공감하고 있다. 우리의 모든 인간 감성을 가지고 있는 것처럼 보이지만, 그의 감성은 장엄하게 영화롭다. 그는 선을 강렬히 사랑하지만 그만큼 죄를 미워한다. 그는 신의 현존에 대한 초인간 의식을 가지고 있다. 그는 사람처럼 기도하지만, 하나님처럼 실행한다. 그는 사물을 예지하는 것처럼 보인다. 지금도 서슴없이 자기 죽음, 앞날에 그가 영화롭게 되는 것에 대한 어떤 신비스러운 사례를 말하고 있다. 친절하지만 대담하고 용기가 있다. 그는 자신의 의무를 하는 데에서 결코 머뭇거린 적이 없다.

6 우리는 그의 초인간적 지식을 나타내는 현상에 끊임없이 감동한다. 멀리 떨어진 곳에서 무슨 일이 일어나는지 알고 있음을 거의 매일 일어난다. 동료들의 생각을 아는 것처럼 보인다. 천상의 개인성과 영적으로 밀접한 교제를 가지는 것이 분명하며, 의심할 여지 없이 우리가 머무는 곳보다 위로 한참 높은 영적 수준에서 살고 있다. 그가 특유하게 이해하고 있는 곳에 모든 것이 펼쳐져 있는 것처럼 보인다. 그가 정보를 얻으려는 것이 아니라. 우리를 대화에 이끌려 나오게 하려고 질문한다.

7 주는 최근에 이르러서 자신의 초인간 성을 서슴지 않고 주장한다. 우리가 사도로 임명받은 날부터 최근에 이르기까지 위에 계신 아버지에게서 왔다는 것을 부인한 적이 없다. 그는 신성한 교사의 권한으로 말씀한다. 주는 오늘날 종교가 가르치는 잘못을 증명하고, 적극적인 권한으로 새로운 복음을 선포하는 데에 주저하지 않는다. 그는 단호하고 적극적이며 권위가 있다. 세례자 요한은 예수의 말씀을 듣고, 그가 하나님의 아들임을 증명하였다. 그는 자신 안에서 너무나도 충족하는 것처럼 보인다. 그는 대중적 지지가 필요하지 않으며, 사람들의 의견을 개의치 않는다. 그는 용감하면서도 자부심과는 거리가 멀다.

8 그가 행하는 모든 일에 하나님이 함께하신다고 말한다. 신성한 존재만이 할 수 있는 말을 한다. 그는 신성을 명백하게 주장해 왔다. 그는 말로 표현할 수 있는 모든 방법으로, 하늘에 계신 아버지와 친밀한 협동 관계에 있다고 주장을 되풀이한다. 그는 자신과 아버지는 하나라고까지 주장한다. 누구든지 자기를 본 자는 아버지를 본 것이라고 말한다. 그는 이 엄청난 일들을 마치 어린아이가 하는 자연스러움으로 말하고 한다. 그와 우리의 관계를 언급하는 식으로 그와 아버지 관계를 넌지시 말한다. 그는 하나님에 관하여 너무나 확실해서 마치 있

는 그대로 사실인 것 같이 말한다.
9 그의 기도 생활에서 자신이 아버지와 직접 대화를 나눔이 분명하다. 마치 대면한 것처럼 말씀하는 것을 볼 수 있었다. 그는 과거뿐만 아니라 미래도 알고 있는 것처럼 보인다. 우리는 그가 인간이심을 잘 알며, 그것을 확신하는 만큼 그가 또한 신성임을 확신한다. 우리는 그가 사람의 아들이며 동시에 하나님의 아들임을 믿는다.

나다니엘과 도마는 로단과의 토론을 끝내고 사도들과 합세하기 위하여 예루살렘으로 급히 떠났다. 로단은 알렉산드리아로 돌아가 메간 타의 학교에서 철학을 오랫동안 가르쳤다. 그는 끝까지 신실한 신자였고 박해가 심할 때 그리스에서 생명을 바쳤다.

③ 예수의 인간 마음과 신성한 마음

신성에 대한 의식은 예수가 세례받을 때까지 그의 마음속에서 점차 자라갔다. 자신의 신성한 본성과, 인간 이전의 실존, 그리고 우주 대권을 완전히 자각한 후에 자신의 신성에 대한 인간 의식을 여러 가지로 제한시키는 힘을 소유하게 된 것 같다. 예수가 세례받으신 후로 십자가에서 돌아가시기까지, 오직 인간 마음에만 의지할 것인지 아니면 인간적이고 신성한 마음 모두를 사용할 것이지 하는 문제는 전적으로 그의 결정에 맡겨졌던 것이라고 우리는 생각한다. 때로는 인간 지성 속에 있는 지식만을 사용한 듯하다. 어떤 경우에는 신성한 의식에서 초인간적 내용을 이용함으로써만 잘 제공될 수 있는, 지혜와 지식의 충만함을 가지고 행동하는 것으로 보였다.

자신의 신성 의식을, 뜻대로 자아-제한할 수 있다는 가설을 받아들여야만 우리는 그의 독특한 행위들을 이해할 수 있다. 그는 사건에 대한 자신의 선험지식을 자기 동료들에게 알리기를 보류하는 일이 빈번했고, 그들이 생각하고 계획하고 있는 것의 본성도 알고 있었다는 것을, 우리는 충분하게 인지하고 있다. 그가 그들의 생각과 계획을 꿰뚫어 볼 수 있다는 사실을 추종자들이 잘 아는 것을 바라지 않았다. 그는 상황에 따라 인간 마음으로, 또는 신성한 마음으로 일하며 어떤 때는 사람과 하나님의 병합된 개인성이 일하는 것을 목격한다.

27. 천막 축제

예수와 열 명의 사도는 가까운 길인 사마리아를 통과해 가기로 하였다. 해 질 녘에 잠자리를 위하여 빌립과 마태를 마을로 보냈으나 유대인에 대한 반감으로 심하게 거절당하고 요단강 근처 마을에서 밤을 보냈다. 그래서 사마리아 사람들은 창조주 아들을 환대하는 영광을 스스로 거부하였다. 다음날 일찍 강을 건너서 동쪽 요단 도로를 따라서 베다니에 도착한 것은 수요일 늦은 밤이었다. 도마와 나다니엘은 로단과의 토론 때문에 금요일에 도착하였다.

예수와 열두 사도는 4주 동안 예루살렘 근처에 머물렀다. 예수는 몇 번만 예루살렘을 방문하고 아브너와 그의 동료들과 함께 베들레헴에서 보냈다.

1) 위험한 예루살렘 방문

갈릴리에서 피신하기 전에는 사도들이 예루살렘에 가서 전파하자고 간청하였지만, '아직 때가 아르지 아니하였다'라고 대답하였다. 막상 예루살렘에 오니 두려움 때문에 만류하였지만 '그렇지만 때가 이르렀다.'라는 것이다.

제자들은 두려움에 떨었지만, 천막 축제하는 동안 몇 번에 걸쳐 성전에서 대담하게 공개적으로 가르쳤다. 산해드린 회원 중에 많은 사람이 아무도 모르게 예수를 믿었으며, 예루살렘 축제 기간 예수에게 호의를 가지고 있는 많은 사람이 모인 기간에는 그를 체포하지 말자고 단호하게 반대하는 회원이 많았다.

아브너와 그의 동료들이 유대 전역에서 수고하여 예수에 대한 정서가 호의적으로 조성되어, 예수의 적들도 감히 드러내놓고 방해하지 못하게 되었다. 예수가 공개적으로 대담하게 나타난 용기에 적들을 두려움에 질리게 했다. 산해드린 이 주를 체포하려는 시도가 있었지만 아무 일도 일어나지 않았다. 그들은 로마 당국의 보호 약속을 받았거나 거의 예수의 추종자가 된 빌립(헤롯 안티파스 형제)이 예수의 적들로부터 지켜주겠다고 약속하였을 것으로 추측하였다. 그들이 실수였음을 알았을 때는 담당 지역을 떠난 후였다.

예수가 마가단을 떠날 때 천막 축제에 참석하리라는 것을 열두 사도만 알았다. 예수가 성전에서 가르칠 때 유대인 관리들은 너무 놀라 말을 잊지 못할 정도였다. 멀리서 온 순례자들은 예루살렘에서 예수를 만날 수 있으리라고 희망하고 있었다. 이번 가르침은 유대 민족과 온 세계에 예수의 신성을 정식으로 선포한 것이다. 유대인 지도자들은 산해드린 공회가 예수를 죽이기로 하였다는 것을 알았기 때문에 두려워서 공공연히 예수를 지지하지 못하였다. 그러나 예수가 랍비 학교에서 교육받은 적이 없으므로 그의 가르침에 감탄하였다.

예수가 예루살렘으로 갈 때마다 사도들은 두려움으로 가득했다. 이 땅에서 이룰 사명의 성질에 관하여 갈수록 더 대담하게 선언하는 것을 들으면서 더 두려워졌다. 동료들에게 설교할 때조차, 적극적으로 주장하고 놀랄 정도로 단언하는 것은 익숙하지 않았다.

2) 성전에서 하신 첫 말씀

성전에서 가르친 첫날 오후에 어느 호기심 많은 자가 가르치는 말씀을 가로막고 질문하였다. '선생님은 랍비의 가르침도 받지 못하였다고 들었는데, 어떻게 그토록 유창하게 성서를 인용하고 사람들을 가르치십니까?' 예수가 대답하였다. '내가 너희들에게 선포하는 진리에 대하여 내게 가르쳐 준 사람은 아무도 없다.' 그리고 이 가르침은 내 것이 아니라 나를 보내신 분의 것이다. ….

모세는 율법에서 너희에게 '살인하지 말라'라고 명하였는데, 그럼에도 너희 중에는 사람의 아들을 죽이려고 애쓰는 자들이 있다.

…..'통치자들이 왜 당신을 죽이려고 합니까?' '예수가 대답하였다. 통치자들이 나를 죽이려는 이유는, 하늘나라의 새로운 소식, 즉 이 좋은 소식을 이 선생들이 어떤 대가를 치르고서라도 옹호하기로 하였다. 형식적인 종교 예식의 견디기 힘든 전통으로부터 사람을 자유롭게 하는 이 복음에 대하여 내 가르침을 분개하면서 나를 죽이려 한다. 자기들은 율법에 따라서 안식일에 할례를 행하면서도, 고통의 노예가 된 어떤 사람을 안

식일에 고쳐주었다는 이유로 나를 죽이려고 한다. 자기들은 안식일에 나를 따라다니며 정탐하지만 내가 안식일에 중환자를 완벽하게 고쳐주었을 때도 나를 죽이려고 하였다. 너희가 내 가르침을 과감히 받아들이고 정직하게 믿게 되면, 자기들의 전통적 종교 체제가 전복되어 영원히 무너지리라는 것을 잘 알기 때문이다. 그래서 그들은 하나님 나라의 이 새롭고 더욱 영광스러운 복음을 확고부동하게 거부하기 때문에, 그들의 생애를 바쳐온 권한을 빼앗기게 될 것이다. 너희에게 당부하는데, 외모로 판단하지 말고, 이 교훈의 참된 정신으로 판단하며 의롭게 판단하라.'….

서기관의 하수인들이 그를 붙잡고자 하였으나, 군중을 두려워하였는데, 이는 많은 사람이 그를 믿었기 때문이다. 세례 이후 예수의 모든 활동은 유대인에게 잘 알려져 있고 자기들끼리 '저 갈릴리에서 온 선생을 우리가 기대하는 메시아의 기준에 모두 만족하지는 못하지만, 만약 해방자 그가 오셨을 때 과연 나사렛에서 온 예수가 행한 일보다 더 놀라운 일을 실제로 할 수 있을지 의심스럽다.'

……나는 너희 중 누구에게도 악의를 가지고 있지 않다. 아버지가 너희를 사랑하므로 선입견의 사슬과 그 전통의 암흑에서 구원되기를 바라고 있다. 나는 새롭고 살아있는 길, 곧 악으로부터의 구원과 죄의 사슬이 깨지는 것을 선포한다. 나는 너희들이 생명을 가지고, 또 그것을 영원히 갖도록 왔다. 너희는 나와 너희를 동요케 하는 나의 교훈을 제거하려고 애쓴다. 내가 너희와 잠깐만 함께 있을 것임을 안다면 얼마나 좋겠느냐? 나는 나를 이 세상에 보내신 그 분께 곧 돌아가야 한다…. 내 모습을 볼 수 없을 그때 진정으로 나를 찾는다면, 누구든지 내 아버지 앞으로 인도하는 생명을 얻게 될 것이다….

3) 천막 축제

스페인에서 인도까지 당시에 알려진 모든 나라로부터 초막절 축제 기간에 예루살렘에 모임으로 예수가 공개적으로 복음을 전파하기에 이상적인 기회였다. 이 축제에서 사람들은 대체로 노천에서 나뭇잎이 많은 임시 천막을 짓고 살았다. 천막 축제는 추수하여 수확하는 축제이고, 겨울이 끝나는 때는 유월절, 여름이 시작되는 때는 오순절이다. 세계 각지로부터 제일 많이 모이는 이 축제 기간에, 주가 자신의 사명에 대하여 온 세계 앞에 대담한 선포를 하는 것을 마침내 사도들은 보게 되었다.

다른 축제에는 해당하지 않는 희생물이 바쳐지는 축제 중의 축제이다. 이때에는 성전 헌납금을 받는다. 종교적인 장엄한 경배 의식도 있지만 휴가를 즐기는 것도 함께 이루어진다. 민족적인 기쁨, 희생물, 레위인의 영창, 사제들의 은백색 트럼펫에서 나오는 장엄한 경적 등이 함께 어우러진다. 축제 기간 70개 국가를 상징하는 70마리의 황소가 희생물로 바쳐지며, 축제의 마지막 날에는 거의 450명의 사제와 같은 수의 레위인이 함께 집례한다….

4) 세상의 빛에 대한 설교

축제의 마지막 날이 되기 하루 전날 저녁, 큰 촛대들과 횃불들로 환하게 비쳤을 때, 예수는 군중 한가운데에서 일어나 다음과 같이 말씀하였다.

'나는 세상의 빛이다. 나를 따르는 자는 어둠 속에서 걷지 않고, 생명의 빛을 얻을 것이다. 너희는 주제넘게 나를 재판에 회부하고, 마치 나의 재판관이라도 되듯이 앉아서, 내가 자신에 대하여 증언하면 그 증언은 참되지 못할 것이라 선언하고 있다. 그러나 창조체가 창조자를 심판하는 일은 결코 있을 수 없다. 나는 내가 어디에서 왔는지, 내가 누구인지, 내가 어디로 가는지를 알기 때문에, 내가 내 자신을 증언하더라도, 나의 증언은 영속적으로 참된 것이다.

사람의 아들을 죽이려 하면서, 너희는 내가 어디서 왔는지, 내가 누구인지 내가 어디로 가는지를 알지 못한다. 너희는 다만 육신의 모습으로 판단하며, 영의 실체를 알아차리지 못하고 있다. 나는 아무도, 심지어는 나의 큰 적이라 해도 판단하지 않는다. 그러나 내가 판단해야 한다면, 나의 판단은 참되며 의로울 것인데, 왜냐하면 이는 내가 홀로 하는 것이 아니고, 나를 이 땅에 보내시고 모든 참된 심판의 근원인 내 아버지와 함께하기 때문이다. 너희들은 믿을만한 두 사람의 증인만 있으면 된다고 말하는데, 자, 그러면 내가 이들 진리의 증인이 되겠으며 하늘에 계신 내 아버지도 그리하실 것이다.

내가 이것을 너희에게 말하였을 때, 너희는 어둠 안에서 내게 묻기를 '당신의 아버지가 어디 있습니까?' 하였는데 진실로 너희는 나도 모르고 내 아버지도 모른다. 왜냐하면 만일 너희가 나를 알았다면 너희가 내 아버지도 알았을 것이기 때문이다.

내가 떠날 것과, 내가 가는 곳에는 너희가 오지 못하기 때문에 너희가 나를 찾아도 발견하지 못할 것이라고 너희에게 이미 말하였다. 이 빛을 거부하는 너희는 아래로부터 왔으며, 나는 위로부터 왔다. 어둠 속에 앉아 있기를 더 좋아하는 너희는 이 세상에 속하지만, 나는 이 세상에 속하지 않고, 빛들의 아버지이신 영원한 빛 속에서 산다. 너희는 내가 누구인지에 대하여 배울 기회를 충분히 얻었었지만, 아직도 사람의 아들 정체성을 증명할 수 있는 다른 증거를 가지려고 한다.

나는 생명의 빛이며, 이 구원하는 빛을 고의로 또는 알면서도 거부하는 모든 사람을 자기 죄 가운데에서 죽을 것이다. 너희에게 말할 것이 많이 있지만, 너희가 내 말을 받아들이지 못한다. 아무튼 나를 보내신 분은 진실하시고 신실하시며, 내 아버지는 죄를 범하는 자녀들도 사랑한다. 내 아버지께서 말씀한 모든 것을 내가 세상에 선포해 왔다.

'사람의 아들이 들려 올라갈 때, 그때에야 너희가 내가 그인 것과, 내 스스로 한 것이 아무것도 없고 오직 아버지께서 내게 가르친 것만을 하였다는 것을 알게 될 것이다. 나는 이 말을 너희뿐만 아니라 너희 자녀에게 들려준다. 나를 보내신 분은 지금도 나와 함께 하고 계시며, 나를 홀로 내버려 두지 않으시는데, 그것은 내가 항상 아버지의 눈에 즐거워하시는 일만 하기 때문이다.'

예수가 이렇게 성전 뜰에서 순례자들을 가르치시자, 많은 사람이 믿었다. 그리고 누구도 감히 그를 잡으려 하지 못하였다.

5) 생명의 물에 대한 강론

축제의 가장 큰 마지막 날에, 행렬이 실로암 연못을 출발해 성전 뜰을 지나고 제사장들이 물과 포도주를 제단에 부은 직후, 예수는 순례자 가운데 서서 말했다. 누구든 목마른 자가 있으면 그를 내게 오게 하며 마시게 하라. 내가 위에 계신 아버지로부터 이 세상으로 생명의 물을 가져온다. 나를 믿는 자는 이 물이 뜻하는 영으로 채워질 것이며, 성서도, '그로부터 생수의 강이 흐를 것이다'라고 말씀하였다. 사람의 아들이 땅에서 일을 마치면, 생명을 주는 진리의 영이 모든 육체에 부어질 것이다. 이 영을 받은 자들은 영적 목마름을 절대로 체험하지 않을 것이다. 예수는 희생물이 준비되는 동안 잠시 멈추는 순간이므로 이 말을 하면서 예배를 방해하지는 않았다.

이른 아침 초막절 축제 예배를 마칠 무렵 예수는 군중을 계속 가르치셨다. 너희는 성서를 '보라. 물이 마른 땅에 부어져서 마른 땅 위에 퍼지는 것과 같이, 내가 거룩한 영을 너희 자녀 위에 부어 복을 받게 하고 너희 자녀의 자녀까지도 그리하리라' 한 말씀을 읽지 못하였느냐? 의식적인 봉사 예배의 깨진 주전자로부터 흘러나오는 사람의 전통을 너희 혼에 마시도록 하면서, 너희는 왜 영의 돌보심을 갈망하느냐? 너희가 보고 있는, 이 성전에서 이루려고 하는 일은, 너희 조상들이 신성한 영이 신앙의 자녀들에게 주어지는 것을 상징으로 표현한 하나의 방법이며, 너희는 이 상징을 오늘날까지도 잘 전수하였다.

그러나 이제는 영들의 아버지에 관한 계시가, 그의 아들의 증여를 통하여 이 세대에게 임하였고, 이 모든 것들은 아버지와 아들의 영이 사람의 자녀에게 증여되는 일이 그다음에 확실히 이루어질 것이다. 하늘나라와 저 먼 곳 아버지의 파라다이스에 있는 참된 생명의 물로 인도하는 그 길의 참된 선생이 된다….

6) 영적 자유에 대한 강론

축제 마지막 날 오후, 예루살렘으로부터 피신하도록 사도들이 설득하였으나 예수는 그들을 더 가르치려고 성전으로 갔다. 솔로몬 현관에 많이 모인 신자들을 보고 그들에게 말씀하였다.

만일 나의 말이 너희 안에 거하고 너희가 내 아버지의 뜻을 행하기로 결심한다면, 너희는 참으로 내 제자다. 너희가 진리를 알게 될 것이고, 그 진리가 너희를 자유롭게 할 것이다…. 내 말은 혼이 해방됨을 말한다. 죄를 짓는 자마다 죄의 노예가 된 종이다. 종은 주인의 집에 영원히 거할 수 없음을 너희는 안다. 또한 너희는 아들이 자기 아버지 집에 머무는 것도 안다. 그러므로 아들이 너희를 자유롭게 하여 아들이 되게 하면, 너희는 참으로 자유롭게 되는 것이다.

너희는 아브라함의 자손임을 안다. 내 말은 너희 지도자들이 내 말을 듣고 변화되려 하지 않기 때문에 나를 죽이려 한다. 그들의 혼은 편견으로 인하여 닫혀 있고, 복수할 자만심으로 눈이 멀어 있다.

나는 영원한 아버지께서 보여주신 진리를 전파하였지만, 착각한 선생들은 조상에게 배운 것만 행하려 한다. 너희가 아브라함의 자손이라면 아브라함의 일을 하라. 아브라함은 하나님의 진리를 그렇게 대하지 않았다. 만일 하나님이 너희 아버지이었다면, 너희가 나를 알고 내가 나타낸 진리를 사랑하였을 것이다. 내가 아버지로부터 온 것과 하나님이 나를 보내신 것과 내가 혼자서 이 일을 하는 것이 아니라는 것을 너희가 모르겠느냐…? 나는 나의 영광을 구하지 않고, 내 아버지의 영광을 구한다. 또한 나는 너희를 심판하지 않는데, 그것은 나 대신 심판하실 이가 있기 때문이다.

내가 복음을 믿는 너희에게 진실로 말하는데, 이 진리의 말씀을 마음에 살아있게 한다면 결코 죽음을 맛보지 않는다…. 만일 내가 나의 영광을 위한다면 나의 영광은 아무 것도 아니다. 그러나 나를 영화롭게 하실 분은 아버지이시며, 그 아버지는 너희가 하나님이라 부르는 바로 그이시다. 그렇지만 너희는 너희 하나님, 내 아버지를 아는 데 실패하였으며, 너희를 함께 데려가기 위하여. 내가 왔다….

산해드린에서 보낸 자들이 예수를 붙잡으려 했으나 성전 복도를 통해 나가서 베다니 근처의 비밀 장소에서 기다리고 있는 나사로 가족과 만났다.

7) 베들레헴에서 아브너와 함께

초막절 다음 한 주 동안 많은 신자가 베다니에 모여 열두 사도로부터 교육을 받았다. 예수가 자리에 없으므로 산해드린은 이 모임을 방해하지 않았다. 이 기간에 예수는 아브너와 그의 동료들과 함께 베들레헴에서 활동하였다.

이때 아브너는 베들레헴에 그의 본부를 차리고 있었으며, 여기로부터 유대 지방, 남부 사마리아, 심지어 알렉산드리아까지 많은 일꾼을 보낸 후였다. 그가 도착한 지 며칠 안에, 예수와 아브너는 두 사도 집단의 일을 통합하기 위하여 준비를 마쳤다.

초막절(천막 축제)에 방문하는 동안 예수는 베다니 와 베들레헴에서 반반씩의 시간을 보냈다.

예수는 베다니에서 사도와 의미심장한 시간을 보냈으며, 베들레헴에서는 세례요한의 사도였던 아브너와 동역자들에게 많은 교훈과 깊은 교제를 통하여 한 가족이 되었다. 특히 예루살렘에서 공공연하게 가르친 사적인 용기에 영향을 받아 예수의 발걸음이 의미하는 모든 것을 진심으로 받아들이게 하였다.

베들레헴을 떠나기 전, 주는 육신의 삶을 끝내기에 앞서, 연합된 운동에 함께 하도록 그들 모두를 준비시키셨다. 아브너와 그의 동료들은 이른 시일 내에 마가단 공원에서 합류하기로 합의하였다.

이 합의에 따라서, 11월 초에 아브너와 그를 따르는 열한 명은 예수와 열두 사도와 운명을 같이 하기로 결심하였으며, 십자가 사건이 있기까지 하나의 조직으로 함께 활동하였다.

28. 마가단에서 70인 성직 임명

예수와 열두 사도가 예루살렘에서 마가단으로 돌아온 며칠 후, 베들레헴에서 아브너와 약 50명의 제자가 도착하였다. 이때 야영지에는 전도자 대원, 여자 대원, 그리고 팔레스타인 각지에서 온 약 150명의 진실하고 믿을만한 다른 제자가 모였다. 며칠 재정비한 후, 예수와 사도는 이 특별한 신자 무리에게 집중 훈련 과정을 시작하였고, 나중에 잘 훈련되고 경험이 많은 제자 모임에서 70명의 선생을 선발하여 복음을 전파하도록 내보냈다. 정규적인 훈련은 서기 29년 11월 4일 금요일 시작하여 11월 19일 안식일까지 계속하였다.

1) 70인의 임명식

70인은 11월 19일 안식일 오후에 예수가 전도자로 안수하였다. 아브너가 70인의 책임자로 임명되었고, 이 70명은, 세례요한의 제자였던 자가 10명, 전에 전도자였던 자가 51명, 실력 있는 다른 8명으로 구성되었다. 다윗과 그의 전령들이 도착하여 400명 이상이 70인의 임명식을 지켜보았다.

예수는 70인을 복음 전파자로 안수하기 전에 말씀하였다. 추수할 것이 많으나 일꾼이 적다….

이리 떼 속에 있는 양처럼 유대인과 이방인에게 보낸다….

이 첫 번째 전도는 잠깐만 할 것이니 지갑이나 여분 옷을 가지고 가지 말아라….

숙소를 옮겨 다니지 말아라…. 적들과 대항하지 말아라….

어디를 가든지 '하늘나라가 가까이 왔다'하고 마음이나 육체가 아픈 사람을 보살펴 주어라. 은혜를 거저 받았으니 거저 주어라. 진리를 거부할지라도 하나님은 여전히 당신 곁에 있다고 말하라. 너희 말을 듣는 자는 나의 말을 듣는 자이다. 그리고 나의 말을 듣는 자는 나를 보내신 그의 말을 듣는 것이다. 너희 메시지를 거부하는 자는 나를 거부하는 자이다….

예수는 이렇게 말씀하시고, 예수를 중심으로 둥글게 무릎을 꿇은 그들에게 아브너로부터 시작하여 각자의 머리 위에 손을 얹었다.

다음 날 아침 일찍 아브너는 35쌍의 메신저들을 갈릴리, 사마리아, 유대 지역 모든 도시로 보냈다.

이들은 육 주 동안 전파하고 가르쳤으며 12월 30일 금요일에 페레아 지역에 있는 펠라 근처의 새 야영지로 모두 돌아왔다.

2) 부자 청년과 다른 사람

70명을 선택할 위원은, 예수가 임명한 세 명인데 안드레, 아브너, 그리고 전도자 단체 임시 대표다. 선택에서 탈락한 후보자는 50명 이상이 되는데, 삼 인의 만장일치로 선택하였다. 탈락한 후보는 예수에게 데리고 갔는데, 복음 전도자로 안수받기를 갈망하는 자는 모두 선택하였다. 예수와 상담 후 원하지 않는 자가 열두 명이 넘었다.

탈락자 중에는 가정사를 먼저 정리한 후 메신저로 참석하려 했으나, 예수는 모든 것을 기꺼이 버릴 수 있어야 한다는 것이다. 부자 청년이 새로 임명되는 메신저가 되고 싶은 이유로, 영원한 생명의 확신을 얻고 싶고 그러기 위하여 무엇을 더해야 하는지를 알고 싶어 하였다. 그러자 주는, **구원은 신앙에 대한 보상이지 단지 행한 것에 대한 보상이 아니다.** 라고, 말하였다. 무릎을 꿇고 있는 부자 청년 메타돌무스에게 깊은 사랑의 눈으로 내려다보면서 "네가 만일 내 메신저가 되고 싶으면, 가서 네 모든 소유를 팔아 가난한 자나 네 형제에게 나누어 주고 와서, 나를 따르면, 하늘나라에서 보화를 갖게 될 것이다." 이 부자 청년 바리새인은 재물은 하나님의 은혜에 대한 증거라고 배웠다. 예수는 이 청년이 재물에 대한 애착을 버리지 못하는 것을 아셨다. 그래서 주는 재물에 대한 애착으로부터 그를 구해주고 싶어 하였던 것이지, 반드시 모든 재물로부터 떠나기를 원하였던 것은 아니다.

부자 청년은 70인의 일원이 되는 기쁨을 맛보기에는 늦었지만, 예루살렘 교회가 세워진 후, 주의 명령에 복종하였고, 교회의 감사가 되어 봉사하였다.

영적 세계에서는 언제나 사람은 반드시 자기 자신의 결정이 있어야 한다. 영적 세계는 사람을 강압하지 않는다. 자신의 선택으로 길을 가도록 허용한다.

부유한 것 자체는 하늘나라에 들어가는 것과 직접적인 관계는 없지만, 재물을 사랑하는 것은 관계가 있다. 어느 사람도 두 주인을 섬길 수 없다. 예수는 재물을 갖는 것이 잘못되었다고 가르친 적이 없다. 오직 열두 사도와 70인에게만 공동 목적에 사용되도록 그들의 모든 세상 재물을 바치라고 요구하였다.

예수는 초과 소득을 현명하게 투자하는 것이 미래의 재난에 대한 합리적인 형태로 보았다. 사도의 기금이 넘칠 때는 후일 수입이 줄어들 때를 대비하여 유다는 기금을 예치해 두었다. 마태는 익명으로 재산을 팔아 기금이 부족할 때마다 보충하였다.

4) 70인과의 작별

70인이 첫 번째 전도를 나가는 야영지에서 주는 다음과 같은 점을 강조하였다.

1 복음은 반드시 모든 세상으로 선포되어야 한다.
2 환자에게 기적을 기대하도록 가르치는 것을 삼가라.
3 세상에서 권력과 물질적인 외적인 나라가 아니라, 하나님 아들들의 영적 형제 신분을 전파하라.
4 전심으로 복음을 전파하는 것 이외에 사교적인 방문이나, 사소한 일에 시간을 허비하지 마라.
5 만일 어떤 집을 본부로 삼았다면 그 도시에 머무는 동안 그 집에 머물러라.
6 예루살렘 지도자들과 공개적으로 갈라설 때가 되었다는 것을 모든 신실한 신자에게 명확하게 알려라.
7 사람이 해야 할 모든 의무가 이 하나의 계명 속에 함축되어 있음을 가르쳐라.
너희 하나님이신 주님을 너희의 모든 마음과 혼으로 사랑하며 네 이웃을 네 몸같이 사랑하라.
_(바리새인이 설명하는 삶의 613가지 규칙 대신에. 이것이 사람이 해야 할 의무의 모든 것이라고 가르쳐라.)

베드로는 이어서 70인을 따로 데리고 가서 주의 말씀을 공들여 다듬어 주고 체험에서 얻은 덕목을 간직하라고 권고하였다. 모든 설명과 지시가 끝난 후 둘씩 짝을 지어 출발하였다.

5) 야영지를 펠라로 옮김

예수와 열두 사도는 마가단에서 페레아 지역의 펠라 가까운 강가에 자리 잡았다. 이곳은 세례요한이 야영지로 설치했던 곳이며 예수가 세례받은 곳이다.

다윗 세베대는 마가단 야영장을 철수하여 벳새다로 돌아가 전령들의 활동을 축소했다. 하늘나라의 일은 새로운 국면에 접어들었다. 날마다 팔레스타인 전역, 로마제국의 먼 지역 메소포타미아, 티그리스 동쪽 땅에서도 신자들이 왔다.

12월 18일 다윗 세베대는 자기 전령 단체의 도움을 받아 사도 야영지에서 800m 북쪽에 1,500명의 순례자를 접대할 준비를 하였다. 사도들의 야영지는 500명을 수용할 수 있었고 비가 많이 오는 계절이므로 숙박 시설이 필요하였다.

다윗은 야영지를 운영하는 일에 스스로 솔선수범하여 수행하였다. 전에 전령 무리 단이었던 사람 대부분을 그의 조력자로 고용하였다. 정기적인 전령 임무는 20명 미만의 사람만 배치하였다. 12월 마지막 무렵 70인이 돌아오기 전에 거의 800명의 방문자가 주의 곁에 몰려들었으며, 다윗이 지은 야영지에서 기거하였다.

6) 70인이 돌아옴

29년 12월 30일 예수가 베드로, 야고보, 요한과 함께 근처 언덕에 가 계시는 동안 70인의 메신저들이 둘씩 짝을 지어 펠라 본부에 도착하였으며 믿는 자들이 많이 따라왔다. 다윗의 전령을 통하여 몇 주일 동안 소식을 전해 듣기는 하였지만, 메시지에 굶주린 유대인과 이방인들이 복음을 어떻게 받아들여졌는가를 듣는 것은 설레는 일이었다.

예수는 마침내 자신이 몸소 있지 않아도, 사람들이 나아가 복음을 전파하는 것을 보실 수 있게 되었다. 주는 이제 이 세상을 떠나신다 해도 하늘나라 확장에 중대한 위기가 없게 되었음을 아셨다.

70인은 어떻게 자신들에게 귀신이 쫓겨나고 병자가 치료되는지를 말하고 있을 때 예수는 이런 것들에 대해 말했다. 사탄이 하늘에서 번쩍이며 떨어지는 것을 내가 봤으니, 이 불순종한 미숙한 영들이 너희에게 복종한 것은 당연하다. 이를 너무 기뻐하지 마라. 이 소수의 타락한 영이 불행한 사람의 마음속에 더 이상 들어갈 수 없도록, 내가 아버지에게 돌아가자마자 우리가 우리의 영을 사람의 그 마음속에 보낼 것이기 때문이다. 이 체험 때문에 들뜨지 말고 오히려 하늘의 두루마리에 기록된 것과 영적 정복의 끝없는 생애를 향해 가게 됨을 기뻐해라.

.....듣고 나신 후 모든 제자에게 말씀하셨다. 복음을 믿기로 작정한 이 공동체는 복

이 있다. 그러나 빛을 거부한 고라신, 벳새다- 주리아스, 그리고 가버나움 주민들은 화가 있을 것이다. 심판의 날에는 두로와 시돈이 더 견디기 쉬울 것이다.

예수는 70인을 따로 데리고 가서 말했다. 좋은 소식을 가지고 왔을 때 정말 기뻤다. 그러나 너희는 왜 놀랄 정도로 의기양양했느냐? 복음은 전할 때 능력이 나타나리라 기대하지 않았느냐? 놀라서 돌아올 만큼 이 복음을 믿지 않은 상태에서 나갔더냐? 너희의 기뻐하는 영을 억압하려는 것이 아니다. 자만심 즉 자부심의 흉계에 대해 엄중히 경고 하고자 한다. 너희가 사악한 존재인 루시퍼의 멸망을 이해할 수 있었다면, 어떤 형태의 영적 자부심을 진지하게 피했을 것이다.

사람에게 그가 하나님의 아들이라는 것을 가르치는 이 위대한 일에 너희가 참여하고 있다. 나는 너희에게 그 길을 보여주었다. 너희는 임무에 충실하고 선행을 하는데 싫증을 내지 말라고 하였다. 너희에게 앞으로 뒤를 따라올 모든 사람에게 말하겠는데 나는 항상 곁에 서 있으며, 지금과 앞으로 영원히 초청할 것이다. 수고하고 무거운 짐 진 자는 모두 내게로 오면 내가 쉬게 해줄 것이다. 나는 진실하고 충성스러우니, 너희는 나의 멍에를 지고 나에게서 배우라. 그러면 너희 혼을 위한 영적 안식을 얻을 것이다.

그들이 주의 약속을 시험해 보았을 때 그 말씀이 참말임을 발견하였다. 그날부터 수많은 사람이 이 약속을 시험해 보았고 그 약속이 확실함을 체험하였다.

7) 마지막 사명 임무를 위한 준비

예수와 열두 사도의 본부를 이곳 펠라 야영지에 두고 페레아 지역 전도를 위한 준비가 완료되었다. 예수가 이 땅에서 마지막 수고를 하기 위하여 예루살렘에 가기까지 석 달 동안 유지하였다.

이제는 사람을 가르치려고 멀리 갈 필요가 없었다. 그들이 예수에게 왔으며 매주 숫자가 늘어났다. 팔레스타인뿐만 아니라 로마 지역과 근동의 모든 지역에서 왔다. 주는 페레아 전도에 70인과 함께 하기도 하였지만 시간 대부분을 야영지에서, 대중을 가르치고 열두 사도를 교육하였다.

열두 명의 여자 대원도 70명의 대원과 함께 가려고 준비하였다. 먼저 선발된 이 열두 명의 여자 대원은, 최근에 50명의 여자로 구성된 더 큰 단체에, 병자와 고난 겪는 자를 돌보는 교육을 했다.

시몬 베드로의 아내 퍼페투아가 새로운 여인 전도단의 회원이 되었으며, 아브너 밑에서 확대된 여인 전도단의 일에 대한 지도자의 역할을 줬다. 오순절 이후에 그녀는 유명해진 남편과 함께 모든 선교 여행에 동행 했으며, 베드로가 로마에서 십자가형에 처하던 날, 그녀도 경기장 맹수들의 밥이 되었다. 이 새로운 전도단에는 빌립과 마태의 아내 그리고 야고보와 요한의 어머니도 있었다.

이제 천국의 일은 예수의 직접적인 지도하에 마지막 단계에 들어갈 준비가 되었다. 현재의 단계는 갈릴리 지역에서 마음속으로 기적을 기대하고 이적을 찾던 군중과는 대조적으로, 예수를 믿는 사람이 영적으로 깊이를 가진 단계이다. 그러나 아직 물질적인 마음에 사로잡힌 자들과, 하나님이 우주 아버지 신분이라는 영원한 사실에 기초하여 사람이 영적으로 서로 형제라는 진리를 파악하지 못한 자도 여전히 많이 있었다.

29. 봉헌 축제에서

야영지가 펠라에 세워지자, 예수는 나다니엘과 도마를 데리고 비밀리에 예루살렘에 올라가 봉한 축제에 참여하였다. 두 사도는, 간청하여 단념시키려 하였지만, 예수는 오직 "나의 때가 오기 전에 이스라엘에 있는 선생들에게 빛을 볼 수 있는 다른 기회를 주려고 한다."라고 대답할 뿐이었다.

1) 선한 사마리아인의 이야기

오후 4시 반경 여리고에 도착하여 숙소를 잡았는데, 질문하려고 많은 사람이 모여들었다. 많은 부분을 사도가 대답하였고, 어떤 것은 주가 상세하게 알려 주었다. 이때 어떤 율법사가 곤경에 빠뜨리는 논쟁을 하기 위하여 말했다. '선생님 제가 영생을 얻으려면 무엇을 해야 합니까?' 예수는 말려들지 않고 그 대답을 율법사가 하게 하였다…. 그러면 누가 제 이웃입니까? 어떤 사람이 산적을 만나 반쯤 죽은 상태로 버려진 경우를 예로 들어 설명하고…. 율법사에게 누가 네 이웃인가를 대답하게 하였다. 자신이 함정에 빠진 것을 알고 '그에게 자비를 베푼 자입니다.'

예수가 그 같이 대답하였다면 곧바로 이단으로 고발되었을 것이다. 이 이야기는 자신을 따르는 자들에게는 아름다운 훈계였으며 유대인에게는 멋진 꾸지람이 되었다. 후일 복음을 믿는 모든 사람 사이에 형제간의 사랑을 촉진해 주었다.

2) 예루살렘에서

예수께서 전에 초막절 축제에는 로마제국 전 지역에서 오는 순례자에게 복음을 선포하려고 참석하였다. 지금은 오직 산해드린과 유대 지도자에게 빛을 볼 수 있는 기회를 한 번 더 주기 위함이다. 금요일 밤 니고데모의 집에는, 25명가량의 믿는 유대인 지도자가 모였는데, 14명은 산해드린 회원이거나이었던 사람이다. 이 모임에 이버, 마타돌무스, 아리마데의 요셉도 있었다.

이때 청중은 모두 지식인이며, 이 저명한 무리에게 한 말씀의 활력과 그 깊이에 모두 경탄하였다. 알렉산드리아와 로마 그리고 지중해 연안에 있는 섬에서 가르친 이후 이때만큼 세속적인 면과 종교적인 면에서 이토록 박식함을 나타내거나 사람의 관련사를 파악하고 있음을 보여준 적이 없다.

3) 눈이 먼 걸인을 고쳐줌

안식일 아침 예수와 두 사도는 베다니에서 예루살렘으로 갔다. 성전에 가까이 갔을 때, 날 때부터 소경인 거지 요시아를 만났다. 안식일에 구걸하는 것은 금지되기는 하였지만, 늘 있던 자리에 앉아 있는 것은 허용되었다. 예수는 이 사람을 바라보다가, 산해드린과 유대 지도자와 종교 지도자에게 자신의 임무를 어떻게 한 번 더 알려줄 수 있을까를 생각하였다.

랍비들은 소경이 된 경우에는 죄 때문에 그렇게 된다고 가르쳤다. 죄를 품고 태어난 아이뿐 아니라, 조상이 저지른 특별한 죄에 대한 형벌, 심지어 아이가 세상에 태어나기 전에 스스로 죄를 지을 수 있다고 가르쳤다. 아이를 잉태하는 동안 그 어머니가 지은 어떤 죄, 또는 어떤 방종함에 의해 그러한 결함이 생길 수 있다고 가르쳤다. 이 지방 전체는 환생에 대한 믿음이 널리 퍼져 있었다. 플라톤, 필로, 많은 에세네파 사람을 포함하여, 이전의 유대인 선생은 이전의 실존에서 씨 뿌리는 것은, 그 사람의 윤회에서 거두게 될 것이라는 이론을 용납하였다.

주는 사람에게 그들의 혼이 이전의 실존을 가진 적이 없다는 것을 믿도록 하기가 어렵다는 것을 발견하였다…. 예수는 평범한 물질적 사건에도 영적 원인을 적용하려는 일반적 경향을 피하라고 그들에게 자주 경고하였다.

예수는 나다니엘과 도마에 말했다. "사람의 아들을 고소하기 위하여 찾고 있는 서기관과 바리새인에게 충분한 기회가 되도록 이 안식일에 소경이 볼 수 있도록 해 주자." 이 모든 말을 소경이 들을 수 있게 말하면서 땅에 침을 뱉어 침과 흙을 개어 요시아의 눈에 바르고 "이 사람아, 실로암 못에 가서 이 흙을 씻어라. 그러면 네가 곧 보게 될 것이다." 가서 씻었을 때 요시아는 눈이 보이게 되었고, 친구와 가족에게로 돌아갔다.

예수가 흙과 침을 사용하고, 실로암이라는 상징적인 연못에 가서 씻으라고 한 것은 세 가지의 이유가 있다.

1 이것은 개인의 믿음에 따라서 온 기적이 아니다. 예수 자신의 목적을 위하여 선택한 이적이지만 이 사람이 오랫동안 은혜를 입도록 하였다.
2 소경이 고쳐 달라고 하지 않았고, 믿음이 약했기 때문에 물질적 행위는 그에게 용기를 줄 목적으로 사용되었다. 침의 효과는 미신적으로 믿었으며 실로암 연못은 다소 신성한 장소로 알았다. 흙을 씻어야 할 필요가 없었다면 그곳에 가지 않았을 것이다. 그 일은 단지 그를 행

하도록 설득하는 활동 행위에 필요한 의례일 뿐이다.
3 이렇게 하여 앞으로 오는 모든 시대에 병을 고치는 일은 물질적 수단을 무시하거나 경멸하는 일이 없도록 가르치기 위함이었다. 예수는, 기적만이 인간의 병을 치료하는 방법이라는 생각을 버리도록 그들을 가르치려고 하였다.

이 안식일 아침에 성전 근처에서 기적을 행하심은 산해드린과 유대인 선생 그리고 종교 지도자에게 공개적인 도전이 되도록 하는 것이 주된 목적이다. 이것은 바리새인과 공개적인 단절을 선언하는 그의 방법이다. 예수는 무슨 일을 하든지 항상 적극적이다. 이 문제를 산해드린 앞에 제기할 목적으로 예수는 안식일 오후 일찍 이 사람에게 두 사도를 데리고 와서 의도적으로 그러한 대화를 하도록 부추겼으며, 이것은 바리새인들이 기적이 일어난 것을 어쩔 수 없이 알도록 하였다.

4) 산해드린 앞에 선 요시아

오후 중간 무렵 요시아를 치유한 사건은 성전 주변에서 큰 논란거리가 되었다. 그래서 산해드린 지도자는 평상시의 성전 회의 장소에서 회의를 열기로 하였다. 안식일에 산해드린 집회를 금지하는 오래된 규칙을 어기면서 이렇게 하였다. 마지막 시험이 올 때 안식일에 소경을 고쳐준 것이 자기를 고발하는 주요 제목이 될 것인 것을 아시고, 안식일에 소경을 고쳐준 것이 산해드린 앞에 고발되어 재판받기를 바라셨다. 이는 이 자비의 행동에 대하여 그를 심판하게 되면, 바로 그 높은 유대인 법정 재판소는 안식일에 이들 문제를 심의하는 것이고, 그것은 그들이 정해 놓은 율법을 직접 위반하는 것이다.

안식일에 모인 산해드린 회원 50여 명은 예수를 두려워하여 부르지 못하고 대신에 요시아를 즉시 데려오도록 하였다. 요시아는 예수가 구원자라고 불리는 사람이라는 사실을 아직 모르고 있었다. 그래서 바리새인의 질문에 이 사람이 와서, 내 눈에 흙을 바르고, 실로암에 가서 씻으라고 하였으며, 지금 내가 봅니다.

나이 많은 바리새인이 긴 연설을 한 후에 말했다. 이 사람은 하나님으로부터 온 자가 될 수 없다. 왜냐하면, 인식일을 지키지 않았다. 흙을 빚었다. 안식일에 실로암에 가서 씻도록 하여 율법을 어겼다.

몰래 예수를 믿는 젊은 사람이 만일 이 사람이 하나님으로부터 오지 않았다면 어떻게 이런 일을 할 수 있습니까? 당신은 아직도 이 선지자가 마귀들 두목의 힘으로 기적을 행한다고 말하고자 합니까? 질문이 오고 가며 바리새인의 황당한 질문에 심각한 분열이 일어났다. 우왕좌왕하는 가운데 논쟁을 진정시키려고 요시아에게, 예수에 대하여 무슨 할 말이 있느냐? 그래서 요시아가 대답하기를 '나는 그가 선지자라고 생각합니다.'

지도자들은 어찌할 바를 모르고 불안해하며, 요시아의 눈 뜬 것을 믿지 않으려 하였다. 요시아의 부모를 불러 물어보았으나 그도, 요시아가 나이가 찼으니 직접 이야기하라고 하였다…. '제가 아는 한가지는 제가 소경이었다는 것과 지금 본다는 것입니다.'…. 요시아는 참을 수 없어서, 제 말을 믿지 못하고 다시 묻는 것은 당신들도 그의 제자가 되려 하십니까? 산해드린 공회는 갑자기 혼란에 빠져 충돌 직전까지 같다…. 화가 나서 소리치며 우리는 모세의 제자이며 율법의 선생들이다….

그러자 요시아는 걸상 위에 올라서서 모든 사람이 듣도록 소리쳐 말하였다. '모든 이스라엘 선생이라고 주장하는 여러분은 들으시오, 여기 놀라운 일이 있음을 증명하는 데도 그 사람이 어디서 왔는지 모른다고 하고, 그가 내 눈을 뜨게 하였다는 증거를 듣고도 아직 확실히 모르겠다고 당신들은 말한다. 하나님께서 사악한 자에게 그런 일을 이루지 않는다는 것과, 오직 진실하게 경배하는 자, 거룩하고 의로운 사람의 요청이 있을 때만, 그러한 일을 한다는 것은 우리 모두 아는 사실입니다. 날 때부터 소경 되었던 자가 눈을 떴다는 것을 창세 이후로 들어본 적이 없다는 사실을 당신들도 아십니다. 그렇다면 여러분은 저를 보시고 오늘 예루살렘에서 무슨 일이 일어났는지를 깨달으십시오! 제가 말하는 것은 만일 그 사람이 하나님한테서 오시지 않았다면, 이런 일을 하실 수 없다는 것입니다.' 산해드린 공회는 분노와 혼란 속에서 흩어지면서 그에게 소리쳤다….

요시아는 예수에 대하여 그리고 그의 본질에 대하여 거의 모르는 채로 재판에 부쳐졌다. 이스라엘 최고 법정 앞에서 그토록 현명하고 용감하게 제시하였던 대담한 증거는, 재판이 순간마다 부당하고 옳지 않게 진행되면서 그의 마음에 우러난 것이다.

5) 솔로몬 현관에서 가르침

안식일을 위반하며 열리는 산헤드린 공회가 진행되는 동안, 예수는 산헤드린 앞에 소환되어, 하나님 나라에서 신성한 아들 관계를 이루는 기쁨과 자유에 대한 복된 소식을 그들에게 말할 수 있기를 기대하였다. 줄곧 가까운 곳에 계시며 솔로몬의 강당에서 가르치기도 하였다. 그들은 예수 데려오기를 두려워하였다. 예수가 갑자기 예루살렘에 공개적으로 나타날 때마다 항상 당황하였다. 열심히 찾던 그 기회를 예수가 주었지만, 산헤드린 앞에 증인으로 출두시키는 것을 두려워하였으며, 체포하는 것은 더욱 두려워하였다.

이 시기는 겨울 중간 무렵이고 솔로몬 강당과 근처에서 두 시간 이상 그들의 질문을 받으며 가르쳤다. 어떤 유대인 선생은 예수를 함정에 빠뜨리려고 공개적으로 물었다. '얼마나 우리를 더 애타게 하실 작정입니까? 당신이 메시아라면 왜 우리에게 솔직히 말하지 않습니까?' 내가 여러 번 나와 아버지에 관하여 말하였지만, 너희가 믿지 않았다. 내가 내 아버지의 이름으로 행한 일이 나를 증거하고 있다. 너희가 믿지 못하는 것은 내 양이 아니기 때문이다. 내 양은 내 음성을 듣고 나를 따른다. 나의 가르침을 따르는 모든 자에게 내가 영원한 생명을 줄 것이다. 그들은 절대 소멸하지 않을 것이고 아무도 내 손에서 빼앗을 수 없다. 이 어린아이들을 내게 주신 아버지는 모든 것보다 크시며, 누구도 아버지의 손에서 그들을 빼앗을 수 없다. 그 아버지와 나는 하나이다. 믿지 않는 어떤 유대인은 돌을 던지려 했으나 믿는 자들이 그들을 말렸다.

예수는 계속 가르치셨다. 이 선한 일 중에 어떤 것에 대하여, 내게 돌을 던지려고 하느냐? 선한 일에 대하여 돌을 던지려는 것이 아니라 신성 모독에 대하여 그리하는 것인데, 네가 사람이면서 감히 너 자신을 하나님과 동등 되게 만들려고 하기 때문이다. 예수가 대답하였다. "하나님께서 나를 보내셨다는 것을 내가 너희에게 선포하였을 때 너희가 나를 믿기를 거절하였기 때문에, 사람의 아들에게 신성 모독죄를 씌우려 한다. 내가 만일 하나님의 일을 하지 않으면 나를 믿지 마라, 그러나 만일 내가 하나님의 일을 한다면, 너희가 나를 믿지는 않더라도, 그 일들은 믿을 수 있으리라 생각한다. 그러나 내가 다시 한번 나타내고자 하는 것은, 내가 선포하는 것은 너희가 확신할 수 있다는 것과, 아버지께서 내 안에 계시고 내가 아버지 안에 있다는 것, 그리고 아버지께서 내 안에 계신 것같이 나도 이 복음을 믿는 모든 사람 속에 거할 것이다."

이 말씀을 듣고 많은 사람이 돌을 던지려 하였으나 성전 안쪽을 통하여 빠져나왔다. 산해드린 공회에 참석하고 있었던 나다니엘과 도마를 만나, 요시아가 회의장에서 나올 때까지 성전 근처에서 기다리셨다.

......예수와 두 사도는 요시아를 데리고 펠라에 있는 야영지로 데리고 왔다. 이 세상을 떠날 준비가 될 때까지 주는 예루살렘에 가지 않았다. 요시아는 평생 하늘나라 복음 설교자가 되었다.

30. 페레아 사명 시작

서기 30년 1월 3일 화요일 세례 요한의 열두 사도 우두머리였고 나실인이며 엔디게에 있는 나실인 학교 교장이었고 지금은 안수받은 70인 전도자의 대장인 아브너는, 페레아의 모든 도시와 마을에 복음을 전파하러 보내기에 앞서 동료들을 모두 불러 최종 지시를 하였다. 이 전도 활동은 석 달 동안 진행하였고, 70인은 예수와 열두 사도의 도움을 잠깐씩 받으며 도시와 성읍 그리고 50여 개의 마을에서 일하였다.

이제 62명이 된 여자 대원은 페레아 전도 여행 전 기간 병자들을 돌보는 일을 거의 도맡아 하였다. 이 기간 복음이 영적으로 더 높은 경지로 발전하였고 기적을 행하는 일은 없었다. 이 지역에서는 속속들이 찾아 전파하였고 상류층 시민들도 잘 받아들였다.

페레아 지방은 유다 마카비 시대에 이방인과 유대인이 이주해 왔고 아름답고 그림 같은 지역이다. 유대인에게는 **'요단 저편 땅'**으로 알려져 있다.

1) 팰라 야영지에서

1월 중순쯤 1,200명 이상의 사람이 펠라에 모였다. 예수는 야영지에 머무는 동안 아침 9시부터 말씀하였다. 오후에는 베드로와 다른 사도가 가르쳤고, 저녁 시간은 평범한 학습 시간으로 예수와 십이사도 등 50여 명이 모여 질의응답을 하였다.

3월 중순쯤 예수가 예루살렘으로 향하였을 때까지 400명 이상이 예수와 베드로의 설교를 듣기 위해 모였다. 주는 자기 메시지에 관한 관심이 최고조에 달하였을 때 이 땅에서의 일을 마치기로 하였는데, 기적이 없는 2단계의 정점에서 이루어졌다.

예수와 열두 사도는 실제 전도 활동에는 거의 참여하지 않았고, 아브너의 동료들을 방문하러 이따금 나갔다. 이브너와 70인은 팰라 야영지에 한 번도 돌아오지 않았다.

2) 선한 목자에 관한 교훈

봉헌 축제가 끝날 무렵 서둘러 예루살렘을 떠나는 예수를 따라, 주민과 바리새인 300명 이상이 팰라 까지 따라왔다. 저녁에는 적들도 있어서 비유로 가르치셨다. 이 밤에 내 앞에는 복음을 위하여 기꺼이 순교할 자들도 있고, 전통에 노예가 된 자로서 음흉하고 속이는 너희 지도자들과 함께 따라와 사람의 아들을 죽이려 하는 자들도 있다. 내가 지금 육체로 살고 있는 삶이, 너희 모두, 참 목자와 거짓 목자를 심판할 것이다…. 내 아버지 양 무리의 대리 목자가 되고자 하는 너희는 제값을 하는 지도자가 되어야 할 뿐만 아니라, 좋은 음식, 물이 있는 푸른 초장으로 양 무리를 인도해야 참 목자다.

나는 아버지의 양 무리에 들어가는 그 문이며, 동시에 내 아버지의 양 무리의 참 목자다 내가 만들고 제정한 방법대로 영원한 길에 들어가는 자는 누구든지 구원을 받을 것이며 파라다이스의 영원한 초장에 이르기까지 계속 나아갈 수 있을 것이다…. 너희가 내 친구이든 내 적이든 나는 참 목자이다. 나는 나의 양들을 알고 또 나의 양들은 나를 안다. 나는 위험이 닥쳐도 도망하지 않을 것이다. 나는 내 아버지 뜻의 완성인 이 봉사를 완결할 것이며, 아버지께서 내게 맡겨주신 그 양 무리를 버리지 않을 것이다.

그러나 나에게는 이 우리에 들지 않은 다른 양들이 많이 있으며, 이 말은 이 세계에서만 옳은 것이 아니다. 다른 이 양들도 내 음성을 알아보며, 모두 한 우리 안으로 들어오도록, 하나님의 아들들로서 한 형제가 되도록 하겠다고 아버지께 약속하였다. 그렇게 되면 너희 모두는 한 목자, 참 목자의 음성을 알아볼 것이며, 하나님 아버지 신분을 모두 알게 될 것이다.

그리하여 너희는 아버지께서 왜 나를 사랑하고 이 권역에 있는 그의 모든 양 무리를 내 손에 맡겨주셨는지를 알아야 할 것이다. 그것은 내가 내 양 우리를 지키는 데 실패하지 않으리라는 것, 내가 내 양을 버리지 않으리라는 것, 그리고 필요하다면 그의 다양한 양 떼들을 위한 봉사에서 주저하지 않고 나의 생명을 내려놓으리라는 것을 아버지께서 아시기 때문이다.

그러나 너희는 알아야 한다. 내가 만일 나의 생명을 내려놓는다면, 나는 다시 그것을 취할 것이다. 어떤 사람도 다른 어떤 창조 체도 내 생명을 빼앗을 수는 없다. 나는 내 생명을 내려놓을 권리와 힘을 가졌고, 그것을 다시 취할 권리와 힘을 똑같이 갖고 있다. 너희는 이것을 이해할 수 없겠지만, 나는 그러한 권한을 이 세상이 있기도 전에 아버지로부터 받아들였다.

이러한 말을 들었을 때 사도는 혼동되었고, 제자는 놀랐으나, 예루살렘에서 온 사람은 의견이 엇갈렸다. 이들 유대인 선생 가운데 반 정도가 다음 날 예수를 믿겠다고 고백하였으며, 나머지 반은 어찌할 바를 몰라서 예루살렘과 고향으로 돌아갔다.

3) 펠라에서 안식일 설교

1월 말 안식일 오후에는 군중이 3,000여 명이 되었다. 1월 28일 토요일 '신뢰와 영적 준비'라는 제목으로 설교하였다. 선입견을 고수하고 전통의 노예로 길든 외식하는 바리새인의 누룩을 조심하라. 그렇지만 다수는 정직하고 일부는 내 제자가 되어 이곳에 있다…. 하늘이나 땅에서 아무도 두려워하지 말라, 너희를 불의에서 구원하여 우주의 심판 자리에서 죄 없다 하실 능력을 갖춘 그를 아는 것을 기뻐하라.

..... 세라핌 수호천사에게 네 머리카락 숫자까지도 알려져 있다. 이러한데 일상생활에서 사소한 일을 두려워하느냐? 두려워 마라 너희는 많은 참새보다 훨씬 귀하다.

사람 앞에서 내 복음을 믿는다고 고백할 용기를 가진 너희 모두를 하늘의 천사들 앞에서 내가 곧 인정하겠지만, 사람 앞에서 내가 가르친 진리를 알면서 부인하는 자는 하늘의 천사들 앞에 서기도 전에, 운명의 천사들이 부인할 것이다.

사람의 아들에 대해 무슨 말을 해도 용서 받겠지만, 감히 하나님을 모독하는 자는 결코 용서받지 못할 것이다. 하나님이 행하심을 알면서도 악한 존재가 한 것으로 돌려서 말하는 고의로 반역하는 죄는 용서받지 못한다. 높은 관리들 앞에 끌려갔을 때 무슨 말을 할까 염려하지 마라. 너희 속에 거하시는 영이 천국 복음의 명예를 위하여 그 순간 무슨 말을 할지 확실히 가르쳐줄 것이다.

너희는 결단하지 않고 얼마나 더 머뭇거리겠느냐? 왜 망설이느냐? 유대인이든 이방인이든 **자신이 영원한 하나님의 아들이라는 복된 소식**을 왜 받아들이지 않느냐? 영적 유산을 기쁘게 얻으라고 얼마나 더 너희를 설득해야 하겠느냐??

나는 아버지를 너희에게 보여주고 너희를 아버지께 인도하기 위하여 이 세상에 왔다. 처음부터 끝까지 너희의 동의 없이는 내가 아무 일도 하지 않을 것이다. **아버지는 어떤 사람에게도 천국에 들어오라고 강요하지 않으신다.** 누구든지 원하는 자는 들어오게 하여 값없이 생명수를 마시게 하라는 그 초청은 이제까지도 있었고 또 앞으로도 항상 있을 것이다. 예수가 말씀을 마쳤을 때, 많은 사람이 나와 요단강에서 사도에게 세례를 받았으며. 예수는 남아 있는 사람의 질문에 귀를 기울였다.

4) 유산을 나눔

어느 젊은이가 부모의 상속재산을 형이 제 몫을 주지 않자, 주께 부탁하였으나, 다소 기분이 상했지만, 주위 사람에게 말했다.

탐욕에 빠지지 않도록 스스로 조심하라. 사람의 생명이 소유한 물질의 풍성함에 있는 것이 아니다. 행복은 재물의 힘에서 오지 않으며, 기쁨은 부귀로부터 나오지 않는다.

재물 그 자체는 어떤 재앙의 씨가 아니다. 단지 부(富)를 사랑하는 마음이 자주 이 세상 관련사에 너무 헌신하도록 이끌기 때문에, 혼이 땅에 있는 하나님 왕국의 영 실체들이 아름다워 끌어당김과 그리고 하늘에 있는 영원한 생명의 기쁨을 볼 수 없게 된다. 이어서 어리석은 부자 이야기를 들려주었다.

사도일지라도 현세의 일은 관여하지 않았으나 어느 제자가 물었다.

주여, 저는 당신의 사도들이 당신을 따르려고 땅에서 소유를 다 팔았고, 그들은 에센인 사람이 하는 것처럼 모든 것을 공동으로 하고 있음을 알고 있는데, 당신의 제자인 우리가 모두 마찬가지로 그렇게 되기를 원하십니까? 정직한 재물을 소유하는 것이 죄입니까? 예수가 이 질문에 대답하였다.

나의 친구여, 명예로운 재물을 가지는 것은 죄가 아니다. 그러나 네가 만일 물질, 재물이 보물로 되어 그것이 너의 관심을 빨아들이고, 너의 애정이 왕국의 영적 추구에 대한 헌신으로부터 전환되고 있다면 그것은 죄가 된다. 너희 보물이 하늘에 있다면, 이 땅에서 정직한 소유가 있는 것에 그 어떤 죄도 없다. 이는 너희 보물이 있는 바로 그곳에 역시 너희 진심이 있기 때문이다.

재물이 영구적인 것이 아니라는 것을 잊지 말아라. 부유해지기를 갈망하는 자는 종종 어두움에 처하고 영적 통찰력을 잃어버린다. 재물이 너희 하인이 되는 것이 아니라 너희 주인이 되는 위험성을 꼭 기억하기를 바란다.

예수는 낭비, 게으름, 가족의 필수품 마련에 대한 무관심, 자선금에 의존하는 것은 가르치지도 묵인하지도 않았다. 그러나 물질적이고 세속적인 것이 혼의 행복에, 그리고 하늘 왕국에서 영적 본성의 진보에 종속되어야 한다고 가르치셨다.

내가 온 것은 부자나 혹은 가난한 자를 심판하려는 것이 아니라, **사람이 살았던 삶에 대하여 심판이 모두에게 임할 것이다.** 심판 때에 재물에 관하여 여러 다른 면들이 고려될지 모르지만, 큰 재물을 얻은 사람은 누구든지 적어도 세 가지 질문에는 반드시 대답해야 한다.

1 얼마나 많은 재물을 축적하였는가?
2 어떻게 이 재물을 얻었나?

3 이 재물을 어떻게 사용하였는가?

5) 재물에 관하여 사도에게 말씀하심

안드레가 우리에게도 같은 말씀을 해주시지 않으시겠습니까?

좋다. 안드레야, 너희에게 재물과 자아-유지에 관한 문제에 대하여 말해주겠지만, 너희는 모든 것을 떠나서 나를 따를 뿐만 아니라, 하늘나라의 대사로서 서도 임명을 받았기 때문에, 너희에게 하는 이 말은 제자나 군중에게 말하였던 것과는 어느 정도 다를 것이다. 너희가 전파하는 하늘나라의 아버지는 너희를 버리지 않으신다는 사실은 너희는 이미 여러 해 동안 체험을 하였고, 잘 알고 있다. 너희는 하늘나라의 사명 활동에 너희의 삶을 바쳐왔다; 그러므로, 무엇을 먹을지 또는 몸을 위하여 무엇을 입을지 하는 세속적인 생활에 필요한 것들 때문에 염려하거나 걱정하지 말라. 혼의 행복이 먹고 마시는 것보다 중요하다; 영의 진보가 의복의 필요성보다 훨씬 더 중요하다. 너희 양식의 확실성에 의심이 들 때는 까마귀를 생각해 보아라; 그들은 심지도 않고 거두지도 않으며 창고나 헛간도 없지만 아버지께서 먹이를 찾아다니는 그들 모든 각자에게 먹이를 주신다. 그런데 하물며 너희는 이 새들보다 얼마나 더 중요하냐? 또한, 너희가 염려하고 조바심하며 의심한다고 해서, 너희의 물질적이 필요가 채워지는 것이 아니다.

염려함으로써 네 키를 한 뼘이라도 키울 수 있거나, 네 생명을 하루라고 연장할 수 있느냐? 그러한 문제들은 너희 손에 달린 것이 아닌데, 너희는 왜 이 문제들 때문에 염려하느냐?

아버지와 내가 너희에게 필요한 모든 것들을 알고 있음을 믿어라. 너희 모두에게 한 번 더 확실하게 말하겠는데, 너희 삶을 하늘나라의 일에 바치면, 너희에게 실제 필요한 모든 것들이 공급될 것이다. 더 큰 것을 구하라. 그리하면 그보다 작은 것들은 그 안에서 발견될 것이다. **하늘의 것을 구하면 땅의 것은 그 안에 들어있을 수밖에 없다.** 그림자는 반드시 본체를 따르는 것이다.

6) 베드로의 질문에 대답하심

앉아서 생각할 때, 베드로가 물었다. 이 비유를 사도인 우리에게 말씀하는 것입니까, 아니면 모든 제자에게 하는 것입니까?

예수께서 대답했다. 시험이 있을 때, 사람의 혼이 드러날 것이다; 가슴속에 실제로 무엇이 있는지 드러나도록 시험 될 것이다. 하인이 시험받고 통과되면, 집주인이 하인에게 식솔들을 맡기면서, 이 신실한 청지기를 틀림없이 신뢰하여 자기 자녀에게 음식을 공급하고 양육하도록 감독을 맡길 것이다. 마찬가지로 나도, 아버지께로 돌아갈 때, 나의 자녀 복지를 누구에게 맡길 수 있는지, 내가 곧 알게 될 것이다. 그 집 주인이 시험에 통과된 참된 하인에게 자기 가족의 관련사들을 맡기듯이, 나도 내 왕국의 관련사를 곤경에 처하게 되는 때에 시험을 잘 견딜 자를 선택하여 일을 맡길 것이다.

너희는 예기치 않은 방법으로 갑자기 닥쳐올 그날을 위하여 스스로 잘 준비하도록 하여라. 너희에게 많이 맡겨진 만큼, 너희로부터 요구될 것이라는 사실을 꼭 기억해라. 격렬한 시험이 너희에게 임박하였다. 받아야 할 세례가 나에게 있으며, 이것이 완료될 때까지 지켜볼 것이다. 너희는 이 땅에서 평화를 전하지만, 나의 임무는 사람의 물질적인 관련사에서 평화를 주려는 것이 아니다.

적어도 당분간은, 가족 중에 두 사람이 나를 믿고 세 사람이 이 복음을 거부하는 곳에는 분열만이 있을 뿐이다. 너희가 전하는 복음에 의해서 친구와 가족, 사랑하는 사람이 서로 배척하게 될 것이다. 진실로, 믿는 자들은 각자 자기 가슴속에 크고 영원한 평화를 갖게 되겠지만, 이 땅의 평화는 모든 사람이 하나님의 아들이 되는 영광스러운 유산을 기꺼이 믿고 그 세계로 들어갈 때야 비로소 이루어질 것이다.

그런데도 세상에 나아가서 이 복음을 전파하되, 모든 나라, 모든 남자, 여자, 그리고 어린아이에게 전파하라.

이렇게 하여 알차고 바쁜 안식일이 지나갔다. 다음 날 예수와 열두 사도는 페레아 북쪽 지방으로 가서 아브너의 감독하에 이 지역에서 일하고 있는 70인을 방문하였다.

31. 북쪽 페레아의 마지막 방문

서기 30년 2월 11일부터 예수와 열두 사도는, 아브너의 동료와 여자 무리 단의 회원이 사명 활동하고 있는 북쪽 페레아 지방의 모든 도시와 마을을 둘러보았다. 그들은 이 복음의 메신저들이 성공적으로 일하고 있음을 발견하였고, 예수는 사도에게 하늘나라 복음이 기적과 이적을 진행하지 않고도 전파될 수 있다는 사실을 반복하여 상기시키셨다.

페레아에서 3달 동안 사명 활동은 열두 사도가 도움을 거의 주지 않았는데도 성공적으로 수행되었으며, 이때부터 복음은 **예수의 개인성보다는 예수의 가르침에서 반영되었다. 그러나 그의 추종자들은 그의 지침을 오랫동안 따르지는 못했는데, 이로써 예수가 죽고 부활한 후에 그들은 곧 그의 가르침을 떠나서 기적적인 개념과 그의 신성한-인간 개인성의 영화로웠던 기억을 중심으로 교회를 세우기 시작하게 된 것이다.**

1) 라가바의 바리새인들

2월 18일 안식일 그곳 부자 바리새인 나다니엘은 예수를 주빈으로 아침 식사에 초대하였다.

20명쯤 되는 사람 중에 상당히 많은 숫자가 사도와 예수를 따랐다. 일부 바리새인이 냉소적이고 쌀쌀맞게 대하자….

너희 어리석은 자들아, 하늘에 계신 아버지는 너희의 외적인 태도와 독실한 고백뿐 아니라 혼의 내적인 동기도 보신다는 것을 이해하지 못하겠느냐? 구제하고 십일조를 내는 것이 불의로부터 너희를 씻어낸다든지, 모든 사람 재판관 앞에서 깨끗하게 서 있게 하리라 생각지 말라. 생명의 빛을 계속하여 거부하는 너희 바리새인에게 화가 있을 것이라! 너희가 십일조를 내는 데 어김이 없고 구제하는 것에 화려하게 자랑스럽지만, 너희는 알면서도 하나님의 강림을 업신여겨 물리치고 그 사랑의 계시를 거절하고 있다. 너희가 이들 사소한 의무에 주의를 기울이는 것이 비록 옳다 할지라도, 더 중요한 요구사항을 행하지 않은 채로 내버려 두지 말아야만 한다. 공의를 피하고 자비를 거절하며 진리를 거부하는 자들 모두에게는 화가 있을 것이라! 회당에서 높은 자리에 앉으려 하고, 장터에 서서 아첨하는 인사 받기는 좋아하면서, 아버지의 계시를 얕보는 모든 자들에게 화가 있을 것이다!….

……그러나 너희가 하늘나라의 문을 닫을 수 없다.; 들어가고자 하는 모든 사람에게 우리가 이것을 열어 놓았고, 이 자비의 문은, 마치 흰색 칠한 무덤같이 겉으로는 아름다우나 속으로는 죽은 자의 뼈와 모든 종류의 영적 더러움이 가득한, 거짓 선생과 참되지 않은 목자들의 편견과 오만 때문에 닫히지 않을 것이다.

그리고 예수가 나다니엘의 식탁에서 말씀을 마치시고, 음식을 들지 않은 채로 밖으로 나가셨다. 이 말씀을 들은 바리새인 중에 어떤 사람은 그의 가르침을 믿게 되어, 하늘나라에 가입했다. 더 많은 다른 사람은 흑암 속 길을 계속하여 고집하였고, 더 나아가서는, 예루살렘에서 있을 산해드린 공회 앞에 그를 데려가 시험하고 심판할 수 있도록, 그의 말속에서 책을 잡을 때까지 거짓으로 꾸미며 그를 따라다니기로 하였다.

바리새인이 특별히 관심을 쏟는 것이 세 가지가 있었는데:

1 철저한 십일조 실천 관행.
2 정화의 율법을 빈틈없이 준수함.
3 모든 비(非)- 바리새인과의 관계를 피함.

2) 열 명의 나환자

……예수는 나환자들에게 다가가셔서 말씀했다. "너희가 만일 온전해진다면, 모세의 율법이 시키는 대로 사제들에게 가서 너희 몸을 보여주어라." 그리고 그들이 갈 때 온전하게 되었다. 그러나 사마리아인은 자신이 고침을 받고 있음을 보고, 돌아와 예수를 찾으면서 큰 소리로 하나님께 영광을 돌리기 시작하였다. 주를 찾은 그는 주의 발 앞에 무릎을 꿇고 자신이 깨끗해짐에 대하여 감사를 드렸다. 아홉 명의 다른 사람, 그 유대

인도 자신들의 병이 나았음을 발견하였으며, 그들도 자신의 깨끗해짐에 대하여 감사하면서 사제에게 몸을 보여주기 위해 가던 길을 멈추지 않았다. 예수는 열두 사도에게 나환자들이 깨끗해진 것에 대하여 아무 말도 하지 말라고 명하셨다….

3) 게라사에서 설교

……너희 중에는 진리에 가까운 다른 속담도 있는데; 영원한 생명으로 인도하는 길은 똑바르고 좁으며, 그리로 들어가는 문은 너무도 좁아서, 구원을 찾는 자 중에 아주 적은 숫자만이 이 문을 통해 입구를 찾을 수 있다는 것이다. 또한, 멸망으로 인도하는 길은 넓고, 그리로 들어가는 문도 넓어서, 많은 사람이 이 길을 선택한다는 교훈도 너희가 알고 있다. 이 속담은 어떤 뜻이 그 안에 담겨있다. 그러나 내가 선포하는 것은 **구원이 무엇보다도 너희들 각자의 선택에 달려 있다는 것이다.** 생명의 길로 인도하는 문이 비록 좁다 할지라도, 내가 그 문이기 때문에. 진심으로 들어가기를 구하는 모든 자들을 수용할 만큼 매우 넓다. 그리고 아들은, 신앙을 가지고 아들을 통하여 아버지를 찾고자 하는 자는 이 우주의 어떤 자녀라도 절대 거절하지 않을 것이다.

……문이 열려있을 때 여러 번 초대하였지만, 너희가 번번이 거절하였다. 이제는, 구원을 거부한 너희들에게 문이 닫혔다. 이 문은 자기 영화를 위하여 하늘나라에 들어오려는 자들에게는 열리지 않는다….

그러나 두려워 마라, 하나님의 나라에 들어가는 문을 통하여 진심으로 영원한 생명에 들어가고자 하는 자는 누구나 그러한 영속하는 구원을 반드시 얻게 될 것이다. 그렇지만 이 구원을 거절하는 너희는 장차, 아브라함 자손의 선지자들이 영화로운 나라에서 이방 나라들의 믿는 자들과 함께 앉아 생명의 빵을 함께 나누고 그곳에 있는 물로 목을 축이는 것을 보게 될 것이다. 그리고 영적 힘으로, 살아있는 신앙으로 변함없이 공격하여 천국을 차지할 사람들이 북쪽과 남쪽, 그리고 동쪽과 서쪽에서 몰려올 것이다. 보라, 처음 된 많은 사람이 나중 되고, 나중 된 자들이 처음 되는 일이 자주 있을 것이다.

이것은, 직선적이며 좁은 길을 제시하는 오래되고 잘 알려진 격언에 비하여 참으로 새롭고도 묘한 해석이었다.

사도들과 많은 제자는 예수가 초기에, '너희가 새로 태어나지 않으면, 영이 태어나지 않으면, 너희가 하나님의 나라에 들어갈 수 없다.'라고 한 말씀의 의미를 아는데 매우 느렸다. 그럼에도, 가슴이 정직하고 진실한 신앙을 가진 자들에게 다음과 같은 말씀은 영원히 참된 것으로 남아있다; '보라, 내가 사람들의 가슴 문 앞에 서서 두드리니, 누구든지 나에게 열면, 내가 들어가서 그와 함께 먹고 그에게 생명의 빵을 공급하겠으며; 우리는 영과 목적에서 하나가 되고, 그리하여 파라다이스 아버지를 찾는, 길고도 열매가 풍성한 봉사를 하면서 언제까지나 형제가 될 것이다.' 그러므로 함께 구원될 사람이 많을지 또는 적을지 하는 문제는, '내가 그 문이며, 내가 그 새로운 생명의 길이며, 원하는 자는 누구든지 영원한 생명을 향하여 끊임없이 진리를 찾아가는 배에 태워질 것이다.'라는 그 초청을 얼마나 많은 사람이 중요하게 여길 것인가에 달려 있다.

4) 우연한 사고에 관한 가르침

예수와 사도는 여행할 때 늘 정오에 휴식을 취하였다. 필라델피아로 가는 길에 휴식을 위하여 멈추었을 때, 도마가 주여, 물질적인 세계에서 비상하고 신기한 사건이 일어날 때 영적 존재가 관여하는지 묻고 싶으며, 또 한 가지는 천사나 다른 영적 존재가 어떤 우연한 사고를 미리 막을 수 있는지를 묻고 싶습니다.

도마의 질문에 예수는 이렇게 대답하였다. "내가 너와 그토록 오랫동안 같이 있었는데, 아직도 내게 그런 질문을 계속하느냐? 사람의 아들이 어떻게 너희와 똑같은 사람으로 살면서, 자신의 개인적 양식을 위해서는 하늘의 권세를 사용하지 않으려고 철저히 거부하는 것을 네가 지켜보지 않았느냐? 다른 모든 사람이 사는 방법대로 우리도 똑같이 살지 않았느냐? 아버지의 계시와 그의 고통 받는 자녀들을 때로 고쳐주었던 것을 제쳐놓고도, 이 세상의 물질적인 일생에 나타나는 영적 세상의 힘을 보고 있느냐?"

'너희 조상들은 모두, 번영은 신성한 허락을 인정받은 표시이다; 재난은 하나님의 언짢음의 증거라고 너무나 오랫동안 믿어왔다. 내가 분명히 말하겠는데, **그러한 믿음은**

미신이다. 가난한 자의 숫자가 훨씬 더 많이 기쁘게 복음을 받아들이고, 즉시 하늘나라에 들어가는 것을 너희가 지켜보지 않느냐? 만일 부유함이 신성한 은혜를 입증한다면, 부자가 하늘로부터 온 이 좋은 소식을 믿기를 왜 그토록 여러 번 거절하였는가?'

아버지는 의로운 자나 불의한 자에게 비를 내리신다. 마찬가지로 온당한 자나 부당한 자에게 햇빛을 비추신다. 빌라도가 갈릴리 사람의 피를 희생 제물에 섞은 것을 너희가 알지만, 내가 너희에게 말하고자 하는 것은 이러한 일이 그에게 일어났다고 해서 이 갈릴리 사람이 다른 사람보다 더 죄인이 될 수 없다는 것이다. 또한 실로암의 망대를 짓다가 18명이 떨어져 죽은 것을 너희가 알 것이다. 너희는 그렇게 죽은 이 사람이 예루살렘에 있는 모든 형제보다 죄를 더 범하였다고 생각하지 말라, 이 무리는 단순히 시간 속에서 일어나는 우연한 사고의 하나로 인한 희생자였을 뿐이다.

너희 삶에서 발생할 수 있는 사건은 세 가지 종류가 있다.

1 너와 너의 동료들이 이 땅 위에 함께 사는 일생의 한 부분으로, 보통 일어나고 있는 저들 사건이, 너에게도 일어날지 모른다.
2 자연에서 우연한 사고, 재난은 미리 계획된 것도 아니고, 세상에 있는 영적 기세들에 의해 일어난 것도 아니다. 그러한 것이 너에게도 우연히 일어날 수 있다.
3 세상을 지배하는 자연법칙을 따르기 위한, 너의 직접적인 노력은 수확할 수도 있다.

……열매를 맺지 못하던 무화과나무도 수확의 법칙에 따라 땅을 파고 거름을 주었을 때 많은 수확으로 보상받았다.

'질병과 건강의 문제는, 육체적인 상태와 물질적 원인에 기인한다는 것을 너희가 알아야만 한다; 건강이 하늘에서 오는 행운이 아니듯이, 질병도 하나님의 진노로 생기는 것이 아니다.'

'아버지의 인간 자녀들은 물질적인 축복을 누구나 똑같이 받을 수 있는 수용력을 가졌다; 그러므로 아버지는 사람 자녀들에게 물리적인 것들을 차별 없이 증여하고 있다. 영적 선물을 증여할 때는, 아버지께서 이 신성한 자질을 받을 수 있는 사람의 수용력에 의해서 제한을 받으신다. 비록 아버지께서 사람들을 차별해 대우하지 않으실지라도,

영적 선물들을 수여함에 있어서는 **사람의 신앙과 아버지의 뜻을 항상 따르고자 하는 그의 의지 때문에 제한을 받으신다.**'

그들은 이 설명을 충분히 이해하지 못하였다. 예수는 그들에게 이해시키고자 자기 메시지를 여러 번 반복해야 할 필요성을 발견하였다; 그렇게 했음에도 불구하고 그들은 예수가 죽고 부활할 때까지도 이 땅에서 그의 사명에 대한 의미가 파악이 잘 안되었다.

5) 필라델피아에서의 집회

예수와 열두 사도는 필라델피아에서 가르치고 전파하는 아브너와 그의 동료를 만나기 위하여 길을 떠났다. 페레아에 있는 모든 도시 중에서 가장 큰 무리의 유대인과 이방인, 부자와 가난한 자, 배운 자와 못 배운 자가 필라델피아 안에서 70인의 가르침을 받아들였고, 이렇게 하여 하늘나라에 들어갔다. 필라델피아에 있는 회당은 예루살렘의 산해드린 공회의 감독을 받아본 적이 없으므로, 예수와 그의 동료들이 가르치지 못하도록 하지 않았었다. 이때 아브너는 필라델피아 회당에서 하루에 세 번씩 가르쳤다.

바로 이, 회당이 나중에 그리스도교인 교회가 되었고, **동쪽 지방으로 복음을 공급하기 위한 선교 본부가 되었다.** 이곳은 오랫동안 주의 가르침에 대한 요새였으며, 여러 세기 동안 이 지역에서 독보적인 그리스도교 교육의 중심지였다.

예루살렘 유대인들은 필라델피아의 유대인과 항상 불편한 관계에 있었다. 예수가 돌아가시고 부활한 후에, 주님의 형제 야고보가 예루살렘 교회의 우두머리가 되었는데, 필라델피아의 신자 회중과 심각하게 다투기 시작하였다. 아브너는 필라델피아 교회의 책임자가 되었으며, 죽을 때까지 계속하였다. 예루살렘과의 이 불화로 인하여, 아브너에 대한 기록과 복음에 대한 그의 업적이 신약 성경에 전혀 나타나지 않게 되었다. 예루살렘과 필라델피아 사이의 이러한 반목은 야고보와 아브너가 살아 있는 동안 계속되었으며, 예루살렘이 훼파된 후에도 한동안 계속되었다. **안디옥이 북서쪽에서 초대 교회의 본부였던 것처럼, 필라델피아는 남동쪽에서 실제적인 본부였다.**

아브너가 초대 그리스도교 교회의 모든 지도자와 불화하였던 것은 불행이었음이 틀림

없다. 그와 베드로 그리고 야고보(예수의 형제)는 예루살렘 교회의 치리와 행정에 관한 의문점에서 서로 사이가 벌어졌으며; 바울과는 철학과 신학적인 이견 때문에 헤어졌다. 아브너의 철학은 그리스적이기보다는 바빌론 사상에 더 가까웠으며, **처음에는 유대인에게, 다음에는 그리스-로마의 신자에게 신비로운 일에 대하여 반대될 만한 것들을 완화하기 위하여 예수의 가르침을 개조하려는 바울의 모든 시도를 완강하게 반대하였다.**

그래서 아브너는 하는 수 없이 고립된 일생을 살지 않을 수 없었다. 그는 예루살렘에 기대지 않는 교회의 우두머리였다. 그는 후에 베드로의 지지를 받은 주님의 형제 야고보에게 감히 도전하였다. 이러한 행위는 그가 전에 같은 동료들이었던 모든 사람으로부터 멀어지게 하기에 충분하였다. 그 후에 그는 바울에 도전하였다. 그가 비록 이방인을 향한 전도에서는 바울과 전적으로 깊이 공감하였고, 예루살렘 교회와 논쟁이 있을 때 그를 지지하기는 하였지만, 전파하기 위하여 선택한 **예수의 가르침에 대한 바울의 해석에는 몹시 반대하였다.** 아브너는 말년에 바울을 '살아계신 하나님의 아들, 나사렛 예수의 생명 가르침을 교묘하게 변조시킨 자'라고 비난하였다.

아브너의 말년과 그 후 얼마 동안, 필라델피아에 있는 신자는 예수가 사셨던 대로 그리고 가르치셨던 대로, 이 땅에 있는 어떤 무리보다도 더 순전하게 예수의 종교를 유지하였다.

아브너는 89세 나이로, 서기 74년 11월 21일에 필라델피아에서 죽었다. 그는 마지막 순간까지 하늘나라 복음을 신실하게 믿었고 가르쳤다.

32. 필라델피아 방문

페레아에서 70인이 사명 활동하는 여러 장소에, 예수와 사도가 방문하겠다는 것을 알렸을 때, 펠라에 적어도 두 명의 사도가 관행적으로 남아있는 군중을 가르쳤다. 베드로와 안드레가 모여 있는 사람을 가르치기 위하여 펠라 야영지로 돌아갔다. 600명 이상이 필라델피아에 따라왔다.

이 시기는 복음이 기적 없이도 힘이 있게 전파된 기간이었으며 대부분은 예수의 개인적 현존이 없었고, 심지어는 사도도 없이 이루어졌다.

예수와 열 명의 사도는 2월 22일 수요일 필라델피아에 도착하였다. 다윗의 메신저들은 팔레스타인 전역에서 하늘나라가 확장되고 있다는 소식뿐만 아니라, 알렉산드리아 그리고 다마스쿠스에서도 좋은 소식을 가져왔다.

1) 바리새인들과의 아침 식사

아브너의 전도로 믿게 된, 영향력 있는 부자 바리새인이 필라델피아에 살고 있었는데, 그가 안식일 아침 식사에 예수를 초대하였다.

여러 곳으로부터 40명의 지도자가 초대되었는데, 명예의 자리를 놓고 지체가 높은 산해드린 회원이 무안을 당했다….

……여기서 예수는 '자신을 높이는 자는 누구든지 낮아질 것이요, 반면에 자신을 낮추려는 자는 높아지리라는 것을 잊지 말아라.'라고 말씀하셨다.

식사가 거의 끝날 무렵 오랫동안 만성병으로 시달리다가 이제는 수종(水腫) 증세를 보이는 한 사람이 길에서 안으로 들어왔다. 이 사람은 믿는 자였고, 최근에 아브너의 동료로부터 세례를 받았다. 그는 아무 말 하지 않았으나, 주는 관심을 끌어보려는 그의 마음을 연민이 가득한 눈으로 바라보았다. 바리새인은 그를 들어오도록 허용한 데 대해 분개하였지만, 주는 그에게로 가서 손을 잡고 일으키면서 '일어나 네 길을 가라. 네가 고쳐 달라고 말은 하지 않았지만, 나는 너의 가슴속에 있는 갈망과 너의 혼 속에 있는 신앙을 알고 있다.' 예수는 자리로 돌아와 말씀하셨다. '내 아버지께서 이러한 일을 하는 것은, 하늘나라에 들어오라고 너희를 유혹하려는 것이 아니라, 이미 들어온 자에게 자신을 나타내기 위함이다.'….

2) 큰 만찬의 비유

어떤 통치자가 큰 만찬을 베풀고 많은 손님을 초대한 비유가 나온다….

사도는 이 비유를 이해할 수 있도록 도움을 주기를 원했으나, '각자 자신의 혼 속에서 스스로 그 의미를 찾도록 하여라'라고 말씀할 뿐이었다.

3) 허약한 영을 가진 여인

……예수는 그녀에게 가서 굽은 모습을 한 어깨에 손을 대시며 말하였다. "여인아, 네가 믿기만 한다면, 너의 허약한 영으로부터 온전히 풀려날 수 있을 것이다." 그리고 18년 이상이나 몸을 굽히고 두려워하는 우울증에 사로잡혀 있었던 이 여인은 주의 말씀을 믿었으며, 신앙으로 즉시 똑바로 서게 되었다. 똑바로 서게 된 자신을 발견한 이 여인은 소리를 높여 하나님의 영광을 찬양하였다.

이 여인의 병은 전적으로 정신적인 원인이었으며, 그녀의 휘어진 모습도 그녀의 억압된 마음의 결과였음에도 불구하고, 사람들은 예수가 실제적인 육체적인 병을 고치셨다고 생각하였다.

다음 날 예수와 열 명의 사도는 펠라에 있는 야영지로 돌아가려고 하였지만, 다윗의 메신저가 도착하여, 예루살렘 근처 베다니에 있는 그의 친구로부터 급한 소식을 예수께 전하였다.

4) 베다니에서 온 소식

2월 26일 일요일, 늦은 밤에 베다니로부터 전령이 필라델피아에 도착하였다. 마르다와 마리아로부터 '주님, 당신이 사랑하는 그가 매우 아픕니다.'라는 소식을 가져왔다. 처음에 예수는 아무런 응답이 없었다. 자기 몸 밖에, 건너편에 있는 다른 어떤 존재와 교통하는 것처럼 보였던 이상한 잠깐의 순간이 발생하였다. 그리고, 그 메신저를 쳐다보면서 사도들도 듣는 가운데 말하였다. "이 병은 실제로 죽음에 이르지 않는다. 하나님의 영광을 위하여 그리고 아들을 높이기 위하여 이것이 쓰이리라는 것을 의심하지 마라."

예수는 마르다, 마리아와 그들의 오빠인 나사로를 매우 좋아하였다; 뜨거운 애정으로 그들을 사랑하였다. 그가 처음에 다졌던 인간적인 생각은 즉시 가서 도와주는 것이었지만, 다른 계획이 그의 병합된 마음에 떠올랐다. 예루살렘에 있는 유대인 지도자들이 하늘나라를 받아들이리라는 희망은 거의 포기하였지만, 아직도 자기 민족을 사랑하였고, 예루살렘의 바리새인과 서기관이 자신의 가르침을 받아들이도록 한 번 더 기회를 주고자 하는 계획이 이제 생각에 떠올랐다; 이 땅에서 자신의 전체 생애 중에서 가장 심오하고도 엄청난 외향적인 일을 마지막으로 예루살렘에 보여주기로, 아버지의 뜻에 따라 결정하였다. 유대인은 기적을- 베푸는 해방자의 관념에 젖어있었다. 물질적인 기적을 베풀거나 정치적인 힘을 일시적으로 일으키는 일에 의존하는 것을 거부하였지만, 지금은 이제까지 나타내지 않은 삶과 죽음에 대한 힘의 현시 활동을 위하여 아버지의 허락을 요구하였다.

유대인은 죽은 그날로 시신을 묻는 것이 실천 관행이었는데; 이러한 무더운 날씨에는 꼭 필요한 조치였다. 그들은 단지 혼수상태에 있는 사람을 무덤 안에 두어서 둘째 날 또는 셋째 날에, 무덤에서 나오곤 하는 일이 종종 있었다. 그러나 유대인은 영이나 혼이 육신 근처에서 이틀이나 사흘 동안 떠돌다가 사흘이 지나면 머물지 않는다는 것; 나흘이 되는 날부터 부패가 한창 진행되기 때문에, 그 기간이 지난 후에는 그 누구도 그 무덤에서 돌아오지 않는다는 것을 믿었다. 그리고 이것이 예수가 베다니로 출발할 준비를 하기 전에 이틀을 더 필라델피아에 머무르신 이유였다.

따라서, 수요일 아침이 되자 예수는 일직 사도에게 말씀하였다. "지금 즉시 유대 지역으로 다시 갈 준비를 하자." 이러한 주의 말씀을 들은 사도는 자기들끼리 물러가서 서로 상의를 하였다. 야고보가 회의를 진행하였으며, 예수가 다시 유대 지역으로 들어가시게 하는 것은 어리석은 짓이라는 데에 그들 모두의 의견이 일치하였으며, 하나같이 와서 말하였다. 야고보가 말했다; "주여, 몇 주 전에 예루살렘에 계실 때, 지도자들은 당신을 죽이려 하였고, 사람들은 당신께 돌을 던지려고 하였습니다. 그 사람들에게는 이미 그때 진리를 받아들일 기회를 주셨으니, 다시 유대 지역으로 가시려는 것은 우리들이 허락하지 않을 것입니다."

그러나 예수는 말씀하였다. "그렇지만, 안전하게 일을 할 수 있는 시간이 하루에 12시간 있다는 것을 너희가 모르겠느냐? 사람이 낮에 걸어간다면, 빛이 있으므로 넘어지지 않을 것이다. 그러나 만일 밤에 걸어간다면, 빛이 없으므로 자칫 넘어지기 쉬울 것이다. 나의 날이 계속되는 한에는, 유대 지역에 들어가는 것이 두렵지 않다. 이들 유대인에게 한 번 더 기적을 행하고자 한다; 그들 자신의 조건- 아버지의 힘과 아들의 사랑에 대한 눈에 보이는 현시 활동과 겉으로 드러나는 영광의 조건- 에서라도 믿을 기회를 한 번 더 주려고 한다. 게다가, 우리의 친구 나사로가 잠에 빠져있고 그래서 내가 가서 깨워야 한다는 것을 깨닫지 못하겠느냐?"

그러자 사도 중 하나가 말했다. '주여, 나사로가 잠들었으면, 반드시 깨어날 것입니다.' 그 당시에 죽었다는 것을 잠들었다고 표현하는 것이 유대인의 풍습이었지만, 예수는 나사로가 이 세상을 떠났다는 의미로 말씀한 것인데, 사도가 이해하지 못하자, 분명하게 다시 말씀했다; '나사로가 죽었다. 그렇지만 설사 다른 사람들이 그로 인하여 구원받지 않는다 해도, 결국에는 너희는 이것을 새로운 이유로 나를 믿게 되리라는 것에 내가 너희를 위하여 거기에 없었던 것이 기쁘다; 너희가 목격할 그것으로 인하여, 너희 모두는 내가 너희를 떠나서 아버지께로 가는 그날을 위하여 준비하면서, 힘을 강화하여야만 한다.'

유대 지방으로 가시려는 것을 만류할 수 없게 되고, 어떤 사도는 함께 가는 것조차도 질색하며 싫어할 때, 도마가 동료들에게 제안하여 말했다; '우리의 두려움을 주께 말씀드렸지만, 주는 베다니로 가시기로 작정하였다. 나는 끝이 왔다는 데에 만족한다; 그들이 분명히 주를 죽이겠지만, 그것이 주의 선택이라면, 용감한 사람답게 행동하자; 우리도 주와 함께 죽을 수 있도록 같이 가자.' 항상 그러하였듯이; 용기를 불러일으키거나 숙고할 필요가 있는 문제에서, 도마는 항상 열두 사도의 기둥이었다.

5) 베다니로 가는 길

유대 땅으로 가는 길에는 50명 정도 되는 친구와 적들이 일행을 이루며 예수를 따랐다. 수요일 점심시간이 되자, 예수는 사도와 따르는 무리에게 '**구원의 조건**'에 대하여 말씀하였다. 너희도 알다시피, 아버지는 사람의 자녀들에게 구원을 주시고, **이 구원은 신성한 가족에게 아들 신분을 받아들이는 신앙을 가진 모든 사람에게 값없이 주어지는 선물이다. 이 구원을 얻기 위하여 사람이 할 수 있는 것은 아무것도 없다.**

스스로 의롭다고 하는 행위로 하나님의 은혜를 살 수 없고 대중 앞에서 많이 기도해도 가슴 속에 살아 있는 믿음이 부족함을 메울 수 없다. 겉으로 드러나는 봉사로 너희는 사람들을 속일 수 있지만, 하나님은 너희 혼을 꿰뚫어 보신다. 기도하러 성전에 간 두 사람은 내가 너희에게 말하고자 하는 것을 잘 보여준다. 하나는 바리새인이요 하나는 세리이다….

바리새인은 가장 낮은 기준으로 자신을 판단했다; 세리는 가장 높은 이상에 따라 자신을 평가했다. 바리새인에게 예배는 독선적이면서 소극적인 것을 유도하는 수단이요, 거짓된 영적 안전의 보장이었다. **세리에게 예배는 회개와 고백, 그리고 믿음으로 자비로운 용서를 받아들일 필요를 깨닫도록 자기 혼을 불러일으키는 수단이었다.** 바리새인은 공정을 구했다; 세리는 자비를 구했다. **우주의 법칙은 다음과 같다; 구하라, 그러면 받을 것이다. 찾으라, 그러면 너희가 찾을 것이다.**

……예수는 결혼과 이혼에 관계된 어떤 의견도 나타내지 않았으며, 결혼 관계의 이러한 부끄럽고 경멸스러운 행동을 아주 몹시 비난하였으며, 그들이 여인들과 아이들에 대해 불공정한 것을 지적하였다. 주는 여자보다 남자에게 우선권을 주는 어떤 이혼 실천 관행도 허용한 적이 전혀 없으시며; 남자와 여자의 평등함에 관계된 가르침에만 찬성하였다.

사도들은 과학, 사회, 경제, 정치적인 문제에 관하여 주가 분명한 발언을 꺼리는 것을 이해하기가 어려웠다. 그들은 땅에서 **예수의 사명이 영적 종교적 진리를 계시하는 것에만 순전히 관계된다는 것을 충분히 깨닫지 못했다.**

예수가 결혼과 이혼에 관한 말씀을 마친 후, 그날 저녁 늦게 사도가 은밀히 찾아와 많은 질문을 하였으며, 그들의 마음속에 있었던 많은 오해를 이 질문에 대한 그의 대답으로 해결되었다. 이 토론을 마치면서 예수는 말씀했다. '결혼은 명예로운 것이며 모든 사람에게 갈망 되어야 하는 것이다. 사람의 아들이 자신의 땅에서 임무를 홀로 추구한다는 사실은 결혼에 대한 갈망을 반영하는 일에서는 그 어떤 점에서도 전혀 관계가 없다. 내가 그렇게 일해야 하는 것은 아버지의 뜻이지만, 바로 그 아버지가 남성과 여성의 창조를 지도하였으며, 남자와 여자들이 자녀들을 받아들이고 훈련하기 위하여 가정을 꾸미는 일에서, 이들 부모가 하늘과 땅의 조물주와 협동 자가 되는 그러한 창조하는 일에서, 자기들 최고의 봉사와 필연적인 기쁨을 찾아야 하는 것은 신성한 뜻이다. 이러한 이유로 남자는 자신의 아버지와 어머니를 떠나야만 할 것이고, 그러고는 자기 아내와 연관하여, 그들 둘이 한 몸을 이루어야 할 것이다.'⋯.

6) 어린아이들을 축복하심

……내가 진실로 진실로 너희에게, 어린아이처럼 하늘나라를 받아들이지 않는 자는 누구든지 하늘나라에 들어가지 못할 것인데, **그곳에서는 영적으로 성숙한 모습이 되기까지 자라간다.**

사도에게 말씀을 마친 주는 모든 아이를 받아들이시며, 그들에게 손을 얹으시고, 아이들의 어머니에게 용기와 희망을 주는 말씀을 하였다.

예수는 사도에게 천상의 맨션들에 대하여 종종 말씀하였으며, **이 세상에서 육체적으로 자라는 것처럼 그곳에서 영적으로 자라야 한다고 말씀하였다**⋯.

팔레스타인에서 여인들의 지위는 예수의 가르침으로 인하여 많이 향상되었다; **만일 그를 따르던 사람이 그가 공들여 가르쳤던 것을 그토록 멀리 떠나지 않았더라면, 모든 세상이 그렇게 되었을 것이다.**

예수가 경배하고 싶은 충동으로 이끄는 하나의 영향으로서, 특히 아이들의 경우에, 아름다움에 대한 커다란 가치를 사도에게 강조한 곳도, 역시 여리고에서였다. 주는 교훈과 모범에 의해, 창조의 자연적 주변 환경 가운데에서 창조자께 경배하는 것의 가치 있음을 가르쳤다. 그는 나무들 사이에서 그리고 자연 세상의 낮은 창조계 가운데에서 하늘에 계신 아버지와 교통하는 것을 더 좋아하였다. 그는 창조자 아들들의 반짝이는 별들 영역의 영감을 불러일으키는 장관을 두루 통하여 아버지를 깊이 사색하는 기쁨을 누렸다.

……진리, 아름다움, 그리고 거룩함은 참된 경배를 힘차게 그리고 효력 있게 돕는다. 그러나 영적교제가 단순한 거창한 치장으로 그리고 사람의 정교하고 허세 부리는 예술로 과도하게 장식한 것에 의해서 촉진되지는 않는다. 아름다움은 가장 단순하고 자연스러울 때 가장 종교적이다. 아름다운 모습이 빠져있고, 명랑한 기분과 영감을 주는 성스러움이 도무지 비어있는 차갑고 메마른 방에서 어린아이들이 대중 경배에 대한 그들의 첫 번째 개념을 받아들여야 한다는 것은 얼마나 불행한 일인지!

아이들은 바깥의 자연에서 처음으로 경배에 들어가고, 나중에는 그가 매일 살고 있는 집과 같이 최소한 물질적으로 매혹적이고 예술적으로도 아름다운 건물, 종교적 집회가 열리는 공공건물로 부모를 따라가야 한다.

7) 천사들에 관한 이야기

그들이 여리고에서 베다니로 가면서 언덕을 오르는 동안, 나다니엘은 계속 예수 옆에서 걸어갔으며, 하늘나라와 관련하여 아이들 문제를 토의하다가 결국에는 찬사들의 역할에 관하여 이야기하게 되었다. 나다니엘은 마침내 주께 이런 질문을 하였다. '대제사장은 사두개인이며, 사두개인들은 천사들을 믿지 않으니, 하늘에서의 사명 활동자들에 관하여 사람들에게 무어라고 가르칠 수 있습니까?'

'천사 무리들은 창조된 존재 중에서 별도의 계층이다; 그들은 필사 창조체들의 물질적인 계층과는 전적으로 다르고, 우주 지능의 독특한 무리로서 기능한다. 천사들은 성서에서 '하나님의 아들들'이라고 불리는 창조체의 무리가 아니다; 저 높은 곳에 있는 모론시아 세계를 통하여 이미 진보된 필사 사람의 영화된 영들도 아니고, 그들은 스스로 재생산하지도 못한다. 천사 무리들은 인간 종족과 오직 영적인 친족관계를 가질 뿐이다. 사람은 파라다이스에 계신 아버지께로 진보해 가면서 한때 천사들과 비슷한 상태를 거쳐 가기는 하지만, 필사 사람은 결코 천사가 되지는 않는다.

'사람과는 달리, 천사들은 죽지 않는다. 천사들은 그들 중의 일부가 루시퍼의 속임수에 넘어갔던 것처럼 우연히 죄에 가담되지 않는다면 영원히 있을 것이다. 천사들은 천상에서 영적 하인이며, 모든 것에– 지혜롭지도 않고, 모든 일에– 힘이 넘치는 것도 아니다. 그렇지만 충성된 모든 천사는 정말로 깨끗하고 거룩하다.

......어느 세계가 다른 세계들과 접촉을 지속할 수 있는 것은 천사들의 역할 때문이며, 그러므로 내가 이 무리에 들어있지 않은 다른 양들이 있다고 너희에게 여러 번 말하지 않았느냐? **이 천사들은 너희를 지켜보면서 너희 가슴속에 있는 생각들을 아버지께 나아가 고자질하고, 육 신적인 행위들을 보고하는, 영 세계의 첩자가 아니다. 아버지는 그 자신의 영이 너희들 안에 거하고 있는 한, 그러한 봉사는 필요가 없다.** 그러나 이 천사 영들은 우주의 다른 먼 곳들에서 일어나고 있는 창조의 한 부분을 전하는 역할을 담당하고 있다. 많은 천사가 한편으로는 아버지의 관리 체제와 아들들의 우주 안에서 기능하면서, 인간 종족의 봉사에 배정되어 있다. 내가 이들 중의 많은 세라핌 천사가 사명 활동 영들이라고 너희에게 가르쳤을 때, 상징적인 언어나 시적인 선율로 말하지 않았다. 이러한 것들을 이해하면서 겪는 너희들의 어려움에도 불구하고, 모든 이것은 진실들의 어려움에도 불구하고, 모든 이것은 진실이다.

이 천사들 대부분은 사람들을 구원하는 일에 가담하고 있으며, 그래서 내가 한 혼이 죄를 떠나 하나님을 찾기 시작할 때의 세라핌 천사의 즐거움에 대하여 너희에게 이야기하지 않았느냐? 회개하는 한 죄인에 대한 기쁨이 천사들의 현존 안에 있다는 것을 내가 말했으니, 그로써 마찬가지로 영적 행복에 관심을 두고, 필사 사람의 신성한 진보와 관련된, 더 높은 계층의 천상 존재들의 실존이 있다는 것을 알려주었다.

또한 이 천사들은 사람의 영이 육신의 장막에서 벗어나는 것과 그의 혼을 하늘에 있는 맨션으로 호송하는 수단에도 매우 많이 관련되어 있다. 천사들은 육신의 죽음과 영적인 거처에서 새로운 삶 사이에 있는 미지의 불확정적 동안 사람의 혼을 안전하게 하늘의 힘으로 인도한다.

천사들의 사명 활동에 관하여 나다니엘과 더 이야기하려고 하였지만, 마르다가 가까이 오는 바람에 멈추셨으며, 그녀는 주가 베다니 가까이 오시고 있다는 소식을, 동쪽으로 언덕을 오르시는 그를 보았던 친구들한테서 들었다. 그래서 그녀는 속히 서둘러서 그에게 인사하러 온 것이다.

33. 나사로의 부활

마르다가 베다니에서 가까운 언덕 꼭대기에 오르신 예수를 만나기 위하여 나갈 때는 정오가 막 지나갈 무렵이었다. 그녀의 남동생 나사로는 나흘 전에 이미 죽었으며, 정원 맨 구석에 있는 그들의 개인 묘지에 일요일 오후 늦게 묻혔다. 돌을 굴려서 무덤 입구를 막은 것은 목요일, 오늘 아침이었다.

마르다와 마리아가 나사로의 병에 대한 소식을 예수께 전하였을 때, 그들은 주가 무엇인가를 해 주실 것으로 자신하고 있었다. 그들은 나사로가 몹시 아프다는 것을 알았고, 비록 예수가 가르치시고 전파하는 일을 떠나면서까지 자신들을 도우러 오시리라고는 감히 생각지 못하였지만, 힘 있는 말씀만 하셔도 나사로가 즉시 나을 것이라는 그의 치유 힘을 자신하였었다. 그리고 메신저가 필라델피아를 향하여 베다니를 떠난 후 몇 시간도 못 되어 나사로가 죽었을 때, 그것은 주가 그의 병을 너무 늦게, 그가 몇 시간 전에 이미 죽었을 때까지도 모르셨기 때문이라고 생각하였다.

그러나 화요일 오후에 베다니로 돌아온 전령이 가져온 메시지 때문에 그들은 물론 모든 믿는 친구들도 매우 당황하였다. 그 메신저가 예수가 '이 병은 실제로 죽음에 이르지 않는다.'라고 말씀하는 것을 들었다고 주장하였다. 자기들에게 왜 아무 말씀도 없었는지, 도움이 될 만한 어떤 다른 조언도 왜 하지 않았는지, 그들은 이해할 수 없었다.

슬픔에 잠긴 자매들을 위로하기 위하여 가까운 마을과 예루살렘으로부터 많은 친구가 왔다. 나사로와 그의 자매들은, 베다니 라는 작은 마을에 살면서 그 마을을 이끌어가는 부유하며 명예를 받는 유대인 자녀들이다. 세 사람은 모두 예수를 오랫동안 열렬하게 따랐음에도 불구하고, 그들을 아는 모든 사람으로부터 매우 존중을 받았다. 그들은 광대한 포도원과 올리브나무 과수원을 유산으로 받았으며, 얼마만큼 부자인가 하는 것은 그들의 토지 안에 개인 무덤을 잘 제공할 수 있었다는 사실로 입증된다. 그들의 부모는 이미 이 무덤에 묻혀 있다.

마리아는 예수가 오실 것이라는 생각을 이미 포가하고 비탄에 빠져있었지만, 마르다는 돌이 무덤 입구에 굴려져서 입구가 인봉 되던 그 아침까지도 예수가 오시리라는 희망을 버리지 않았었다. 그녀는 그때까지도 이웃 아이에게 베다니 동쪽 언덕 꼭대기에서 여리고로 내려가는 길을 지켜보라고 당부하였다; 예수와 그의 친구들이 가까이 오고 있다는 소식을 마르다에게 전한 것은 이 아이였다.

마르다는 예수를 만나자, 그의 발 앞에 엎드려서, '주여, 당신께서 여기 계셨더라면, 우리 형제가 돌아가지 않았을 것입니다!'라고 큰 소리로 말하였다. 많은 근심이 마르다의 마음속을 스치고 지나갔지만, 그녀는 의심하는 듯한 표현을 하지 않았으며, 나사로의 죽음과 관련하여 주의 행위를 의심하거나 비난하려는 기색이 조금도 없었다. 그녀가 말을 마치자, 예수는 허리를 굽히시고, 그녀를 똑바로 일으켜 세우시면서 말씀하였다. 마르다야, 오직 믿음만 가지면, 네 형제가 다시 살아날 것이다. 그러자 마르다가 대답했다; '마지막 날 부활 때에 그가 다시 일어나리라는 것을 제가 알고 있다; 당신이 하나님께 요청하는 것은 무엇이든지 우리 아버지께서 당신에게 허락하리라는 것을 지금도 믿습니다.'

그러자 예수는 마르다의 눈을 똑바로 보시면서, '내가 부활이요 생명이니; 나를 믿는 사람은 죽는다고 할지라도, 다시 살아날 것이다. 진실로, 나를 믿으며 사는 자는 누구든지 결코 실제로 죽음을 맛보지 않을 것이다. 마르다야 네가 이것을 믿느냐?' 그러자 마르다는 주께 대답했다; '예, 저는 당신이 해방자이시며, 살아계신 하나님의 아들이시며, 이 세상에 다시 오시리라는 것까지도 오래전부터 믿어왔습니다.'

예수가 마리아에 대해 물어보셨기 때문에, 마르다는 곧 집으로 들어가서 동생에게 작은 소리로, '주가 여기 오셨고 너를 찾으신다.'라고 말하였다. 마리아가 이것을 듣고 곧 일어나 예수를 만나려고 서둘러서 나갔으며, 예수는 마르다를 만났던, 그 집에서 조금 떨어진 곳에 그대로 계셨다. 마리아와 함께 있었던 친구들은 그녀를 위로하려고 애를 쓰다가, 그녀가 급히 일어나 밖으로 나가는 것을 보고, 울기 위하여 무덤에 가는 그것으로 생각하였다.

참석한 사람 대부분은 예수의 지독한 적들이었다. 이 때문에 마르다는 혼자서 그를 만나기 위해 밖으로 나갔던 것이며, 마리아에게 주가 찾으신다고 은밀하게 말한 것도 이러한 이유에서였다. 마르다는 예수를 만나고 싶어 하면서도, 또 한편으로는 예루살렘에서 온 그의 적들 앞에 갑자기 나타나심으로 인하여 생길 수 있는 어떤 불쾌한 사건도 피하고자 하였다. 마리아가 예수께 인사하러 나가는 동안 마르다는 일부러 집에 남아서 친구들과 함께 있으려고 노력하였지만, 그녀의 뜻대로 되지 않았는데, 왜냐하면 모든 사람이 마리아를 따라 나가서 뜻밖에도 주의 현존과 마주쳤기 때문이다.

마르다는 마리아를 예수께로 안내하였고, 마리아는 예수를 만나자, 그의 발 앞에 엎드려, '당신께서 여기에 계셨더라면, 우리 오빠가 돌아가지 않았을 것입니다!'라고 큰 소리로 말하였다. 예수는 그들이 모두 나사로의 죽음을 심히 슬퍼하는 것을 보시고, 그의 혼이 연민으로 감동되셨다.

애곡하던 자들은 마리아가 예수께 인사하는 것을 보자, 마르다와 마리아가 주와 이야기하면서 위로의 말을 듣고, 아버지를 믿는 강한 신앙을 지키고 신성한 뜻에 완벽하게 복종하라는 간곡한 훈계를 받아들이는 동안, 조금 떨어진 곳에 있었다.

예수의 인간 마음은, 나사로 그리고 상을 당한 자매들에 대한 자신의 애정과, 믿지 아니하며 살인할 작정을 하는 이 유대인들이 현시하는 허식적인 애정 표현에 대한 자신의 경멸감과 모멸감 사이의 투쟁으로 인하여 크게 흔들렸다. 몇몇 거짓된 친구들이 나사로를 위해 외적으로 그리고 억지로 애곡하는 것에 대하여 예수는 심히 분개하였는데, 왜냐하면 그러한 거짓된 슬픔은 가슴속에서 자기 자신을 향한 비통한 증오와 연관된 것이었기 때문이다. 그러나 어떤 유대인들은 진심으로 애곡하였는데, 그 가정의 실제 친구들이었기 때문이다.

1) 나사로의 무덤에서

예수는 잠깐 마르다와 마리아를 위로하고 나서, 조금 떨어져 있는 조객들에게 물었다. '그를 어디에다 묻었느냐?' 그러자 마르다가 말하기를, '와 보십시오.' 그리고 주는 슬픔에 가득 찬 두 자매를 따라가시면서 눈물을 흘리셨다. 그들을 따라오던 우호적인 유대인들이 그의 눈물을 보고, 그들 중의 하나가 말하였다. '주가 그를 얼마나 사랑하였는가를 보라, 눈먼 자의 눈을 뜨게 하였던 그가 이 사람을 죽지 않게 하실 수는 없었을까?' 그들은 이윽고, 작은 자연 동굴로 만들어진 가족, 묘 앞에 도착하였으며, 그 동굴은 정원의 맨 끝에 약 30피트가량 솟아 있는 바위 언덕 속에 있었다.

예수가 왜 우셨는지를 사람에게 설명하기는 쉽지 않다….

……나사로의 무덤 앞에 모여 있는 적은 무리들은, 모든 종류의 천상 존재들이 예수의 개인성 구현된 조절자의 지도로, 무엇이 일어날지 가슴이 설레면서, 사랑하는 주권자의 명령을 수행할 준비를 갖추고, 가브리엘의 지도에 따라 거대한 집단을 이루어 바로 옆에 현존해 있음을 전혀 깨닫지 못하였다.

예수가 '돌을 치워라.'라는 명령을 내렸을 때, 모여 있는 천상의 집단들은 나사로를 그의 필사 육신의 모습과 똑같이 부활시키는 드라마를 상영할 준비를 하였다. 그러한 부활 방식은 필사 창조체들이 모론시아 형태로 부활하는 일반적인 기법보다 훨씬 초월적인 실행 상의 어려움을 갖고 있으며, 더욱 많은 천상의 개인성과 훨씬 더 큰 우주 시설의 조직을 요구한다.

마르다와 마리아는 무덤 앞에 있는 돌을 굴려서 치우라는 예수의 명령을 듣고, 모순되는 여러 감정으로 가득하였다. 마리아는 나사로가 죽음으로부터 살아나기를 희망하였지만, 마르다는 어느 정도 동생과 같은 신앙을 가졌지만, 나사로가 혹시라도 나설 수 없는 모습으로 예수와 사도들 그리고 친구들에게 나타나지 않을까 몹시 두려워하였다. 마르다는 말했다; '돌을 꼭 치워야만 합니까? 형제가 죽은 지 벌써 나흘이 되었으므로, 몸이 이미 썩기 시작하였을 것입니다.' 마르다가 이렇게 말한 것은 주가 그 돌을 왜 치우라고 하는지 그 이유를 모르기 때문이기도 하였다; 아마도 예수가 나사로를 마지막으로 보고 싶어 하기 때문일 것이라고 상상하였다. 그녀의 태도가 왔다 갔다 하였다. 그들이 돌을 굴려 치우기를 주저하자, 예수는, '이 병으로 죽지 않을 것이라고 애당초 너희에게 말하지 않았느냐? 내 약속을 이루기 위하여 이곳에 오지 않았겠느냐? 그리고 내가 도착한 후에도, 너희가 오직 믿기만 하면, 하나님의 영광을 보리라고 말하지 않았느냐? 무엇 때문에 의심하느냐? 언제가 되어야 믿고 순종하겠느냐?'

예수가 말씀을 마치시자, 그의 사도가 자진하는 이웃 사람의 도움을 받아, 무덤 입구로부터 돌을 밀어 굴려 내었다.

유대인들은 대개, 죽음의 천사의 칼끝에 있는 독즙의 방울이 셋째 날이 끝남에 따라서 작용을 시작하기 때문에 넷째 날에는 충분한 효력을 발휘하고 있는 것이라고 믿었다. 그들은 사람의 혼이 세 번째 날이 끝날 때까지 무덤 주위를 돌면서 죽은 육신을 다시 소생시키려고 애를 쓴다는 것을 인정하였지만; 그러한 혼이 네 번째 날 동이 트기 전에, 죽은 영들의 처소로 이미 가버렸다는 것을 굳게 믿었다.

죽은 자 그리고 죽은 자의 영이 떠나는 것에 대한 이러한 믿음과 견해들은, 지금 나사로의 무덤 앞에 있는 모든 사람, 그리고 무엇이 발생했었는지를 듣게 될 훗날의 모든 사람의 마음속에, 이것이 자신이 '부활과 생명'이라고 선포했던 이가 개인적 작용으로, 실제로 그리고 진정으로 죽은 자를 일으킨 경우라고, 확신하는 데 이바지하였다.

2) 나사로의 부활

무덤 앞에 서 있던 45명쯤 되는 이들은, 세마포 헝겊에 싸여서, 동굴 무덤의 오른쪽 밑에 있는 선반 위에 놓여 있는, 나사로의 형체를 어렴풋이 볼 수 있었다. 이 땅의 창조체들이 거의 숨을 죽인 채로 서 있는 동안, 천상의 존재들로 이루어진 거대한 집단들이 그들의 지휘자인 가브리엘이 명령을 내렸을 때, 그 행동 개시 신호에 응답하기 위하여 각자의 자리에 위치하였다.

예수는 눈을 들어 말씀했다. '아버지여, 제 요청을 들으시고 허락해 주셔서 감사합니다. 당신께서 항상 제 말을 들어주신 것을 알지만, 제가 당신께 이렇게 말씀을 드리는 것은, 여기에 저와 함께 있는 이 사람들도, 당신께서 저를 이 세상에 보내셨다는 것을 믿을 수 있고, 우리가 지금 하려는 이 일속에 당신께서 나와 함께한다는 것을 알 수 있도록 하기 위함입니다' 기도를 마친 후에, 큰 소리로 외치셨다. '나사로야 나오너라!'

관찰자 사람들은 꼼짝도 안 하고 있었지만, 거대한 천상의 집단들은 모두 창조자의 말씀에 순종하여 통합된 행동으로 부산하게 움직였다. 지상의 시간으로 꼭 12초 후에 나사로의 시체가 움직이기 시작하였고, 이윽고 누워있던 돌 선반 끝에 몸을 일으켜 걸터앉았다. 그의 몸은 수의로 동여져 있었고, 얼굴은 헝겊으로 덮여 있었다. 그가 그들 앞에서 살아나서 일어서자, 예수는, '그를 풀어주어 다닐 수 있게 해 주어라.'라고 말씀하였다.

사도들과 마르다 그리고 마리아를 제외한 모든 사람이 집으로 도망쳤다. 그들은 놀라고 겁에 질려서 창백한 얼굴이 되었다. 몇몇 사람은 머물러 있었지만, 대부분은 황급히 집으로 돌아갔다.

나사로는 예수와 사도들에게 인사하였고, 수의를 왜 입고 있는지 그리고 정원에서 잠들어 있었는지를 물었다. 마르다가 나사로에게 그가 죽었었고 장사 되었다가 다시 살아났다는 것을 설명하는 동안, 예수와 사도들은 한쪽에 모여 있었다. 그녀는 그가 일요일에 죽었다가 목요일에 다시 살아났다는 것은 설명해 주어야만 하였다. 왜냐하면 그가 죽어서 잠에 빠져있었던 동안에는 아무런 의식도 없었기 때문이었다.

나사로가 무덤에서 나오자, 이제 이 지역 우주에서 자기 동료들의 우두머리가 된 예수님의 개인성 구현된 조절자는, 전에 나사로에게 있었다가 지금은 기다리고 있는 조절자에게 부활한 그의 혼과 마음속에 다시 들어가라고 명하였다.

그러자 나사로는 자매들과 함께 예수께로 가서, 주의 발 앞에 무릎을 꿇고 감사를 드리면서 하나님께 찬양을 드렸다. 예수는 나사로를 손으로 붙드시고, 일으켜 세우시며 말씀하였다.

나의 아들아, 더 영화로운 형태로 부활할 사람들을 제외하고, 이 복음을 믿는 자는 누구든지, 그들도 너에게 일어난 것과 똑같은 체험을 하게 될 것이다. 너는 내가 말하였던 진리ㅡ 나는 부활이요 생명이다ㅡ 에 대한 살아 있는 증거가 될 것이다. 그렇지만 이제는 모두 집으로 가서 육신을 위해 음식을 들도록 하자.

그들이 집을 향하여 걸어가자, 가브리엘은 한 필사 창조체가 죽은 육신의 모습 그대로 부활하였던 유란시아에서 일어난 처음이자 마지막 사례를 기록하면서, 잠시 쓰임을 받기 위해 모여 있었던 천상의 집단 무리에게 해산을 명하였다.

나사로는 무엇이 발생했었는지를 거의 이해하지 못하였다. 자신이 아팠던 것은 기억할 수 있었지만, 잠들었다가 깨어난 것 외에는 기억이 나지 않았다. 전혀 의식이 없었기 때문에 무덤에서 있었던 이 나흘 동안에 관하여 아무것도 이야기할 수가 없었다. **죽음으로 인하여 잠이 든 자에게는 시간이 실존하지 않는다.**

이 기적으로 인하여 많은 사람이 예수를 믿게 되었지만, 또 어떤 사람은 가슴이 더욱 완악해져서, 그를 더욱 배척하였다. 다음 날 정오가 되기 전에 이 이야기는 온 예루살렘에 두루 퍼졌다. 많은 남자와 여자가 나사로를 만나 이야기하려고 베다니로 갔으며, 바리새인들이 놀라고 당황하여, 새로 발생한 이 일을 어떻게 할 것인지 결정하기 위하여 서둘러 산해드린 공회를 소집하였다.

3) 산해드린 회의

죽음으로부터 살아났다는 이 사람의 증언이 하늘나라 복음을 믿는 많은 사람의 신앙을 굳혀 주기는 하였지만, 예루살렘에 있는 종교 지도자들과 통치자들의 태도에는 아무런 영향도 주지 못하였으며, 오히려 예수를 죽이고 그의 활동을 중지시키려는 그들의 결정을 촉진했다.

다음 날, 금요일 한 시에, 산해드린은 '나사렛 예수를 어떻게 할 것인가?'하는 문제를 더 의논하기 위하여서 모였다. 두 시간 이상의 토론과 신랄한 논쟁이 있고 난 뒤에, 예수가 모든 이스라엘 사람을 협박하였다고 선포할 것을 제안하면서, 판례를 무시하고 재판 없이 산해드린이 공식적으로 사형을 선고하도록 하여 예수를 즉시 죽여 버리자는 제안을 어떤 바리새인이 하였다.

유대인 지도자들로 구성된 이 위엄 있는 모임은 예수를 체포하여 신성 모독죄로 그리고 유대인 종교법을 모독하였다는 다른 여러 가지 트집으로 재판하겠다고 몇 번이고 되풀이하여 선포하였다. 그를 죽이겠다는 선포를 하게 된 일은 전에도 한 번 있었지만, 산해드린이 재판하기 전에 죽이자는 공식 의견을 발표한 것은 이번이 처음이었다. 그러나 이 결의안은 표결에 부쳐지지는 않았는데, 그것은 전대미문의 조치가 제안되자 14명의 산해드린 회원들이 한꺼번에 사퇴하였기 때문이었다. 이 사퇴서는 두 주일 가까이 수리되지 않았지만, 그날 산해드린을 그만둔 이 14명의 무리는 다시는 공회에 나가지 않았다. 후에 이 사퇴서가 처리되었을 때, 다섯 명의 다른 회원들도 예수에 대하여 친근한 태도를 보인 것으로 믿어진다는 이유로 쫓겨났다. 이 19명의 회원을 축출함으로 인하여 산해드린은 거의 전원일치에 가까운 합의로 예수를 재판하여 유죄 평결을 내릴 수 있게 되었다.

그다음 주에는 나사로와 그의 자매들이 산해드린 앞에 출두하도록 소환되었다. 그들의 증언을 다 들었을 때, 나사로가 죽음에서 다시 살아났다는 것에 대하여 누구도 의심할 수 없었다. 산해드린이 실질적으로는 나사로의 부활을 인정하였더라도, 이 일은 물론 예수가 행한 다른 모든 기적도 귀신들 영주의 힘 탓이며 예수도 그와 한패인 것으로 결의하였다. 라고, 기록하였다.

기적을 일으키는 힘의 근원이 무엇이었든지 간에, 그가 그 일을 즉시 멈추지 않으면 모든 대중이 곧 그를 믿게 될 것이라고 유대인 지도자들은 믿었다; 더욱이, 너무 많은 사람이 그를 메시아, 이스라엘의 해방자로 믿었기 때문에 로마 당국자와 심각한 갈등이 일어날 수 있다고 생각하였다.

대제사장 가야바가 여러 번 되풀이하여 말하였던, '공동체 전체가 멸망하는 것보다 한 사람이 죽는 것이 낫다.'라는 격언을 산해드린 앞에서 발표하였던 것도 바로 이 회의에서였다.

음울한 이 금요일 오후에, 예수가 비록 산해드린의 행동에 관한 경고를 받아들였지만 조금도 동요하지 않았으며, 친구와 함께 베다니에서 가까운 작은 마을 벳바게에서 안식일을 지내면서 휴식을 취하였다. 예수와 사도들은 나사로의 집에서 미리 협의하였던 대로, 일요일 아침 일찍 모여서, 베다니에 사는 그 가족을 떠나, 펠라에 있는 야영지로 돌아가기 위하여 출발하였다.

4) 기도에 대한 응답

베다니에서 펠라로 돌아가는 길에 사도는 많은 질문을 하였다. 부활은 사도가 이해하기 어려움으로 토론하기를 거부하였고, 그 외에는 모든 질문에 답변하였다. 베다니에서 비밀리에 떠났으므로 아무도 따르지 않았다. 곧 닥치게 될 시험에 대비하여 많은 것을 가르치실 수 있었다.

많은 질문에 대한 예수의 대답을 요약하면 다음과 같다.

1 기도는 무한 자에게 접근하려고 노력하는 유한 자 마음의 표현이다. 그러므로 기도를 드리는 것은 유한 자의 지식, 지혜, 그리고 속성에 제한받는다; 마찬가지로 응답도 무한자의 통찰력, 목적, 이상, 그리고 특권에 의해 조건이 갖추어질 수밖에 없다. 기도하는 것과 그에 대한 충분한 영적 응답을 받는 것 사이에서 물질적 현상들의 끊이지 않는 연속성은 결코 관찰될 수가 없다.

2 겉으로 보기에 기도가 응답하지 않을 때. 지연은 종종 더 나은 응답을 가리키는 것이며, 그렇지 않다고 해도 크게 늦어지는 어떤 선한 이유가 있다. 나사로가 병이 실제로 죽음에 이르지 않는다고 예수가 말씀하였을 때, 그는 이미 죽은 지 11시간이 되었었다. 영적 세계에서 우월한 관점이 더 나은 응답을 구상하고 있을 때, 즉 사람의 단순한 마음에서 기도와 대조하여 그에 대응되는 사람의 영에서 탄원에 부합되는 응답이 구상되고 있을 때를 제외하고는, 그 어떤 진지한 기도도 응답이 거절되지 않는다.

3 시간의 기도는, 영으로 지시되고 믿음으로 표현될 때 종종 너무 광대하고 모든 것을 포괄하는 것이어서 오직 영원 속에서만 응답받을 수 있다.; 유한한 간청은 때때로 무한자의 이해를 너무 많이 내포하고 있으므로, 그 응답은 받아들일 적절한 수용 능력이 창조될 때까지 오랫동안 미뤄져야 한다; 믿음의 기도는 너무 모든 것을 포괄하는 것이어서 응답은 오직 파라다이스에서만 받을 수 있을 것이다.

4 필사자의 마음이 드리는 기도에 대한 응답은 바로 그 기도하는 지성이 불멸의 상태에 다다른 뒤에야 받아들여지고 인정받을 수 있다. 물질 존재의 기도는 많은 경우 그런 개인이 영 수준으로 발전했을 때만 여러 번 응답받을 수 있다.

5 하나님을— 아는 사람의 기도가 몰라서 왜곡되고 미신적 습관에 의해 변형되기가 너무 쉬우므로, 그 응답이 매우 바람직하지 못할 수도 있다. 그렇게 되면 중재하는 영적 존재가 그러한 기도를 너무 변형시키기 때문에 그 응답이 도달하였을 때, 탄원하였던 사람은 그것이 자기 기도에 대한 응답인 것을 전혀 알아보지 못한다.

6 모든 참된 기도는 영적 존재에게 전달되며, 모든 탄원은 영적 방법으로 반드시 응답한다. 그러한 응답은 모두 영적 실체 속에서 이루어진다. **영적 존재들은 물질적 존재들의 영적 탄원들에 대하여 물질적인 응답을 줄 수 없다. 물질적 존재들은 '영으로 기도'할 때에만 효력이 있는 기도를 드릴 수 있다.**

7 그 어떤 기도도 영으로 탄생하고 신앙으로 양육된 것이 아니라면 응답에 대한 희망을 바랄 수 없다. 너희의 진지한 신앙은, 너희가 기도드리는 그들 존재들을 항상 활동하게 하는 것으로 표현하는, 바로 그 최고 지혜와 신성한 사랑에 따라, 기도 이전에 미리 실질적으로 기도를 듣는 이들에게 너희 탄원에 응답하는 충분한 권한을 주었음을 암시하고 있다.

8 어린아이는 부모에게 요청할 때 항상 그렇게 할 권한이 있다; 부모는, 자신의 우월한 지혜가, 아이의 기도에 대한 응답이 연기되거나, 변형되거나, 분리되거나, 능가하거나, 또는 영적으로 상승하는 다음 단계까지 연기되도록 대답하라고 부모의 뛰어난 지혜가 명령할 때, 미성숙한 자녀에게 항상 부모로서 그렇게 할 책무가 있다.

9 영적으로 갈망하는 기도를 망설이지 말라; 너의 탄원에 응답을 받아들일 것을 의심하지 말라; 이들 응답은 이 세계가 아니면 다른 세계에서 실제적 조화 우주 달성의 미래 영적 차원에 대한 너희 성취를 기다리면서 저장될 것이다. 그곳에서 너희는 예전에 일찍이 했었던 잘못된— 시기였던 탄원을 네가 인지하고 그 응답을 활용하는 것이 가능할 것이다.

10 영에서 태어난 모든 진정한 간청은 분명히 응답받는다. 구하라, 그러면 받을 것이다, 그러나 너희는 시간과 공간에서 진보하는 생명 존재임을 기억해야 한다. 그러므로 너희의 다채로운 기도와 간청에 대한 충분한 응답을 개인적으로 받는 체험 속에서, 너희는 항상 시─공간의 요인을 염두에 두어야 한다.

5) 나사로에게 일어난 일

예수가 십자가에 못 박히는 주간에 산헤드린이, 나사로도 죽인다는 경고를 했다. 유대인 통치자들은 예수의 가르침이 더 이상 퍼지는 것을 중지하기로 했다. 예수의 기적 행위의 절정이 나사로의 죽은 자 가운데서 살려낸 것이다. 이 사실을 계속 증언하도록 버려둔다면 예수를 사형에 처하는 것이 쓸모없을 것으로 판단했다. 나사로는 이미 그들로부터 모진 박해를 받았다.

그래서 나사로는 자매를 베다니 에 두고 필라델피아에 도착할 때까지 쉬지 않고 도망쳤다. 아브너를 잘 알아서 거기에서 안전하게 있었다.

마르다와 마리아는 곧 땅을 처분하고, 페레아에서 나사로와 합세했다. 나사로는 필라델피아 교회에서 회계로 봉사했다. 나사로는 아브너가 바울과 예루살렘 교회와 논쟁할 때 아브너의 강력한 지지자가 되었고, 67세가 되었을 때, 베다니에서 젊은 시절 그를 죽게 했던 같은 병으로 죽었다.

34. 펠라에서 마지막 가르침

예수와 열 명의 사도는 서기 30년 3월 6일 월요일 늦은 저녁 펠라 야영지에 도착하였다.
나사로의 부활에 관한 소식이 주가 도착하기 이틀 전에 야영지에 전해졌으며, 모든 사람이 흥분하였다.
바리새인들과 우두머리 사제들은 고소 내용을 공식화하고 고발 계획을 구체화하기 시작하였다. 그들은 다음과 같은 이유로 주의 가르침들을 배척하였다.

1 그는 죄인들과 세리들의 친구이다; 그는 악인을 받아들이고 심지어 그들과 함께 식사한다.
2 그는 신성을 모독하는 자이다; 하나님을 자기 아버지라 부르고 하나님과 같다고 생각한다.
3 그는 법을 파괴하는 자이다. 그는 안식일에 병자들을 고치며 다른 여러 가지 방법으로 이스라엘의 거룩한 율법을 조롱하였다.
4 그는 귀신들과 결탁하고 있다. 귀신들의 영주인 바알세블의 힘으로 기적을 행하고 그럴듯한 이적들을 행한다.

1) 잃어버린 아들에 관한 비유

목요일 오후에 예수는 군중들에게 '구원의 은혜'에 관하여 말씀하였다….

사무엘로부터 요한에 이르는 선지자들이 너희들에게 하나님을 찾으라고— 진리를 탐구하라고— 훈계했다. 그들은 '항상 만날 수 있는 동안에 그 주님을 찾아라.'라고 말하였다. 그러한 모든 가르침을 가슴에 두어야 할 것이다. 그러나 너희가 하나님을 찾으려고 하는 동안 하나님께서도 마찬가지로 너희를 찾으려고 한다는 것을 너희들에게 보여주려고 내가 왔다….

……나는 내 아버지의 분부대로 하려고 이 세상에 왔으며, 사람의 아들이 세리들과 죄인들의 친구라는 말은 사실이다.

회계한 후에야, 그리고 희생물과 참회의 행위 결과로 신성한 용납이 온다고 너희가 배워왔지만, **내가 너희에게 약속하는 것은, 아버지는 너희가 회개하기도 전에 너희를 용납하며** 너희를 찾아서 양 무리에게로, 영적 진보가 있는 아들 관계의 하늘나라로 기뻐하면서 데리고 오도록, 아들과 그의 동료들을 보내셨다는 것이다. 너희는 모두 길을 잃은 양과 같으며, 길을 잃은 그들을 찾아 구원하려고 내가 왔다.

잃어버린 은 동전 이야기, 집 나간 탕자 이야기, 잃어버린 양 이야기, 예수는 이 세 가지 이야기를 동시에 하기를 대단히 좋아하였다.

잃어버린 양 이야기는, 사람이 아무 생각 없이 생명의 길에서 멀어졌을 때, 아버지는 그러한 잃어버린 자들을 잊지 않으시며, 그 양 떼의 참 목자인 자기 아들과 함께 나가셔서, 잃은 양을 찾으신다는 것을 보여주기 위해 말씀하였다. 그리고 집안에서 잃어버린 동전 이야기는, 혼동되거나, 좌절당하거나, 또는 일생의 물질적인 염려들과 축재로 인하여 영적으로 눈이 먼 모든 사람을 찾으시는 신성한 노력이 얼마나 철저한가를 보여주려는 것이다. 그리고 나서 잃어버린 아들, 방탕한 자를 환영하는 비유를 말씀하기 시작한 것은, 잃어버렸던 아들을 아버지의 집과 가슴속으로 얼마나 완벽하게 복귀시키시는가를 보여주기 위함이었다.

예수는 가르치시는 동안 방탕한 아들 이야기를 얼마나 여러 번 반복하였는지 모른다. 예수는 이 비유와 선한 사마리아인의 이야기를, 아버지의 사랑과 사람의 이웃에 대한 정의를 가르치기 위한 수단으로 가장 좋아하였다.

2) 영리한 청지기의 비유

열성 당원 시몬의 불의한 재물로 친구를 사귀는 문제의 질문에 예수는 이렇게 말하였다.
……내가 단언하겠는데, 적은 것에 신실한 사람은 많은 것에도 신실할 것이며, 적은 것에 불의한 자는 많은 것에도 불의할 것이다….
……내가 분명히 말하는데, 누구도 두 주인을 섬기지 못한다. 그는 하나를 미워하고 다른 하나를 좋아할 것이고, 혹은 하나에 매달리고 반면에 다른 하나를 몹시 싫어할 것이다. 너희는 하나님과 재물을 함께 섬길 수는 없다.

3) 부자와 거지

이어서 부자 디버스와 거지 사나로의 이야기가 이어졌다.

4) 아버지와 그의 나라

사도들이 하나님의 나라가 세워지는 것을 선포했지만, 하늘에 계신 아버지는 왕이 아니라는 것을 그들에게 설명하려고 애쓰는데, 예수는 언제나 애를 먹었다. 예수가 땅에서 살고, 육체를 입고 가르쳤을 때, 유란시아(지구)의 사람들은 대체로 여러 나라 정부에 있는 왕과 황제로 상상했고, 유대인들은 하나님의 나라가 오는 것을 오랫동안 생각해 보았다. 이것들과 다른 이유로 주는 사람의 영적 단체는 **하늘나라**이고, 이 단체의 영적 우두머리를 하늘에 계신 **아버지**라고 부르는 것이 최선이라고 생각했다. 예수는 결코 아버지를 **왕**으로 언급하지 않았다. 사도와 밀접하게 나눈 이야기에서 그는 언제나 **자**

신을 사람의 아들로서, 그들의 형으로 언급했다. 그를 따르는 모든 사람을 인류의 일꾼으로 하늘나라 **복음의 전령**(메신저)으로 표현하였다.

예수는 사도에게 하늘에 계신 아버지의 개인성과 속성에 관하여 체계적으로 가르친 적이 없었다. 그는 결코 사람에게 자기 아버지를 믿으라고 요구한 적이 없었다; 그들이 믿는 것을 당연하게 여겼다.

예수는 아버지의 실체를 증명하는 논리를 내놓음으로써 품위를 떨어트린 적이 없었다. 아버지에 관한 그의 가르침은 모두 **그와 아버지가 하나**라는 것; 아들을 본 사람은 아버지를 본 것인 것; 아버지도 아들처럼 모든 것들을 아신다는 것; 아들만이 실제로 아버지를 알고, 그리고 아들이 자기 자신을 계시한 자만이 아버지를 안다는 것; 아들을 아는 자는 아버지도 안다는 것; 아버지가 자신을 세상에 보내셔서 그들의 병합된 본성을 나타내고, 공동작업을 보여주려 한다는 것을 선포하는 데에 중점을 두셨다. 야곱의 우물에서 만난 여인에게 '하나님은 영이시다'라고 선포한 것을 제외하고는 자기 아버지에 대하여 다르게 선언한 적이 없었다.

너희는 예수의 가르침이 아니라, **그의 일생이 신성한 것을 관찰함으로,** 하나님에 관하여 배운다. 주의 일생으로부터 너희는 각자, 영적이며 신성한 실체, 실제이며 영원한 진리를 이해할 수 있다. 너희 능력의 정도를 나타내는 하나님의 개념을 소화할 수도 있을 것이다. 나사렛 예수의 인간 일생이 겪은 유한한 체험의 시간-공간 개인성 안에서 무한자가 집중된 경유가 아니라면, 유한자가 무한자를 이해할 희망은 결코 바랄 수 없다.

하나님은 오직 체험을 실체로 겪어야만 이해할 수 있다는 것과; 지적 가르침으로는 결코 그를 이해할 수 없다는 것을 예수는 잘 아셨다. 예수는 사도에게, 충분하게 하나님을 이해할 수는 없지만, 사람의 아들에 대하여 아는 바로 그만큼, 그를 아주 확실하게 알 수 있다고 가르치셨다.

예수가 말한 것을 아는 것이 아니라, 예수가 무엇이었는지는 앎으로써, 너희가 하나님을 알 수 있다. 예수는 하나님의 계시였다.

예수가 신(神)을 언급할 때, 히브리 경전을 인용하는 경우를 제외하고는, 하나님과 아버지라는 오직 두 가지 이름으로 부르셨다. 주가 자기의 아버지를 하나님으로 부르실 때는 보통 **복수의 하나님**(삼위일체)을 표시하는 히브리어 단어를 사용하였다. 그러나 유대인의 종족적 하나님에 대한 진보적인 개념을 나타내는 야훼라는 단어는 아니었다.

예수는 아버지를 왕으로 부른 적이 절대 없었으며, 회복되는 왕국에 대한 유대인의 희망과 다가오는 왕국에 대한 요한의 선포로 말미암아, 자신이 제시하는 영적 형제 신분을 하늘나라라 이름을 붙여야 할 필요가 그에게 생기게 된 것을 무척 유감으로 생각하였다. 한 번의 예외 ―'하나님은 영이시다'라는 선포를 제외하고는, 파라다이스의 첫째 근원이며 중심과 자기 자신의 개인적 관계를 서술해야 하는 경우가 아닌 다른 어떤 방법에서고 신에 대하여 언급한 적은 절대 없었다.

예수는 **신에 대한 관념**을 정의하기 위하여 하나님이라는 단어를 사용하였으며, 아버지라는 단어는 하나님을 아는 **체험을 정의하기 위하여** 사용하였다. **하나님을 가리키기 위하여 아버지라는 단어가 사용될 때는 가능한 가장 큰 의미로 이해되어야만 한다. 하나님이라는 단어는 정의될 수가 없으며, 따라서, 아버지의 무한한 개념을 상징하며,** 한편으로는 아버지라는 용어는 부분적인 정의가 가능하므로, 그가 필사자 실존의 과정에서 사람과 연관되는 바와 같이, 신성한 아버지의 인간 개념을 대표하는 데 사용해도 될 것이다.

유대인에게, 엘로힘은 하나님들의 하나님이었으며, 한편 야훼는 이스라엘의 하나님이었다. 예수는 엘로힘의 개념을 받아들였고 존재들의 이 최고 무리를 하나님으로 불렀다. 종족 신인 야훼는 개념 대신에 하나님의 아버지 신분과 사람의 범-세계적 형제 신분 관념을 소개하였다. 그는 신(神)화 한 종족적 아버지인 야훼 개념을, 사람의 모든 자녀의 아버지 관념, **개별 신자의 신성한 아버지로** 들어 올리셨다. 그는 나아가서 이 우주들의 하나님 그리고 모든 인류의 이 아버지는 하나였고 같은 파라다이스 신이라고 가르쳤다.

예수는 결코 엘로힘(하나님)이 육신을 입고 나타난 것이라 주장한 적이 없다. 그는 그가 세계를 향한 엘로힘(하나님)의 계시라고 선포하지 않았다. 그를 본 사람은 엘로힘을 본 것이라고 가르치지도 않았다. 반면에 자기 자신을 아버지에 대한 육체 속에서의 계시라고 선언하고, 그를 본 자는 아버지를 본 것이라고 말씀하였다. 그는 신성한 아들로서 오직 아버지만을 대표한다고 단언하였다.

그는 정말로 엘로힘 하나님의 아들이었다. 그러나 필사 육체의 모습을 입고서, 하나님의 필사 아들들에게, **인간이 이해할 수 있는 범위 안에서 아버지의 성품에 대한 묘사를 자신 삶의 계시로 한정시키기로 선택하였다.** 파라다이스 삼위일체의 다른 개인들의 성격에 대해서는, 육신 화한 아들, 나사렛 예수의 일생 속에서 개인적 모습으로 그려져 계시가 되었던 아버지와 같다는 가르침으로 만족해야 할 것이다.

예수가 비록 자신이 이 땅에서 일생이 하늘에 계신 아버지의 참된 본성을 나타내셨다 할지라도, 그에 관하여 가르친 것은 거의 없었다. 사실, 오직 두 가지만을 가르치셨는데; 자신 속에 계신 하나님은 영이시라는 것과, 창조체들과의 모든 관계성에서 아버지이시라는 것이었다. 이날 저녁, '나는 아버지한테서 나와서 이 세상에 왔으며; 나는 다시 이 세상을 떠나서 아버지께로 갈 것이다.'라고 선언하심으로써 예수는 하나님과의 관계에 대해 최종적인 선포를 하였다.

그러나 명심하라! 예수는 '나의 음성을 들은 자는 하나님의 음성을 들은 것이다.'라고 말씀한 적이 전혀 없으시지만, 반면에 '나를 본 자는 아버지를 보았다.'라고 말씀하였다. 예수의 가르침을 듣는 것이 하나님을 안 것은 아니지만, 예수를 본 것 그 자체가 혼에 계시가 된 아버지를 체험한 것이다. 우주들의 하나님은 멀리 퍼져 나가는 창조를 지배하지만, 너희 마음속에 거하도록 자신의 영을 보내시는 분은 아버지이시다.

예수는 물질적인 창조체에게 보일 수가 없는 그 분을 보일 수 있도록 만드는 **인간 모습의 영적 렌즈이다.** 그는 천상의 집단들도 충분하게 이해할 수 없는 무한한 속성들의 존재를 육신을 입고 너희에게 알려주는 너희의 형님이시다. 그러나 이 모든 것들은 믿는 자 개별존재의 개인적 체험 속에 존재할 수밖에 없다. 영이신 하나님은 영적 체험으로써만 알려질 수 있다. 하나님은 영적 세계의 신성한 아들에 의해서, 오직 아버지로서만, 물질적 세계의 유한한 아들들에게 알려지실 수 있다. 너희는 영원 자를 아버지로서 알 수 있다. 너희는 우주들의 하나님, 모든 실존의 무한한 창조자로서 그에게 경배드릴 수 있다.

35. 하늘나라

서기 30년 3월 11일 토요일 오후, 예수는 펠라에서 마지막 설교를 하였다….

'하나님의 나라' 그리고 '하늘나라'라는 단어는 사도와 제자에게 혼돈이 있다는 것을 잘 알고 계셨다. 하늘의 왕국이라는 단어가 땅의 왕국들과 현세적인 정부들과 관련된 모든 것들로부터 충분히 분리되었어야 했지만 그렇지 못하였다. 현세적인 왕의 관념이 유대인들의 마음속에 너무나도 오랫동안 뿌리박고 있었기 때문에 한 세대 동안에 몰아낼 수 없었다. 그래서 예수는 오랫동안 키워온 왕국 개념을 처음에는 드러내놓고 반대하지 않았다….

1) 하늘나라(하늘의 왕국)의 개념

예수의 설교와 관련하여, 하늘의 왕국에 대한 히브리 성서에 두 가지 개념이 있다는 것을 알아야 한다.

1 현재의 실체이다; 그리고 그렇게 있다.
2 미래의 희망이다—메시아가 출현하면서 그 충만한 속에서 실현될 시기. 이것이 세례 요한이 가르쳤던 왕국 개념이다.
처음부터 예수와 사도는 이 두 개념을 가르쳤다. 기억해야 할 또 다른 두 개념이 있다.
3 초자연적으로 기원하고 기적적으로 세워진 범-세계적 초월적 왕국의 훗날 유대인 개념.
4 세상이 끝날 때 선이 악을 이기고 성취하는 신성한 왕국이 설립될 것을 묘사하고 있는 **페르시아인의 가르침.**

예수가 이 땅에 오시기 직전, 유대인의 왕국에 대한 개념은 뒤섞이고 혼돈되어서, 유대인이 승리하는 시대, 하나님의 권세가 온 땅을 지배하는 영원한 시대, 새로운 세상, 모든 인류가 야훼를 경배하는 시대를 설립하기 위하여 메시아에 대한 종말론적 개념에 사로잡혔다. 예수는 하늘의 왕국에 대한 이 개념의 이용을 선택함에, 가장 생생하고 절정에 도달한 유대인과 페르시아 종교의 유산을 사용하기로 하였다.

하늘나라는 기독교 시대의 수 세기 동안 사람들에게 이해되고 오해됐으며, 다음과 같은 네 가지 다른 사상을 포함한다.

1 유대인의 개념

2 페르시아인의 개념

3 예수의 개인적-체험 개념—'너희 안에 있는 하늘나라'

4 그리스도교 창시자들과 선포자들이, 세상 사람들과 선포자들이 세상 사람들에게 감동을 주기 위하여 찾아낸, 합성되고 혼동된 개념들.

예수는 대중을 가르칠 때 수많은 하늘나라 개념을 제시한 듯하지만 사도에게 언제나 하늘나라는 땅에 있는 동료들과 하늘에 계신 아버지와 가지는 관계에서 사람이 겪는 체험을 포함하는 것이라고 가르쳤다. 하늘나라(천국)에 관하여, 그의 마지막 말씀은 언제나 '천국은 너희 안에 함께 있다.'이었다.

'하늘나라'라는 용어가 여러 세기 동안 혼동을 일으킨 것은 다음의 세 가지 요인 때문이다.

1 예수와 사도가 하늘나라(왕국, 하늘나라, 천국, 하늘 왕국) 개념의 진보에 따라 다양하게 제시하는 과정을 거치면서 생긴 혼돈이다.

2 초기 그리스도교가 유대인의 토양에서 이방인의 토양으로 이주하는 과정에서 어쩔 수 없이 발생한 혼돈.

3 그리스도교가 예수라는 개인을 중심 개념으로 하여 형성된 종교가 되었다는 사실 때문에 태생적으로 있게 된 혼돈, 천국 복음이 점점 더 그에 관한 종교가 되어갔다.

2) 천국에 대한 예수의 개념

하늘나라는 하나님이 아버지라는 진리, 이와 관련하여 사람이 형제라는 사실, 이 두 가지 개념으로 시작되고 거기에 집중되어야 한다는 것을 주는 분명히 밝혔다. 이러한 가르침을 받아들이면 오랫동안 속박 받아온 동물적 공포로부터 해방될 것이고, 영적 자유를 누리는 새 생명의 자질이 부여되면서 인간의 삶을 풍요롭게 해 줄 것이라고 예수는 선포하였다.

1 새로운 용기와 늘어난 영적 힘을 소유하는 것, 하늘나라 복음은 사람을 해방하고 사람이 영생을 감히 바라도록 격려할 것이다.
2 복음은 모든 사람에게, 심지어 가난한 자들에게도 새로운 신뢰와 참된 위안의 메시지를 가져왔다.
3 그 복음은 모든 사람을 위하여. 아니 가난한 사람에게도, 새로운 확신과 참된 위로의 말씀을 담았다.
4 그것은 물질적인 것에 비하여 영적인 것이 우수하다고 가르쳤다. 영적 실체들을 영화롭게 하고 초인간적 이상을 찬양했다.
5 이 새로운 복음은 영적 달성을 인생의 참된 목표로 높였다. 인간의 생명은 도덕적 가치와 신다운 위엄을 띠는 새 자질을 받았다.
6 예수께서는 영원한 실체들이 이 땅에서 의로운 싸움의 결과(보상)라고 가르쳤다. 사람은 이 땅에 잠시 머무는 동안, 고귀한 운명을 인식함으로써 새로운 의미들을 획득했다.
7 인간의 구원은 원대한 신의 목적 계시임을 새로운 복음은 확인했으며, **신의 목적은 하나님의 구원받은 아들들이 끝없이 봉사하는 미래 운명에 성취되고 실현될 것이다.**

이 여러 가르침은 예수가 가르쳤던 확대된 하늘나라 개념을 담는다. 이 위대한 개념은 세례 요한의 가르침, 초보이며 뒤범벅이 된 하늘나라 가르침에 거의 담겨 있지 않다.

사도들은 천국에 대한 주님의 말씀이 정말로 무엇을 의미하는지 파악할 수 없었다. 예수의 교훈에 대한 그 후의 왜곡들은, 신약 성경에 기록된 바와 같이, 예수께서 그때 잠깐만 이 세상에 계시지 않는다는 것과; 그가 곧 돌아와 능력과 영광중에 천국을 건설할 것이라는 믿음, 그가 육신 속에서 그들과 함께 있는 동안 그들이 집착했던 그런 관념으로 복음을 기록한 사람의 개념이 얼룩졌기 때문이다. 그러나 예수께서는 자신이 이 세상에 돌아온다는 관념을 천국 설립과 결부시키지 않았다. '새로운 시대'의 출현에 대한 어떤 면에서도 예수의 가르침과 부조화되지 않는다.

이 설교를 통해 노력한 것은, 하늘나라에 대한 개념을 하나님의 뜻을 행하는 관념에 대한 이상으로 전환하려는 시도였다 …. 하나님 뜻이라는 말을 사용하고, 대신에 하늘 나라(하나님의 왕국)라는 말을 사용하지 말라고 진지하게 설득하려고 하였다.

예수는 왕국, 왕, 백성이라는 개념 대신에, 하늘에 있는 가족, 하늘에 계신 아버지, 그리고 이웃을 위하여 자발적으로 기쁘게 봉사하기에 바쁘며 아버지 하나님께 장엄하면서도 지능적으로 경배드리기에 바쁜 자유롭게 된 하나님 아들들의 관념을 몹시 원하였다.

이 시점까지 사도들은 하늘나라에 대하여 두 다지 관점을 습득했다.

> 1 개인적인 체험에 따라서 참된 믿음의 사람 가슴속에 있게 되는 것.
> 2 인종적인 또는 세속적인 현상들에 대한 문제로, 하늘나라가 미래에 온다는 것, 기대할 어떤 것.

사도들은 사람의 가슴속에 도래하는 천국은 마치 가루 속의 누룩처럼 또는 겨자씨의 자라남처럼 점차 발전된다고 여겼다. 그들은, 인종적 또는 세속적 인식 속에서 도래하는 천국은 갑자기 호화로운 모습으로 이뤄질 것이라고 믿었다.

예수는 하늘나라가 더 높은 영적 삶의 자질들을 실현하는 그들의 개인적 체험인 것과; 영적으로 체험하는 이 실체들은 신성한 확실성과 영원한 위엄이라는 더 높은 수준들로 점진적으로 바뀐다는 것을 그들에게 끊임없이 말하였다.

주님은 이날 오후에 천국의 이중적 본성에 대해 다음과 같은 두 가지 현상을 묘사함으로 명백하게 가르쳤다.

첫째, **이 세상에서** 하나님 나라는, 하나님 뜻을 행하고자 하는 숭고한 욕구, 사람이 진보된 윤리적 도덕적인 행위의 좋은 열매를 맺는 이타적인 사랑이다.

둘째, **하늘에서** 하나님 나라는 믿는 필사자들의 목표인데. 하나님을 사랑하는 마음이 완전해지고, 하나님의 뜻이 더욱 신성하게 이루어지는 곳이다.

예수는 신자들이 **믿음으로 하늘나라에 지금 들어간다고** 가르쳤다. 여러 강연에서 두 가지가 믿음으로 하늘나라에 들어가는 데 필수라고 가르쳤다.

> 1 믿음, 성실성, 어린아이처럼 와서, 아들이 되는 것을 선물로 받을 것, 의심 없이 아버지의 지혜에 대한 참된 신뢰와 완전한 확신에서, 아버지 뜻을 행하기로 복종할 것, 편견과 선입견

에서 벗어나 천국에 들어올 것, 때가 묻지 않은 어린아이처럼 열려있고, 가르침 받을 준비가 되어 있을 것.
2 진리를 갈망함, 의를 향하여 목이 마름, 마음을 바꿈, 하나님처럼 되고자 하는 그리고 하나님을 발견하고자 하는 동기를 획득함.

예수는 죄가 어떤 결함이 있는 본성에서 나오는 것이 아니라, 오히려 순종하지 못하는 의지에 지배된 마음의 소산이라고 가르치셨다. 죄에 관하여. 예수는 하나님께서 용서해 왔다는 것을 가르쳤다. 그러한 용서함은 우리 이웃을, 우리 동료들을 용서하고 있는 행동으로 개인적으로 소용 있도록 만든다는 것을 가르쳤다. 너희 형제를 용서할 때 너희는, 너희 자신이 저지른 나쁜 짓에 대한 하나님의 용서함, 그 실체를 받아들이기 위한 수용 능력을 자신의 혼 속에 창조한다.

사도 요한이 예수의 일생과 가르침에 관한 이야기를 기록할 무렵에, 초대의 기독교인은 박해의 근원인 하나님의 나라 관념 때문에 너무 곤경을 겪어서, 대체로 그 용어의 사용을 포기하였다. 요한은 '영생'에 대하여 많이 이야기했다. 예수는 영생을 또한 '생명의 나라'라고 이야기했다. 또한 '네 안에 있는 하나님의 나라'를 자주 언급했다. 한때 그러한 체험을 '아버지 하나님과 가지는 가족의 친교'라고 말했다. **예수는 많은 용어를 하늘나라 대신에 쓰려고 애썼지만,** 언제나 성공하지 못했다. 다른 것 가운데, 다음을 썼다. 하나님의 가족, 아버지의 뜻, 하나님의 친구들, 신자들의 친교, 사람의 형제 정신, 아버지의 양 떼, 하나님의 자녀, 충실한 자들의 친교, 아버지를 섬기는 것, 하나님의 해방된 아들들이었다.

그러나 그는 천국 개념을 이용할 수밖에 없었다. 그것의 사교적이고 제도적인 면들을 급속도로 퍼져나가고 굳어져 간 그리스도교인 교회가 인계받으면서 천국에 대한 이 개념이 비로소 영원한 생명에 대한 동경으로 바뀌기 시작한 것은, 로마 군대에 의해 예루살렘이 파괴된 이후인, 50년 이상 지난 후였다.

3) 의(義)와의 관계

……예수는 신앙, 어린아이 같은 단순한 믿음이, 하늘나라 문의 열쇠라고 가르쳤지만, 예수는 문으로 들어간 뒤에, 하나님의 건장한 아들이 어른 키까지 자라기 위하여, 모든 믿는 어린아이가 올라가야 하는, **점진적 올바름의 단계가 있다고 가르쳤다.**

천국 의(義)의 달성이 계시가 됨은 하나님의 용서를 받는 기법을 생각한 경우다. **신앙은** 하나님의 가족으로 들어가기 위해 너희가 지급해야 하는 대가지만, **용서는** 들어오는 대가로 너희 신앙을 받았다는 하나님의 행동이다. 천국을 믿는 사람이, 하나님에게서 용서받았음은, 명확하고 실제적인 체험을 내포하며, 다음과 같은 네 단계, 즉 내적인 의의 천국 계단을 통해 이루어진다.

1 하나님의 용서는 사람이 자기 동료를 용서함에 따라서 그만큼만 실재적으로 가능해지고 또 개인적으로 체험되는 것이다.
2 사람이 자기 동료를 자기 자신처럼 사랑하지 않는 한, 진실로 그들을 용서하려는 것이 아니다.
3 네 이웃을 너 자신같이 사랑하는 그러한 사랑이 최고의 윤리이다.
4 그렇다면, 도덕적 행위, 참된 정의는 그러한 사랑의 자연적 결과가 된다.

그러므로 천국에 대해 참되고 내적인 종교는 반드시 그리고 점점 더, 사회봉사의 실제 방법을 통해 자체를 증명하는 경향이 명백하다. 예수께서는 그것을 믿는 자들에게 사랑의 봉사로 수고하도록 유도하는 살아있는 종교를 가르쳤다. 그러나 예수께서는 종교의 자리를 윤리로 대체하지 않았다. **그는 종교를 원인으로, 윤리를 결과로 가르쳤다. 어떤 행동이든 그것의 의는 동기에 의해 측정되며; 그래서 가장 높은 형태의 선은 무의식적이다.** 예수는 도덕과 윤리에 그렇게 관여한 적이 없었다. 그는, 그 자체를 확실하게 직접 나타내는 만큼 사람에게 외적으로 사랑의 봉사를 하는, 아버지 하나님과의 내적이고 영적인 교제에만 전적으로 관여했다. 그는, 천국의 종교는 누구도 자기 심중에 가둬두지 못하는 참된 개인적 체험임을; 신자들 가족의 한 구성원이 된다는 자각이, 가족을 유지하기 위한 계율 즉 형제 관계를 증진하고 확대하려 노력하는 형제와 자매들의 봉사를 어쩔 수 없이 실행하도록 유도함을 가르쳤다.

하늘나라의 종교는 개인적·개별적 종교이다. 그 열매, 그 결과는 가족과 사회에 나타난다. 예수는 공동체와 대조하여 어김없이 개인의 신성함을 높였다. 그러나 사람은 사심이 없는 봉사로 인품을 기른다는 것, 사람은 동료를 사랑하는 관계에서 도덕적 성품을 펼친다는 것을 그는 또한 인식했다.

하늘나라가 마음속에 있다고 가르치고 개인을 높임으로 사회의 참된 올바름을 실현하는 새 섭리 시대를 열었으니까, 예수는 옛 사회에 치명적 타격을 입혔다. 세상이 이 새 체제의 사회를 거의 알지 못한 것은 세상이 하늘나라 복음의 원칙을 실행하려 하지 않았기 때문이다….

4) 하늘나라(천국)에 대한 예수의 가르침

예수는 천국에 대해 정확히 설명한 적이 없었다. 한 번은 천국의 한 국면을 강론하고, 다른 때에는 사람의 가슴속에 있는 하나님 통치하의 형제 관계에 대한 다른 면을 토의하려 했다. 예수는 이 안식일 오후 설교 도중에, 다음과 같이 **천국의 다섯 국면** 또는 시대에 대해 언급했다.

1 신자 각 개인이 아버지 하나님과 교제하는 영적 생활을 개인적으로 마음속에서 겪는 체험.
2 복음을 믿는 자들의 확대되는 형제 신분, 곧 개별 신자의 마음속에서 하나님의 영이 다스리는 결과로 도덕률이 향상되고 윤리가 자극되는 사회적 모습.
3 이 땅과 하늘에서 이뤄지는 보이지 않는 영적 존재들의 초인간적 형제 관계, 즉 하나님의 초인간적 나라.
4 하나님의 뜻이 더욱 완벽하게 이루어진다는 기대, 개선된 영적 생활과 관련하여 새 사회 체제—사람의 다음 시대—의 여명을 향한 전진.
5 충만한 상태에 있는 천국, 즉 장차 이 세상에 도래할 빛과 생명의 영적 시대.

……주는 이 기회에 하늘나라 복음의 가장 중요한 모습을 대표하는 다음 다섯 항목을 강조했다.

  1 개개인이 탁월하고 중요하다.
  2 사람의 체험에서 결정 요소인 의지.
  3 아버지 하나님과 영적 친교를 가지는 것.
  4 사람에게 사랑으로 봉사함으로 얻는 최고의 만족.
  5 사람의 인격에서 영적인 것이 물질인 것을 초월한다.

……하늘나라 관념이 겉보기에 느리게 진보한다고 낙심해서는 안 된다. 앞으로 나아가는 진화의 순서는 물질과 영, 이 두 세계에서 갑작스럽고 예상하지 못하게 주기적 변화를 거친다는 것을 기억하여라…. 하늘나라가 오는가 시대적 증표를 찾느라고 자신의 혼 속에서 하늘나라를 세우지 못하는 치명적 잘못을 저지르지도 말라.

예수께서 비록 천국의 한 국면을 미래적인 것으로 언급하고, 많은 경우에 그런 사건이 세상의 위기가 한 부분으로 나타날 수 있다고 암시했을지라도; 언젠가 틀림없이 유란시아(지구)로 돌아오겠다고 여러 번 약속했을지라도, 이 두 관념을 절대 연결하지 않았음을 기억해야 할 것이다.

그는 장차 언젠가 이 땅에 천국을 새롭게 계시해 주겠다고 약속했으며; 언젠가 이 세상에 직접 다시 오시겠다는 것도 약속했지만; 이 두 사건이 동시에 일어날 것이라고 말씀하지는 않았다. 우리가 아는 한, 이 약속이 같이 일어날 수 있고 그렇지 않을 수도 있다.

5) 천국에 대한 후일의 개념

하늘나라에 대한 예수의 가르침을 요약하면서, 우리는 천국 개념에 덧붙여진 어떤 후일의 관념에 관하여 이야기하고, 천국에 대한 예언적 전망에 관여할 수 있도록 허락받았다.

기독교가 전파되는 처음 몇 세기를 통해서 내내, 하늘나라 관념은 그때 재빨리 퍼지는 그리스인의 이상주의 개념, 자연 세계는 영적인 세계의 그림자—현세인 것은 영원한 것이 순간적으로 나타나는 그림자—라는 관념에 엄청나게 영향을 받았다.

그러나 예수의 가르침은 유대인의 땅에서 이방인 땅으로 이식한 거대한 걸음은, 천국의 메시아가, 바울과 그의 후계자들 활동에서 태동하고 필로의 관념 및 선과 악에 대한 페르시아 교리들이 예수의 가르침에 첨부되었을 때, 그것들에 기초한 종교적 및 사회적 조직체인 교회의 구원 주가 되었을 때 이루어졌다.

천국 복음의 가르침이 구체화 되었던 예수의 관념과 이상은, 그의 추종자들이, 그가 선포한 것들을 점차 **왜곡**시킴에 따라, 실현에 거의 실패했다. 천국에 대한 주님의 개념은 두 가지 큰 경향에 의해 눈에 띄게 변경되었다.

1. 유대인 신자들이 그를 메시아로 간주하기를 고집하였다. 그들은 예수께서 매우 속히 실제로 돌아와 전 세계적이고 다소간 물질적인 어떤 나라를 건설할 것이라 믿었다.
2. 이방의 기독교인들은 초기부터 바울의 교리를 받아들이기 시작하였고, 이것은 예수가 교회 자녀들의 구원자라는 일반적인 믿음으로 점차 인도하였으며, 순수하게 영적 형제 신분의 초기 개념을 새롭게 제도적으로 대신하였다.

……교회로 인한 해악은 교회의 실존이 아니라 교회가 **천국에 관한 예수의 개념을** 거의 완벽하게 **대체해** 버렸다는 것이다. 바울이 조직한 교회가, 예수가 선포한 하늘나라를 사실상 대체한 것이 되었다.

그러나 주가 가르친 그 하늘나라를 믿는 자들은 가슴속에 존재하고 있으며, **언젠가는** 이 그리스도교 교회는 물론, 땅 위에 있는 다른 모든 종교, 종족들, 국가들에서도—모든 개별존재에 이르기까지—선포될 것임을 의심하지 말라.

예수께서 가르친 천국, 즉 **사람이 하나님과 나누는 신성한 교제의 개념과 개별적인 의의 영적 이상은,** 예수라는 인격자를 구세주–창조주, 그리고 사회화된 종교적 공동체의 영적 우두머리로 여기는 신화적 생각 속으로 점차 잠겨버렸다. 형식화되고 조직화한 교회가, **개별적으로 영이–지배하는 천국의 형제 관계를** 이런 식으로 대치해 버렸다.

교회는 예수의 일생과 가르침에서 생긴 필연적이며 유익한 사회적 결과였다; 천국의 가르침에 대한 이 사회적 반응이 **예수가 가르치시고 또 그대로 사신 실제 왕국의 영적 개념을 너무도 완전히 대치해 버렸다는 사실에 비극이 있다.**

　　유대인에게 천국은 이스라엘 공동체였으며; 이방인에게 그것은 그리스도교인 교회였다. 예수께 있어서 천국은, 하나님의 아버지 되심에 대한 신앙을 고백하고, 그 때문에 하나님 뜻을 행함에 전심으로 헌신하기로 선포하며, 그리하여 사람의 영적 형제 관계의 일원이 되는 그런 개인들 전체였다.

　　......영이 개별 신자를 지배하고 안내함으로, 사람들의 마음속에서 하늘나라를 세우는 예수의 이상을 실현하는 데, 부분적으로 실패했다는 것을 예수의 직계 추종자들이 깨달았을 때, 그들은 주의 하늘나라 이상 대신에, 눈에 보이는 사회 조직, 기독교회를 차츰 세움으로 예수의 가르침이 완전히 잊히지 않도록 구조하기 시작했다. 이러한 대체 계획을 성취하고 나서, 일관성을 유지하고 하늘나라의 사실에 관한 주의 가르침을 인정하려고, 더 나아가서 하늘나라를 미래에 생길 일로 분리해 놓았다. 교회의 지위가 안정되자마자 교회는, 기독교 시대가 절정에 이를 때, 그리스도가 다시 오실 때, 하늘나라가 실제로 나타날 것이라고 가르치기 시작했다.

　　이 방법으로 하늘나라는 한 시대의 개념, 미래에 찾아온다는 관념이요, 최고 자의 성자들이 마지막으로 구출된다는 이상이 되었다. **초대 기독교인들은 예수의 하늘나라 가르침에 담겨있는 아버지와 아들 관념을 대체로 간과했으며, 한편 이를 교회의 잘 조직된 사회적 교제로 대체하였다. 이처럼 교회는 크게 보아서 사회적 형제 단체가 되었고, 이것은 예수의 영적 형제 단체라는 개념과 이상을 실질적으로 갈아치웠다.**

　　예수의 이상적인 개념은 크게 실패하였지만, **주의 개인적 일생과 가르침**의 기초 위에, 영원한 생명에 대한 **그리스인과 페르시아인의 개념**을 덧붙이고, 영적인 것에 대비된 현세적인 것에 대한 **필로의 교리를 증강해서**, 바울은 유란시아에 존재하였던 것 중에서 가장 진보적인 인간 단체를 세워나갔다.

　　예수의 개념은 세상에 앞선 종교들 속에서 아직도 살아있다. 바울의 그리스도교 교회는, 예수가 하늘나라가 이렇게 되어야 한다고 의도하였던 상태—그리고 앞으로 교회가 아주 확고히 다다를 상태—의 사회적으로 만들어지고 인간적으로 만들어진 그림자이다. 바울과 그의 후계자들은 영원한 생명의 문제를 부분적으로 개별존재에서 교회로 옮겼다. 그리하여 **그리스도는 천국에 속한 아버지의 가족 안에서 개별 신자의 형이 되기보다는 교회의 우두머리가 되었다.** 바울과 그의 당대 사람들은 예수가 그 자신과 개별 신자에 관해 지녔던 모든 영적 암시를, 믿는 자들 무리로서 교회에 적용하였다; 이렇게 함으로써, 그들은 개별 신자의 가슴속에 있는 신성한 천국이라는 예수의 개념에 치명적인 타격을 가하였다.

그리하여 여러 세기 동안, 그리스도교 교회는 큰 낭패를 체험하였는데 ….

조만간에 세례요한보다 더 위대한 다른 사람이 '하나님의 나라가 가까이 있다'라고 선포하면서— 천국은 신자의 가슴속에서 지배하시고 초월하시는 하늘에 계신 그의 아버지 뜻임을 선포했던, 예수의 고상한 영적 개념으로 돌아감을 의미한다. 이 땅에 있는 눈에 보이는 교회 또는 그리스도의 예상되는 재림을 어떤 방법으로도 언급하지 않고서, 이 모든 일을 행할 것이다. **예수의 실제적인 가르침들이 다시 회복되는 것이 반드시 올 것이며….**

몇 세기 못 되어서, 그의 가르침에 대한 기록을 연구하던 학생이 그토록 많은 예배 종파와 분파로 나뉜 것은 순전히 예수의 복음이 너무 다방면에 걸쳐 있었기 때문이었다. 그리스도교 신자들의 이러한 비참한 분열은, 주의 비길 데 없이 뛰어난 일생의 신성한 단일성에 대한 주의 여러 가지의 가르침들을 분별하지 못한대서 기인한다. 그러나 언젠가는 예수를 참되게 믿는 자들이 믿지 아니하는 자들 앞에서 영적으로 분열되지 않은 태도를 보이게 될 것이다. 우리는 항상 다양한 지적 이해와 해석, 심지어는 사회화에서 다양한 등급들을 가질 수 있지만, 영적 형제 신분의 결여는 용서받지 못할 뿐만 아니라 비난받는 것이다.

오해하지 말라! 예수의 가르침 속에는, 생각하는 사람의 가슴속에 열매 맺지 못한 상태로 영구히 남아있는 것을 용납하지 않을 영원한 본성이 있다. 예수가 생각했던 천국은 이 땅에서 대체로 실패했고, 한동안 겉으로 나타나는 교회가 그 자리를 차지했지만; 이 교회는 오직 방해받는 영적 천국의 애벌레 같은 단계인 것과, 이 물질적 시대를 지나 주님의 교훈이 발전을 위한 충만한 기회를 즐길 수 있는 더 영적인 섭리 시대로 그것을 옮겨줄 것이란 점을 너희는 이해해야만 한다. 그리하여 소위 그리스도교인 교회는 천국에 대한 예수의 개념이 그 안에 현재 잠들어 있는 고치다 된다. 신성한 형제 관계의 천국은 여전히 살아있으며, 나비가 눈에 덜 띄는 변형 단계의 피조물을 거쳐 결국 분명히 아름답게 변화되듯, 결국에는 반드시 이 긴 동면에서 깨어날 것이다.

36. 예루살렘으로 가는 길에서

하늘나라에 대한 전날의 연설과 유월절 행사로 예루살렘에 가려고 한다는 발표는, 추종자가 유대인의 세속적인 최고의 나라를 열기 위해서 예루살렘에 올라가는 것으로 생각하게 했다. **하늘나라의 성격이 물질적인 것이 아니라고 예수가 아무리 말해도**, 유대인 청중들의 마음으로부터 메시아가 예루살렘에 본부를 두는 어떤 종류의 민족적인 정부를 세우려 한다는 관념을 완전히 제거할 수가 없었다.

이 일요일 오후에 야고보와 요한 세베데의 어머니 살로메는, 예수가 왕국을 세우기 위하여 예루살렘에 가는 줄 알고, 당신의 왕국에서 한 아들은 오른편에 다른 아들은 왼편에 앉도록 미리 약속해 달라고 요청하였다.

……그러나 세베대의 아들들은 한 달도 못 되어 사랑하는 선생님이 한쪽에는 강도가 다른 쪽에는 다른 죄인이 십자가에 달리리라는 것을 몰랐다. 그곳에는 세베대의 어머니 살로메도 있었다.

1) 펠라를 떠남

서기 30년 3월 13일 월요일 아침 예수와 열두 사도는 펠라 야영지를 아주 떠나, 아브너와 동료가 일하고 있는 페레아 남쪽 도시들을 향하여 출발하였다. 그들은 70인을 방문하면서 두 주간 이상을 보낸 후에 유월절을 지내기 위해 예루살렘으로 갔다.

……예수를 따르는 자들 대부분은 펠라 야영지가 포기되었다는 것을 알았지만, 이것

이 주가 마침내 예루살렘으로 가셔서 다윗의 왕권을 요구하실 것을 가리키는 것으로 생각하였다. 그를 따르는 사람 대부분은 하늘의 왕국에 대한 다른 개념을 이해하고 생각할 수가 없었다. **주가 무엇을 그들에게 가르치셨을지라도, 왕국에 대한 유대인의 관념을 포기하지 않았을 것이다.**

사도 안드레의 지시에 따라 다윗 세베대는 3월 15일 수요일, 펠라에 있는 야영지를 철수하였다. 이 무렵 거의 4천 명이나 되는 방문자들이 기거하고 있었으며, 이 외에도 선생님의 야영지라고 알려진 곳에, 예수와 열두 사도와 함께 내려간 천명 이상이 사도와 함께 있었는데, 그들은 예수와 사도와 함께 남쪽으로 갔다. 다윗은 싫었지만, 모든 장비를 많은 상인들에게 팔아서 돈을 예루살렘으로 옮겼으며, 후에 가룟 유다에게 전해졌다.

다윗은 비극적인 마지막 주간 동안 예루살렘에 있었는데 십자가형 후에 자기 어머니와 함께 벳세다로 돌아갔다. 안드레는 다윗에게 메신저 봉사를 중지하라고 지도하였었다; 모든 사람은 이것이 예루살렘에 왕국이 곧 설립되려는 표시라고 해석하였다. 나사로는 서둘러 필라델피아로 피신하였다. 다윗은 어머니가 돌아가신 후 마르다와 마리아의 부동산을 처분하는 일을 도와주었고, 곧 필라델피아로 가서 아브너와 나사로와 함께 있으면서 남은 일생을 보냈는데, 아브너가 살아있는 동안 필라델피아에 그들의 본부를 둔 왕국의 모든 재산을 관리하는 재정 감독자로서 활동하였다.

예루살렘이 파괴된 후 얼마 안 되어 안디옥은 바울파 그리스도교 본부가 되었고, 필라델피아는 아브너파 중심지로 남았다. 예수의 가르침과 그에 관한 바울파의 해석이 안디옥으로부터 서방 세계 전역으로 퍼져 나갔으며; 하늘 왕국에 관한 아브너파 해석을 따르는 선교사들이 필라델피아로부터 메소포타미아와 아라비아 지역으로 퍼져 나갔고, 예수의 가르침에 대해 타협하지 않는 이 사자들이 갑자기 흥성한 이슬람에 압도될 때까지 계속되었다.

2) 비용 계산에 대하여

예수와 거의 천명에 이르는 추종자 일행이 요단강 줄기인 베다니 시냇가에 이르렀을 때, 큰 바위 위로 올라가 "비용을 계산해 보라"라고 알려진 강연을 하였다.

'너희가 이후로 나를 따라오려면 내 아버지의 뜻을 행하기로 전심으로 헌신하는 값을 기꺼이 치러야만 할 것이다. 너희가 만일 내 제자가 되고자 한다면, 부모와 아내와 자식과 형제자매를 기꺼이 버려야만 한다. 너희 중에 지금 나의 제자가 되고자 한다면, 사람의 아들이 이 땅에서 육신을 입고 아버지의 뜻을 행하는 임무를 완수하기 위하여 자기 생명을 바치려 하는 것처럼 너희도 자신의 목숨까지라도 기꺼이 포기해야 한다.'

'만일 너희가 값을 충분히 내지 않겠다면, 나의 제자가 되는 것은 거의 불가능하다. 너희가 길을 더 가기 전에, 각자 앉아서 나의 제자가 되기 위한 비용을 계산해 보아야만 한다. ….'

'이제부터는 너희가 우리의 뒤를 따라, 가르침을 듣고 또 일을 바라보면서 계속 따를 수가 없을 것이다; 너희는 심한 박해에 직면해야 할 것이고, 참담한 실망을 맞으면서 복음을 입증해야 할 것이다. 너희가 자신을 부인하고 가진 것을 모두 바치기를 원치 않는다면, 내 제자 되기에 적합지 않다. 너희가 가슴속으로 이미 너희 자신을 정복했다면, 사람의 아들이 제사장들과 사두개인에 의해 배척을 당하고 조롱하는 불신자들의 손에 넘겨질 때, 그 어떤 두려움도 가질 필요가 없다.'

'이제 너희는 자신을 살펴서, 내 제자가 되는 동기를 찾아내야 한다. 너희가 명예와 영광을 추구하고 세상에 생각이 있다면, 맛을 잃은 소금과 같다….'

너희가 만일 준비된 잔을 나와 함께 기꺼이 미시지 않으려거든, 집으로 돌아가라. 나의 왕국이 이 세상에 속하지 않는다는 것을 너희에게 여러 번 말하였지만, 너희는 내 말을 믿으려고 하지 않는다. 들을 귀 있는 자들에게는 내가 말하는 것을 듣게 하라.'

이 말씀을 마치자마자 예수는 열두 사도를 데리고 헤스본 쪽으로 떠났으며, 오백 명 가량 되는 사람이 그 뒤를 따랐다. 절반의 다른 군중은 잠시 지체하다가 예루살렘으로 올라갔다….

3) 페레아 여행

예수와 열두 사도, 따라오는 수백 명의 제자는 두 주 이상 페레아 남쪽 지방을 다니면서, 70인이 일하는 모든 성읍을 방문했다. 이 지역에는 많은 이방인이 살았으며, 유월절 축제를 위해 예루살렘으로 올라가려는 사람이 거의 없었으므로, 왕국 메신저들은 계속 가르치고 전파하였다.

예수는 헤스본에서 아브너를 만났으며, 안드레는 유월절 축제 때문에 70인의 사명 활동을 중단하는 일이 없도록 하라고 지도하였다. 예수는 예루살렘에서 무슨 일이 일어나든지 무시하고 메신저들의 일을 계속 해야 한다고 충고하였다. 주는 아브너에게 작별 인사를 하였다. '나의 아들아, 나는 네가 왕국에 충실하리라는 것을 안다. 그리고 네가 형제들을 사랑하고 이해하도록 네게 지혜를 주시라고 아버지께 기도한다.'

……사도 대부분과 핵심 제자들은 예수가 죽는 것은 불가능하다고 믿었다. 그는 '부활이요 생명'이라고 믿었다. 그를 불멸의 존재로 그리고 이미 죽음에 대해 승리를 얻은 존재로 간주하였다.

4) 리비아스에서 가르침

3월 29일 수요일 저녁, 예수와 그를 따르는 자들은 페레아 남쪽 여러 도시 순회를 마친 후, 예루살렘으로 가는 도중에 리비아에서 야영했다. 열성 당원 시몬과 시몬 베드로는 1백 자루가 넘는 칼을 이곳에서 넘겨받기로 공모해 오다, 이날 밤 이 무기를 받고, 외투 속에 칼을 감추려는 모든 사람에게 나누어 주었다. 베드로는 뜰에서 스승을 배신하던 날 밤에도 이 칼을 차고 있었다.

목요일 아침 일찍 안드레를 시켜 동료들을 깨워 모이게 하셨다. 예수는 '나의 자녀들아, 너희가 오랫동안 나와 함께 있었고, 이 시간에 필요할 만한 것들을 많이 가르쳤지만, 이제 너희에게 경고하려는 것은 육신 적인 불확실한 것들을 믿지 말라는 것과, 우리 앞에 놓여 있는 시련들과 시험에 대하여 사람의 방법으로 방어하려는 유혹에 빠지지 말라는 것이다. 내가 너희를 이곳에 따로 불러낸 것은, 사람의 아들을 죽이기로 이미 판결을 한 예루살렘으로 우리가 가려는 것을 한 번 더 분명하게 말하고자 함이다. 너희들에게 다시 말하겠는데, 사람의 아들이 우두머리 사제들과 종교 통치자들의 손에 넘겨질 것이다; 그들이 그를 재판하고 이방인들의 손에 넘겨줄 것이다. 그리하여 그들은 사람의 아들을 조롱하며, 심지어는 그에게 침을 뱉고 그를 채찍질할 것이며, 결국 죽이게 될 것이다. 그리고 그들이 사람의 아들을 죽였을 때, 당황하지 말라, 왜냐하면 그가 셋째 날에 일어날 것이라고 내가 선포하기 때문이다. 내가 너희에게 경고한 것을 주의하고 기억하라.'

사도들은 또다시 놀라서 기절할 정도였으나; 그의 말을 글자 그대로 받아들일 수 없었으며; 주님이 말씀한 것이 정확히 무슨 의미인지 이해할 수 없었다. 그들은 예루살렘에 본부를 둔, 이 땅에서 현세적 왕국 때문에 눈이 가려졌으므로, 예수의 말씀을 글자 그대로 받아들일 수 없었다. 받아들이려 하지 않았다. 주가 돌아가신 후에야 깨달았다.

어떤 우호적인 바리새인이 아침 식사 직후에 예수께로 와서 다음과 같이 말한 것은 바로 이 리바이스에서였다. '이곳에서 빨리 피하십시오, 헤롯이 세례 요한을 찾았던 것처럼 당신을 죽이려고 지금 찾고 있습니다. 그는 사람들이 폭동을 일으킬 것을 두려워하여 당신을 죽이기로 하였습니다. 당신이 도망가실 수 있도록 이 말을 전하려고 우리가 왔습니다.'

다 듣고 나서 예수는 착각하지 말라. 헤롯은 우두머리 사제들의 손에 죽는 것을 더 좋아한다. 죽음에 대해서는 책임을 지려고 하지 않는다. ….

옛날부터 선지자들은 예루살렘에서 죽으니, 사람의 아들도 **인간의 편협성에 대한 값으로, 그리고 종교적인 편견과 영적 무지로 인한 결과로 희생되기 위하여** 아버지 집이 있는 그 도시로 가는 것이 마땅하다. ….

예수가 '셋째 날에 일어나리라'라는 말은 하였을 때, 유대인 종교 지도자들과의 사소하고 불쾌한 임시적 논쟁이 있는 직후에 있을 그 왕국의 확실한 승리를 의미하는 것으로 파악하였다. '셋째 날'이라는 것은 '당장에' 또는 '얼마 있다가 곧'이라는 의미로 유대인들이 흔히 쓰는 말이었다. 예수가 '일어나리라'라는 말씀하였을 때, 그들은 그가 '그 왕국이 일어나리라'라는 것을 언급한 것으로 생각하였다.

예수는 이 믿는 자들에게 메시아로 받아들여졌으며, 유대인들은 고난받는 메시아에 대하여 거의 알지 못하였다. **예수가 그의 일생으로 성취할 수 없었던 많은 것들을 죽음으로 이루시리라는 것을 그들은 이해하지 못하였다.** 사도들이 예루살렘으로 들어갈 수 있도록 용기를 준 것이 나사로의 부활이었던 반면에, 이러한 괴로운 증여 동안 주를 격려해 준 것은, 그가 모습의 변화를 일으켰던 순간에 대한 기억이었다.

5) 여리고의 시각장애인 (생략)

6) 삭개오를 방문하심 (생략)

7) 예수가 지나가시면서

예수가 말씀하거나 실행한 정말로 중요한 일의 대부분은 생각지 않게 '그가 지나가는 동안에' 우연히 된 것처럼 보인다. 주가 이 땅에서, 사명 활동에는 직업적이거나 잘 계획된 것이거나 또는 미리 계획된 것이 거의 없었다. 그는 일생을 영위하면서 자연적으로 **그리고 은혜롭게 건강을 나누어주고 행복을 뿌려주었다.** '그는 부지런히 선을 행하였다.'라는 말은 참으로 옳은 말이다.

8) 파운드의 비유

여러 해가 지난 후, 이 두 '달란트'와 '파운드' 비유의 의미를 잘 설명한 사람은 나다니엘이었는데, 그의 가르침을 결론적으로 요약하면 다음과 같다.

1 능력은 인생의 기회를 재는 실용적 척도이다. 너희는 능력 바깥에 있는 것을 성취하라는 책임을 결코 지게 되지 않을 것이다.
2 충실함은 인간의 믿을만함을 재는 어김없는 척도이다. 작은 일에 충실한 자는 또한 그의 자질에 맞는 모든 일에 충실함을 나타내기 쉽다.
3 비슷한 기회가 있을 때, 주님은 적게 충실한 것에 대하여 적게 보상을 내린다.
4 기회가 적을 때, 충실한 만큼 보상을 내린다.

'자 나의 형제들아, 예루살렘으로 가서, 우리를 기다리고 있는 것을 받아들이자, 그리하면 하늘에 계신 아버지의 뜻을 모두 이루어 드릴 수 있을 것이다.'

37. 예루살렘으로 들어가다

예수와 사도 일행이 베다니에 도착한 것은 서기 30년 3월 31일 금요일 오후 4시경이었다. 나사로와 그의 자매 그리고 친구들이 기다리고 있었다. 나사로가 부활한 후 많은 사람이 그를 찾아와서 믿는 자인 이웃 주민 시몬의 집에 머무실 수 있도록 준비되어 있었다.

그날 저녁 많은 사람이 예수를 찾아왔다. 베다니 와 벳바게의 서민들은 환영받고 계시는 것을 느끼시도록 최선을 다하였다.

사람 대부분은 예수가 산해드린의 사형 선고에 공공연히 반항하면서, 자신이 유대인의 왕인 것을 선포하기 위하여 예루살렘으로 이제 가시려 한다고 생각하였다. 베다니 가족—나사로, 마르다, 마리아는— 주가 그런 종류의 왕이 아니라는 것을 더 잘 깨닫고 있었다. 예루살렘과 베다니에 대한 그의 이번 방문이 아마도 마지막일 것이라고 어렴풋이 느꼈다.

대제사장들은 예수가 베다니에 머물고 계시는 것을 알았지만 그의 친구들 속에 계실 때에는 체포하지 않기로 하였다. 예수는 모든 것을 아셨지만, 장엄하고 침착하였다. 그의 친구들은 그가 그토록 차분하고 기분이 좋으신 것을 본 적이 없었다. 산해드린 유대인들도 그가 그토록 태연한 것에 매우 놀랐다. 그날 밤 주가 주무시는 동안 사도들은 칼을 차고 둘씩 짝이 되어 그를 지켰다.

1) 베다니에서의 안식일

사람들은 예수가 베다니에 있음을 듣고 좋아했지만, 제사장들과 바리새인은 난처해했다. 그들은 예수를 자기 손아귀에 넣고 싶어 했지만, 그의 대담성 때문에 당황했다. 그가 전에 베다니를 방문했을 때, 나사로가 죽음에서 일어났던 것과, 예수를 대적하는 자들에게 나사로가 큰 문젯거리가 됐음을 기억했다.

유월절 엿새 전, 안식일 다음 날 시몬의 집에서 예수와 나사로를 축하하기 위하여 대중 연회를 열었다. 잔치가 끝날 무렵 나사로의 여동생이 주빈석에 비스듬히 앉아계신 예수께로 가서 매우 귀하고 비싼 향유가 들어 있는 앨러배스터 유리 단지를 열었다; 주의 머리에 바른 뒤 그녀는 그의 발에 붓기 시작했고, 머리카락을 풀어 헤쳐 그것으로 닦아내었다. 온 집안이 향기로 가득 찼다. 마리아의 행한 일에 모든 사람이 놀랐고 나사로는 아무 말이 없었다…. 이 여인은 장사 지낼 내 육신을 위하여 이 향유를 오랫동안 간직해 왔으며, 이제 이 여인은 나의 죽음을 예상하여 이 기름을 부은 것이니, 이 여인에게는 만족함이 있을 것이다. 마리아는 이 행동을 통하여, 내가 죽을 것이며 하늘에 계신 내 아버지께로 올라갈 것이라는 내 말에 대한 신앙을 보여줌으로써, 너희 모두를 꾸짖은 것이다. 이 여인은 오늘 밤에 한 행동에 대하여 꾸지람을 받지 않을 것이다; 오히려 나는 너희에게, 앞으로 오는 세대에 이 복음이 전파되는 전 세계의 어느 곳에서든지 그녀를 기억하여 이 여인이 행한 일이 이야기될 것임을 말하고 싶다 …. 가룟 유다는 이 일로 시험에 들었다.

향유의 값이 한 사람의 일 년 수입, 5천 명에게 빵을 나누어주기에 충분한 값이었다. 주님은 반드시 죽을 것이라고 그들에게 경고하였을 때 그의 말씀을 믿었기 때문에 시체에 바를 값비싼 향유를 준비했다.

마리아가 이 백송향(白松香)이 담긴 항아리를 사려고 오랫동안 돈을 모아왔음을 나사로와 마르다 둘 다 알면서도, 그녀가 진심으로 이런 일을 하고자 하는 대로 허락했다. 그들이 부유했으므로 바치는 물건을 어렵지 않게 마련할 수가 있었다.

2) 일요일 아침 사도와 함께

일요일 아침 시몬의 아름다운 정원에서 예루살렘에 들어가기 위한 마지막 주의 사항을 말씀하였다. 그는 아버지께로 돌아가기 전에 아마도 여러 번 강론하고 가르치실 것이라고 말씀하면서, 사도들은 이 유월절 기간에 대중을 위한 어떤 것도 행하는 것을 삼가라고 충고하였다. 자기 곁에 따라다니면서 '깨어서 기도하라'고 주의를 주었다. 예수는 가까이 따르는 사람 대부분이 몰래 칼을 휴대하고 있다는 것을 아셨지만, 아무 언급도 하지 않았다.

이날 아침 일찍 다윗 세베대는 펠라 야영지의 장비들을 처분한 자금을 가룟 유다에게 건네주었으며, 예루살렘에 들어가면서 위급한 상황이 있을지라도 안전하게 보관하기 위하여, 유다는 다시 이 돈의 대부분을 그들을 초대하였던 시몬에게 맡겼다.

나사로는 예수의 훈계에 순종하여 며칠 후 필라델피아로 피신했는데, 산해드린 관리들이 잡으러 사람을 보냈다.

3) 예루살렘을 향한 출발

베다니로부터 성전까지는 약 2마일 정도 된다. 예수가 예루살렘을 향하여 떠나려고 준비된 것은 그 일요일 오후 1시 반이었다. 지금까지 메시아라는 대중의 모든 주장을 억제했지만, 이제는 사정이 달랐다. 육체를 입은 생애의 끝이 다가오고, 산해드린은 이미 그가 죽어야 한다고 선포했다. 제자들이 자유롭게 느낌을 표현하도록 놓아둔다고 해서 아무런 해로운 일이 생길 수 없을 것이고, 공식적이고 공개적인 입성을 한다 해도 마찬가지였을 것이다.

주님은 공개적으로 입성하기로 하였고, 이 결정을 어떻게 실행할 것인지 생각했다. 다윗의 이야기도 있지만, 입성을 위한 길잡이로 영적인 개념에서 스가랴 서를 사용할 수 있다고 생각했다. 스가랴서의 기록은 이렇다. '크게 기뻐하라, 오 시온의 딸아; 외쳐라, 오 예루살렘의 딸아. 보라, 너희 왕이 너희에게 오신다. 그는 의로우시며 구원을 가져오신다. 그는 나귀를 타시되 망아지 즉 어린 나귀를 타고, 낮은 자로 오신다.'

전쟁하는 왕은 항상 말을 타고 성에 들어가며; 평화와 우정의 사명을 띤 왕은 항상 나귀를 타고 들어간다. 예수께서는 말 탄 사람으로 예루살렘에 들어가려 하지 않는 대신, 나귀를 탄 사람의 아들로 평화롭게 선한 뜻을 가지고 기꺼이 들어가려 했다.

......베드로와 요한은, 주가 이른 대로 벳바게로 가서 나귀 새끼를 데리고 돌아왔다. 수백 명의 순례자들이 예수와 사도들의 둘레에 모여 있었다. 지나가던 방문자도 그곳에 머물렀다. 다윗 세베데와 동료들은 성전 순례자들 속에 예수가 승리의 행진으로 도시에 들어가실 것이라는 소식을 효과적으로 퍼뜨리기도 하였다. 따라서 수천 명의 방문자들이 기적을 베푸는 선지자, 메시아라고 알려진 사람을 만나기 위하여 앞으로 나아갔다. 예루살렘에서 나온 이 군중들은, 올리브 산 정상을 지나 도시로 내려오기 시작한 예수와 무리들을 만났다.

그들이 출발하기 전에, 쌍둥이 형제 알패오는 그들의 겉옷을 나귀 위에 얹고 주가 타실 수 있도록 붙들어 드렸다. 행렬이 올리브 산 정상을 향해 움직이자, 축제에 참석하려는 군중들은 왕가의 아들, 약속된 메시아를 태우고 있는 나귀에게 경의를 표하는 양탄자를 깔기 위하여 그들의 옷을 길에 깔고, 가까이에서 나뭇가지들을 가져왔다. 즐거워하는 무리들은 예루살렘을 향하면서, 노래하기 시작하였다, 시편을 한 음성으로 읊으면서, '다윗의 아들에게 호산나; 주님의 이름으로 오시는 그에게 축복을, 가장 높은 곳에 호산나, 하늘에서 내려오는 그 왕국에 축복을,'이라고 외쳤다.

도시와 성전 탑들이 내려다보이는 올리브 산꼭대기에 오르자, 주는 행렬을 멈추었고, 그들이 예수가 눈물 흘리는 것을 지켜보는 동안, 큰 침묵이 모두를 덮었다. 그를 환영하려고 도시로부터 오는 거대한 군중 무리를 내려다보시면서 크게 감동하여 눈물이 어린 목소리로 말했다. '오 예루살렘아, 그토록 값없이 가질 수 있었던, 너희 평안에 속한 것들을, 네가 적어도 이렇게 한창일 때에 알았더라면! 그러나 지금은 이 영광이 네 눈에서 가려져 있다. 너는 평화의 아들을 거부하려 하며, 구원의 복음에 네 등을 돌리려 한다.

너의 대적들이 너를 둘러 진치고 포위할 그날이 곧 다가올 것이며; 그들은 돌 하나도 돌 위에 남지 않을 정도로 너를 완전히 파괴할 것이다. 그리고 하늘이 네게 내리는 재앙의 때를 알지 못했기 때문에 이 모든 일이 네게 일어날 것이다. 너는 하나님의 선물을 거부하려 하며, 모든 사람이 너를 버릴 것이다.'….

주를 환영하기 위하여 쏟아져 나온 군중 속에는, 많은 바리새인과 적들이 섞여 있었다. 이런 갑작스럽고 예상 못 하였던 민중의 환호에 너무 당황하였으며, 폭동을 조장할 수도 있으므로 그를 체포하기를 두려워하였다. ….

이러한 외견상의 자연적인 민중들의 열광에는 아무런 깊은 의의가 실제로 없었다. 예수가 왕국을 세우려 하지 않는다는 것을 깨달았을 때 기꺼이 예수를 거부하였다.

4) 성전 근처를 방문

알패오 쌍둥이 형제가 나귀를 주인에게 돌려주러 간 동안, 예수와 사도는 유월절을 위한 준비를 구경하였다. 산해드린이 사람들을 크게 무서워했으므로 예수를 방해하는 일은 없었으며 그것은 결국 대중이 그렇게 환호하도록 예수께서 허락한 이유 중의 하나였다….

5) 사들의 태도

예루살렘에 큰 환영을 받으며 입성하고 성전 주변을 거닐며 많은 군중에게 복음을 전파할 기회를 활용하지 않는데 사도들은 아까워하였다. 군중 환영 인파의 호의가 없었다면 산해드린 관리들에게 체포되어 감옥에 갇히게 되었을 것이다. 저녁이 되어서야 사도들은 이 깊은 주님의 영리함이 이해되기 시작했다. 이 감정이 십자가 처형이 있던 그 시간까지 그들을 버티게 했다….

　…..가룟 유다는 어떤 박해에도 굴복한 적이 없었지만, 사두개인 친구들의 비웃음에는 견딜 수가 없었다. 사도들의 돈주머니를 갖고 있었으므로, 자금을 지닌 채로 떠나고 싶지는 않았다. 가슴은 이미 도망자였고, 그럴듯한 핑계를 찾는 일만 남았다.

38. 예루살렘에서 월요일

월요일 이른 아침 베다니 시몬의 집에 모여 예루살렘을 향해 떠났다. 성전에 도착한 것은 9시경이었다. 모인 신자들과 인사한 후 강단으로 올라가 연설을 시작했다.

1) 성전을 깨끗이 하다

성전에서 희생 제물용 동물과 잡다한 물품을 거래하는 행위, 은행 업무와 환전, 반 세겔의 성전 인두세, 이러한 부당한 일을 통해 성전, 재무관은 천만 불 이상을 챙기는 것이 보통이었다.

성전을 더럽히는 이러한 일에 예수만 분개하는 것이 아니었다. 보통 국민, 외국에서 방문한 유대인도, 국가적인 경배 처소를 모독하면서 부당 이득을 취하는 이런 일에 진심으로 분개하였다. 여러 가지 일이 겹쳐 소란해지자 예수는 가르치는 강단에서 내려와 뜰을 가로질러 가축을 몰고 가는 사람에게 가서 채찍을 빼앗아 성전에서 몰아내셨다. 이어서 수천 명의 사람 앞을 지나 모든 우리의 문을 열고 갇혀있는 동물들을 몰아내셨다. 이때 모여 있던 순례자들은 흥분하여, 큰 소리를 지르면서 매장들이 있는 곳으로 달려가 환전하는 자들의 상을 뒤집어엎기 시작하였다….

예수는 다시 단상으로 돌아와 군중에게 말씀하기 시작하였다. '너희는 오늘 내 집은 모든 나라들에 기도하는 집이라고 불려야 하겠으나, 너희는 강도들의 소굴로 만들었다.'라고 성서에 쓰여 있는 그것을 목격하였다.

예수가 다른 말을 하기도 전에, 큰 군중이 찬양하는 호산나를 외쳤고, 젊은이의 무리가 군중으로부터 걸어 나와서, 신성을 모독하고 폭리를 취하는 상인들이 신성한 성전에서 쫓아낸 것을 고맙게 여기는 감사 찬송을 불렀다.

이날 종일 성전 뜰에 고요와 평화가 넘쳤으며, 사람들은 예수의 가르침을 듣고 그의 말씀에 글자 그대로 단단히 매달려 있었다….

2) 주님의 권세에 도전함

일요일에 승리자의 모습으로 예루살렘에 입성한 것이 유대 지도사들을 압도하였기 때문에 예수를 체포하려는 계획을 자제시켰다. 성전을 청결하게 한 사건도 주의 체포를 연기하게 한 계기가 되었다. 군중들의 분개심이 자신들을 공격할지도 모른다는 두려움 때문에 예수를 공개적으로 체포하는 것을 꺼렸다. 로마 병사들이 소집될 가능성도 우려하였다.

산해드린 정오 회의에서 주의 친구로 참석한 사람이 없으므로, 예수를 하루빨리 해치워야 한다는 안이 만장일치로 결의되었다. 그러나 언제 어떻게 체포할 것인지에 대해서는 합의하지 못했다. 다만 그의 가르침으로 함정에 빠뜨리든지, 망신을 주자는 안에 모두 동의하였다….

3) 두 아들의 비유

……지주의 두 아들이 하나는 아버지의 말에 거절했다가 순종하고, 다른 하나는 순종하겠다고 말했다가 하지 않은, 예를 들어 말씀했다. 예수는 바리새인과 사두개인을 개인적으로 경멸하지 않았다. 그가 망신을 주시고자 했던 것은 가르침과 실천에 대한 그들의 체계였다. 그는 어느 사람에게도 적의를 품지 않았지만, 여기에 새롭고 살아있

는 영의 종교와 형식과 전통 그리고 권한으로 가득 찬 옛 종교와 사이에서 피할 수 없는 충돌이 발생하고 있었다.

열두 사도는 시종일관 주의 곁에 있었지만, 어떤 방법으로도 끼어들지 않았다. 이 마지막 며칠 동안 사역을 마무리 짓는 주의 행동에 나름대로 반응하였으나, 대중 교육과 전도를 삼가라는 주의 명령에 조용히 따르고 있었다.

4) 집을 비운 주인의 비유

..... 포도원 지기를 죽인 소작인의 이야기와 선지자들을 배척한 조상들의 이야기를 하자, 바리새인은 이런 말이, 예수가 자기들과 유대 지도자를 언급하고 있다고 이해하고 그를 당장 붙잡고 싶었으나 군중을 두려워하였다. 그날 밤 사두개인과 바리새인은 손을 잡고 그를 함정에 빠뜨릴 계획을 하였다.

5) 결혼 잔치의 비유

하늘나라는 마치 자기 아들을 위한 혼인 잔치를 마련하고, 잔치에 초청한 왕과 같다고 설명하였다. 메신저를 통해 초청하였으나 이런 이유 저런 이유로 왕의 초청을 대수롭지 않게 여겨 자기 일터로 가버렸다.

초청을 거절한 자들에 대한 응징을 마친 후, 길거리로 나가서 선량한 자나 불량한자, 부자나 가난한 자를 모아 자리를 채웠다. 모든 준비가 끝나자, 왕은 손님들을 둘러보다가 예복 입지 않은 한 사람을 발견하고 깜짝 놀랐다. 이는 모든 손님에게 예복을 공짜로 주었기 때문이다. 왕은 이 손님을 쫓아내 나의 초청을 거절한 자들과 같은 운명에 처하게 하라. 나의 초청을 기쁘게 받고 모두에게 공짜로 제공되는 손님용 예복을 입음으로써 내게 경의를 표하는 자들이 아니면, 절대로 들여보내지 않을 것이다, 라고, 명하였다.

..... 자기 몸을 가리키며, 이 성전을 무너뜨려라. 내가 사흘 안에 다시 일으켜 세울 것이다. 사도조차 이 말씀의 의의를 깨닫지 못했으나, 부활 후에야 그 의미를 회상했다.

예수는 남은 유월절 주간 동안 머무를 수 있도록 성 근처에 야영지를 설치하라고 안드레와 빌립 그리고 도마에게 지시하였다. 다음 날 아침 겟세마네 대중용 야영장이 내려다보이는 베다니 시몬이 소유하고 있는 작은 땅에 천막을 설치하였다.

그들은 모두 어떤 중대한 일이 곧 일어나리라고 느꼈지만, 무엇이 일어날지 상상도 못 하였다.

39. 화요일 아침 성전에서

화요일 아침 7시경에 예수는 사도들, 여자 대원들, 다른 이십여 명의 가까이 따르는 제자들을 시몬의 집에서 만났다. 그는 이때 나사로에게 작별 인사를 하였으며, 그로 페레아에 있는 필라델피아로 피신 하도록 지시하였다. 나사로는 후에, 그곳에 본부를 두고 퍼져나간 선교 운동에 가담하였다. 이어서 나이가 많은 시몬에게도 작별을 고하고, 여자 대원들에게 마지막 충고를 하였다. 그들에게 정식으로 강론한 것은 이것이 마지막이었다.

예수는 이날 아침 열두 사도들에게 각각 개인적으로 인사하였다…. 인사를 마친 후 안드레, 베드로, 야고보, 요한과 함께 예루살렘으로 떠났고, 다른 사도들은 주가 육체로 게시는 남은 기간 본부로 사용할, 겟세마네 야영지를 설치하기 시작하였다.

1) 신성한 용서

베드로와 야고보는 죄의 용서에 관한 주의 가르침에 대하여 견해의 차이를 며칠 동안 토론하였다. 그들은 이 문제를 주께 물어보기로 하였다.

주여, 야고보와 저는, 죄를 용서하는 일에 관한 당신의 가르침에 대해 의견이 서로 다릅니다. 야고보는 우리가 아버지께 요청하기도 전에 그가 이미 우리를 용서한다는 것을 당신께서 가르치셨다고 주장하지만, 저는 용서를 받으려면 먼저 회개와 고백이 있어야 한다고 주장합니다. 누가 옳습니까? 말씀해 주십시오.

...... 내 형제들아, 너희가 피조물과 창조주 사이, 즉 사람과 하나님 사이의 깊은 사랑의 관계 본질을 이해하지 못하기 때문에 잘못된 견해를 갖고 있다. 아직 성숙하지 못하고 때로는 실수를 범하는 가기 자녀들에게 현명한 부모들이 갖는 동정심을 너희가 이해하지 못하고 있다. 지혜롭게 애정을 베푸는 부모에게 보통 일반적인 자식을 항상 용서하라고 요구하여야 하는가는 정말 의심스럽다. 사랑하는 태도로 연결된 관계를 이해함으로써, 서로 사이의 모든 서먹함과 반목을 미리 효율적으로 막을 수 있으며, 이는 나중에 부모의 용서와 함께 자식이 회개함으로써 서로 조정이 될 필요가 있다.

아버지마다 한 부분이 그의 자식 안에 살고 있다. 아버지는 자녀-부모의 관계와 관련된 모든 문제를 이해함에서 우선권과 우위성을 갖는다. 부모는 더 진보된 어버이의 성숙성, 나이 많은 부모의 원숙한 체험에 비추어 자녀의 미숙함을 볼 수 있다. 지상의 자녀와 하늘에 계신 아버지의 경우에, 신성한 부모는 사랑으로 이해하는 수용 능력과 동정심에서 무한성과 신성을 소유하고 계신다. 신성한 용서는 필연적이다. 그것은 하나님의 무한한 이해 속에, 자녀의 그릇된 판단과 잘못된 선택에 관여된 모든 것을 알고 있는 그의 완전한 지식 속에 본래부터 있으며 양도될 수 없다. **신성한 공의는 영원히 공정**하기에, 그토록 이해하는 자비를 어김없이 구현하고 있다.

지혜로운 사람은 자기 동료의 내적인 충동을 이해할 때, 그를 사랑할 것이다. 너희가 형제를 사랑할 때는, 너희는 이미 그를 용서한 것이다. 사람의 본성을 이해하고 명백한 그릇된 행동을 용서하는 이 수용 능력은 하나님과-같음이다. 만일 너희가 지혜로운 부모라면, 이것이 그 길이다. 그것은 바로 너희가 너희 자녀들을 이해할 것이고 사랑할 것이고, 일시적인 오해가 너희를 명백하게 갈라놓고 있는 그러한 때에도, 그들을 용서할 그러한 길이다. 자녀-아버지 관계의 깊이를 충분히 이해하지 못하는 아직도 미성숙한 자녀는, 아버지의 충분한 승인으로부터 죄의식을 동반한 분리 느낌을 자주 느낄 수밖에 없지만, 그러나 참된 아버지는 결코 그러한 그 어떤 분리도 의식하지 못한다. 죄는 사람이 의식하는 체험이요, 하나님이 의식하는 부분이 아니다.

동료를 용서할 수 없거나 기쁘게 용서하지 못하는 것은 너희의 미숙함, 너희가 어른 수준의 동정심, 이해, 사랑에 이르지 못함을 재는 척도이다. 너희의 자식과 동료들의 마음속 성품과 참된 소망을 알지 못하는 만큼 그에 비례하여, 너희는 불만을 품고 앙갚음할 생각을 품는다. 사랑은 이해심에 기초를 두며, 사심 없는 봉사로 육성되고 지혜 속에서 완전하게 된다.

2) 유대인 통치자들의 질문

월요일 저녁, 서기관, 바리새인, 사두개인 헤롯 당원 중에서 선택된 50여 명의 지도자들과 산헤드린 회의가 열리고 있었다. 이 모임의 일치된 의견은, 예수가 대중들의 지지를 받고 있어서 공개적으로 체포하는 것은 위험하다는 것이다. 체포하기 전에 공개적으로 망신을 주자는 것이 대부분의 의견이었다. 그래서 무리 중 유식한 사람을 선정하여 망신을 주거나 당황하게 하도록 지시를 받았다.

동전을 가지고 시험하려 했으나 '시저의 것은 시저에게 하나님의 것은 하나님께 바쳐라.'라고 대답하였다. 예상치 못한 주의 총명한 답변에 모두 경탄하였다.

세금을 거부하라고 하면 로마 당국자들에게 가서 민중을 선동한다는 죄를 덮어씌우고자 하였고, 세금을 내라고 하면 유대인 청중들의 자부심을 훼손해, 이간시키려 했다….

3) 사두개인들과 부활 (생략)

4) 큰 계명 (생략)

5) 호기심을 보이는 그리스인

알렉산드리아, 아테네, 로마에서 온 그리스인 신자 일행이 예수를 만나려고 수소문하여 빌립을 만났고, 빌립은 안드레에게 보고하여 요셉의 집에서 예수를 만나게 하였다.

예수는 그들을 받아들였다. 점심을 먹기 위해 모인 사도들과 주요 제자들에게 말씀하는 동안 그들은 가까이에 앉아 있었다. 예수가 말했다.

나의 아버지는 사람 자녀들에게 자신의 사랑 가득한–친절을 나타내시기 위하여 나를 이 세상에 보내셨지만, 내가 처음 만난 그들은 나를 받아들이기를 거절하였다. 정말로 너희들 대부분은 스스로 나의 복음을 믿었지만, 아브라함의 자손들과 그들의 지도자들은 나를 거부하려 하고 있으며, 그렇게 하여 나를 보내신 그를 거부하려고 한다. 나는 이 민족을 구원할 복음을 아무 대가 없이 선포하였다. 영적으로 더욱 풍성한 기쁨과 해방 그리고 생명을 가지고, 아들 됨의 관계를 그들에게 말하였다. 내 민족의 지도자들은 고의로 자기 눈을 멀게 하여 보지 않으려고 하며, 가슴을 딱딱하게 만들어 믿지도 않고 구원받으려고도 하지 않는다. 지난 몇 년 동안 나는 아버지의 영원한 구원을 받는 자가 될까, 하여 그들의 믿지 않음을 치료하려고 애를 썼다.

지금 이 방 안에는 한때 산해드린의 회원이었던 사람들, 국가 기관의 높은 지위에 있던 사람들이 다 와 있지만, 너희들 중에는 아직도 회당에서 쫓겨날까 두려워서 진리를 공개적으로 고백하지 못하는 사람들이 있다. 너희 중에는 하나님의 영광보다 사람들의 영광을 더 사랑하도록 유혹받는 사람들이 있다….

이 그리스인들은 예수가 성전에서 가르치실 때 충실히 참석하였다. 월요일 저녁에 니고데모의 집에서 회의했고, 다음 날 새벽까지 계속됐으며, 그들 중 30명이 천국에 들어가기로 결심했다.

이 복음을 믿는 자는 나를 믿을 뿐만 아니라 나를 보내신 그를 믿는 자이다. 너희가 나를 보는 것은, 오직 사람의 아들만을 보는 것이 아니라, 나를 보내신 그도 보는 것이다. 나는 세상의 빛이며, 나의 가르침을 믿는 자는 누구든지 더 이상 어두움에 거하지 않을 것이다. 너희 이방인들이 만일 내 말을 듣는다면, 너희가 생명의 말씀을 받아들이게 될 것이며, 하나님의 아들이 되는 진리로 말미암는, 기쁨이 충만한 해방을 곧 얻게 될 것이다. 만일 내 고향 사람들, 유대인들이 나를 거부하고 나의 가르침들을 거절하더라도, 나는 그들을 심판하지 않을 것인데, 왜냐하면 나는 세상을 심판하려 온 것이 아니라 구원을 주려고 왔기 때문이다. 나를 거부하고 나의 가르침을 받아들이기를 거절한 그들에게는 때가 이르면, 나의 아버지에 의해서, 구원의 진리와 자비의 선물을 거절한 자들을 심판하라고 아버지가 임명하는 그들에 의해서 심판이 있을 것이다. 내가 스스로 말하는 것이 아니라, 사람 자녀들에게 나타내도록 내게 지도한 아버지의 명령에 따라서 너희에게 신실하게 선포하고 있다는 것을 너희들 모두는 꼭 기억해라, 그리고 세상에 말하라고 아버지께서 내게 지도한 이 말씀은 신성한 진리, 영구한 자비, 영원한 생명의 말씀 들이다….

나의 때가 가까이 오고 있음을 내가 알고 있으며, 내가 괴로운 심정이다. 나의 민족이 왕국을 단호히 거절하려는 것을 내가 알지만, 빛으로 향하는 길을 물어보려고 오늘 이곳에 온, 진리를 찾는 이방인들을 받아들이게 되어서 기쁘구나. 그렇지만, 내 가슴은 나의 민족을 위하여 아프며, 내 혼은 바로 내 앞에 놓인 것 때문에 몹시 산란하다. 내게 일어나려는 일을 미리 바라보면서 무슨 말을 해야 하겠느냐?

아버지에게 이 끔찍한 때에서 구해 달라고 말해야 하겠느냐? 전혀 그렇지 않다. 내가 바로 이 목적 때문에 이 세상에 왔고 이때까지 있었다. 오히려 나는 아버지여, 당신의 이름을 영광스럽게 하소서; 당신의 뜻이 이루어지이다. 라고 말할 것이며, 너희도 이 말에 나와 함께하기를 기도할 것이다.

예수가 이렇게 말하였을 때 세례받기 전에 그의 육신 안에 함께 살았던 개인성 구현된(인격화된) 조절자(조율자, 아버지의 영)가 그의 앞에 나타났고, 그가 알아차리면서 멈춤에 따라, 이제 아버지를 대표하는 이 막강한 영이 나사렛 예수께 말하였다; 너의 증여 안에서 여러 번 나의 이름이 영광스럽게 되었으며, 내가 한 번 더 그 이름을 영광스럽게 할 것이다.

모여 있던 유대인들과 이방인들은 아무 소리도 듣지 못하였지만, 주가 말씀을 잠시 멈추신 것은 어떤 초인간적인 것으로부터 오는 메시지를 받기 위한 것임을 그들도 잘 알 수 있었다. 그들 모두는 각자 그의 옆에 있는 사람에게 '천사가 그에게 말하고 있다.'라고 말하였다.

그 후에 예수는 말씀을 계속하였다. 이 모든 것은 나를 위해서가 아니라 너희를 위해 일어났다. 아버지께서 나를 환영하시고 또 너희를 위한 나의 임무를 받아들였다. 그러나 너희가 바로 앞에 있을 맹렬한 시련에 대비할 뿐만 아니라, 반드시 용기를 얻을 필요가 있다. 세상을 깨우치고 인류를 자유롭게 하려는 우리들의 연합된 수고가 결국에는 승리를 거두게 된다는 것을 너희에게 확신시키고자 한다. 옛 질서는 스스로 심판에 이르고 있고; 이 세상의 영주는 내가 물리쳤고; 내가 하늘에 계신 아버지께로 올라간 후에, 내가 모든 육체에 부어줄 그 영의 빛으로 말미암아 모든 사람이 자유를 얻게 될 것이다.

이제 내가 너희들에게 확실하게 이르고자 하는 것은, 내가 만일 너희가 살아있는 동안에 이 땅에서 들어 올리면, 내가 모든 사람을 내게로, 내 아버지에 대한 동료관계 안으로, 이끌 것이다. 너희는 해방자가 이 땅에 언제까지나 살 것이라고 믿지만, 내가 분명히 말하겠는데, 사람의 아들은 사람들에게 버림을 당할 것이며, 아버지께로 돌아갈 것이다….

이제 너희 모두는 나와 함께 성전으로 가자. 대제사장, 서기관, 바리새인, 사두개인, 헤롯 당원, 그리고 무지한 이스라엘의 통치자들에게 내가 작별을 고할 것이다.

40. 성전에서의 마지막 강연

화요일 오후 두 시가 막 지났을 때, 예수는 열한 사도, 아리마대 요셉, 30명의 그리스인, 그리고 다른 제자들과 함께 성전에 도착하여, 성전 뜰에서 마지막 설교를 시작하였다. 이 강연은 유대 민족에 대한 마지막 호소요, 맹렬히 반대하는 적과 그를 죽이려 하는 자 —서기관, 바리새인, 사두개인, 그리고 이스라엘 최고 권력자— 들을 마지막으로 고발하는 말씀이 되도록 의도한 것이다.

1) 강연

내가 오랫동안 너희와 함께 있으면서, 이곳저곳을 다니며 아버지의 사랑을 사람 자녀들에게 전파하였으며, 많은 사람이 빛을 보았고, 믿음으로 하늘나라에 들어갔다. 이 가르침과 전도를 하면서 아버지는 불가사의한 일을 많이 하였으며, 심지어는 죽은 자를 살리시기까지 하였다. 많은 병자와 고통받는 자들은 그들의 믿음으로 인하여 나음을 입었으나; 병을 고치고 진리를 선포한 이 모든 것들로도 빛을 보기를 거부하는 자들, 천국 복음을 거부하기로 한 자들의 눈을 뜨게 하지는 못하였다.

우리는 끊임없이 평화를 추구하였지만, 이스라엘의 지도자들은 그것을 원치 않았다. 그들은 하나님의 진리와 하늘의 빛을 거절함으로써, 잘못과 어두움 편에 스스로 줄을 섰다. 빛과 어두움 사이, 생명과 죽음 사이, 진리와 실수 사이에는 평화가 있을 수 없다.

너희 대부분은 나의 가르침을 기꺼이 믿었으며, 하나님의 아들 관계를 인식하는 해방과 기쁨을 이미 누리고 있다….

나의 아버지는 지금이라도, 만일 눈이 먼 이들 선생과 위선적인 지도자들이 단지 그에게 돌아서서 그의 자비를 받아들이기만 한다면, 그들을 받아들이고자 한다. 지금이라고 이 민족이 하늘의 말씀을 받아들이고 사람의 아들을 환영한다면, 아직 늦은 것이 아니다.

내 아버지는 오랫동안 이 민족을 자비롭게 대하셨다. 우리는 여러 세대에 걸쳐 선지자들을 보내 그들을 가르치고 경고했으며, 그들은 여러 세대에 걸쳐 하늘이 보낸 이 선생들을 죽였다. 이제는 너희 완고한 대제사장들과 고집스러운 관리들이 이와 똑같은 일을 하려 한다. 헤롯이 요한을 죽이게 됐던 것처럼, 너희도 이제 사람의 아들을 죽일 준비를 하고 있다.

너희가 내 아버지의 자비를 최종적으로 거절하면, 이 나라는 심판 받아 버려지겠고, 급속히 치욕스러운 종말에 이를 것이다. (서기 70년 예루살렘 멸망)

사람을 향한 하나님의 계시를 일단 거부하고 나면, 하늘나라는 다른 민족들 즉 즐거움과 기쁨으로 받을 사람들에게 주어질 것이다. 나를 보내신 아버지 이름으로 내가 너희에게 엄중히 경고하는데, 너희는 세상에서 가졌던 영원한 진리의 기수와 거룩한 율법 수호자로서 너희 위치를 잃어버리려 한다. 나는 지금 너희에게 앞으로 나와 회개하도록 하는, 즉 어린아이처럼 진실한 신앙으로, 온 마음을 다해 하나님을 찾아 하늘나라의 구원과 보증 안으로 들어가려는 너희 뜻을 보이도록 하는 마지막 기회를 주려 한다.

내 아버지는 너희 구원을 위하여 오랫동안 일해 오셨으며, 내가 이곳에 내려와 너희와 함께 살면서 그 길을 몸소 보여주었다. 유대인이나 사마리아인 중 많은 사람, 심지어 이방인들까지 천국 복음을 믿었지만, 첫 번째로 앞에 나와 하늘의 빛을 받아야 할 그들은 하나님의 진리 계시 ―하나님이 사람 속에 나타내시고 사람이 하나님께로 올라간다는― 를 믿기를 완강하게 거절하고 있다.

오늘 오후에는 내 사도들이 침묵하고 있지만, 구원을 받으라 부르고, 살아 계신 하나님의 아들로서 하늘나라에 동참하라고 재촉하는 목소리를 곧 듣게 될 것이다.

나는 복음을 믿는 자들과 제자들뿐 아니라, 그 옆에 있는 메신저들에게도, 이스라엘과 그 통치자들에게 해방과 구원의 기회를 한 번 더 준 것을 증언하도록 하였다.

그러나 너희는 아버지의 자비가 어떻게 무시당하고 있는지, 진리의 메신저들이 어떻게 거부되고 있는지 보고 있다. 그럼에도, 이 서기관들과 바리새인들이 여전히 모세의 자리에 앉아 있다는 것을 너희에게 충고하니, 사람의 나라에서 다스릴 지고자가 이 나라를 최종적으로 정복하고 이 관리들의 지위를 무너뜨리기까지는 너희가 이 이스라엘 장로들에게 협조할 것을 내가 명한다.

사람의 아들을 죽이려는 그들의 계획에 너희가 연합할 의무는 없지만, 이스라엘의 평화와 관련된 모든 면에서 그들에게 복종해야 한다. 이러한 문제로 그들이 명하는 것은 무엇이든지 따르고, 율법의 본질적인 요소들을 잘 준수하되, 그들의 악행과 소행들은 본받지 말라. 이 통치자들의 다음과 같은 죄를 꼭 기억해라.

그들은 선하다고 말하는 것을 자신들이 행치는 않는다. 이 지도자들이 어떻게 너희 어깨에 무거운 짐을 지었는지, 그 짐이 얼마나 가혹한 것이지, 정작 자기들은 너희가 지는 이 무거운 짐을 도와주기 위해 손가락 하나도 까딱하지 않으려는 것을 너희가 잘 알 것이다. 그들은 종교적인 의식들로 너희를 압제하며, 전통들에 의해 너희를 노예로 삼는다….

너희는 통치자들을 존경하고, 너희 선생들을 존경해야 하지만, 어떤 사람도 영적 의미에서 아버지로 부르면 안 된다. 너희 아버지는 오직 한 분 하나님밖에 없기 때문이다. 또한 하늘나라에서 형제들 위에 군림하려고 애쓰지 마라. 너희 중에 크고자 하는 자는 모든 사람을 섬기는 자가 되어야 한다는 나의 가르침을 꼭 기억해라. 만일 너희가 하나님 앞에서 칭찬받으리라고 스스로 여긴다면, 너희는 틀림없이 낮아질 것이지만, 진심으로 자기 자신을 낮추는 자는 분명히 칭찬받을 것이다. 너희 일상생활 속에서 자기의 영광이 아니라 하나님의 영광을 구하라. 너희 자신의 의지를 하늘에 계신 아버지의 뜻에 이성적으로 굴복시켜라.

내 말을 오해하지 말라. 나는 나를 죽이려 하는 이 제사장들과 통치자들에게 원한을 품지 않는다. 나의 가르침들을 거절한 이 서기관들과 바리새인들에게 증오심을 갖고 있지 않다. 랍비들은 하나님과 대화한다고 고백하고 나서, 그 아버지를 세상에 나타내려고 온 그를 거부하고 죽이려 하고 있으니, 어떻게 자기 자신들을 변명할 수 있겠느냐?

위선자인 너희 서기관과 바리새인에게 화가 있으리라! 너희는 너희의 가르침을 우연히 배우지 못했다는 이유로, 진실한 사람에게 하늘나라의 문들을 닫아버리려 한다. 너희는 천국에 들어가기를 거절함과 동시에 다른 사람들도 들어가지 못하게 하려고 너희의 모든 권력을 동원한다. 너희는 구원에 이르는 문들 앞에 서서 그곳에 들어가려는 모든 사람과 싸우고 있다….

……너희는 가르치기를, 사람이 만일 제단으로 서약하면 아무것도 아니지만, 제단에 바친 제물로 서약하면 갚아야 한다고 한다. 다시 말하지만, 너희는 진리의 눈이 먼 자들이니, 제물이 더 크냐 아니면 그 제물을 거룩하게 하는 제단이 더 크냐? 그러한 위선과 거짓을 하늘에 계신 아버지 앞에서 어떻게 변명할 수 있겠느냐? ….

선지자들이 전한 그 사람, 사람의 아들을 살해하려는 준비를 갖추었다. 너희가 이런 일들을 해서, 너희가 선지자들을 죽였던 사악한 그들의 자손임을 스스로 증언하고 있다.

요한이 너희를 독사의 자식들이라 불렀다. 요한이 너희에게 선포한 그 심판을 어떻게 피할 수 있겠느냐? 그러나 나는 지금도 너희에게 아버지의 이름으로 자비와 용서를 베풀고자 한다.

……너희가 더욱 순결한 피를 흘리게 할 준비를 갖추어 놓고 있다. 하늘에서 온 이 메신저들을 그들이 거부하고 박해하고 죽인 것에 대한 책임을, 모든 세상에 대한 재판관이 이민족에게 요구할, 무시무시한 응징의 날이 임하리라는 것을 너희가 깨닫지 못

하겠느냐? 이 모든 의로운 피에 대하여 너희가 책임을 져야만 한다는 것을 이해하지 못하겠느냐? 만일 너희가 악한 길을 계속 가면, 이 책임은 아마도 바로 이 세대에게 요구될 것이다.

　이제는 내가 너희에게 작별을 고한다. 너희는 나의 메시지를 들었고 너희는 결심을 정하였다. 나의 복음을 믿기로 한 자들은 지금도 하나님의 나라에서 안전하다. 하나님의 선물을 거절하기로 선택한 너희들에게 말하겠는데, 성전에서 가르치는 나를 너희가 더 이상보지 못할 것이다. 너희를 위한 나의 일은 끝났다. 보라, 내가 지금 나의 자녀들과 함께 가지만, 너희 집은 황폐하게 남아있으리라.

2) 개별 유대인의 지위

　유대 민족의 영적 지도자와 종교 선생들이 한때 예수의 가르침을 배척하고 잔인하게 죽였다는 사실이, 개개인 유대인이 하나님 앞에 섰을 때, 어떤 면에서도 그들의 위상에 영향을 주지 않는다. 그 사실에 편견을 가져서도 안 된다. 유대인들은 그 대가를 충분히 치렀다. 그들은 인류를 위한 신성한 하늘나라의 진리를 이끌 영적 선구자가 되기를 중단한 지 오래되지만, 이것은 옛적 유대인 후손 하나하나가, 나사렛 예수를 따른다고 공언하는, 참을성 없고 자격 없고 편협한 사람들의 박해를 받아야 할 타당한 이유는 되지 않으며, 바로 예수는 출생으로 따지면 유대인이었다.

　현대의 유대인들에게 비이성적이고 그리스도인답지 않은 미움과 박해는, 죄도 없고 아무런 해도 끼치지 않는 유대인 개개인들을 여러 차례 고통과 죽음으로 끝나게 하였다. 예수가 있었던 시기에 살았던 그들은, 그의 복음을 마음으로 받아들이고, 온 마음으로 믿었던 그 진리를 위하여 당당하게 죽음을 맞이하였었다. ….

　예수의 가르침을 따르는, 하늘나라를 믿는 자들은 유대인 개별존재를 대할 때, 예수를 거부하고 십자가에 죽인 죄인으로 취급하는 것을 멈추어야만 한다. 아버지와 창조자 아들은 유대인을 사랑하기를 포기한 적이 절대 없으시며, 구원은 이방인에게나 유대인에게나 같이 주어지는 것이다.

3) 숙명적인 산헤드린 회의

서기 30년 4월 4일 저녁 8시에 산헤드린의 숙명적인 회의가 소집되었다.

유대 최고 법정은 전에 여러 차례 예수를 사형에 처할 것을 비공식적으로 선언하였었다. 어떤 값을 치르더라도 그를 체포하여 죽이기로 표결한 적은 없었다. 이날 예수와 나사로 둘 모두에게 사형을 선고하는 일에 공식적으로 그리고 만장일치로 투표한 것은 자정이 막 되어 가는 무렵이었다.

이것은 불과 몇 시간 전에 성전에서 유대인 통치자들을 향한 주의 마지막 호소에 대한 대답이었으며, 그것은 대사제들 그리고 완고한 사두개인들과 바리새인들을 향한 예수의 마지막이고도 힘찬 고발에 대하여 그들의 지독한 분개의 반응을 나타낸 것이다. **하나님의 아들에게 내려진(재판하기도 전에) 사형 선고는 유대 나라에도 언제인가 적용할 수 있었던 하늘의 자비를 마지막으로 제시한 것에 대한 산헤드린의 한 답변이었다.**

이때로부터 세상 여러 나라 사이에서, 유대인은 순전히 그들을 인간적 지위에 따라서, 덧없고 짧은 민족의 생명을 마치도록 버려졌다. 이스라엘은 아브라함과 약속했던 하나님의 아들을 배척했고, 아브라함의 자손을 세상에 대하여 진리의 횃불을 쥔 자로 만들려는 계획은 물거품이 되었다. 신성한 약속은 폐기되었고, 히브리 국가의 종말이 빠르게 다가왔다.

산헤드린 관리에게 예수를 체포하라는 명령이 다음 날 아침 떨어졌지만, 대중 앞에서 체포해서는 안 된다는 지시가 함께 있었다. '목요일 자정 전까지 유대 대 법정 앞으로 그를 데려오라'라고 산헤드린 관리들에게 지시하였다.

4) 예루살렘의 상황

……니고데모 집에는 비밀리에 믿는 30명 이상의 저명한 유대인들이 모여서 산헤드린 과의 공개적인 단절이 이를 때에 어떤 행동을 취할지 의논하였다. 주가 잡히셨다는 소식을 듣는 순간부터 그에 대한 충성을 공개적으로 표시하기로 동의하였다. 그들은

약속했던 그대로 행하였다.

산헤드린을 통제하고 지배하게 된 **사두개인들은** 다음과 같은 이유에서 예수를 몹시 죽이고 싶어 하였다.

1. 그에 대한 군중의 관심이 점점 더 일반적인 호의로 자라감으로써 로마 당국자들의 개입을 불러일으켜 유대 나라가 실존의 위협을 받게 될 것을 우려하였다.
2. 성전 개혁에 대한 그의 열정이 수입에 직접적인 타격을 입혔으며; 성전 청결은 그들의 돈 지갑에 영향을 끼쳤다.
3. 그들은 사회 계층 유지에 대해 스스로 책임을 느꼈기 때문에. 사람이 서로 형제 신분을 이룬다는 이상하고 새로운 예수의 교리가 더 퍼져 나가게 되는 것을 두려워하였다.

바리새인들은 다른 동기에서 예수를 죽이고자 하였다.

1. 그가 말하는 것이 그 민족에 대한 그들의 전통적 지배권에 여러모로 반대되는 것이었다. 바리새인들은 극단적인 보수파였으므로, 그들의 종교적 교사들로서 기득권에 대해 과격하게 공격한다고 생각하여 몹시 분개하였다.
2. 그들은 예수가 율법을 범하는 자라고 판단하였다; 그가 안식일뿐만 아니라 수많은 율법과 예식의 요구사항을 철저히 무시한다고 생각하였다.
3. 그들은 하나님을 자기 아버지라고 언급한 것에 대해 신성 모독죄를 선고했다.
4. 이제는 마지막 강연의 결론 부분에 도달하였을 때 이날 성전에서 제시하였던 신랄한 비난으로 인하여 그들이 철저하게 분노를 품게 되었다….

41. 화요일 저녁 올리브 산에서

화요일 오후에 성전에서 나와 겟세마네 야영지로 가는 도중, 마태의 질문에 '너희가 이 돌들과 거대한 성전을 보지만; 진실로 너희에게 말하겠는데; 돌 위에 돌 하나도 남지 않을 때가 곧 올 것이다. 저들이 모두 무너뜨릴 것이다.' 그들은 성전이 파괴됨은 세상이 끝나는 날이 아니면 도저히 일어날 수 없는 사건이라 생각했다. 나다니엘이 바로 질문하였다. 주님, 이런 일이 언제 일어날지 우리가 어떻게 알 수 있겠습니까?

1) 예루살렘의 멸망

"이 민족이 불의의 잔을 가득 채웠을 때, 우리 조상들이 살았던 이 도시에 공의가 속히 임하는 때에 관하여 말하겠다. 나는 이제 너희를 떠나려 한다. 아버지께로 간다. 내가 떠난 후에 아무에게도 속지 않도록 주의해라. 이는 여러 사람이 와서 해방자인 것처럼 하며 많은 사람을 타락시킬 것이다. 전쟁의 소문을 들었을 때, 근심하지 마라. 이런 일이 일어나도, 예루살렘의 멸망은 아직 이르지 않았기 때문이다. 기근과 지진 때문에 동요 하지 마라. 재판관들에게 넘겨지거나 박해를 받을 때 염려하지 마라. 너희는 회당에서 쫓겨나겠고, 나로 인하여 감옥에 갇히겠으며, 어떤 사람은 죽임을 당할 것이다. 총독과 통치자들 앞에 끌려갈 때, 그것은 너희 신앙을 입증하기 위한 것이며 천국 복음에 대해 확고부동함을 보여주기 위함이다. 재판관 앞에 설 때 무슨 말을 해야 할지 미리 염려하지 말라, 그 순간에 영이 가르쳐줄 것이다. 고난의 시절에는, 친족조차도 사람의 아들을 거절하였던 그들의 지배 아래에서, 너희를 감옥에 넘겨주어 죽게 할 것이다. 나로 인하여 얼마 동안 미움을 받겠지만, 이러한 박해 속에서도 나는 너희를 버리지 않을 것이다; 나의 영도 너희를 떠나지 않을 것이다. 인내하라! 이 천국 복음이 모든 적을 무찌르고 결국에는 모든 나라에 선포되리라는 것을 의심하지 마라."

메시아의 영적 개념에 대한 거부, 기대하던 해방자의 물질적인 역할에 맹목적으로 계속 매달리려는 경향이 이제는 유대인으로 강력한 로마 집단과의 직접적인 갈등을 야기할 것이며, 그러한 싸움은 마침내 유대 나라의 완벽한 멸망을 가져오리라는 것을 깨달았다. 그의 민족이 영적 증여를 거부하고 자비롭게 내리쬐는 하늘의 빛을 받아들이기를 거절하였을 때, **그들은 이 땅에서 특별한 영적 사명을 가진 하나의 독립적인 민족으**

로서 그들의 운명을 마감하였다.

심지어 유대 지도자들도, 동요의 직접적인 원인이 되고 결국에는 그들을 멸망하게 한 것이 메시아에 대한 이러한 **세속적 관념**이었다는 것을 나중에 깨달았다.

예루살렘이 초기 복음 운동의 요람이 되었기 때문에, 예수는 그 선생들과 설교자들이 예루살렘의 멸망과 관련된 유대 민족의 무시무시한 멸망 속에서 죽는 것을 원치 않았다; 그리하여 그는 자기를 따르는 무리에게 이렇게 지시했다. 예수는 제자 중에 누구도 곧 다가올 반역에 가담하여 예루살렘의 파멸 속에서 죽게 되지 않기를 무척 바라셨다.

그때 안드레가 물었다. 우리를 지도할 당신이 계시지 않는다면, 우리가 언제 예루살렘을 떠나면 됩니까?

'내가 떠난 후에, 힘들고 쓰라린 박해의 때까지도 너희는 그 도시에 머물러라. 그러나 거짓 선지자들의 반란이 있고 난 뒤에 **로마 군대가 예루살렘을 포위하는 것을 보게 되거든**, 그 멸망이 임박한 것을 너희가 알게 될 것이니; 그때가 되면 너희는 산으로 도망가야만 한다. 아무도 성안에 있게 하지 말고 아무것이나 구하려고 그 주변에 머무르게 하지 말 것이며, 밖에 있는 자들도 절대 그 안에 들어가지 못하게 하라. 큰 환란이 있을 것인데, 이는 이방인이 복수하는 날이 될 것이기 때문이다.

너희가 도시를 떠난 후에 순종하지 않는 이 민족은 무력에 의해 함락될 것이고 모든 나라에 포로로 잡힐 것이다; 예루살렘은 이방인에게 짓밟힐 것이다. 내가 너희에게 경고하겠는데, 그러는 동안에 너희는 속지 마라. 만일 어떤 사람이 너희에게 와서, 보라, '그 해방자가 여기 있다.'라고 말하거나 보라 '그가 저기에 있다.'라고 말하여도, 그것을 믿지 마라. 많은 거짓 교사가 일어날 것이며 많은 사람을 멸망으로 이끌 것이기 때문이다. 그러나 내가 너희에게 이 모든 것을 미리 이야기해 주었으니, 너희는 속지 않을 것이다.'

실천적으로 로마 군대가 처음 나타났을 때 신자들 그리고 제자들 전체의 무리가 북쪽에 있는 펠라에서 안전한 장소를 찾기 위하여 예루살렘을 떠난 것은 이러한 경고에 따라서였다.

이러한 명백한 경고가 있고 난 뒤에, 예수를 추종하는 대부분 사람은, 이 예언이 메시아가 다시 나타날 때 새 예루살렘이 건설될 것을 의미하며, 확대된 도시가 세계의 수도가 되는 명백한 변화가 예루살렘에서 발생할 것을 의미한다고 해석하였다.

이 유대인들은 마음속으로, 성전 파괴가 '세상의 종말'과 관련된다고 결정하였다. 그들은 새 예루살렘이 팔레스타인 전 지역을 채울 것이라고 믿었다; 세상의 종말이 있고 난 뒤에 즉시로 새 '하늘들과 새 땅'이 나타날 것이라고 믿었다. 그러므로 베드로가 '주여, 새 하늘들과 새 땅이 나타나면 이 모든 것들이 끝나리라는 것은 저희도 알지만, 이 모든 것을 이루기 위하여 당신이 언제 오실지를 저희가 어떻게 알 수 있겠습니까?'라고 말한 것은 당연하였다.

너희가 늘 실수하는 것은 새로운 가르침을 옛날 것에 붙이려고 애쓰는 까닭이다; 나의 모든 가르침을 오해하는 쪽으로 가고 있다; 너희 자신이 이미 확립된 믿음으로 복음을 해석하려고 고집하고 있다. 그런데도 나는 네가 깨달을 수 있도록 노력할 것이다.

2) 주의 재림

예수는 곧 이 세상을 떠나겠지만, 하늘나라의 일을 완성하기 위하여 틀림 없이 돌아올 것이라고 청중들이 추측하도록 하는 말을 여러 번 했다.

베드로의 재림에 관한 질문에 자세히 답변하면서 너는 왜 아직도 사람의 아들이 다윗의 보좌에 앉기를 바라고, 유대인의 현세적인 꿈이 이루어지기를 기대하고 있느냐? **내 나라가 이 세상에 속한 것이 아니라고** 지난 몇 년 동안 너에게 이야기하지 않았느냐? 네가 지금 내려다보는 것은 종말에 다가가고 있지만, 이것은 새로운 시작이 될 것이나, 그때부터 천국 복음이 온 세상에 퍼지고 이 구원은 모든 민족에게 전파될 것이다. 천국이 충만한 결실로 다가올 때는, 하늘에 계신 아버지가 이미 이 세상에 **어둠의 영주가 된 자**(루시퍼)를 증여 했었고, 그다음에 **아담**을, 그를 뒤따라 **멜기세덱**을, 그리고 지금 이 시대 **사람의 아들**을 보내신 것과 같이. 그렇게 진리에 대한 확대된 계시와 증진된 정의의 실연과 함께 반드시 너희에게 오실 것임에 확신해라. 그렇게 나의 아버지는 어둡고 악한 이 세상에도 당신의 자비를 나타내시고 사랑을 나타내시는 일을 계속하실 것이다.

또한, 나의 아버지께서 모든 힘과 권한을 내게 부어서 맡겨주신 다음에는, 곧바로 모든 육신에 쏟아지게 될 **나의 영이** 현존으로서 계속하여 너희 번영을 추구하고 천국의 관련사들을 안내할 것이다. 내가 그렇게 영으로 너희와 현존할 것이지만, 그렇다고 해도 나는 육신으로 이 생명을 살았고 하나님을 사람에게 나타냄과 동시에 사람을 하나님께로 인도하였던 이 세상으로 언젠가는 다시 돌아올 것임을 약속한다. 이제 곧 너희를 떠나야만 하고, 아버지께서 나에게 위임한 일을 떠맡아야 하지만, 언젠가 돌아올 것이니 용기를 내라. 그동안에 한 우주에서 나의 **진리 영**이 너희를 위로하고 인도할 것이다.

너희가 지금은 육신으로 있는 그리고 나약함에 있는 나의 모습을 보지만, 내가 다시 돌아올 때는 **힘과 영으로** 있을 것이다. 육신의 눈으로는 육신으로 있는 사람의 아들을 보지만, 아버지에 의해 영화롭게 되고 자기 이름으로 이 땅에 나타날 사람의 아들은, **오직 영의 눈만이 볼 수 있을 것이다.**

그러나 사람의 아들이 다시 나타나는 때는 파라다이스 회의에서만 알려졌을 뿐이다; 하늘에 있는 천사들조차도 언제 이러한 일이 발생 할지 알지 못한다. 그렇지만 너희가 이해해야만 할 것은, 이 왕국 복음이 모든 민족의 구원을 위해 온 세상에 선포되어 있을 때, 그리고 시대가 충만하게 무르익었을 때, **아버지는 너희에게 또 다른 섭리 시대적 증여를 보내거나, 그렇지 않으면 사람의 아들이 시대를 판결하러 돌아올 것이다.**

예루살렘이 당할 고통에 대하여 내가 너희에게 말하였듯이, 이 세대가 가기 전에 내 말이 모두 이루어질 것이다; 그러나 사람의 아들이 다시 오는 것에 관하여, 하늘이나 땅에 있는 누구도 이야기하려고 추정해서는 안 되는 것이다….

…… 주가 하신 말씀에 대한 기억을 토대로 이후에 기록된 여러 설명 사이에는 거의 일치하는 점이 없었다. 결과적으로, 그 화요일 저녁에 말씀한 것들 대부분의 기록이 공백으로 남아있게 되자, 많은 전승이 생겨났다.; 칼리굴라 황제의 궁정에 소속되었던 **셀타**라는 사람이 2세기 아주 초기에 쓴 메시아에 관한 유대 종말론 사상이 마태복음에 통째로 복사되었으며, 후에는 마가복음과 누가복음 기록에 (부분적으로) 첨가되었다. 열 처녀의 비유가 출현한 것도 셀타의 이 기록에서였다. 이날 저녁의 가르침만큼 복음서 기록에서 혼동되어 오해를 일으킨 것이 없었다. 그러나 사도 요한은 그러한 혼동을 일으킨 적이 전혀 없었다.

3) 야영지에서 후반부 토론

도마가 주께서 아버지께 돌아가신 후 우리가 무엇을 해야 하느냐고 물었을 때, 예수는 이렇게 대답하였다.

천국이 영적이고 개별적이라는 사실, 그것은 전적으로 네가 하나님의 아들이라는 것을 믿음으로 깨달음으로, 개인이 영적으로 체험하는 문제라고, 내가 여태까지 내내 너희에게 가르치지 않았느냐? 내가 무엇을 더 말해야 하느냐? 나라들의 멸망, 제국들의 파멸, 믿지 아니하는 유대인들의 패망, 한 시대의 종말, 심지어는 세상의 종말, 이런 것들이 복음을 믿고 영원한 천국에 대한 확신 속에 생명을 맡긴 사람들과 무슨 상관이 있느냐? 하나님을 아는, 복음을 믿는 너희는 영원한 생명의 확증을 이미 받아들였다. 영 속에서 살게 되고 아버지를 위해 살게 된 너희는 심각하게 생각해야 할 것이 아무것도 없다. 천국 건축자들 하늘 세계의 공인된 시민들은 일시적인 변혁 때문에 동요되거나 지구의 격변 때문에 불안해하지 않을 것이다. **너희 생명이 아들의 선물이고 아버지 안에서 영원히 보장된다는 것을 너희가 알고 있으니, 나라들이 전복되든지 시대가 끝나든지 아니면 모든 것이 눈앞에서 파괴되든지, 이 천국 복음을 믿는 너희들에게 아무 문제가 없다.**

신앙으로 현세의 일생을 살고 동료들을 사랑으로 봉사하는 정의로써 영적 열매를 맺으면서, 처음인 이 땅에서 모험을 통해 하나님의 아들 신분으로 인도한 생존하는 신앙과 함께, 영원한 생애의 다음 단계를 너희는 자신감을 가지고 고대할 수 있다.

개별 신자가 자연적 죽음을 맞는 것처럼, 각 시대의 신자들은 있을지도 모를 사람의 아들이 재림할 것을 기대하면서 자기 일을 수행해야 한다.

너희가 믿음으로 하나님의 아들로 확립되고 나면 다른 어떤 것도, 생존의 확실성에 대해 문제가 되지 않는다. 그러나 오해하지 말라! 생존하게 하는 이 **신앙은 살아있는 신앙**이며, 인간의 가슴속에 처음 임했던 그 신성한 영의 결실을 점점 더 명백하게 나타낸다. **그러나 하나님의 아들로서 영적 열매를 키워나가야 하는 진리를 계속 거부함에도, 구원해 주지는 않는다.**

…… 달란트 이야기에 이어서, 영원한 천국의 일은 가만히 서서 감당할 수 없다. 나

의 아버지는 은혜 안에서, 진리를 아는 가운데 성장하기를 요구하신다. 이런 진리를 아는 너희는 영의 열매를 점점 더 많이 맺혀야 하며, 동료에게 사심 없는 봉사와 헌신을 나타내야 한다. 내 형제 중 가장 작은 자를 돌보는 것이 내게 한 것임을 명심하여라.

이제부터 너희는 지금 그리고 영원토록 아버지의 일에 몰두해야 한다. 그러한 삶은 기쁨과 대단히 큰 즐거움으로 영속하는 나라에서 영구히 봉사하게 될 것이다.

진리는 살아있는 것이다; 진리의 영은 빛의 자녀를 새로운 영적 실체와 신성한 봉사의 세계로 언제나 인도한다. 고정되고, 안전하고, 명예로운 형태로 굳어버리게 하라고 진리를 너희에게 주지 않았다. 너희에게 계시 되는 진리는 개인적 체험을 통해 증진되어야만, 하고 영적 열매를 보는 모든 사람에게 새로운 아름다움과 영적 진보를 보일 것이며, 그 결과로 하늘에 계신 아버지께 영광 돌리도록 인도될 것이다…. 진리의 주는, 너희 손에 맡겨진 그 진리에 따라서 계산을 요구하실 것이다.

너희는 이 세상에서 가졌던 재능과 청지기 직분에 대해, 다음 세상에서 질문을 받을 것이다. 타고난 재능이 많든 적든, 공정하고 자비로운 계산서를 받게 된다. 재능이 오직 이기적인 추구에만 사용되고 영의 열매를 더 풍성히 맺게 하는 더 높은 책임을 생각하지 않는다면, 사람에 대한 봉사와 하나님께 대한 경배를 그들이 증명해야 할 때, 이기적인 청지기들은 자신의 고의적 선택한 결과를 감수해야만 한다. 모든 이기적인 필사자들은 자신의 나태함을 주인의 탓으로 돌렸던 한 달란트 받은 불충한 하인과 너무나도 흡사하다.

너희는 거저 받았으니; 하늘의 진리를 거저 주어야만 하고, 그렇게 줄 때 진리를 돌보는 만큼, 이 진리는 배가될 것이며 은혜를 간직한 빛이 더 밝게 빛날 것이다.

4) 재림

주의 모든 가르침 중에서 재림의 약속만큼 오해된 것은 없다.

예수는 여러 차례 세상에 다시 돌아오시리라는 의향을 비치셨다. 주가 현세의 구원자로 활동하지 않으리라는 사실을 깨달았을 때, 예루살렘이 파괴되고 유대 나라가 망할 것이라는 말을 들었을 때, 재림의 약속을 시대의 끝, 시대의 종말과 관련시키기 시작하였다. 그러나 로마 군대가 예루살렘 성벽을 무너뜨리고 성전을 파괴하고 유대인들을 흩어버렸을 때도 주님이 능력과 권세로 나타나지 않게 되자, 추종자는 결국 그리스도의 재림을 시대의 끝, 심지어 세상의 종말과 관련시키는 믿음을 공식화하기 시작했다.

예수는 아버지께로 올라가신 후, 하늘과 땅의 모든 권세가 손에 쥐어진 후, 두 가지 일을 약속했다. 첫 번째는 자기 대신에 다른 선생, **진리의 영**을 세상에 보내겠다고 약속했고, 이 약속은 오순절 날에 지켰다. 두 번째는 언제인가 이 세상에 다시 오리라는 것을 추종자들에게 확실하게 약속했다. 그러나 어떻게, 어디에, 언제 방문할 것인지에 대해서는 말하지 않았다. 육신 속에 살았을 때 육신의 눈으로 볼 수 있었던 것과는 달리, '**재림 때에는 영적 신앙의 눈에 의해서만 식별될 것**'이라고 하였다.

42. 수요일 휴식을 취한 날

가르치는 일에 시달리지 않을 때, 예수와 사도는 수요일마다 휴식을 취하곤 하였다. 이 날 야영지는 아무도 말이 없었고, 불길한 정적으로 싸여 있었다. 예수가 말씀하였다. "오늘은 휴식을 취하며, 앞으로 곧 일어날 일에 대하여 묵상해 보거라. 진리가 너희 삶 속에 함께 있다는 것과, 은혜 속에서 너희가 매일 매일 자라고 있다는 것을 확인하도록 하여라"

식사가 끝나자, 주는 안드레에게 종일 그곳에 계시지 않겠다는 것을 말씀하였고, 사도는 어떤 이유에서든지 예루살렘 성문 안으로 들어가서는 안 되고, 그 외에는 각자 선택에 따라 시간을 보내라고 제안하였다.

예수가 혼자서 동산 위로 올라갈 준비가 되었을 때, 다윗 세베대가 무장한 세 사람을 보내어 안전을 지켜 드리겠다고 말씀드렸다. 예수는 네 뜻은 알지만, 내 아버지의 뜻에 따라 내 일생을 마치도록 준비되기 전에는 아무도 내게 손을 댈 수 없다. 나는 아버지와 교제하기 위하여 혼자 있어야 하겠다.

예수가 혼자 출발할 때 요한 마가가 음식과 물이 든 작은 바구니를 들고나오면서, 하루 종일 혼자 계시면 아마 시장하시지 않겠느냐고 넌지시 제안하였다.

1) 홀로 하나님과 함께한 하루

예수가 요한의 바구니를 받으려 하자, 요한은 바구니를 같이 잡고 놓으려 하지 않았다…. '네가 전심으로 나와 같이 가기를 간청하니, 거절할 수 없구나. 우리끼리 따로 가서 좋은 시간 갖도록 하자'…. **이 장면은 창조자께서 창조체와 동료관계를 얼마나 원하는지를 우리에게 언제까지나 보여주는 좋은 예이다.** 소년이라 할지라도, 가슴속에 실제로 강하게 원한다면, 우주적인 하나님의 주의를 끌 수 있고 사랑스러운 동행자 관계를 나눌 수 있으며, 하루 종일 동산에서 홀로 하나님과 함께하는 잊을 수 없는 황홀경을 실재적으로 체험할 수 있었다.

페니키아로 여행하였을 때를 제외하고는, 요한 마가는 여리고 근처의 요단강에서 첫 설교를 들은 이후로 줄곧 그들을 따라다니도록 허락을 받았던 것에 크게 감사드렸다. 예수는 곧 다가올 사건 때문에 용기를 잃어서는 안 된다고 소년에게 이르시고, 그가 하늘나라에 대한 막강한 메신저로서 살게 될 것이라고 그에게 확신시켰다.

예수가 이 땅에 계신 얼마 안 되는 남은 시간 동안 요한 마가는 줄곧 가까이에서 주를 따라다녔다. 그 소년은 항상 가까운 곳에 숨어 있었다; 예수가 주무실 때만 잠을 잤다.

2) 어릴 때의 가정생활

……네가 정상적이고 잘 정돈된 가정에서 인생의 첫 8년을 보냈기 때문에, 이제부터 네 모든 삶은 더욱 행복하고 믿음직스러울 것이다. 네가 사랑이 넘치고 지혜가 지배하는 가정에서 자랐으므로, 너는 강건하고 원만한 성품을 간직했다.

어린아이에게 가정은 인간적이거나 신성한 관계를 처음으로 알게 하는 전부이기 때문에, 지적, 사회적, 도덕적, 그리고 심지어는 영적인 모든 초기 개념에 대하여, 어린이는 부모와 가정생활에 전적으로 의존한다는 것을, 주는 요한에게 계속 설명하였다. 어린이는 우주에 대한 첫인상을 어머니의 보살핌으로부터 얻을 수밖에 없다; 그는 하늘에 있는 아버지에 대한 첫 관념을 땅에 있는 아버지에게 전적으로 의존한다. 이어지는 어린이의 일생은 그의 어린 시절 정신적 감정적 일생에 따라서, 가정에서의 이들 사회적 그리고 영적 관계로서 조건을 갖추며, 행복하게 또는 불행하게 되고, 편안하게 또는 어렵게 된다. 인간 존재의 전체 여생은 실존에서의 처음 몇 년간 무슨 일이 일어나는가에 따라 엄청나게 영향을 받는다.

아버지―자녀 관계에 기초를 둔, 예수가 가르친 복음은 현대의 문명화된 민족들의 가정생활이 더 많은 사랑과 더 많은 지혜를 가지게 될 그러한 때에야 비로소 전 세계적으로 받아들여질 수 있을 것이라 믿는다.

아버지라는 낱말이 자라나는 모든 자녀의 마음과 가슴속에서 값지게 간직되도록, 그렇게 가정을 다스리고 그렇게 살아가야 할 엄청난 책임이 이 땅의 모든 아버지에게 주어져 있다.

3) 그날 야영지에서

오후 중반쯤 나다니엘은 6명의 사도와 제자들 앞에서 '최상의 욕망'에 대해 연설했는데, 그 연설의 끝은 이러하였다.

우리 대부분에게 잘못된 점은 속으로 망설인다는 점이다. 우리는 주님이 우리를 사랑하듯이 그를 사랑하기에 실패했다. 우리 모두 요한 마가가 한 것처럼 그를 따라가고자 했다면, 틀림없이 우리 모두 데리고 가셨을 것이다. 우리가 가만히 서 있는 동안, 그 아이는 주님 앞으로 달려가 바구니를 내밀고, 주님이 그것을 잡으려 하실 때 주려 하지 않았다. 그래서 주님은 우리를 여기 남겨두고, 바구니와 소년뿐 아니라 모든 것을 갖고 동산으로 가버리셨다.

4시쯤 되어 전령이 다윗 세베대에게 벳세다에 있는 그의 어머니와 예수의 어머니 소식을 가지고 왔다. 다윗은 며칠 전 제사장과 권력자들이 예수를 죽이기로 결의했음을 알았고, 예수께서 자신을 보호하기 위해 신성한 능력을 사용하지 않으려 함과 자신을 보호하기 위해 추종자들로 무력을 사용하지 못하게 함을 깨달았다. 이런 결론에 도달하자, 그는 지체하지 않고 사람을 보내, 예수의 어머니와 그의 가족을 모두 데리고 즉시 예루살렘으로 오라고 재촉하였다.

다윗은 자진해서 이렇게 했기 때문에, 예수의 가족이 예루살렘으로 오고 있다는 사실을 아무도 몰랐다….

4) 유다와 제사장들

예수와 요한 마가가 야영지를 떠난 직후, 가룟 유다는 형제 중에서 사라졌다. 예루살렘에 들어가지 말라는 주의 특별한 명령에도 불구하고, 대제사장 가야바의 집에서 예수의 적들과의 약속을 지키기 위해 서둘러 예루살렘으로 들어갔다. 그 전날 유다는 예수가 악의가 없는 몽상가인 동시에 이상주의자이며 그는 고대하던 이스라엘의 해방자가 아니라는 결론을 자신이 내리게 되었음을 자기 친척과 아버지의 어떤 사두개인 친구들에게 말했었다. 유다는 모든 활동으로부터 품위 있게 물러설 수 있는 어떤 방법을 찾기를 몹시 원한다고 말했다.

유다는 주가 행한 기적들이 마귀의 힘에 의한 것이라고, 믿지 않았지만, 예수께서 자기 권력 강화를 위해 능력을 쓰지 않으리라는 것도 확신했다. 예수를 배반하려는 생각보다 베드로와 야고보 그리고 요한이 예수와 가까운 관계의 영예를 받는 것이 더욱 심사가 뒤틀렸다….

유다가 가야바의 집에 가는 것이 돈 때문이 아니었음은 분명하다.

유다는 예수가 언젠가 새로운 왕국에서 위대한 사람이 되기를 기대하면서 그에게 협조하였다. 그는 자기가 예상하였던 새 왕국은 건설되지 않을 것이라는 사실을 마침내 깨닫게 되었다. 유다의 배반은 이기적인 도망자의 비겁한 행위였고, 그가 지녔던 생각은 오직, 자신의 행위가 주와 옛 동료들에게 어떤 결과가 일어나든지 상관없이. 자신의 안전과 영광스러움뿐이었다. 유다는 예수가 세례 요한을 살려주지 않았다는 사실을 그의 가슴 속에서 항상 원망하였다.

사랑이 한 때는, 진실하였다 할지라도, 실망과 질투 그리고 오랫동안의 분노를 거치게 되면, 결국에는 실재적인 미움으로 바뀐다는 것을 모든 사람이 잘 안다.

반역자 유다가 가야바와 유대 통치자들 앞에 나올 때 그의 사촌과 함께 있었으며, 사촌은 유다를 변명하며 대변자 역할을 하였다.

사제들과 장로들은 몇 시간 동안 편히 숨을 쉴 수가 있었다. 그들은 예수를 공개적으로 체포할 필요가 없어졌으며, 그동안은 예수가 여러 번 그들의 손에서 빠져나갔지만, 반역에 가담하겠다는 유다의 약속은 그것을 불가능하게 할 것이기 때문이었다.

5) 마지막 친교 시간

이날은 수요일이었기 때문에, 저녁 시간은 친교 시간이었다. 주는 풀이 죽어 있는 사도들을 격려하려 애썼지만, 거의 불가능했다. 예수는 모든 사도의 가족에 대해 일일이 질문을 하였으며, 다윗 세베대에게는 자신의 어머니와 막내 여동생 다른 가족을 물어보셨다. 다윗은 머리를 떨구고 대답하기를 두려워하였다.

너희는 성전에서 우리 말을 듣고 우리 교훈을 믿는 것처럼 보이던 많은 인파로 인해 스스로 속지 않도록 조심 하여야 한다. 복음을 마음으로만 알고, 가슴속에 체험하지 못한 그들은 실제적인 고난이 올 때 그것에 의지할 수 없다. 역경과 박해가 닥칠 때, 진리를 사랑한다고 생각하는 사람도 흩어질 것이며, 어떤 이들은 복음을 부인하고 너희를 저버릴 것이다. 요한 마가는 주와 함께 하루 종일 같이 있었음에도 이상할 만큼 침묵을 지켰다.

43. 야영지에서의 마지막 날

예수는 육신의 모습으로 온 신성한 아들로서 이 땅에서 마지막 목요일을, 사도와 충성된 제자와 함께 보내려고 계획했다. 캠프 위 한적한 곳에서 새로운 진리를 가르쳤다.

1) 아들 관계와 시민 관계에 대한 강연

예수는 믿을만한 제자 50여 명에게 질문에 대한 답변하는 식으로, 두 시간 동안 스무 가지를 대답했다.

물질로 되어 있는 이 세상은 법 집행이나 질서 유지를 위해 물리적 힘을 수용해야 할 필요가 종종 발생한다. 하늘나라는 영으로 태어난 하나님의 아들들의 영적 형제 관계이기 때문에, 오직 영의 힘에 의해서만 퍼져 나가게 될 것이다.

영적 천국에서 아들 신분과 현세의 국가 정부에서 시민이 되는 것은 아무 모순이 없다. 시저에게 속한 것은 시저에게 하나님에게 속한 것은 하나님에게 바치는 것은 신자의 의무이다. 세상 통치자들에게 영적 경배를 해서는 안 된다.

형제 신분과 봉사는 천국 복음의 모퉁이 돌이기 때문에, 진보하는 문명의 관점에서 볼 때, 천국의 아들 신분은 너희로 이 세상 나라들의 이상적 시민이 되도록 도와줄 것이다. 믿는 각자의 삶 속에서 사심 없는 사회봉사를 통하여 그들에게 가까이 가지 않는다면, 너희들이 소유한 영적 빛을 절대 보지 못할 것이다. 믿는 자에게나 믿지 않는 자에게 똑같이 사랑의 봉사로 올바른 섬김의 자세를 보여야 한다. 천국 복음에는 강력한 **진리의 영**이 내주하며, 바로 이 영을 내가 곧 모든 육체에 부어줄 것이다. 영의 열매들 즉 너희 진지하고 사랑하는 봉사가, 어둠 속에 있는 인종들을 끌어올릴 수 있는 강력한 사회적 지렛대고, 이 진리의 영은 너희의 능력을 배가시키는 지레 받침이 될 것이다.

너희는 천국의 개화된 자녀가 된 결과로, 세속 정부에 속한 뛰어난 시민이 되어야 하며, 땅에 있는 정부의 통치자들도 이 하늘나라 복음을 믿는 결과로 국가 사무에 더욱 훌륭한 통치자가 되어야 한다.

안일함에 젖은 너희 혼을 구원하기 위해 **사랑의 징계**가 계획되어 있으니, 너희를 감독하는 천사들이 너희를 거친 길로 인도하도록 유도하지 말라.

사람의 마음을 설득하기 위하여 노력할 수는 있으나, 절대 그들을 **강요해서는 안 된다.** 내가 너희에게 긍정적인 형태로 가르쳐준 **인간 평등의 대 계명** 즉; 다른 사람들이 너희에게 해 주기를 바라는 것은 무엇이든지 너희도 그들에게 해 주어야 한다는 것을 잊어서는 안 된다.

신자가 민간 정부에서 일하도록 요청받을 때, 현세의 시민으로 봉사하여라. 인간 지성을 고귀하게 만드는 하나님의 영이 함께 일하여 얻은, 영적 깨우침으로 인하여 향상된 모습을 그곳에서 나타내야 한다.

불신자가 우수한 공무원으로 자격을 갖출 수 있다면, 영적 교통과 사회봉사, 이 두 가지 생명의 물이 모자라서 네 마음속에 진리의 뿌리가 죽지 않았는가, 심각하게 물어야 한다.

하나님의 아들이라는 의식은, 본래부터 있는 모든 능력을 북돋는 힘찬 자극제를, 사람의 일생 봉사 전체를 힘차게 고무시켜야 한다.

너희는 수동적 신비주의나 생기 없는 금욕주의자가 되지 않아야 한다. 너희는 심지어 생활필수품마저 마련해 주리라는 허구적인 섭리를 나태하게 신뢰하는, 공상가와 방랑자가 되어서는 안 된다.

너희는 실수하는 자를 너그럽게 대해야 하며, 무지한 사람들과 교제할 때 참을성을 보이고, 화날 때 참아야 하지만, 정의를 지키는 데는 용맹스러워야 하며, 땅끝까지 복음을 전도하는 일에는 적극적이어야 한다.

이 **천국 복음은 살아있는 진리이다.** 이 복음은 반죽에 있는 누룩과 같고, 겨자씨 낟알 같다. 이 복음은 살아 있는 씨앗처럼 각 세대에서 조건이 되면 쓸만하게 자란다.

내가 준 계시는 살아있는 계시이다. 각 사람 안에, 각 세대에, 영적으로 성장하고 증가하고 적응하여 발전하는 법칙에 따라서, 적당한 열매 맺게 되기를 바란다.

이 복음은 틀림 없이 향상된 생명력을 보일 것이며, 더 깊은 영적 능력을 나타낼 것이다. 이 복음이 신성한 기억, 단순한 전통이 되도록 해서는 절대 안 될 것이다.

잊지 말라, 우리는 모세의 자리에 앉아 있는 자들의 인격이나 권위를 공격하지 않았다. 다만 그들에게 새 빛을 제안했으나, 그들은 아주 힘차게 물리쳤다. 그들이 가르치고 보호한다고 고백하는 그 진리에 대해 영적으로 충실치 못함을 경고함으로써만 그들을 비난했다. 우리는 사람의 아들들에게 천국 복음을 전파하는 일에 기존의 지도자들과 공인된 지배자들이 직접 방해할 때만 그들과 충돌했다. 지금도, 그들을 비난하는 자는 우리가 아닌데, 우리를 죽이고자 한다. **너희는 오직 복음 전파하는 일만 위임받았음을 명심해라.**

너희는 옛 방법들을 공격해서는 안 되며, 새로운 진리의 누룩을 전통적 믿음들 한 가운데 기술적으로 뿌려야 한다. 진리의 영이 자신의 사역을 감당하도록 용납하라. 그들이 진리를 경멸할 때만 논쟁토록 해라, 그러나 고의로 믿지 않는 자가 너희를 공격할 때는, 너희를 구원하고 성화시킨 그 진리를 강력하게 수호하는 일에 주저해서는 안 된다.

변화무쌍한 일생을 사는 동안, 서로 사랑해야 한다는 것을 기억해라. 불신자 와도 다투지 말라. 너희를 학대하는 자에게도 자비를 보여라. 아버지의 나라에 속한 형제 관계에서, 너희 자신이 충성스러운 시민, 정직한 장인, 칭찬할 만한 이웃, 헌신적인 동포, 이해하는 부모, 성실한 신자임을 보이라. 그리하면 나의 영이 너희에게, 지금 그리고 세상 끝날 때까지도 있을 것이다.

2) 점심 식사 후

오전에 주의 강연을 들은 사람 중 몇 명만이 그 말씀의 일부분이라도 이해할 수 있었다. 이날 정오쯤 나사로가 황급히 베다니를 떠났다는 소식을 들었다. 유대인 권력자들이 예수와 그의 가르침을 뿌리 뽑으려 하는 소름 끼치는 결의를 비로소 느꼈다.

다윗 세베대는 예수를 체포하여 죽이려는 계획과 유다의 역할에 대해서도 비밀 요원들의 작업을 통하여 모두 알고 있었다. 예수께 알려드리려 했으나, 제지하며 말했다. 다윗아, 나는 그것에 관해 모두 안다. 네가 안다는 것도 알지만, 아무에게도 말하지 않도록 하여라. 이때 필라델피아의 아브너 에게 서도 같은 소식이 왔다. 이 전령에게 다음과 같은 말을 전했다. '네 일을 계속하라. 만일 내가 육신 적으로 이별하게 되면, 영으로 너희에게 분명히 다시 돌아올 것이다. 나는 너희를 버리지 않을 것이다. 나는 너희와 끝 날까지 함께 있을 것이다.'

최후의 만찬 준비는 전날 오후 주와 요한 마가가 따로 언덕에 있을 때, 그들 사이에서 합의한 결과로 이루어지게 되었다.

빌립이 주여, 유월절이 임박하였는데, 먹을 준비를 어디에 하기를 원하십니까? "가서 베드로와 요한을 데리고 오거라. 우리가 오늘 밤 함께 먹을 만찬에 대해서 지도하겠다.

유월절에 관해서는 먼저 이 일을 마친 후에 생각해야 할 것이다."

다윗 세배대는, 빌립 베드로 요한과 예수가 대화하는 것을, 자세히 듣고자 하는 가룟 유다를 불러 '유다, 이런 상황에서는 나에게 필요가 생기기 전에 미리 내주는 것이 좋지 않겠는가?' 유다는 잠시 생각한 후에 대답하였다. '그렇구나, 다윗아, 나는 그것이 현명하리라 생각된다. 사실 예루살렘이 뒤숭숭한 상황에 비추어 본다면, 이 모든 돈을 너에게 넘기는 것이 최선책일 것으로 생각한다. 저들이 주를 배척하는 음모를 꾸미고 있으며, 내게 무슨 일이라도 생길 경우에도, 너는 아무런 방해를 받지 않을 것이다.' 그리하여 다윗은 사도들의 현금 기금 전부와 모든 예금한 돈의 증서를 받았다. 사도들은 다음 날 저녁까지도 이 사실을 알지 못하였다.

3) 만찬 장소로 가는 길에서

오가는 군중을 피하여 해가 진 후, 예수와 열두 사도는 감람산 서쪽 능선을 따라 최후의 만찬 장소를 향해 걸어갔었다.

쉬는 동안 주께서 말했다. 지난 수년 동안 너희와 형제로 지냈으며, 하늘의 비밀은 가르쳤고, 그곳의 비밀을 계시해 주었다. 나의 아버지는 땅에서 내 사명과 연관하여 많은 경이로운 일을 행하셨다. 너희는 이 모든 일을 본 증인이고, 하나님과 함께 일하는 체험에 동참하였다.

너희가 나와 함께하였던 체험을 이제는 다른 사람들과 나눌 준비를 해야만 한다. 아버지께서 나를 이 세상에 보내셨던 것처럼, 나도 너희가 나를 대표하고 내가 시작한 일들을 완결하라고 너희를 보내고자 한다.

사람의 아들을 잡으러 올 때 너희가 쓸데없이 자신을 드러내어 다치는 일이 없도록 주의하라고 경고한 바 있다. 나는 가야 하지만, 내가 나사로에게 사람의 복수를 피하여 살아남아서 하나님의 영광을 알리도록 하라고 지도한 것처럼, 너희도 내가 떠난 후에 이 복음의 증인으로 남아있어야 한다. 내가 떠나는 것이 아버지 뜻이라면, 그 어떤 것으로도 너희가 신성한 계획을 꺾을 수 없다. 그들이 너희까지 죽이지 못하도록 스스로 조심하라. 너희 혼이 영의 힘으로 용감하게 복음을 수호해야 하지만, 사람의 아들을 보호하고자 하는 어리석은 시도를 해서는 절대 안 될 것이다. 나는 사람의 손에 의한 보호가 필요치 않다. 하늘의 군대가 지금도 가까이 있다. 나는 하늘에 계신 내 아버지의 뜻을 행하려고 결심하였고, 우리는 우리에게 닥칠 일들에 복종해야만 한다.

이 도시가 파괴됨을 보게 될 때, 영원히 진보하는 하늘나라, 심지어 하늘들의 하늘에서 끝없이 봉사하는 영원한 생명으로 이미 들어갔음을 잊지 말아라. **내 아버지의 우주와 내 우주 안에 거할 곳이 많으며,** 그곳에는 하나님이 지으신 도시와 일생의 습성이 진리 안에서 정의와 기쁨인 세상에 대한 계시가, 빛의 자녀들을 기다리고 있다는 것을 너희가 알아야만 한다.

나는 이 땅에 너희에게 하늘나라가 임하게 했지만, 분명히 말하는데, 신앙에 대해 그곳에 들어가고 진리에 대한 생생한 봉사로 그곳에 머무는 너희 모두는 반드시 높은 곳에 있는 세계로 올라가게 될 것이며 우리 아버지의 영 나라에 나와 함께 거하게 될 것이다. 그러나 너희는 먼저 스스로 대비하고 나와 함께 시작했던 그 일을 마쳐야만 한다. 너희는 먼저 많은 고난을 통과하고 많은 슬픔을 견뎌야만 하며 '이 시험은 이미 우리에게 임하였다.' 내가 이 땅에서 아버지의 일을 마치고 그의 품으로 돌아가려 하는 것처럼, 너희가 이 땅에서 일을 마치면, 내 기쁨에 동참하게 될 것이다.

주가 말씀을 마치고 내려가 성안으로 들어갔다. 세 사도를 제외한 나머지 사도는 어디로 가는지 몰랐다. 요한 마가는 모든 길을 따라왔고, 성문에 들어서자 급히 다른 길로 달려가 그들이 자기 아버지 집에 도착했을 때 환영하려고 기다리고 있었다.

44. 최후의 만찬

목요일 빌립이 주께 유월절 계획에 관해 물었을 때, 금요일 저녁에 먹는 유월절 만찬을 생각하고 있었다. 유대인은 해가 지는 때부터 하루의 시작을 계산하므로, 이것은 토요일 유월절 만찬이 금요일 밤 자정이 되기 전 어느 시간에 먹게 됨을 의미하였다.

그러므로 사도들은 유월절을 하루 일찍 경축할 것이라는 주의 말씀이 무슨 말인지 전혀 이해하지 못했다. 그들 중 몇 사람은 그가 금요일 밤 유월절 만찬 전에 체포될 것을 아시고, 그로 인하여 오늘 목요일 저녁에 특별한 만찬을 함께 나누기 위해 자기들을 부르셨다고 생각하였다.

사도들은 예수가 지난 여러 차례의 유월절에 어린양을 잡지 않고 경축했던 것을 알았으며, 희생 제물을 바치는 유대 방식의 예배에는 한 번도 직접 참여하지 않았음을 알았다. 유월절 어린양을 먹는 자리에 손님으로 초대된 적은 여러 번 있었지만, **자신이 주최할 때는 양고기를 대접하지 않았다.**

1) 우대를 받으려는 욕망

요한 마가가 사도들을 위층으로 안내했을 때, 매우 크고 넓은 방에 만찬이 완벽하게 준비된 것을 보았다.

그들은 물항아리와 대야 수건을 보고 누가 우리의 발을 씻어 줄 것인가? 속으로 생각하고 있었다. 그리고 열세 개의 비스듬히 기댈 수 있는 의자를 보고 서로 망설이고 있었다.

이때 유다가 주빈석 왼편에 있는 중요한 자리에 우선권이 있는 것처럼 기대 누우려 했다. 유다가 명예 석을 차지하자마자, 요한 세베대는 주빈석 오른쪽에 있는 그다음으로 좋은 자리에 앉으려 했다. 베드로는 화가 나서 가장 낮은 자리로 갔다.

말굽 쇠 모양의 식탁 옆으로 있는 비스듬한 의자에 다음과 같은 순서로 자리를 잡게 되었다. 주의 오른편에는 요한이 앉았고, 왼편에서부터 유다, 시몬 젤로떼, 마태, 야고보 세베대, 안드레, 알패오의 쌍둥이 아들, 빌립, 나다니엘, 도마, 시몬 베드로가 앉았다.

모세 이전 이집트에서 종살이하던 때를 상고해 보고 전통적 관례를 경축하기 위해 모였고, 이 만찬은 예수와 마지막 만나는 엄숙한 자리였지만, 유다가 시작한 행동 때문에 옛날 명예와 우선권, 칭찬을 얻으려는 성향에 다시 한번 무릎을 꿇게 되었다.

2) 만찬을 시작함

나는 이 유월절 만찬을 너희와 함께 먹는 것을 얼마나 고대하였는지 모른다. 나의 때가 가까이 이른 것을 알기에, 내가 고난 겪기 전에 한 번 더 너희와 식사를 같이하고자 하였으며, 이 만찬을 너희와 함께 오늘 밤 나눌 수 있도록 지시하였다. 이는 내일의 일에는, 우리 아버지의 손에 달려 있고, 그분의 뜻을 내가 집행하려고 와 있는 것이기 때문이다. 아버지께서 나를 이 세상으로 보내신 목적을 내가 완결한 후에 그가 내게 주실 천국에서 너희가 나와 함께 앉을 때까지, 나는 너희와 함께 다시 먹지 않을 것이다.

주는 자신이 아버지의 사랑을 이 땅에 이미 계시하였고 그의 자비를 인류에게 나타내어, 자신이 이 세상에 오신 목적을, 아니 하늘과 땅에 있는 모든 힘과 권한을 받는 것까지도, 성취하였음을 아셨다. 가룟 유다의 모든 행위도 아셨다. 이러한 배반 행위는 유다가 한 일이지만, 그 일은 루시퍼와 사탄 그리고 암흑의 영주인 칼리가스티아를 기쁘게 하는 것임을 충분히 깨닫고 계셨다.

주는 자신을 죽이려는 자들을 두려워하지 않았으며, 오직 한 가지 염려밖에 없었으며, 그것은 자신이 택한 무리의 안전과 구원이었다.

3) 사도들의 발을 씻겨 주다

유월절 음식의 첫 잔을 마신 후에는 주빈이 식탁에서 일어나 손을 씻는 것이 유대인의 관습이었다. 이어서 음식을 먹은 후 두 번째 잔을 든 후에는 모든 손님이 그와 같이 일어나 손을 씻어야 했다. 주가 손을 씻는 예식의 절차를 한 번도 지킨 적이 없음을 사도들이 알았기 때문에, 첫 잔을 마신 뒤에, 그가 식탁에서 일어나서 말없이 물병, 대야, 수건이 있는 곳으로 걸어갔을 때, 무엇을 하실지 궁금했다. 겉옷을 벗고 수건을 두르신 후에 발 씻는 대야에 물을 붓기 시작하는 것을 보자, 그들의 궁금증은 경악으로 변하였다. 조금 전에 서로 발을 씻어 주기를 거절하고, 식탁에서 좋은 자리를 차지하기 위해 보기 흉하게 다투었던 이 열두 사도들이, 예수가 시몬 베드로가 앉아 있는 만찬석의 가장 낮은 자리 옆에 아무도 앉아 있지 않은 쪽으로 가서 마치 하인과 같은 자세로 무릎을 꿇으시고 시몬의 발을 씻을 준비를 하는 것을 보았을 때 그들이 얼마나 놀랐는지 상상해 보라. 주가 무릎을 꿇자 열두 사도들은 마치 한 사람처럼 동시에 일어났다; 심지어 배반자 유다도 자신의 파렴치 행위를 잠시 잊어버리고 놀람과 경의 그리고 경탄을 발하는 이러한 표현으로 동료 사도들과 함께 일어섰다.

주는 베드로의 발을 정말로 씻고자 한다는 것을 뚜렷하게 나타내었다. 육체는 약했어도 베드로는 주를 사랑했다. 이 갈릴리 어부는 예수의 신성을 진심으로 믿고, 사람들이 보는 앞에서 처음으로 고백한 사람이었다. 베드로가 마음속에서 예수를 너무나 숭배하고 존중했으므로, 주가 거기에 무릎을 꿇고 자기 앞에서 비천한 종의 태도로, 노예가 하듯 그의 발을 씻겠다고 제안한다는 것에 그의 혼이 의분을 느낀 것은 이상한 일이 아니다.

…… 내가 무엇을 하려는지 너는 충분히 이해하지 못하겠지만, 이 모든 일의 의미를 장차 알게 될 것이다. 그러나 주님 내 발은 절대로 씻을 수 없습니다!….

"내가 네 발을 씻기지 못하면, 내가 이루고자 하는 일에 너와 나는 그 어떤 상관도 없을 것이다." 주가 제안한 이 봉사에는 주의 일과 관련하여 사람의 미래를 결정하는 어떤 의미심장한 일이 첨부되어 있다는 생각이 베드로에게 비로소 떠오르자; "주여, 그렇다면 제 발뿐만 아니라 손과 머리까지도 씻어 주십시오."

'이미 정결한 사람은 단지 발만 씻으면 된다. 이 밤에 나와 함께 있는 너희는 정결하지만, 모두 다는 아니다. 그러나 너희 발에 묻은 먼지는 나와 함께 식탁에 앉기 전에 씻었어야 했다.

너희에게 이러한 봉사를 베푸는 것은 곧 너희에게 주려고 하는 새 계명의 의미를 설명하기 위한 하나의 비유로 보여주고자 함이다.'

주는 아무 말씀도 없이 열두 사도의 발을, 유다도 빼지 않고 모두 씻기셨다.

너희가 나를 주님이라고 부르는데 정말 그러하다. 그 주님이 너희 발을 씻었다면, 너희도 기꺼이 서로 발을 씻어 주지 못할 이유가 무엇이냐? 형제가 서로를 위해 하려 하지 않는 그 봉사를 주님은 아주 기꺼운 마음으로 했다는 이 비유에서 무엇을 배워야 하겠느냐? 진실로 너희에게 말하는데. 종은 주인보다 크지 못하며, 보냄을 받은 자는 보낸 자보다 크지 못하다. 너희 가운데 지낸 내 삶에서 봉사하는 방법을 너희가 봤으며,

그렇게 봉사할 수 있는 자비로운 용기를 갖게 될 너희는 복을 받았다. 그러나 영적인 나라에서 크게 되는 비밀은 물질세계에서 권력을 얻는 방법과 같지 않음을 너희는 어찌하여 그리 더디게 깨닫느냐?

나의 식탁에는 높고 낮은 자리가 없다는 것을 모르겠느냐? 내가 너희 각 사람을 다른 사람들과 똑같이 사랑하는 것을 이해하지 못하겠느냐? 사람들이 그렇게 명예로 여기는 내 옆자리는 너희가 하늘나라에 섰을 때 아무 의미도 없다는 것을 모르겠느냐?

너희 중에 **크고자 하는 자는** 아래 사람이 되고, 우두머리가 되고자 하는 자는, 남을 봉사하는 사람이 되게 하라. 너희가 만일 아버지의 뜻을 행함에서 나와 함께 기꺼이 하인이 되고자 한다면, 앞으로 이루어질 천국에서, 미래의 영광 속에서 아버지의 뜻을 여전히 행하면서, 힘을 가지고 나와 함께 앉아 있을 것이다.

예수가 말씀을 마치시자, 최후의 만찬의 다음 차례를 위해 알패오 쌍둥이가 쓴 나물과 말린 과일 조각과 함께 빵과 포도주를 가져왔다.

4) 배반자에게 한 마지막 말씀

...... "어둠의 악한 세력이 사람의 아들을 죽이려고 모의한 것을 알기에, 이 은밀한 방에서 유월절 하루 전에, 너희와 함께 이 저녁을 먹으려고 결정하였다. 내일 밤 이 시간에는 너희와 함께 있지 아니할 것이며, 내가 아버지께로 돌아가야 한다고 거듭 일렀다. 이제 내 때가 이르렀다. 그러나 너희 중 하나가 나를 적의 손에 넘기려고 배반할 필요는 없었다."

내가 아버지께로 가야 하지만, 아버지의 뜻을 이루기 위하여 너희 가운데 하나가 반역자가 될 필요는 없는 것이다. 이것은 자신의 모든 혼으로 진리를 사랑하는 데 실패한 자의 가슴속에 감추어진 악이, 열매를 맺은 것이다. 영적인 몰락을 가져오는 지적 자존심이 얼마나 사람의 눈을 속이기 쉬운지! 여러 해 동안 내 친구였던 사람이, 지금도 나와 함께 빵을 먹으면서도, 기꺼이 나를 팔게 될 것인데, 그가 지금 나와 함께 그릇에 손을 넣었다.

예수가 이렇게 말씀하자, 그들은 모두 '그게 저입니까?'라고 다시 묻기 시작했다. 주의 왼쪽에 앉아 있는 유다도 따라서 '그게 저입니까?' 예수는 나물 담긴 접시에 빵을 찍어서 유다에게 주면서 '네가 말하였다'라고 말씀하였다. 그러나 다른 사람들은 예수가 유다에게 말하는 것을 듣지 못하였다.

예수의 오른편에 기대고 있던 요한은 더 가까이 기대면서 주님께 물었다. '그게 누구입니까? 그의 신뢰를 믿을 수 없게 된, 그자를 우리가 알아야겠습니다.' '내가 이미 너희에게 말했고, 내가 빵 조각을 준 그에게도 말했다.' 그러나 주빈이 빵 조각을 왼편 옆에 앉은 사람에게 주는 것은 너무나 자연스러운 일이었으므로, 주님이 매우 분명하게 말씀했음에도 이것을 눈치채는 자가 아무도 없었다.

유다는 자기 행동과 관련된 주님의 말씀 의미를 고통스럽게 의식했고, 형제들이 그가 배반자임을 알고 있지 않을까 두려움이 앞섰다.

이러한 일이 일어나야 한다는 것이 슬프다. 이 시간까지도 진리의 힘이 악의 속임을 이길까 바랐지만, 진리에 대한 진지한 사랑에서 신앙이 없이는 그러한 승리는 얻지 못한다.

내가 이것을 너희에게 말하는 것은, 내가 떠난 후에, 이 모든 악한 음모를 이미 알고 있었고, 나를 배반하는 일에 대해 너희에게 미리 경고하였다는 것을 너희가 기억하기를 바라기 때문이다.

이렇게 말씀한 예수는 유다 쪽으로 기대시면서 말했다. '네가 하려고 결정한 일을 행하라, 속히 행하라.' 이 말씀을 들은 유다는 식탁에서 일어나 황급히 방을 떠났으며, 마음속에 결심한 일을 이루기 위하여 어둠 속으로 사라졌다.

예수는 유다를 구원하기 위해 모든 일을 했다. 만찬장에서도 마지막 호소를 했지만, 아무 소용이 없었다. 사랑이 일단 완전히 식으면, 훈계는 대개 미움을 가중할 뿐이며, 완전히 자신만의 이기적인 계획들을 행동으로 옮기도록 사악한 결심에 불붙일 뿐이다.

5) 기념 만찬을 제정하심

그들이 '축복의 잔'인 세 번째 포도주잔을 예수께 가져오자, 의자에서 일어나셔서 손으로 잔을 잡으시고 축복하며 말했다. '이 잔을 가져다가 너희 모두 이것을 마시도록 하라. 이것은 나를 기념하는 잔이 될 것이다. 이것은 **은혜와 진리의 새로운 섭리 시대**를 축복하는 잔이다. 이것은 너희에게 신성한 진리의 영이 증여되고 사명 활동하는 것에 대한 상징이 될 것이다. 나는 아버지의 영원한 나라에서 너희와 함께 새로운 형식으로 마실 때까지 너희와 함께 다시 이 잔을 마시지 않을 것이다.'

사도 모두는 지극히 정중하게, 그리고 완전히 고요한 가운데 이 축복의 잔을 마시는 동안, 사도들은 모두 무엇인가 보통 아닌 일이 벌어지고 있음을 느꼈다. 옛 유월절은 조상들이 민족의 **노예 상태에서 개인의 자유**를 얻은 것을 기념했다. 새 섭리 시대의 상징으로서, 이제 주는 **새로운 기념 만찬을 선례**로 만들고 있었는데, 이 섭리 시대에는 예식과 이기심의 사슬에 매였던 개인이 이를 벗어나, 살아 계신 하나님의 아들, 해방된 믿음의 아들들이 **형제로서 친교**라는 영적 기쁨을 누린다.

그들이 이 기념의 잔을 다 마셨을 때, 주는 빵을 들어 올리시고 감사기도를 드리신 후에 그것을 여러 조각으로 나누시고 그들에게 돌리라고 지도하며 말했다; "이 기념하는 빵을 가져다 먹어라. 내가 너희에게 내가 생명의 빵임을 말해왔다. 그리고 이 생명의 빵은 하나의 선물로서 **아버지와 아들이 연합된 생명이다.** 아버지의 말씀은, 아들 안에서 계시 되었듯이, 참으로 생명의 빵이다." 그들이 기념의 빵, 필사 육체의 모습으로 육신화 한, **살아있는 진리 말씀의 상징**을 나누어 먹고 나자, 그들은 모두 자리에 앉았다.

이 기념 만찬을 제정하면서, 주는 늘 하던 대로 비유와 상징을 이용하였다. 이것을 그의 후계자들이 정교한 해석을 덧붙이고, 자신 말에 대해 확정된 의미를 부과하는, 일을 어렵게 만드는 방법으로, 어떤 위대한 영적 진리를 가르치고 싶었기 때문이었다.

이런 방법으로 그는 이어지는 세대들이 자신의 가르침을 형식화하고, 전통과 독단론의 죽은 사슬로서 자신의 영적 의미가 묶이는 일을 막으려고 하였다.

그의 일생 사명 활동을 통하여 유일한 의식, 즉 성찬을 제정하면서, 예수는 몸소 정교한 정의를 밝히기보다는 자신의 의미들을 제시하려고 고심을 쏟았다. 그는 정교한 형식을 제정함으로 신성한 교통에 대한 개별적인 개념이 파괴되는 일을 원치 않았다; 그것을 형식적으로 속박함으로써 신자의 영적 상상력을 제한하게 되는 일도 원치 않았다. 그는 오히려 다시 태어난 인간의 혼을, 새롭고 살아있는 영적 해방으로 이루어진 즐거움의 날개 위에서 자유롭게 해 주려고 애를 쓰셨다.

　주를 기억하는 이 새 성찬을 이처럼 제정하려고 주가 애썼는데도, 육체를 입었던 그 마지막 밤의 상징, **단순한 영적 상징**이 엄밀한 해석으로 졸아들고 거의 수학처럼 정확히 정해진 공식에 지배되었기 때문에, 지나온 여러 세기 동안 그를 뒤따른 사람들은 그의 뚜렷한 소망이 실질적으로 좌절되도록 처리하였다. 예수의 모든 가르침 가운데, 아무것도 이보다 더 전통으로 표준화되지 않았다.

　이 기념 만찬은 아들을 믿고 하나님을 아는 사람이 먹을 때, 신이 자리에 계신다는 의미에 관한 곡해, 사람의 어떤 유치한 곡해도, 만찬의 상징과 관련지을 필요가 없다. 이는 **어떤 경우에도 주가 정말로 자리에 계시기 때문**이다. 기념 만찬은 신자가 미가엘(예수)과 상징적으로 만나는 일이다. 너희가 이렇게 영을 의식할 때, 그들은 실제로 자리에 계시며, 그의 영은 아버지의 내주하는 분신과 함께 형제처럼 사귄다.

　잠시 묵상의 시간을 가진 후 예수는 말씀을 이었다. '너희가 이 일을 행할 때, 내가 살아왔던 삶을 회상하고, 내가 너희와 함께 계속 땅에서 살고, 너희를 통해서 봉사하리라는 것을 기뻐하라. 개인으로서 누가 가장 클 것인가 너희끼리 다투지 말라. 너희는 다 형제가 되어라. 하늘나라가 확장되어도 높은 자리를 다투거나 우대받기를 삼가야 한다.'

　기념 만찬 제정을 마친 예수는 사도들에게 말했다. '너희가 이 일을 할 때마다. 나를 기념하면서 그것을 행하라. 그리고 너희가 나를 기억할 때, 먼저 육체 속에서 살았던 나의 일생을 돌이켜 보고, 내가 한 때 너희와 함께 있었다는 일을 회상한 후에, 너희 모두는 언젠가 아버지의 영원한 나라에서 나와 함께 저녁을 먹게 될 것이라는 사실을 신앙으로 알아라. 이것이 너희에게 주는 새 유월절 기념, 증여되었던 내 일생, 영원한 진리의 말씀에 대한 기념이다. 이것은 너희에 대한 나의 사랑, 모든 육체에 내 진리의 영이 부어지는 것에 대한 기억이다.'

　그들은 시편 118편을 노래함으로, 새로운 기념 만찬을 창시하는 것과 연결하여, 오래된 이 유월절 축하를 피 흘리지 않고 마쳤다.

45. 작별의 말씀

　최후의 만찬을 마치고 일어나려는 사도들에게, 주는 더 앉아 있으라고 말했다.
　이제는 너희에게 고난의 시대가 닥쳐올 것이다. 더 이상 군중들의 선한 뜻을 기대할 수 없을 것이다. 이제부터는 돈주머니가 있는 자는 그것을 지참하고 다니게 하라. 너희가 이 복음을 전하기 위하여 세상으로 나갈 때에는, 최선이라고 생각되는 방향대로 너희가 도움을 받을 수 있도록 준비하라. 나는 평화를 주려고 왔지만, 그것은 얼마 동안 나타나지 않을 것이다.
　'사람의 아들이 영광을 받을 때가 이제 이르렀으며, 아버지께서 내 안에서 영광을 받으실 것이다. 나의 친구들아, 내가 잠깐 더 너희와 함께 있을 것이다.….
　너희는 이 땅에서 나를 볼 수 없겠지만, 나의 아버지께서 내게 주신 나라로 너희가 올라올 때, 너희 모두는 다가오는 시대에 나를 만나게 될 것이다.'

1) 새 계명

　…… 내가 이제 너희를 떠나려 하므로 그것을 주려고 한다. 너희가 서로 사랑하라; 너희 이웃을 너희 자신처럼 사랑하라고 명한 계명을 잘 알 것이다. 그러나 나는 내 자녀들의 편에서 그러한 진지한 헌신에도 전적으로 만족하는 것은 아니다. 나는 너희가 믿음을 갖고 있는 형제 신분의 나라 안에서 더욱 큰 사랑의 실천 하기를 원한다. 그래서 나는 너희에게 새로운 계명을 주겠다; **'내가 너희를 사랑한 것 같이 너희가 서로 사랑하라.'** 너희가 그렇게 서로 사랑하면 이것으로써 모든 사람이 너희가 내 제자인 줄을 알게 될 것이다.
　나는 새로운 이 계명을 너희에게 주면서, 너희 혼에 어떤 새로운 짐도 더하지 않는다; 오히려 나는 너희에게 새로운 기쁨을 주고, 너희 가슴이 친구들에게 애정을 쏟는 환희를 깨달음으로써 새로운 즐거움을 체험하게 한다. 나는 비록 흘러나오는 슬픔을 참고 있지만, 너희와 너희 친구들에게 나의 애정을 줌으로써, 최고 기쁨을 체험하고자 한다.

내가 너희를 사랑한 것처럼 너희도 서로 사랑하라고 내가 청하였을 때, 나는 헤아릴 수 없이 깊은 애정을 너희 앞에 높이 들어 나타내었다. 왜냐하면 누구도 이것보다 더 큰 사랑을 할 수 없기 때문이다; 그것은 곧 자기 친구들을 위하여 자기 목숨을 버리는 것이다. 그리고 너희가 내 친구들이다; 내가 너희에게 가르쳤던 것을 너희가 기꺼이 행하기만 하면, 너희는 나를 주라고 불렀지만, 나는 너희를 하인이라고 부르지 않았다. 만약 너희가, 내가 너희를 사랑하는 것처럼, 단지 서로 사랑하기만 한다면, 너희는 내 친구가 될 것이며, 아버지께서 내게 계시하는 일에 대하여 언제까지나 너희에게 말할 것이다.

'너희가 나를 선택하였을 뿐만 아니라, 나도 너희를 선택하였고, 내가 너희와 함께 살면서 아버지를 너희에게 나타냈던 것처럼, 너희가 세상에 나아가 너희 친구들에게 사랑 넘치는 봉사를 통한 열매를 맺도록 내가 너희를 사도로 임명하였다. 아버지와 나는 너희와 함께 일할 것이다. 내가 너희를 사랑한 것처럼 너희도 서로 사랑하라는 나의 계명을 너희가 오직 순종하기만 한다면, 너희는 신성한 하늘의 기쁨을 충만히 체험하게 될 것이다.'

만일 너희가 주의 기쁨을 서로 나누고자 한다면, 너희는 그의 사랑을 서로 나누어야만 한다. 그리고 **그의 사랑을 나눈다는 것은, 그의 봉사를 나누어 왔음을 의미한다.** 그러한 사랑의 체험이 이 세상의 어려움으로부터 너희를 구해주지 않을 것이다; 그것이 새로운 세계를 창조하는 것은 아니지만, 그러나 확실하게 옛 세상을 새로운 것으로 만들 것이다.

명심하라; 예수가 원하는 것은 희생이 아니라 충성이다. 희생에 대해 스스로 의식하는 일은 사랑 넘치는 봉사를 최고 기쁨으로 만들게 하는 애정, 마음을 다한 애정이 없음을 의미한다. 의무라는 관념은 하인의 마음이 있음을 뜻하며, 그리하여 너희가 친구로서 그리고 친구를 위하여 봉사하는 엄청난 감동을 하지 못함을 말한다. 우정의 충동은 의무에서 나오는 모든 신념을 초월하며, 그리고 친구를 위한 친구의 봉사는 결코 희생이라고 부를 수 없다.

주는 사도들에게 그들이 하나님의 **아들**들임을 가르치셨다. 주는 그들을 **형제**라고 부르셨으며, 그리고 지금 떠나가기 전, 그들을 자기 **친구**라고 부르신다.

2) 포도나무와 가지들

나는 참 포도나무이고, 나의 아버지는 농부이시다. 나는 포도나무이고, 너희는 그 가지들이다. 내게서 나온 가지 중에서 아무 열매도 없는 모든 가지는 아버지께서 잘라 버리실 것이다….

기도에 관한 주의 가르침이 잘못 해석되면서 크게 슬픈 일이 나중에 발생 되었다. 주의 말씀이 정확하게 기억되고 사실 그대로 기록되었다면 이러한 가르침에 관한 어려움이 거의 없었을 것이다. 그러나 기록이 만들어질 때, 신자들은 결국에는 기도할 때 예수의 이름으로 기도하는 것을 일종의 최고 마술이라도 되는 듯이, 그들이 원하는 것은 무엇이든지 아버지로부터 받아들일 수 있다고 생각했다.

정직한 사람들이 여러 세기 동안, 이 걸림돌에 걸려서 신앙이 난파되는 일을 계속해 왔다.

기도가 너희의 길을 얻으려는 진행 과정이 아니라, 오히려 하나님의 길을 받아들이는 진행 순서, 아버지의 뜻을 어떻게 인지할 것이며 실천할 것인가를 배우는 체험이라는 사실을 신자들의 사회에서 받아들이기까지 얼마나 더 기다려야 하는가?

너희의 뜻이 그의 뜻과 참으로 일치할 때, 너희는 합치된 뜻에 따라 생각되는 것은 무엇이든지 요청할 수 있으며, 응답받을 것이라는 사실은 조금도 틀림이 없다….

참된 신자는 오직 영의 열매를 맺으려는 목적을 위해 존재하는 것이다; 곧 자신이 하나님에게서 사랑을 받은 것처럼, 사람을 사랑하는 것이다.—나아가 예수가 우리를 사랑한 것과 같이 그렇게 우리가 서로를 사랑해야만 한다.

현명한 농부는 오직 죽어 있고 열매 맺지 못하는 가지만 잘라 버린다.

3) 세상의 적대감

주는 자기 때가 곧 이르게 되었음을 아시고, "내가 너희를 떠나게 되었을 때. 세상이 적대하는 것에 낙심하지 마라. 너희를 미워하면 이미 나를 미워하였다는 일을 회상해야 한다. 너희가 이 세상에 있지만, 너희 삶은 세상과 같지 않아야 한다. 너희가 선택받은 이 세상에 대하여도, 다른 세상의 영을 나타내려고 내가 너희를 세상으로부터 선택하였다.

너희는 내 복음을 위하여 많은 일을 당할 것이다. 그러나 이 시련을 견디어 낼 때. 나도 이 복음을 위하여 너희보다 앞서 고통받았음을 회상해야 한다.

그들에게 진리를 가르쳐주지 않았다면, 많은 이상한 짓을 하더라도 죄의 값을 받지 않을 수도 있겠지만, 그들이 빛을 알고도 배척하고 있기에, 그들의 태도에 대하여 변명할 수가 없다. 나를 미워하는 자는 나의 아버지를 미워하는 것이다. 달리 방법이 없다. 너희들이 받아들이면 빛이 구해줄 것이고 **알면서 배척한다면 죄의 값**을 받을 것이다.

내가 그들에게 무슨 짓을 하였기에 그들이 나를 그렇게 끔찍이 미워한단 말이냐? 그들에게 땅에서 서로 친구가 되어 하늘에서 구원받으라고 한 것밖에, 아무것도 하지 않았다. 그러나 성서에서 '아무 이유 없이 그들이 나를 미워했다'라고 기록된 것을 읽지 않았느냐?"

'그러나 너희들을 세상에 홀로 두고 떠나지 않을 것이다. 내가 떠난 후 속히 돕는 영을 보내겠다. 그가 너희 가운데서 내 역할을 대신할 것이며, 너희에게 계속 진리를 가르치고, 너희를 위로할 것이다.'

"너희는 마음에 근심하지 말라, 하나님을 믿고 여전히 나를 믿어라. 너희를 떠나도 멀리 있지 않을 것이다. 너희에게 이미 말했듯이 아버지의 우주 안에는 머무를 장소가 많다. **이것이 거짓이었다면 반복해 말하지 않았을 것이다.** 나는 이 빛의 세계, 즉 장차 너희도 올라오게 될, 아버지의 하늘에 있는 곳에 돌아간다. 나는 그곳에서 이 세상에 왔고, 위에 있는 그 구체들에서 내 아버지 일을 하기 위해 돌아가야만 할 시간이 임박했다."

'내가 먼저 아버지의 나라에 가면, 이 세상이 있기 전에 하나님의 자녀 된 필사자를 위해 준비된 곳에서 너희가 나와 함께 있도록 반드시 너희를 부르러 보낼 것이다. 나는 너희를 떠나야만 하지만, 영으로는 너희와 함께 있을 것이며, 내가 더 큰 자기 우주에 계시는 내 아버지께 가려는 것처럼, 너희가 내 우주에 있는 내게 올라올 때 결국 실제로 개인적으로 나와 함께 있게 될 것이다.

너희가 그것을 충분히 이해하지 못할지라도, 내가 너희에게 이른 말은 참되며 영원하다. 나는 아버지께로 가고, 비록 너희가 지금은 나를 따라올 수 없지만, 앞으로는 분명히 나를 따라올 것이다.'

도마가 우리는 그 길을 알지 못합니다. 그 길을 알려주십시오.

'도마야, 나는 길이요, 진리요, 생명이다. 나를 통하지 않고서는 어떤 사람도 아버지에게 갈 수 없다. 아버지를 발견하는 사람은 누구든지 먼저 나를 발견한다. 만일 너희가 나를 알면, 아버지께로 가는 길을 아는 것이다. 너희가 나와 함께 살았고 지금 나를 보고 있으니, 그로써 너희는 나를 알고 있다.'

빌립이 주여, 우리에게 아버지를 보여주십시오.

'빌립아, 내가 너와 그토록 오랫동안 같이 있었는데, 너는 아직도 나를 모르겠느냐? 내가 다시 분명히 말하겠는데; 나를 본 사람은 이미 아버지를 보았다. 그런데 어떻게 아버지를 우리에게 보여 달라고 말할 수 있느냐? 내가 아버지 안에 있고 아버지는 내 안에 계신 것을 너는 믿지 못하겠느냐? 내가 전하는 말들은 내 말이 아니라 아버지의 말씀이라고 너희에게 가르치지 않았느냐? **나는 아버지를 대신하여 말하였고 나 스스로 말한 것이 아니다.** 내가 이 세상에 있는 일은 아버지의 뜻을 행하기 위함이며 나는 그렇게 행하였다. **아버지는 내 안에 계시며 나를 통해 일하신다.** 아버지께서 내 안에 있고 내가 아버지 안에 있다고 하는 내 말을 믿든지, 아니면 내가 살아온 바로 그 **일생을 보고**—행한 일을 보고—**믿으라.**'

4) 약속된 조력자 (진리의 영 이해)

내가 아버지께로 가고 나서, 이 세상에서 내가 너희를 위하여 한 일을 아버지가 충분히 승인한 후에, 내 권역에 대한 최종 주권을 받은 후 아버지께 말씀드릴 것이다. 내 자녀들을 세상에 홀로 남겨두면서, 그들에게 다른 선생을 보내주는 일이 저의 약속을 지키는 것이다. 그래서 아버지께서 허락하면, 내가 모든 육체에 진리의 영을 부을 것이다. **내 아버지의 영이 이미 너희 안에 있으니, 그날이 되면, 너희가 지금 아버지를 소유하고 있는 것처럼, 너희가 나도 소유하게 될 것이다.** 이 새로운 선물은 살아있는 진리의

영이다.

……그는 너희 안에 거할 것이다. 그리하여 너희는 내가 아무 도움과 인도함이 없이 너희를 떠난 것이 아님을 깨달을 것이다. 앞으로는 너희가 어디에 있든지, 너뿐만 아니라 나의 현존을 원하는 다른 모든 사람 각자와 동시에 함께 있을 것이다.

몇 시간 후면 세상이 나를 더 이상 보지 못할 것이지만, 너희는 내가 새로운 선생, 진리의 영을 너희에게 보낼 때까지도 가슴속에서 여전히 나를 알 것이다.

내가 지금까지 직접 너희와 함께 살았지만, 그때에는 너희 안에 살 것이다; 내가 영의 나라에서 너희의 개인적 체험을 함께 나눌 것이다. 이것이 이루어지고 나면, **내가 아버지 안에 있다는 것과, 너희 생명이 아버지와 함께 내 안에 감추어져 있으면서 또한 내가 너희 안에 있다는 것을 분명하게 알게 될 것이다.** 나는 아버지를 사랑하였고 그의 말씀을 지켰다. 너희는 나를 사랑하였고, 또 내 말을 지킬 것이다.

내 아버지가 그의 영을 내게 주신 것같이, 나도 나의 영을 너희에게 줄 것이다. 그리고 내가 너희에게 증여할 이 진리의 영이 너희를 안내하고 위로할 것이며 결국에는 너희를 모든 진리 안으로 인도할 것이다.

내가 아직 너희와 함께 있는 동안 이 일을 너희에게 말하는 것은, 이제 곧 우리에게 닥칠 시험을 견딜 수 있도록 너희를 준비시키기 위함이다. 그리고

새날이 오면, 너희에게 아버지뿐만 아니라 아들도 내주하게 될 것이다. 하늘에서 온 이들 선물은 아버지와 내가 너희 눈앞에서 한 개인. 사람의 아들로서 일하였던 것처럼 서로 **하나가 되어** 일할 것이다. 그리고 친구인 이 영은 내가 너희에게 가르친 모든 일들을 너희에게 생각나게 할 것이다.

알페오 유다는, 주님이 우리에게 자신을 나타내지 않을 때, 우리가 어떻게 당신을 알 수 있겠습니까?

'애들아, 나는 이제 떠나가서 아버지께로 돌아갈 것이다. 너희가 이곳에 있는 동안 육체적으로는 나를 잠시 보지 못할 것이다. 얼마 안 있어서 **내가 내 영을 너희에게 보낼 것인데, 이 물질적 육체를 제외하고는 나와 똑같을 것이다.** 새로 오는 이 선생은 너희 각자와 함께 가슴속에서 살게 될 진리의 영이며, 빛의 자녀들이 하나가 되고 서로 가까워질 것이다. 이 방법으로 내 아버지와 내가 너희들 각자의 혼 속에서 살 수 있고, 내가

지금껏 늘 너희를 사랑하는 것처럼, 우리를 사랑하는, 그리고 서로 사랑함으로써 그들의 체험에서 그 사랑을 실현하는, 너희 그리고 다른 모든 사람 각자의 혼 속에 내 아버지와 내가 살 수 있게 될 것이다.'

5) 진리의 영

예수가 신자들의 가슴속으로 보내고 모든 육체에 부어주겠다고 약속한 새로운 협조자는 진리의 영이다. 이 신성한 자질은 진리의 서신이나 율법이 아니고, 진리의 형식이나 표현으로서 기능하는 것도 아니다. 새로운 선생은 진리에 대한 확신, 실제 영적 차원에 있는 참된 의미에 대한 인식이요 확신이다. 이 새로운 살아있고 성장하는 진리, 확대되고, 펼쳐지는 그리고 적응성이 있는 진리이다.

신성한 진리는, 영으로—식별되는 것이며 살아있는 실체이다. 진리는 신성의 실현과 그리고 하나님과 교제하고 있음을 의식하는 높은 영적 차원에서만 존재한다. 너희는 진리를 알 수 있고, 진리를 실천할 수 있다. 너희는 혼 속에서 진리가 자라는 것을 체험할 수도 있고 마음속에서 그 깨우침이 주는 해방을 누릴 수도 있다.

그러나 너희는 진리를 인간 행위의 공식, 규범, 교리 또는 지적 형식으로 만들어 그 안에 가두어 둘 수는 없다. 너희가 신성한 진리를 인간의 공식으로 만들려고 할 때, 그 진리는 빨리 죽는다. 감금된 진리를 죽은 뒤에 건지려는 것은 궁극에 기껏해야, 지적 분석으로 미화된 지혜를 특이한 형태로 실현하는 것이 될 수 있을 뿐이다.

정적인 진리는 죽은 진리이다. 죽은 진리는 오직 이론으로 유지될 수 있다. 살아있고 살아나게 하는 진리는 역동적이며, 그리고 오직 그것만이 인간 마음속에서 체험적 실존을 누릴 수 있다.

지능은 우주적 마음이 그 안에 있음으로써 밝은 빛을 받은 물질적 존재로부터 생성되고 성장한다. **지혜는**, 새로운 수준까지 높아진 지식, 그리고 지혜 보조자의 우주 자질이 있으므로 활성화된 지식의 의식으로 이루어져 있다. **진리는**, 영을 부여받은 존재만이 맛보는 영적 실체 가치이며, 그런 존재들은 우주 의식의 초 물질 수준에서 활동하고, 진리를 깨달은 뒤에, 자기 혼 안에서 활성화하는 그 영이 살고 군림하도록 허락한다.

우주를 이해하고 깨달은 참다운 자녀는 모든 지혜로운 말 안에서 살아있는 진리의 영을 찾는다. 하나님을 알고 있는 개인은 그의 지혜를 신성을 획득하는 살아있는 진리의 수준까지 끊임없이 끌어올린다. 영적으로 진보하지 않는 영혼은 살아있는 진리를 죽어있는 지혜의 수준으로, 단순히 높은 지식의 영역으로 계속하여 끌어 내린다.

황금률이 글자 그대로 해석되면, 친구들에게 큰 반감을 주는 도구가 된다. 황금률의 지혜를 영적으로 헤아리지 않으면, 비 영적 해석이 불행과 끝없는 슬픔을 가져올 수밖에 없다.

어떤 사람들은 황금률이 인간이 형제임을 순전히 지적으로 확인하는 것이라 헤아리고 해석한다. 다른 사람들은 이 인간관계의 표현을 인간 성품의 부드러운 느낌을 감정적으로 만족시키는 것으로 체험한다. 또 다른 사람은 이 황금률을 모든 사회관계를 측정하는 잣대로, 사회적 행위의 기준이라고 인식한다. 또 다른 사람들은 황금률이 모든 친교 관계에 대해, 최고의 도덕적 의무 개념을 이 표현에서 나타낸 선생, 위대한 도덕 선생이 내린 긍정적 명령이라고 본다. 그러한 도덕적 존재들의 일생에서 황금률은 그들의 모든 철학의 지혜로운 핵심이자 그 범위가 된다. 네 이웃을 자신처럼 사랑하는 것, 이것이 참된 종교의 본질이다.

황금률에 대한 가장 높은 실현과 진실한 해석은, 신성한 선언의 실체, 오래가는 생생한 실체에 담긴 진리의 정신을 의식하는 데 있다. 이 우주 관계의 규칙이 가진 참된 우주 의미는 오로지 그 영적 실천에서, 아들의 영이 필사 인간의 혼에 내주하는 아버지의 영에게 행동 법칙을 풀이할 때 드러난다.

영의 인도를 받는 필사자는 이 황금률의 참된 의미를 깨달을 때, 친근한 우주에서 사는 시민이라는 확신을 넘치도록 얻는다. 영 실체에 관한 그들의 이상은, 예수가 우리 모두를 사랑한 것같이 동료들을 사랑할 때야 만족하며, 그것이 하나님의 사랑을 실현하는 것의 실체이다.

악에 저항하지 말라는 주의 가르침과 습관을 이해하기 위해서는, 신성한 진리를 하나님의 아들마다 그 개인의 요건과 능력에 따라서 때에 맞게 조절하고 우주에 맞게 적응시킬 수 있는 이 철학을 먼저 파악해야 한다. **주의 가르침은 기본적으로 영적 선언이**

다. 그의 철학이 물질 면에서 암시하는 것들이라도 그 영적 상관관계를 떠나서 고려될 수 없다. 주의 권고 명령에 담긴 정신은 우주에 대하여 온갖 이기적 반응으로 저항하지 않는 데 있고, 아울러 하나님을 알고, 갈수록 더 그를 닮기 위하여, 참된 영적 가치―신성한 아름다움, 무한한 선, 영원한 진리―의 올바른 수준에 적극적 · 진보적으로 도달하는 것이다.

사랑, 사심 없는 마음은, 진리의 영이 인도하는 대로, 여러 관계를 항상 때에 맞게 다시 적응하는 해석을 거쳐야 한다. 이렇게 함으로 사랑은 사랑받는 개인이 우주에서 얻는 가장 높은 이익에 관하여 항상 변하고 확대되는 개념을 파악해야 한다. 사랑은 더 나아가서, 영의 인도를 받는 한 필사자가 우주의 다른 시민들을 사랑하는 관계, 성장하는 생생한 관계에 혹시 영향을 받을 수 있는 모든 다른 사람에 관하여, 바로 이 태도를 가진다. 현재의 잘못된 환경, 그리고 신성한 운명, 즉 완전에 이르는 영원한 목표, 이 두 가지에 비추어서, 이렇게 때에 맞게 사랑의 적응 전체가 이루어져야 한다.

황금률과 무저항의 가르침을 교리나 교훈으로 정확하게 이해할 수 없다는 것을 분명히 깨달아야 한다. 오직 실천함으로, 진리의 영이 실천으로 해석하는 그 의미를 깨달음으로 이것들을 이해할 수 있으며, 그 영은 한 인간이 다른 인간과 사랑으로 접촉하라고 지시한다.

이 모두가 옛 종교와 새 종교의 차이를 뚜렷이 가리킨다. 옛 종교는 자아의 희생을 가르쳤고, 새 종교는 오로지 사회봉사와 우주에 대한 이해가 통합되어, 자아 잊어버리기, 곧 향상된 자아실현을 가르친다. 옛 종교는 두려움을 의식함으로 자극을 받았고, 하늘나라의 새 복음은 진리의 확신, 영원하고 보편적 진리의 정신에 지배된다. 그리고 아무리 경건하거나 교리에 충성함을 보여도, 하늘나라 신자의 생활 체험 속에서, 살아 계신 하나님의 아들, 영에게서 태어난 아들의 특징을 나타내는, 자연스럽고 너그럽고 진지한 바로 그 친절이 빠진다면 이를 보상할 수 없다. 전통도, 형식으로 예배하는 예식 체제도, 사람이 동료에 대하여 진정한 동정심이 모자라는 것을 메울 수 없다.

6) 떠나야 할 필요성

내가 떠나기 전에 이 모든 일을 말함은, 곧 너희에게 닥칠 일을 미리 대비해 심각한 실수를 범하지 않게 하려는 것이다. 저들이 나를 받아들이기를 거절함으로, 아버지 알기를 거절하였다. 내가 너희를 사랑한 것 같이 너희도 서로 사랑하라는 나의 새 계명을 만일 너희가 지켜왔다면, 그들이 너희를 거부할 때 곧 나를 받아들이기를 거절하는 것이다. 내가 이 모든 일에 관하여 너희에게 미리 이야기하는 것은, 나의 때가 지금 이른 것 같이 너희의 때가 이르게 될, 경우에 내가 이미 모든 일은 알고 있었다는 사실과, 나의 영이 나를 위하여 그리고 복음을 위하여 고난 겪는 너희와 함께 있다는 사실을, 너희가 기억함으로써 대담함을 얻게 하기 위함이다.

친구로서 친구에게 분명하게 말하겠다. 내가 가는 것이 너희에게는 실제로 유익하다. 내가 가지 않으면 새로운 선생이 너희 가슴속에 오지 못할 것이다. 나는, 내가 이 영 선생을 너희 혼 안에 살고 너희 영을 진리 안으로 인도하도록 보낼 수 있기 전에, 이 필사 몸을 벗고, 높은 곳에서 내 자리가 회복되지 않으면 안 된다. 나의 영이 너희 안에 거하려고 올 때, 그가 죄와 의의 차이점을 밝혀줄 것이며, 너희가 그것에 관하여 가슴속에서 지혜롭게 판단할 수 있게 할 것이다.

진리의 영이 오면, 너희가 내 아버지의 우주 안에서 여러 거주지를 지나는 동안 결국에는 그가 너희를 모든 진리로 인도할 것이다.

이 영은 자신에 대하여 말하지 않을 것이나, 아버지께서 아들에게 계시했던 것을 너희에게 알려주고, 앞으로 될 일들도 너희에게 보여줄 것이며, 내가 아버지를 영화롭게 한 것처럼 그가 나를 영화롭게 할 것이다. **이 영은 내게서 나갈 것이고, 그가 내 진리를 너희에게 드러낼 것이다. 아버지께서 소유하시는 이 영역 속의 모든 것이 이제는 내 것이며, 그러므로 새로운 이 선생이 내 것을 취하여 그것을 너희에게 드러낼 것이라고 내가 말했다.**

......이제까지 너희가 모든 요청을 아버지의 이름으로 하였다. 너희가 나를 다시 본 뒤에는, 너희는 내 이름으로 구하여도 되며, 그리하여 내가 너희 말을 들을 것이다.

지금까지 너희를 격언으로 가르쳤고 비유로 말하였다. 내가 그렇게 한 것은 너희가 오직 영적으로 어린아이와 같았기 때문이었다. 내가 아버지와 그의 나라에 관해 분명히 말할 수 있는 때가 이르렀다. 내가 이렇게 하려는 것은 아버지 자신이 너희를 사랑하고 너희에게 더욱 충분하게 계시가 되기를 원하기 때문이다.

필사 사람은 영이신 아버지를 볼 수 없다. 그래서 창조된 너희 눈에 아버지를 보여주기 위해서 내가 이 세상에 왔다. 그러나 너희가 영 성장안에서 완전해지게 되면, 너희가 아버지 자신을 볼 것이다.

그의 말씀을 들은 열한 사도는 서로 말했다. 보라, 그가 우리에게 분명하게 말씀한다. 주가 하나님에게서 오신 것이 분명하다. 그렇지만 자신이 왜 아버지께로 돌아가야만 한다고 말하는가? 그리고 예수는 그들이 아직도 깨닫지 못하고 있는 것을 보셨다. 이 열한 사도는 메시아에 대한 유대인의 개념에 오랫동안 젖어온 그들의 관념에서 떠날 수가 없었다. 그들이 예수를 메시아로 믿으면 믿을수록, 이 땅의 나라가 영광스럽게 물질적으로 승리하는 것으로 여기는 깊이 뿌리박힌 개념은 갈수록 더욱 문제가 되었다.

46. 마지막 훈계와 경고

이 갈릴리 열한 명의 사도는 친구요 선생님이 그들을 떠나려고 한다는 것을 알기 시작하였다. 잠시 돌아오겠다는 약속을 아버지와 짧은 회담을 위해서 떠나 계셨다가 그 후에 왕국을 건설하기 위해 돌아오시는 것을 뜻한다고 실제로 생각하였다.

그의 가르침에 대한 그러한 해석은 그들의 선입 관점인 믿음과 열렬한 희망에 따른 것이다. 그들의 일생 믿음과 소원 성취의 희망이 그렇게 부합되었기 때문에, 자신들의 강렬한 기대감을 정당화할 수 있는 주의 말씀 해석을 찾는 일은 그들에게 어려운 일이 아니었다.

1) 마지막 위로의 말씀

　내가 육신으로 너희와 함께 있는 한에는, 온 세상에 오직 한 개인일 수밖에 없다. 그러나 필사 성질을 지닌 이 옷에서 해방되었을 때, 나는 너희 각자에게, 그리고 이 하늘나라 복음을 믿는 모든 다른 사람 속에 영으로 내주하는 자로서 돌아올 수 있다. 이러한 방법으로 사람의 아들은 모든 참된 신자들의 혼 속에 영적 육신화가 되어갈 것이다.
　내가 너희 속에서 살고 너희를 통하여 일하기 위해 돌아오게 되면, 너희를 이 평생 더 잘 인도할 수 있고 하늘들의 하늘 안에 있는 미래의 일생에서 많은 거주지를 거치면서 너희를 더 잘 안내할 수 있을 것이다. **아버지의 영원한 창조 속에서 생명은 아무 일도 하지 않고 이기적으로 편안한 속에서 영원히 쉬는 것이 아니라 오히려 은혜, 진리, 영광 속에서 끊임없이 진보하는 것이다. 내 아버지의 집에 있는 많고 많은 각각의 장소들은 정류장으로, 너희에게 그다음 단계를 준비할 수 있도록 계획된 생(生)이다. 그리하여 빛의 자녀들은 아버지께서 모든 일에서 완전한 것처럼 그들도 그곳에서 영적으로 완전하게 되는 신성한 상태에 도달할 때까지 영광에서 영광으로 전진한다.**
　내가 너희를 떠났을 때 너희가 나를 쫓아오려거든, 내 가르침의 정신과 아버지의 뜻을 행하는 내 일생의 이상에 따라 살도록 너희는 진지한 노력을 기울여라. 이렇게 하여라. 내가 이 세상에서 살아가도록 필연적으로 요청된 육신으로서의 내 본성적인 일생을 모방하려 하지 말라.
　아버지가 나를 이 세상에 보내셨지만, 너희들 소수들만이 나를 충분하게 받아들였다. 내가 내 영을 모든 육신에 부어주겠지만, 모든 사람이 이 새로운 선생을, 혼의 안내와 조언자로 받아들이는 것을 택하지 않을 것이다. 그러나 그를 받아들이는 사람은 얼마든지 깨우쳐지고 정화될 것이며, 위로를 받을 것이다. 그리고 이 진리의 영은 그들 안에서 영원한 생명으로 솟아나는 생명수의 우물이 될 것이다.
　이제 너희를 떠나려 함으로, 위로의 말을 주려고 한다. 나는 너희에게 평화를 두고 간다. 나의 평화를 너희에게 준다. 나는 이 선물을 세상에 주려고 만드는데—따져 보면서—만들어 주는 일이 아니라, 너희 각자에게 받아들일 모든 일을 주는 것이다. 너희는 근심하지도 두려워하지도 말라. 내가 세상을 이겼으며, 너희도 내 안에서 신앙으로 승리할 것이다. 사람의 아들이 죽임을 당하리라고 내가 너희에게 경고하였지만, 내가 아버지께 가기 전에 비록 잠깐이기는 하겠지만 너희에게로 돌아올 것임을 확실히 말하였다. 그리고 내가 아버지께로 올라간 후에는, 반드시 새로운 선생을 보내어 너희와 함께 있고 너희 가슴 안에 거하도록 할 것이다. 이런 일이 일어나거든 당황하지 말고 미리 알고 있으니 믿으라. 너희를 떠나고 싶지 않으나, 그것은 아버지의 뜻이다. 내 시간이 왔다.

너희가 박해받고 널리 흩어지고 많은 슬픔으로 낙심한 후에도 이 진리 가운데 어느 일도 의심하지 마라. 사람의 아들을 적의 손에 남겨둔 채로, 너희가 흩어져 각자 제자리로 돌아가고 사람의 아들을 적의 손에 버려둘 때 너희가 내 고독을 알 것이고, 너희가 세상에서 혼자 임을 느낄 때, 마찬가지로 내가 너희 고립을 알 것이다. 그러나 나는 결코 혼자 있은 적이 없었다. 나의 아버지께서 항상 나와 함께 계신다. 그러한 때에도 나는 너희를 위하여 기도할 것이다. 그리고 내가 너희에게 말해 왔던 이 일의 모든 일은, 너희가 평화를 가져야만 하고 그것을 더욱 풍성하게 가지라는 것이다. 이 세상에서 너희가 시련을 겪을 것이나, 힘차게 기운을 내라. 내가 세상에서 승리해 왔고 영원한 기쁨과 영속하는 봉사의 길을 너희에게 보여 왔다.

예수는 하나님의 뜻을 행하는 자기 동료 일꾼들에게 평화를 주시지만, 이것은 이 물질 세상에서 얻는 기쁨과 만족 같은 종류의 평화가 아니다. 믿지 않는 물질주의자와 숙명론자들은 오직 두 가지의 평화와 혼의 위로만을 즐기고자 원할 수 있다. 그들은 불가피한 일에 부닥치거나 최악을 견디겠다고 굳게 각오한 금욕주의자이든지. 아니면 낙천가가 되어서, 절대 오지 않는 평화를 헛되이 동경하면서, 인간의 가슴 속에서 영원히 솟아오르는 희망을 늘 품어야 한다.

세상에 사는 데는 금욕주의와 낙관주의는 어느 정도 쓸모 있지만, 어느 것도 하나님 아들이 육체를 입고 형제에게 주는 숭고한 평화와 아무 상관이 없다. 주가 세상에 있는 자녀들에게 주시는 평안은 그가 육신으로 필사자 일생을 사셨을 때 그의 혼을 채웠던 바로 그 평안이다. 예수는 이 땅에서 고생하였고, '고난의 사람'이라고 잘못 불렸지만, 이 모든 체험 속에서 그것을 통하여, 자신이 **아버지의 뜻을 성취하고 있다는 충만한 확신** 가운데, 일생의 목적을 가지고 나아가도록 늘 힘을 준 그 자신감으로 위로를 받았다.

예수는 자신의 임무 완수에 단호하였고, 불변하였으며 속속들이 헌신적이었지만, 무감각하고 냉담한 금욕주의자는 아니셨으며, 자기 일생의 체험에 밝은 측면을 항상 추구하였지만, 눈이 멀고 스스로 속는 낙관주의자가 아니었다. 주는 자기에게 닥칠 일을 모두 아셨으며, 두려워하지 않았다. 이 평안을 자기 친구들 각자에게 증여한 후에, '**너희는 가슴에 근심하지 말고 두려워하지도 말라.**'라고 일괄되게 말씀하실 수 있었다.

2) 개인적인 작별 인사와 훈계

주는 사도들에게 작별의 교훈과 마지막 훈계를 하였다. 그러고 나서 개별적으로 작별 인사를 하고 축복과 조언하는 말씀을 주었다. 주님이 식탁을 돌아가면서 이야기하는 동안, 각 사람은 일어나 있었다.

요한에게 예수는 말했다. 너는 형제 중 제일 젊다. 항상 내 곁에 있도록 한 세 사람 중 하나로 안드레가 너를 지명하였다. 이 밖에도, 나를 대리하여 행동해 왔는데, 내 육신의 가족에 관한 여러 문제에 계속 그렇게 수고를 해줘야겠다.

요한아, 내가 아버지께로 가면서, 이 세상에서 내게 속한 사람을 네가 계속 돌볼 것임을 나는 확신한다. 내 사명에 대해 저들이 혼돈해도, 내가 육체로 남아 있다면 내가 어찌하리라 생각되는 대로, 어떤 면에서도 네가 저희에게 계속하여 모든 동정과 조언과 도움을 베풀도록 처리하여라….

이 땅에서 생애를 마치는 시간이 이를 때, 내 가족에게 전할 말을 부탁할 수 있도록 너는 내 곁에 있어라. 아버지께서 내게 맡기신 일은 육신으로 죽는 것 외에는 다 완성했으며, 나는 이 마지막 잔을 마실 준비가 됐다. 그러나 내 육신의 아버지 요셉이 내게 남긴 책임에 관해서는, 내가 사는 동안 이 일에 동참했지만, 이제는 네가 나를 대신해 이 모든 일을 해 주기 바란다. 요한아, 나를 위해 이것을 하도록 너를 택함은, 네가 제일 젊고 다른 사도들보다 오래 살 수 있을 것이기 때문이다.

너는 내가 오늘 밤 너희에게 준 그 새 계명의 사도가 되어야 한다. 내가 너희를 사랑한 것처럼, 네 형제들이 어떻게 서로 사랑할 것인지를 가르치는 일에 네 평생을 바쳐라.

요한 세베대가 다락방에 서 있는 채로, 눈물이 그의 **뺨**을 흘러내리며, 주의 얼굴을 바라보면서 말했다. 나의 주여, 제가 그렇게 하겠습니다. 그러나 어떻게 내 형제를 더욱 사랑할 수 있도록 배울 수 있습니까? 그러자 예수가 대답하였다. 네가 하늘에 계신 그들의 아버지를 더욱 사랑하는 것을 우선 배울 때, 시간과 영원에서 그들의 행복에 진실하게 더욱 관심을 가지게 된 후에, 너는 네 형제들을 더욱 사랑하는 것을 배울 것이다. 그러한 모든 인간 관심은 동정심과 사심 없는 봉사 그리고 아낌없는 용서를 이해함으로써 육성된다. 아무도 젊다고 너를 가벼이 여겨서는 안 되지만, 나이가 때로는 경험을 대표하며 인간사에서 아무것도 실제 체험을 대신할 수 없다는 사실을 마땅히 고려하라….

예수는 이제 **시몬 젤로떼**에게 가셨으며 그는 일어서서 이 훈계를 들었다. 시몬아, 네가 나를 사랑하고 하늘나라도 사랑하는 것을 알지만, 이 나라를 네가 좋아하는 대로 만들려고 하는 것에 마음이 기울어져 있다. 네가 나를 위하여 서슴지 않고 전쟁터에 나아가고 죽을 각오가 되어 있음을, 다른 모든 사도도 그렇게 하듯이, 내가 알지만, 그러나 너희가 그렇게 할 필요는 없다. 내 나라는 이 세상에 속한 것이 아니고, 그것을 건설하기 위하여 내 제자들이 싸우지 않을 것이라고 너희에게 여러 번 말하였다. 이것을 여러 번 말하였지만, 너는 진리와 마주하기를 거절하고 있다. 나는 하늘나라에 대한 너의 충성심을 염려하는 것이 아니다. 단지 내가 떠난 후에 내 가르침의 의미를 파악하는데, 실패하였다는 것과, 너의 잘못된 개념들을 조절해야 한다는 것을 깨달았으면 한다.

네가 용기를 잃은 모든 상황에 내 영은 네 안에 거할 것이며 형제들은 너를 저버리지 않을 것이다. **너희 모든 낙심하는 시기에 나는 항상 너와 함께 있었으며, 끝까지 계속해서 너와 함께 있을 것을 절대 잊지 말아라.** 나를 그리고 내가 너에게 계시한 것들에 대한 믿음을 계속하여라, 그러면 너는 영원한 생명의 선물을 받아들일 것이다.

레위 마태에게 걸어가서 말했다. 사도 집단의 재정 충당을 위하여 더 이상 수고하지 말라. 곧 너희가 모두 흩어질 것이다. 너희 형제들 가운데 한 사람하고도 서로 위로하고 의지하는 것이 허락되지 않을 것이다. 이 하늘나라 복음을 전파하려고 앞으로 가는 동안에, 자신을 위하여 새 동료를 찾아야 할 것이다. 네가 충격에서 벗어나게 되면 복음을 전파하면서 세상 끝까지 혼자 가게 될 것이다.

그렇지만 주여, 누가 우리를 보낼 것이며, 우리가 어디로 가야 할지 어떻게 알겠습니까? 안드레는 더 이상 너희를 지도하지 않을 것이다. 새로운 선생이 오는 날까지 안드레가 정말로 네 친구로서 조언자 역할을 계속하겠지만, 때가 되면 진리의 영이 하늘나라를 확장하기 위해 일하도록 너희 각자를 멀리까지 안내할 것이다.

레위야, 재정을 충당하기 위해 네 형제들 모르게 했던 네 염려와 희생과 수고를 나는 잘 안다. 네가 영의 눈으로 나의 가르침의 의미를 식별하기를 나는 기도한다. 그리고 새로운 선생이 네 가슴속에 들어오면, 그가 인도하는 대로 계속 따르라. 사람의 아들을 대담하게 따르고 하늘나라 복음을 믿은 자에게, 미움받던 세리에게 아버지가 무엇을 할 수 있는가. 네 형제들에게 아니 온 세상에 보이라. 그래서 하나님이 아무도 차별하지 않는다는 것, 누구에게나 모든 사람이 동등하고, 모든 신자가 하나님의 아들임을 보이는 데 너의 여생을 바치라.

야고보야, 네 사명 활동이 길든지 짧든지 너는 끝까지 참아라. 새로운 선생이 오면 그가 동정하는 자세를 가르치게 하고. 나를 철석같이 믿음으로, 그리고 아버지의 뜻에 완전히 복종함으로 생겨나는 관용, 사람을 헤아리는 바로 그 관용을 그 선생이 너에게 가르치게 하라. 그렇게 사는 사람은 누구나 죽음을 대하는 태도에서도 복음을 드러낸다. 너와 네 아우 요한은 다른 길로 가겠고, 너희 중 하나는 다른 자보다 훨씬 먼저 영원한 나라에서 나와 함께 있게 될 것이다.

참된 지혜는 용기뿐 아니라 신중을 포함한다는 것을 배운다면, 너에게 많은 도움이 될 것이다. 내 제자들이 이 복음을 위하여 서슴지 않고 목숨을 버릴 최고의 순간이 오리라. 그러나 평범한 경우에는, 네가 살아서 기쁜 소식을 계속 전파하도록 불신자의 진노를 달래는 것이 훨씬 더 좋다. 여러 해 살면서 하늘나라에 들어가는 사람을 많이 설득할 수 있도록, 네 힘이 닿는 한, 땅에서 오래 살아라.

안드래야, 너는 하늘나라 대사들의 우두머리로 활동하면서 나를 충실하게 대표하였다. 네가 비록 어떤 경우에는 의심했고 위험할 만큼 소심하기도 했지만, 너는 동역자들을 대하면서 여전히 항상 진실로 옳게 행동했고 탁월한 공정성을 보여줬다.

너와 네 형제들이 천국의 사자로 임명받은 후, 내가 너를 택함 받은 그들의 우두머리로 지명한 것 외에는, 집단 경영상 모든 문제에서 네가 자치적으로 움직여 왔다. 현실적인 어떤 문제에 대해서도 내가 네 결정에 영향을 미치거나 지시하는 행동을 하지 않았다. 내가 이렇게 했던 것은 네가 그 후에 일어나는 모든 전체적 의논을 네가 진행할 수 있도록 지도력을 부여하기 위함이었다.

내 우주에서 그리고 아버지 우주들의 우주에서, 우리의 형제인 아들들은 어떤 영적 관계에도 개인으로서 대접받지만, 모든 집단 관계에서는 어김없이 분명한 지도자를 임명한다. 우리나라는 질서 있는 영역이며, 둘 이상의 의지를 가진 인간이 협동하여 활동하는 곳에는 항상 권위 있는 지도자가 임명된다.

안드레아, 이제 내가 아버지께로 갈 것임으로, 너에게 부여된 현세의 행정 사무에 관한 모든 책임에서 너를 풀어준다. 이제부터 영적 지도자로서 네 자격으로 네가 얻고, 네 형제들이 자유로이 인정한 것을 제외하고는, 너는 형제들에게 어떤 권한도 행사하면 안 된다.

그러나 모든 진리로 인도하게 될 새로운 선생을 보낼 때까지, 너에게 바로 닥칠 시련의 기간에 형제들을 붙들어 주는 도덕적 책임을 경감시키지는 않을 것이다. 이제부터 나는 영적 권한만을 행사할 것이다.

네 형제들이 계속 지도자가 되어주기를 원한다면, 복음을 믿는 여러 종류의 무리 사이에서 최선을 다해야 한다고 네게 명한다. 네 형제들 사이에서 사랑을 실천하는 일을 증진하기 위하여 네 남은 생애를 모두 바쳐라. 서쪽에 있는 그리스인과 동쪽에 있는 아브너에게 사랑을 베풀면서 치우치지 않는 헌신을 나타내라.

하나님의 아들 신분이라는 구원의 복된 소식을 전파하기 위해 여기 있는 내 사도들이 곧 사방으로 흩어질지라도, 속히 다가올 시련의 기간에 너는 그들을 결속시켜야 하며, 그 격렬한 시험 기간에 너는 새로운 선생 진리의 영의 도래를 끈기 있게 기다리면서, 내 직접적인 현존 없이 이 복음 믿기를 배워야 한다.

안드레아, 사람의 눈에는 위대한 업무를 주지 않은 것처럼 보일지라도, 그런 일을 하는 사람들에게 선생과 조언자가 되는 것으로 만족하거라. 이 세상에서 끝까지 네 역할을 계속하라. 그 후에는 네가 이 사역을 영원한 천국에서도 계속될 것인데, 그 점에 대해서는 이 무리에 들지 않은 다른 양들이 내게 많이 있다고 내가 너희에게 여러 번 말하지 않았느냐?

알패오 쌍둥이에게로 가서, 둘 사이에 서서 말했다. 너희는 형제들에게 일어날 모든 일들을 이해하지 못하겠지만, 너희가 한때 천국의 일에 부름을 받았다는 사실을 의심하지 말라. 너희가 필생의 과업을 완결하였을 때는 내가 너희를 높은 곳으로 받아들이겠으며, 그곳에서 너희 구원을 세라핌 천사 무리가 높은 하나님의 아들들에게 이야기할 것이다. 너희는 내 사도들이었고, 앞으로도 항상 그러할 것이며, 오는 천국에서 너희를 내가 알아볼 것이다.

빌립아 너의 공식적인 사무장 신분의 역할은 이제 끝났다. 너는 곧 사명 받은 그일 ─천국 복음 전파─ 에 더욱 전적으로 매달려야 할 것이다.

너는 영의 나라에서 마치 어린아이처럼 되어, 내가 영적 왕국에서 너를 앞으로 인도하는 새로운 선생의 영으로서 역할을 할 수 있도록 허락해다오. 이렇게 하여, 내가 세상의 필사자로서 너와 함께 있을 때 이룰 수 없었던 많은 것들을 너를 위하여 할 수 있게 될 것이다. 빌립아, 나를 본 사람은 이미 아버지를 본 것이라는 사실을 한시도 잊지 말아라.

나다니엘이 일어나자, 예수는 그에게 앉으라고 하면서 자기도 그의 옆에 앉으시며 말했다. 네가 사도가 된 후 편견을 초월해 많은 관용을 실천하면서 살아가는 일을 배웠다. 그러나 네가 배워야 할 것이 훨씬 더 많이 있다.

네 변함없는 성실성으로 인해 네 친구들이 항상 깨우치게 되는 복이 네게 있었다. 내가 떠난 후에는, 네 솔직함이 오히려 방해되어, 오래 사귄 형제뿐 아니라 새로 사귄 형제도 너와 사이좋게 지내지 못하게 될 것이다. 너는 아무리 훌륭한 생각이라도 표현함에서는 듣는 사람의 지적 상태와 영적 성장에 맞도록 조정되어야만 함을 배워야만 한다. 성실성은 분별력과 합쳐질 때 천국의 일에서 가장 유용하다.

나다니엘은 저희에게 말씀한 모든 의미를 충분히 이해할 수 없었다. 저에게 도움을 주시겠습니까? 예수는 나의 친구여, 네가 영적인 내 가르침들의 의미를 파악하고자 할 때 당황하게 되는 일은 당연한데, 그 이유는 네가 유대 전통에 대한 선입견 때문에 너무 방해받기 때문이며, 서기관과 바리새인들의 가르침에 맞추어서 내 복음을 해석하려는 너희 고집스러운 태도 때문에 너무 혼동되었기 때문이다.

내가 입에서 나오는 말로 너희를 가르쳤고, 너희 가운데서 내 일생을 살았다. 너희 머리를 깨우치고 너희 혼을 해방하려고 할 수 있는 모든 일을 행하였고, 너희는 내 가르침과 일생에서 얻을 수 없는 일을 **모든 선생의 주인임** ─**실제 체험**─ 을 통하여 얻을 준비를 해야 한다. 너를 기다리는 이 모든 새로운 체험에서, 내가 너보다 앞서갈 것이며 진리의 영이 너와 함께 있을 것이다. 두려워하지 말라. 지금은 네가 깨닫지 못한 그것을, 새로운 선생이 오면 이 땅에서 너의 남은 생애를 통해 그리고 영원한 시대에서 훈련을 통하여 그가 네게 알려줄 것이다.

그런 다음 주는 그들 모두를 보시며 말했다. 복음의 온전한 의미를 깨닫지 못한 것에 대하여 당황하지 말라. 너희는 유한한 필사 인간일 뿐이요, **내가 너희에게 가르친 것은 무한하고 신성하고 영원한 것이다. 파라다이스에 계신 아버지께서 완전한 것처럼, 너희도 완전하게 되는 체험을 점차 계속 달성해 가는 영원한 시대가 너희 앞에 있으니, 끝까지 대담하고 인내하라.**

도마야, 너는 종종 신앙이 부족하였으나, 의심하는 동안에도 용기를 잃지 않았다. 내가 떠난 후에는, 새 교훈에 대한 너의 비판적 방법을 네 형제들이 더 높이 평가할 것이다. 앞으로 모두가 땅끝까지 흩어지게 될 때, 너는 여전히 내 대사임을 잊지 말아라. 나는 너를 신뢰하며, 세상 끝까지라도 너보다 먼저 갈 것이다.

베드로야, 나는 네가 나를 사랑하고, 천국 복음을 유대인과 이방인들에게 널리 선포하기 위하여 네 일생을 바칠 것을 알고 있지만, 네가 무슨 말을 하기 전에 먼저 생각하도록 더 많이 도와주지 못한 일을 안타깝게 생각한다. 네가 무슨 체험을 해야만 네 입술을 지키는 방법을 배우겠느냐? 너의 생각 없는 말과, 너의 주제넘은 자만심 때문에, 우리가 얼마나 많은 어려움을 당하였느냐? 만약 이 약점을 정복하지 못한다면, 너에게 더 많은 어려움을 일으킬 것이다. 오늘 밤에 겪을 체험으로부터 너는 큰 도움을 받을 것이다.

오늘 밤, 여기 모인 모두는 나 때문에 넘어지는 커다란 위험에 처할 것이다. 너희가 알고 있듯이, '목자가 죽임을 당하고, 양들이 멀리 흩어질 것이다.' 그러나 내가 약속하건대 잠깐 너희에게 돌아오겠으며, 그 후에는 너희들보다 먼저 갈릴리로 갈 것이다.

그때 베드로가 손을 예수의 어깨에 얹고 말했다. 내 형제들이 모두가 당신 때문에 의심하여 굴복할지라도, 당신께 약속하오니, 당신이 무슨 일을 하더라도 그 때문에 걸려 넘어지지 않을 것을 약속합니다. 저는 당신을 따라갈 것이며, 필요하면 당신을 위해 죽을 것입니다.

예수는 그의 젖은 눈을 쳐다보며 말했다. 베드로야, 진실로, 진실로, 네게 말하는데, 오늘 밤 네가 서너 차례 나를 부인할 때까지 수탉이 울지 않을 것이다. 나와 평화로운 관계에서 배우지 못한 일을 너는 많은 시련과 슬픔을 통해서 배울 것이다. 네게 필요한 이 교훈을 배운 후, 너는 네 형제들을 강하게 만들어 주고 이 복음을 전도하기 위하여 헌신하는 인생을 살아가겠지만, 감옥에 갇힐 수도 있을 것이고, 나를 따라서 아버지의 나라를 세우는 데, 사랑으로 봉사하는, 최상의 값을 치를 수도 있다.

그런 다음, 그들은 찬송을 부른 후, 올리브 산 위에 있는 캠프를 향하여 떠났다.

47. 겟세마네에서

예수가 열한 사도와 함께 엘리야와 마리아 마가의 집에서 겟세마네 야영지로 돌아온 것은 목요일 밤 열 시경이었다. 요한 마가는 예수를 주시하는 일에 전적으로 매달렸다. 이날 밤과 다음 날 내내 주의 곁에 아주 가까이 있었으므로 모든 일을 목격하였으며 이때부터 십자가 형벌이 있던 시간까지 주가 말씀한 것을 거의 다 듣게 되었다.

가룟 유다가 야영지에도 없자, 주님이 말씀한 것이 생각나, 그들은 안드레에게 물었을 때 그가 어디 있는지 모르지만, 우리를 버렸다는 생각이 드는구나. 라고 말할 뿐이었다.

1) 마지막 단체 기도

야영지에 도착한 다음 잠시 후 예수께서 '내 친구 형제들아, 너희와 함께 지낼 시간이 얼마 남아 있지 않으니, 모든 일에 기운을 차릴 수 있도록 우리가 다른 곳으로 가서, 우리 아버지께 기도를 하고 싶구나.'

그렇게 말씀한 예수는 조금 떨어진 올리브 산으로 길을 인도하였으며, 예루살렘이 전부 내려다보이는 곳에서, 그들을 사도로 임명하는 날에 한 것처럼, 그의 둘레에 둥글게 원을 그리면서 평평한 바위 위에 무릎 꿇도록 명하였다. 그런 다음 부드러운 달빛 속에서 장엄한 모습으로 서신 채로, 하늘을 보며 기도하였다.

'아버지여, 내 때가 왔사오니, 아들이 아버지를 영화롭게 하도록 이제 아들을 영화롭게 하소서. 내 영토에 있는 모든 피조물에 대한 전권을 아버지께서 내게 주신 줄 알고, 하나님을 믿는 아들이 될 모든 사람에게 영원한 생명을 주겠습니다. **영원한 생명은 곧, 당신이 유일한 참 하나님이시오 만유의 아버지이심을 내 피조물이 알아야만 함과 당신께서 세상에 보내신 그를 믿어야만 함입니다.** 아버지여, 나는 이 땅에서 당신을 높여드렸고 내게 맡기신 일을 완수했습니다. 우리가 직접 지은 자녀들에게 나를 증여함이 거의 끝났으며, 육체를 입은 내 생애를 마치는 일만 남았습니다. 그러니 내 아버지여 이 세상이 있기 전에 당신과 함께 내가 가졌던 영화로써 나를 영화롭게 하시고 당신의 오른쪽에 한 번 더 나를 받아주십시오.'

'아버지가 세상에서 선택하고 내게 주신 사람들에게 아버지를 나타냈습니다. 저희는 ─모든 생명이 아버지 손에 있는 것같이─ 저희를 내게 주셨으며, 나는 그들에게 생명의 길을 가르치면서 그들과 함께 살았고, 그들이 믿었습니다. 이 사람들은 내가 가진 모든 일이 아버지에게서 왔고, 육체를 입은 내 인생이 아버지를 여러 세상에 알리고자 하는 것임을 배우고 있습니다. 아버지가 주신 진리를 나는 저희에게 드러냈나이다. 이 내 친구와 대사들은 아버지의 말씀을 받으려고 진지하게 결의하였나이다. 내가 아버지에게서 나왔고, 아버지가 나를 이 세상으로 보내셨고 내가 아버지께로 돌아가려 한다고 저희에게 일렀나이다. 아버지여, 이 택한 사람들을 위하여 기도하나이다. 저희를 위하여 기도함은 세상을 위하여 기도하고 싶은 대로 하는 것이 아니요, 육체로 머무르는 동안 내가 이 세상에서 아버지를 대표한 것 같이, 내가 아버지의 일로 돌아간 뒤에 나를 세상에 대표하라고 세상에서 택한 자들을 위한 것이나이다. 이 사람들은 내 것이요 아버지가 저희를 내게 주셨으나. 내 모든 일이 항상 아버지 것이요, 아버지 것이었던 모두를 아버지가 이제 내 것이 되게 하셨나이다. 아버지는 내 안에서 높임을 받으셨고 이제 이 사람들 안에서 내가 영예 받기를 비나이다. 나는 이제 이 세상에 있을 수 없고, 아버지가 내게 하라고 주신 일로 돌아가려 하나이다. 나는 사람들 사이에서 우리와 우리나라를 대표하라고 이 사람들을 두고 떠나야 하나이다. 아버지여, 육체로 목숨을 바치려고 내가 준비하는 동안 이 사람들이 충실하도록 지키소서, 우리가 하나인 것처럼, 이 내 친구들이 정신적으로 하나가 되게 도우소서, 저희와 함께 있을 수 있는 한, 내가 저희를 지키고 안내할 수 있었어도, 나는 이제 떠나려 하나이다. 우리가 저희를 위로하고 힘을 줄 새 선생을 우리가 보낼 수 있을 때까지, 아버지여, 저희 곁에 있어 주십시오.'

　아버지는 내게 열두 사람을 주셨고, 하나만 제외하고 저희를 모두 지켰지만, 복수심으로 가득한 그는 더 이상 우리와 교제하지 않을 것입니다. 이 사람들은 연약하고, 물러도, 우리가 저희를 신뢰할 수 있다고 생각합니다. 나는 저희를 증명했고, 저희가 아버지를 존경하는 것처럼 저희는 나를 사랑하나이다. 나를 위하여 저희가 많이 고통받아야 하지만 하늘나라에서 아들이 되는 확신을 가지는 기쁨으로 저희가 또한 채워지기를 바라나이다. 나는 이 사람들에게 아버지의 말씀을 주었고 진리를 가르쳤나이다. 나를 미워해 온 것처럼 세상이 저희를 미워할 수도 있지만, 저희를 세상에서 데려가지 말고 오직 세상에서 악으로부터 저희를 지켜주시기를 구하나이다. 저희를 진리 속에서 거룩하게 하소서, 아버지의 말씀이 진리입니다. 아버지가 나를 이 세상으로 보내신 것 같이, 바로 그렇게 이 사람들을 세상으로 보내고자 하나이다. 저희에게 가르친 진리와 드러낸 사랑을 통하여 깨끗하게 되라, 저희를 격려하도록 저희를 위하여 내가 사람들 사이에서 살고 아버지를 섬기는 일에 일생을 거룩히 바쳤나이다. 아버지여, 내가 떠난 뒤에 아버지가 이 형제들을 돌보기를 아버지께 부탁할 필요가 없음을 잘 압니다. 나처럼 아버지가 저희를 사랑함을 아오나, 아들이 그런 것 같이 아버지가 필사 인간을 사랑함을 저희가 더 잘 깨닫도록 내가 이렇게 합니다.

　'나의 아버지여, 이 열한 사람뿐 아니라 지금 믿든지 또는 장차 전하는 그 말씀을 통해 차후에 복음을 믿게 될 다른 모든 사람을 위해 기도하려 합니다. 당신과 내가 하나인 것처럼, 그들도 모두 하나 되기를 원합니다. 당신께서 내 안에 계시고 내가 당신 안에 있으며, 믿는 이 사람들도 마찬가지로 우리 안에 있기를 원하며, 우리 영이 **둘 다 그들 안에 내주**하기를 바랍니다. 우리가 하나인 것처럼 내 자녀들이 하나 되고, 내가 그들을 사랑한 것같이 그들도 서로 사랑한다면, 내가 당신에게서 온 것을 모든 사람이 믿을 것이며 내가 이룬 영광과 진리의 계시를 기꺼이 받아들일 것입니다. 당신께서 내게 주신 영광을 내가 이 신자들에게 나타냈습니다. 당신께서 영으로 나와 같이 계신 것처럼, 나도 육체 속에서 그들과 함께 살았습니다. 당신께서 나와 하나 되셨듯이, 나도 그들과 하나가 되었고, 새로운 선생도 그들과 함께 그리고 그들 안에서 영원히 하나가 될 것입니다. 내가 이 모든 일을 함은, 아들이 그들을 사랑한 것처럼 아버지께서도 그러하심과 당신께서 나를 사랑하신 것처럼 그들도 사랑하심을 육체 속의 내 형제들이 알 수 있게 하기 위해서였습니다. 아버지여, 이 신자들을 구원하는 일에 나와 함께 역사해 주셔서, 그들이 곧 영광중에 나와 함께 있을 수 있게 하시고 그 후에는 낙원에 받아들여 당신과 함께 있기까지 나아갈 수 있게 해 주십시오. 나와 함께 영광중에 거하게 해서, 시간 속에서 죽을 수밖에 없는 육체의 모습으로 뿌려 놓은 씨앗에 대해 영원토록 추수하라고 당신께서 네게 맡기신 모든 일을 그들도 볼 수 있게 할 것입니다. 이 세상을 세우기 전에 당신과 함께 가졌던 그 영광을 이 땅의 형제들에게 보여주기를 간절히 원합니다.'

'이 세상은 의로운 아버지이신 당신을 거의 알지 못하지만, 나는 당신을 알고, 이 신자들에게도 당신을 알게 했으며, 그들은 당신의 이름을 다음 세대들에게 알려줄 것입니다. 그리고 이제 나는 당신께서 나와 함께 계셨던 것처럼, 바로 그대로, 세상에서 그들과도 함께 계실 것이라 약속했습니다.'

예수는 따르는 자들 사이에서 단합을 위해 기도했지만, 획일성을 바라지는 않았다. 죄는 악한 타성을 일정하게 유지하지만, 정의는 영원한 진리의 살아있는 현실에서 아버지와 아들의 신성한 영들이 진보적으로 교류하는 가운데서 개인적으로 체험하는 창조적 영을 키운다. 믿음의 아들이 신성한 아버지와 하는 영적인 교제에는, 자기들의 교리가 최종이고 그 종파가 우수하다는 집단의식이 결코 존재할 수 없다.

사도들과 마지막 기도를 드리는 중에, 주는 아버지의 이름을 세상에 나타냈다는 사실을 언급하였다. 그것은 육체를 입고 완전하게 된 일생을 통하여 하나님을 들어냄으로써 그가 한 일이다.

하늘에 계신 아버지는 모세에게 자신을 나타내려 했지만, '**내가 존재 한다.**'(I AM.)라는 말씀에서 더 나아갈 수가 없었다. 그리고 자신에 대해 더 계시해 달라는 간청을 받았을 때, 밝히신 말씀은 오직 '**나는 스스로 존재하는 자이다.**'(I AM that I AM.)라고 밝혔을 뿐이다. 그러나 예수가 이 땅에서 일생을 완결하였을 때, 이러한 **아버지의 이름은 매우 확**

실히 계시 되었으므로 아버지의 육신화인 주는 진실로 다음과 같이 말씀할 수 있었다.

　　나는 생명의 빵이다.
　　나는 생명수다.
　　나는 세상의 빛이다.
　　나는 모든 시대의 소망이다.
　　나는 영원한 구원을 향한 열린 문이다.
　　나는 끝없는 생명의 실체이다.
　　나는 선한 목자이다.
　　나는 무한한 완전에 이르는 길이다.
　　나는 부활이요 생명이다.
　　나는 영원한 생존에 이르는 비결이다.
　　나는 길이요 진리요 생명이다.
　　나는 나의 유한한 자녀들에게 무한한 아버지이다.
　　나는 참 포도나무이며, 너희는 가지들이다.
　　나는 살아있는 진리를 아는 모든 사람의 희망이다.
　　나는 한 세상에서 다른 세상으로 연결된 살아있는 다리이다.
　　나는 시간과 영원 사이의 살아있는 연결 고리이다.

이렇게 하여 예수는 하나님의 이름에 대한 살아있는 계시를 모든 세대에게 확대하였다. 신성한 사랑이 하나님의 본성을 계시하듯이 영원한 진리가 끊임없이 확대하는 비례로 그의 이름을 드러낸다.

2) 배반이 있기 전의 마지막 시간

사도들은 야영지에 돌아와서 유다가 없는 것을 알고 크게 충격을 받았다.

다윗 세베대와 요한 마가는 예수를 한쪽으로 모시고 가서 자기들이 여러 날 동안 유다를 유심히 관찰한 사실과 그가 주를 적의 손에 넘겨주려는 것을 이미 알고 있었다고 말씀드렸다. 예수는 그들의 말을 들으시고, '나의 친구들아. 하늘에 계신 아버지께서 뜻한 바가 아니면 사람의 아들에게 아무 일도 일어나지 않을 것이다. 너희는 마음에 근심하지 말라. **모든 일들이 하나님의 영광과 사람의 구원을 위하여** 함께 일할 것이다.'라고 말할 뿐이었다….

예루살렘에 도착한 후로 그들은 잠이 부족하였다. 각자 흩어져 숙소로 가기 전에 시몬 젤로떼는 그들을 자기 숙소로 데리고 가 숨겨둔 칼과 무기들을 각자에게 나누어주었다. 나다니엘은 무장하기를 거절하면서 말하기를 '형제들아, 주께서 자기 나라는 이 세상에 속하지 않으며, 자기 제자들은 그것을 이룩하기 위하여 칼로 싸워서는 안 된다고 여러 번 말씀하였다. 나는 그 말씀을 믿으며, 주는 자신의 보호를 위하여 우리에게 칼을 사용하도록 할 필요가 없다고 생각한다. 우리는 모두 그의 막강한 힘을 보았으며, 원한다면 자신을 적으로부터 직접 보호하실 수 있음을 알고 있다. 만약에 그가 적과 싸우지 않으신다면, 그것은 틀림없이 아버지의 뜻을 성취하려는 의도를 나타내는 것일 것이다. 내가 기도는 하겠지만, 칼을 휘두르지는 않을 것이다.' 안드레는 나다니엘의 말을 듣고 칼을 시몬 젤로떼에게 돌려주었다.

여덟 명의 사도가 막사로 돌아간 후에, 베드로, 야고보, 요한이 주의 지시를 받으려고 서 있는 동안, 예수는 다윗 세베대에게 '너의 메신저 중에 빠르고 믿을만한 사람을 내게 데리고 오라, 야곱이라는 사람을 데리고 오자, 필라델피아에 있는 아브너에게 이렇게 전해라 '주께서 당신에게 평안의 인사를 전하시고 말씀하십니다. 그를 죽일 적들의 손에 넘겨질 때가 왔다. 그러나 그는 죽음에서 부활할 것이며, 아버지께로 가시기 전에 당신에게 잠시 나타나실 것이며, 새로운 선생이 당신의 가슴속에 내주하기 위하여 오면, 그가 당신을 인도할 것이라고 말씀하셨습니다.' 주가 만족할 만큼 야곱이 메시지를 반복할 수 있게 되자, 예수는 보이지 않는 메신저가 네 옆에서 같이 달려갈 것이다.

그런 다음 함께 야영하던 그리스인 방문자들 우두머리를 향해 말했다. '내 형제여, 내가 너에게 미리 말하였으니, 바야흐로 일어나려 하는 사건에 마음이 흔들리지 말라, 사람의 아들이 적들, 유대인의 제사장들과 권력자들의 선동으로 죽임을 당하리라. 그러나 아버지께로 가기 전에, 내가 살아나서 잠깐 너희와 함께 있으리라. 이 모든 일이 일어남을 네가 보고 나서, 하나님께 영광을 돌리고 네 형제들에게 힘을 주라.'

밤이 이미 깊었으므로 이 밤에 특별한 일이 생기리라고 생각하는 사도는 아무도 없었다. 유월절 준비일의 정오 이후에는 어떤 세상일도 하지 못하기 때문에, 사제들이 주를 체포하려고 아침 일찍 찾아 나설 것이라고 사도들은 생각하였다.

예수의 적들이 유다와 함께 이 밤에 올 것을, 오직 다윗 세베대와 요한 마가만이 알고 있었다.

다윗은 베다니와 예루살렘을 잇는 오솔길 위쪽에 파수병을 세워 두었으며, 요한 마가는 겟세마네로 올라오는 길을 감시하였다. 다윗은 나가기 전에 예수에게 작별 인사를 드리면서 말했다. '주여, 당신과 함께 한 저의 봉사를 수행하면서 큰 기쁨을 누렸습니다. 제 형제들이 당신의 사도이지만, 저는 꼭 해야 할 작은 일들을 기쁘게 하였으며, 당신이 가시면 진심으로 당신을 보고 싶어 할 것입니다.' 그러자 예수가 다윗에게 말했다. '다윗, 얘야, 다른 사람들은 하라고 지도받은 일들을 하였지만, 네가 했던 이 봉사는 자진해서 한 것이었고, 나는 너의 헌신을 결코 잊은 적이 없었다. 너도 역시 언젠가는 나와 함께 영원한 천국에서 일할 것이다.'

다윗은 감시하러 떠나면서 말했다. '저, 주여, 제가 당신 가족에게 메신저를 보냈는데, 오늘 밤에 여리고에 있다는 전갈을 받았습니다. 그들이 밤에 올라오기에는 위험할 것이므로 내일 오전 일찍 이곳에 도착할 것입니다.' 다윗아, 그렇게 해라.

요한 마가는 예수가 베드로와 야고보 그리고 요한과 함께 바로 옆에 있는 골짜기로 가시는 것을 보고 파수 자인 자기 자리를 떠나 덤불 속에 몸을 숨기고, 유다와 무장한 경비병들이 예수를 잡으러 나타나기 전에, 그 정원에서 마지막 순간 동안 일어났던 모든 일들을 보고 들었다.

이 무렵, 가룟 유다는 성전 경비대장과 의논하고 있었으며, 예수를 체포하는 일에 그 배반자의 지시를 따르도록 이미 부하들을 모아 출동할 준비를 갖추어 놓았다.

3) 겟세마네에서 홀로 계심

　세 사도에게 깨어 있으라고 명한 후에, 조금 떨어진 곳에서 얼굴을 땅에 대고 기도했다. '나의 아버지여, 저는 당신의 뜻을 행하기 위하여 이 세상에 왔으며, 그렇게 하였습니다. 이 육신의 삶을 마칠 시간이 되었음을 알며, 그것을 피하려 함이 아니라, 이 잔을 마시는 일이 당신의 뜻인지 알고 싶습니다. 내가 사는 동안 그랬던 것처럼 죽음에서도 당신을 기쁘시게 할 수 있도록 내게 확신을 주십시오.'

　깊이 잠들어 있는 세 사도를 깨우며, '도대체, 너희가 한 시간도 나와 함께 깨어 있을 수 없느냐? 내 혼이 죽게 될 정도로 심히 슬퍼하고 있으며, 너희에게 동무가 돼 달라고 간청하고 있음을 알지 못하겠느냐?' 주님은 다시 혼자 떨어져서 땅에 엎드려 기도했다. '아버지여, 이 잔을 피할 수도 있음을 알지만, 당신에게 불가능한 것이 없습니다. 나는 당신의 뜻을 이루기 위해 왔으며, 이것이 쓴 잔이라 할지라도, 당신의 뜻이라면 마실 것입니다.' 이렇게 기도 했을 때, 힘 있는 천사 하나가 그의 옆에 내려와 말하면서, 어루만지고 힘을 북돋아 주었다.

　다시 잠에 빠진 그들을 발견하고, 이런 때는 깨어서 나와 함께 기도하는 것이 내게 필요한데, 무엇보다 너희가 시험에 빠지지 않도록 기도할 필요가 있는데, 어찌하여 내가 없는 동안 잠들어버렸느냐?

　그런 다음, 세 번째로 따로 가서 기도했다. '아버지여, 잠들어 있는 내 사도를 보십시오, 그들에게 자비를 베풀어 주십시오, 영은 참으로 하고자 하나 육신은 연약합니다. 오, 나의 아버지여, 이 잔이 지나칠 수 없다면, 내가 그것을 마시겠습니다. 나의 뜻이 아니라, 당신의 뜻대로 이루어 주십시오.'

　주가 돌아왔을 때 잠들어 있는 그들을 보시고 측은히 여겨 부드럽게 말했다.' '이제 잠을 자고 휴식을 취하라. 결정의 시간이 지나갔다. 사람의 아들이 적에게 팔리는 시간이 이제 우리에게 임하였다.' '일어나라, 야영지로 돌아가자, 보라, 나를 파는 자가 가까이 왔으며, 나의 양 떼가 흩어질 때가 이르렀다. 그러나 나는 이 모든 일들을 이미 너희에게 말하였다.'

　……그의 신성에 대한 가장 큰 계시인 부활 사건이 있기 직전, 그의 필사자 본성에 대

한 가장 큰 증거인 그의 굴욕과 십자가 처형의 사건이 일어나야만 했다.

산 위에서 기도할 때마다. 그의 인간성은 그의 신성을 더 단단하게, 믿음으로 붙들었다. 그의 인간 의지는 더욱 완벽하게 아버지의 신성한 의지와 하나가 되어갔다. 막강한 천사가 그에게 들려준 여러 가지 말씀 중에서 아버지께서 모든 필사 창조가 시간의 존재로부터 영원히 진보하는 길까지 지나가는 데 물질의 분해를 거쳐야 하는 것과 같이, 사람의 죽는 체험을 아들이 거침으로 땅에서 증여 생애를 마치기를 아버지가 바란다고 전하는 말씀이 있었다.

초저녁에는 그 잔을 마시는 일이 어려워 보이지 않았지만, 인간 예수가 사도들에게 작별을 알리고 쉬라고 그들을 보내자, 그 시련은 더 끔찍하게 다가왔다. 예수는 모든 인간이 보통 체험하는 그런 감정의 자연적인 밀물과 썰물을 체험하고 있었으며, 지금은 사도들의 안전에 대하여 고통스럽게 걱정하는 일로 지쳐서 심히 피곤하였다. 누구도 이와 같은 때에 육신화 한 하나님의 아들이 무슨 생각 하고 어떻게 느꼈는지 감히 이해할 수 없지만, 뚝뚝 방울지어 땀이 얼굴에서 굴러떨어졌기 때문에, 우리는 그가 큰 고뇌를 겪고 말할 수 없는 슬픔을 견디었다는 것을 안다. **자연스러운 사건이 흘러가는 대로 버려두기를 아버지가 뜻하셨다고 그는 드디어 확신했다. 자신을 구하려고, 한 우주의 최고 우두머리로서 자기의 통치권을 전혀 쓰지 않기로 그는 완전히 결심하였다.**

광대한 창조계 안에서 소집된 무리들은 예수의 인격화된 조절자와 가브리엘의 과도기 명령에 따라 이 장면 위를 뒤덮게 되었다. 이들 군대의 부서별 지휘관들은 예수가 그들에게 개입할 것을 직접 명령하지 않는 한, 땅에서 이 진행 과정에 간섭하지 말라고 반복해서 경고받고 있었다.

사도들과 헤어지는 체험은 예수의 인간 가슴에 부담되었다. 그는 사도들이 얼마나 무지하고 연약한지를 아셨으며, 그들을 떠나는 것이 걱정스러웠다. 그는 진실로 자기 형제들을 사랑하였다. 그는 육친의 가족들로부터 외면을 당하였다. 자신이 선택한 사도 중 하나는 그를 배반하였다. 그의 아버지 요셉의 민족은 그를 거부하였으며, 그리하여 이 땅에서 **특별한 임무를 가진 민족으로서의 운명을 마감하였다.** 그의 혼은 좌절된 사랑과 거부된 자비로 인하여 고통을 받았다.

예수의 인간성이 사적인 외로움, 대중 앞에서 겪는 치욕감, 그의 운동에서 실패의 출현에 대한 이런 상황에 무감각한 일이 아니었다. 이러한 모든 정서는 표현할 수 없는 무게로 짓눌렀다. 이 큰 슬픔 가운데 그의 마음은 나사렛에서 어린 시절, 갈릴리에서 초기 사명 활동의 많은 즐거운 장면들이 마음에 떠올랐다….

유다와 병사들이 도착하기 전에, 주는 자신의 평상시 안정을 되찾았다. 영이 육신을 이기게 되었고, 신앙이 승리하였다.

48. 배반과 예수의 체포

예수는 베드로, 야고보, 요한을 천막으로 돌아가 잠을 자라고 하였으나 잠깐 졸았으므로 정신이 맑아졌고, 흥분한 두 전령이 도착해서 다윗 세베대를 찾으므로 분위기가 심각했다. 그리스인들은 문제가 생길까 두려워해서 보초는 세웠는데, 보초는 고향 사람들을 모두 깨웠으며, 그들은 완전무장을 하고 몰려나왔다. 잠자는 여덟 명의 사도를 제외하고 모든 사람이 일어났다. 베드로가 동료들을 부르려 하였으나 예수가 강력하게 금지하였다.

주는 따르는 자들을 해산시키지 못하고, 그들을 떠나 겟세마네 공원 입구 근처에 있는 올리브유 즙 틀이 있는 곳에 내려가셨다. 다른 사람은 망설이고 있었지만, 요한 마가는 급히 내려가 올리브유 즙 틀 옆에 있는 작은 창고에 숨었다.

예수는 자신을 소란하지 않게 체포할 수 있도록 야영지와 자기 친구들로부터 떠났다. 자신이 잡힐 때 유다가 자신을 배신하는 장면에서 심한 증오심이 발동되어 병사들에게 대항하는 과정에서 자신과 함께 체포되지나 않을까 심히 염려하였다. 그들이 함께 붙잡히면 자신과 함께 죽을 수도 있어서 걱정하였다.

예수는 자신을 죽이려는 계획이 유대인 통치자들 회의에서 비롯된 것임을 아셨을 뿐만 아니라, 그런 모든 사악한 음모들이 루시퍼와 사탄 그리고 칼리가스티아의 충분한 **승인**을 받았다는 것도 아셨다. 그리고 세상에 반역자들이 자신과 함께 사도들도 모두 죽게 되는 것을 고대하고 있다는 것을 잘 아셨다.

예수는 올리브유 즙 틀 위에 홀로 앉아 있었고, 거기에서 그 반역자가 오기를 기다리셨다. 그의 모습은 요한 마가와 수많은 천상의 관찰자들만이 지켜보았다.

1) 아버지의 뜻

주가 육체를 입고 사신 생애가 종결되는 것과 관련된, 수많은 말씀과 많은 사건의 의미를 사람들이 오해할 중대한 위험이 있다. 무지한 하인과 무딘 군인들에게 예수가 잔인한 대우를 받은 것, 재판의 불공평한 진행, 종교 지도자들의 무딘 태도, 이 모든 고통과 치욕을 참을성 있게 복종한 예수가, 파라다이스에 계신 아버지의 뜻을 진실로 행하고 있었다는 사실과는 결코 혼동해서는 안 된다. **정말로, 진실로, 태어날 때부터 죽기까지, 아들이 필사 체험의 잔을 끝까지 들이켜야 하는 것이 아버지의 뜻이었다.** 그러나 하늘에 계신 아버지는, 아주 모질게 주를 고문하고, 저항하지 않는 몸에 아주 끔찍하게 모욕을 연달아 퍼부은 인간, 문명화되었다고 생각되는 인간들의 미개한 행위를 부추기는 것과 아무 상관이 없었다. 예수가 필사 인생의 마지막 몇 시간에 견디도록 강요되었던 비인간적이고 충격적인 **이러한 체험은** 어떤 의미에서도, **아버지의 신성한 뜻과 상관이 없었다.**

지친 사도들이 피곤해서 잠들어 있는 동안에, 공원에서 그가 세 차례 드린 기도에 나타난 바와 같이, **사람이 하나님께 마침내 굴복했을 때** 그의 인간 성품은 승리에 넘쳐 아버지의 뜻을 실행하기를 서약했다.

하늘에 계신 아버지는 모든 사람이 땅에서 육체를 입고 일생을 마쳐야 하는 것과 같이 증여된 아들도 땅에서 일생을 자연스럽게 마치기를 바라셨다. 따라서, 예수의 사건들이 자연스럽게 풀려나가는 것과 보조를 맞추어 육체를 입은 목숨을 버리기로 했다. 굴욕과 치욕스러운 죽음에서 자신을 구출하지 않으려 했다. **이 증오의 표시, 잔인한 표현은 '나쁜 사람과 사악한 필사자들이 저지른 일이었다'. 하늘에 계신 아버지는 그렇게 뜻하지 않았고, 예수의 대적들이 그렇게 지시하지도 않았다.**

2) 성안에서의 유다

　마지막 만찬을 먹다가 갑자기 식탁을 떠난 뒤에, 유다는 사촌 집으로 갔으며, 그는 사촌과 함께 성전 경비대장에게 갔다. 경비대장에게 경비병을 모으도록 요청했고, 예수에게 안내할 준비가 되었음을 알렸다. 체포하러 온 사람들이 마가의 집에 도착했을 때는, 15분 전에 떠나 올리브 산으로 가는 중이었다.

　예수를 발견하지 못하자 크게 당황하였다. 그 배반자는 야영지에서 그들이 돌아오기를 기다린다면 60명이 넘는 충실한 제자들과 마주칠까 두려웠다. 그는 시몬이 수중에 무기를 수북하게 쌓아 놓은 것을 알았다. 그는 불충할 뿐만 아니라 실제로 겁쟁이였다.

　유다는 겁이 나서 성전으로 돌아가자고 말했으나, 통치자들은 체포되리라 예상하고 넘겨받을 준비를 하려고 대제사장 집으로 모이기 시작하였다.

　경비병들이 겟세마네에 가서 그를 체포하려 하였으나, 유다가 60명이 넘는 추종자들이 무장하고 있음을 설명하고, 40명의 무장 병력이 더 필요하다고 강력하게 요청하였다. 즉시 안토니아 요새로 가서 로마 지휘관에게 요청했지만, 예수를 체포하려 한다는 사실을 알고 거절하였다. 그래서 상급자에게 부탁하였다. 빌라도는 유대인 산헤드린 최고 감독의 부탁으로 병력을 내주었다.

3) 주가 체포되심

　......예수는 유다가 그를 실재적으로 배반하기 전에, 그를 구원하기 위한 마지막 노력을 하였다. 그 배반자가 자기에게 당도하기 전에, 로마 군인의 대장인 왼쪽 첫 번째 군인에게 걸어가 말하기를 '너희가 누구를 찾느냐?' 그 대장은 '나사렛 예수라.'라고 대답하였다. 그러자 예수는 즉시 그 장교 앞으로 가서 이 모든 창조 세계의 하나님이 가지시는 평온한 위엄으로 그곳에 서신 채, '내가 그 사람이다'라고 말했다. 무장한 이 무리 중 다수는 성전에서 예수의 가르침을 들은 적이 있었고, 나머지도 그가 베푼 기적에 대해 알았으며, 그가 자기 신분을 분명히 말씀하는 것을 듣자, 앞줄에 있던 자들이 갑

자기 뒤로 물러났다. 그들은 그가 평온하고 위엄 있게 신분을 밝힘에 매우 놀랐다. 그래서 유다가 배반을 위한 자기 계획대로 추진할 필요가 없어졌다. 그들은 유다의 도움 없이도 그를 체포할 수 있게 되었다. 그러나 유다는 배반 협정에 대한 자기 역할을 돋보이게 할 장면을 연출하고자 했다…

…… 너희가 나를 찾는다면, 여기에 있는 다른 사람들은 돌아갈 수 있게 하라. 나는 너희와 같이 갈 준비가 되어 있다.

예수가 지휘관의 명령을 기다리며 서 있는 동안 시리아인 호위병 말고는 예수 앞으로 나왔으며, 로마인 지휘관이 예수를 묶으라고 명하지도 않았는데도 불구하고. 그의 손을 뒤로 묶으려고 하였다. 주가 이러한 굴욕을 당하는 모습을 보는 순간, 베드로와 동료들은 이제 더 이상 자제할 수가 없었다. 베드로가 칼을 꺼내 다른 사람들과 함께 말고를 죽이려고 달려 나갔다. 그러나 대제사장의 하인을 보호하기 위하여 군인들이 나서기 전에, 예수께서 손을 들어 베드로를 말리고, 엄하게 꾸짖으며 말씀했다. '베드로야, 칼을 칼집에 꽂아라. 칼을 잡는 자는 칼로 망한다. 내가 이 잔을 마시는 것이 아버지의 뜻임을 깨닫지 못하느냐? 내가 지금이라도 열두 군단 이상의 천사와 그들의 동역자들에게 명령을 내려, 몇 명 안 되는 이 사람들의 손에서 나를 구하도록 할 수 있음을 모르겠느냐?'

예수가 추종자들의 물리적 저항을 그만두게 했어도, 경비병 대장은 두려웠다. 그는 군인들의 도움을 받아 예수를 재빨리 묶었다. 예수는 그들에게 '너희는 어찌하여 강도를 잡는 것처럼 칼과 몽둥이를 가지고 나를 대적하러 나왔느냐? 내가 매일 같이 성전에서 너희와 같이 있었고, 공개적으로 사람들을 가르쳤지만, 너희는 나를 잡으려 하지 않았다.'

예수가 묶였을 때, 그 지휘관은 그를 구하려고 대들 것을 염려하여, 그들을 체포하라고 명령하였지만, 그 명령을 들은 예수의 제자들은 골짜기로 달아났다….

…… 요한은 무리 가까이 따라갔지만, 베드로는 멀리 떨어져서 따라갔고, 요한 마가는 지름길로 무리가 도착하기 전에 대제사장의 저택 문 입구 가까이에 숨어 있었다.

4) 올리브유 짜는 곳에서 한 토의

같이 야영하던 사람과 사도들은 올리브유 짜는 곳에 모여, 주가 체포된 시점에서 무엇을 해야 할지 의논하였다. 안드레는 모든 의무에서 벗어났으므로 아무 역할도 하지 않았다. 시몬 젤로떼는 일어나서 주를 위해 충성을 다하자고 열변을 토하였으며, 동료 사도들과 제자들에게 속히 무리를 따라가 예수를 구출하자고 간곡히 요청하였다.

시몬이 말을 마치자마자 나다니엘이 일어나서, 무저항에 대해 여러 번 반복한 예수의 가르침에 그들이 주의를 기울이도록 충고하지 않았다면, 사람 대부분은 그의 공격적인 주동에 따라가려고 했을 것이다. 또한 그는 바로 그날 밤에 한, 자신들이 하늘나라 복음의 좋은 소식을 세상에 전파할 때를 위하여, 생명을 유지 해야 한다는 예수의 지시를 상기시켰다. 야고보 세베대가 지지하였고, 이때 베드로와 다른 사람들이 칼을 빼 들고 예수의 체포를 막으려고 하였으나 예수가 베드로와 동료들에게 칼을 칼집에 넣으라고 명령한 상황을 설명하였다.

도마는 예수가 나사로에게 자신을 드러내어 죽게 되는 일이 있어서는 안 된다고 조언했었던 사실을 상기시키면서, 주가 친구들에게 주 자신을 방어하도록 허락하지 않았고, 인간 적들을 좌절시키는 그의 신성한 힘의 사용을 억제하기를 고집하였기 때문에, 그를 구하기 위해 아무 일도 할 수 없다고 지적하였다.

도마는 다윗 세베대가 모임을 위해 소식을 전달하고 메신저들을 운영할 수 있도록 야영지에 남아 있을 것이므로, 각자 자신을 위하여 흩어지라고 설득했다. 다윗 세베대는 예수에게 무슨 일이 일어나는지 정확하게 알아 올 수 있도록 메신저들을 파견하였다.

나다니엘, 마태, 빌립, 쌍둥이 형제는 벳바게와 베다니로 가서 숨었고 도마, 안드레, 야고보, 시몬 젤로떼는 그 성안에 들어가 숨었다. 베드로와 요한은 안나스의 집으로 따라갔다.

날이 새자마자 베드로는 절망에 빠진 모습으로 겟세마네 야영지로 돌아왔다. 다윗은 성안에 니고데모의 집에 있는 형제 안드레를 만나도록 메신저를 같이 보냈다.

십자가형이 끝난 그 순간까지 요한 세베대는 예수의 지시대로 항상 그의 곁에 남아 있었다. 시간마다 다윗의 메신저들에게 정보를 제공하여 정원 야영지에 있는 다윗에게 보고하게 하고, 숨어 있는 사도들과 예수의 가족에게 전달되도록 한 것도 요한 이었다.

날이 밝은 후 예수의 육신 형제인 유다가 다른 가족보다 먼저 야영지에 도착하였다. 다윗 세베대는 유다의 어머니와 형제자매를 베다니 마르다와 마리아의 집에서 메신저가 정기적으로 전해 줄 소식을 기다리라고 부탁하였다.

5) 대제사장의 저택으로 가는 길에서

동산에서 예수와 함께 떠나기 전에, 성전 경비대 지휘관과 군인 집단의 로마 지휘관 사이에, 다툼이 일어났다. 경비대 지휘관은 현직 대제사장 가야바에게 끌고 가라고 명했다. 로마 군인들의 지휘관은, 전직 대제사장이며 가야바의 장인인 안나스의 저택으로 예수를 호송하라고 지시하였다. 그가 이렇게 한 것은, 로마인이 유대인 종교법에 관련된 모든 일을 처리함에서, 직접 안나스와 의논하는 일이 관행이기 때문이었다. 마침내 로마 지휘관의 명령에 따르게 됐으므로 그들은 예수의 예비 심문을 위해 안나스의 집으로 호송했다.

이때 요한 세베대는 항상 가까운 곳에 머물러 있으라는 주의 지시를 기억하면서, 예수 가까이 갔으며 두 지휘관 사이에 걸어갔다. 성전 경비병들의 지휘관은 요한이 따라오는 것을 보고 보좌관에게 이 사람을 체포하여 묶어라, 그는 이 사람의 추종자 중 하나이다. 그러나 이 말을 들은 로마인 지휘관은 둘러보다가 요한을 발견하자, 그 사도를 자기 옆에서 따라오도록 하고 아무도 그를 괴롭히지 말라고 명하였다. 그리고 나서 로마인 지휘관은 유대인 지휘관에게 이렇게 말하였다. '이 사람은 배반자도 아니고 겁쟁이도 아니다. 나는 이 사람을 그 정원에서 보았으며, 칼을 꺼내어 우리에게 대항하지도 않았다. 자기주를 따라올 만큼 용감하니, 아무도 그에게 손을 댈 수 없다. 어떤 종류의 죄수든지 적어도 한 친구 이상이 법정에 같이 설 수 있도록 허용하는 것이 로마의 법이므로, 죄수인 자기 주 옆에 이 사람이 서지 못하도록 막을 수 없을 것이다.'

이 말을 들은 가룟 유다는 너무 부끄럽고 창피하여 맨 뒤에 처져서 안나스의 저택에 이르기까지 혼자 걸어왔다.

유대인 종교 법정의 소송사건에 대해 관찰자가 되도록, 로마인 조언자가 지명한 어떤 지위를 그가 갖게 되었기 때문에, 그 유대인은 요한에게 어떤 말이나 방해도 하지 못하였다.

안나스의 저택에서 예수를 성전 경비병의 지휘관에게 넘겨주면서, 그 로마인은 자기 보좌관에게 '이 죄수를 따라가서, 빌라도의 허락 없이는 유대인들이 그를 죽이지 못하도록 지켜라. 그들이 그를 암살하지 못하도록 보호하고, 그의 친구인 이 갈릴리인이 그의 옆에서 모든 일의 진행을 지켜볼 수 있도록 감시하라.'라고 명령하였을 때, 요한에게 부여된 특권은 더욱 확고하게 되었다.

그리하여 요한은 예수가 십자가 위에서 운명하는 순간까지 그의 곁에 있을 수 있었다. 요한은 로마인의 보호 속에서 행동하였으며, 유대인들은 주가 돌아가신 후까지도 감히 그를 방해하지 못하였다.

49. 산헤드린 법정에서

안나스의 대리인은 로마군인 지휘관에게 예수를 체포한 후에 안나스의 저택으로 즉시 데려오라고 비밀리에 지시했었다. 전직 대제사장인 그는 유대인 종교 최고 권위자로서 명성을 유지하고자 했다. 예수를 자기 집에 몇 시간 동안 억류하고 있었던 또 다른 이유는 산헤드린 법정이 합법적으로 소집될 수 있도록 시간을 주기 위함이었다. 성전에서 아침 희생물을 바치는 시간 이전에 산헤드린 법정을 여는 것은 율법에 어긋났는데, 이 희생물은 새벽 3시에 바쳤다.

안나스는 사위 가야바의 저택에서 산헤드린 법정이 준비되고 있다는 것을 알고 있었다. 약 30명의 회원이 자정 무렵부터 모여 있었다. 예수를 공개적으로 강력하게 반대하는 사람만 모여 있었는데, 이는 재판 법정 구성에 오직 23명만 필요했기 때문이다.

예수는 체포되신 겟세마네 정원에서 멀지 않은 올리브 산에 있는 안나스의 저택에서 세 시간가량 보내셨다. 요한 세베대의 어머니 살로메는 안나스와 먼 친족이므로 여러 번 손님으로 초대받은 적이 있고, 요한과 야고보는 그래서 오래된 하인에게 잘 알려져 있었다.

1) 안나스의 심문

안나스는 성전 수입으로 부자가 되었고, 사위가 현직 대제사장이며, 로마 권세자들과 관계를 유지하는 유대 사회에서 최고 권력을 다진 유일한 사람이다. 그는 세련되고 교활한 모사꾼이다. 그는 예수에 대한 처분을 직접 지시하고자 했으며, 그런 중요한 일을 무뚝뚝하고 공격적인 사위에게 맡기기를 주저했다.

안나스는 주님에 대한 재판이 반드시 사두개인의 손에 맡겨지기를 원했으며, 산헤드린 회원 중 예수의 정당함을 지지했던 사람들이 모두 바리새인이었으므로, 바리새인 중 일부가 동정심을 나타낼 수도 있음을 염려했다.

안나스는 안면이 있는 것을 이용하고, 예수가 그의 주장을 버리고 팔레스타인을 떠나라고 설득해 볼 생각이었다. 그는 좋은 사람을 죽이는 데 끼어드는 것을 꺼렸고, 나라를 떠나기를 택할지 모른다고 추측했다. 그런 제안이 소용없으리라는 것을 즉시 알아챘다. 예수는 안나스가 기억했던 것보다 더욱 위엄 있고 매우 차분했다. 예수가 젊었을 때 큰 관심을 가졌지만, 최근 성전에서 환전상과 장사꾼을 몰아내심으로 인하여 수입이 위협받아 앙심을 품게 되었다.

…… 예수가 대답하지 않으심으로 안나스는 대단히 불안해졌다. 내가 네게 친절하든지 말든지 상관이 없다는 것이냐? 네 재판의 논쟁을 내가 결정하는 힘이 있다는 것을 너는 아무렇지도 않게 생각하느냐?

'안나스여, 내 아버지로부터 허락되지 아니하면, 당신은 그 어떠한 힘도 내게 가할 수 없다는 것을 잘 알고 있다. 어떤 사람들이 사람의 아들을 죽이려는 것은 그들이 무지하기 때문이다. 그들은 그 이상을 모르고 있지만, 그러나 친구여, 당신은 자신이 하는 것이 무엇인지를 알고 있다. 그런즉 당신이 어떻게 하나님의 빛을 거절할 수 있단 말이냐?.' 예수가 말씀한 친절한 태도에 그는 당황하였다….

……'네가 이스라엘의 해방자인 메시아라고 주장하느냐?' '안나스여, 당신은 내가 어렸을 때부터 나를 알았다. 내 아버지께서 임명한 것 외에는 내가 아무것도 되려고 하지 않았다는 것과, 유대인뿐만 아니라 모든 이방인에게도 똑같이 보내심을 받았다는 것을 당신도 알고 있다.' 그러자 안나스가 말했다. '내가 말한 것은 네가 메시아라고 주장한다는 것인데, 그것이 사실이냐?' 예수는 오직 이렇게 대답하였다. '당신이 그렇게 말했다.' (So you have said.)….

2) 안마당에 있던 베드로

요한이 예수와 경비병들과 함께 저택의 안마당으로 들어간 후에, 유다도 문으로 다가왔지만, 예수와 요한을 보자 가야바의 집으로 먼저 갔다. 유다가 떠난 직후 베드로가 와서 문 앞에 섰고, 요한이 그를 보았다. 문을 지키는 여 종이 요한을 잘 알고 있었기 때문에, 그녀에게 베드로를 들여보내 달라고 요청하자, 기꺼이 들어 주었다. 베드로는 문으로 다가오기 직전에 칼을 버렸기 때문에 무장하지 않은 채로 들어왔다. 문지기 여종이 장난기 어린 말투로 불 쬐는 베드로에게 '당신도 이 사람의 제자 중 하나입니까?' 살아서 도망가야겠다는 생각이 들어서 나는 '아니다'라고 대답하였다. 곧 다른 하인이 와서 물었다. 이 사람을 체포할 때 내가 너를 본 것 같은데? 베드로가 깜짝 놀라며, 안전하게 빠져나갈 길이 없음을 알고서, 예수와의 모든 관계를 단호하게 부정하여 말하기를 '나는 이 사람을 전혀 모르고, 그를 추종하는 사람도 아니다.'

여종이 다시 베드로를 한쪽으로 끌고 가서 말했다. 여기 있는 나의 자매가 당신이 이 사람과 함께 성전에 있었던 것을 봤다고 말했다. 베드로는 심한 저주와 맹세로 부인하고 전혀 들어본 적도 없다고 말했다. 도망치고 싶었지만, 냉정해지며 불 옆으로 돌아왔을 때, 옆에 있는 한 사람이 갈릴리 말투를 보니 당신도 분명히 이 사람의 제자이다. 그러자 베드로는 다시 주와 모든 관계성을 부인 하였다.

한 시간 이상 혼자 있고 난 뒤에, 문을 지키는 여종과 자매와 우연히 만나게 되었으며 예수를 따르는 자임이 분명하다고 다시 짓궂게 비난하였다. 그가 다시 부인하였을 때,

수 닭이 울었다.

베드로는 그날 밤 일찍 주가 자기에게 한 경고의 말씀이 생각났다. 죄의식으로 무너져 내린 무거운 가슴으로 서 있을 때, 저택의 문이 열리고 경비병들이 예수를 호송하여 가야바의 집으로 향하였다. 주님은 베드로의 절망스러운 모습을 보셨으며, 베드로는 주님의 사랑과 연민의 정이 뒤섞인 눈길을 보았다.

베드로는 가야바의 저택으로 가시는 예수를 따라가지 않았다. 닭이 울었다는 사실은 예루살렘 밖일 것이다. 성안에서 가축을 기르는 것은 법에 어긋난다.

사람의 마음은 흔히 **한번 실수의 길로 들어서면** 그 길로 계속 가는 것을 정당화시키려 노력하는 경향이 누구에게나 매우 많이 있다. 베드로는 부활한 주를 만날 때까지 자신이 용서받을 수 있다는 것을 충분히 믿지 못하였다. 주를 만난 후에야 이 비극적인 밤이 있기 전과 똑같이 받아들여졌음을 알았다.

3) 산헤드린 회원의 법정 앞에서

대제사장 가야바가 산헤드린 심문 법정을 소집한 것은 금요일 아침 3시 반경이었다. 이전 세 번의 회의에서 사형을 선포한 적이 있으며, 율법을 어김, 신성 모독, 조상의 전통을 모욕했다는 비공식 죄목으로 사형시킴이 마땅하다고 결의했었다.

이번 회의는 성전에서 열리는 정식 재판이 아니고, 대제사장 저택에 소집된 특별 재판을 하는 법정이었다. 요한 세베대는 이 과정 전체기간에 예수와 함께 있었다.

그들은 예수를 손아귀에 넣고 우쭐했지만, 그의 장엄하고 태연한 모습에 술렁이고 당황해하였다.

증언은 너무 모순되고 날조된 것이어서 산헤드린 회원들조차도 그 엉터리 연기에 얼굴이 뜨거울 정도였다. 거짓 증언이 계속되는 동안 주는 한마디 말씀도 하지 않았다. 안나스는 성전을 무너뜨리겠다고 한 예수의 협박은 세 가지 고발을 정당화시킨다고 주장했다.

1. 그는 사람들에게 위험한 중상모략 자이며, 불가능한 일들을 가르쳤고, 그렇지 않다면 그들을 속였다.
2. 그는 신성한 성전을 부수도록 선동하는 광신적 혁명가였다. 아니면 어떻게 성전을 부술 수 있는가?
3. 손을 쓰지 않고 새 성전을 세우겠다고 약속했으니, 마법을 가르친 것이다.

안나스는 예수를 합법적으로 죽이기 이전에 로마 총독의 허락을 받아야 한다는 것을 알고 있었다. 예수를 대중 속에 풀어놓기에는 위험한 선생으로 보이도록 진행하기로 마음을 정하였다.

가야바는 주가 침묵 속에서 침착하게 서 있는 모습에 참을 수가 없었다. 그는 달려가 손가락을 흔들며 말했다. '내가 살아계신 하나님의 이름으로 네게 명령하겠는데 **네가 하나님을 아들인 해방자인지 우리에게 말하라.**' 예수는 가야바의 질문에 즉시 대답했다. '**내가 바로 그 사람이다. 얼마 안 있으면 나는 곧 아버지께로 가며, 사람의 아들은 곧 능력을 받고서 다시 하늘의 무리들을 다스릴 것이다.**'

예수의 이러한 말씀을 들은 대제사장은 화가 치밀어 겉옷을 찢으며 고함쳤다. 우리에게 무슨 증인이 더 필요하냐? 보라 신성 모독하는 이 자의 말을 모두 들었다. 이 자를 어떻게 해야 한다고 생각하느냐? 그들 모두는 한 음성으로 그는 죽어 마땅하다. 그를 십자가에 달자. 혼란 속에서 공판을 4시 30분경에 끝났다.

전통에 눈이 멀고 편견을 가진 30명의 거짓 재판관은 거짓 증인들과 함께한 우주의 정의로운 창조자를 주제넘게 재판하고 있다. 그리고 흥분한 고소자들은 **하나님이며 인간인**, 주님의 장엄한 침묵과 뛰어난 인내심 때문에, 격분하고 있다. 그의 침묵은 도저히 참지 못하게 하며, 그의 말씀은 대담하게 도전적이다. 그는 그들의 협박에 동요되지 않고 그들의 공격을 두려워하지 않는다. 사람이 하나님을 재판하는 자리에 앉지만, 그 때도 그는 그들을 사랑하고 할 수만 있다면 구하려 하였다.

4) 굴욕적인 시간

유대의 율법은 사형 선고를 내려야 하는 사건은 반드시 두 차례의 심의를 요구하고 있다. 두 번째 법정은 다음 날 열려야 했고, 중간 시간은 법정 위원들이 금식하면서 애도하는 기간이었다. 그러나 결정을 확정하기 위하여 다음 날까지 기다릴 수 없었다. 겨우 한 시간 기다렸다. 그동안 예수는 성전 경비병이 지키는 가운데 접견실에 남아 계셨으며, 그들은 대제사장 하인과 함께 갖은 방법으로 사람의 아들을 모욕하면서 즐거워하였다. 그들은 법정에 속한 위원들의 본을 따라, 조롱하고, 침 뱉고, 심하게 때리고, 회초리로 얼굴을 때리면서 '네가 해방자라면 너를 때린 이가 누구였는지 맞혀보아라.' 저항하지 않는 그를 한 시간 내내 계속 조롱하였다.

예수는 요한에게 물러가 있으라고 지시하였다. 이러한 모욕적인 대우를 보면, 요한이 분개하여 참지 못하고 덤벼들다가 죽게 될지도 모르기 때문이었다.

천상의 존재들이 사랑하는 우주의 주권자가, 무지한 사람의 뜻에 자신을 복종시키는 광경을 봤을 때, 그들의 의분의 전율이 얼마나 심했는지 인간의 마음은 상상할 수도 없을 것이다.

주께 모욕과 조롱 구타가 가해졌을 때, 방어하지 않은 것이지 방어할 수 없었던 것이 아니다. 예수는 패배한 것이 아니며, 물리적 감각에서 대항하지 않았을 뿐이다.

이것들은 주님께서 광대한 우주의 창조자, 유지 보존자, 그리고 구원자로서 길고도 긴 파란 많은 모든 여정에서 가장 위대한 승리를 거두는 순간이었다. 하나님을 사람에게 계시하는 전체 인생을 다 살았으므로, 예수께서는 이제 사람을 하나님께 계시하는 새롭고 전례 없는 일을 이루고 있다….

사람의 아들은 하나님의 아들로서의 정체성을 최종적으로 성취했다. 예수께서는 자신과 아버지가 하나임을 주저함 없이 단언하며, 그는 지존 적이고 숭고한 그 체험의 사실과 진리에 기초해서, 자신과 아버지가 하나인 것처럼, 천국을 믿는 각자가 자신과 하나 될 것을 권고한다….

5) 두 번째 열린 법정

5시 30분에 법정이 다시 열렸으며, 법정의 이 회의는 겨우 반 시간 걸렸다. 빌라도에게 가기 위하여 폐정하였고, 예수가 사형에 해당한다는 기소장을 아래 세 가지 항목으로 작성하였다.

    1 그는 유대 나라를 나쁜 길로 인도하는 자임, 그는 민족을 속이고 반란을 일으키도록 선동하였음.
    2 시저에게 세금을 내지 말라고 사람들을 가르쳤음.
    3 새로운 나라를 창설하는 자가 되고 왕이 될 것을 주장 함으로써 황제를 대항하여 반역을 일으키고자 하였음.

이 과정 전부가 변칙이었고 전적으로 유대 율법에 어긋났다. 어떤 문제에도 두 증인이 찬성한 적이 없었다. 아무 증인도 피고를 변호하지 않았고, 예수는 무슨 의도로 말했는가 설명하라고 요청받지도 않았다.

법정이 죄를 씌울 수 있는 것은 신성 모독에 관한 것인데, 그것도 전적으로 그의 고백에 의한 것이다. 그들은 사형 선고를 위한 공식 투표를 하지 않았다. 빌라도에게 가져갈 세 가지 기소 조항은 증언도 듣지 않은 것이었고, 기소된 죄수가 참석하지 않은 상태에서 결정된 것이었다.

50. 빌라도 앞에서 열린 재판

같은 날인 서기 30년 4월 7일, 금요일 아침 6시가 조금 지난 뒤에, 예수는 로마인 집정관 빌라도 앞으로 끌려왔는데, 그는 시리아 총독의 직접 감독하에 유대 · 사마리아 · 이두매를 다스렸다.

1) 본디오 빌라도

본디오 빌라도가 비교적 충실하게 총독 임무를 수행했으므로, 티베리우스는 10년이 넘게 유대 지방 행정관으로 남아 있게 하였다.

모든 로마 식민지 중에서 유대 지역보다 더 다스리기 힘든 곳은 없었다. 빌라도는 유대인들의 문제들을 이해하지 못해서 부임 초기 치명적인 실책을 범하였다. 그 실책으로 유대인은 그를 움직일 힘을 갖게 되었다. 빌라도의 결정에 영향을 미치고 싶을 때는 모두 반란을 일으킬 듯한 행동을 취하였고, 빌라도는 곧 승복하였다.

우유부단하고 용기가 부족한 그가, 유대인들을 두려워하고 있다는 사실, 티베리우스로부터 지위를 박탈당하게 될 것을 염려하고 있음을 알았다. 유대인들은 이 사실을 여러 번 이용했다. 우상숭배를 상징하는 모든 형상을 배격하는 그들의 뿌리 깊은 선입관을 심각하게 받아들이지 못하였다. 군기에 새겨진 시저의 형상, 시저의 경배에 사용되는 방패를 궁전 벽에 걸어놓은 것, 수로를 건설하는데 성전 재정을 사용한 것 등, 때문에, 20회 이상 폭동이 일어나 많은 사람이 학살당하였다.

빌라도는 예수를 제물로 자기 지위를 보호하려 했으나, 십자가형에 처하도록 허락한 죄에서 완전히 벗어나지 못했다. 거짓 메시아의 말을 듣다가 잘못되어 시리아 지방 총독이 빌라도에게 로마에 가도록 명했다. 가는 길에 티베리우스는 죽었고, 새 황제 눈에도 벗어나 퇴직하게 되자, 로잔 지방으로 가, 나중에 거기서 자살했다.

티베리우스가 덕망 있고 유능한 사람을 유대 지방 총독으로 보냈다면, 허위 고발에 결백하며 결함이 없다고 주장하는 사람을 죽이도록 허용하지 않았을 것이다.

2) 빌라도 앞에 선 예수

예수와 고발자들이 빌라도의 재판정 앞에 모였을 때, 로마인 총독이 물었다. 이 사람을 무슨 죄목으로 고발하느냐? 예수에 대한 처리를 맡은 사두개인들과 의원들은, 죄목을 말하지 않고, 예수에 대한 사형 집행선고를 확인하도록 요구하기로 하였다. 그래서 산헤드린 법정 대리인은, 이 사람이 행악자가 아니면 당신 앞에 넘기지 않았을 것입니다.

너희가 죄목을 분명하게 합의하지 못하였으니, 이자를 데리고 가서 너희들 율법에 따라 판결하는 것이 어떻겠느냐?

그러자 신헤드린 서기가 '어떤 사람이든 우리 율법으로 사형에 처할 수 없으며, 우리 나라를 소란케 한 이 자는 그가 말하고 한 것으로도 죽어 마땅합니다. 그러므로 이 결정을 확인받으려고 당신 앞에 왔습니다.'

적당히 얼버무리며 로마 총독 앞에 왔다는 사실이, 예수에 대한 산헤드린 회원들의 증오심과 불편한 심기뿐 아니라, 그들이 빌라도의 공정성과 명예 그리고 위엄을 존중하지 않음을 드러낸다. 지배당하는 시민이 그 지방의 총독 앞에 와서, 어떤 사람에 대해 공정한 심문을 하기도 전에, 그에 대한 정확한 범행 사실을 제시하지도 않고, 사형 집행을 요구하다니 얼마나 뻔뻔스러운 일인가!

빌라도는 유대 종교법에 관한 것임으로 그들 자체의 법정으로 돌려보내려고 애썼다. 빌라도는 그들이 지독하게 미워하여 경멸하게 된, 자기 민족의 한 사람에 대해서도, 사형 선고를 선언하고 집행하는 권한이 없다고 대중 앞에서 고백하게 만든 것을 마음속에 고소해하였다.

신자가 된 빌라도의 아내 클라우디아로부터 자정이 되기 직전 예수의 가르침에 대해 자세히 들었다. 그는 이날이 유월절 준비를 위한 전날 오전일 뿐 아니라, 이날이 금요일로써 쉬면서 예배를 드리는, 유대인의 안식일을 위하여 준비하는 날임을 알았다.

유대인들의 불경스러운 태도에 예민한 빌라도는 예수를 재판 없이 사형을 선고하라는 요구를 따르고 싶지 않았다.

나는 재판하지 않고 사형 선고를 하지 않을 것이다. 너희가 서면으로 고소장을 제시하기 전에 심문도 하지 않을 것이다. 그래서 제출한 기소장은 다음과 같았다.

1 우리 민족을 사교에 빠뜨리고 국민을 반란으로 선동하였음.
2 국민이 시저에게 세금을 내는 것을 금지하였음.
3 자신이 유대인의 왕이라 자칭하며, 그리고 새로운 왕국의 건립을 가르쳤다.

예수는 이런 재판을 받은 적이 없으며, 법적으로 선고 받은 적이 없다. 그러나 그들의 거짓 고소에 아무런 대꾸도 하지 않았다.

3) 빌라도의 사적인 심문

빌라도는 경비병을 바깥 복도에 남겨둔 채, 아무도 없는 방으로 예수와 요한 세베대만을 데리고 갔으며, 죄수에게 앉게 하고, 자신도 그 옆에 앉아 몇 가지 질문을 했다….

빌라도가 네가 유대인의 왕이냐? 그러자 예수가 빌라도에게 말했다. "내 나라는 이 세상에 속한 것이 아님을 네가 모르겠느냐? 내 나라가 이 세상에 속했다면, 내가 유대인의 손에 넘겨지지 않도록 내 제자들이 싸웠을 것이 분명하다. 내가 묶인 채 네 앞에 이렇게 있음으로써, 내 나라가 영적인 영역, 즉 신앙을 통해 그리고 사랑에 의해 하나님의 아들 된 사람의 형제 관계에 속한 것임을 모든 사람에게 보여주기에 충분하다. 그리고 이 구원은 유대인뿐 아니라 이방인을 위한 것이기도 하다."

'그러면 결국 네가 왕이냐?' '그렇다. 나는 그런 왕이다. 내 왕국은 하늘에 계신 내 아버지의 신앙 아들들이 모인 가족이며, 나는 이 목적을 위하여, 이 세상에 태어났고, 내가 모든 사람에게 내 아버지를 보여주고 하나님의 진리에 대해 증언하기 위해 이 세상에 태어났다. 진리를 사랑하는 자마다 내 음성을 듣는다는 것을 나는 지금도 네게 선언한다.'

빌라도는 반은 비웃고 반은 진지하게, '진리, 무엇이 진리이냐, 누가 아느냐?'

빌라도는 예수가 말하는 뜻을 이해할 수는 없었지만, 사형을 받아야 할 죄인이 아니라는 사실은 이제 명확하게 알게 되었다.

빌라도는 금욕주의자의 교훈에 익숙했으므로 자신을 왕이라고 한 예수의 뜻을 어느 정도 이해할 수 있다고 생각했다. 예수가 위험한 선동자이기보다는 무해 한 공상가, 순진한 광신자에 불과하다고 확신했다.

빌라도는 밖으로 나가 고발하는 자들에게 '내가 이 사람을 심문하였지만, 아무 잘못도 발견할 수 없다. 너희가 고발한 죄가 그에게 있다고 생각지 않고, 그를 풀어주어야

한다고 생각한다.'

이 말을 들은 유대인들은 성이 나서 죽여야 한다고 사납게 소리 질렀다. 갈릴리에서 시작했다는 말을 듣자, 성안에 머무는 헤롯에게 당장 데려가라고 말했다.

4) 헤롯 앞에 선 예수

헤롯 안티파스가 예루살렘에 머물 때는 헤롯 대왕이 사용하던 마카비 궁전에서 지냈는데, 예수가 끌려간 곳은 이곳이다. 예수가 14살 때 아버지 요셉이 세포리 분봉왕 관사 공사 현장에서 일하던 중에 기중기에서 떨어져 죽어서, 사망한 자기 아버지에게 지급해야 할 돈에 대해 공정하게 결정해 달라고 찾아가 탄원하였는데, 사악한 이두매인 헤롯은 이를 거절하였었다. 헤롯은 이를 전혀 기억하지 못했지만, 예수가 행한 기적을 많이 들어서, 기적을 행하는 것을 실제 보고 싶어 하였다.

예수를 헤롯 앞에 끌고 왔을 때, 그의 위엄있는 외모와 평온하고 침착한 표정에 깜짝 놀랐다. 약 15분 동안 예수에게 질문하였으나 주는 대답하지 않았다.

헤롯은 유대 땅 안에서 예수를 재판할 수 없다는 것을 알았다. 예수를 몇 차례 희롱한 후에, 왕족이 입는 자주색 낡은 예복을 입혀서 빌라도에게 되돌려 보냈다

5) 빌라도에게 다시 돌아온 예수

빌라도 앞에 끌고 왔을 때, 그는 집정관 관저 앞에 있는 계단에 나와 있었고, 그곳에는 재판석이 차려져 있었다. 제사장들과 산헤드린 회원들을 모은 후 말했다. '너희는 이 사람이 민족을 나쁜 길로 이끌었고, 세금을 내지 못하게 했으며, 유대인의 왕이라 주장했다는 이유로 고소해 내 앞에 데려왔다. 나는 그를 심문했지만, 그가 이 내용대로 죄인임을 발견하지 못했다. 나는 그에게서 아무런 잘못도 발견할 수 없다. 그래서 나는 그를 헤롯에게 보냈고, 그 영주도 같은 결론에 도달할 수밖에 없었으므로 우리에게 다

시 돌려보냈다. 분명히, 이 사람을 죽일만한 아무 이유도 없다. 너희가 그에게 훈육이 필요하다고 여전히 생각한다면, 나는 그를 놓아주기 전에 매질할 용의가 있다.'

로마 총독들은 유월절 기간에 한 명의 죄수나 사형수를 사면해 주는 것이 관례였다. 유대인들이 예수의 석방에 항의하는 소리를 지르려고 하는 순간에, 대규모 군중이 바라바라는 자의 이름을 부르며 석방하라고 다가왔다. 바라바는 어느 사제의 아들로서, 유명한 정치적 선동가요 잔인한 강도였다. 군중은 한목소리로 바라바를 풀어주고 예수를 십자가에 못 박으라고 소리쳤다.

빌라도는 고소하는 내용에 예수가 결백하다는 것을 알고 있었고, 공정하고 용기 있는 재판관이었다면, 그가 무죄임을 선고하고 풀어주었어야 했다. 메신저 하나가 아내인 클라우디아로부터 봉합된 편지가 하나 왔다. 내용은 '예수라고 불리는 결백하고 의로운 이 사람에게 당신이 아무 일도 하지 않기를 바랍니다. 그 사람 때문에 제가, 지난밤 꿈에 여러 가지로 고통을 당하였습니다.' 빌라도는 이 편지를 읽고 심히 당황하였다.

6) 빌라도의 마지막 호소

금요일 이날 아침에 빌라도 앞에는 예수의 적들만이 참여하고 있었다. 예수를 지지하는 사람은 체포 사실을 모르거나 사형당하지 않으려고 숨어 있었다.

빌라도는 한 번 더 그들의 동정심에 호소하고자 하였다. 예수의 피를 보려고 외치는 폭도들의 외침을 두려워하고 초조해하였다. 그는 경비병들과 로마 군인들에게 예수를 끌고 가 채찍으로 때리라고 명하였다. 이것은 그 자체로 옳지 않고 불법적인 처사였는데, 로마 법에 따르면 오직 십자가형에 처할 죄수에게만, 채찍질하게 되어 있기 때문이다.

빌라도는 채찍질하는 자들을 멈추게 하고 자주색 옷을 다시 입혔으며, 가시관을 엮어서 그의 이마에 씌웠다. 그의 손에 왕을 상징하는 홀 대신 갈대를 쥐여준 후에, 그의 앞에 무릎을 꿇고 '유대인의 왕 만세!'라고 하며 희롱하였다. 그 후에 상처가 나고 피를 흘리는 죄수를 데리고 나가서, 군중에게 보이며 말하기를 '이 사람을 보라! 내가 너희에게 다시 분명하게 말하겠는데, 나는 이 사람에게서 아무 죄도 찾지 못하였으며, 그를 채찍으로 때렸으니, 풀어주겠다.' 그러나 종교적 편견의 노예가 된 자들의 무감각한 가슴에 호소할 만한 것은, 아무것도 없었다.

'나는 너희가 이 사람을 죽이기로 하였다는 것을 알게 되었지만, 도대체 그가 죽을 만한 일을 한 것이 무엇이냐? 누가 그의 죄를 증명하겠느냐?' 그러자 대제사장이 나와 '우리에게는 거룩한 율법이 있고, 그 율법은 자신이 하나님의 아들이라고 주장하는 자는 반드시 죽이게 되어 있다.' 빌라도는 그리스 신화와 아내의 편지가 생각났기 때문에 더욱 두려웠으며, 이제는 예수가 하나의 신성한 인물일지도 모른다는 생각에서 벌벌 떨었다.

7) 빌라도의 마지막 면담

빌라도가 두려움으로 떨면서 예수의 옆에 앉아 물었다. '너는 어디서 왔느냐? 너는 실제로 누구이냐? 네가 하나님의 아들이라고 하는 저들의 말이 무슨 뜻이냐?' 그가 죄를 짓지 않았다고 선언하고 나서, 사형 선고를 내리기 전에 채찍질하게 허락하는 부당한 재판관, 연약하고 우유부단한 재판관에게 대답할 수가 없었다.

'내게 말하기를 거부하느냐? 너를 놓아줄 수도 있고, 십자가에 못 박을 수도 있는 권한이 아직도 나에게 있다는 것을 알지 못하겠느냐?' 그러자 "너는 내게 대하여 아무런 권한이 없으며, 오직 저 높은 곳에서만 허락하실 수 있을 뿐이다. 하늘에 계신 아버지께서 그것을 허락하지 않았다면, 네가 사람의 아들에게 아무런 권한도 행사할 수 없다. 그러나 너는 복음에 대하여 모르기 때문에, 네 죄가 크지 않다. 나를 배반한 자와 나를 너에게 넘겨준 자의 죄가 더 크다."….

빌라도는 다시 군중 앞에 나와 말했다. '나는 이 사람이 오직 종교적으로 범죄 하였음을 확신한다. 너희는 그를 데리고 가서 너희 법대로 재판하라. 너희는 어찌하여, 이 사람이 너희 전통에 저촉되었다는 이유로 내가 그에게 사형을 선고하리라고 기대하느냐?' 빌라도가 거의 풀어주려고 하였을 때, 대제사장 가야바가 로마 재판관에게 다가와서 시저에게 말해 보복하겠다고, 손가락을 흔들면서 분노에 찬 단어로, 공개적으로 말했다. 이러한 위협은 빌라도가 도저히 감당할 수 없는 것이었다.

비겁한 총독은 예수를 재판석 앞으로 끌고 나오라고 명령했다. 주가 그들 앞에 서자, 그를 가리키며 조롱하며 말했다. '너희 왕을 보라' 그러자 유대인들이 대답했다. '그를 없애버리라! 그를 십자가에 못 박아라!' 그러자 빌라도는 빈정대고 비꼬는 투로 말했다. '내가 너희 왕을 십자가에 못 박아도 되겠느냐.' 그러자 유대인들은 대답했다. '그렇소, 그를 십자가에 못 박으시오! 우리에게는 시저 외에 어떤 왕도 없습니다.' 그러자 빌라도는 예수를 구할 방법이 없음을 알았다. 이는 그가 유대인을 무시하기를 꺼렸기 때문이다.

8) 빌라도의 비극적인 굴복

사람의 아들로 육신화 한 하나님의 아들이 서 있었다. 그는 고소장 없이 체포되었다. 증인 없이 재판받았다. 선고 없이 징벌받았다. 그에게서 아무 잘못도 발견할 수 없다고 고백한 부당한 재판관에 의해서 곧 사형 선고를 받게 되었다. 제사장과 사두개인들이 '우리에게는 시저 외에는 왕이 없다'라는 선언은 생각이 모자란 대중조차도 충격을 받았다. 빌라도는 군중 앞에서 손을 씻으며 말했다. '나는 이 사람의 피와 무관하다. 너희는 그를 죽여야 한다고 결정하였지만, 나는 그에게서 아무런 죄도 발견하지 못하였다. 너희가 이를 책임지라. 군인들이 그를 끌어낼 것이다.' 그러자 군중은 환호하며 대답했다. **'그의 피가 우리와 우리 자손들에게 임하게 하시오.'**

51. 십자가형이 있기 직전

예수와 고발인들이 헤롯을 만나기 위해 출발할 때, 예수는 "요한아, 너는 더 이상 나를 위해 할 일이 없다. 내가 죽기 전에 만날 수 있도록 내 어머니를 모셔 오거라." 마리아와 요한이 성에 도착했을 때, 예수께서는 로마 병사들과 이미 골고다에 도착했다. 룻과 유다는 요한과 같이 왔고 나머지 가족은 야고보의 지도하에서 베다니에 남아 있었고 매시간 다윗 세베대의 메신저들이 와서 보고하였다.

1) 가룟 유다의 최후

빌라도 앞에서 예수에 대한 공판이 끝나고, 주님이 로마 병사들의 손에 넘겨진 시간은 아침 8시 반경이었다. 로마 군인들에게 넘기자마자 유대 경비병, 제사장, 산헤드린 회원들은 성전으로 돌아갔다. 가야바가 산헤드린에 보고하고 있을 때 가룟 유다는 주를 체포하고 사형 선고를 내리는 데 이바지한 보상을 요구하기 위해 그들 앞에 나타났다.

유대인은 유다를 몹시 싫어했으며, 격멸의 눈으로 바라보았다. 유다는 배반 행위가 양심에 찔렸고, 그로 인한 대가로 받기로 한 보상에 가책받고 있었다.

유대 당국의 차갑고 쌀쌀한 태도가 실었다. 그런데도 비겁한 행위에 대하여 후하게 보상받기를 기대했다. 산헤드린 전체 회의에 부름을 받고 거기서 칭송받으며 명예를 수여할 것으로 기대하였다.

그러나 대제사장 하인이 와서 밖으로 불러내, '유다여, 나는 예수를 판 대가로 당신에게 돈을 주라는 지시를 받았소,' 이렇게 말하면서 하인은 은화 30개를 주었다. 이는 건강한 노예 한 사람의 값이었다.

유다는 기절할 듯이 놀라서 안으로 들어가려 했으나, 문지기가 막았다. 넋을 잃은 채 성전에서 나와 시내를 방황하며 걸었다.

유다는 예수께서 못 박혀 있는 십자가를 올리는 모습을 멀리서 보고 나서, 성전으로 달려가 문지기를 밀치고 들어가, 아직도 회의 중인 신헤드린 앞에 서서, 더듬거리며, '내가 죄 없는 자의 피를 판 죄를 범하였다. 당신들이 나를 모욕하였소, 내가 한 일에 대한 보상으로 노예 한 명 값을 주었소, 내가 한 일을 후회하오, 여기 당신들의 돈이 있소, 나는 이 일을 한 죄에서 벗어나려 합니다.'

유다의 말을 들은 유대 통치자들은 그를 비웃었다.

네 주님은 이미 로마인에 의해 사형에 처했는데, 우리와 무슨 상관이냐? 그것은 네가 당할 일이니, 당장 꺼져라!

유다는 회의장을 떠나면서 은전을 성전 마루 위에 뿌려버렸다. 성전을 떠난 배반자는 거의 미쳐버린 상태였다. 성을 빠져나가 힌놈의 골짜기의 가파른 절벽에 다다르자, 낭떠러지 바위를 올라가, 외투의 허리띠를 풀어서 한쪽 끝은 나뭇가지에 묶고 다른 끝을 자기 목에 감은 후, 절벽 아래로 몸을 던졌다. 숨이 끊어지기 직전 매듭이 풀어져, 날카로운 바위 위로 떨어져 박살이 났다

2) 주의 태도

예수가 체포되시자, 이 땅에서의 일이 완결되었음을 아셨다. 그가 처하게 될 죽음의 종류를 이해하셨고 재판의 절차에는 거의 관심이 없었다.

산헤드린 법정에서 예수는 위증하는 증언에는 대답하지 않았다. 친구든 적이든 사명의 신성과 본질에 관계된 질문에는 대답했다. 진지한 사람들이 진리에 대해 잘 아는 데 도움이 될 사람에게만, 대답했다.

예수는 다른 필사 인간이 하는 것과 마찬가지로 자연스럽고 평범한 과정에 복종하는 것이 아버지의 뜻이라고 확신했다. 사회적으로 근시안적이고 영적으로 눈먼 동료 필사자들이 꾸민 음모에 설득력 있는 화술로 영향을 끼칠 수 있는, 인간적인 능력까지도 사용하지 않았다.

비록 예수가 유란시아에서 살다가 죽었어도, 그의 인생 전부는 처음부터 마지막까지, **그가 창조하고 끊임없이 유지하는 우주 전체에 영향을 미치고 가르침을 주려고 계획된 엄청난 사건이었다.**

가야바 앞에서 거짓 증언들이 모두 실패한 후, 예수께서는 서슴없이 제사장의 질문에 대답했으며, 그렇게 해서 그가 신성을 모독했다는 것으로 죄를 씌우려 하는 근거를 자신의 증언으로 마련해 주었다.

재판이 진행되는 동안 예수는 거의 말이 없었지만, 사람이 하나님과 협동하는 관계에서, 사람이 어떤 종류의 인품을 완성할 수 있는가, 모든 필사자에게 보여주기에 충분했고, 그러한 사람이 참으로 아버지의 뜻을 행하기를 택하고 이렇게 살아계신 하나님의

활동적인 아들이 될 때, 하나님이 그 사람의 생애에서 어떤 방법으로 명백히 나타날 수 있는가, 모든 우주에 드러내기에 충분했다.

빌라도는 두려웠지만, 예수를 군중 앞에 세우고 진실하게 말했다. "이 사람을 보라"라고 외쳤을 때, 온 우주가 귀를 기울이고 지켜보고 있다는 것을 꿈에도 생각하지 못했다. 빌라도가 말하자. **'하나님이며 사람이신 그를 보라'**라는 음성이 온 우주에 메아리쳤다. 예수의 일생에서 하나님을 사람에게 드러내지 못한 적이 없다. 그는 자신의 필사자 생애의 마지막 사건에서 그리고 이어지는 죽음에서, 사람에 대해 새롭고 감동적인 계시를 하나님께 이뤄 드렸다.

3) 믿음직한 다윗 세베대

빌라도 앞에서 선고가 내려지고 예수께서 로마 군인에게 넘겨진 직후, 주님의 추종자들을 해산시키거나 체포하기 위해 성전 경비병들이 겟세마네로 신속히 파견됐다. 추종자들은 이미 흩어졌고, 사도들은 지정된 은신처에 숨었으며, 그리스인은 시내 여러 집에 숨었다.

다윗 세베대는 적들이 다시 올 것이라 믿고 주님이 종종 물러나 계셨던 산골짜기로 대여섯 개의 천막을 일찍감치 옮겨놓았다. 그는 이곳에 있으면서 연락 본부 장소로 사용했다. 성전 경비병이 도착하기 직전 다윗은 빠져나갔다. 아무도 발견하지 못하자 야영지를 불태우고 안심하고 돌아갔다.

빌라도가 예수를 십자가형에 처하도록 로마 군인들에게 넘겨준 직후에, 한 메신저가 다윗에게 알리기 위해 겟세마네로 떠났으며, 5분 후에는 전령들이 벳세다. 펠라, 필라델피아, 시돈, 세겜, 헤브론, 다마스쿠스, 알렉산드리아를 향해 달려갔다. 그리고 예수가 유대인 통치자들의 끈질긴 요청에 따라서 로마인들에 의해 곧 십자가에 매달리게 되었다는 소식을 전하였다.

주가 무덤에 안치되셨다는 소식이 오기까지 비극적인 이날 하루 종일 거의 30분마다 사도들, 그리스인들, 베다니에 있는 예수의 가족들에게 메신저를 보냈다. 다윗은 안드레와 베드로가 숨어 있는 니고데모의 집으로 가면서 메신저들에게 일요일 아침에 은밀하게 모이라고 지시하였다.

특별한 정신을 지닌 다윗 세베대는 예수가 죽게 될 것이고, 사흘 만에 살아날 것이라는 말을, 문자 그대로 받아들인 유일한 사람이다. 예수가 부활할 때 즉시 소식을 전할 수 있도록 일요일 이른 아침에 니고데모의 집으로 모이도록 메신저들에게 지시하였다. 자기가 믿는 바를 아무에게도 말하지 않고 파견하였던 전령들에게만 알려주었다.

4) 십자가형을 위한 준비

빌라도는 유대 통치자들의 아우성이 두려워서 죄 없는 사람을 십자가형에 처하도록 넘겨주었다. 죄책감에서 벗어나려고 군중 앞에서 손을 씻은 후, 주님을 로마 군인에게 넘겨주고 즉시 십자가형에 처하라고 지휘관에게 명령하였다. 군인에게 넘긴 것은 8시가 조금 지난 뒤였고, 처형 장소로 떠난 시간은 9시 조금 전이다.

골고다로 떠날 즈음, 불평하지 않는 침묵과 특별한 위엄에 그들은 비로소 감명받았다. 한편 두 강도도 함께 처형하기로 하였는데, 한 강도는 펠라 야영지에서 그가 말하는 것을 종종 들었었다.

5) 예수의 죽음과 유월절의 관계

예수의 죽음과 유대인의 유월절 사이에 직접적인 관계는 없다. 유대인의 유월절을 준비하는 날, 그리고 성전에서 유월절 양을 희생 제물로 바치는 시간 무렵인, 이날에 예수께서 목숨을 던진 것은 사실이다. 그러나 이렇게 우연히 동시에 발생했다는 사실 때문에, 이 세상에서 사람의 아들 죽음이 유대인의 희생 제사 체제와 어떤 의미에서든 연결되었다고 보는 것은 아니다. 예수가 유대인이기는 하지만, 그는 사람의 아들로서 온 세상을 위한 사람이었다. 주의 임박한 십자가형에 이르기까지 이미 기술된 사건만으로도, 이때 그의 죽음이 순전히 자연스러운 것이었고 사람이 획책한 사건임을 알기에 충분할 것이다.

예수를 십자가 위에서 처형한 것은 하나님이 아니라 사람이었다. 아버지께서 유란시아에서 인간의 사건 진행에 간섭하는 것을 거절한 것은 사실이지만, **파라다이스에 계신 아버지께서 이 땅에서 벌어졌던 것처럼 자기 아들이 죽도록 명하지도, 강요하지도, 요청하지도 않았다. 십자가 위에서 죽지 않으시더라도 수없이 많은 방법으로 그 일을 행하실 수도 있었다. 이것은 모두 사람이 한 것이었으며, 하나님이 한 것이 아니었다.**

주가 세례를 받으실 때, 그는 이 땅에서 그리고 육신으로 반드시 가져야 할 체험, 일곱 번째의 마지막 증여를 완수함에 필요한 체험에 대한 기법을 이미 완성하였다. 바로 이때 이 세상에서 예수의 임무는 성취되었다. 그 후에 사신 그의 모든 일생, 그리고 심지어 그가 돌아가신 방법까지도, 이 세계와 다른 세계에 존재하는 필사 창조체들의 행복과 발전을 위하여 역할을 담당한 순전히 개인적 사명 활동이었다.

필사자가 **신앙에** 의해서 자신이 하나님의 아들임을 영적으로 인식하게 된다는 즐거운 소식을 전해 주는 복음은, 예수의 죽음에 기인한 것이 아니다. 이 천국 복음 전체가 주의 죽음에 의해서 굉장히 밝게 빛나게 된 것은 정말로 사실이지만, 그의 일생에 의해서 더욱더 빛났다.

사람의 아들이 이 땅에서 말씀하고 행한 모든 일이, 하나님의 아들이요 서로 형제라는 신조를 크게 빛나게 했지만, 하나님과 사람의 이 기본 관계는 하나님이 사람들에게 주는 사랑과 신다운 아들들의 타고난 자비, 이 우주 사실에 본래부터 있다.

이 세상에서, 그리고 온 우주에 두루, 모든 다른 세상에서, 사람과 창조주 사이에 감동적이고 신답게 아름다운 **이 관계는 영원부터 존재해 왔다.** 이 관계는 어떤 면에서도, 하나님의 창조 아들들이 정기적으로 이처럼 자신을 증여하는 행위와 **상관이 없으며,** 그들은 이처럼 각자의 지역 우주에서 무제한 통치권을 마지막으로 얻기 위하여 치러야 할 값의 일부로서 자신이 창조한 지적 존재들의 **성품과 모습을 입는다.**

하늘에 계신 아버지는, 사람과 하나님이 함께 협동하는 관계를 이렇게 초월적으로 보여준 이후와 마찬가지로, 유란시아(지구)에서 예수가 살다가 죽기 전에도 땅에 있는 필사 인간을 사랑하셨다. 유란시아에서 한 사람으로서 네바돈(우리가 사는 우주)의 하나님이 육신 화한 이 막대한 거래는 영원, 무한하고 우주적인 아버지의 속성을 더 크게 만들 수 없지만, 네바돈 우주의 모든 다른 행정 자들과 창조체를 풍성하게 만들고 일깨웠다. 하늘에 계신 아버지는 이렇게 미가엘(예수)이 증여되었다고 해서 우리를 더 사랑하지는 않아도, 하늘의 모든 다른 지적 존재는 그렇다. 이것은 예수가 하나님을 사람에게 드러냈을 뿐 아니라. 마찬가지로 신들에게 그리고 온 우주에 있는 하늘의 지적 존재들에게, 사람을 새롭게 드러냈기 때문이다.

예수는 죄를 갚는 희생물로서 죽으려는 것이 아니다. 그는 인류의 타고난 도덕적 죄를 대신 갚으려는 것이 아니다. 인류는 하나님 앞에 그렇게 종족으로서 죄가 없다. 죄를 지었다는 느낌은 순전히 개인이 저지르는 죄, 아버지의 뜻과 그 아들들의 행정부에 대하여, 알면서 깊이 생각하여 반항하는 문제이다.

비록 구원 계획이 증여 계획의 잠정적인 특색인 것처럼 우리에게 보임에도 불구하고, 죄와 반역은 하나님의 파라다이스 아들들의 근본적인 증여 계획과는 아무 상관이 없다. **유란시아의 필사자에게 하나님이 베푸는 구원은, 예수가 무지한 필사자들의 잔인한 손에 죽지 않았더라도, 똑같이 유효하고 틀림없이 확실하였을 것이다. 주님이 이 땅의 사람들에게서 호의적으로 환영받고, 육신을 입은 인생을 자진하여 그만두고 유란시아를 떠났더라도, 하나님의 사랑과 아들의 자비, 이 사실 —하나님의 아들이라는 사실— 도 조금도 영향을 받지 않았을 것이다. 너희 필사자는 하나님의 아들이다. 너의 개인 체험에서 진리를 사실로 만드는 데는 오직 한 가지가 요구되는데, 영에게서 태어난 너의 믿음이다.**

52. 십자가형

두 강도가 준비된 후, 병사들은 백부장의 인솔하에 십자가형이 있을 현장으로 떠났다. 두 강도는 채찍을 맞았지만, 예수는 이미 맞았으므로 맞지 않았다.

예수는 이제 십자가형을 자유의지로 순응한다. 이러한 체험은 '아버지는 내가 내 생명을 기꺼이 버리기 때문에 나를 사랑하고 격려한다. 그러나 나는 그것을 다시 취할 것이다. 아무도 내 생명을 빼앗지 못하며 내가 스스로 그것을 버리는 것이다. 나는 그것을 버릴 권한도 있고, 그것을 취할 권한도 있다. 나는 그러한 계명을 내 아버지로부터 받았다.'

1) 골고다로 가는 길

집정관 관저 안마당을 떠나기 전에, 병사들은 십자가의 가로 들보를 예수의 어깨에 올려놓았다. 사형수에게 가로 들보를 운반해 가도록 하는 것은 관습이었다. 십자가를 위한 보다 길고 똑바로 세우기 위한 나무는 이미 골고다로 운반되어 있었으며, 죄수들이 도착 될 무렵에는 벌써 땅에 견고하게 세워져 있었다.

예수의 십자가에 붙이기 위하여 백부장이 가져온 패 위에는, 빌라도가 직접 라틴어와 그리스어 그리고 아람어로 기록하였으며, '나사렛 예수—유대인의 왕'이라고 적혀 있었다. 유대 당국자는 그가 '나는 유대인의 왕이다'라고 하였다. 라고, 바꿔야 한다고 주장하였으나, 내가 써야 할 것을 썼다. 라고, 대답하였다.

예루살렘이 포위되었던 동안, **예수 십자가형의 꼭 40년 후에,** 골고다 전역이 수천수만 개의 십자가로 뒤덮였으며, 매일 같이 그 위에서 유대 종족의 꽃들이 사라졌다. **이 날 뿌려진 씨앗의 무서운 수확이 되었다.**

골고다를 향하는 지름길, 좁은 길을 지나가자, 여인들은 비통해하였다. 주는 그들을 보시며 말했다. "예루살렘 딸들아, 나를 위해 울지 말고, 오히려 너희 자신과 자녀들을 위해 슬퍼하라. 내 일은 거의 끝났지만, 나는 곧 내 아버지께로 간다. 예루살렘에 극심한 고난의 때가 곧 시작될 것이다. 그날이 오면 너희는 이렇게 말할 것이다. 아이를 낳지 못한 자와 자녀에게 젖을 먹여보지 못한 자가 복되도다.라고 말할 날이 다가오고 있다. 이러한 날에는 너의 재난의 공포에서 벗어나기 위하여 언덕 위의 돌이 너희에게 굴러떨어지게 해달라고 기도해야 할 것이다."

엘리야 마가의 집에서 최후의 만찬을 나눈 이후로 음식과 물을 조금도 드시지 못하였고, 한순간도 눈을 붙이지 못하였다. 체력이 떨어져 무거운 짐을 이겨내지 못하고 주저앉았다. 지휘관은 지나가던 구레네 시몬이라는 사람에게 명령하여, 예수가 지고 가던 들보를 강제로 골고다까지 지고 가도록 하였다.

시몬은 용감한 신자가 되었고 두 아들은 복음을 가르치는 유능한 선생이 되었다. 예수가 한때 다친 아들에게 친절을 베푼 사람인 것을 알지 못하였다.

2) 십자가에 못 박힘

군인들은 먼저 주의 팔을 가로 들보에 묶은 후에, 손을 나무에 못 박았다. 가로 들보를 기둥 위로 들어 올리고, 십자가 기둥 위에 단단히 못을 박은 후, 그의 발을 나무에 묶은 후, 두 발을 포개어서 두 발을 관통하도록 긴 못 하나를 박았다. 발판으로 사용하여 몸무게를 지탱할 수 있도록 적당한 높이에 쐐기 모양의 나무가 박혀 있었다. 십자가는 높지 않았고, 발은 땅에서 90센티미터쯤 떨어져 있었다.

십자가형을 당하는 사람은 옷을 모두 벗기는 것이 관례였지만, 유대인들은 벗겨진 육체가 대중 앞에 노출되는 것을 완강하게 거부하였기 때문에, 로마인들은 예루살렘에서 십자가형에 처하는 모든 사람에게 적당히 허리 부분만 감추는 옷을 입혔다. 따라서 예수의 옷이 벗겨진 후, 그가 십자가에 달려지기 전에 그런 옷으로 입혀졌다.

사형수의 고통을 덜어주기 위하여, 유대인 부인회는 약물을 탄 포도주를 마시게 하려고, 형장에 대표자를 보냈는데, 예수는 목이 마르셨을 때, 마취제가 섞인 이 포도주를 맛보시고 마시기를 거절하였다. 주는 마지막까지 인간 의식을 유지하고자 하였다.

빌라도는 유대인들의 무례한 태도에 분노하였고, 협박당하고 창피를 당했다. 그래서 '반역자 예수'라고 쓸 수도 있었지만, 그들이 싫어하는 나사렛을 넣어서, '나사렛 예수 유대인의 왕'이라고 적어서 그들의 급소를 찔렀다.

예수께서 십자가에 올려진 직후, 죄 팻말을 못 박고 있을 때, 요한은 예수의 어머니와 룻 그리고 유다와 함께 현장에 도착하였다. 요한은 바로 자기 어머니와 그의 친구들을 데리러 갔기 때문에 그곳에 있지 못하였다. 요한은 십자가형을 지켜본 유일한 사람이다.

로마 군인들이 주의 옷을 갖는 것은 잘된 일이었다. 그를 따르는 자들이 가졌더라면 유물을 미신적으로 숭배하는 유혹에 빠졌을 것이다. 주님은 추종자들이 자신과 관련된 어떤 물질도 소유하지 않게 되기를 바라셨다. 그는 아버지 뜻을 행하는 일에 바쳐진 높은 영적 이상을 위하여 헌신한, 한 인간 생애에 대한 기억만을 인류에게 남기기를 원했다.

3) 십자가형을 본 사람들

이 금요일 아침 9시 반쯤에, 십자가에 달렸다. 11시 이전에 천 명이 넘는 사람이 모여들었다. 십자가 옆에는 마리아, 룻, 유다, 요한, 살로메, 예수의 이모 클로바의 아내인 마리아, 막달라 마리아, 세포리에 있었던 레베카가 서 있었다.

그들의 조롱과 폭언에 예수가 대꾸하지 않고 관대한데 놀랐다. 그들이 먹고 마시는 것을 보시면서, '내가 목마르다'라고 말씀하셨다. 경비대 지휘관은 이 말씀을 듣고 자기 병에서 약간의 포도주를 따라서 스펀지로 된 해면에 흠뻑 적신 후에, 창끝에 꿰어, 타는 입술에 축일 수 있도록 예수에게 올려 주었다.

예수는 자신의 초자연적인 힘에 의존하지 않고 사시기로 작정하였었으며, 마찬가지로 보통 사람과 똑같이 십자가에서 죽기로 선택하였다. 그는 사람으로서 사셨으며, 아버지의 뜻을 행하는 한 사람으로 죽으려고 하였다.

4) 십자가 위의 도둑

강도 중 하나가 예수를 조롱하면서 말하자, 여러 번 주의 가르침을 들었던 다른 강도가 너는 하나님조차도 두려워하지 않느냐? 우리는 우리 행동에 대해 마땅한 고난을 받지만, 이 사람은 부당하게 당하고 있음을 너는 모으겠느냐? 우리 죄를 용서하고 우리 혼을 구원해 주기를 청하는 것이 더 좋을 것이다. 강도가 말하는 것을 들으신 예수는 미소를 띠셨다. 죄수는 용기를 내어 꺼질듯한 목소리로

'주님, 당신의 나라에 들어가시면 저를 기억해 주십시오' 그러자 예수는 '진실로 내가 네게 말하는데, 네가 장차 나와 함께 낙원에 있을 것이다.'

주님은 죽어가는 고통 중에도, 믿음을 가진 강도의 신앙 고백에 귀를 기울였다. 이 강도는 이 일이 있기 전 여러 번 예수를 믿으라고 강요받은 적이 있지만, 마지막 순간에 와서야 주님의 가르침에 전심으로 돌아섰다. 예수께서 십자가 위에서 죽음을 맞는 태도를 봤을 때, 이 강도는 사람의 아들이 참으로 하나님의 아들이었음을 깨달을 수밖에 없었다.

이 이야기는 요한이 그곳에 없어서 못 들었고, 나중에 누가가 개종한 로마 경비원 지휘관에게서 들었다.

만약에 조롱하던 군중 중에서 다른 어떤 사람이 자기 혼 속에 신앙의 탄생을 체험하고 예수의 자비에 호소하였다면, 그는 믿음을 가진 강도에게 보여주신 것과 같은 사랑으로 받아들여지고 용납되었을 것이다.

요한은 그의 어머니와 12명의 여자 신자를 도시에서 데리고 왔다. 요한은 자기 어머니를 예수의 어머니 마리아 곁에 앉혔다. 때는 정오였고 예수는 이 광경을 내려다보시면서 그의 어머니에게 말했다. '여인이여, 보십시오, 당신의 아들입니다!'라고 말씀했다. 그리고 요한에게는 '내 아들아, 보라, 네 어머니다!'라고 말씀했다. 그러고 나서 둘 다에게 '나는 너희가 이 자리를 떠나기를 바란다.' 그리하여 요한과 유다는 마리아를 겟세마네에서 모시고 내려갔다. 요한은 예수의 어머니를 자기가 예루살렘에 머물고 있던 곳으로 안내한 후 서둘러 십자가 형장으로 돌아왔다.

유월절이 지난 후 마리아는 벳새다로 돌아갔으며, 그녀는 그곳에 있는 요한의 집에서 여생을 보냈다. 마리아는 예수께서 돌아가신 후 1년이 못 되어 죽었다.

마리아가 떠난 후에, 다른 여인들은 조금 떨어진 곳으로 물러나서, 예수가 십자가 위에서 운명할 때까지 그곳에 남아 있었으며, 주의 육신이 장례를 위하여 내려질 때까지 기다리고 있었다.

5) 십자가에 달린 마지막 시간

그런 현상이 있기에는 아직 철이 일렀어도, 12시가 조금 지나서, 공중에 미세한 모래 때문에 하늘이 어두워졌다. 사람들은 이것을 보고 아라비아 사막으로부터 뜨거운 바람을 실은 모래폭풍이 온다는 것을 알았다. 1시가 채 못되어 하늘이 너무 어두워져서 해를 가렸고, 나머지 군중은 도시로 서둘러 돌아갔다. 조금 후 주가 목숨이 다했을 때, 30명이 안 되는 사람들, 오직 로마 군이 13명과 신자들 약 15명이 자리에 있었다. 이 신자들은 두 사람, 예수의 아우 유다와 요한 세베대를 제외하고 모두 여자였고, 요한은 주가 숨이 끊어지기 바로 전에 돌아왔다.

1시가 조금 지나자, 의식이 희미해지기 시작했다. 예수님의 마지막 의식은 마음속으로 시편 20편, 21편, 22편을 마음속에 떠올리며 가끔 입술이 움직이며 작은 음성이 들렸다. '기름 부은 자를 주님께서 구원하실 줄을 내가 압니다.' '당신의 손이 나의 모든 적을 찾아낼 것입니다.''나의 하나님 나의 하나님, 어찌하여 나를 버리셨습니까?'라는 음성을 들었다.

1시 반쯤 두 번째로 '내가 목마르다'라고 했을 때 같은 경비 지휘관이 신 포도주를 적신 해면을 그의 입술을 적셔주었다.

모래폭풍이 심해 하늘이 점점 더 어두워졌다. 요한의 어머니와 다른 사람들은 조금 떨어진 곳에 있는 지붕처럼 되어 있는 바위 밑에서 지켜보고 있었다. 십자가 밑에는 요한 세베대, 주의 형제 유다, 그의 자매 룻, 막달라 마리아, 세포리에 있었던 레베카가 있었다.

예수께서 큰 음성으로 '다 이루었다! 아버지여, 내 영을 당신의 손에 맡깁니다.'라고 소리쳤을 때는 3시 직전이었다. 이렇게 말하고 나서, 고개를 숙였고, 몸부림을 그만두었다. 예수의 돌아가시는 모습을 지켜본 로마 백부장은 자신의 가슴을 치면서 '이는 진정으로 정의로운 사람이었다. 진실로 그는, 하나님의 아들이었음에 틀림이 없다.'라고 말하였다. 그는 그 시간부터 예수를 믿었다.

예수는 살아있을 때와 마찬가지로 장엄하게 돌아가셨다. 그는 자신이 왕임을 거침없이 인정하였고, 비극의 날 내내 주로 계셨다. 그가 선택한 사도들의 안전을 도모한 후에, 기꺼이 치욕스러운 죽음을 맞이했다. 말썽을 일으키는 베드로의 폭력에 지혜롭게 억제했으며, 요한에게는 끝까지 곁에 있도록 조치하였다.

살의에 찬 산헤드린에게 자신의 참된 본성을 게시하셨으며, 빌라도에게는 군주 권한의 근원이 하나님의 아들임을 상기시켰다. 필사자로서 획득한 자신의 영을 낙원 아버지께 위탁함으로써 자신의 사랑 넘치는 증여를 완결하였다.

군인들은 예수의 옆구리를 창으로 찔러서 죽음을 확인하였다.

6) 십자가형 이후

모래폭풍 어둠 속에서, 3시 반경, 다윗 세베대는 주의 죽음을 알리는 마지막 메신저를 보냈다. 그는 전령 중 마지막을 예수의 어머니와 다른 가족들이 머물고 있으리라고 생각된 베다나에 있는 마르다와 마리아의 집으로 보냈다.

주가 돌아가신 후에, 요한은 여인들을, 유다의 책임 아래, 인식일 동안 그들이 머물러 있었던 엘리야 마가의 집으로 보냈다. 요한은 이때 로마 백부장과 친해져서, 빌라도로부터 예수의 시체를 가져가도록 허락한다는 명령을 받은 요셉과 니고데모가 현장에 도착할 때까지 골고다에 남아 있었다.

이렇게 광대한 한 우주의 비극과 슬픔의 날이 끝났다. 그 우주의 수많은 지능 존재는 자신들의 사랑하는 주권자가, 인간으로 육신화 한 모습에서 십자가형을 받는 소스라칠 광경에서 몸서리를 쳤다. **이렇게 나타난 필사자의 무정함과 인간의 타락에 경악했다.**

53. 무덤에 있던 시간

십자가에서 돌아가신 때부터 부활까지, 금요일 오후 3시부터 일요일 아침 3시까지 36시간 중에, 죽음 이후 한 시간 동안은 십자가에 달려 있었다.

십자가에서 죽은 자들은 게헨나라는 넓은 구덩이에 던져 넣는 것이 유대인의 관습이었다.

아리마대 요셉은 니고데모와 함께 빌라도에게 가서, 예수의 시신을 적절하게 장사지낼 수 있도록 허락해 달라고 요청하였다. 요셉은 많은 돈을 가지고 빌라도에게 갔으며, 예수의 시신을 사유 매장지로 옮길 수 있는 허락을 얻기 위하여, 필요한 경우에는 그 대가로 돈을 지급하려 하였다. 그러나 빌라도는 돈을 요구하지 않았다. 요셉이 주의 시신을 즉시 소유하도록 한다는 명령서에 바로 서명하였다.

1) 예수를 무덤에 안치하다

요셉과 니고데모가 골고다에 도착하였을 때 군인들이 예수를 끌어 내리고 있었다. 죄수를 게헨나 구덩이에 매장하는 것을 추종자들이 방해하지, 못 하도록 산헤드린에서 보낸 사람들이 옆에서 감시하고 있었다. 요셉이 주의 시신에 대한 빌라도의 명령서를 백부장에게 제시하자, 유대인들은 자기들에게 소유권이 있다고 소란을 피우며 시끄럽게 떠들었다. 백부장은 네 명의 군인에게 시신 옆에 서도록 명령했다. 백부장은 다른 군인에게 명령하여 유대인들을 뒤로 물리쳤다. 질서가 회복된 뒤에 백부장은 빌라도가 보낸 명령서를 유대인들에게 읽어주고, 요셉에게 '이 시신은 당신의 소유이니 소견대로 하시오, 아무도 방해하지 못하도록 내가 군인들과 함께 지켜주겠소,'

십자가형에 처한 사람은 유대인의 무덤에 묻힐 수 없었다. 요셉과 니고데모는 이 법을 알고 있었다. 골고다로 가는 길에서 그들은 요셉이 새로 만든 가족묘에 예수를 묻기로 하였다. 이 무덤에는 아무도 묻힌 적이 없었으며, 그들은 주를 그곳에 눕히는 것이 적당하겠다고 생각하였다. 요셉은 예수가 죽음에서 일어나실 것을 실제로 믿었지만, 니고데모는 거의 믿지 않았다. 이 두 사람은 전에 산헤드린 회원이었다. 이날 이후로 그들은 온 예루살렘에서 예수를 가장 과감하게 전하는 제자가 되었다.

4시 30분경에 장례 행렬이 길 건너편에 있는 요셉의 무덤을 향하여 골고다를 출발하였다. 그 시신은 네 사람이 운반할 수 있도록 세마포로 쌌으며, 갈릴리에서 온 신실한 여인 감시자들이 뒤를 따라갔다. 예수의 시신을 운반한 사람들은, **요셉, 니고데모, 요한, 그리고 로마인 백부장이었다.**

묘실은 사방 3미터 정도 되며, 유대인들은 시신을 땅에 묻지 않는다. 그들은 실제 향유로 방부 처리하였다. 요셉과 니고데모는 많은 양의 몰약과 향료를 가져왔으며, 이 액체들을 적신 헝겊으로 시신을 감았다. 향유로 방부 처리하는 일이 끝나자, 그들은 얼굴을 수건으로 동이고, 몸을 세마포로 감았으며 무덤 안에 있는 선반 위에 존경을 담아서 눕혀 놓았다.

백부장은 군인들에게 무덤 입구에 돌로 된 문을 굴리는 일에 도움을 주도록 하였다.

안식일이 곧 시작되기 때문에 남자들은 서둘러 돌아갔고 여인들은 아주 캄캄할 때까지 무덤 곁에 있었다. 여기에 머문 여인은 막달라 마리아, 클로바의 아내 마리아, 예수의 또 다른 이모 마르다, 세포리의 레베카였다.

예수의 제자 중에서, 다윗 세베대와 아리마데의 요셉을 제외하고는, 셋째 날 무덤에서 살아나실 것을 실제로 믿거나 이해한 사람은 거의 없었다.

2) 무덤을 지킴

세 번째 날에, 무덤에서 일어나리라는 그의 약속에 대하여 예수를 따르는 사람들은 무관심하였더라도, 그의 적들은 그렇지 않았다. 그래서 빌라도에게 열 명의 군인을 지원받고, 열 명의 유대인 경비병들과 함께 무덤을 지키게 하였다. 다른 돌들을 굴려다가 무덤 앞을 막고 빌라도의 이름으로 봉인하였다.

3) 안식일을 지키는 동안

제자와 사도들은 숨어 있었고, 온 예루살렘은 예수가 십자가에서 돌아가신 일에 관하여 이야기했다. 이때 로마 제국의 온 구석과 메소포타미아에서 거의 150만의 유대인이 예루살렘에 와 있었다. 이 모든 순례자가 예수가 부활했다는 말을 듣고 그 소식을 고향으로 가지고 갈 것이다.

토요일 밤늦게, 요한 마가는 열한 사도들을 비밀리에 자기 아버지의 집으로 오도록 불렀으며, 그곳에서 그들은 이틀 전에 자신들의 주와 함께 최후의 만찬을 나누었던 다락방으로 자정이 지나기 직전에 모두 모였다.

예수의 어머니는 토요일 저녁 룻과 유다를 데리고 베다니로 갔다. 다윗 세베대는 니고데모의 집에 머물면서 메신저들을 일요일 아침 그곳에 모두 모이도록 이미 지시해 두었었다. 갈릴리의 여인들은 향료를 준비하고 아리마대 요셉의 집에 머물고 있었다.

요셉의 새 무덤에서 하루 반나절 동안 예수에게 무슨 일이 일어났는지 우리는 충분히 설명할 수 없다. 어떤 다른 필사자가 같은 상황에서 죽는 것과 마찬가지로 그는 십자가에서 똑같이 자연사한 듯하다. '아버지여, 내 혼을 당신의 손에 의탁합니다.'라고 말하는 것을 들었다. 그의 생각 조절자는 인격을 갖춘 지 오래되었고, 예수의 필사 몸과 따로 존재를 유지했으니까, 그러한 말씀이 무슨 의미를 내포하는지 우리는 충분히 이해하지 못한다. 인격이 된 주의 조절자는 어떤 의미에서도 그가 십자가에서 육체로 죽은 것에 영향을 받을 수 없다. 예수가 한동안 아버지의 손에 맡긴 것은, 인간 체험의 기록부를 저택 세계로 옮기기 위하여 필사 지성을 영으로 만드는 과제에서, 조절자의 초기 행적의 영 사본이었음이 분명하다. 예수의 체험에도 그 구체에서 믿음이 성장하는 필사자의 영 본질, 또는 혼과 비슷한 어떤 영적 실체가 있었음이 분명하다. 그러나 이것은 우리의 의견일 따름이다. 우리는 예수가 아버지께 무엇을 맡겼는지 모른다.

(188,3,5~16 생략)

4) 십자가에서 죽음의 의미

비록 예수가 십자가 위에서 죽은 것은 사람의 인종적인 죄에 대해 속죄하기 위한 것도 아니고, 그렇지 않으면 화를 내시고 용서하지 않으시는 하나님에게 다가가는 일종의 효과적인 접근을 제공하기 위한 것도 아니다. 비록 사람의 아들이 하나님의 진노를 가라앉히면서, 죄 많은 사람이 구원을 성취할 수 있는 길을 여시기 위하여 자신을 희생물로 바친 것은 아니었지만, 속죄와 화해에 대한 이 관념들이 잘못된 것임에도 여전히, 십자가 위에서 예수의 이 죽음에는 중요한 의의가 담겨있다는 것을 간과해서는 안 된다.

예수는 유란시아에서 육신으로 필사자 생애 전 과정을 살기를 바랐다. 일반적으로 죽음은 일생의 한 부분이다. 십자가 위에서 죽음의 의미를 거짓되게 해석하는 미신적인 실수에서 벗어나기 위해 너희 선의의 노력에서, 주의 죽음에 진정한 중요성과 참된 의의를 깨닫지 못하는 오류를 범하지 않도록 주의해야 한다.

필사 사람은 최고 사기꾼들의 소유물이 된 적이 절대 없었다.

예수는 변절한 통치자들과 구체들의 타락한 영주들의 손아귀로부터 몸값을 주고 사람을 구출하기 위하여 죽은 것이 아니다.

하늘에 계신 아버지는 조상들의 악행으로 인하여 필사자 혼을 파멸시킬 만큼 우둔한 불공정성을 마음에 품으신 적이 절대 없으시다. 그뿐만 아니라, 인류가 하나님께 갚아야 할 빚을 지급하기 위한 노력의 하나로 하나의 희생물로서 주가 돌아가신 것도 아니었다.

예수가 이 땅에 살기 이전에는, 그렇게 하나님을 믿었어도 정당화되었을지 모르지만, 이제 주가 너희 동료 필사자들 속에서 사시고 죽은 이후에는 그렇지 않다.

모세는 창조자 하나님의 위엄과 공의를 가르쳤지만, 예수는 하늘에 계신 아버지의 사랑과 자비를 보여주었다.

동물적 본성—악을 행하려는 경향—은 유전적이겠지만, **죄는 부모로부터 자녀에게 유전되는 것이 아니다. 죄는 의식적인 행동이며, 의지를 가진 창조 체 개별존재가 아버지의 뜻과 아들들의 법에 대항하여 반역을 도모하는 것이다.**

예수는 전체 우주를 위하여 사셨고 돌아가셨다. 오직 이 세상 하나에 있는 인류를 위하여 그렇게 한 일이 아니었다. 예수가 유란시아에서 사시고 돌아가시기 전에도 영역들의 필사자들은 구원을 얻었지만, 그런데도 이 세상에 그가 자신을 증여한 것은 구원의 길을 밝게 보여준 일이 사실이다. **그의 죽음은, 육체를 입고 죽은 뒤에 필사자가 확실히 살아남는다는 일을 분명히 밝히는 데 크게 이바지하였다.**

예수를 희생자, 대속자, 구세주라고 말하는 것은 거의 적절하지 못하지만, **그를 구원**

자라고 표현하는 것은 전적으로 옳다. 그는 구원(살아남음)의 길을 언제까지나 더욱 분명하고 확실하게 만들었다.

너희가 하나님의 관념을, 나사렛 예수가 항상 가르쳤던 유일한 개념인, 진실하고 사랑 넘치는 아버지로서 일단 파악이 되었다면, 하나님에 대하여 가지고 있던 모든 원시적 생각을 당장에, 그 어떤 경우에도 변함없이, 아주 철저히 버려야 한다는 것이다.

그러한 원시적 관념은. 하나님이 그릇된 일을 행하는 자기 백성들을 늘 따져보고 탐지하고, 그들이 합당하게 벌 받는 것을 보려 하거나, 그렇지 않으면 거의 하나님 자신과 비슷한 어떤 존재가 그들을 위하여 기꺼이 고통받기를 자원하여 그들을 대신하여 대리로 죽는 것을 기뻐하는 성난 군주 또는 엄격하고 전능한 지배자인 것처럼 생각하는 모든 원시적 관념을 너희가 시종일관하게 완전히 버려야 한다는 것이다. **몸값을 내고 죄를 대신 갚는다는 관념 전부가, 나사렛 예수가 가르치고 본보기를 보인 그 하나님 개념과 양립할 수 없다.** 하나님의 무한한 사랑은 신다운 성품 가운데 어느 것보다 못하지 않다.

속죄와 희생을 통하여 구원을 이룬다는 이 모든 개념은 이기주의에 뿌리를 두고 바탕을 두는 것이다. 자기 친구들에게 봉사하는 일이 영적 신자들의 형제 신분에 대한 최고의 개념이라고 예수는 가르치셨다. **구원은 하나님의 아버지 신분을 믿는 사람들에게는 당연하게 여겨져야만 하는 것이다.** 신자의 주요 관심사는 개인적 구원을 바라는 이기적인 욕구가 되어서는 결코 안 되며, 오히려 예수가 필사 사람을 사랑하고 섬기신 것처럼, 자기 동료들을 사랑하려고 하는, 그리하여, 섬기고자 하는 사심 없는 욕구이어야만 한다.

진정한 믿음의 사람은 죄로 인하여 앞날에 벌을 받는 것에 그다지 걱정하지 않는다. 참된 신자는 오직 현재 하나님으로부터 분리되지 않도록 관심을 쏟을 뿐이다. 현명한 아버지는 자녀들에게 벌을 주기는 하지만, 이것은 사랑에서 그리고 바로 잡아주기 위하여 하는 것이다. 그들은 화가 나서 벌주지 않으며, 징벌하기 위하여 혼내지도 않는다.

만약 하나님께서 공의가 최고를 지배하는 우주의 완고하고 율법적인 군주였다 하더라도, 그는 결백한 희생자를 죄 있는 범죄자와 바꾸는 어리석은 계획에 분명히 만족해 하지 않았을 것이다.

예수의 죽음에서 위대한 점은, 인간 체험의 질을 높이고 구원의 길을 확대한 것과 관련하여, 그의 죽음 그 자체의 사실보다는 오히려 그가 죽음을 맞으시면서 보여주신 당당한 태도와 비길 데 없는 정신이다.

죄를 대신 갚는다는 이 모든 관념이 구원을 비현실 수준에 가져다 놓았다. 그러한 개념은 순전히 철학적이다. 인간 구원을 실제이며, 사람의 믿음으로 구원을 붙잡을 수 있고, 이렇게 함으로 개별 인간의 체험 속으로 통합할 수 있는 두 가지 현실에 근거를 둔다. 하나님이 아버지라는 사실, 그리고 그와 관계되어, 사람이 형제라는 진실이다. 결국은 '너희에게 빚진 자를 너희가 용서하는 것같이, 너희의 빚도 용서받는다'라는 것이 참말이다.

5) 십자가의 교훈

참 목자는 자기 양 떼 중에서 자격 없는 양에게도 최상으로 헌신하는 것을 충만하게 묘사한다. 그 십자가는 언제까지나 **하나님과 사람 사이의 모든 관계를 가족의 기초위에 둔다.** 하나님은 아버지이시며 사람은 그의 아들이다. 악을 행하는 백성에게 고난을 주고 벌을 가함으로써 만족을 얻으려는 왕의 공의가 아니라, **아버지가 자기 아들을 사랑하는 그 사랑이, 창조자와 인간 사이의 우주 관계에서 가장 중심적인 진리를 이룬다.**

죄인에 대한 예수의 태도는 정죄도 묵인도 아니지만, 오히려 영원한 구원, 사랑의 구원인 그것을 십자가는 언제까지나 보여준다. 예수의 일생과 죽음은 사람들을 설득하여 선하고 정의로운 생존을 얻게 한다는 점에서 그는 정말로 구원자이시다.

예수는 사람들을 너무 사랑해서 그의 사랑은 인간의 가슴 속에서 사랑의 반응을 일깨운다. 사랑은 참으로 전염성이 있고 영원히 창조성이 있다. **예수가 십자가에서 돌아가신 것은, 죄를 용서하고 모든 악행을 삼킬 만큼, 매우 힘차고 신다운 사랑을 본보기로 보여준다.** 예수는 이 세상 사람들에게 정의보다.— 단지 엄밀한 의미에서 옳고 그른 것보다—더 상급의 올바름을 드러냈다. 신의 사랑은 다만 잘못을 용서하는 데 그치지 않고, 잘못을 흡수하고 실제로 없애버린다. 사랑에서 나오는 용서는 자비로 베푸는 용서를 완전히 초월한다. 자비는 나쁜 일을 행한 죄를 한쪽으로 제쳐놓지만, 사랑은 죄와 그로부터 생기는 모든 약점을 언제까지나 없애버린다. 예수는 새로운 삶의 방법을 유란시아에 가져왔다. 악에 저항하지 말고 악을 효과적으로 없애버리는 선을 그로 찾으라고 우리에게 가르쳤다. **예수의 용서는 묵인이 아니라 정죄로부터 구원받는 것이다.** 구원은 잘못을 무시하지 않으며, 잘못된 것을 옳게 고친다. 참된 사랑은 미움과 타협하거나 미움을 묵인하는 것이 아니라, 미움을 없애버린다. 예수의 사랑은 결코 단지 용서하는 것만으로 만족하지 않는다.

주의 사랑은 회복, 영원히 살아남는 것을 뜻한다. 너희가 이 영원한 회복을 의미한다면, 구원을 값을 치르고 되찾는 (대 속) 것으로 언급해도 전적으로 적절하다.

예수께서는 사람을 향한 자신의 개인적 사랑의 능력에 의해 죄와 악의 지배를 깨뜨릴 수 있었다. 그렇게 해서 그는 사람이 더 나은 생명의 길을 선택하도록 해방했다. 예수께서는 기본적으로 미래에 대한 승리를 약속하는 과거로부터 구출을 묘사했다. 용서는 그렇게 구원을 제공한다. 신성한 사랑의 아름다움이 일단 인간의 가슴속에 완전하게 받아들여지면, 죄의 매력과 악의 능력을 영원히 부숴버린다.

예수의 고통은 십자가 처형에 국한되지 않는다. 실제로, 나사렛 예수는 정말로 극심하게 시달리는 필사자로 존재하는 십자가에서 25년을 넘게 보냈다. 십자가의 참된 가치는 십자가가 그의 사랑에 최고이자 마지막 표현이요, 그의 자비에 완벽한 계시라는 사실에 있다.

사람들이 사는 수백만의 세계에서, 도덕적 투쟁을 그만두고 신앙의 선한 싸움을 단념하도록 유혹받을 수 있었던 진보하는 수십조에 달하는 인간들이, 십자가 위에 달리신 예수를 한 번 더 바라보고 나서, 하나님이 사심 없이 사람들에게 봉사하는 데 바친 그의 육신화 된 목숨을 버리는 광경에 영감을 받고서 착실히 전진하였다.

십자가에서 죽음이 가져온 승리는 예수를 공격한 사람들에 대한 그의 태도에 나타난 정신에 모두 요약된다. "아버지여, 저희를 용서하소서, 저희가 무슨 일을 하는지 모릅니다"라고 기도했을 때, 그는 십자가를 사랑이 미움을 이기고 진리가 잘못과 싸워 승리하는 영원한 상징으로 만들었다. 사랑으로 헌신하는 그 태도는 광대한 한 우주에 두루 전염되었다. 제자들은 주로부터 그 헌신을 전염 받았다. 이러한 봉사에서 자기 목숨을 버리라고 요청받은 최초의 선생, 주의 복음을 가르친 선생은 사람들이 그를 돌로 쳐 죽일 때 말했다. '이 죄를 저희의 책임으로 돌리지 마소서.'

십자가가 사람의 최선 성품에 최대로 호소하는 것은 동료 인간에게 봉사하는 데 목숨을 기꺼이 버린 사람을 드러내 보이기 때문이다. 친구를 위하여 목숨을 기쁘게 버리려 하는 것, 사람은 이보다 더 큰 사랑을 가질 수 없다. 예수는 적을 위하여 목숨을 기쁘게 버릴 그런 사랑을 가졌고, 이것은 땅에서 그때까지 알려진 어떤 것보다 더 큰 사랑이었다.

십자가는 신성한 봉사, 사람이 동료의 복지와 구원에 목숨 바치는 것을 나타내는 높은 상징이다. 십자가는 죄지은 사람 대신에, 기분을 상한 하나님의 진노를 달래기 위하여 결백한 하나님의 아들을 희생함을 상징하는 것이 아니라, 땅에서, 그리고 광대한 우주를 통해서 두루, **선한 자가 자신을 악한 자에게 바치고, 그렇게 함으로 바로 이 사랑으로 헌신하는 태도로 그들을 구원하는 신성한 상징으로서 언제까지나 서 있다.** 십자가는 가장 높은 형태의 사심 없는 봉사를 나타내는 표시로서, 죽어도, 십자가에서 죽어도 마음을 다하여 봉사하면서 올바른 생명을 완전히 바치는 최고 헌신의 표시로서 서 있다. 예수가 수여한 생명의 상징, 이 큰 상징이 된 바로 그 광경은, 우리 모두에게, 가서 마찬가지로 봉사하고 싶어 하도록 참으로 영감을 준다.

십자가에서 목숨을 바치는 예수를 바라볼 때, 생각 있는 남녀는 하찮은 골칫거리와 순전히 거짓으로 꾸며낸 많은 불만은커녕, 인생의 가장 혹독한 어려움에 닥쳐도 도저히 다시는 불평할 마음이 생기지 않을 것이다. 그의 삶은 너무 영화롭고 죽음은 아주 승리에 넘쳐서, 우리가 모두 이 두 가지를 기꺼이 함께하도록 마음이 이끌린다. 소년 시절부터, 십자가에서 죽는 이 감동적인 광경에 이르기까지, 예수 자신을 수여하는 전체에는 마음을 끄는 참된 힘이 있다.

그러면 너희가 십자가를 하나님의 계시로 바라볼 때, 원시인의 눈이나 후일 야만인의 관점으로 바라보지 않도록 하여라. 이들은 모두 하나님이 엄격하게 응징하고 엄밀하게 법을 집행하는 무자비한 군주라고 여겼다. 오히려 너희는 그의 광대한 우주의 필사 종족들에게 바치는 **일생의 사명에 예수가 쏟은 사랑과 헌신의 최종 표현을 십자가에서 꼭 보도록 하여라.** 사람 아들의 죽음 속에서, 필사자 구체에 사는 아들들에게 쏟는 아버지의 신다운 사랑이 펼쳐지는 그 절정을 보아라. **이처럼 십자가는 그러한 선물**

과 헌신을 기쁘게 받는 사람에게 기꺼이 애정을 바치고 자진해서 구원을 주는 것을 묘사한다. 십자가에는 아버지가 요구한 것이 하나도 없었다. 오로지 예수가 아주 기쁘게 준 것, 피하려 하지 않은 것만 있었다.

만일 사람이 예수를 깊이 깨달을 수도 없고 그의 증여 의미를 이해할 수 없어도, 필사자로서 고통을 겪는 그의 동료관계는 이해할 수 있을 것이다. 어떤 사람이 자신의 현세적 고통의 본성이나 정도를 창조자가 알지 못한다고 걱정할 수는 없을 것이다.

우리가 알 건데 십자가에서 돌아가신 것은, 사람을 하나님과 화해시키려는 것이 아니라, 아버지의 영원한 사랑과 아들의 끝없는 자비를 사람이 깨닫도록 자극하고, 이 보편적 진리를 이 우주 전체에 널리 알리기 위한 것이라고 우리는 안다.

54. 부활

1) 모론시아 전환 (생략)

2) 예수의 물질적인 몸 (생략)

3) 섭리시대의 부활 (생략)

……서기 30년 4월 9일 아침 3시 2분에, 나사렛 예수의 부활한 모론시아 형체와 인격체가 그 무덤으로부터 밖으로 나왔다….

4) 빈 무덤 발견

예수가 부활하던 그때, 사도들은 만찬을 나누던, 엘리야와 마리아 마가의 다락방에 머물고 있었다. 사도들이 두려움과 비탄에 빠져있을 때, 도마는 벳바게에 있는 시몬의 집에서 혼자 어려움을 삭이려고 생각했다.

니고데모의 집에는 다윗 세베데와 아리마대 요셉, 제자 중 두드러진 15명 정도가 모여 있었다. 아리마대 요셉의 집에는 15~20명의 지도적인 여자 신도들이 모여 있었다. 이 여신도들은 안식일 기간에 숨어 있어서 무덤 상황을 알지 못하였다.

일요일 새벽 세마포와 향료를 가지고 막달라 마리아, 알패오 쌍둥이의 어머니 마리아, 세베대 형제의 어머니 살로메, 추자의 아내 요안나, 알렉산드리아에서 온 에즈라의 딸 수잔나는 무덤을 향해 떠났다.

무덤 입구에 이미 돌이 굴려져 있는 것을 보고 매우 놀랐다. 두려워 떨고 있을 때 막달라 마리아는 묘실 안으로 과감하게 들어갔다. 무덤은 동쪽을 보고 있었다. 주의 시신이 눕혀 있던 자리에는 접힌 수건과, 돌 위에 뉘어 놓았던 대로 천에 싸여 원래대로 눕혀져 있던 천들만 보았다. 덮어씌웠던 천은 시신이 눕혀져 있던 발끝 쪽에 있었.

주의 시신이 없어졌고 수의만 있는 것을 보고 마리아가 놀라서 비명을 지르자, 그들은 두려워 도망쳤다. 자기들만 도망쳤음을 알고 다시 무덤으로 향하였다.

그들은 예수가 부활하였다는 사실을 생각하지 못하였다. 시신이 다른 곳으로 옮겨졌을 것으로 생각했다. 몸을 싼 헝겊이 어떻게 하여 묘실 선반 위 똑같은 자리에 원래대로 손을 대지 않은 채 남아있으니, 어떻게 시체가 옮겨질 수가 있었는가?

동이 트는 이른 아침, 이 여인들이 거기 앉아 있다가, 한쪽에 앉아 있는 사람을 보고 막달라 마리아가 달려가 동산 지기인가 하여 '우리 주를 어디 두었습니까?' 그를 데려오게 알려주십시오, 낯선 사람이 아무 대답이 없자 마리아는 울기 시작하였다.

그러자 예수가 말했다. '이 예수가 갈릴리에 있을 때. 그가 죽을 것이나 다시 살아나리라 너희에게 이르지 않더냐?' 주는 모습이 너무 바뀌고, 희미한 빛을 등지고 있어서 그를 알아보지 못했다. 귀에 익은 음성으로 '마리아야'라고 불렀을 때, 앞으로 달려가 무릎을 꿇고 외쳤다. '내 주여, 내 주님이시여!' 그제야 다른 여인들도 영광스러운 주의 모습을 알아보고 신속히 그 앞에 무릎을 꿇었다.

마리아가 그의 발을 껴안으려고 하자, '마리아야, 네가 육신으로 나를 알았던 것과 같은 내가 아니므로, 나를 만지지 마라. 나는 아버지께로 올라가기 전에 이런 형태로 너희와 잠깐 함께 있을 것이다. 너희는 가서, 내 사도들에게 그리고 베드로에게 내가 부활하였다는 것과 너희가 나와 이야기하였다는 것을 전해라'

여인들은 마가의 다락방으로 가 사도들에게 일어난 일을 모두 이야기해 주었다. 그들은 처음에 환상을 보았다고 생각했지만, 막달아, 마리아가 되풀이하여 말하고 베드로가 자기 이름을 들었을 때, 자기들 눈으로 이 모든 일을 보려고 황급히 무덤으로 뛰어갔다. 그 뒤를 요한이 바짝 쫓아갔다.

5) 무덤에 도착한 베드로와 요한

베드로는 예수가 살아났다고 반은 설득되었고, 사흘째에 살아난다는 약속을 회상했다. 요한은 여인들이 살아나신 주를 정말로 보았다는 말을 반쯤 확신하였다.

베드로보다 나이 어린 요한이 먼저 도착했다. 무덤은 마리아가 묘사한 대로 그대로였다. 곧 시몬 베드로가 달려와서, 들어갔고, 시신을 싼 천들이 그렇게 독특하게 정렬이 되어 있는, 말을 들은 그대로 꼭 같이 텅 빈 무덤을 보았다. 요한도 안으로 들어가서 자기도 모든 일을 보았고, 그런 다음 그들은 바위에 앉아서 그들이 보고 들은 것의 의미를 생각해 보았지만, 분명히 알 수가 없었다.

처음에 베드로는, 누가 무덤을 뒤져서 훔쳐 갔고, 아마 적들이 경비들에게 뇌물을 주고 시신을 훔쳐 갔을 것으로 추측하였다. 요한은 시신이 도둑을 맞았다면 그렇게 깔끔하게 남아 있을 수 없다고 따지면서, 붕대가 그대로 남아 있으면서, 분명히 아무런 손이 닿은 흔적이 없는 점에 대하여 의문을 제기하였다. 그들은 자세히 살펴보려고 다시 무덤 안으로 들어갔다. 두 번째로 무덤에서 나오면서 막달라 마리아가 울고 있는 것을 보았다. 마리아는 예수가 무덤에서 살아났다는 것을 사도들에게 계속 믿게 하려고 하였지만, 그들 모두가 그녀의 보고를 믿으려 하지 않자, 풀이 죽고 실망에 빠지게 되었다.

베드로와 요한이 가고 난 뒤 마리아가 그곳에 남아 서성거리고 있을 때, 주는 다시 그녀에게 나타나서 말했다. '의심하지 말라. 네가 보고 들은 것을 믿을 용기를 가져라. 내가 살아났다. 내가 저희에게 나타나리라, 그리고 약속한 대로, 저희보다 먼저 갈릴리로 가리라고 다시 말하여라.'

마리아는 서둘러 마가의 집으로 돌아가, 다시 예수와 함께 이야기했다고 사도들에게 말했지만, 그들은 마리아를 믿고 싶어 하지 않았다. 그러나 베드로와 요한이 돌아왔을 때, 그들은 놀려 대기를 그쳤고, 두려움과 불안으로 가득 찼다.

55. 예수가 모론시아 형체로 나타남

부활한 예수는 이제, 그 영역에서 상승하는 필사자의 모론시아 생애를 체험하기 위하여, 유란시아에서 잠깐 지내려고 준비했다….

예수 안에 고유하게 존재하고 —생명의 자질— 죽음에서 일어날 수 있게 한 이 모든 힘, **그가 천국을 믿는 자들에게 수여하고, 지금도 자연적인 죽음의 속박으로부터 부활하는 것을 확인하는 그 영원한 생명이라는 선물이다.**

이 영역의 필사자들은, 예수가 이 일요일 아침에 무덤에서 살아났을 때 가졌던 것과 똑같은 종류의 **과도기 몸, 곧 모론시아 몸**으로 부활의 아침에 살아날 것이다. 이 몸은 속에 도는 피가 없고, 평범한 물질 식품을 먹지 않는다.

예수의 부활에 대해 변치 않는 믿음은, 초대 복음을 가르치던 모든 분파의 신앙에서 중요한 특징이다. 예루살렘, 알렉산드리아, 안디옥, 필라델피아에서 복음을 전하던 모든 선생이 주님의 부활에 대한 이 절대적 신앙에 동참했다.

주의 부활을 전파하는데 막달라 마리아가 맡은 역할은, 베드로가 대변인이었던 것처럼, 마리아가 여인 단 대변자였다. 마리아는 여자 일꾼들의 대장은 아니었지만 수석 교사였고 공적 대변자였다. 이미 용의주도한 여인이 돼 있었으므로, 요셉의 정원을 지키는 사람이라 생각한 남자에게 말을 걸면서 보여준 대담성은 빈 무덤을 발견했을 때 그녀가 얼마나 기가 막혔는지 보여준다. 유대인 여인이 낯선 사람에게 접근하는 일이 전통적으로 금지돼 있음을 그녀가 잠시 잊었던 것은, 그녀의 사랑이 얼마나 깊고 고통스러웠는가를 보여준다.

1) 부활의 소식

사도들은 예수가 그들을 두고 떠나는 것을 원하지 않았다. 다시 살아난다는 약속과 죽는다는 말씀도 흘려들었다. 부활에 대한 완전한 증명이 눈앞에 마주칠 때까지 믿으려 하지 않았다.

사도들이 다섯 여인들의 보고를 믿지 않자, 막달라 마리아는 무덤으로 갔고, 다른 여인들은 요셉의 집으로 가서 그의 딸과 다른 여인들에게 체험을 설명했다. 여인들은 그들의 설명을 믿었다. 6시가 조금 지났을 때, 예수를 만났던 여인들과 아리마대 요셉의 딸이 니고데모의 집으로 갔으며, 그동안 일어난 모든 일을 그곳에 모인 요셉, 니고데모, 다윗 세베대에게 이야기했다. 니고데모는 의심했고 유대인이 시신을 가져간 것으로 추측했다. 요셉과 다윗은 그 보고를 믿고 싶어서, 급히 무덤을 조사해 보려고 나갔고, 모든 일이 여인들이 설명한 그대로 임을 발견했다. 그들은 묘실을 들여다본 마지막 사람이 됐다.

7시 반에 성전 경비병들이 와서 경비병들의 지휘관은 수의를 세마포 헝겊에 싸서 근처 절벽 아래로 던져버렸다.

다윗과 요셉은 무덤에서 바로 마가의 다락방으로 가서 사도들과 회의를 했다. 부활을 다윗만 믿으려 했고, 베드로는 처음에는 믿었지만, 주님을 만나지 못하자, 심각한 의심에 빠졌다. 다윗은 논쟁하지는 않았지만, 떠나면서 '당신들은 사도이니 이 일을 당연히 이해해야만 합니다. 나는 니고데모 집으로 가는데, 전령들을 오늘 아침 그곳에 모이라고 미리 말해두었으니, 그들이 모두 모이면, 주님이 부활했다는 소식을 전파하는 마지막 사명을 그들에게 맡겨 내보낼 작정입니다. 나는 주님이 죽게 되실 것이고 셋째 날에 살아나실 것이라 말하는 것을 들었으며, 그 말씀을 믿습니다.' 그는 다락방에서 나가는 길에 사도들의 자금 전부가 들어있는 유다의 돈주머니를 마태 레위에게 맡겼다.

다윗의 전령 26명이 니고데모의 안마당에 다 모인 것은 9시 반쯤이었다.

다윗이 말했다. 나와 서로에게 서약한 대로 내 지시를 잘 따라 줬다. 그동안 한 번도 잘못된 정보를 보낸 적이 없음을 증언하라. 자진해 천국 메신저로 지원한 여러분에게 마지막 사명을 부여한다. 일을 마치면서 우리 임무를 끝냈음을 선언하며, 소식 전달 단체를 해산합니다.

주님은 죽음에서 살아나셨습니다. 더 이상 전령이 필요하지 않습니다. 그는 체포되기 전에 자신이 죽을 것과, 셋째 날에 다시 살아날 것을 우리에게 말씀하셨습니다. 나는 무덤에 가 봤고, 무덤은 비어있었습니다. 나는 예수와 대화를 나눈 막달라 마리아와 다른 네 여인의 말을 들었습니다. 작별 인사를 하며 마지막 전할 소식은 '예수께서 죽은 자 가운데서 살아나셨고, 그 무덤은 비었다.'라는 것입니다.

그 자리에 있던 사람 대부분은 다윗이 그렇게 하지 않도록 말렸다. 그러나 그들은 그를 말릴 수 없었다. 그러고 나서 전령들을 단념시키려 했지만, 그들은 의심하는 말에 관심이 없었다. 그리하여 26명의 전령은 예수께서 부활했다는 엄청난 진리와 사건의 첫 소식을 전파하며 나아갔다. 이 사람들은 다윗을 매우 신뢰했다. 다윗의 말을 그대로 믿었다. 또 어느 정도 의심하는 자들도 똑같이 확실하고 빠르게 그 소식을 전했다.

이 26명은 베다니 나사로 집으로, 남쪽 브엘세바에서 북쪽으로는 다마스쿠스와 시돈까지, 동쪽으로는 필라델피아에서 서쪽으로는 알렉산드리아까지, 신자들이 모여 있는 모든 처소로 파견되었다.

다윗은 동료들을 떠나보낸 후에 요셉의 집에서 어머니를 모시고 베다니에 있는 예수의 가족과 합류하였다. 다윗은 마르다와 마리아의 재산을 처분하는 데 도움을 주고 두 자매의 오빠 나사로가 있는 필라델피아로 같이 갔다.

이때로부터 일주일 뒤에, 요한 세베대는 예수의 어머니 마리아를 모시고 벳세다에 있는 자기 집으로 갔다. 예수의 아우 야고보는 가족과 함께 예루살렘에 남아있었다. 예수의 나머지 가족은 갈릴리로 돌아갔다. 다윗 세베대는 6월 초에 예수의 막내 여동생 룻과 결혼한 다음 마르다와 마리아와 함께 베다니를 떠나 필라델피아로 갔다.

2) 베다니에 나타나신 예수

예수는 부활해서 하늘로 올라갈 때까지 신자들의 눈에 보이는 모습으로 19번 따로 나타났다. 적들에게는 나타나지 않았다.

처음 무덤에서 다섯 여인에게 나타났고, 두 번째도 무덤에서 막달라 마리아에게 나타났다. 세 번째는 베다니에서 이 일요일 정오쯤, 예수의 큰동생 야고보가 다윗의 전령이 전해 준 소식을 듣고, 나사로의 빈 무덤 앞에서 생각하고 있을 때, '야고보야, 나는 천국 봉사를 위해 너를 부르려고 왔다. 네 형제들과 진지하게 하나가 되어 나를 따라오거라.' 자기 이름을 말하는 것을 들은 야고보는 자기에게 말하는 사람이 바로 자기 맏형 예수임을 알아보고 무릎을 꿇으면서 '나의 아버지 그리고 나의 형님'이라고 소리쳤다. 예수는 그를 일으켜 세우시고 말씀하셨다. 그들은 정원을 거닐면서 거의 3분 정도 대화를 나누었다. 지난날의 체험을 이야기하고 가까운 장래에 일어날 사건들을 예측하였다. 그들이 그 집에 가까이 이르자, 예수는 '야고보야, 내가 너희 모두를 함께 인사할 때까지 잘 있거라.'

네 번째는 마르다와 마리아의 집에서 2시 조금 전에, 가족과 친구들 20여 명이 보이게 나타났다. 주님은 열려있는 뒷문에 나타나 말씀했다. '평안이 너희에게 있으라, 육신을 입었던 한때 나와 가까이 지냈고 하늘나라에서 내 형제와 자매로 교제했던 사람들에게 인사한다. 너희는 어찌하여 의심했느냐? 너희가 전심으로 진리의 빛으로 따르기로 선택하기까지, 무엇 때문에 그토록 오래 지체했느냐? 그러므로 너희 모두 아버지 나라에서 진리의 영과 교제토록 해라.' 그들이 놀라서 충격받았던 처음 상태에서 회복되며 그를 껴안으려는 듯 그에게 다가가자, 그는 그들 앞에서 사라졌다.

그들은 모두 성으로 달려가 아직도 의심하는 사도들에게, 일어났던 일들을 말하고 싶어 했으나, 야고보가 그들을 제지했다. 막달라 마리아만 요셉의 집으로 돌아가도록 허락받았다. 야고보는 예수와 정원에서 대화를 나눌 때 그가 자신에게 말씀하신 특별한 것들이 있었다고 말하며, 이런 모론시아 방문에 대한 사실을 그들이 퍼뜨리지 못하도록 했다. 그러나 야고보는, 베다니에 있는 나사로의 집에서 부활한 주님과 이날 나눴던 대화 내용을 결코 더 이상 말하지 않았다.

3) 요셉의 집에서

예수의 다섯 번째 출현은 같은 일요일 오후 4시 15분경에 아리마데 요셉의 집에 모여 있는 25명의 여자 신도 앞에서였다. 부활한 예수는 그들이 식별할 수 있는 형체로 나타나 이렇게 말씀하셨다. '너희에게 평안이 있으라. 하늘나라의 친교는 유대인과 이방인, 부자와 가난한 자, 자유 자와 매인자, 남자와 여자의 구분이 없을 것이다. 또한 너희는 하늘나라에서 하나님의 아들 신분이라는 복음을 통해 인류를 해방하는 기쁜 소식을 전파하도록 부름을 받았다. 온 세계로 가서 이 복음을 전하고 그것으로 인해 신자들이 신앙에 굳건히 서게 하라. 그리고 너희가 이 일을 하는 동안, 소심하고 두려움에 가득한 자들을 강건케 하고 아픈 자들 돌보기를 잊지 말아라. 그리고 나는 땅끝까지 항상 함께 있을 것이다.' 그는 말씀을 마친 후 시야에서 사라졌고, 여인들은 소리 없이 엎드려 경배했다. 막달라 마리아는 다섯 번의 출현 중에 네 번을 체험했다.

예수가 부활하였다는 것과, 많은 사람이 그를 만났다고 주장한다는 말이 도시에 두루 퍼졌다는 소식이 저녁 무렵에는 유대인 통치자들의 귀에까지 전해졌다. 산헤드린 회원들은 이 소문을 심각하게 자극받았다. 가야바는 그날 저녁 8시에 모이도록 산헤드린 회의를 소집했다. 이 회의에서 누구든지 예수의 부활을 언급하는 자는 회당에서 출교시키기로 조치했고, 그를 봤다고 주장하는 자는 사형에 처하자는 제안까지 있었다. 그들은 예수와의 모든 관계가 끝났다고 감히 생각했지만, 나사렛 사람과의 실제 문제는 이제 시작이었다는 것을 발견하기 시작했다.

4) 그리스인들에게 나타나심

4시 반쯤에, 플라비우스라는 사람의 집에서, 주는, 모인 40명의 그리스인 신자에게 여섯 번째로 나타나서 '평안이 너희에게 있어라. 사람의 아들이 이 땅에 유대인으로 출현했지만, 모든 인류를 섬기기 위해 왔었다. 내 아버지 나라에는 유대인도 없고 이방인도 없으며, 너희는 모두 형제, 하나님의 아들들이 될 것이다. 그러므로 너희는 온 세계로 가서, 너희가 천국의 대사들로부터 받은 대로 이 구원의 복음을 전파하라, 그러면 내가 신앙과 진리를 소유한 아버지의 아들들의 형제 관계에서 너희와 교제할 것이다.' 겟세마네에 있었던 그 그리스인 중 대부분이 이 무리 가운데 있었다.

예수의 부활에 대한 소문과 추종자들에게 여러 번 출현했음에 관한 보고가 빠르게 퍼져나갔고, 성 전체가 흥분해 매우 심히 동요하게 됐다. 주님은 이미 자기 가족과 여인들 그리고 그리스인에게 출현했으며, 곧 사도들 가운데도 자신을 나타내게 된다. 산헤드린은 유대인 관리들에게 이토록 갑자기 밀어닥치는 이 새로운 문제들을 재빨리 심사숙고하기 시작했다. 예수께서는 사도들을 무척 생각했지만, 자신이 그들을 방문하기 전에 그들끼리 몇 시간 더 따로 떨어져 진지한 반성과 사려 깊게 숙고하기를 바랐다.

5) 두 형제와 같이 걸어가심

예루살렘에서 서쪽으로 약 7마일 떨어진 엠마오에, 목동인 두 형제, 형인 클레오파스와 동생 야곱이 살았는데, 형은 예수를 부분적으로 믿었고 동생은 흥미를 느끼고 있었다. 그 금요일 오후 5시쯤 예루살렘으로부터 약 3마일 떨어진 곳에서부터 예수의 소문에 관해 진지하게 이야기하며 걸어갔다. 예수는 일곱 번째로 나타나 그들 옆을 따라가면서 같이 여행하였다. 클레오파스는 예수의 가르침을 종종 들었고 예루살렘 신자의 집에서 식사를 나눈 적도 여러 번 있었다. 주가 지금 자기들과 자유롭게 이야기하고 있음에도 알아보지 못하였다….

……내가 그 가르침에 대하여 더 익숙하니, 너희에게 깨우쳐 주고 싶다.

그의 나라는 이 세상에 속하지 않으며, 모든 사람이 하나님의 아들이므로, 저희가 이 진리의 나라, 하늘 아버지의 사랑을 가르치는 이 새 나라에서 사랑으로 봉사하는 형제로서 친교 하는 영적 즐거움을 누리면서 해방과 자유를 찾는다. 이렇게 이 예수가 늘 가르쳤다. 이 사람의 아들이 어떻게 모든 사람에게 하나님의 구원을 선포했는가, 병자와 고통받는 자를 보살피고, 두려움에 빠지고 악에 노예가 된 자를 해방하였는가 너희는 회상하지 못하느냐? 이 나사렛 사람이 예루살렘으로 가야 하고, 그를 사형에 처하려는 적들에게 넘겨지고, 사흘째에 살아나리라고 제자들에게 이른 것을 너희는 알지 못하느냐? 너희는 이 모든 일을 듣지 못하였느냐? 유대인과 이방인이 구원받는 이날에 관하여 성서에서 읽은 적이 없느냐? 그 사람 안에서 땅에 있는 모든 가족이 복을 받으리라, 그는 빈곤한 자의 외침을 듣고, 그를 찾는 가난한 자의 혼을 구하리라, 모든 나라가 그를 복되다 하리라고 거기에 적혀 있느니라. 그러한 구원자는 메마른 땅에 큰 바위의 그림자와 같으리라. 그는 두 팔에 양들을 모으고, 부드럽게 양들을 가슴에 안아 나르면서, 참 목자와 같이 양 떼를 먹이리라. 영적으로 눈먼 자의 눈을 뜨게 하고 절망에 빠진 죄수들을 완전한 해방과 빛 가운데로 끌어내리리라. 어둠 속에 앉아 있는 모든 사람이 영원히 구원하는 큰 빛을 보리라. 마음이 상한 자를 동여매고, 죄에 포로 된 자에게 해방을 선포하며 두려움에 노예가 되고 악에 매인 자에게 감옥 문을 열어 주리라. 슬피 우는 자를 위로하고, 슬픔과 억압 대신에 구원의 기쁨을 저희에게 주리라. 그는 모든 나라의 소망이요, 올바름을 찾는 자에게 영원한 기쁨이 되리라. 이 진리와 올바름의 아들은 병을 고치는 빛과 구원하는 힘으로 세상에서 일어나겠고 그의 민족을 죄에서 구원하기까지 하며, 잃어버린 자를 정말로 찾고 구원하리라. 약한 자를 멸하지 않고, 올바름을 간절히 목마르게 찾는 모든 사람에게 구원을 베풀리라. 그를 믿는 자는 영생을 얻으리라. 그가 그의 영을 모든 육체에 퍼붓고, 이 진리의 영은 각 신자 안에서 영원한 생명으로 솟아오르는 샘물이 되리라, 이렇게 적혀 있느니라. 이 사람이 너희에게 가져다준 하늘나라 복음이 얼마나 큰지 너희는 알아듣지 못하였느냐? 얼마나 큰 구원이 너희에게 다가왔는지 너희는 깨닫지 못하느냐?

이 시점에 그들은 이 형제가 사는 마을에 왔다. 예수는 길을 계속 가려 했지만, 함께 머물라고 간청하여 떼를 썼다. 마침내 찬성하였고, 집으로 들어간 뒤에 금방, 먹으려고 앉았다. 그들은 예수에게 축복할 빵을 드렸고, 그가 빵을 뜯어서 넘겨주는 동안에, 그들의 눈이 열렸고, 클레오파스는 손님이 바로 주라는 것을 알아보았다. 그가 '이분이 주시다.'라고, 말하자, 예수는 눈앞에서 사라졌다.

그들은 식사에는 관심이 없고 이 기쁜 소식을 전하기 위해 서둘러 예루살렘으로 돌아갔다. 이날 저녁 9시쯤에, 주가 열 사람에게 나타나기 바로 전에 이 두 형제는 사도들이 있는 다락방으로 뛰어 들어갔으며, 자기들이 예수를 봤고 그와 함께 대화를 나눴다고 선언했다. 그리고 예수께서 자기들에게 말씀한 모든 것과, 빵을 떼기까지 어떻게 해서 자기들이 그가 누구인지를 구분하지 못했는지 설명했다.

56. 사도와 다른 지도자들에게 나타남

부활이 있었던 일요일은 고통스러운 날이었고, 산헤드린 앞잡이들에게 붙잡힐 것이 두려워서 이층 방에서 보냈다.

요한은 주께서 자신이 다시 일어날 것이라고 단언한 경우가 적어도 5번 이상, 그리고 셋째 날이라고 암시한 때도 적어도 3번 이상 있었다는 것을 차례로 열거하였다. 야고보와 나다니엘에는 영향을 주었지만, 요한이 제일 어리지만 않았다면 더 큰 영향을 끼쳤을 것이다.

요한 마가는 성전 소식과 성안에 떠돌아다니는 소문을 전해 주었으나, 예수가 이미 나타났던 다른 신자 무리로부터는 소식을 전해 받지 못하였다. 지금까지는 다윗의 전령들로부터 봉사를 받았지만, 그들은 부활의 소식을 예루살렘 이외의 지역에 거주하는 신자 무리이게 갔으므로 그곳에는 아무도 없었다. 그들은 처음으로 다윗의 전령들에게 얼마나 많이 의존해 왔었는지 깨달았다.

베드로는 신앙과 의심 사이에 하루 종일 왔다 갔다 하였다. 그날 밤 안나스의 안마당에서 주를 부인한 것 때문에 오시지 않는다는 생각에, 더욱 비탄에 빠졌다. 그래서 안마당으로 나가 혼자 있을 생각이었다….

주는 여러 가지 이유로 사도들에게 나타나는 것을 연기하였다. 첫째, 부활의 소식을 들은 후, 죽음과 부활에 관하여 일러준 말을 생각할 시간을 주고자 했다. 둘째, 처음 출현할 때 도마가 그들과 함께 있기를 원하였다. 요한 마가는 도마가 벳바게에 있는 시몬의 집에 있다고 알려 왔다. 사도들이 데리러 갔었다면 언제든지 돌아갈 수 있었다. 예수가 나타나신 후에 갈릴리로 즉시 떠나지 못한 이유는 도마 없이는 떠나고 싶지 않았다. 다음 주 토요일 베드로와 요한이 가서 도마를 데리고 왔다.

1) 베드로에게 나타나심

예수가 여덟 번째로, 마가의 집 정원에서 베드로에게 나타나신 것은 이 일요일 저녁 8시 반 경이었다. 베드로는 주님을 부인한 후 죄의식과 의심의 무거운 멍에를 지고 지내왔다. 그는 자신이 더 이상 사도가 아닐지 모른다는 불안감과 씨름했다. 유다처럼 자신도 역시 배반했다고 생각했다. 낙심하고 풀이 죽어 있는 상태로 정원을 거닐고 있는 베드로에게 나타나셨다.

주가 안나스의 현관 앞을 지나면서 사랑스러운 모습으로 베드로를 바라보던 때를 생각하고, 빈 무덤에서 달려 온 여인들이 자신에게 전해 준 엄청난 소식, '내 사도들에게 그리고 —베드로에게— 가서'라는 말을 마음속에 되새기며, 이 자비의 상징들을 심사숙고하였을 때, 그의 신앙은 의심을 극복하기 시작하였으며, 똑바로 서서 주먹을 불끈 쥔 채로 이렇게 소리 질렀다. '나는 그가 죽음에서 살아나신 것을 믿으며, 가서 형제들에게 이야기할 것이다.' 그가 이렇게 말하였을 때, 그의 앞에 한 남자의 형체가 갑자기 나타났으며, 친숙한 음성으로 그에게 이렇게 말하였다.

'베드로야, 적이 너를 노렸지만, 나는 너를 포기하지 않았다. 네가 나와의 관계를 부인했던 것은 마음에서 우러난 것이 아니었음을 내가 알았으므로, 네가 요청하기도 전에 너를 용서했지만, 이제 너는 흑암에 앉아 있는 사람들에게 복음의 기쁜 소식을 전할 준비를 하는 동안, 그때의 괴로움과 너 자신에 관해 생각하지 말아야 한다. 너는 천국으로부터 무엇인가 얻으려는 일에 더 이상 관심 두지 말고, 오히려 영적 무지 속에 살아가는 자들에게 내가 줄 수 있는 것을 찾아 실천에 옮겨야 한다. 시몬아, 새로운 날의 전투, 즉 사람의 천성적 정신 속에 있는 악한 불신과 영적 어둠과의 투쟁에 대비하여라.'

베드로와 부활하신 예수는 정원을 같이 걸으면서 과거와 현재와 미래의 일들에 관하여 거의 5분 동안 이야기하였다. 그러고 나서 주는 '베드로야, 내가 너와 네 형제들을 같이 만날 때까지 잘 있거라.'라고 말하면서, 그가 보는 앞에서 사라졌다.

2) 사도들에게 처음으로 나타나심

그날 저녁 9시 조금 지난 뒤, 클레오파스와 야곱이 떠난 후에, 베드로가 정원에서 부활한 주님을 만났다는 말을 믿지 않는 사도들에게 실망한 베드로를, 알패오 쌍둥이는 위로하고 있었으며, 나다니엘이 안드레를 충고하고 있을 때, 부활한 주님이 갑자기 나타나 말씀했다. '너희에게 평화가 있으라, 내가 나타날 때 어찌하여 마치 유령을 본 듯 그리 놀라느냐? 육체를 입고 너희와 함께 있을 때, 내가 이 일에 관하여 말하지 않았느냐? 제사장과 통치자들이 나를 죽이게 되리라는 것과, 너희 중 하나가 나를 배반하리라는 것, 셋째 날에 내가 살아나리라는 것을 말하지 않았느냐? 무슨 이유로 너희 모두는 여인들과 클레오파스와 야곱 그리고 심지어 베드로의 설명에 대해서도 논쟁하며 의심하느냐? 너희는 언제까지 내 말을 의심할 것이며 내 약속을 믿지 않으려느냐? 지금 너희가 나를 실제로 보고 있는데, 이제는 믿겠느냐? 너희 중 한 사람은 아직도 여기 있지 않다. 너희가 다시 함께 모였을 때 그리고 사람의 아들이 무덤에서 살아났음을 너희가 모두 확실히 알고 난 후, 갈릴리로 가라. 하나님을 믿고, 서로를 믿으라, 그리하면 너희가 하늘나라를 위한 새로운 봉사를 시작하게 될 것이다. 너희가 갈릴리로 갈 준비가 될 때까지 나는 너희와 함께 예루살렘에 머물 것이다. 내 평안이 너희와 함께 있기를 바란다.' 이것이 주의 아홉 번째 출현이었다.

3) 모론시아 피조물과 함께 (191,3,1~3,4 생략)

4) 열 번째 나타남 (필라델피아에서)

예수의 열 번째 나타남은 4월 11일 화요일 8시가 조금 지났을 무렵 필라델피아에서 나타났다. 거기서 아브너와 나사로, 그리고 동료 150명쯤에서 나타났는데, 이들은 70인 전도단 가운데 50명이 넘는 사람들을 포함한다. 예수가 십자가에 못 박힌 것, 그리고 다윗의 전령이 전해 준 부활에 대한 소식을 논의하기 위해 아브너가 이 회의를 소집하였다.

　회당에서 아브너와 나사로가 그 모임을 막 시작하였고, 이들이 강단에서 함께 서 있었는데, 그때 주의 모습이 갑자기 나타나는 것을 신자인 청중 전부가 보았다. 그는 아브너와 나사로 사이에서 나타났던 곳에서 앞으로 걸어 나왔고, 둘 중에 아무도 그를 지켜보지 못했는데, 예수는 무리에게 인사하면서 말했다.

　'너희에게 평화가 있으라. 우리가 하늘에 계신 한 아버지를 모시고 있음과 천국 복음은 오직 하나 ―사람이 신앙에 의해 받는 영원한 생명의 선물에 대한 기쁜 소식―을 너희는 안다. 너희가 기쁨으로 복음에 충성할 때, 형제들을 향한 새롭고 더 큰 사랑이 너희 마음속에 가득 차게 해달라고 진리의 아버지께 기도해라. 내가 너희를 사랑한 것처럼 너희도 모든 사람을 사랑하게 되고, 내가 너희를 섬긴 것처럼 너희도 모든 사람을 섬기게 될 것이다. 그들이 유대인이든 에티오피아인이든, 기쁜 소식을 전도하는 일에 헌신하는 너희 모든 형제와 교제하되, 깊이 이해하는 동정심과 형제로서의 애정을 갖고 하라. 요한이 선두에 서서 천국을 전파했고, 너희는 능력으로 복음을 증명했으며, 그리스인은 이미 기쁜 소식을 가르치고 있고, 나는 영적 흑암 속에 앉아 있는 동료들에게 불을 밝히는 일에 애타적으로 삶을 바치는 모든 내 형제의 혼 속에 진리의 영을 곧 보낼 것이다. 너희는 모두 빛의 자녀들이므로, 인간적인 의심과 편협성으로 잘못 이해하는 장애물에 걸려 넘어지지 않도록 해라. 너희가 신앙의 은혜로 인하여 불신자들을 사랑하는 고상함을 갖게 된다면, 널리 퍼지는 신앙의 식구에게 속한 네 동료 신자들도 똑같이 사랑하게 되지 않겠느냐? 기억하라, 너희가 서로 사랑하면, 너희가 내 제자임을 모든 사람이 알게 될 것이다.'

　'그러면 온 세상으로 가서, 하나님이 아버지요 사람들이 형제라는 이 복음을 모든 나라와 민족에게 선포하라. 그리고 인류의 다른 종족과 부족들에게 좋은 소식을 제시하는 방법을 늘 지혜롭게 선택하라. 너희는 이 하늘나라 복음을 거저 받았고, 좋은 소식을 모든 나라에 거저 주어라. 악의 저항은 두려워 말아라. 내가 언제나, 아니 시대의 끝 날까지도 너희와 함께 있을 것이다. 그리고 내 평화를 너희에게 두고 떠난다.'….

5) 사도들에게 두 번째로 나타나심

도마는 올리브산 근처의 동산에서 한 주를 보냈다. 그동안 시몬의 집에 있는 사람과 요한 마가만 만났다. 두 사도가 찾아와 마가의 집으로 데려간 것은 4월 15일 토요일 9시 경이다. 사도들이 주가 부활해서 여러 번 나타났다고 말했지만 믿으려 하지 않았다.

오후 6시가 조금 지나 저녁을 먹을 때, 의심 많은 도마가 말했다. '나는 내 눈으로 직접 주님을 보고 내 손가락을 못 자국에 넣어보기 전에는 믿지 않을 것이다.' 이때 도마 앞에 주가 갑자기 나타나 이렇게 말씀하셨다.

'너희에게 평화가 있어라. 너희가 모두 모였을 때, 내가 다시 나타나서, 온 세계로 나가 이 하늘나라 복음을 전파하라는 명령을 다시 한번 듣도록 너희가 모두 자리에 있을 때 다시 나타날까, 하여, 내가 꼬박 한 주를 머물렀노라, 다시 너희에게 이르노니. 아버지가 나를 세상으로 보내신 것 같이, 나도 너희를 그렇게 보내노라. 내가 아버지를 드러낸 것 같이, 너희도 그렇게, 말만 하는 것이 아니라, 너희 나날의 생활 속에서, 신의 사랑을 드러낼지니라. **사람의 혼을 사랑하라는 것이 아니라 오히려 사람을 사랑하라고 너희를 보내노라.** 너희는 다만 하늘의 기쁨만 선포할 뿐 아니라, 나날의 체험 속에서 신다운 인생의 이 영적 현실을 보여야 하나니, 너희가 **믿음을 통해서 하나님의 선물로서 이미 영생을 가졌음이라.** 믿음을 가졌을 때, 하늘에서 권능이, 진리의 영이, 너희에게 다가왔을 때 너희는 문을 닫고 여기서 너희 빛을 감추지 아니하겠고, 하나님의 사랑과 자비를 온 인류에게 알리리라. 두려워서, 너희는 불쾌한 체험을 겪는 사실로부터 지금 달아나지만, 진리의 영으로 세례를 받고 나서, 하나님의 나라에서 영생을 얻는다는 좋은 소식을 선포하는 새 체험을 얻으려고 너희는 용감히, 기쁘게 떠나가리라. 전통을 부르짖는 권한이 주는 헛된 안정감으로부터, 생생하게 체험하는 최상의 실체 사실과 진실, 그리고 이를 믿음에 근거한 새 체제의 권한으로 넘어가는 과도기의 충격에서 회복하는 동안, 너희는 여기서, 그리고 갈릴리에서 잠시 머물러도 좋으니라. 세상에 대한 너희의 사명은 내가 너희 사이에서 하나님을 드러내는 일생을 살았다는 사실에, 너희와 모든 다른 사람이 하나님의 아들이라는 진실에, 기초를 주느니라, 그리고 그 사명은 너희가 사람들 사이에서 사는 그 인생으로 ―내가 너희를 사랑하고 너희에게 봉사한 것 같이, 사람을 사랑하고 저희에게 봉사하는 실제의 산 체험으로— 이루어질지니라. 믿음으로 세상에 너희의 빛을 드러내라. **진리를 드러내어 전통에 멀어버린 눈을 뜨게 하라.** 너희가 사랑으로 봉사를 베풀어서, 무지로 인한 편견을 효과적으로 없애라. 사람을 이해하는 동정심과 사심 없는 헌신으로 그렇게 동료 인간에게 가까이 다가감으로. 너희는 아버지 사랑을 유익하게 깨닫도록 저희를 이끌리라. **유대인은 선을 찬미하고 그리스인을 아름다움을 높였으며, 힌두인은 헌신을 설교하였고, 먼 나라의 금욕주의자는 존경을 가르치고 로마인은 충성을 요구하였느니라.** 그러나 나는 제자들에게 일생을, 아니 육체를 입은 형제에게 사랑으로 봉사하는 일생을 요구하노라.'

말씀을 마친 주님은, 도마를 보고 말씀하셨다. '도마야, 나를 보고 내 손에 있는 못 자국에 네 손가락을 넣어보지 않으면 믿지 못하겠다고 말했는데, 이제 나를 봤고 내 말을 들었으며, **너희가 이 세상을 떠나게 될 때 너희에게도 임할 그 형체로 내가 살아났으므로,** 네가 내 손에서 못 자국을 보지 못하겠지만, 네 형제들에게 이제는 무엇이라 말하려느냐? 네가 그토록 완강하게 믿지 않을 때도 이미 네 마음속으로는 믿기 시작했으므로, 네가 진리를 인정하게 될 것이다. 도마야, 네 의심은, 무너지려는 그 순간에 항상 아주 완강하게 버티려 한다. 도마야, 나는 네게 의심하지 말고 믿으라 권한다. 그리고 나는 네가 전심으로 믿게 될 것을 안다.'

이 말씀을 들은 도마는 주님 앞에 무릎을 꿇고 '내 주여, 내 주님이여!'라고 외쳤다. 그러자 도마에게 말씀했다. '도마야 너는 나를 실제로 보고 들었기 때문에 믿게 되었다. 앞으로 다가올 시대에는 눈으로 보지 못하고 귀로 듣지 못함에도 믿게 되는 자들이 복되다.'

그러고 나서 모두에게 말씀했다. '이제 너희 모두 갈릴리로 가라, 내가 그곳에서 곧 너희에게 출현할 것이다.' 이 말씀을 한 후 보는 앞에서 사라졌다.

열한 사도는 예수의 부활을 완전히 깨닫게 되었고, 다음 날 날이 밝기 전에 갈릴리를 향해 길을 떠났다.

6) 알렉산드리아에 나타나심

4월 18일 화요일 8시 반쯤에, 예수는 알렉산드리아에서 로단을 비롯해 80여 명의 다른 신자에게 출현했다. 주님이 모론시아 형태로 출현한 12번째 사건이다. 다윗의 전령이 십자가형에 대하여 보고를 마칠 때에 이 그리스인들과 유대인들 앞에서 나타났다. 이 전령은 예루살렘과 알렉산드리아 사이를 교대해서 달리는 전령 중에서 다섯 번째 사람이었다. 그날 오후 늦게 알렉산드리아에 도착하였고, 그가 소식을 로단에 전해 주었을 때, 그 전령으로부터 이 비극적인 말을 직접 받아들일 수 있도록 신자들을 모두 소집하는 결정이 내려졌었다. 8시쯤 되어서, 부시 리스의 나단 이라는 이 전령은 무리 앞으로 나와서, 자기 앞사람한테서 들은 모든 이야기를 그들에게 자세하게 하였다. 나단은 이렇게 덧붙였다. '우리에게 이 말을 전하게 한 다윗은 주께서 자기 죽음을 예고하였다는 것과 다시 살아나실 것이라고 확언하였다고 말하였습니다.'

나단이 말을 마치기도 전에 모론시아 주는 모든 사람이 볼 수 있도록 그곳에 나타났다. 나단이 자리에 앉자, 예수는 이렇게 말씀하였다.

'평화가 너희에게 있어라. 내 아버지께서 나를 이 세상에 보내 세우시려는 것은 한 종족이나 국가 또는 특정한 무리의 선생이나 전도자에게 국한되지 않는다. 천국의 이 복음은 유대인과 이방인에게, 부자와 가난한 자에게, 자유 한 자나 속박당한 자에게, 남자와 여자에게, 그리고 심지어 어린아이들에게도 속한다. 그리고 너희는 일생을 통해 이 **사랑과 진리의 복음을** 전파하게 될 것이다. 내가 너희를 사랑한 것처럼, 너희는 새롭고 놀라운 애정을 갖고 서로 사랑하게 될 것이다. 내가 너희를 섬긴 것처럼, 너희는 새롭고 놀라운 헌신으로 사람을 섬기게 될 것이다. 그리고 너희가 그들을 사랑하는 것을 사람이 보게 될 때, 그리고 너희가 얼마나 열렬히 사랑하는지 그들이 보게 될 때, 그들은 너희가 하늘나라의 신앙 친구가 됐음을 알게 될 것이며, 그들도 영원한 구원을 찾기 위해, 너희 삶에서 발견할 수 있는 진리의 영을 따라가고자 할 것이다.'

'아버지가 나를 이 세상으로 보내신 것처럼 나도 너희를 보낸다. 너희는 모두 흑암 속에 앉아 있는 사람들에게 기쁜 소식을 전하는 일에 부름을 받았다. 이 천국 복음은 그것을 믿는 모든 사람에게 속했으며, 단지 사제들의 역할에만 맡겨지지 않을 것이다. 곧 진리의 영이 너희에게 임할 것이고, 그가 너희를 모든 진리로 인도할 것이다. 그러므로 너희는 온 세상으로 가서 이 복음을 전파하라. 보라 내가 시대가 끝날 때까지 너희와 항상 함께 있을 것이다.'

주께서 말씀을 마치시고, 그들의 시야에서 사라졌다. 이날로부터 이틀이 지난 후에, 부활의 소식을 전하는 다윗의 전령이 자신이 전해 준 소식에 대하여 그들이 '예, 우리는 그를 보았기 때문에 이미 알고 있습니다. 그가 그저께 우리에게 나타나셨습니다.'라는 대답을 들었을 때, 얼마나 놀랐겠는지 상상해 보라.

57. 갈릴리에서 나타남

예수가 신자 집단에게만 나타났고, 사도들이 숨어 있으면서 아무런 대중 활동을 하지 않았기 때문에, 유대인 지도자들은 복음 운동이 효과적으로 분쇄되었다고 결론을 내렸다. 예수가 부활했다는 소문이 불안했지만, 추종자들이 시신을 옮겼다는 이야기를, 뇌물로 매수한 경비병들이 퍼뜨리게 함으로써, 소문에 적절히 대응할 수 있다고 믿었다.

이때부터 박해의 물결이 일어나 사도들이 흩어질 때까지, 베드로를 선출하지는 않았지만, 수석 설교자였기 때문에 사도들의 우두머리로 인정되었다. 갈릴리에서 돌아온 후, 유다의 자리를 대신하여 뽑은 맛디아가 그들의 회계가 되었다.

사도들이 아침 일찍 갈릴리로 떠날 때 요한 마가도 뒤를 따랐다. 벳세다에 도착한 것은 수요일 늦은 밤이었다.

1) 호숫가에서 나타나심

4월 21일, 금요일 아침 6시쯤에, 해변에서 13번째로 열 명의 사도에게 나타났.
목요일 초저녁 베드로가 고기를 잡으러 가자고 제안했을 때, 열 명의 사도가 모두 따라나섰다. 밤새 수고 했지만 고기를 못 잡고, 배 대는 곳으로 가고 있었다. 물가에 가까이 가자, 누군가 모닥불 옆에 서 있는 모습이 보였다. 아무도 그가 주님이라고 생각지 못했다. 주님이 왜 탁 트인 자연 속에서 그들을 만나고 싶어 했는지 알 수 없었다.

닻을 내리고 물가에 가려고 준비할 때, 해변에 서 있는 사람이 '여보시오, 무엇을 좀 잡았소?'라고 소리쳤다. '아니요'라고 대답하자, 그가 다시 말했다. '그물을 배 오른쪽에 던져 보시오, 그러면 고기를 잡을 것이요.' 지시한 사람이 예수이신지 모른 채 그물을 던졌고, 즉시 그물이 가득 차, 들어 올릴 수 없을 지경이었다. 고기를 본 순간 눈치 빠른 요한이 베드로에게 '저분이 주님이시다'라고 속삭이자, 베드로는 성급하게 벌떡 일어나 빨리 가려고 물속으로 뛰어들었다. 그의 형제들이 고기 잡은 그물을 끌면서 작은 배를 타고 해변으로 나왔다.

이 시점에 깨어난 요한 마가는, 고기가 많이 들어있는 그물을 끌고 해변으로 나오는 사도들을 보자 해변으로 달려갔다. 그는 열 사람이 아니라 열한 사람인 것을 보고, 알아 볼 수 없는 사람이 살아나신 예수라고 짐작했다. 놀란 열 사람이 말없이 곁에 서 있는 동안에, 소년은 주께 달려가서 발 앞에 무릎을 꿇고 말했다. '내 주여, 내 주님이여'라고 말했다. 주는 '그래 요한아, 너를 다시 만나니 반가우며, 우리가 편안히 만날 수 있는 안전한 갈릴리에 있게 되어 기쁘다. 요한아, 우리와 함께 남아 아침을 먹도록 하자.'

예수가 소년에게 말하는 동안, 열 명의 사도는 당황하여, 그물을 해변으로 끌어올리는 것을 잊고 있었다. 그때 예수가 '너희가 잡은 고기를 가져다 아침 식사를 준비해라. 이미 모닥불과 많은 빵이 준비되어 있다.'

요한 마가가 주께 경의를 표하는 동안, 베드로는 한순간 모닥불이 타고 있는 광경에 충격을 받았다. 주를 부인했던 안나스의 집 안뜰에서 밤중에 본 모닥불이 눈에 생생하게 생각났기 때문이지만, 그 생각을 떨쳐버리고, 주의 발 앞에 무릎을 꿇고 외쳤다. '내 주여, 내 선생님이여!'라고 소리쳤다.

그러고 나서 그물을 끌어당기는 동료들과 합세하였다. 세어보니 큰 고기만 153마리가 있었다. 그리고 이것을, 물고기를 잡은 또 다른 기적이라 부르는 실수를 다시 저질렀다. 그것은 단순히 미리 알고 있는 지식을 활용한 것이었다. 그는 물고기가 그곳에 있는 것을 아셨으므로 사도들에게 그물을 그곳에 던지라고 지도하였다.

예수는 그들에게 '이제 모두 와서 아침을 먹자.' 요한 마가가 고기를 준비할 것이다. 요한 마가가 적당한 크기 일곱 마리를 가져왔고, 주님이 그것을 불에 올려놨으며, 잘 익은 후에 소년이 열 명에게 배분하였다. 그 후에 예수께서 빵을 떼어 요한에게 주셨고, 그가 시장한 사도들에게 나눠주었다. 예수께서 요한 마가에게 앉으라 하시고 손수 물고기와 빵을 가져다주었다. 그들이 식사하는 동안 예수는 환담하며 갈릴리와 호숫가에서 겪은 체험을 회상했다.

예수는 한 시간이 넘게 열 사도와 요한 마가와 이야기하며 해변을 거닐었다. 그러고 나서 두 명씩 나누어 같이 이야기하면서 해변을 거닐었다. 열한 사도가 예루살렘에서 함께 왔지만, 열심 당원 시몬을 갈릴리에 가까이 올수록 더 낙심하여 벳세다에 도착한 후에는 형제들을 버리고 자기 집으로 돌아가 버렸다.

예수는 그들을 떠나기 전에, 열성 당원 시몬을 당장 데려오라고 지시했다. 안드레와 베드로가 데리고 왔다.

2) 사도들 두 사람씩과 이야기하심

아침 식사를 마친 후 모닥불 옆에 앉아 있는 동안, 예수는 베드로와 요한을 손짓으로 불러, 자기와 함께 해변을 거닐자고 했다. 함께 걸으면서 "요한아, 너는 나를 사랑하느냐?"라고 물었다. 요한이 '예, 주님, 내 마음을 다해 사랑합니다.'라고 대답하자, '요한아, 네 편협성을 버리고, 내가 너를 사랑한 것처럼 사람 사랑하기를 배워라. 사랑이 세상에서 가장 위대함을 증명하는 일에 네 인생을 바쳐라. **구원을 추구하도록 사람을 재촉하는 것이 바로 하나님의 사랑이다. 사랑은 모든 영적 선의 원조며, 진실과 아름다움의 본질 요소이다.**'

그런 다음 베드로를 향하여 "베드로야, 네가 나를 사랑하느냐?"라고 물었다. 베드로는 '주님, 내가 내 혼을 다해 당신을 사랑함을 당신이 아십니다.' 그러자 '베드로야, 네가 나를 사랑한다면, 내 어린양을 먹여라. 약한 자와 가난한 자들 그리고 어린 자들을 무시하지 마라. 두려워하거나 편애하지 말고 복음을 전파하며, 하나님께서는 사람을 차별 대우하지 않으심을 항상 명심하여라. 내가 너를 용서한 것처럼 너도 네 동료 필사자를 용서해라. 체험을 통해 묵상의 가치와 총명하게 숙고하는 능력을 잘 배워라.'

조금 더 걸어간 후 "베드로야, 네가 정말 나를 사랑하느냐?" 그러자 '예, 주님, 내가 당신을 사랑함을 당신이 아십니다.' 예수는 다시 말씀했다. '그러면 내 양을 잘 보살펴라, 양 무리에게 선하고 참된 목자가 되어라. 너를 신뢰하는 그들을 배반하지 마라. 적의 손에 기습당하지 않도록 조심하여라. 항상 주의하고, 깨어 기도하여라.'

몇 걸음 더 걸어간 후, 예수께서 세 번째로 "베드로야, 네가 진실로 나를 사랑하느냐?"라고 물었다. 베드로는 자기를 믿지 못하는 듯한 주님의 태도에 약간 슬퍼하면서, 신중한 마음으로 '주님, 당신은 모든 일을 아시니, 내가 정말로 당신을 사랑함을 아십니다.' 그러자 예수는 말씀했다. "내 양을 먹여라. 그 무리를 버리지 마라. 네 모든 동료 목자에게 본이 되고 감화를 주는 사람이 되어라. 내가 너를 사랑한 것처럼 양 무리를 사랑하고, 너를 보호하기 위해 내가 생명을 바친 것처럼 그들을 보호하기 위해 너 자신을 바쳐라. 그리고 끝까지 나를 따라와라."

베드로는 말씀의 마지막 부분 '자신이 그를 계속하여 따라가야만 한다는'을 글자 그대로 받아들였고 요한을 가리키며 예수께 '만일 제가 당신을 따라간다면, 이 사람은 무엇을 하게 됩니까?'라고 물었다. 그러자 예수는 베드로가 자기 말을 잘못 이해한 것을 아시고 이렇게 말씀하였다. "베드로야, 네 형제가 무엇을 하게 될 것인지에 대하여 염려하지 마라. 만일 네가 떠난 후에, 내가 다시 돌아올 때까지 요한을 머물러 있게 한다고 하더라도, 그것이 너와 무슨 상관이 있느냐? 다만 너는 나를 따라오기만 하면 된다."

이 말이 형제들 사이에 두루 퍼졌고, 천국이 영광과 능력으로 이루어지기를 많은 사람이 생각하고 희망한 것처럼, 주님이 재림할 때까지 요한이 죽지 않을 것이라고 예수께서 말씀한 것으로 이것을 받아들였다. 열심 당원 시몬을 봉사하러 돌아오게 하고 계속 일하게 한 것과 많은 연관이 있다.

다음 차례로 예수는 안드레와 야고보와 함께 걸으며, 안드레에게 물었다. "안드레야, 너는 나를 신뢰하느냐?" 전에 사도들의 우두머리였던 그는 '예, 주님, 나는 결단코 주님을 신뢰하며, 내가 그런 것을 주님도 아십니다.' 그러자 "안드레야, 네가 나를 신뢰한다면, 네 형제들을, 베드로까지도, 더욱 신뢰하거라. 나는 한때 형제들에 대한 너의 지도력을 신뢰했다. 이제 나는 아버지께 가기 위해 너를 떠나지만, 너는 다른 형제들을 신뢰해야만 한다. 혹독한 박해로 인하여 네 형제들이 멀리 흩어지게 된 후, 내 육신의 동생 야고보가 아직 체험이 부족해 견뎌 낼 수 없는 너무 무거운 짐을 그들이 그에게 지우려 할 때, 그에게 신중하고 현명한 협조자가 돼 줘라. 그리고 내가 너를 저버리지 않을 것이니, 그 후에도 계속해 신뢰하라. 네가 이 땅에서 삶을 마친 후에는 내게 오게 될 것이다."

그러고 나서 "야고보야, 너는 나를 신뢰하느냐?" '예, 주여, 마음을 다하여 당신을 신뢰합니다.' 그러자 예수는 "야고보야, 나를 더욱 신뢰하면, 너는 형제들을 참지 못하는 일이 줄어들 것이다. 신자들의 형제 단체에 친절히 하는 것이 너에게 도움이 될 것이다. 네 말과 행위로 생기는 결과의 무게를 재는 것을 배워라. 씨 뿌리는 대로 거둠을 기억하라. 정신이 차분해지기를 기도하고 참을성을 기르라. 산 믿음과 함께, 이러한 미덕은 희생의 잔을 마실 때가 올 때 너를 붙들리라. 그러나 절대 절망하지 말라. 네가 땅에서 일을 마칠 때, 너도 와서 나와 함께 지낼 것이다."

예수는 다음에 도마와 나다니엘과 이야기했다. "도마야, 너는 나를 섬기느냐?"라고 물었다. '예, 주여, 저는 지금 그리고 항상 섬길 것입니다.' 그러자 예수는 "네가 나를 섬기고자 한다면, 내가 너를 섬긴 것처럼, 너도 육신 속의 내 형제들을 섬겨라. 그리고 이 선행에 지치지 말고, 이 사랑의 봉사를 위해 하나님에게서 임명받은 사람으로서 인내해라. 네가 나와 함께 이 땅에서의 봉사를 마치면, 나와 함께 영광 가운데서 섬기게 될 것이다. 도마야, 너는 의심을 멈춰야 하며, 진리에 대한 지식과 신앙이 자라야만 한다. 어린아이처럼 하나님을 믿되 유치한 행동은 멈춰라. 용기를 가지며, 신앙에 굳건히 서고 하나님 나라에서 강한 자가 되어라."

그러고 나서 주님은 "나다니엘아, 너는 나를 섬기느냐?" '예, 주님, 온전한 애정으로 그렇게 합니다.' "그렇다면, 네가 온전한 마음으로 나를 섬긴다면 이 세상에 있는 내 형제들의 행복을 위해 네가 지칠 줄 모르는 애정으로 헌신해야 함을 명심해라. 네가 조언할 때, 우정과 함께하고, 네 철학에 사랑을 더하도록 하여라. 내가 너를 섬긴 것처럼 너도 네 동료들을 섬겨라. 내가 너를 돌봐 준 것처럼 사람들에게 충실 하거라. 비판을 줄이고, 사람들에게 기대하는 정도를 낮춤으로써, 네 실망을 줄이도록 해라. 그리고 이곳에서 일을 마치게 되면, 너는 나와 함께 저 높은 그곳에서 섬기게 될 것이다."

다음에 주는 마태와 빌립과 함께 이야기했다. "빌립아, 너는 내 말에 순종하느냐?" 빌립은 '예, 주여, 당신이 제 생명을 바치라 하셔도 저는 순종할 것입니다.' 그러자 "네가 내 말에 순종하고자 한다면, 이방인의 땅으로 가서 이 복음을 선포해라. 너는 순종이 제사보다 낫다는 선지자들의 말을 들었다. 너는 신앙에 의해, 하나님을 아는 천국의 아들이 됐다. 순종해야 할 법이 오직 한 가지가 있는데, 그것은 나가서 천국 복음을 전하라는 명령이다. 사람을 두려워하지 말며, 진리의 빛에 굶주리고 흑암 속에서 번민하는 네 동료들에게 영원한 생명과 기쁜 소식을 담대하게 전파하라. 빌립아, 너는 더 이상 돈과 재물을 위해 바쁘게 일하지 않게 될 것이다. 이제 너는 네 형제들이 하는 것과 똑같이, 기쁜 소식을 자유롭게 전파하는 권한을 받았다. 그리고 내가 네 앞에 갈 것이며, 끝까지 너와 함께 있을 것이다."

그리고 나서, "마태야, 너는 진심으로 내 말에 순종하느냐?" 마태는 '예, 주여, 나는 당신의 뜻을 행하는 일에 완전히 헌신했습니다.'라고 대답했다. 그러자, "마태야. 네가 내 말에 순종하고자 한다면, 모든 민족에게 가서 이 천국 복음을 가르쳐라. 너는 더 이상 네 형제들에게 물질적 생활 물품을 공급하지 않아도 되며, 이제부터 너도 영적 구원의 기쁜 소식을 선포해라. 이제부터는 오직 아버지 나라의 이 복음을 전파하는 위탁 임무에만 전념해라. 내가 이 세상에서 아버지 뜻을 이룬 것같이, 너도 신성한 위탁 임무를 완수하게 될 것이다. 유대인이나 이방인이나, 모두 네 형제임을 명심해라. 너는 하늘나라의 복음이라는 구원의 진리들을 전파할 때 아무도 두려워하지 마라. 그리고 내가 가는 곳으로, 너도 곧 오게 될 것이다."

다음에 주는 알페오 쌍둥이, 야고보와 유다에게 가서, 두 사람에게 물었다. "야고보와 유다야, 너희는 나를 믿느냐." 두 사람이 '예, 주님, 우리가 믿습니다.'라고 대답하자. "나는 곧 너희를 떠날 것이다. 내가 육신으로는 이미 너희를 떠났음을 너희가 안다. 나는 내 아버지께 가기 전에, 이런 형체로 잠시만 머물 것이다. 너희는 나를 믿었고, 너희는 내 사도며, 앞으로도 항상 그럴 것이다. 내가 떠난 후, 너희가 나와 함께 생활하기 전에 했던 일로 돌아가더라도, 나와 교제했던 것을 계속 기억하고 믿어야 한다. 너희가 물질적인 일을 하게 되더라도, 너희의 충성심을 좌우할 만한 어떤 기회도 허락지 마라.

너희가 이 땅에 사는 동안 끝까지 하나님께 대한 신앙을 가져라. 너희가 하나님의 신앙 아들일 때, 그 영역의 모든 정직한 업무가 신성시됨을 절대 잊지 말아라. 하나님의 아들이 하는 일 중 보잘것없는 것은 전혀 없다. 그러므로 너희는 지금부터 일할 때 하나님을 위해 하는 것처럼 하라. 그리고 너희가 이 세상에서 삶을 마칠 때, 너희가 여전히 나를 위해 일하게 되는, 더 좋은 다른 세상들이 있다. 그리고 다른 세상들에서, 나는 너희와 같이 일할 것이며, 내 영이 너희 안에 거할 것이다."

알패오 쌍둥이와 이야기를 나누고 돌아왔을 때는 거의 10시가 되었고, 예수는 사도들을 떠나면서 말했다. "너희 임직 식이 있었던 산에서 내일 정오에 너희 모두를 만날 때까지 잘 있어라."라고 말씀하시며 그들이 보는 앞에서 사라졌다.

3) 사도 임명의 산에서

30년 4월 22일 토요일 정오에, 열한 사도는 약속대로 가버나움 근처에 있는 언덕에 모였고, 예수는 그들 가운데 나타났다. 이번 만남은 주님의 사도로서, 이 세상에 있는 아버지 나라의 대사로 파견했던 바로 그 산에서 이뤄졌다. 이것은 14번째 나타난 것이다.

이때 열한 사도는 주를 중심으로 둥글게 원을 그리면서 무릎을 꿇었고, 그들의 책임에 대하여 다시 말하는 것을 들었다. 주님의 기도를 제외한다면 전에 가졌던 임직 식에 대한 기억과 같았다. 주가 기도 했을 때, 그것은 사도들이 한 번도 전에 들어본 적이 없는 당당한 목소리와 권능 있는 말씀이었다. 그들의 주는 이제 자신의 우주에서, 손에 모든 권능과 권한을 넘겨받은 자로서 여러 우주의 통치자들과 말씀하였다. 그리고 이 열한 사도는 전에 했던 대사 직분 서약에 대한 모론시아 재(再)헌신의 이 체험을 절대 잊지 않았다. 주님은 한 시간 동안 이산에서 함께 있었고 애정이 넘치는 작별 인사를 한 후 사라졌다.

4) 호숫가에 모임

예수가 여러 번 나타났다는 소문이 온 갈릴리에 퍼졌고, 소문을 알아보기 위하여 세베대의 집에 모여들었다. 베드로는 공개 집회를 다음 안식일 오후 3시에 바닷가에서 있을 것이라고 공표하였다.

따라서, 4월 29일 토요일 오후 3세에, 부활 이후 처음 있는, 베드로의 대중 설교를 듣기 위하여 500명 이상의 신자가 벳새다로 모여들었다. 그의 호소력 있는 설교를 들은 사람은, 주님의 부활을 의심하는 사람은 거의 없었다.

베드로는 설교를 마치며 이렇게 말했다. '우리는 나사렛 예수가 돌아가시지 않았음을 단언한다. 그가 무덤에서 살아나셨음을 선포한다. 우리가 그를 보았고 그와 대화를 나누었음을 공포한다.' 그가 신념에 찬 이 선언을 마쳤을 때, 그곳에 있는 모든 사람이 충분히 식별할 수 있는 모습으로, 주께서 그의 옆에 모론시아 형체로 나타났으며, 낯익은 어투로 그들에게 "평화가 너희에게 있어라. 그리고 내 평화가 너희와 함께 있기를 바란다."라고 말씀하였다. 이것이 15번째로 나타난 것이다.

임직 식이 있었던 산에서 주님과 논의 하는 동안 특별한 말씀을 통해, 주님이 갈릴리의 한 집단 앞에서 공개적으로 출현하리라는 것과, 자기들이 예루살렘으로 돌아가야 한다는 인상을 받았다. 따라서 4월 30일 일요일에 일찍, 요단강 길을 가면서 가르치고 전도했으며, 5월 3일 수요일 늦게 예루살렘에 있는 마가의 집에 도착하였다.

요한 마가의 아버지 엘리야 마가가, 몇 시간 전에 뇌출혈로 갑자기 죽었다. 사도들은 진심으로 애도하였고, 요한 마가는 어머니를 대신하여 사도들이 계속 머물도록 그들을 청하였다. 사도들은 오순절이 지날 때까지 이 다락방을 그들의 본부로 삼았다. 장사 지내는 동안 조용하게 지냈다.

사도들은 목요일 밤에 다락방에서 대단한 회의를 했고, 도마, 열심 당원 시몬, 알패오 쌍둥이를 제외한 모든 사도가 공공장소에 나가 부활한 주에 대한 새로운 복음을 전파하기로 맹세했다. **천국 복은 ─하나님의 아들 신분이 되는 것과, 사람의 형제 관계를 ─ 예수의 부활에 대한 선포로 변경시키는 첫 단계가 이미 시작되었다.** 그들의 공개적 설교 요지에서 이렇게 변경시키는 것을, 나다니엘이 반대했지만, 베드로의 설득력에 넘어가지 않을 수 없었을 뿐 아니라. 제자들, 특히 여신도들의 열광도 이겨낼 수 없었다.

그래서 베드로의 힘찬 지도를 받으면서, 미처 주가 아버지께로 올라가기도 전에, 좋은 뜻을 가지기는 했지만, 그의 대표자들은 **예수의**(of) **종교를** 새롭고 수정된 형태로, **예수에 관한**(about) **종교로**, 차츰차츰 확실히 변경하는 교묘한 과정을 시작하였다.

58. 마지막 출현과 승천 (복음의 핵심)

예수가 5월 5일 금요일, 16번째로 니고데모의 집 안뜰에서, 밤 9시쯤 모론시아 모습으로 나타났다. 이날 저녁 예루살렘 신자들은 부활 사건 후 처음으로 함께 모이려고 시도했다. 이때 모인 사람은 열한 사도, 여인들의 단체와 그들의 동역자들, 다수의 그리스인을 포함한 50여 명에 이르는 주님의 다른 수제자들이다. 이 신자 무리가 30분 이상 이야기하고 있었는데, 갑자기 주님이 완전한 모습으로 출현했고, 바로 가르치기 시작했다. 예수는 이렇게 말씀하였다.

평화가 너희에게 있어라. 너희는 내가 육신에서 해방된 후에 나타난 신자, 사도, 제자, 남자와 여자 중에서 가장 대표적인 무리이다. 너희 가운데 머무는 이 기간이 반드시 끝나게 되리라고 전에 말한 것과, 내가 곧 아버지께 돌아가야 함을 너희에게 알려준 것에 대해 지금 너희가 증언하기를 바란다. 그리고 제사장과 유대인 통치자들이 어떻게 나를 죽이게 될 것인지에 대해, 그리고 내가 무덤에서 살아날 것에 대해 내가 너희에게 분명히 이야기했었다. 그런데 이 모든 일이 일어났을 때, 너희는 어찌하여 그토록 당황했느냐? 그리고 내가 셋째 날에, 무덤에서 살아났을 때 너희는 왜 그렇게 놀랐느냐? 너희는 의미를 이해하지 못하면서 내 말을 들었기 때문에 내 말을 믿지 못했다.

그러니 너희는 이제 내가 가르치는 것을, 가슴에서는 이해하지 못하면서 마음으로만 듣는 오류를 또다시 하지 않도록 내 말에 귀를 잘 기울여야 할 것이다.

너희 중에 한 사람으로 머무르기 시작한 때부터, **나의 한 가지 목적은 하늘에 계신 내**

아버지를 땅에 있는 자녀들에게 드러내는 것이라고 너희에게 가르쳤다. 너희가 하나님을 아는 생애를 체험하도록, 나는 하나님을 드러내는 증여 생애를 살아왔다. 하나님이 하늘에 계신 너희 아버지이심을 내가 드러냈으며, 너희는 이 세상에 있는 하나님의 아들임을 드러냈다. 하나님은 자기 아들인 너희를 사랑하심이 사실이다. 내 말에 대한 신앙에 의해, 이 사실은 너희 마음속에서 영원하고 생생한 진리가 된다. 살아있는 신앙에 의해 너희가 신성하게 하나님을 의식하게 되면, 너희는 빛과 생명의 자녀로서 영으로 태어나며, 심지어 영원한 생명을 성취해 온 우주로 상승하고 파라다이스에서 아버지 하나님을 만나는 체험을 달성한다.

너희가 사람 가운데서, 해야 할 사명은, 천국 복음 —하나님이 아버지라는 현실과 사람이 아들이라는 진리—를 선포하는 것임을 늘 기억하라.

좋은 소식인 진리 전부를 선포하라. 너희가 전하는 말은 나의 부활 체험으로 인하여 바뀌지 않는다. 믿음으로 하나님의 아들이 되는 것은, 여전히 하늘나라 복음의 구원하는 진리이다. 너희는 나가서 하나님을 사랑하고 사람에게 봉사할 것을 전파해야 할 것이다. 세상이 가장 알아야 할 필요가 있는 것은 이것이다. 사람은 하나님의 아들이요, 믿음을 통하여 저희가 사람을 고귀하게 만드는 이 진리를 실제로 깨닫고 나날이 체험할 수 있다는 것이다. 나의 증여는 모든 사람이 저희가 하나님의 자녀임을 알게 하는 데 도움이 될 것이나, 저희가 영원한 아버지의 살아 있는 영 아들이라는 **구원의 진리**를 마음으로 몸소 붙잡지 못하면, 그러한 지식이 충분치 않으니라. 하늘나라 복음은 아버지를 사랑하고 땅에서 그의 자녀들에게 봉사하는 데 관계되는 것이다.

'내가 죽음에서 살아났다는 정보를 여기서 너희끼리 나누지만, 그것은 이상한 일이 아니다. 나는 내 생명을 버릴 권세와 그것을 다시 취할 권세를 가졌으며, **아버지께서 그런 능력을 자기 낙원 아들들에게 주신다. 내가 요셉의 새 무덤을 떠난 즉시 한 시대의 죽은 자들이 영원한 상승에 참여했음을 알았다면** 너희 마음에 더 빨리 자극받았을 것이다. 내가 너희를 사랑하고 섬김으로 하나님을 너희에게 드러냈듯, 너희도 사랑의 봉사를 통해 너희 동료들에게 하나님을 드러내야 한다. 너희에게 보여주기 위해 육신 속에서 내 생애를 살았다. **너희 자신은 물론 다른 모든 사람도 너희가 하나님의 아들임을 알 수 있도록, 내가 사람의 아들로서 너희와 함께 살았다.** 그러므로, 너희는 이제 온 세상에 가서 온 인류에게 하늘나라의 이 복음을 전파해라. 내가 너희를 사랑한 것처럼 모든 사람을 사랑하며, 내가 너희를 섬긴 것처럼 너희 동료 필사자를 섬겨라. 너희가 값없이 받았으니 값없이 줘라. 내가 아버지께 가는 동안, 그리고 내가 진리의 영을 너희에게 보낼 때까지 이곳 예루살렘에 머물러야만 한다. 그가 너희를 확장된 진리로 인도할 것이며, 온 세상으로 나갈 때 내가 너희와 동행할 것이다. 내가 너희와 항상 함께 있고, 내 평화를 너희에게 준다.'….

1) 시카에 나타나심

5월 13일 오후 4시경에, 주는 시카 야곱의 우물 근처에서, 날다와 약 75명의 사마리아 신자에게 부활의 소식에 대한 토의를 마치자, 갑자기 나타나 말씀하셨다.

"평안이 너희에게 있어라. 내가 부활이요 생명임을 너희가 알고 기뻐했지만, 너희가 먼저 영원한 영으로 태어나고 신앙에 의해 영원한 생명의 선물을 소유하지 못하면, 이것은 너희에게 아무 소용이 없다. 너희가 내 아버지의 신앙 자녀라면, 너희는 절대로 죽지 않을 것이며, 소멸하지 않을 것이다."

천국 복음은 모든 사람이 하나님의 아들임을 너희에게 가르쳐준다. 그리고 하늘에 계신 아버지께서 이 세상의 자기 자녀를 사랑하신다는 이 기쁜 소식이 온 세상에 전해져야만 한다. 너희가 그리심산도 아니고 예루살렘도 아닌, 너희가 있는 곳에서, 너희 모습 그대로, 영 안에서 그리고 진리 안에서 하나님께 경배드리는 그때가 왔다. 너희 혼을 구원하는 것은 너희 신앙이다. **구원은 자신이 하나님의 아들임을 믿는 모든 사람에게 주시는 하나님의 선물이다.**

그러나 속지 마라, **구원은 하나님께서 값없이 주시는 선물이고 믿음으로 받는** 모든 사람에게 수여 되지만, 육신으로 살아가면서 그에 따라 이 **영 생명의 열매를 맺는** 체험이 따라온다. 하나님의 아버지 되심의 교리를 받아들임은, 사람들의 **형제 관계**라는 관련된 진리도 거리낌 없이 받아들임을 내포한다. 그리고 어떤 이가 너희 형제라면, 그는 이웃보다 더 깊은 관계며, 아버지께서는 너희 자신처럼 그를 사랑할 것을 너희에게 요구하신다.

　너희 형제가 정말로 너희 가족의 일원이라면, 너희는 가족으로서의 애정으로 그를 사랑할 뿐 아니라, 너희 자신에게 하는 것처럼 섬기게 될 것이다. 그러니 온 세상으로 가서, 모든 종족과 부족과 민족에게 이 기쁜 소식을 전파하라. 내 영이 너희보다 앞서갈 것이며, 내가 항상 너희와 함께 있을 것이다. 이것이 17번째 출현이다.

2) 페니키아에 나타나심

　주님의 18번째 출현은 5월 16일 화요일 저녁 9시 조금 전 두로에서 신자들이 모임을 마치고 막 헤어지려 할 때 나타나서 말씀했다.

　"평화가 너희에게 있어라, 너희는 사람의 아들이 죽음에서 살아난 것을 알게 됨을 기뻐해야 하는데, 그로 말미암아 너희 자신과 너희 형제들 역시 필사적 죽음에서 생존할 것을 너희가 알게 됐기 때문이다. 그러나 그런 생존은 너희가 이미 진리를 찾고 하나님을 발견하는 영적 탄생이 이뤄졌는지에 달려 있다. 진리에 굶주리고 의에 목마른 하나님을 향한 자들에게만, 그것에서 생명의 빵과 물을 준다.

　죽은 자들이 부활한다는 사실은 천국 복음이 아니다. 이 엄청난 진리와 이 우주 사실이 모두 이 복음과 관련되지만, 기쁜 소식을 믿은 결과 일부일 뿐이며, 신앙으로 말미암아 정말로 그리고 진실로 영원한 하나님의 영속적 아들 된 사람들이 그 후에 갖게 되는 체험에 포함돼 있을 뿐이다.

　내 아버지께서는 아들 신분의 이 구원을 모든 사람에게 전파하기 위해 나를 이 세상에 보내셨다. 그리고 나도 아들 신분의 이 구원을 전파하기 위해 너희를 보낸다. 구원은 하나님의 은사지만, 영으로 태어난 사람은 자기 동료 피조물을 사랑으로 섬김으로써 영의 열매를 즉시 보여주기 시작할 것이다.

　영으로 태어나고 하나님을 아는 필사자들의 삶 속에 맺히게 되는 신성한 영의 열매는, 사랑으로 섬김, 사심 없는 헌신, 불굴의 충성심, 진지한 공정성, 깨우친 정직성, 불멸의 희망, 무조건적 신뢰, 자비로운 보살핌, 시종여일한 덕, 용서하는 인내심, 그리고

영구적 평화이다.

　신자임을 고백한 자들이, 자기 **삶에서** 거룩한 영에게서 나오는 이런 열매를 맺지 못한다면, 그들은 죽어 있는 것이며, 진리의 영이 그들 속에 없고 그들은 살아있는 포도나무에 붙어 있는 쓸모없는 가지들이며, 곧 잘리게 될 것이다. 내 아버지께서는 신앙의 자녀에게 영의 열매를 많이 맺을 것을 요구하신다. 그러므로 너희에게 열매가 없다면, 너희 뿌리들을 파내고 열매 맺지 못하는 가지들을 잘라 버리실 것이다. 너희는 하나님 나라에서 하늘을 향해 진보하면서 점점 더 많은 영의 열매를 맺어야만 한다. 너희는 **어린아이로 천국에 들어가게 되겠지만**, 아버지께서는 너희가 은혜로 말미암아 영적으로 성숙한 온전한 크기까지 자랄 것을 요구하신다. 그리고 너희가 이 복음의 기쁜 소식을 모든 민족에게 전하면서 멀리 퍼져 나갈 때, 내가 너희 앞에 갈 것이며, 내 진리의 영이 너희 마음속에 살아갈 것이다. 내 평화를 너희에게 준다."그리고 나서 주는 시야로부터 살아졌다. 다음 날 그들은 이 이야기를 시돈, 안디옥과 다마스쿠스까지 전했다.

3) 예루살렘에서 마지막으로 나타남

　30년 5월 18일 목요일 아침 일찍, 마가의 다락방에서 아침 식사를 들기 위해 앉으려고 할 때, 예수는 나타나 이렇게 말씀하셨다.
　'평화가 너희에게 있어라. 내가 아버지께로 올라갈 때까지, 그리고 모든 육체에 곧 부어지고 저 높은 곳에서 능력과 함께 너희에게 수여될 진리의 영을 내가 너희에게 보낼 때까지도, 여기 예루살렘에 머물러 있으라고 너희에게 부탁했었다.' 열심 당원 시몬이 말씀을 가로막으며 물었다. '그렇다면 주님, 당신께서 천국을 다시 세우실 것입니까? 그리고 하나님의 영광이 이 세상에 나타나는 것을 우리가 보게 됩니까?' 시몬의 말을 다 들은 예수께서 말씀했다. '시몬아, 너는 아직도 유대인의 메시아와 물질적 왕국에 대한 옛 개념에 몰두하는구나. 그러나 그 영이 네게 임한 후 너는 영적 능력을 받게 될 것이며, 너는 곧 온 세상에 나가 이 천국 복음을 전파할 것이다. 아버지께서 나를 세상에 보내신 것처럼, 나도 너희를 보낸다. 그리고 너희가 서로 사랑하고 신뢰하게 되기를 바란다. 유다는 그의 사랑이 식었으므로, 그리고 그의 충실한 형제인 너희를 신뢰하지 않았으므로 너희와 더 이상 함께 있지 않았다. 너희는 성서에 혼자 있는 것이 사람에게 좋지 않다. 아무도 혼자 살 수 없다'라고 씌어있는 것을 읽지 못했느냐? 그리고 또 '친구가 되려는 사람은 자신을 친구처럼 보여야만 한다'라고 씌어있는 것을 읽지 못했느냐? 내가 너희를 보내 가르치게 했을 때도, 너희가 외로움에 빠지지 않도록, 그리고 고독의 해악과 고통에 빠지지 않도록 둘씩 짝지어 보내지 않았느냐? 또한 너희도 잘 알다시피, 내가 육신 속에 있을 때, 나 혼자 오랜 기간 떨어져 있지 않으려 조심했다. 우리가 교제하던 아주 초창기부터, 나는 너희 중 두세 사람이 항상 내 옆에 있도록 했고, 내가 아버지와 교류할 때도 아주 아까운 곳에 있게 했다. 그러므로 서로 신뢰하고 신임해라. 그리고 오늘날 내가 너희를 홀로 이 세상에 남겨두게 됐으니, 이것이 더 필요하다. 그때가 왔고, '나는 곧 아버지께 떠날 것이다.' 말씀을 마친 그는 그들에게 자기를 따라오라고 손짓으로 부르시고, 그들을 데리고 올리브 산으로 올라가셨으며, 그곳에서 유란시아를 떠나는 준비로 그들에게 작별 인사를 하였다.

4) 가룟 유다가 실패한 원인 (유란시아, 193, 4, 1~14 생략)

5) 주님의 승천

5월 18일, 이 목요일 아침 7시 반경이 되자, 예수는 말이 없고 어느 정도 당황하고 있는 사도들과 함께, 올리브 산 서쪽 비탈에 도착하였다. 산으로 올라가는 3분의 2 정도 되는 지점에서 그들은 예루살렘을 바라보고 겟세마네를 내려다볼 수 있었다. 주님은 그들 앞에 선 채 말씀했다.

'하늘로부터 너희가 권능을 부여받기까지 예루살렘에서 머물라고 명하였고, 이제 막 너희를 떠나려 한다. 나는 내 아버지께로 올라가려 하고, 곧, 금방 우리는 내가 머물렀던 이 세상에 진리의 영을 보낼 것이며, 그가 온 뒤에, 너희는 먼저 예루살렘에서, 다음에 세상의 가장 먼 구석까지 천국 복음을 새롭게 선포하게 될 것이다. 내가 너희를 섬긴 것처럼 너희 동료 필사자를 섬겨라. **너희 삶에 맺히는 영의 열매로 말미암아, 사람이 하나님의 아들이고 모든 사람은 서로 형제라는 진리를 사람들이 믿게 될 것이다.** 내가 너희에게 가르친 모든 것들과 너희 가운데 내가 살았던 그 생애를 기억해라. 내 사랑이 너희를 보호하고, 내 영이 너희 안에 거할 것이며, 내 평화가 너희에게 임할 것이다. 잘 있어라.' 말씀을 마치자, 그들의 시야에서 사라졌다….

6) 베드로가 회의를 소집함

베드로의 지시에 따라, 요한 마가와 다른 사람들은 마리아 마가의 집에 모일 수 있도록 수제자들을 부르러 나갔다. 10시 30분이 되자 120여 명이, 주님의 작별 설교와 그의 승천에 대해 알기 위해 모였다. 이 무리 중에는 예수의 어머니 마리아와 친동생 야고보도 있었다. 마리아는 요한과 함께 왔다가 오순절 직후 벳새다에 있는 살로메의 집으로 돌아갔다.

베드로는 동료 사도들을 대변하는 일을 자청하여 맡았다. 회의는 감동적으로 한 시간 가량 진행되었다. 여기서 가룟 유다를 대신하여 맛디아가 제비뽑기로 선출되었고, 회계로 임명되었으나 사도로서의 활동은 거의 하지 않았다.

오순절 직후 쌍둥이 형제는 갈릴리 집으로 돌아갔고, 열심 당원 시몬은 복음을 전도하러 떠나기 전에 얼마 동안 쉬었고, 도마는 짧은 시간 고민 후 다시 가르치기 시작하였다. 나다니엘은 초기 천국 복음(예수의⟨of⟩ 종교)을 선포하는 대신해 예수에 대하여 ⟨about⟩ 전도하는 베드로와 점점 더 의견을 달리했다. 이런 의견 차이가 그다음 달 중순 무렵에는 너무 심해져서, 나다니엘은 물러났고, 아브너와 나사로를 만나기 위해 필라델피아로 갔으며, 그곳에서 일 년 이상 머문 후, 자기가 이해하는 대로 복음을 전파하기 위하여 메소포타미아 건너편 땅으로 갔다.

원래 12명의 사도 중에서 남은 6명은 예루살렘에서 초기 복음 선포 무대 위에 서게 되었으며, **베드로, 안드레, 야고보, 요한, 빌립, 마태**가 그들이다.

59. 진리의 영 증여

    1시쯤 120명이 기도하고 있을 때, 방안에 이상한 존재가 있음을 느끼기 시작하였다. 동시에 제자와 모두는 영적인 기쁨, 안도감 그리고 확신을 주는 하나의 새롭고 심오한 느낌을 의식하게 되었다. 이렇게 영적 힘을 새롭게 의식하게 된 후, 예수께서 죽음에서 살아났다는 기쁜 소식과 천국 복음을 나가서 공개적으로 전파하도록 하는 강한 충동이 즉시 뒤이어 일어났다.

    베드로가 일어서서, 이것은 주님께서 자신들에게 약속했던 진리의 영이 도래했다는 증거임이 분명하다고 주장하면서, 자기들에게 위임된 기쁜 소식을 성전으로 가서 전파하기 시작하자고 제안했다. 그들은 베드로가 제안한 대로 하였다.

    이 사람들은 자신이 **전도해야 할 복음이, 하나님이 아버지 되심과 사람이 아들 신분임을 훈련받고 가르침을 받았지만**, 영적 흥분과 개인적 승리감에 싸인 이 순간에 이 사람들이 생각할 수 있는 최고의 사건, 가장 엄청난 소식은 부활하신 주님이라는 사실이었다. 이렇게 해서 그들은 위에서 주어진 능력을 부여받아, 사람들에게 기쁜 소식 ―예수를 통하여 구원받는다는 것까지도― 전파하며 나아갔지만, **복음의 내용 자체 대신 복음과 관련된 어떤 사실들을 대체하는 실수를 무심코 저지르고 말았다.** 베드로는 자신도 모르게 이 실수에 앞장서게 되었고, 다른 사람들은 그를 따라갔고, 기쁜 소식의 개정판으로부터 새로운 종교를 창시한 바울에게까지 이어졌다.

    천국 복음은 하나님이 아버지라는 사실, 그 결과로 사람들이 아들이요 형제라는 진리이다. 그날 이후로 생겨난 그리스도교는, 부활하고 영화롭게 된 그리스도와 함께, 신자의 친교 체험과 관련하여 하나님이 주 예수그리스도의 아버지라는 사실이다.

    영의 힘으로 가득 찬 이 사람들이, 자기 주님을 죽이려 하고, 그의 교훈의 영향력을 없애버리려 했던 세력들에 대해, 승리를 거뒀다는 자신의 느낌을 표현할 이 기회를 포착해야 함은 당연하다. 예수와 함께 가졌던 개인적 관계를 기억하고, 주가 아직도 살아 계시다. 그들의 우정은 끝나지 않았다. 주가 약속하신 대로 그 영이 정말로 그들에게 왔다는 확신으로 감동되기가 더 쉬운 일이다.

이 신자들은 자신이 다른 세계, 즉 기쁨과 능력과 영광의 새로운 생활로 갑자기 변했다고 느꼈다. 주는 그들에게 천국이 능력으로 도래할 것이라 말씀했었고, 그들 중 일부는 그가 무엇을 의미했는지 분별하기 시작했다.

이 모든 일을 고려했을 때, 어떻게 이 사람들이 하나님이 아버지요 사람이 형제라는, 예전에 전한 말씀 대신에, 예수에 관한 새로운 복음을 전파하게 되었는가 이해하기가 어렵지 않다.

1) 오순절 설교

사도들은 40일 동안 숨어 있었다. 이날은 오순절 축제일이었고, 세계 각지에서 수천 명이 방문했다. 이때 숨어 있던 사도들은 대담하게 성전에 나타나 부활의 메시지를 전도하기 시작했다. 그리고 모든 제자도 마찬가지로 통찰력과 능력의 어떤 새로운 영적 재능을 받았음을 의식했다.

주님이 성전에서 마지막으로 가르쳤던 그 자리에서 베드로의 감동적인 호소는, 2천 명이 넘는 사람을 설득했다. 이 집회에는 베드로, 안드레, 야고보, 요한, 빌립, 마태가 참석했고, 1시간 30분간 그리스어, 히브리어, 아람어 그리고 다른 방언도 몇 마디씩 하였다.

유대인 지도자들은 사도들의 대담함에 몹시 놀랐지만, 사도들의 이야기를 믿는 큰 무리 때문에 방해하지 못하였다.

4시 30분경에 2천 명 이상이 실로암 연못으로 가서 사도들에게 세례를 받았는데, 날이 어두워서야 마칠 수 있었다.

오순절은 세례받는 큰 축제요, 이방인과 사귀는 때였다. 이렇게 함으로 유대인 신앙을 버리지 않을 수 있었고, 유대교 안에 있는 한 종파로 남아있었다. 사도들을 포함해서 그들 모두가 유대인 예식 체계의 기본 요건에 아직도 성실히 지켰다.

2) 오순절의 의미

예수는 이 땅에 살면서, 사람이 마귀의 자손이라는 미신에서 사람을 건져 내고, 하나님의 신앙 아들임을 믿는 존엄으로 올려 주는 복음을 가르쳤다.

예수께서 전파하고 또 그대로 삶에서 실천한 그 메시지는 그것을 전한 그 시대에 사람이 갖는 영적 고난들에 대한 효과적 해결책이었다. 그리고 이때 개인적으로는 이 세상을 떠났지만, 사람 속에 살도록 그리고 새로운 세대들마다 예수의 메시지를 다시 진술하도록 계획되어 있으며, 이 세상에 새로 태어나는 각각의 새로운 필사자 집단이 새로운 그리고 최근의 복음 개정판을 갖게 돼, 바로 그런 개인적 깨우침과 집단적 안내가 항상 새롭고 잡다한 영적 고난들에 대해 효과적인 해결책이 될 것임을 증명할, **자기 진리의 영을 자기 대신 보냈다.**

이 영의 첫 사명은 진리를 육성하고 개인화시키는 것이며, 이 진리를 이해하는 것이 가장 높은 형태의 인간의 해방이기 때문이다. 다음에 이 영의 목적은 신자에게서 고아라는 느낌을 없애는 것이다. 예수가 사람들 사이에서 살았으니까, 진리의 영이 사람의 마음속에 내주하려고 오지 않았다면, 모든 신자가 외로운 느낌을 체험하였을 것이다.

이렇게 증여된 **아들의 영**은, 그다음에 일어나는 **아버지의 영**(조절자)의 보편적 증여가 모든 인류에게 일어나도록, 모든 정상적 사람의 마음을 효과적으로 준비시켰다. 어떤 면에서 보면 **진리의 영은 우주적 아버지와 창조주 아들 둘 다의 영이다.**

부어진 진리의 영을 지적으로 강하게 인식하게 되기를 기대하는 오류를 범하지 마라. 그 영은 결코 영 자신을 의식하게 만드는 것이 아니라, 오직 아들인 미가엘(예수)의 의식만 만든다. 처음부터 예수는 영이 자기 스스로에 대해 말하지 않을 것이라고 가르치셨다. 그러므로 진리의 영과 너희 친교의 증거는 이 영에 대한 너희의 의식 속에서 찾을 수 없고, 오히려 미가엘과 더욱 강화된 친교의 체험 속에서 발견된다.

진리의 영은 또한 사람이 주의 말씀을 상기하고 이해하는 것을 돕기 위해서 왔을 뿐만 아니라, 이 세상에서 그의 일생을 조명하고 재해석하기 위하여 왔다.

그다음 진리의 영은, 예수의 교훈과 일생의 실체들에 대해, 육신 속에서 살았던 그대로 그리고 지나가는 세대마다 그 영으로 채워진 하나님의 아들인 신자 개인 속에서 지금 다시 한번 새롭게 사는 것처럼, 증명할 수 있도록 신자들을 돕기 위해 왔다.

그래서 진리의 영은 정말로, 모든 신자를 모든 진리로, 하나님이 아들, 하늘 가는 영원한 아들이라는 현실을 생생하게, 그리고 차츰차츰 영적으로 의식하는 체험을 더욱 알도록 이끌려고 오는 것처럼 보인다.

예수는, 누구라고 글자 그대로 따르려고 시도하는 본보기가 아니라, 아버지 뜻에 복종하는 사람을 계시하는 생애를 살았다. 육체로 산 이 일생은, 십자가에서 죽고 나중에 부활한 것과 함께, 악한 자의 쇠사슬에서 —기분 상한 하나님으로부터 죄가 있다고 판결받지 않도록— 사람을 다시 사들이기 위해 그렇게 값을 냈다는, 새로운 속죄의 복음이 됐다. 그 복음이 크게 왜곡되었음에도, 예수에 대한 이런 새로운 메시지가 천국에 대한 그의 초창기 복음의 근본적인 많은 진리를 전수했음은 사실이다. 그리고 **하나님이 아버지 되심과 사람들이 형제 관계라는 감추어진 진리는 모든 인류의 문명을 효과적으로 변화시키기 위해 곧 세상에 드러날 것이다.**

그러나 지식인의 이런 잘못들은 그 신자가 영적으로 성장하여 크게 진보하는 것을 어떤 면에서도 방해하지 않았다. 진리의 영이 내린 뒤 한 달이 채 안 되어, 주와 함께 몸소 사랑이 넘치는 관계를 했던 거의 4년 동안보다. 사도들 하나하나가 영적으로 더 진보하였다. 하나님의 아들이라는 유익한 복음의 진실을 예수가 부활한 사실로 이렇게 갈아치운 것도, 그들의 가르침이 빠르게 전파되는 것을 전혀 방해하지 않았다. 도리어, 그의 인물과 부활에 관한 새로운 가르침 때문에 예수의 말씀이 빛을 잃은 것은 좋은 소식의 전파를 아주 쉽게 만든 것처럼 보인다.

진리의 영이 증여된 이후, 사람은 아버지의 영 즉 생각 조절자, 아들의 영 즉 진리의 영, 영의 영 즉 성령, 이렇게 세 가지 영의 가르침과 안내를 받게 되었다….

3) 오순절에 일어난 일

① 쓸모없고 이상한 많은 가르침이 오순절 날의 초기 이야기들과 결합하게 되었다. 이어지는 시대에서, 인류에게 내주하기 위하여 새로운 선생님으로 진리의 영이 왔

던 이날의 사건들은 사납게 휩쓸린 감정 주의의 어리석은 봉기들과 혼동되기 시작하였다. 아버지와 아들에게서 나온 이 영의 주된 사명 활동은 **아버지의 사랑과 아들의 자비에 대한 진리들을 사람들에게 가르치는 것이다.** 이것들은 사람들이 다른 모든 성격의 신성한 특색보다 더욱 충분히 이해할 수 있는 신성의 진리들이다.

진리의 영은 먼저 아버지의 영에 대한 본성과 아들의 도덕적인 성격을 계시하는 데 관계가 있다. 창조자 아들은 육신으로 하나님을 사람에게 계시하였다. 진리의 영은 가슴으로 창조자 아들을 사람에게 계시한다. 사람이 그의 일생에서 영의 열매를 맺을 때, 단순히 주께서 이 세상에서 자신의 일생 속에 현시하셨던 특색들을 밖으로 나타내는 것뿐이다. 예수가 이 세상에 계셨을 때, 그는 하나의 개인성 — 나사렛 예수—로서 그의 일생을 영위하였다. 오순절 이후, 주는 '새로운 선생'의 내주하는 영으로서, 진리의 가르침을 받은 모든 신자의 체험 속에서 그의 새로운 일생을 사실 수 있게 되었다.

② 인생을 사는 과정에서 일어나는 많은 일이 이해하기 힘들고, 이 우주에서 진리가 지배하고 그 속에서 올바름이 승리한다는 관념과 조화시키기가 어렵다. 너무나 흔히 중상, 거짓말, 부정직, 불의, 죄가 이기는 것처럼 보인다. 궁극에 믿음이 악, 죄, 불의를 이기는가? 이긴다. 예수의 일생과 죽음은 영의 인도를 받는 사람의 선이 진실하고 그의 믿음이 언제나 정당화되리라는 영원한 증명이다. '하나님이 와서 구원할 것인가 보자' 하면서 사람들은 십자가에 달린 예수를 비웃었다. 십자가에 처형되는 그날은 어둡게 보였지만, 부활의 아침은 영화롭게 밝았다. 오순절 날은 더욱 밝고 더욱 즐거웠다. 비관적으로 절망하는 종교들은 인생의 짐에서 벗어나기를 찾으며, 끝없이 잠자고 쉬는 가운데 멸종되기를 바란다. 이것들은 원시의 두려움과 공포에서 생긴 종교이다. 예수의 종교는 살려고 몸부림치고 있는 인류에게 선포되는 믿음의 새 복음이다. 새로운 이 종교는 믿음, 희망 그리고 사랑 위에 세워진다.

③ 예수에게 필사의 일생은 아주 힘들고, 가장 잔인하며, 아주 쓰라린 타격을 입혔다. 이 사람은 믿음과 용기, 그리고 아버지의 뜻을 행하려는 흔들리지 않는 결심으로 이 절망스러운 사명에 대응하였다 예수는 모든 끔찍한 현실 가운데서 인생을 살고

―죽을 때에도― 인생을 정복하였다. 인생에서 해방되려고 종교를 사용하지 않았다. 예수의 종교는 또 다른 존재에서 기다리는 더없는 기쁨을 누리려고 이 생명에서 벗어나기를 추구하지 않는다. 예수의 종교는 사람이 육체를 입고 사는 인생을 높이고 고상하게 만들기 위하여 또 다른 영적 존재의 기쁨과 평화를 마련해 준다.

④ 만일 종교가 인간에게 마취제라면, 그것은 예수의 종교가 아니다. 십자가 위에서 예수는 감각을 마비시키는 약을 마시기를 거절하였으며, 모든 육체에 부어지는 그의 영은 높은 곳을 향하도록 사람을 이끌고, 계속 향하도록 그를 충동하는 막강한 세계적 영향력이다. 영적으로 전진하도록 하는 그 충동은 이 세상에 존재하는 것 중에서 가장 강력한 추진력이며, 진리를 배우는 신자는 이 땅에서 유일한 진보적이고 적극적인 혼이다.

⑤ 오순절 날에 예수의 종교는 모든 민족적 제약과 인종적 족쇄를 없애버렸다. '주의 영이 임하는 곳에 자유가 있다.'라는 말은 영원한 진리다. 이날, 진리의 영은 주님에게서 모든 필사자마다 주어지는 개인적 선물이 됐다. 이 영은 자격을 갖춘 신자들이 천국 복음을 더 효과적으로 전파할 수 있게 하는 목적으로 증여됐지만, 그들은 쏟아부어진 그 영을 받는 체험을, 자신이 무의식중에 형성한 새로운 복음의 일부분으로 삼는 **오류를 범했다.**

⑥ 진리의 영이 모든 진실한 신자에게 증여됐다는 사실을 간과하지 말라, 그 영의 선물은 오직 사도들에게만 주어진 것이 아니었다. 다락방에 모여 있던 120명의 남자와 여자들은 모두 이 새로운 선생을 받았으며, 온 세상의 정직한 마음을 가진 모든 사람도 마찬가지였다. 이 새로운 선생은 인류에게 수여됐으며, 진리를 사랑함에 따라, 그리고 영적 실체들을 파악하고 이해하는 역량만큼, 각자의 혼이 그를 받아들인다. 마침내, 구별된 모든 신성시되는 계층과 사제의 손아귀에서 참 종교가 해방됐으며 사람들 각자의 혼 속에서 그것의 진정한 표현을 발견한다.

⑦ 예수의 종교는 가장 높은 부류의 영적 인격을 만들어 내고 그 사람의 신성함을 선포하므로, 가장 높은 종류의 인간 문명을 육성한다.

⑧ 오순절에 진리의 영이 온 것은 급진적이지 않고 보수적이지도 않은 종교를 가능케 했으며, 그것은 낡은 것도 아니고 새로운 것도 아니며, 나이 든 사람에 의해 지배

되지 않고 어린 사람에 의해 지배되지도 않는다. 예수께서 이 땅에서 살았다는 그 사실이 시간의 닻을 위한 고정된 위치를 제공하는 반면, 진리 영의 수여는 그가 실천했던 종교와 그가 전파했던 복음의 영속적 확장과 끝없는 성장을 제공한다. 그 영이 모든 진리에 이르도록 인도하며, 그는 끝없이 진보하고 신성하게 펼쳐지는 확장되고 항상 자라가는 종교를 가르치는 선생이다. 이 새로운 선생은 진리를 추구하는 신자에게 사람 아들의 인품과 본성 속에 너무도 신성하게 감춰져 있던 것을 영원히 나타낼 것이다.

⑨ '새로운 선생'의 증여와 관련되어 나타난 현상과, 예루살렘에 함께 모인 다양한 종족이나 민족이 사도들의 전도를 받아들였음이, 예수의 종교 보편성을 나타낸다. 천국 복음은 특정한 종족이나 문화 또는 언어와 관계되지 않는다. 이 오순절 날, 유대인에게 상속돼 오던 속박 상태에서 예수의 종교를 해방한 그 영의 엄청난 수고가 증거됐다. 심지어 모든 육체에 그 영이 드러나게 부어진 이 사건 이후에도, 사도들이 처음에는 개종하는 그들에게 유대주의의 요구 조건들을 강요하려 했다. 심지어 바울도 이방인들에게 이런 유대 관습을 따르도록 강요하는 일을 거부함으로써 예루살렘의 형제들과 불편한 관계가 됐었다. 어떤 계시 된 종교든, 어떤 민족적 문화가 그것에 스며들거나, 아니면 확립된 인종적, 사회적, 또는 경제적 관습과 연합될 때는 결코 세계적으로 퍼져나가지 못한다.

⑩ 진리의 영 증여는, 모든 형식, 예식, 신성시되는 장소, 그 충분히 나타난 것을 맛본 자의 특별한 행태와 무관하다. 그 영이 다락방에 모인 사람들에게 닥쳤을 때, 그들은 말없이 기도에 막 들어갔으니까, **그저 거기에 앉아 있기만 했다. 그 영은 도시뿐 아니라 시골에도 내렸다.** 사도들이 그 영을 받기 위하여, 몇 년 동안 혼자서 명상하려고 외로운 곳으로 따로 갈 필요가 없었다. 언제까지나 오순절은 영적 체험의 관념과 특별히 유리한 환경에서 얻는다는 개념을 별개인 것으로 만든다.

⑪ 오순절은, 그날 영적으로 내려준 재능과 함께, 주의 종교를 물리적 힘에 의존하지 않도록 해방하려고 고안되었다. 이 새 종교를 가르치는 선생들은 이제 영적 무기를 갖추었다. 그들은 어김없는 용서, 견줄 데 없는 선의, 풍부한 사랑으로, 나가서 세상을 정복해야 한다. 그들은 선으로 악을 이기고, 사랑으로 미움을 정복하고,

진리 속에서 용감하고 팔팔한 믿음으로 두려움을 이길 장비를 갖추었다. 예수는 그의 종교가 결코 소극적이 아니라고 이미 추종자들에게 가르쳤다. 제자들은 봉사를 베푸는 데, 사랑을 드러내는 데, 언제나 활발하고 적극성이 있어야 했다. 이 신자들은 이제 더 야훼를 '만군의 주'로 보지 않았다. 이제 영원한 신을 '하나님이요 주 예수그리스도의 아버지'로 여겼다. 하나님이 또한 누구에게도 영적 아버지라는 진리를 충분히 깨닫는 데 어느 정도 실패했다 하더라도, 그들은 적어도 거기까지 진보했다.

⑫ 개인적으로 상처받는 것을 용서하고, 가장 지독한 불의 가운데서도 부드러움을 유지하며, 끔찍한 위험이 앞에 닥쳐도 차분히 있으며, 두려움 없이 사랑과 인내의 행위로 미움과 진노의 악에 도전하는 힘을 오순절은 필사 인간에게 주었다.

유란시아는 그 역사 속에서 파괴적인 여러 대 전쟁의 상처를 겪었다. 이러한 끔찍한 투쟁에 참여한 모든 편이 패배했다. 승자는 오직 하나 있었다. 이 모진 투쟁에서 평판이 높아져 솟아난 유일한 승자가 있었으니, 곧 나사렛 예수요, 선으로 악을 이기는 그의 복음이었다. 더 좋은 문명을 세우는 비결은 인간이 형제라는 주의 가르침, 사랑하고 서로 신뢰하는 선의와 밀접하게 연결된다.

⑬ 오순절이 있기 전에는, 종교가 하나님을 추구하는 사람만 계시해 왔으나, **오순절 이후로는, 사람이 여전히 하나님을 찾기는 하지만, 하나님께서도 사람을 찾으시고 그를 발견하신 후에는 그에게 내주하기 위해 자신의 영을 보내시는 광경을 온 세상에 드러낸다.**

⑭ 오순절에 절정에 이른 예수의 가르침이 있기 전에, 더 오래된 여러 종교의 교리에는 여자에게 거의 또는 아무런 영적 지위가 없었다. 오순절 이후에, 하늘나라의 형제 단체에서 여자와 남자는 동등하게 하나님 앞에 섰다. 이렇게 영의 특별한 방문을 받은 120명 가운데 여인 제자가 많이 있었고, 그들은 이 축복을 남자 신도와 똑같이 나누어 가졌다. 예배 의식을 주관하는 성직을 이제 더는 남자가 감히 독점할 수 없다. 바리새인은 '여자나 문둥병자나 이방인으로 태어나지 않은' 것을 하나님께 계속 감사드릴지 모르지만, 예수의 추종자들 사이에서 여자는 성에 근거를 둔 온갖 종교적 차별에서 언제까지나 해방되었다. 오순절은 종족의 특징, 문화의

차이, 사회 계급, 또는 성 편견에 근거를 둔, 모든 종교적 차별을 없애버렸다. 새 종교를 믿는 이 신자들이 "주의 영이 있는 곳에 해방이 있다"하고 늘 외쳤던 것이 당연하다.

⑮ 예수의 어머니와 형제도 120명의 신자 가운데 있었고, 쏟아부어진 영을 그들도 이런 일반 제자 중 일원으로 받았다. 그들은 다른 사람들이 받은 것보다 더 좋은 은사를 받지는 않았다. 예수의 육신 적 가족의 일원이라 해서 다른 특별한 은사가 주어지지 않았다. **오순절은 특별한 제사장 제도와, 신성시되는 혈통에 대한 모든 믿음을 종식했다.**

⑯ 오순절 이전에, 사도들은 예수를 위하여 많은 것을 버렸다. 집과 가족과 친구, 속세의 물건과 지위를 바쳤다. 그들은 오순절에 하나님께 헌신하였고, 아버지와 아들은 자신들을 사람에게 줌으로 —사람 안에서 살라고 그들의 영을 보내어— 응답했다. 자아를 버리고 영을 얻는 이 체험은 감정적 체험이 아니었다. 총명하게 자아를 포기하고, 아낌없이 거룩하게 바치는 행동이었다.

⑰ 오순절의 복음을 믿는 자들 가운데 영적 통일이 이루어지는 신호였다. **그 영이 예루살렘에 있는 제자들에게 임했을 때, 똑같은 일이 필라델피아와 알렉산드리아 그리고 참된 신자들이 거주하는 모든 다른 장소에서도 일어났다.** '신자들 무리 가운데는 하나의 마음과 혼만이 있었다'라는 표현은 글자 그대로 맞는 말이었다. 예수의 종교는 세상에 알려진 그것 중 가장 강력한 통합시키는 힘을 갖고 있다.

⑱ 오순절은 개인, 집단, 나라, **종족들의 자기주장을 줄이려고 예정된 것이다.** 긴장이 너무 고조되어 이따금 파괴하는 전쟁으로 터져 나오는 것은 이 자기주장의 정신이다. 인류는 오직 영적 접근으로 통일될 수 있고, **진리의 영은 세계에 보편적 영향력이다.**

⑲ 진리의 영의 도래는 인간의 마음을 정화 시키고, 그것을 받은 사람을 인도해, 오직 하나님의 뜻과 사람의 행복을 목적으로 하는 삶을 살게 한다. 이기적인 물질적 정신은 사심 없는 이런 새로운 영적 증여 속에 흡수됐다. 오순절은 그때나 지금이나, **역사적인 예수께서 생생한 체험을 소유한 신성한 아들이 됐음을 나타낸다.** 쏟아부어진 이 영의 기쁨은, 그것이 인간의 생애에서 의식적으로 체험될 때, 건강을

위한 강장제, 정신을 향한 자극, 그리고 혼을 위한 부단한 힘이 된다.
⑳ 기도했기 때문에 그 영이 오순절 날에 임하게 된 것은 아니었지만, 그것은 개별 신자들의 특징을 나타내는 수용성의 역량을 결정함에 강력한 영향을 끼쳤다. 기도가 신성한 마음에 감동을 줘서 너그럽게 수여하도록 하는 것은 아니지만, 진지한 기도와 참된 경배를 통해 자신의 조물주와 중단 없는 교류를 유지하기를 잊지 않는 사람의 마음과 혼 속에 신성한 증여들이 흐를 수 있게 하는 더 크고 더 깊은 경로를 열어 주는 경우가 매우 많이 있다.

4) 그리스도교인 교회의 시작

① 예수가 갑자기 적들에게 체포되고, 두 강도 사이에서 십자가에 달렸을 때, 사도와 제자들은 완전히 사기가 꺾였다. 십자가에 달린 주님에 대한 기억은 사도와 제자에게 감당하기 매우 어려운 것이었다. 그들은 그의 가르침과 경고를 잊고 있었다. 그는 정말로 '하나님과 모든 사람 앞에서 말씀과 행위에서 능력 있는 선지자' 일 수 있었지만, 그들이 이스라엘 왕국을 재건하리라 희망하는 메시아는 될 수 없었다.

② 부활이 이루어지자, 절망에서 벗어났고, 주님의 신성에 대한 믿음이 돌아왔다. 거듭해서 주를 만나고 주와 함께 이야기하며, 주는 그들을 올리브 산으로 데리고 나가서, 작별 인사를 하면서 아버지께로 돌아간다고 말씀했다.

주는 능력을 받을 때까지, 진리의 영이 임할 때까지, 예루살렘에 머물러 있으라고 말씀하였다. 그리고 오순절 날에 이 새로운 선생이 도래했으며, 그들은 즉시 나가서 새로운 능력으로 복음을 전파했다. 그들은 한 사람의 죽은 실패한 지도자가 아니라 살아있는 주를 담대하고 용감하게 따르는 자들이었다.

주님은 이런 복음 전파자들의 가슴속에 살아계시며, 마음속에 있는 교리가 아니라, 하나님은 그들의 혼 속에서 살아있는 현존이 되었다.

③ 그들은 날마다 성전에 모였고 집에서는 음식을 나눴다. 모든 사람과 은혜를 나누고 하나님을 찬양하면서, 마음의 일치감과 기쁨으로 자기 음식을 가져왔다. 그들

은 모두 그 영으로 충만했으며 담대하게 하나님의 말씀을 전했다. 믿는 군중은 한마음과 한뜻을 가졌고, 저희 가운데 한 사람도 무엇을 가졌든지 제 것이라고 하지 않고 모든 것을 공동으로 소유했다.

④ 천국 복음, 즉 하나님이 아버지 되심과 인간의 형제 관계를 나가서 전파하도록 예수께서 임명하신 이 사람들에게 어떤 일이 생겼나? 그들은 새로운 복음을 소유했으며, 새로운 체험으로 불붙었으며, 새로운 영적 에너지로 가득 찼다. 그들의 메시지는 다음과 같이 부활한 그리스도를 전파하는 쪽으로 급격히 변경되었다. '기적과 이사를 통해 하나님의 명확한 의도와 예지에 따라 넘겨진 바 된 그를, 너희가 십자가에 못 박고 살해했다. 하나님께서 모든 선지자의 입을 통해 미리 나타내신 것들을 그가 이렇게 이루셨다. 이 예수를 하나님이 살리셨다. 하나님의 오른편에 올라갔고, 아버지에게서 그 영에 대한 약속을 받아, 너희가 보고 들은 이것을 쏟아부어 주셨다. 너희 죄가 깨끗이 지워질 수 있도록, 또 너희에게 약속된 그리스도, 즉 만물이 소생될 때까지 하늘이 받아들여야 만 되는 예수를 아버지께서 보내시도록 회개하라.'

⑤ **하늘나라 복음, 예수가 가르친 말씀은 갑자기 주 예수그리스도의 복음으로 변질되었다.** 그들은 그의 일생과 죽음 그리고 부활한 사실을 선포했고, 그가 시작한 일을 마치려고 이 세상으로 빨리 돌아오리라는 희망을 전파했다. 그래서 초기 신자들이 전한 소식은 그가 처음에 오셨던 사실에 관하여 전도하는 것, 그리고 그가 다시 오신다는 희망을 가르치는 것과, 그의 두 번째 오심이 아주 가까이 다가올 사건이라고 가르쳤다.

⑥ 그리스도는, 신속하게 형성되는 교회의 교리가 되려고 하였다. 예수는 살아 계시다. 그는 사람들을 위해 죽었다. 그는 영을 주었다. 그는 다시 올 것이다. 예수는 신자들의 모든 생각을 채웠고, 하나님에 대해 그리고 다른 모든 것에 대한 새로운 개념을 정립했다. 그들은 '하나님은 주님 예수의 아버지이시다.'라는 새로운 교리에 너무 열광한 나머지, 모든 각 개인에 이르기까지 **'하나님은 모든 사람을 사랑하는 아버지시라'라는 원래의 메시지에 관심을 두지 못했다.**

형제간 사랑과 전례 없는 친절함의 놀라운 현시가 이런 초창기 신자들의 공동체 안에서 솟아났던 것은 사실이다. 그러나 그것은 예수를 믿는 사람들의 교제였고, 하늘에 계신 아버지의 가족적인 나라에서 **형제들의 교제**가 아니었다. 그들의 친절함은 예수의 증여 개념에서 발생한 사랑에서 기인한 것이었고, 필사적 사람의 형제 관계에 대한 깨달음에서 나온 것이 아니었다. 그럼에도, 그들은 기쁨으로 가득했고, 예수에 관한 그들의 교훈에 모든 사람이 매혹되는 그런 새롭고 독특한 인생을 살았다. 그들은 그 복음 대신 천국 복음에 대해 생생하고 구체적인 해설을 동원하는 큰 실수를 범했지만, 그럼에도 인류에게 알려진 가장 훌륭한 종교를 대표했다.

⑦ 틀림없이, 새로운 공동체가 세상에 일어나고 있었다. '믿는 사람들이 사도들의 가르침과 교제 속에서 음식을 나누고 기도하는 일을 흔들리지 않고 계속했다.' 그것은 삶의 교제였을 뿐 아니라 경배의 교제였다. 그들은 교리에 의한 공동사회가 아니라, 자기 재물을 동료 신자들과 나누고자 하는 열망에 의한 공동체였다. 그들은 자신이 살아있는 동안 예수께서 다시 돌아와 아버지의 나라를 완전하게 이룰 것이라고 확고하게 믿었다. 세상의 소유물을 이렇게 자발적으로 서로 나눈 것은 예수의 가르침의 직접적인 특색이 아니었으며, 그가 언젠가 다시 돌아와 자기 일을 완성하고 천국을 완전히 이룰 것에 대해 이 남자와 여자들은 너무나 진지하고 확고하게 믿었기 때문에 이렇게 했다. 그러나 선의에서 시도됐던 형제간의 이런 경솔한 사랑의 최종적 결과는 비탄을 낳는 비참한 것이었다.

수천 명의 진지한 신자가 자기 부동산을 팔았고 자본이 되는 모든 재물과 기타 생산적인 자산 일체를 처분했다. 시간이 흐르면서, 그리스도교인의 자산은 줄어들었고, '동등한 분배'는 끝나게 됐지만, 세상에 종말은 오지 않았다. 얼마 안 돼, 안디옥에 있는 신자들이, 굶주리는 예루살렘의 동료 신자들을 돕기 위해 모금하게 됐다.

⑧ 이 무렵, 그들은 주의 만찬을, 제정된 방식에 따라서 축하했다. 말하자면, 사이 좋게 친교라는 회식을 위하여 모였고, 식사가 끝날 때 성찬을 들었다.

⑨ 그들이 처음에는 예수의 이름으로 세례를 주었지만, 20년이 흐른 후에는 아버지와 아들과 성령의 이름으로 세례를 주기 시작하였다.

신자들이 교제에 참여하기 위한 유일한 조건은 세례였다. 그들에게는 아직 아무런 조직도 갖추어지지 않았다. 그것은 단순히 예수의 형제 신분이었다.

⑩ 이 예수 종파는 급속히 성장하고 있었고, 다시 한번 사두개인들이 그들을 주목했다. 그 가르침 가운데 아무것도 전혀 유대 율법의 준수를 방해하지 않는 것을 알고서, 바리새인들은 그 상황을 꺼리지 않았다. 그러나 사두개인들은 예수 종파의 지도자들을 감옥에 넣기 시작했고, 이것은 유력한 랍비 중의 한 사람, 가말리엘의 조언을 받아들이라고 설득될 때까지 계속되었다. 가말리엘은 이들에게 조언하였다. '이 사람들을 멀리하고 버려두라. 이 회의나 이 일이 사람에게서 생겨났다면 뒤집히려니와 하나님에게서 생겨났다면, 너희가 뒤집어엎을 수 없을 것이라. 너희가 하나님을 대적하여 싸우는 것이 될까 두려우니라.' 그들은 가말리엘의 조언을 따르기로 하였고, 예루살렘에서 평화롭고 조용한 시간이 뒤따랐으며, 이 동안에 예수에 관한 새 복음은 빨리 퍼졌다.

⑪ 그래서 알렉산드리아에서 그리스인들이 큰 무리를 지어 올 때까지, 예루살렘에서 만사가 순조로웠다. 로단의 생도 두 명이 예루살렘에 도착했고, 그리스인 중 많은 사람을 개종시켰다. 그들이 초기에 개종시킨 사람 중에는 스데반과 바나바도 있었다. 유능한 이 그리스인은 유대인의 관점과 매우 달랐으며, 유대인의 경배와 기타 예식 적 풍습을 잘 시행하지 않았다. 이 그리스인의 행동으로 인해 예수의 형제 단과 바리새인 및 사두개인의 평화로운 관계가 깨지게 되었다. 스데반과 그의 그리스인 동역자는 예수의 가르침에 더 가깝게 전도하기 시작했고, 이에 따라 그들은 곧 유대인 관리들과 충돌하게 되었다. 스데반이 공개적 설교를 하던 중 한 번은, 그가 강론 도중에 그들이 못마땅하게 여길만한 말을 하자, 모든 공식 심문 절차를 무시하고 현장에서 그에게 돌을 던져 죽게 하였다.

⑫ 스데반은 예루살렘에서 예수를 믿는 그리스인 거주민의 지도자였으며, 이렇게 새 신앙의 첫 순교자요, 초기 기독교회를 정식으로 조직하는 구체적 원인이 되었다. 이 새로운 위기로 인하여 신자들은 이제 더 유대 신앙 안에 있는 한 종파로서 계속할 수 없음을 인식하게 되었다. 그들은 불신자들과 따로 독립해야 한다고 모두 찬성했다. 스데반이 죽은 지 한 달 안에 예루살렘 교회는 베드로의 지도하에 조직되었고, 예수의 형제 야고보가 명목상 우두머리로 임명되었다.

⑬ 그리고 유대인에 의해 새로운 잔인한 박해가 시작됐으므로, 나중에 안디옥에서 그

리스도교라 불리게 된, 예수에 대한 새 종교를 가르치는 적극적인 선생들이 예수를 전파하면서 제국의 변방을 향해 퍼져 나갔다. 이 메시지를 전함에서, **바울이 등장하기 전에는 그리스인이 주도적 역할**을 했으며, 이 첫 선교사들은, 그 뒤를 이은 사람들도 마찬가지로, 전에 알렉산더가 행진했던 길을 따라갔는데, 가자와 두로로 통하는 길을 따라 안디옥으로 갔으며, 이어서 소아시아를 지나 마케도니아로 갔고, 그 후에는 로마를 지나 제국의 변두리 지방까지 퍼져 나갔다.

60. 오순절 이후

① 오순절 날 베드로가 했던 설교 결과로, 천국 복음을 전파하며 수고하는 사도들 대부분이, 훗날 정책이 결정되고 계획이 수립되었다. **베드로**가 그리스도교인 교회의 실제적 설립자였으며, **바울**은 그리스도교 메시지를 이방인들에게 전파했고, **그리스인** 신자들이 그것을 로마 제국 전역에 퍼뜨렸다.

② 전통에 매이고, 제사장에게 지배된 히브리인은, 하나님의 아버지 되심과 인간의 형제 관계라는 예수의 복음을 거부했을 뿐 아니라, 그리스도의 부활과 승천에 대한 베드로와 바울의 선포도 (나중에 그리스도교) 거부했다. 로마 제국 중 나머지는 진화하는 그리스도교의 가르침을 받아들일 준비가 돼 있었다. 당시에 서방 문명은 지적이었고 전쟁에 지쳤으며 기존의 모든 종교와 우주 철학에 대해 완전히 회의적이었다. 그리스 문화의 혜택을 입은 서방 세계 사람들은, 매우 오래된 전통을 숭배했다. 그들은 철학, 예술, 문학, 그리고 정치적 진보에서 위대한 업적의 유산을 접할 수 있었다. 그러나 이 모든 성취에도, 그들에게는 혼을 만족시키는 종교가 없었다. 그들의 영적 갈망은 불만족 상태에 있었다.

③ 그러한 여건 속에서, 그리스도교가 전파한 말씀에 담겨있는 예수의 가르침이 갑자기 밀려왔다. 새로운 삶의 체제가 굶주린 마음의 이 서방 민족들에게 그렇게 제시됐다. 이런 상황은, 세계를 향한 예수의 메시지를 새롭게 그리스도교 화 함과 전

통적인 종교 관습들 사이에 즉각적인 갈등이 불가피함을 의미했다. 그런 갈등은 새것의 승리나 옛것의 승리 또는 어느 정도 선에서 **절충되는** 필연적 결과를 낳는다. 역사는 그 투쟁이 절충으로 끝났음을 보여준다. 그리스도교는 어느 한 민족도 한두 세대 동안 동화될 수 없을 정도로 너무 많이 포함하려 했다. 예수께서 사람의 혼에 제시했던 것과는 달리, 그것은 단순한 영적 호소가 아니었으며, 일찍부터 종교 예식들, 교육, 마법, 의술, 예술, 문학, 법, 정부, 도덕, 성에 관한 규칙, 일부다처제, 그리고 제한적이기는 하지만 노예 제도에 대해서까지 일찍감치 분명한 태도를 보였다.

그리스도교는 단순히 새로운 종교, 로마 제국 전체와 동양 전체가 고대하고 있던 어떤 것으로 나타난 것이 아니라, **인간 사회의 새로운 질서로 등장했다.** 그리고 그것은 그런 자만심으로 그 시대의 사회적 도덕적 충돌을 신속히 촉진했다. 예수께서 제시한 그 이상은, 그리스 철학에 따라 재해석되고 그리스도교 속에서 사회화됨으로써, 이제 서방 문명의 윤리, 도덕, 종교들 속에 구현된 인간 종족의 전통들에 대담하게 도전하였다.

④ 처음에, 그리스도교는 오직 사회적 및 경제적으로 비교적 낮은 계층 사람들만 개종시킬 수 있었다. 그러나 2세기가 시작되면서 최고위치에 있었던 그리스·로마 문화는 그리스도교인의 믿음이라는 이 새로운 체제, 즉 삶의 목적과 존재의 목표에 대한, 이 새로운 개념으로 점점 더 전환되었다.

⑤ 유대인에게서 시작된 이 새로운 메시지가, 그것이 태어난 땅에서는 거의 실패했는데, 어떻게 그리 급속히 그리고 효과적으로 로마 제국에서 일류 지성인들을 사로잡았는가? 그리스도교가 철학적 종교와 신비 종파에 대하여 승리한 것은 다음 이유 때문이었다.

1 조직, 바울은 위대한 조직가였고 그 후계자들은 그가 시작한 속도를 유지했다.
2 그리스도교가 철저히 헬라화되었다. 히브리 신학의 정수뿐 아니라 그리스 철학의 최선을 담았다.
3 무엇보다도, 그리스도교는 새롭고 위대한 이상을 담았고, 이것은 예수가 증여한 일생에 대

한 반향이요, 온 인류를 구원하는 그의 말씀이 반영된 것이다.

4 그리스도교의 지도자들은 미트라교와 기꺼이 타협해서, 미트라교 추종자 가운데 상위층들의 반 이상이 안디옥 종파에 설득되었다.

5 마찬가지로, 다음 세대와 후일의 그리스도교 지도자들은 이교도와 그렇게 더 타협했고, 그래서 로마의 황제 콘스탄틴까지도 새 종교에 설득되었다.

⑥ 그러나 그리스도교인은 바울의 그리스도교라는 헬라화 된 개정판을 받아들이도록 이교도에게 강요하면서 이교의 화려한 예식행사를 채택함으로써 이교도들과 약삭빠른 거래를 했다. 그들은 미트라 숭배자들과 맺었던 것보다는 그 이교도들과 더 나은 거래를 한 것이 사실이지만, 그런 초창기 타협에서도 극심한 부도덕뿐 아니라 페르시아 신비 사상의 비난받을 만한 다른 수많은 관습을 제거함에서 성공하였다는 점에서 정복자 이상으로 실현했다.

⑦ 초창기 그리그도교 지도자들은, 현명하게 또는 어리석게, 예수의 관념 등 다수를 수호하고 발전시키려는 노력에서 그의 이상들을 훼손했다. 그리고 그들은 탁월한 성공을 이루었다. **그러나 착각하지 마라! 이렇게 손상된 주님의 이상들은 여전히 그의 복음에 숨어 있고, 결국 그것들의 완전한 능력을 세상에 나타낼 것이다.**

⑧ 그리스도교가 이렇게 이교도 화 되면서 옛 체제의 예식 성질을 지닌 하찮은 승리를 거두었지만, 그리스도교는 다음 이유로 주도권을 얻었다.

1 인간의 도덕에서 훨씬 높고 새로운 견해가 제시됐다.

2 하나님에 대해 매우 확대되고 새로운 개념이 세상에 주어졌다.

3 영원히 죽지 않는다는 희망이, 공인된 종교가 주는 확신의 일부분이 됐다.

4 사람이 굶주린 혼에 나사렛 예수가 주어졌다.

예수가 가르쳤던 위대한 진리 중 많은 부분이 이런 초창기 타협에서 거의 유실됐지만, 그것들은 이교 화 된 그리스도교라는 이 종교 속에 여전히 잠들어 있었고, 다음에는 사람의 아들 생애와 교훈에 대한 바울의 개정판 속에 있었다. 그리고 그리스도교는 이교 화 되기도 전에 먼저 철저히 헬라 화 됐다. 그리스도교는 그리스인에게 많이, 무척 많이 빚졌다. 니케아에서 소집된 회의가 예수의 본성에 대한 참된 진리가 세상에 알려지지 못할 위기에 처했을 때, 그토록 용감하게 일어나 겁내지 않고 싸움으로써 용기 있게 그것을 저지한 사람은 이집트에서 온 그리스인이었다. 이 그리스인의 이름은 **아타나시우스**였고, 이 신자의 논리와 웅변술이 아니었으면, **아리우스의** 신조가 승리했을 것이다.

1) 그리스인의 영향

① 그리스도교의 헬라 화는 사도 바울이 아테네에서 아레오파고스 의회 앞에 서서 아테네 사람들에게 '알려지지 않은 하나님'에 관하여 이야기한 그 중대한 날에 진지하게 시작되었다. 거기서 이 로마 시민은 유대인의 땅 갈릴리에서 기원을 가졌던 새 종교의 자기 해석을 선포했다. 그리스인의 철학과 예수의 가르침 사이에는 이상하게 비슷한 무엇이 있었다. 공통된 목표가 있었다. 이 두 가지가 개인의 등장을 겨냥했다. 그리스인은 사회적, 정치적 등장, 예수는 도덕적, 영적 등장이 목표였다. 그리스인은 정치적 자유로 이끄는 **지적 자유주의**를 가르쳤고, 예수는 종교적 해방으로 인도하는 **영적 자유주의**를 가르쳤다. 이 두 관념이 한데 모여 인간의 자유를 위한 새롭고 강력한 헌장이 되었고, 사람의 사회, 정치, 영적 해방을 알리는 전조가 되었다.

② 그리스도교가 존재하게 되고, 경쟁에서 모든 종교에 대해 승리를 거두게 된 것은 근본적으로 두 가지 때문이었다.

1 그리스인의 마음은 유대인들이라 해도 새롭고 좋은 관념은 기꺼이 받아들이고자 했다.
2 바울과 그의 후계자들은 기꺼이, 그러나 약삭빠르고 영리하게 타협하는 자들이었다. 신학을 다루는 날카로운 거래자들이었다.

③ 바울이 아테네에서 일어나 '십자가에 못 박힌 그리스도'를 전파했을 때, 그리스인은 영적으로 굶주렸으며, 영적 진리에 대해 궁금해하였고, 흥미가 있었고, 실제로 찾고 있었다. 로마인은 처음에 그리스도교를 배척하지만, 그리스인은 그것을 받아들였으나, 그리스 문화 일부분인 것처럼 변경해, 나중에 로마인에게 이 새로운 종교를 받아들이도록 실제적 압력을 가한 것은 바로 그리스인이었다.

④ 그리스인은 아름다움을, 유대인은 거룩함을 존중했지만, 두 민족은 진리를 사랑하였다. 수 세기 동안 그리스인은 종교를 제외하고, 모든 인간 문제, 사회, 경제, 정치, 철학 문제에 대하여 심각하게 생각하고 열심히 토론했다. 종교에 많은 관심을 기울인 그리스인은 거의 없었으며, 자신의 종교조차 심각하게 고려하지 않았다. 유대인은 수 세기 동안 종교에 매진하면서 다른 사고 분야에는 무관심했다. 그들은 자신의 종교에 대해 너무 심각했고, 도가 지나쳤다.

예수가 전한 메시지의 내용이 빛을 발휘하면서, 이들 두 민족의 사상이 여러 세기 동안 하나로 합쳐져서 나타난 산물이 이제 인간 사회의 새로운 질서를, 어느 정도는, 인간 종교의 믿음과 행동에 대한 새로운 질서를 이끌어 갈 추진력이 되었다.

⑤ 알렉산더가 근동 세계에 헬라 문명을 퍼뜨렸을 때, 그리스 문화의 영향은 이미 서부 지중해의 땅에 침투하였다. 작은 도시국가에서 사는 동안에는 자신의 종교와 정치에 잘 조화됐지만, 마케도니아 왕이 아드리아해로부터 뻗어서 인더스강까지 그리스를 하나의 제국으로 키웠을 때, 문제가 시작되었다. 그리스의 예술과 철학은 제국을 확장하는 과제를 충분히 감당할 수 있었지만, 정치적 행정이나 종교는 그렇지 않았다. 그리스의 도시국가들이 커져 제국이 된 뒤에, 오히려 촌티 나는 신들은 조금 이상하게 보였다. 오래된 유대 종교의 기독교 판이 다가왔을 때, 그리스인은 정말로 유일한 하나님, 더 위대하고 더 훌륭한 하나님을 찾고 있었다.

⑥ 헬라 문화의 제국은 그런 상태로는 오래갈 수는 없다. 제국의 문화적 지배가 계속되었지만, 서방으로부터 제국의 행정을 위하여 로마의 정치적 수완을 얻은 뒤에, 그리고 동방으로부터 한 종교를 얻은 뒤에야 오래 견디었고, 그 종교의 유일한 하나님은 제국의 품위를 갖추었다.

⑦ 그리스도 이후 첫 세기 동안, 그리스 문화는 이미 절정에 이르렀고, 학문은 진보되

고 있었지만, 창조적인 재능은 쇠퇴하고 있었다. 바로 이러한 때에, 예수의 관념과 이상이 그리스 문화와 학문의 구출에 일익을 담당하였다.

⑧ 알렉산더는 그리스 문명이라는 문화적 선물을 동방에 강제적으로 전수했으며, 바울은 예수 복음의 그리스도교인 개정판으로 서방을 공격하였다. 그리고 그리스 문화가 보급된 서방 전역 어느 곳이든, 그곳에는 **헬라화된 그리스도교가 뿌리내렸다.**

⑨ 예수의 메시지에 대한 동방 해석본은, 그의 가르침에 대하여 좀 더 진실이 유지되긴 하였지만, **완고한 아브너의** 태도를 계속 따랐다. 결코 그리스화 된 해석본처럼 진보하지 못하였으며, 결국에는 이슬람 운동에 파묻혀 없어지게 되었다.

2) 로마의 영향

① 로마인은 **그리스 문화를 통째로 이어받았고, 제비로 뽑는 정치 대신에 대의정치를 받아들였다.** 그리고 로마가 자기들과 다른 언어와 민족에 대하여, 심지어 종교에 대해서도, 새로이 관대한 태도를 온 서양 세계로 가져왔으므로, 이 변화는 당장에 기독교에 유리하게 되었다.

② 로마에서는 대부분의 초기 그리스도교인 박해는 전도 중에 '**왕국**'(나라)이라는 용어를 썼기 때문이다. 로마인은 어떤 종교에도 관대했지만, 정치적으로 경쟁하는 티가 나는 것은 무엇이나 대단히 분개했다. 오해 때문에 생긴 이 초기의 박해가 사라졌을 때, 종교의 선전을 위하여 무대가 활짝 열렸다. 로마인은 정치적 통치에 관심을 가졌고, 예술이나 종교에 거의 아랑곳하지 않았어도 이 두 가지에 특별히 관대하였다.

③ **동양의 법**은 엄격하고 독단적이었고, **그리스의 법**은 유동적이고 예술적이었다. **로마의 법은** 위엄이 있고 존중심을 일으키는 것이었다. **로마의 교육**은 전대미문의 무조건적인 충성을 가르쳤다. 초기의 로마인들은 정치적으로 헌신적이고 숭고하게 삶을 바치는 개별존재였다. 그러나 이름에 걸맞은 종교가 없었다. 그들의 그리스인 선생들이 그들에게 **바울의 그리스도교**를 받아들이도록 설득할 수 있었던 것

은 매우 놀랄 일이 아니다.

④ 이 로마인은 아주 훌륭한 민족이었다. **그들은 자기 자신을 다스렸기 때문에 서양을 다스릴 수 있었다.** 그러한 비교할 수 없는 정직, 헌신, 굳센 자제는 그리스도교를 받아들이고 성장시키는 데 이상적 토양이었다.

⑤ 이 그리스 로마인에게는, 자신이 정치적으로 국가에 헌신하기가 어렵지 않았다. 로마인은 교회가 국가에 대한 경쟁자라는 두려움을 가질 때만 교회를 적대시했다. 로마는 민족 철학이나 고유문화가 없었으므로, 그리스 문화를 자기 것으로 취했고, 그리스도를 도덕적 철학으로 대담하게 받아들였다. 그리스도교는 로마의 도덕적 문화가 됐지만, 도맷값으로 넘어가는 그런 방법에서 새 종교를 포용한 그들의 영적으로 성장하는 개인적 체험 면에서 본다면, 거의 로마의 종교라 할 수 없었다. 많은 개인이 이런 국가 전체 종교의 껍데기 속으로 파고들어 가, 헬라화되고 이교 화 된 그리스도교에 잠재된 진리 속에 숨어 있는 의미의 참된 가치를 자신의 혼 속에 양분이 되도록 발견한 것은 정말로 사실이었다.

⑥ 금욕주의 스토아 철학 파와, '자연과 양심'에 대한 건전한 호소는 적어도 지적 의미에서, 로마 전체가 그리스도를 받아들이도록 더 낫게 준비시켰을 뿐이다. 로마인은 성품과 훈련으로 보면 법률가였고, 자연법칙까지도 존경했다. 이제, 그리스도교 안에서, 로마인은 자연법칙에 있는 하나님의 율법을 헤아렸다. 키케로와 버질을 낳을 수 있는 민족은 바울의 헬라화된 그리스도교를 받아들일 만큼 성숙했다.

⑦ 그래서 이 로마화 된 그리스인은 유대인과 그리스도교인에게 자기들의 종교를 철학 화하고, 그 관념을 조정하고 그 이상을 체계화하고 종교 관습을 생활의 기존 흐름에 적응하기를 강요하였다. **이 모두가 히브리 성서가 그리스어로 번역되고, 후일에 신약이 그리스어로 기록됨으로 엄청나게 도움을 받았다.**

⑧ 유대인과 많은 다른 민족과 반대로, 그리스인은 오랫동안 불멸, 죽은 뒤에 어떤 식으로 살아남는다는 것을 약간이나마 믿어 왔고, 이것이 예수의 가르침의 바로 그 핵심이었기 때문에, 그리스도교가 그들에게 강력한 호소력을 가질 수가 있었음이 분명하다.

⑨ 그리스의 문화적 승리와 로마의 정치적 승리를 상속받은 자들이 지중해 연안 지역

을 하나의 제국으로 통합시켰고, 유일하신 하나님을 받아들이도록 서방 세계를 준비시켰다. 이 하나님을 유대교가 제시했지만, 유대교는 로마화 된 이 그리스인에게 종교로 받아들여질 수 없었다. 필로가 그들의 거부감을 완화 시키기는 했지만, 그리스도교는 유일하신 하나님에 대한 더 확실한 개념을 그들에게 계시했고, 그들은 기다렸다는 듯 받아들였다.

3) 로마 제국 아래서

① 로마의 정치적 지배가 확립된 뒤에, 그리고 그리스도교가 널리 퍼진 뒤에, 그리스도교 교인은 그들이 유일한 하나님, 위대한 종교 개념을 가졌지만, 제국이 없음을 발견했다. 그리스 및 로마인은 그들이 큰 제국을 가졌어도, 제국 숭배와 영적 통일에 적당한 종교 개념으로 쓰일 하나님이 없음을 발견했다. 그리스도교 신자들은 제국을 받아들였고, 제국은 그리스도교를 채택했다. 로마인은 통일된 정치적 통치, 그리스인은 통일된 문화와 학문, 그리스도교는 통일된 종교 사상과 관습을 마련해 주었다.

② 로마는 제국을 보편화함으로 민족주의 전통을 극복하였고, 역사에서 처음으로 다른 종족과 나라들을, 적어도 명칭으로는 하나의 종교를 받아들일 수 있게 했다.

③ 금욕주의 스토아 철학자의 활기 있는 가르침과 구원을 준다는 신비 종파의 약속 사이에 큰 싸움이 있었을 때, 그리스도교는 로마에서 인기를 얻게 되었다. '사심 없다'라는 낱말이 없는 언어를 가진 민족, 영적으로 갈급한 민족, 그리스도교는 신선하게 위로하는 말씀과 사람을 해방하는 힘을 가지고 다가왔다.

④ 신자들이 봉사하는 생애를 산 태도, 맹렬한 박해가 있던 초기에 믿음을 위하여 신자들이 죽을 때 취한 그 태도조차, 그리스도교에 대단히 큰 힘을 주었다.

⑤ 어린이를 향한 그리스도의 사랑에 관한 가르침은, 아이를 원치 않을 때 그리고 특히 여자 아기를 원치 않을 때 내버려 죽게 하는, 널리 퍼진 관습을 곧 그치게 했다.

⑥ 그리스도교예배의 초기 방식은 대체로 유대인 회당에서 이어받고, 미트라교 의식

에 따라서 고치고, 후일에 이교도의 화려한 형식이 더해졌다. 초대 그리스도교 교회의 뼈대는 유대교로 개종한 그리스도교인이 된 그리스인들로 구성되었다.

⑦ 그리스도 이후 2세기는 전 세계 역사에서 좋은 종교가 서양 세계에서 발전하기에 가장 좋은 때였다. 1세기에 그리스도교는 투쟁과 타협으로 뿌리를 내리고 빨리 퍼지려고 자기 자신을 준비했다. 그리스도교는 황제를 받아들였다. 나중에 황제는 그리스도교를 채택했다. 이때는 새 종교가 퍼지기에 좋은 시대였다. 종교의 자유가 있었고, 여행이 보편화되었고, 사상은 어디에 매이지 않았다.

⑧ 헬라화된 그리스도교를 명목상으로 받아들이는 영적인 추진력은 너무 늦게 왔고, 그래서 한창 시작된 도덕의 쇠퇴를 막거나, 이미 단단히 뿌리를 내리고 퍼지는, 종족의 쇠퇴를 보상하지 못했다. 이 새 종교는 제국화된 로마의 문화의 필수품에 불과했다. 더 큰 의미에서 영적 구원을 얻는 수단이 되지 못한 것은 지극히 불행한 일이다.

⑨ 아무리 훌륭한 종교라도, 정부의 직무에 개인적 참여가 부족함으로 당연히 발생하는 결과로부터, 지나친 온정주의, 과중한 세금과 악랄한 징수 악폐, 금을 고갈시키는 레반트와의 불균형 무역, 광기에 가까운 오락, 로마의 규격화, 여성의 지위 하락, 노예 제도와 종족의 타락, 전염병, 영적으로 싹이 없는 지경에 가까이 가기까지 제도화된 국가교회로부터는 거대한 제국을 구할 수는 없었다.

⑩ 그러나 알렉산드리아에서는 조건이 나쁘지 않았다. 초기의 학교들은 전혀 오염되지 않은 예수의 가르침을 많이 계속 유지했다. 판타에누스는 클레멘트를 가르쳤고, 다음에 계속하여 나다니엘을 따라가서 인도에서 그리스도를 선포하였다. 예수의 이상 중 얼마큼은 그리스도교를 세우는 데 희생되었어도, 공정하게 말하면, 2세기 끝이 되자 그리스·로마 세계의 거의 모든 위대한 지성인은 그리스도인이 되었다는 것을 기록해야 한다. 거의 완전한 승리를 거두고 있었다.

⑪ 로마 제국이 나중에는 몰락하였지만, 그리스도교가 생존을 보장받을 만큼, 그 제국은 오랫동안 유지되었다. 그리스적 그리스도교 대신에, 천국 복음이었다면 로마와 전 세계에 어떤 일이 일어났을지를 종종 추측해 본다.

4) 유럽의 암흑시대

교회는 사회에 부속되고 정치와 같은 편이니까, 교회는 이른바 유럽 '암흑시대'의 지적, 영적 쇠퇴기를 함께 할 운명에 처해 있었다. 이 기간에 종교는 수도원 중심이 되고, 금욕적이고 법제화가 되어, 동면하고 있었다.

개인은 교회의 압도적 권위와 전통, 명령 앞에서 거의 길을 잃었다.

그러나 그리스도교는 충분히 사회에 퍼지고 이교 화 되어서, 암흑시대를 막을 힘은 없었지만, 도덕적으로 어둡고 영적으로 침체한 이 오랜 기간에 살아남기 위하여 준비가 잘 되었다. 그리스도교는 서양 문명의 긴 밤을 지나는 동안 버티었고, 르네상스가 밝아왔을 때 아직도 도덕적 세력으로서 세상에서 작용하고 있었다. 암흑시대가 지난 뒤에, 그리스도교의 회복은 그 가르침의 수많은 종파를 낳았고, 이 종파들은 특별한 지성, 감정, 영적 부류의 인간에게 적당한 신앙이었다. 이러한 종교 집단 중에는, 다수가 이 발표문을 작성하는 순간에도 여전히 활동하고 있다.

그리스도교는 예수의 종교를, 예수에 관한 종교로 뜻하지 않게 변질시킴으로 생겨난 역사를 보여준다. 더 나아가서 헬라화, 이교 화, 세속화, 제도화, 지적 쇠퇴, 영적 타락을 겪고, 도덕적 겨울잠을 자고, 소멸의 위협을 겪으며, 그 뒤에 회생하고 분열되며, 최근에 비교적 회복되는 역사를 보여준다. 그런 경력은 타고난 생명력 그리고 강한 회복력을 가진 자원의 소유를 암시한다. 바로 이 그리스도교가 문명을 깨우친 서양 민족들의 세계에 지금 존재하고, 살아남기 위한 투쟁에 직면하고 있으며, 이 싸움은 지배권을 얻으려 했던 지난날 투쟁의 특징이었던 그 중대한 여러 위기보다 훨씬 더 불길하다.

종교는 과학적 지성과 유물론적 경향을 가진 새 시대의 도전에 이제 직면하고 있다. 세속인 것과 영적인 것 사이에 벌어지는 이 거대한 싸움에서, **예수의 종교는 결국 승리할 것이다.**

5) 현대의 문제점

① 20세기는 그리스도교와 다른 종교가 풀어야 할 새로운 문제를 가져왔다. 문명이 높이 올라가면 갈수록, 사회를 안정시키고 그 물질적 문제를 쉽게 해결하려고 사람이 온갖 노력을 기울이면서 '먼저 하늘에 있는 실체들을 찾는' 의무가 더욱 절실하게 요구된다.

② 진리는 분해되고, 격리되고, 고립되고, 너무 심하게 분석될 때, 헛갈리게 하고 잘못 인도하기도 한다. 살아있는 진리는, 물질과학의 사실로서 또는 중간에 있는 예술의 영감으로서 받아들이는 것이 아니라, 살아 있는 영적 현실로서, 통째로 받아들일 때야 진리 추구자를 바르게 가르친다.

③ 종교는 인간이 추구해야 할 신성하고도 영원한 목표를 알려주는 인간을 위한 계시이다. 종교는 순전히 몸소 겪는 영적 체험이며, 다음과 같이, 언제까지나 사람이 가진 다른 높은 형태의 생각과 구별되어야 한다.

1 물질적인 현실에 있는 사물에 대하여 인간이 갖는 논리적 태도.
2 추한 것과 반대되는 아름다움을 사람이 미학적으로 이해하는 것.
3 사람이 사회에 대한 책임과 정치적 의무를 윤리적으로 인식하는 것.
4 심지어 인간이 도덕성에 대하여 인간이 느끼는 것도, 그러한 느낌이나 그 자체는, 종교가 아니다.

④ **종교는 우주에서 믿음, 신뢰, 확신을 요구하는 가치를 찾아내도록 고안되어 있고, 종교는 결국 예배가 된다.** 지성이 발견한 상대적 가치와 반대로, 종교는 혼을 위해서 최고의 가치를 찾아낸다. 그러한 초인간적 통찰력은 오로지 진정한 종교적 체험을 통해야 얻을 수 있다.

⑤ 영적 실체에 근거를 둔 도덕이 없는 사회 체계는 오래도록 유지될 수 없다. 마치 중력의 작용 없이는 태양계가 유지될 수 없듯이 말이다.

⑥ 육체를 입고서 잠시 사는 일생에, 호기심을 채우거나 혼 속에서 솟아오르는 잠재

모험심을 모두 만족시키려고 애쓰지 말라. 참아라! 값싸고 더러운 모험으로 멋대로 돌진하고 싶은 유혹에 빠지지 말라. 너의 에너지를 활용하고 정열에 고삐를 쥐라. 차분히 있고, 진보하는 모험과 가슴 떨리는 발견이 가득한 생애, 끝없는 생애가 장엄하게 펼쳐지기를 기다려라.

⑦ 사람의 기원에 대해 혼동해, 그의 영원한 운명을 간과하게 되지 않도록 조심해라, 예수께서 어린아이들까지 사랑했음과 인간 인격체의 위대한 가치를 영원히 분명하게 밝혔음을 잊지 마라.

⑧ 세상을 바라볼 때, 너희가 보는 악한 검은 조각들은 궁극에 선하고 하얀 배경과 대조해서 나타나는 것을 기억하라. 너희는 단지, 까만 악의 배경에 초라하게 보이는, 하얀 선의 조각들을 구경하는 것이 아니다.

⑨ 널리 알리고 선포할 좋은 진리가 그렇게 많이 있는데, 왜 세상에 악이 사실로 보인다고 해서 사람들은 악에 골몰해야 하는가? 진리의 아름다운 영적 가치는 악의 현상보다도 더욱 유쾌하고 사람의 정신을 높여준다.

⑩ 현대 과학이 실험 기법을 추구하는 것과 같이, 종교에서 예수는 체험의 방법을 주장하고 따랐다. 우리는 영적 통찰력의 인도를 통해서 하나님을 발견하지만, 아름다운 것을 사랑하고, 진리를 추구하고, 의무에 충성하고, 신의 선함을 예배함으로 이 혼의 통찰력에 가까이 간다. 그러나 이 모든 가치 있는 것 중에서 사랑은 진정한 통찰력으로 이끄는 참된 안내자이다.

6) 유물론 (물질주의)

① 과학자는 뜻하지 않게 인류를 유물론의 공포로 몰아넣었다. 그들은 영원한 도덕을 저축하는 은행에서 경솔하게 지급 청구를 시작했지만, 이 인간 체험의 은행은 광대한 영적 재산을 가졌고, 그 은행에 대한 지급 청구를 들어줄 수 있다. 오로지 생각이 모자라는 사람들이 인류의 영적 자산이 충분히 있는가? 공포가 끝날 때, 예수의 종교가 파산되지 않은 것이 드러날 것이다. 하늘나라의 영적 은행은 '예수의 이름

으로' 꺼내 쓰는 모든 사람에게 믿음과 소망을 주고, 도덕적 보장을 줄 것이다.

② 유물론과 예수의 가르침 사이에 어떤 명백한 갈등이 있든지 상관 없이, 너희는 다가오는 시대에, 주의 가르침이 완전히 승리할 것을 확신할 수 있다. 실제로, 참 종교는 과학과 어떤 논쟁에도 말려들 수 없고, 어떤 면에서도 물질적 일에 관여하지 않는다. 종교는 다만 과학에 관여하지 않지만, 과학과 공감하며, 한편 그 과학자에게 최대의 관심을 기울인다.

③ 지혜에 대한 부수적인 해석과 종교적 체험에 대한 영적 통찰이 없는 단순한 지식의 추구는, 결국 비관주의로, 인간이 절망하도록 이끌어 준다. 얕은 지식은 정말 인간을 불안하게 한다.

④ 이 문서가 기록되는 시점에 유물론 시대 최악의 고비는 지나갔다. 사물을 더 이해하는 시절이 이미 밝아오고 있다. 과학 세계의 상급 지성인은 철학 면에서 더 전적으로 유물론을 지지하지 않지만, 보통 사람들은 옛 가르침의 결과로써 아직도 그 방향으로 쏠린다. 그러나 이 물리적 현실주의 시대는 땅에서 사람의 일생에 지나가는 사건일 뿐이다. 현대 과학은 참 종교를 ―예수를 믿는 사람의 인생에서 풀이된 예수의 가르침을― 다치지 않고 두었다. 과학이 이룩한 업적은, 인생을 그릇되게 풀이한 유치한 환상을 깨뜨렸을 뿐이다.

⑤ 이 세상에서 인생에 관하여 말하면, 과학은 양적 체험이요, 종교는 질적 체험이다. 과학은 현상을 다루고 **종교는 기원, 가치, 목표를 다룬다.** 물리적 현상을 설명하려고 원인을 어디에 돌리는 것은 최종적인 것을 모른다는 고백이요, 끝에는 과학자를 시초의 큰 원인 ―파라다이스에 계신 우주의 아버지― 까지 곧장 거슬러 올라가도록 인도할 뿐이다.

⑥ 기적을 추구하는 시대에서 기계적 문명의 시대로 격렬한 변동은 모두 사람을 당황하게 했다. 우주를 기계로 보는 거짓 철학의 영리함과 교묘함은 바로 그들의 기계론적(모든 현상을 원인과 결과의 역학적 관계라는 이론) 주장이 거짓임을 나타낸다. 한 유물론자의 지성이 보인 숙명론의 영리함은 우주가 눈이 보이지 않고 목적이 없는 에너지 현상이라는 주장이 그릇됨을 영원히 증명한다.

⑦ 교육을 받았다고 생각되는 어떤 사람들의 기계론적 자연주의, 거리에 있는 보통

사람의 지각없는 세속주의, 이 두 가지는 순전히 사물에 흥미를 느낀다. 이런 사상은 영적 성질을 가진 어떤 진정한 가치도, 인정도, 만족감도 낳지 못할 뿐 아니라, 믿음과 희망과 영원한 보장이 빠져있다. 현대 생활에서 하나의 큰 문제는 사람이 너무 바빠서 영적 명상과 종교적 예배를 위하여 틈을 낼 수 없다고 생각하는 것이다.

⑧ 유물론은 사람을 혼이 없는 자동인형으로 격하시킨다. 단지 낭만이 없는 기계론적 우주의 수학 공식에서 무력한 자리를 찾는 산술 기호로 만든다. 그러나 큰 수학자가 없이 이 모든 광대한 수학적 우주가 어디에서 오는가? 과학은 물질의 보존에 관하여 상세히 논할지 모르지만, 종교는 사람의 혼이 보존되는 것을 입증한다. 종교는 사람이 영적 실체와 영원한 가치를 체험하는 데 관심을 가진다.

⑨ 오늘날 유물론적 사회학자는 공동체를 조사하고, 이에 대하여 보고서를 쓰고, 발견한 그대로 사람들을 버려둔다. 1,900년 전에 배우지 못한 갈릴리 사람들은 사람의 정신 체험에 영적으로 이바지한 일생을 바친 예수를 조사하였고, 다음에 나가서 로마 제국 전체를 뒤집어 놓았다.

⑩ 그러나 중세의 나팔 소리에 맞추어 영적 전투에 나서라고 현대인을 부르려고 애쓸 때, 종교 지도자들은 큰 잘못을 저지르고 있다. 종교는 새로운 최신 표어를 마련해야 한다. 민주주의나 어떤 다른 정치적 만병통치약도 영적 진보를 대신할 수 없다. **거짓 종교는 현실로부터 도피를 의미할지 모르지만, 예수의 복음은 영적 진보가 있는 영원한 현실의 바로 그 문 앞까지 필사 인간을 데려갔다.**

⑪ 마음이 물질로부터 '솟아났다'라고 말하는 것은 아무것도 설명하지 못한다. 우주가 단지 기계 작용이고 마음이 물질로부터 따로 떨어져 있지 않았다면, 우리는 어떤 관측된 현상에 대하여도 결코 두 가지 서로 다른 해석을 갖지 않을 것이다. 진리와 아름다움 및 선의 개념들은 물리학이나 화학 안에 본래부터 있지 않았다. 기계는 진리를 알기는커녕 알 수도 없고, 정의에 굶주리지도 않으며 선을 소중히 하지도 않는다.

⑫ 과학은 물리적일 수도 있지만, 진리를 헤아리는 과학자의 지성은 당장에 물질을 초월한다. 물질은 진리를 알지 못하고, 물질은 자비를 사랑하거나 영적 실체를 기

뻐할 수도 없다. 영적 깨우침에 기초를 두고 인간의 체험에 뿌리를 둔 도덕적 확신은 물리적 관측에 기초를 둔 수학적 추론과 똑같이 실재하고 확실하지만, 한층 높은, 다른 수준에서 그렇다.

⑬ 사람이 겨우 기계라면, 물질 우주에 대하여 얼마큼 획일적으로 반응할 것이다. 인격은커녕, 개성이 존재하지 못할 것이다.

⑭ 낙원의 절대적 기계 작용이 온갖 우주의 중심에 있다는 사실은, 제2 근원 및 중심의 무조건적 의지 작용 앞에서, 결정 법칙들이 시공 우주만의 배타적 법칙이 아님을 영원히 증명한다. 물질주의가 존재하지만, 배타적이지는 않으며, 기계 작용이 존재하지만, 무조건적이지는 않으며, 결정론이 있지만, 혼자가 아니다.

⑮ 물질로 된 유한한 우주는, 마음과 영이 서로 함께 어울려 존재하지 않는다면, 끝내 가서는 일정하게 획일적으로 되고, 어떤 결정이 내려져 있는 것으로 될 것이다. 우주의 마음이 주는 영향은 심지어 물질의 세상 안으로도 끊임없이 그것이 자발적으로 움직이게 하는 힘을 주입하고 있다.

⑯ 어떤 존재 영역에서도 자유, 곧 독창성은 영적 영향과 우주 지성이 통제하는 정도에, 다시 말해서, 인간의 체험에서 '아버지의 뜻'을 실제로 행하는 정도에, 정비례하여 커진다. 그래서 일단 너희가 하나님을 찾으려고 길을 떠나면, 이는 하나님이 너희를 이미 찾았다는 확고한 증명이다.

⑰ 선함, 아름다움, 그리고 진리에 대한 진지한 추구가 하나님께로 인도한다. 모든 과학적 발견은 자유와 균일성 둘 다 우주에 존재함을 설명한다. 발견하려는 자는 자유롭게 발견할 수 있었다. 발견된 사물은 실제도 명백히 균일하며, 그렇지 않았다면 하나의 사물로 알려질 수 없었다.

7) 물질주의(유물론)의 취약성 (지면 관계로 생략)

8) 세속적인 전체주의 (지면 관계로 생략)

9) 그리스도교의 문제

① 너희의 영적 유산, 물질주의적 그리고 세속 시대의 황폐한 시절에 이르기까지 여러 세기를 통하여 흘러내리고 있는 진리의 흐름을 간과하지 말라. 지난 시절의 미신 같은 교리들을 떨어버리려고 온갖 값진 노력을 기울이면서, 너희는 영원한 진리를 단단히 붙들도록 하여라. 그러나 참을성을 가져라! 예수의 복음에 담긴 진리는 새롭고 더 좋은 길을 비추어 주기 위하여 꾸준히 영화롭게 지속할 것이다.

② 이교도처럼 변하고 사회화된 기독교는 타협하지 않고 손상되지 않은 예수의 가르침과 새로이 접촉할 필요가 있다. **기독교는 땅에서 사신 주의 일생을 보는 새로운 시각이 부족해서 시들고 있다.** 예수의 종교를 새로이 더 충만히 계시하는 것은 유물론적 세속주의 제국을 정복하고, 기계론적 자연주의의 세계 지배를 뒤엎을 운명이 있다. 유란시아는 사회를 다시 조정하고, 도덕적 각성과 영적 깨우침이 있는 가장 놀랍고 황홀한 한 시대에 이르는 고비에서 지금 흥분에 떨고 있다.

③ 예수의 가르침은, 크게 수정되기는 했어도, 태어날 때의 신비 종파, 암흑시대의 무지와 미신을 겪고 살아남았고, 지금도 20세기의 유물론, 기계론, 세속주의를 천천히 이기고 있다. 큰 시험이 있고 패배할 위협을 받는 그러한 시기는 항상 큰 계시가 내리는 시기이다.

④ 종교는 새로운 지도자, 오로지 예수의 가르침에만 의존하려는 영적인 남녀가 필요하다. 기독교가 사회와 물질 문제에 매달려, 영적 사명을 소홀히 하면, 영적 부활은 사람을 영적으로 회복시키는 데만 헌신할 수 있는 새로운 선생이 오기를 기다려야 한다. 그런 다음 영으로 태어난 이 영혼들이, 세상을 사회적으로, 도덕적으로, 경제적으로, 정치적으로 재구성하는데 요구되는 지도력과 영감을 신속히 공급할 것이다.

⑤ 현대는 사실들과 일치하지 않고, 진(眞), 선(善), 미(美)의 최고 개념과 조화를 이루지 못하는 종교는 받아들이기를 거부할 것이다. **지금 — 현재의 왜곡되고 수치스럽게 타협된 그리스도교에 대해 참되고 근본적인 기초들 — 예수의 실제 일생과**

가르침의 진실을— 다시 발견할 시간이 다가오고 있다.

⑥ 원시인은 미신으로 종교적 두려움에 매인 인생을 살았다. 현대의 개화된 사람들은 강한 종교적 확신에 지배되는 생각을 두려워한다. 생각하는 사람은 종교에 붙들려 있기를 언제나 두려워했다. 힘세고 감동하는 종교가 지배하려고 위협할 때, 그는 변함없이 이를 합리화하고 전통으로 만들고 제도화하려고 애쓰며, 이렇게 종교를 통제하고 싶어 한다. 계시 된 종교조차도 그러한 과정으로 사람이 만들고 사람이 지배하는 것이 된다. 현대의 총명한 남녀는 예수의 종교가 그들에게, 또 그들을 가지고, 무슨 변화를 일으킬까 두려워서 피한다. 모든 그러한 두려움은 충분한 근거가 있다. **예수의 종교는, 정말로, 그 신자를 지배하고 변화시키며, 사람이 하늘에 계신 아버지의 뜻을 알려고 애쓰는 데 일생을 바치라고 요청하고, 삶의 에너지를 사람의 형제 신분을 위하여 사심 없이 봉사하는 데 거룩히 바칠 것을 요구한다.**

⑦ 이기적인 남녀는, 인간에게 이미 제공된 가장 훌륭한 영적 보물에 대해서도, 단순히 그 값을 치르려 하지 않는다. 어리석고 사람을 속이는 이기심의 추구에 뒤따르는 슬픈 실망에 사람이 충분히 환멸을 느꼈을 때, 형식이 된 종교가 열매 없는 것을 알아차리고 난 다음에야, 하늘나라 복음으로, 나사렛 예수의 종교로 향할 생각을 진심으로 가질 것이다.

⑧ **세상은 더욱더 손을 거치지 않은 원래 그대로인 종교가 필요하다.** 20세기 종교 중에서 가장 뛰어난 기독교마저도 **예수에 관한**(about) **종교**이며, 더구나 스쳐 간 사람의 손길을 너무도 많이 체험하고 있는 종교다. 사람들은 인정된 교사들이 전해 주는 대로 받아들이고 있다.

만일 실제로 이 세상에 사셨던 원래 그대로 예수를 볼 수 있고, 생명을 주는 그의 가르침들을, 손을 거치지 않은 원래 그대로를 알게만 된다면, 세상은 얼마나 큰 깨우침을 체험할 수 있을까?

아름다운 사물을 묘사라는 말이 그것을 직접 보는 것만큼 전율을 줄 수 없으며, 교리 말씀이 하나님의 현존을 아는 체험만큼 사람의 혼에 영감을 줄 수는 없다. 그러나 기대하는 신앙은, 저 건너 세상에서 신성한 가치의 영원한 영적 실체가 들어올 수 있도록, 사람의 혼에 있는 소망의 문을 언제나 활짝 열어 놓을 것이다.

⑨ 기독교는 인간의 욕심, 전쟁의 광기, 권력을 향한 욕심이란 도전 앞에서 이상을 과감히 낮춰버렸다. 그러나 **예수의 종교**는 최상인 것을 향하여 물려받은 모든 유산을 믿고 일어서고, 은혜 안에서, 참된 인간의 영원한 목표인 가장 높은 경지의 도덕을 달성하려고 최선을 다하라고 외치면서, 훼손되지 않은 초월적인 영적인 소환으로 당당히 서 있다.

⑩ 기독교는 형식주의, 지나친 조직화, 지성의 중시, 그리고 다른 비 영적 경향 때문에 천천히 죽을 위협을 받는다. 현대의 기독교교회는 이어지는 인류 세대들에게 영적으로 계속 변화하라고 예수께서 위임했던 것과는 달리, 활기찬 형제 관계를 이루지 못하고 있다….

10) 미래

① 기독교는 정말로 이 세상에 크게 이바지했지만, 지금 가장 필요한 것은 예수이다. 세상은 주를 모든 사람에게 효과적으로 드러내는, 영에게서 태어난 필사자의 체험 속에서, 다시 땅에서 사는 예수를 구경하는 것이 필요하다. 원시 기독교의 부흥을 이야기하는 것은 무익하다. 너희가 있는 자리에서 앞으로 나아가야 한다. 현대 문화는 예수의 일생에 새로운 계시로 영적 세례를 받고, 영원한 구원을 주는 복음을 새로 이해함으로 빛을 받아야 한다. 이렇게 높이 들어 올려질 때, 예수는 모든 사람을 끌어당길 것이다. 예수의 제자들은 정복자보다 더한 것, 아니 모든 사람에게 영감을 주고 잘 살아가는, 넘쳐흐르는 근원까지 되어야 한다. 몸소 체험하면서 하나님이 계시는 현실을 발견함으로 종교가 신성하게 될 때까지, 종교는 상급의 인본주의일 뿐이다.

② 이 세상에 살았던 예수가 산, 일생의 아름다움과 숭고함, 그 인간성과 신성, 단순함과 독특함은 사람을 구하고 하나님을 드러내는, 놀랍고 마음을 끄는 그림을 제시한다. 그래서 어느 시대의 신학자와 철학자라도, 사람 모습을 입은 하나님의 그러한 초월적 자신 수여로부터, **감히 영적으로 사람을 묶어놓는 신조를 만들거나**

신학 체계를 지어내지 못하게 효과적으로 제지해야 한다. 예수 안에서 우주는 한 필사 인간을 만들어 냈고, 그 사람 안에서 사랑의 정신은 기간의 물질적 장애를 이기고, 물리적 기원을 가진 사실을 극복했다.

③ 항상 마음에 간직하라. 하나님과 사람은 서로 필요하다. 그들은 우주 최종의 신성한 운명으로 영원한 개인성 체험의 충만하고 최종적인 달성에 다다르는데 서로가 필요하다.

④ **"하나님의 나라가 너희 안에 있다"**라는 말은 예수가 하신 말씀 중, **"자신의 아버지는 살아계시며 사랑하는 영이시라"**라는 선언 다음으로 가장 위대한 선언일 것이다.

⑤ 주를 믿으라고 사람들을 설득할 때, 사람과 세상을 변화시키는 것은 강제로 또는 의무나 관습으로 처음 십 리를 가는 것이 아니라, 오히려 아낌없이 봉사하고 자유를 사랑하는 헌신적 태도로 십 리를 더 가는 것이며, 이것은 사랑으로 형제를 붙잡고 필사 존재에서 상급의 신성한 목표를 향하여 영적 안내를 받도록 형제를 계속 설득하려고, 예수처럼 손 뻗는 것을 나타낸다. 기독교는 지금도 기꺼이 처음 십 리를 가지만, 진정하게 십 리를 더 가는 사람이 거의 없으므로, 인류는 시들고, 도덕이 보이지 않는 곳에서 넘어진다. 예수를 따른다고 공언하는 사람들 가운데, 예수가 제자들에게, 삶을 살고 사랑하고 봉사하라고 가르친 대로 정말로 살고 사랑하는 사람이 아주 드물다….

⑦ 하나님의 실체를 부인하는 사회 체계나 정치 체제는, 인간 문명화의 진보에 어떤 건설적이고 지속적인 방법으로도 공헌할 수 없다. 그러나 기독교는 오늘날 세분되고 세속화됨으로써, 앞으로의 발전에 한 가지 큰 장애물을 제공하며, 특별히 이것은 동양에서 그렇다.

⑧ **교회 중심주의는** 현재와 앞으로도 영원히, 살아있는 신앙, 성장하는 영, 그리고 하늘나라의 영적 연합에서 이뤄지는 형제 관계에 있는 예수의 신앙-동지들의 직접 체험과 양립될 수 없다. 과거의 성취에 의한 전통들을 보존하려는 갸륵한 욕구가, 경배 체계들의 뻗어나감을 종종 저지한다. 고대의 사고 체계들을 촉진하고자 하는 선의의 욕구가, 현대인의 확장되고 전진하는 정신의 영적 갈망을 만족시켜 주도록 고안된 새롭고 적당한 수단과 방법들에 대해 후원하기를 효과적으로 제지한다. 마

찬가지로 20세기의 기독교인 교회가 위대하게 서 있지만, 전혀 무의식중에, 참된 복음 ―나사렛 예수의 교훈―의 즉각적 진보를 방해하고 있다.

⑨ 복음이 전하는 그리스도에게 기쁨으로 충성하려는 많은 진지한 사람은, **그의 생애와 교훈의 참뜻을 거의 보여주지 못하고, 그가 기초했던 것을 잘못 가르쳐 오고 있는 어떤 교회를 열심히 후원하기가 매우 힘들다는 것을 발견한다.** 예수께서는 소위 그리스도교인 교회를 세우지 않았지만, 그는, 모든 태도에서 자신의 본성에 모순되지 않으면서, 이 세상에서 자신의 필생 과업에 대해 현존하는 최고의 해석자로 그것을 촉진해 왔다.

⑩ 만약 기독교회가 주의 계획을 용감하게 지지하기만 한다면 분명히 무관심한 수많은 젊은이가 그러한 영적 약속에 참여하기 위하여 몰려들 것이며, 이 커다란 모험과 끝까지 가기를 주저하지 않을 것이다.

⑪ '갈라져 서로 싸우는 집은 버틸 수 없다.' 비기독교 세계는 종파로 갈라진 기독교 세계에 항복하지 않을 것이다. 살아 있는 예수만이 가능한 기독교의 통일에 유일한 희망이다. 참된 교회―예수의 형제 정신― 는 눈에 보이지 않고, 영적이며, 꼭 한결같은 것이 아니다. 획일성은 물질주의적 본성을 갖는 물리적 세계의 꼬리표이다. ….

⑫ 기독교는 도덕적 결함이 있을지라도, 오랜 세월 동안 선을 행하려고 애쓰고 있음을 가벼이 여겨서는 안 된다. 아직도, 강한 도덕적 감정을 지닌 반성하는 사람들의 마음을 움직이기 위하여 애쓰고 있다.

⑬ 그러나 교회가 상업과 정치에 말려드는 데는 변명의 여지가 없다. 그러한 거룩하지 않은 연합은 주에 대한 명백한 배반이다.

⑭ 영적으로 게으른 많은 사람이 의식과 신성한 전통으로 이루어진 고대의 권위적 종교를 몹시 바란다. 모든 사람이 종교적 권위 없이 지낼 수 있도록 만들기에는 인간의 진화와 영적 진보의 능력이 충분하지 않다.

⑮ 기독교의 분열은 서방 문명의 다양한 민족 사이에서 신자가 되려는 사람이 적응하는 데 이바지할 수도 있지만, 예수의 복음을 동양 사람들에게 전해 주려고 시도할 때 심각한 약점을 나타낸다. 예수에 관한 종교가 된 기독교와는 매우 다르고 별개로 예수의 종교가 있음을, 그 종족들은 아직 이해하지 못한다.

⑯ 유라시아의 커다란 희망은 예수의 구원 메시지, 곧 오늘날 그를 추종한다고 공언한 사람들로 이루어진 그 수많은 가족을 사랑으로 섬기는 가운데 영적으로 결합할 그 메시지를 새롭게 확대해서 발표하는 것과 함께, 예수를 새롭게 드러낼 그 가능성 안에 있다.

⑰ 심지어 세속적인 교육조차도, 만일 그 교육이 젊은이에게 어떻게 삶을 계획하고 인격의 발전시키는 데에 매진하는지 가르치는 일에 대해 더욱 주의를 기울이려 한다면, 이 중대한 영적 르네상스에 도움을 줄 수 있다. **모든 교육의 목적은 삶의 최고 목적을 마음에 품고 이를 촉진하는 것, 즉 장엄하고 또 균형이 잘 잡힌 한 인격체로 발전하는 것이 되어야 한다. 자기만족을 너무 많이 가르치는 것 대신에 도덕적 훈련에 대해 가르치는 것이 대단히 필요하다.** 그러한 하나의 기초 위에서 종교는 인간의 삶을 확장하고 또 부유하게 만드는 데에, 심지어 영생을 보장하고 또 증강하는 데에도 그 종교 자신의 영적 자극을 줄 수도 있다.

⑱ 기독교는 일종의 즉석에서 만들어진 종교이기 때문에, 낮은 속도에서 작동해야만 한다. 빠른 속도의 영적 행위들은 새로운 계시와 그리고 예수의 실제 종교를 더욱 일반적으로 받아들일 때까지 기다려야만 한다. 십자가형을 당한 예수의 평범한 제자들이 300년 안에 그의 교훈으로 로마 전역을 석권했고, 그 후에도 로마를 정복한 야만인들을 설득해 승리한 사실을 고려할 때, 기독교 신앙은 위대한 종교이다. 이 기독교 신앙은 히브리 신학과 그리스 철학의 전체 흐름을 정복했다. 즉, 히브리 신학과 그리스 철학을 흡수해서 이를 항상 시켰다. 다음에는 이 그리스도의 종교가 신비 의식 및 이교 사상에 지나치게 빠진 결과로써 1천 년이 넘도록 혼수상태가 되었을 때, 자기 스스로 다시 살아나서 서양 세계 전체를 실질적으로 다시 정복했다. 기독교 신앙은 예수의 가르침들을 불멸로 만들기에 충분하도록 예수의 가르침들을 간직하고 있다.

⑲ 만일 기독교가 예수의 가르침을 더 많이 이해할 수만 있다면, 현대인이 새로우면서도 점점 더 복잡해지는 문제들을 해결할 수 있도록 훨씬 더 많이 도와줄 수 있을 것이다.

⑳ **기독교는** 세계인의 마음속에 사회적 체계와 산업 생활 그리고 서방 문명의 도덕적

표준의 한 부분으로 알려지기 시작했기 때문에 큰 불이익을 당하고 있으며, 그리하여 기독교는, 이상주의가 없는 과학, 원칙 없는 정치, 일하지 않고도 얻는 재산, 억제되지 않는 쾌락, 성품이 없는 지식, 양심적이지 못한 권력, 그리고 도덕성이 없는 산업을 허용하는 죄를 범하면서 비틀거리고 있는 공동체를 무의식적으로 후원하는 것처럼 보여 왔다.

현대 기독교의 희망은, 자신이 그렇게 씩씩하게 찬양하는 십자가 앞에 겸손하게 허리를 굽히고, 거기에서 나사렛의 예수로부터 필사 사람이 들을 수 있는 가장 위대한 진리 ―하나님의 아버지 신분과 사람의 형제 신분에 대한 살아있는 복음― 을 새롭게 배우면서, 서방 문명의 사회 체계와 산업 정책을 후원하는 것을 중지해야 한다는 것에 있다.

61. 예수의 믿음

① 예수는 숭고하고 성실하게 하나님을 믿는 믿음을 지녔다. 필사 존재가 겪는 부침을 체험했지만, 하나님의 확실한 보호와 인도하심에 대해 종교적으로 의심한 적은 한 번도 없었다. 그의 신앙은 신성한 존재, 그에게 내주하는 조절자의 활동에서 생겨난 통찰력의 결과였다. 그의 믿음은 전통적이거나 단순히 지적 믿음이 아니었고, 온전히 개인적이고 순수한 영적 믿음이었다.

② **인간 예수는 하나님을** 거룩하고 정의롭고 위대한 분일 뿐만 아니라, 진실하고 아름답고 선한 분으로 보았다. 이러한 모든 신성의 속성들을 예수는 '하늘에 계신 아버지의 뜻'으로써 마음속에 깊이 간직하였다. 예수의 하나님은 '이스라엘의 거룩한 분'이시며 동시에 '살아계시며 사랑하시는 하늘에 계신 아버지'와 일치하였다. 아버지로서의 하나님 개념이 예수로부터 시작된 것은 아니었지만, 그가 하나님에 대한 새로운 계시를 성취하고 또한 모든 필사 창조 체가 이 사랑 넘치는 아버지의 자녀, 하나님의 아들이라고 선언함으로써, 이것을 숭고한 체험의 관념으로 고양하

고 높였다.

③ 예수는 분투하는 혼이 우주와의 전쟁에서 그리고 적의에 차고 죄로 가득 찬 세상과의 사생 결투에서 하듯이 하나님에 대한 신앙에 집착하지 않았다. 그는 신앙에 단지 어려움 한 가운데서 위로로, 위협받는 절망에서 위안으로 호소하지 않았다. 신앙은 단지 즐겁지 못한 현실이나 혹은 삶의 슬픔을 위한 환상적인 보상이 아니었다. 필사 실존의 자연적 어려움과 현세적인 모순들에 바로 직면하여, 그는 최고의 평온과 하나님에 대한 명백한 신뢰를 체험하였으며, 신앙으로 하늘에 아버지 바로 그 현존 속에서 살아가는 엄청난 감격을 느꼈다.

그리고 이 승리한 신앙은 실재 영 달성의 살아있는 체험이었다. 인간 체험의 가치들에 예수의 커다란 공헌은 그가 하늘에 계신 아버지에 관하여 많은 새로운 관념들을 계시하였기 때문이 아니라, 오히려 그가 새롭고 더 높은 유형의 하나님께 대한 살아있는 신앙을 장엄하게 그리고 인간적으로 실증하였기 때문이었다. 이 우주의 모든 세상 어디에서, 어느 한 필사자의 일생 속에, 나사렛 예수의 인간 체험 속에서처럼 하나님이 그토록 살아있는 실체가 되신 적은 없었다.

④ 지역 우주의 이 세계와 어느 다른 세계에서도, 예수의 유란시아 생애에서, 새롭고 높은 유형의 종교, 즉 우주적 아버지와 개인적인 영적 관계에 그 근원을 두고, 순수한 개인적 체험의 최고 권위에 의해 완전하게 인정받는 종교를 발견한다. 이런 예수의 살아있는 신앙은 지적 감상 이상의 것이었고, 일종의 신비적 명상이 아니었다.

⑤ **신학은 신앙의 의미를 고정하고, 구체화하고, 정의하고, 교리화하지만, 예수의 인간 일생에서 신앙은 개인적이고, 살아있고, 근본적이고, 자발적이었으며, 순전히 영적이었다.**

이 신앙은 전통에 대한 존경이 아니었고, 그가 경건한 신조로 가졌던 단순한 지적 믿음도 아니었다. 오히려 그를 단단하게 붙잡은 숭고한 체험이자 심오한 신념이었다. 그의 신앙은 너무나 실제적이고 모든 일을 포함하기 때문에, 어떤 영적 의심도 완전히 사라지게 했고, 상반되는 모순된 욕망을 효과적으로 없애버렸다.

아무것도 뜨겁고 숭고한 믿음, 기가 꺾이지 않는 이 믿음의 영적 안전한 정박지에서 그를 몰아낼 수 없었다. 명백한 패배를 당하거나 실망과 끔찍한 절망이 한창일 때도, 그는 전혀 두려움 없이, 영적 불굴을 가득히 의식하면서 하나님이 계신 앞에서 차분하게 섰다. 예수는 확고한 믿음을 소유한다는 힘찬 확신을 지녔고, 인생의 벅찬 상황에 부닥칠 때마다 아버지의 뜻에 의심하지 않고 충성함을 어김없이 보였다. 놀라운 이 믿음은 치욕스러운 죽임을 당하는, 잔인하고 정신을 짓밟는 위협에도 움츠러들지 않았다.

⑥ 종교적으로 뛰어나면, 많은 경우 강한 영적 믿음은 비참한 광신으로, 종교적 자부심의 과장으로 이끄는 일이 허다하지만, 예수의 경우는 그렇지 않았다. 이 영적 고양은 하나님과 그의 개인적 체험의 전혀 무의식적이고 자연적인 혼의 표현이었기 때문에, 그는 실천적 일생에서, 그의 비범한 신앙이나 영 달성으로 인하여, 불리하게 영향을 받지 않았다.

⑦ 온 마음을 다 쏟아서 하는 굽힐 줄 모르는 예수의 영적 믿음은 결코 광신이 되지 않았는데, 이 믿음이 실제적이고 보통 일어나는 사회·경제·도덕적 생활 상황의 조화된 가치에 대하여 공정한 지적 판단을 부인하려고 절대로 애쓰지 않았기 때문이다. 사람의 아들은 눈부시게 조화된 인격이었다. 완전하게 갖춘 신다운 존재였다. 그는 또한 땅에서 하나의 인격으로서 활동하는 존재, 인간답고 신다운 하나의 통합된 존재로서, 훌륭하게 조정되었다. 주는 언제나 혼의 믿음을 성숙한 경험으로 얻은 지혜 및 평가와 조정했다. 인간적으로 충성하는 모든 일 개인의 명예, 가족 사랑, 종교적 의무, 사회적 임무, 경제적 필요의 현실과 신성함을 날카롭게 깨닫는 것과 조화된 관계에서, 개인적 믿음, 영적 희망, 도덕적 헌신은 언제나 비할 데 없이 종교적으로 통일되어 서로 관련되었다.

⑧ 예수의 믿음은 모든 영적 가치가 하나님의 나라에서 발견된다고 상상했고, 따라서 '먼저 하늘나라를 구하라.'라고 하였다. 예수는 진보된 이상적 하늘나라 친교에서 '하나님의 뜻'이 이루어지고 완성되는 것을 보았다. 제자들에게 가르친 기도의 바로 그 핵심은 이것이었다. '아버지의 나라가 임하시며, 그 뜻이 이루어지이다.' 이처럼 **하늘나라가 하나님의 뜻을 구성한다고 상상**했기 때문에, 놀랍게 자기를 잊고 한없는 열정으로 이를 실현하는 운동에 자신을 바쳤다. 하지만 열심히 일했던

어떤 임무에도, 그리고 특별한 그의 일생 전체를 통해서, 광신자의 격분이나 자기 본위 종교인의 겉치레적인 허황한 모습은 절대 나타나지 않았다.

⑨ 주의 일생 전체는 한결같이 이 살아있는 신앙, 이 숭고한 종교적 체험으로 조절되었다. 이 영적 태도는 그의 사고와 느낌, 그의 믿음과 기도, 그의 가르침과 설교들을 전적으로 지배하였다. 하늘에 계신 아버지의 인도와 보호의 확신과 보장에 대한 아들의 이 개인적 신앙은 그의 독특한 일생에 영적 실체의 심오한 자질을 주었다. 그리고 여전히 그렇게, 신성과 가까운 관계의 이 깊은 의식에도 불구하고, 이 갈릴리인, 하나님의 갈릴리인은 선한 선생님이라고 불렸을 때, '네가 어찌하여 나를 선하다고 일컫느냐?'라고 바로 대답하였다. 그렇게 훌륭하고 아름답게 자아를 잊어버리는 모습을 우리가 부딪히게 되었을 때, 어떻게 우주의 아버지가 자신을 그에게 충만히 나타내고, 그를 통해서 자신을 그 영역의 필사자들에게 드러낼 수 있었는가 우리는 비로소 이해한다.

⑩ 예수는 그 영역의 사람으로서 모든 예물 중에서 가장 큰 것, 신성한 뜻을 행하는 장엄한 봉사에, 자기의 뜻을 헌납하고 봉헌하는 것, 바로 그것을 하나님에게 가져다드렸다. 예수는 언제나 일관되게 종교를 전적으로 아버지의 의지라는 의미에서 해석하였다. **주의 생애를 공부할 때, 기도나 혹은 종교적 생활의 다른 면들에 관하여, 그가 무엇을 가르쳤나를 보기보다는, 그가 무엇을 행하였나를 바라보라.**

예수는 결코 종교적 의무이기 때문에 기도하지는 않았다. **그에게 기도란,** 영적 태도에 대한 진지한 표현, 혼의 충성에 대한 선언, 개인적 헌신에 대한 설명, 감사의 표현, 긴장 상태의 피난처, 갈등에 대한 예방, 지적 작용에 대한 찬미, 욕구를 고상하게 바꾸는 것, 도덕적 결정을 변호하는 것, 사고를 풍성하게 하는 것, 높은 차원의 성향으로 이끄는 것, 충동을 정화하는 것, 관점을 순수하게 해 주는 것, 신앙의 선언, 의지의 초월적 복종, 신뢰에 대한 최고의 표현, 용기를 드러냄, 발견에 대한 선포, 최상의 헌신에 대한 고백, 성별의 정당성, 어려움에 대처하는 기법, 그리고 이기심과 악과 죄를 향해 달려가는 모든 인간적 경향에 항거하기 위해 혼합된 혼의 능력들을 강력하게 동원하는 것이었다. 그는 아버지 뜻을 행하기 위하여 기도하며 헌신하는 바로 그런 생애를 살았고, 바로 그런 기도와 함께 자신의 삶을 당당하게 마쳤다. 어디에도 비교될 수 없는 **그의 종교적 삶의 비밀은 하나님의 계심에 대한 의식에 있었으며**, 그는 그것을 총명한 기도와 진지한 예배로 하나님과 끊임없이 소통함으로 얻었으며 인도됨이나, 음성이나, 환상이나 이례적인 종교적 습관에 의해 달성한 것이 아니었다.

⑪ 예수의 지상 생활에서, 종교는 살아있는 체험, 영적 존경으로부터 실천적인 정의를 향한 직접적이고 개인적 활동이었다. 예수의 신앙은 신성한 영의 초월적 열매를 맺었다. 그의 신앙은 아이들처럼 미숙하거나 경솔하지 않았다. 그러나 많은 면에서 어린이 마음의 의심하지 않는 신뢰와 비슷하였다. 예수는 어린아이가 부모를 신뢰하는 만큼이나 하나님을 신뢰하였다. 예수는 우주에 대한 심오한 자신감을 가졌다. 어린아이가 자기 부모의 환경을 신뢰하는 것과 같은 것이었다. 우주의 근본적인 선에 대한 예수의 진심으로 믿은 것은 지구 환경의 안전성에 대해 어린아이의 신뢰와 매우 흡사하였다. 그는 어린아이가 그들의 땅에서 부모에게 의지하듯이 하늘에 계신 아버지에게 의지하였다. 그리고 그의 열렬한 신앙은 하늘에 계신 아버지의 지나친 보호에 대한 확실성을 한순간도 의심하지 않았다. 그는 두려움과 의심 그리고 회의로 인하여 심각하게 방해를 받지는 않았다. 불신이 일생의 자유롭고 근본적인 표현을 가로막지 못하였다. 다 자란 어른의 건장하고 지적인 용기를 믿는 아이의 진지하고 확신에 찬 낙천성과 병합하였다. 그의 신앙은 두려움이 없는 신뢰의 절정으로 자랐다.

⑫ 예수의 신앙은 어린아이의 신뢰가 갖는 순수성을 가졌다. 그의 신앙은 그렇게 절대적이고 의심이 없어서 다른 동료 존재들과의 만남에 대한 매력과 우주의 경이로움에 반응하였다. 신성한 것에 대한 그의 신뢰감은 그렇게 완벽하고 그렇게 자신하였으므로 그것은 절대적 개인적 안전에 대한 기쁨과 확신을 가져왔다. 그는 종교적 체험에서 주저하는 변명이 없었다. 충분히 자란 사람의 이 위대한 지성에서는 어린아이의 신앙이 종교적 인식에 관계되는 모든 일에서 최고로 지배하였다. 그가 언젠가 '너희가 어린아이와 같이 되지 않으면, 너희는 천국에 들어가지 못할 것이다.'라고 말씀한 것은 전혀 이상하지 않다. 예수의 신앙이 어린아이와 같았음에도 불구하고 그것은 어떤 뜻으로도 어린아이다운 것이 아니다.

⑬ 예수는 제자들에게 자기를 믿으라고 요구하는 것이 아니라, 오히려 자기와 함께 믿어라. 하나님의 사랑이 현실인 것을 믿고 하늘 아버지의 아들이라는 보장이 확실한 것을 완전히 믿고 받아들이라고 요구한다. 주는 모든 추종자가 그의 초월적 믿음을 충분히 함께 가지기를 바란다. 그가 믿는 것을 믿을 뿐 아니라, 또한 **그가 믿은 것처럼 믿으라고**, 예수는 대단히 감동스럽게 추종자들을 자극했다. 이것이 '나를 따르라'하는 한가지 최상의 요구 조건의 온전한 의미이다.

⑭ **예수의 지상 일생은 단 한 가지의 목적 '아버지의 뜻을 행함, 인간의 일생을 종교적으로 그리고 신앙으로 삶에' 바쳐졌다. 예수의 신앙은 믿는 것이었다.**

예수의 믿음은 어린아이의 믿음처럼 그렇게 신뢰하는 것이지만, 그러나 그것은 제멋대로 맘대로 하는 것과는 완전히 벗어나 있었다. 그는 여러 가지 실망스러운 일들을 용감하게 마주치면서, 특별한 어려운 일들을 단호하게 극복하면서, 그리고 엄중한 의무의 요구에 대하여 굴복하지 않고 대결하면서, 힘차게 남자답게 결정을 내렸다. **예수가 믿는 것을 믿기 위하여서는 그리고 그가 믿는 것처럼 믿기 위하여서는, 강한 의지와 확고한 확신이 요구되었다.**

1) 인간 — 예수

① 아버지의 뜻과 사람들을 위한 봉사에 대한 예수의 헌신은 필사자의 결정과 인간의 결심 이상이었다. 그것은 사랑을 아낌없이 주기 위하여 온 마음을 다하여 자기 자신을 성스럽게 바치는 것이었다.

미가엘(예수)의 주권자라는 사실이 아무리 크다 할 지라도, 너희는 인간 예수를 사람들로부터 떼어놓아서는 안 된다. 주는 하나님일 뿐만 아니라 사람으로서 높은 자리에 오르셨다. 그는 사람에게 속한다. 사람들은 그에 속한다. 종교가 스스로, 분투하는 필사자들로부터 인간 예수를 떼어놓을 정도로 그렇게 잘못 해석되어 있다는 것이 얼마나 불행한 것인가!

그리스도의 인간성과 신성에 관한 토론들이 **나사렛 예수가 신앙이 깊은 사람이며,**

신앙으로 하나님의 뜻을 알았고 행함을 성취하였다는 구원의 진리가 흐려지지 않도록 하여라. 그는 이제까지 유란시아에 살았던 최상의 참된 신앙인이었다.

② 19세기의 신학적 전통과 종교적 독단 속에 예수를 묻어놓은 무덤으로부터, 인간 예수에 대한 상징적인 부활을 증언할 시기가 무르익었다. 나사렛 예수가 영화롭게 된 그리스도라는 눈부신 개념으로 더 이상 희생되어서는 안 된다. 이 계시를 통하여, 사람의 아들이 전통적 신학의 무덤으로부터 회복되어야 하고 그의 이름을 지닌 교회와 다른 모든 종교에 살아계신 예수로서 제시된다면 얼마나 초월적인 봉사일 것인가! 그리스도 신자 교인들의 형제 관계는, 주를 '뒤따르는 것'이 가능하게 되면서, 아버지의 뜻을 행하는 것과 사람의 사심-없는 봉사에 몸을 바친 종교적 헌신이라는 그의 실제 삶의 실연 안에서 그를 따라 신앙에서 그리고 삶의 실천에서 주저 없이 그러한 조절을 이루게 될 것이 분명하다.

자칭 그리스도 교인들이, 사회적 체면과 이기적인 경제적 불균형에서 자아-풍족과 그리고 성스럽지 못한 동료관계의 폭로를 두려워하는가? 만약 갈릴리의 예수가 개인적인 종교적 삶의 이상으로써 필사 사람들의 마음과 혼 속에 본래의 자리를 잡았을 때, **제도화된 그리그도교는 전통적 성직 권위의 위험성**, 아니 심지어 전복이 가능한 것이 아닐까 두려워하는가? 만약 예수의 살아있는 종교가 예수에 대한 신학적인 종교를 갑자기 대체한다면, 그리그도교 문명에서의 사회적인 재조절, 경제적 변환, 도덕적 원기의 회복, 그리고 종교적 교정은 정말로 극적이고도 혁명적으로 이루어질 것이다.

③ **'예수를 따른다'**라는 것은 그의 종교적인 신앙을 개인적으로 공유하고, 사람을 위하여 사심 없이 봉사한 주의 일생의 참뜻을 받아들인다는 것을 의미한다. 인간의 삶에서 중요한 것 중의 하나는 예수가 믿었던 것을 찾아내고, 그의 이상들을 발견하며, 그의 드높여진 일생의 목적 달성을 위하여 분투하는 것이다. **인간의 모든 지식 중에서, 가장 커다란 가치가 있는 것은 예수의 종교적 일생과 그가 어떻게 그 삶을 사셨는지를 아는 것이다.**

④ 서민들은 예수의 말씀을 기쁘게 들었다. 그리고 그러한 진실이 세상에 다시 선포된다면, 종교적 동기에 거룩히 바친 그의 성실한 인생을 발표하는 것에 서민들은

다시 반응할 것이다. 사람들이 그의 말씀을 기쁘게 들은 것은 그가 그들 가운데 하나요, **꾸밈없는 평범한 사람이었기 때문이다. 세상에서 가장 위대한 종교적 선생은 정말로 보통 사람이었다.**

⑤ 육체를 입은 예수의 일생, 곁에서 보이는 일생을 글자 그대로 모방하는 것이 아니라. 오히려 **그의 믿음을 함께 가지는 것이 하늘나라를 믿는 사람의 목표가 되어야 한다.** 그가 하나님을 의지한 것같이 하나님을 의지하고, 그가 사람들을 믿은 것같이 사람들을 믿는 것이다. 예수는 하나님이 아버지인 것이나 사람들이 형제인 것을 놓고 한 번도 논쟁을 벌이지 않았다. 그는 하나를 생생하게 보여준 예이었고, 다른 하나의 심오한 시범이었다.

⑥ **사람들이 인간의 의식으로부터 신성한 것의 실현으로 진보해야만 하는 것과 마찬가지로, 예수도 또한 사람의 본성으로부터 하나님 본성의 의식으로 올라가셨다. 그리고 주는 그의 필사 지성의 신앙과 내재하는 조절자 활동들의 공동 성취로 인간으로부터 신성으로 이 위대한 상승을 이루셨다.** 신성의 전체성을 달성한 사실-실현화는(이 시간 내내 인간성의 실체를 충분히 의식하면서) 점진적으로 신성화되는 신앙 의식의 일곱 단계를 따랐다. 이러한 점진적인 자아-실현의 단계들은 주의 증여 체험에서 다음과 같은 특별한 사건들로 구별 지어졌다.

1 생각 조절자의 도착.
2 그가 12살 때 예루살렘에서 그에게 나타난 임마누엘이 보낸 메신저.
3 그가 세례를 받았을 때 그에 따라서 나타난 현상.
4 변화 산에서의 체험들.
5 모론시아 형체의 부활.
6 영의 승천
7 그의 우주에 대한 무제한 적 주권을 받으면서, 마지막 단계로 파라다이스 아버지의 품에 안김

2) 예수의 종교

① 언젠가 그리스도교 교회 안에서, 우리의 신앙 저자이며 완결자인, **예수의 섞이지 않은 종교적 가르침들로 돌아가려는 개혁이 매우 깊게 일어날 것이다.**

너희는 예수에 대한 종교를 전파할 수도 있겠지만, 그러나 필연적으로 너희는 반드시 예수의 종교를 살아야만 한다.

오순절의 열광 속에 **베드로는 자기도 모르게 새로운 종교, 부활하고 영광된 그리스도교의 종교를 시작하였다.** 사도 바울은 후에 이 새로운 복음을 그리스도교, 그 자신의 신학적 견해들을 체현하면서 다마스쿠스로 가는 길에서 예수를 만난 그의 개인적 체험을 묘사한 종교로 변환시켰다.

하늘나라 복음은 갈릴리 예수의 개인적 종교 체험 위에 기초를 두고 있다. 신약의 거의 모든 부분은, 의미심장하고 영감을 주는 예수의 종교적 일생에 대한 묘사보다는, 바울의 종교적 체험에 관한 토론과 그의 종교적 신념들에 대한 묘사에 치우쳐져 있다. 그리스도교는 거의 오로지 사도 **바울의 개인적 종교 체험 위에 기초를** 두고 있다. 이 진술에 오직 두드러진 예외들은, 마태, 마가, 누가복음의 어떤 부분들을 제외하고는 히브리서와 야고보서뿐이다. 베드로마저도 그의 글 속에서 단지 한번 주의 개인적인 종교적 일생에 눈길을 돌렸을 뿐이었다. 신약은 매우 훌륭한 그리그도교 사람들의 문서이지만, 예수교인의 문서라 하기에는 모습이 빈약하다.

② 육신 속에서 예수의 생애는, 원시적인 두려움과 인간적 경외심에서 출발해 개인적인 영적 교류를 나누는 기간을 지나고 최종적으로는 아버지와 하나 됨을 인식하기까지 진보하면서 숭고한 신분에 다다르는 위대한 종교적 성장을 묘사한다. 그리하여 예수께서는 한 번의 짧은 생애에서, 사람이 이 세상에서 시작하고 낙원-이전 생애의 **연속적 단계를 거치는 영적 훈련을 마친 후에야** 대개 성취하게 되는, 종교적인 영적 진보의 그 체험을 모두 통과했다. 예수께서는 개인적 종교 체험의 신앙 확신들에 대한 순수한 인간적 의식에서, 자신의 신성한 본성을 적극적으로 실현하는 숭고한 영적 경지에 이르기까지, 그리고 우주를 다스림에서 우주적 아버지와의 긴밀한 연합을 의식하기까지 진보해 갔다. 그는 자신을 선한 선생님이라 부른 사

람에게 '어찌하여 나를 선하다 하느냐? 선하신 분은 오직 하나님뿐이시라'라고 자연스럽게 말해 자신을 알려주는 인간적 의존 관계의 겸손한 상태에서, '너희 중 누가 나를 죄로 책잡겠느냐?'라고 주장할 수 있는 신성 성취의 숭고한 의식에 이르기까지 진보해 갔다. 인간 세계에서 신성한 세계까지의 이런 **진보적 상승**은 전적으로 필사자 성취였다. 그리고 그가 그렇게 신성 달성을 마쳤을 때도, **그는 여전히 사람의 아들일 뿐 아니라, 하나님의 아들인 똑같은 인간 예수였다.**

③ 마가와 마태 그리고 누가복음은 그가 신성한 뜻을 확인하고 그 뜻을 행하려고 장엄한 투쟁에 임하고 있었을 때의 인간 예수의 모습을 조금 간직하고 있다. 요한복음은 예수가 신성의 충만한 의식으로 지상을 거닐었던 승리한 예수의 모습을 보여준다. **주의 일생을 공부한 사람들이 저지른 큰 오류는,** 어떤 사람들은 그를 전반적으로 인간으로 생각하였고, 한편 다른 사람들은 그를 오로지 신성으로만 생각하였다. 그의 모든 체험을 통하여 **그는 진실로 인간인 동시에 신성이었으며, 지금도 여전히 그러하다.**

④ **그러나 가장 큰 잘못은, 인간 예수가 종교를 가지신 것으로 알려졌음에도 불구하고, 신성한 예수가**(그리스도) **하룻밤 사이에 종교로 되어버린 것이다.** 바울의 그리스도교는 신성한 그리스도의 숭배를 확실히 하였지만, 그러나 그것은 예수의 개인적 **종교 신앙의 용기와 그의 내재하는 조절자의 영웅적 자질로, 인간성의 낮은 차원들에서부터 신성과 하나가 되기까지 상승하였으며, 그리하여 모든 필사자가 그것을 통하여 인간성으로부터 신성으로 그렇게 상승할 수 있는 새롭고 살아있는 길이 되신 갈릴리의 투쟁하는 용감한 인간 예수를 거의 잃어버렸다.** 영성의 모든 단계와 온 세상에 있는 필사자들은 예수의 개인적 일생 속에서 그들이 가장 낮은 영 차원에서 가장 높은 신성한 가치까지, 모든 개인적인 종교 체험의 시작부터 끝까지 진보할 때 그들에게 힘을 주고 영감을 주는 것을 발견할 것이다.

⑤ 신약 성경이 기록되던 당시에, 저자들은 부활한 예수의 신성을 가장 깊이 믿었을 뿐만 아니라 그가 하늘나라를 완성하려고 이 땅에 속히 돌아오리라는 것을 열렬히 그리고 진심으로 믿었다. 주의 신속한 재림에 대한 이런 강한 신앙은, 주님의 순전히 인간적인 체험과 속성들을 묘사해 주는 그 자료들을 기록에서 생략하려는 추

세에 큰 영향을 끼쳤다.

전체 그리그도교인 운동을 나사렛 예수의 인간적인 모습에서, 부활한 그리그도, 즉 영광을 얻고 곧 다시 올 주 예수그리스도를 찬양하는 쪽으로 멀어졌다.

⑥ 예수는 하나님의 뜻을 행하고 인간 형제 신분에 봉사하는 개인적 체험의 종교를 세웠다. 바울은 영화롭게 된 예수가 믿음의 대상이 되고, 그 형제 단체가 신성한 그리스도를 믿는 동료 신자들로 이루어진 그러한 종교를 세웠다.

예수 자신의 증여에서 **이 두 가지 개념은 신성-인성의 생애에 잠재되었다.** 그 두 부분이 그의 **이 세상 생애 동안 따로 떼어놓을 수 없도록 묶여 있었고** 원래의 천국 복음에서 그토록 영광스럽게 제시되었던 것처럼 **주님의 인간적이고 신성한 본성 모두를 알맞게 인식하는 통합된 종교를** 그의 추종자들이 만들지 못했음은 매우 유감이다.

⑦ 예수가 세상에서 아주 진심으로 헌신한 종교가였다는 것을 기억하기만 한다면, 너희는 그의 어떤 강경한 발언에 충격을 받거나 마음이 흔들리지 않을 것이다. 그는 아버지의 뜻을 행하는 데 아낌없이 몸을 바친, 온통 거룩하게 헌신한 필사자였다. 어렵게 보이는 말씀 가운데 많은 것은 추종자에게 내리는 명령이라기보다 믿음을 친히 고백한 것이요 헌신의 서약이었다. 바로 이러한 한결같은 목적과 사심 없는 헌신으로 인하여 그는 짧은 일생에 인간의 지성을 정복하는 데 그렇게 특별히 진보할 수 있었다. 그의 선언 가운데 많은 것은 모든 추종자에게 요구한 것이 아니라, 오히려 자신에게 부과한 요구를 고백한 그것으로 생각해야 한다. 하늘나라 운동에 헌신하면서, 예수는 지나간 다리를 모두 불살랐다. 아버지의 뜻을 행하는 데 있는 모든 장애물을 희생했다.

⑧ 예수는 가난한 사람이 대개 진지하고 신앙심이 깊었으므로 그들을 축복했으며, 부자들은 대개 방종하고 신앙심이 없었으므로 그들을 비난했다. 반면에 그는 신앙이 없는 가난뱅이를 똑같이 비난하려 했고 헌신적이고 경건한 부자를 칭찬하려 했다.

⑨ 예수는 세상에서 사람이 마음을 편안히 가지도록 이끌었다. 금기사항의 노예에서 그들을 해방했으며, 세상이 근본적으로 악한 것이 아니라는 것을 그들에게 가르치셨다. 그는 이 세상 생애에서 도피하기를 원하지 않았으며, 육신 속에 있는 동

안 아버지 뜻을 훌륭히 해내는 기법을 터득했다. 그는 현실 세계 한 복판에서 이상적인 종교적 생애를 달성했다. **예수는 바울의 인류에 대한 비관적 견해를 전혀 갖지 않았다. 주님은 사람을 하나님의 아들로 봤고, 생존 되기를 선택한 그들 앞에 펼쳐질 장엄하고 영원한 미래를 내다봤다.** 그는 도덕적으로 비관적이지 않았으며, 사람에 대해 부정적이 아닌, 긍정적 견해를 가졌다. 그는 사람 대부분을 사악하기보다 약한 존재로 봤고, 타락되기보다 마음이 산란한 존재로 봤다. 그러나 그들의 처지가 어떻든, 그들은 모두 하나님의 자녀였고 그의 형제였다.

⑩ **그는 사람들에게 시간 세계와 영원 속에서 자신을 높이 평가하라고 가르쳤다. 사람을 높이 평가했기 때문에, 예수는 기꺼이 인류에게 끊임없이 봉사하는 데 몸을 바쳤다.** 그의 종교에서 황금률을 필수 요인으로 만든 것은 바로 이 **유한한 자의 무한한 가치였다.** 어떤 필사자가 예수의 특별한 신임을 얻고서도 격려를 받지 않을 수 있는가?

⑪ 예수는 사회 발전을 위한 아무런 규율도 제공하지 않았다. 그의 임무는 종교적이었고, 그리고 **종교는 전적으로 개별적인 체험이다. 사회의 가장 진보된 성취의 궁극적 목표도 하나님의 아버지 신분에 대한 깨달음에 기초한 사람과 예수의 형제 신분을 초월할 수 없다.** 모든 사회적 달성에 대한 이상은 이런 신성한 나라를 통해서만 실현될 수 있다.

3) 종교의 우월성

① **개인의 영적 종교적 체험**은 필사자가 겪는 문제 대부분에 효과적 해결책이며, 인간의 모든 문제를 효과 있게 분류하고 평가하고 조정한다. 종교는 인간의 걱정거리를 없애거나 사라지게 만들지 않지만, 이를 분해하고 흡수하고 밝게 비춰주고 초월한다. 참된 종교는 필사자의 모든 요구 조건에 효과적으로 순응하기 위하여 인격을 통일한다.

종교적 믿음—자기 안에 함께 살아가는 존재가 분명하고 명확하게 이끌어 줌은—

하나님을 아는 사람이 우주의 첫째 근원을 그것으로 인식하는 지적 논리, 이 첫째 근원을 그분이라고 확언하는 혼의 분명한 주장, 이 둘 사이에 존재하는 간격을 어김없이 좁힐 수 있게 만들며, 예수의 복음에서 그분은 하늘 아버지요, 인간을 구원하는, 인격을 가진 하나님이다.

② 우주 실체에는 꼭 세 가지의 기본 요소가 있다. 사실, 관념(생각), 관계이다. 종교적 의식은 이 실체들을 과학, 철학, 진리로서 식별한다. 철학은 이 활동을 이성, 지혜, 믿음 —물리적 실체, 지적 실체, 영적 실체로— 보고 싶어 한다. 우리는 이 실체들을 사물, 의미, 가치로 명시하는 습관이 있다.

③ 실체를 점진적으로 이해하는 것은 하나님께 가까이 가는 것과 같다. 하나님을 찾아내는 것, 실체와 같음을 의식하는 것은, 자기-완성 — 자기-전체 — 자기-총체를 체험하는 것과 맞먹는다. 총 실체의 체험은 하나님을 충만히 깨닫는 것이요, 하나님을 아는 최종 체험이다.

④ 인간의 생애에 대한 최고의 요약은, 사람은 사실에 의해 교육받고 지혜에 의해 고상해지며 종교적 신앙에 의해 구원되는 —정당하게 되는— 것을 아는 것이다.

⑤ 물리적 확실성은 과학의 논리에 있고, 도덕적 확실성은 철학의 지혜에 있다. 영적 확실성은 진정한 종교적 체험의 진리에 있다.

⑥ 사람의 마음은 전적으로 물질적인 것이 아니기 때문에, 영적 통찰력의 높은 차원들과 가치들의 신성에 상응하는 영역들에 도달할 수 있다. **사람의 마음에는 영의 핵심 —신성한 존재인 조절자—가 있다.** 사람의 마음에 이 영 내주에 대한 서로 다른 세 가지 증거가 있다.

1 인도주의적 동료관계—사랑. 순전히 동물적인 마음이 자아-보호를 위하여 집단을 이룰 수는 있다. 그러나 영이 내주하는 지성만이 사심-없이 이타적으로 그리고 조건 없이 사랑할 수 있다.

2 우주의 해석—지혜. 우주가 개별존재에게 친밀하다는 것을 영이-내주하는 마음만이 이해할 수 있다.

3 일생의 영적인 평가—경배. 오직 영이 내주하는 사람만이 신성한 현존을 깨달을 수 있으며

그리고 이러한 신성의 미리 맛보는 것 안에서 더 충만한 체험을 얻으려고 한다.

⑦ 인간 마음은 실제 가치들을 창조하지 않는다. 인간의 체험은 우주적 통찰력을 주지 않는다. 통찰력, 도덕적 가치들을 인식과 영적 의미들을 식별함에 대하여 인간 마음이 할 수 있는 모든 일은 발견하고, 인식하며, 해석하고, 그리고 선택하는 것이다.

⑧ 우주의 도덕적 가치들은 필사자 마음의 세 가지 기본 판단들, 혹은 선택으로 지적 소유들이 될 수 있다.

1 자아의-판단 — 도덕적 선택.
2 사회적-판단 — 윤리적 선택.
3 하나님의-판단 — 종교적 선택.

⑨ 이렇게 모든 인간 진보는 공동의 계시적 진화의 방법에 따라 이루어지는 것으로 보인다.

⑩ 사랑에 빠진 신성한 연인이 사람 속에 살지 않으면, 사심-없이 그리고 영적으로 사랑할 수 없다. 해석자가 마음속에 살지 않는다면, 사람은 우주의 통일성을 진정으로 깨달을 수 없다. 평가자가 사람과 함께 거주하지 않으면 사람은 도저히 도덕적 가치를 평가할 수도 없고 영적 의미들을 깨달을 수도 없다. 그리고 사랑하는 이 연인은 무한한 사랑의 바로 그 근원으로부터 내려온다. 이 해석자는 우주적 통일성의 한 부분이다. 이 평가자는 신성하고 영원한 실체의 모든 절대 가치들의 중심과 근원의 자녀이다.

⑪ 종교적 의미를 —영적 통찰력을— 갖는 도덕적 평가는 선과 악, 진리와 실수, 물질과 영, 인간과 신성한 것, 시간과 영원 사이에서 개별적 선택을 의미한다. 인간의 생존은 영적 가치 분류자 —내주하는 해석자이며 통합자— 에 의해 선정된 그러한 가치들을 선택하는 일에 인간의 의지를 헌납하는 것에 상당히 많이 의존한다. 개인적 종교 체험은 두 위상으로 구성된다. 인간 마음속에서의 발견과 내재하는 신

성한 영에 의한 계시이다. 지나친 억지이론을 통하여 또는 공언된 종교가들의 비종교적 행위의 결과로 한 사람, 심지어 사람들의 한 세대가 그들에게 내주하는 하나님을 발견하려는 그들의 노력을 유보하도록 결정할 수 있다. 그들은 신성한 계시 안에서 진보하고 그것을 달성하는 것에 실패할 수 있다. 그러나 내주하는 생각 조절자의 현존과 영향 때문에, 영적으로 진보하지 못하는 그러한 태도들은 오래가지 못한다.

⑫ 내주하는 신성한 실체에 대한 심오한 체험은 물리적 자연 과학들의 조잡한 물질주의적 방법을 언제까지나 초월한다. 너희는 영적 기쁨을 현미경 아래에 놓고 볼 수는 없다. 너희는 사랑을 저울에 달 수 없다. 너희는 도덕적 가치를 측정할 수 없다. 또한 영적 경배의 본질 특성을 추정할 수도 없다.

⑬ 히브리인은 도덕적으로 절정에 달한 종교를 가지고 있었다. 그리스인은 미의 종교를 발전시켰다. **바울과 그의 의논 상대자들은 신앙, 소망, 그리고 박애의 종교를 세웠다. 예수는 사랑의 종교, 아버지의 사랑 안에서의 보호, 인간 형제 신분의 봉사에 이 사랑을 나누는 결과로 얻어지는 즐거움과 만족을 보여주고 예시하였다.**

⑭ 사람은 사려 깊은 도덕적 선택을 할 때마다. 그의 혼 속에 새로운 신성한 침투를 즉시 체험한다. 도덕적 선택은 종교를 외부의 조건들에 대한 내적인 반응의 동기로 형성한다. 그러나 그러한 실제 종교는 순전히 주관적인 체험은 아니다. 그것은 전체적인 객관성-우주와 그 조물주-에 대한 의미 있고 지능적인 반응에 몰두하여 있는 개별존재 주관성의 총체를 의미한다.

⑮ 사랑하고 사랑받는 절묘하고 초월적인 체험은 너무 순수하게 주관적이라고 해서, 단순히 심리적 환상은 아니다. 필사 존재들과 연관된 어떤 진실로 신성하고 객관적인 실체, 생각 조절자는 배타적인 주관적 현상으로서 명백하게 인간 관찰에 대하여 기능하고 있다. 가장 높은 객관적 실체, 하나님과 사람의 접촉은 오직 그를 알고, 그를 경배하고, 그와의 아들 관계를 깨닫는 순수한 주관적인 체험을 통해서만 이루어진다.

⑯ 참된 종교적 예배는 자아를 속이는 쓸데없는 혼잣말이 아니다. 예배는 신성하게 실제로 있는 것과, 실체의 바로 그 근원인 것과 몸소 교제하는 것이다. 사람은 예

배로 인하여 더 나아질 생각을 품고, 그렇게 함으로 궁극에는 최선에 이른다.

⑰ 진리, 아름다움, 선을 이상으로 삼고 이를 위하여 봉사하려는 시도는 진정한 종교적 체험을 —영적 실체를— 대신할 수 없다. 심리학과 이상주의는 종교적 실체와 다르다. 인간 지능이 상상하는 모습을 만들어 냄으로써 인간의 상상 안에 있는 신들을 만들어 낼 수는 있겠지만, 그러나 하나님에 대한 진정한 의식은 그렇게 생겨나지 않는다. 하나님에 대한 의식은 자기 안에 함께 살아가고 있는 영 안에 있다. 인간이 만든 많은 종교적 체제는 인간의 지능이 형성한 것이며, 그러나 하나님을 의식하기 위하여서는 종교적인 노예 제도인 이러한 괴상한 체제 같은 그것이 필요하지 않다.

⑱ 하나님은 단지 이상주의의 창안이 아니다. 모든 초-동물적인 통찰력과 가치의 근원이다. 하나님은 진리, 아름다움, 그리고 선함의 인간 개념들을 통합하기 위해 만들어진 가설이 아니다. 그는 그에게서 모든 우주적 현상이 나타나는 사랑의 인격체이시다. 사람의 세상에 있는 진리, 아름다움, 선은 파라다이스 실체들을 향하여 올라가는 필사자 체험의 영적 성향이 높아짐으로 통일된다. 진리, 아름다움, 선의 통일은 오로지 하나님을 아는 인격의 영적 체험 안에서 이루어질 수 있다.

⑲ 도덕성은 개인적으로 하나님을 의식하는 데, 조절자가 안에 계심을 몸소 깨닫는 데 필수인 선재 하는 토양이지만, 그러한 도덕성은 종교적 체험과 그 결과로 생기는 영적 통찰력의 근원이 아니다. 도덕적 성품은 동물을 뛰어넘지만 영 밑에 있다. 도덕성은 의무를 인식하는 것, 옳은 것과 그른 것이 존재함을 깨닫는 것과 같다. 인격이 달성하는 물질 분야와 영적 분야 사이에 **상 물질이** 작용하는 것처럼, 도덕의 구역은 동물과 인간 유형의 마음 사이에 개입한다.

⑳ 진화하는 마음은 법과 도덕과 윤리를 발견할 수 있다. 그러나 증여된 영, 내주하는 조절자는 진화라는 인간 마음에 입법자, 진실하고, 아름답고 선한 모든 일의 근원인 아버지를 나타낸다. 그렇게 깨달음을 얻은 사람은 종교를 가지면서, 하나님을 향한 길고도 모험적인 추구를 시작하도록 영적인 장비를 갖추게 된다.

도덕은 영적일 필요가 없다. 그것은 순전히 인간적일 수도 있다. 그러나 실제 종교는 모든 도덕적 가치를 높이고 그들을 좀 더 의미 있게 만든다. 종교가 없는 도덕은 궁극적 선을 나타내는 데 실패한다. 그것은 그 자체의 도덕적 가치들의 생존을 준비하는 데도 실패한다. 종교는 도덕이 인식하고 인정한 모든 일의 향상, 찬미, 그리고 확실한 생존을 제공한다.

종교는 과학과 예술과 철학과 윤리와 도덕 위에 있지만, 그들과 무관하지는 않다. 그들은 모두 개인적이거나 사회적인 인간 체험 속에서 서로 확고하게 상호관계 되어 있다. 종교는 필사자 본성 안에서 사람의 최고 체험이다. 그러나 유한한 언어는 신학이 실제 종교 체험을 적절하게 서술하는 것을 언제까지나 불가능하게 한다.

종교적 통찰력은 패배한 사람에게 더 높은 소망과 새 결심을 하게 하는 힘을 가지고 있다. 사랑은 인간이 우주를 상승하면서 이용할 수 있는 가장 고귀한 동기이다. 그러나 진리, 아름다움, 선이 빠져 버린 사랑은 단지 하나의 정서이며, 철학적 왜곡, 심리적 착각, 영적 기만이다. 사랑은 모론시아와 영으로 진보하는 연속되는 차원에서 항상 다시 정의 되어야 한다.

예술은 사람이 물질 환경에서 아름다움이 없는 상태를 벗어나려고 애쓰는 결과로 생기며, 예술은 상 물질 수준을 향하는 손짓이다. **과학은** 사람이 물질 우주에서 수수께끼로 보이는 것을 풀려는 노력이다. **철학은** 사람이 인간의 체험을 조화시키려는 시도이다. **종교는** 사람의 최고 손짓이요, 최종의 실체를 향하여 장엄하게 손을 뻗는 것, 하나님을 찾아내고 그와 같이 되려는 결심이다.

종교 체험의 영역에서, 영적 가능성은 잠재하는 현실이다. 앞을 향한 사람의 영적 욕구는 정신의 환상이 아니다. 사람이 우주에서 꿈꾸는 모든 일이 사실이 아닐지 모르지만, 많은 것, 허다한 것이 진리이다.

어떤 사람의 인생은 너무 위대하고 고귀해서, 단순한 성공을 이룬 낮은 수준으로 내려올 수 없다. 동물은 환경에 적응해야 하지만, 종교적인 사람은 환경을 뛰어넘고, 이 방법으로 이 신의 사랑을 보는 통찰력을 통해서, 현재 물질세계의 한계를 벗어난다. 이 사랑 개념은 사람의 혼 속에서 참되고 아름답고 선한 것을 발견하려는, 동물을 뛰어넘는 노력이 생기게 만든다. 참되고 아름답고 선한 것을 찾아낼 때, 사람은 그 품에 안겨 영화롭게 된다. 사람은 이를 실천하고, 정의를 실행하려는 소망으로 불타오른다.

낙심하지 말라, 인간의 진화는 아직도 진행되고 있고, 예수 안에서, 그를 통해서, 하나님이 세상에 주는 계시는 실패하지 않을 것이다.

현대인에게 가장 큰 도전이 되는 것은, 인간 마음 안에 살아가고 있는 신성한 관찰자와 좀 더 나은 교제를 이룩하는 것이다. 육신의 가장 큰 모험은, ─신성한 존재와의 접촉인─ 영을 의식하는 경계 지역에 도달하기 위하여 온 마음을 다하는 노력에서, 혼 의식이 태어나는 희미한 영역을 거쳐서, 자의식 테두리를 확장하려고, 치우치지 않고 정신 차려 노력하는 데 있다. 그러한 체험은 하나님 의식이요, 앞서 존재하는 진실, 곧 하나님을 이해하는 종교적 체험을 힘차게 확인하는 체험이다. 그러한 영 의식은 하나님의 아들임이 사실인 것을 아는 것과 동등하다. 그렇지 않으면, 아들이라는 확신은 믿음의 체험이다.

하나님을 의식하는 것은 자아와 우주와 함께, 우주의 가장 높은 수준의 영적 실체와 통합되는 것과 동등하다. 그 어떤 가치에서도 오직 그 영 내용만은 불멸한다. 인간 체험에서도 참되고, 아름답고, 선한 것은 사멸되지 않을 수 있다.

만약에 사람이 생존하는 것을 선택하지 않으면, 생존하는 조절자가 사랑으로 태어나고 봉사 안에서 양육된 그 실체들을 보존한다. 그리고 이 모든 일은 우주 아버지의 일부분이다. 아버지는 살아있는 사랑이며, 아버지의 이 생명은 그의 아들들 안에 있다. 그리고 아버지의 영은 그의 아들의 아들들 ─필사 사람들─ 안에 있다. 모든 것이 다 설명되고 완료된 지금, 아버지 관념은 여전히 하나님에 대한 가장 높은 인간의 개념이다.

편집을 마치며

　마음을 열고 숙독(熟讀)했다면 많은 진리를 터득하고 학위(學位)를 하나 받은 기분일 것입니다. 그러나 선입견과 고정관념을 품고 읽었다면 걸리는 곳이 있었을 것입니다.

　지금 '예수의 종교'가 '예수에 관한 종교'가 되어 '예수의 실제 일생과 가르침의 진실'에서 점점 멀어지고 있다고 말합니다.

　언젠가 그리스도교 교회 안에서, 우리의 신앙 저자이며 완결자인, 예수의 섞이지 않은 종교적 가르침으로 돌아가려는 개혁이, 매우 깊이 일어날 것이라고 말합니다.

　인류의 문명이 발달하여 때가 되니, 하늘 계시 위원회에서 직접 하늘과 땅의 모든 사실을 공개하였습니다. 제1부~제4부를 모두 보면 사람이 궁금한 모든 질문에 자세히 답하고 있습니다.

　◆ 이 책의 원본 유란시아서는, 한영 본 3,368쪽으로 대부분 사람에게 양이 너무 많고 생소하여, 부지런히 읽어야 1년에 1 독할 수 있습니다. 읽어도 우주의 행정과 조직을 다 이해하지는 못한다고 말하고 있습니다.

　그래서 우선 신앙인에게 도움이 될 '제4부 예수의 일생과 가르침'을 따로 분리하고, 5종류의 번역본을 참고하여, 한영 본 1,281쪽을 한글 600여 쪽으로, 편집자의 사견(私見) 없이 요약하여 조금 쉽게 편집하였습니다. 아쉬운 점은 추후 보충하고 교정하겠습니다.

참고문헌

- 유란시아서 제1부 중앙우주와 초우주 31편 553쪽
  　　　　　　 제2부 지역 우주 25편 461쪽
  　　　　　　 제3부 유란시아의 역사 63편 1,074쪽
  　　　　　　 4부 예수의 일생과 가르침 77편 1,281쪽
  　　　　　　 유란시아서 번역본 ① 통합본(URKA)
  　　　　　　　　　　　　　　　② 유란시아 재단 3차 개정본
  　　　　　　　　　　　　　　　③ 김태철 수정본
  　　　　　　　　　　　　　　　④ 서병길 2,019본
  　　　　　　　　　　　　　　　⑤ 이재용 2,019본
- E S V. 스터디 바이블
- 요세프스 유대 고대사 Ⅰ.Ⅱ.Ⅲ.Ⅳ권
- 유세비우스 교회사
- 숨겨진 성서 1권. 2권. 3권
- 외경 위경 전서 (신약 외경 Ⅰ.Ⅱ.Ⅲ.Ⅳ권)
- 기독교 죄악사(상권, 하권)

예수의 실제 일생과
가르침의 진실

초판 1쇄 발행　2024. 12. 17.

지은이　유승주
펴낸이　김병호
펴낸곳　주식회사 바른북스

편집진행　박하연
디자인　양헌경

등록　2019년 4월 3일 제2019-000040호
주소　서울시 성동구 연무장5길 9-16, 301호 (성수동2가, 블루스톤타워)
대표전화　070-7857-9719 | **경영지원**　02-3409-9719 | **팩스**　070-7610-9820

·바른북스는 여러분의 다양한 아이디어와 원고 투고를 설레는 마음으로 기다리고 있습니다.
이메일　barunbooks21@naver.com | **원고투고**　barunbooks21@naver.com
홈페이지　www.barunbooks.com | **공식 블로그**　blog.naver.com/barunbooks7
공식 포스트　post.naver.com/barunbooks7 | **페이스북**　facebook.com/barunbooks7

ⓒ유승주, 2024
ISBN 979-11-7263-193-2 03230

·파본이나 잘못된 책은 구입하신 곳에서 교환해드립니다.
·이 책은 저작권법에 따라 보호를 받는 저작물이므로 무단전재 및 복제를 금지하며,
이 책 내용의 전부 및 일부를 이용하려면 반드시 저작권자와 도서출판 바른북스의 서면동의를 받아야 합니다.